Thema Geschichte KOMPAKT

Der Nationalsozialismus – Ideologie und Herrschaft

Ulrich Scholz

Schroedel

Thema Geschichte KOMPAKT
Geschichtliche Reihe für die Sekundarstufe II

Der Nationalsozialismus –
Ideologie und Herrschaft

bearbeitet von
Ulrich Scholz

Druck A^2 / Jahr 2008

Alle Drucke der Serie A sind im Unterricht parallel verwendbar.

Redaktion: Dr. Carsten Drecoll, Freiburg
Herstellung: Sabine Schmidt, Hannover
Layout: Janssen Kahlert, Hannover
Grafik: Theiss Heidolph, Kottgeisering
Satz: Schmiku Repro, Schwerte
Druck und Bindung:
Westermann Druck GmbH, Zwickau

ISBN 978-3-507-**36861**-3

INHALTSVERZEICHNIS

1.0 Die ideologischen Wurzeln des Nationalsozialismus

Wenn wir heute über „den" Nationalsozialismus reden, assoziieren wir ein Bündel unterschiedlicher Aspekte wie Rassismus, Antisemitismus oder Antiparlamentarismus. Daran wird deutlich, dass sich „der" Nationalsozialismus aus verschiedenen Bausteinen zusammensetzt und jeder historisch Interessierte, abhängig von Gewichtungen und eigenem historischen Erkenntnisstand und gegebenenfalls eigener Betroffenheit, verschiedene Dinge in den Vordergrund rückt. Was für uns heute gilt, gilt auch für die Menschen, die die Jahre von 1933–1945 miterlebt haben. Mitglieder der Partei, Anhänger und/oder Wähler, aber auch die Gegner der NSDAP hatten durchaus verschiedene Motive für ihre Unterstützung oder ihren Widerstand. Die NSDAP war kein in sich geschlossener Block mit einheitlicher Ausrichtung, sondern bot ein breiteres Identifikationsspektrum, um möglichst viele Menschen an sich zu binden. Innerhalb der NSDAP gab es daher auch Auseinandersetzungen um die Programmatik, den „richtigen Weg". Anders als in demokratischen Parteien wurde auf innerparteiliche Konflikte häufig mit Gewalt, d. h. Degradierung, während des Krieges „Bewährung an der Front" oder gleich mit der Ermordung auch führender Persönlichkeiten (Gregor Strasser, Ernst Röhm) reagiert.

Adolf Hitler bei den Nachfahren von Richard Wagner 1939: links Winfred Wagner, rechts: Wieland Wagner. In zahlreichen Büchern stellen Historiker heute die Frage: Hat das Werk Wagners ideologisch den Nationalsozialismus vorbereitet?

Eine lange Vorgeschichte?

Auch die Anfänge des Nationalsozialismus sind nicht monokausal zu erklären. Sicher gab es mehrere Wurzeln, die sich nicht gleichzeitig und mit gleicher Intensität ausbreiteten. Er begann nicht erst am 30. Januar 1933 und endete nicht, wie wir bei der Betrachtung des politischen Spektrums in der Bundesrepublik erkennen können, am 8. Mai 1945. Nicht wenige Historiker und Philosophen verweisen auf eine Vorgeschichte des Nationalsozialismus, die bis zur Romantik, also auf die Zeit um 1800 zurückgreift. Vor dem Hintergrund der Französischen Revolution und ihrer Ergebnisse begann die (Rück-) Besinnung auf die deutsche Sprache (die Märchensammlung der Brüder Grimm z. B.), das deutsche Volk, den gemeinsamen Mythos (Hermannsschlacht im Teutoburger Wald). Schriftsteller wie Christoph Martin Wieland („Aufruf an Deutschland" 1794), Friedrich Hölderlin („An die Deutschen" 1799 oder „Der Tod

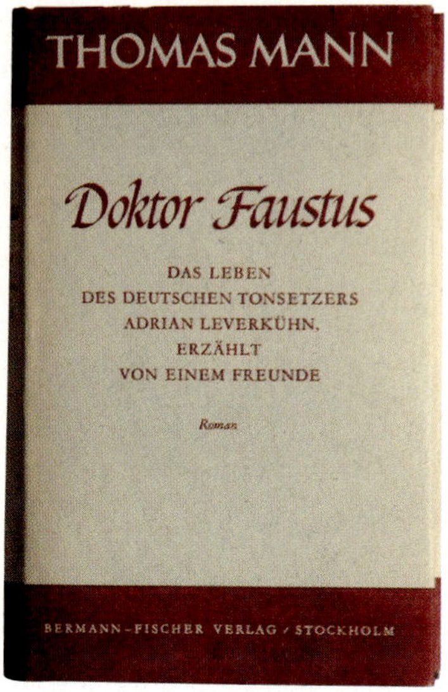

Thomas Mann schrieb „Doktor Faustus" im Exil (hier die Erstausgabe des emigrierten Fischer-Verlages). Das „krude Geschehen" des Nationalsozialismus führt er auf lange deutsche Traditionen zurück.

fürs Vaterland" 1800), aber auch Philosophen wie Georg Wilhelm Friedrich Hegel („Kritik der Verfassung Deutschlands" 1802) und Johann Gottlieb Fichte („Reden an die deutsche Nation" 1807/08) formulierten neben vielen anderen eine Vorstellung einer deutschen Nation, die sich vor allem über Abgrenzung, Angst vor dem übermächtigen Nachbarn und letztlich auch moralische Überlegenheit definiert. Die für den Nationalsozialismus zentralen Begriffe „Volkstum" – von Fichte 1810 als Eindeutschung des Terminus „Nation" gebraucht – und „Volksgemeinschaft" haben ihren Ursprung eben hier.

Wie der Terminus „Nationalsozialismus" nahe legt, ist als zweite Wurzel der Gedanke des „Sozialismus" zu untersuchen. Dessen vielfältige theoretische Grundlagen bündeln Marx und Engels in dem Versuch der Begründung einer Wissenschaft (Engels „Die Entwicklung des Sozialismus von der Utopie zur Wissenschaft"). Der radikale antimarxistische und damit auch antibolschewistische Kurs der NSDAP erfordert folglich eine Auseinandersetzung mit der Frage, welche Vorstellungen von „Sozialismus" dem Nationalsozialismus zugrunde liegen.

Antisemitismus und Sozialdarwinismus

Auch der Antisemitismus ist keine spezifisch deutsche Haltung. Die Geschichte des Mittelalters und der frühen Neuzeit ist reich an Beispielen von Ausgrenzung und Pogromen – europaweit. Nach der weitgehend formalrechtlichen Gleichstellung der Juden (in Preußen z. B. durch die Judenemanzipation im Jahr 1812) gelang es vielen Deutschen jüdischen Glaubens, sich in eine zunehmend liberale, deutsch-christliche Gesellschaft zu integrieren. Mit den Krisenerscheinungen in der zweiten Hälfte des 19. Jahrhunderts stieg aber der Antisemitismus erneut und stark an, sodass die Nationalsozialisten auf eine breite Ablehnungshaltung vor allem in der bürgerlichen, deutsch-christlichen Gesellschaft zurückgreifen konnten. Damit kann nicht der Holocaust als Ziel der Mehrheit der Bevölkerung, wohl aber das Wegschauen und Verdrängen erklärt werden.

Der radikale Rassismus in der Form des sogenannten Sozialdarwinismus, mit dem die Überlegenheit der eigenen arischen Rasse gegenüber anderen begründet werden sollte, stellt einen weiteren Eckpfeiler der nationalsozialistischen Ideologie dar. Die scheinbaren Erkenntnisse der modernen Naturwissenschaften, hier: der Biologie fanden aber auch in anderen europäischen Ländern Anklang. Führende Verfechter waren z. B. der Schwiegersohn Richard Wagners, Houston Stewart Chamberlain, und der Franzose Joseph Arthur Comte de Gobineau.

Die militärische Niederlage im Ersten Weltkrieg, das Ende des Kaiserreichs 1918 und als dessen Folge die Etablierung einer parlamentarischen Demokratie, der die Konsequenzen aus dem verlorenen Krieg angelastet werden konnten (Versailler „Diktat"), begründeten die radikale Ablehnung des parlamentarischen „Systems von Weimar" – eine Stimmung, die die NSDAP aufgriff.

MATERIAL

Sozialismus im Nationalsozialismus 1

*Hans Sponholz (*1902–†?), SA-Führer und Autor zahlreicher Bücher zur Entwicklung des Nationalsozialismus und seiner Weltanschauung, definiert den nationalen Sozialismus:*

Sozialismus.

Sozialismus ist gegenüber dem Marxismus, der die Solidarität (Übereinstimmung) des internationalen Proletariats erstrebte, **die nationale Solidarität aller Glieder eines Volkes**. Sozialismus ist Kameradschaft aller Volksgenossen. Der Einzelne gilt nichts, die Gemeinschaft ist alles. Der Einzelne hat sich für die Gemeinschaft einzusetzen. Geht das Volk zugrunde, so endet auch der Einzelne. Niemand kann sich aus des Volkes Schicksal lösen und sich ihm entziehen. Andererseits: Was dem Bienenvolke nützt, nützt auch der Biene. Unser Körper besteht aus einer gewaltigen Anzahl von Zellen. Wie, wenn eine gegen die andere stehen würde, wenn nicht alle in voller Übereinstimmung **zusammenarbeiteten**? [...] Daraus ergibt sich: **Einer muss für den anderen einstehen, einer für alle und alle für einen!** Du hast dich geschnitten. Schmutz ist in die Wunde geraten. Die Gefahr einer Vergiftung ist riesengroß. Da aber entsendet die Regierung des Körpers Kampfkräfte in Gestalt der weißen Blutkörperchen. Sie vernichten die feindseligen Eindringlinge, die Wunde eitert sie hinaus und die Heilung kann eintreten. So arbeiten alle Zellen des Körpers zusammen in vorbildlichem Gemeinschaftsgeist.

Unser Volkskörper war in größter Gefahr, dem Geist des Klassenhasses, dem Geist der Zersetzung **zu erliegen**. Keiner traute mehr dem anderen, einer war des anderen Feind. „Und willst du nicht mein Bruder sein, so schlag ich dir den Schädel ein" hieß die marxistische Parole, deren Befolgung viele Hunderte von Grabhügeln auf deutscher Erde erwachsen ließ. Niemand wollte dienen, alle nur verdienen. Der Volkskörper blutete aus tausend tiefen Wunden und am Blute des deutschen Volkes mästete sich das jüdische Großkapital.

Der deutsche Sozialismus Adolf Hitlers, der aus dem Kameradschaftserlebnis des Schützengrabens sich gebar, hat diesem entsetzlichen Zustand ein Ende bereitet. Seine erste Auswirkung fand er in der SA, die damit das Erbe der Frontkameradschaft antrat.

In ihr marschierte der Bauernjunge neben dem Städter, der Arbeiter der Faust neben dem Arbeiter der Stirn, der Akademiker neben dem Arbeitslosen, nicht Rang, nicht Stand, nicht Geld und Gut galten mehr, alle einte das Braunhemd, alle der gleiche Geist der Kameradschaft. [...] Mit tausendfach vergossenem Blut besiegelte die SA ihren sozialistischen Geist der Opferbereitschaft. Am 9. November 1923 fielen vor der Feldherrenhalle in München Kameraden, die den verschiedenen Ständen und Berufen angehört hatten, Diener, Schlosser, Kaufleute, Akademiker. Und in den letzten Jahren des Kampfes starb der Arbeiter neben dem Bauern, der Hochschüler neben dem Arbeitslosen, alle getragen von dem gleichen Geist und dem gleichen Glauben, **Sozialisten der Tat** und Erfüller des wundervollen Wortes, das ein Arbeiter schrieb: „Deutschland muss leben ..." Sozialismus bedeutet nicht marxistische Gleichheit. Sozialismus bewertet nach der **Leistung**. Je mehr einer für sein Volk schafft und wirkt, desto wertvoller ist er für die Gemeinschaft und desto geeigneter ist er, in Führerstellungen zu stehen.

Sozialistisch ist auch nicht gleichbedeutend mit **„sozial"**, ein Wort das den üblen Beigeschmack bürgerlicher Fürsorge und Wohltätigkeit hat. „Der **Sozialismus ist Gerechtigkeit**. Er gilt nicht als Geschenk, sondern als **Anspruch**", sagt Dr. Goebbels. Der Volksgenosse, der sein ganzes Sein für die Gemeinschaft einsetzt und der unverschuldet in Not gerät, hat berechtigten Anspruch auf die Hilfe durch die Gemeinschaft. (NSV u. a. m.!) Nicht aber hat der solchen Anspruch, der durch eigene Untüchtigkeit, Schuld und Unfähigkeit fällt. „Der Sozialismus ist keine Religion der Schwachen, er legt dem Staate nicht die Pflicht auf, einen wachsenden Schweif von Untüchtigen durch wenige Tüchtige mitschleppen zu lassen." (Bernhard Köhler) [...]

Hans Sponholz: Deutsches Denken – Beiträge für die weltanschauliche Erziehung, Berlin (Verlag Hans Siep), 6. Auflage 1935, S. 16ff.

MATERIAL
2 Rassismus

Der Rassismus des Nationalsozialismus basiert im Wesentlichen auf einer zeittypischen, aber unwissenschaftlichen Auslegung des Werkes von Charles Darwin („The Origin of Species") und darauf aufbauender Autoren wie Herbert Spencer als sogenannter „Sozialdarwinismus".

a) Im II. Band von „Mein Kampf" erklärt Hitler die angebliche Überlegenheit der Arier und die sich daraus ergebenden Konsequenzen für staatliches Handeln.

Sie [die völkische Weltanschauung d. Verf.] sieht im Staat prinzipiell nur ein Mittel zum Zweck und fasst als seinen Zweck die Erhaltung des rassischen Daseins der Menschen auf. Sie glaubt somit keineswegs an eine Gleichheit der Rassen, sondern erkennt mit ihrer Verschiedenheit auch ihren höheren oder minderen Wert und fühlt sich durch diese Erkenntnis verpflichtet, gemäß dem ewigen Wollen, das dieses Universum beherrscht, den Sieg des Besseren, Stärkeren zu fördern, die Unterordnung des Schlechteren und Schwächeren zu verlangen. Sie huldigt damit prinzipiell dem aristokratischen Grundgedanken der Natur und glaubt an die Geltung dieses Gesetzes bis herab zum letzten Einzelwesen. [...] Sie glaubt an die Notwendigkeit einer Idealisierung des Menschentums, da sie wiederum nur in dieser die Voraussetzung für das Dasein der Menschheit erblickt. Allein sie kann auch einer ethischen Idee das Existenzrecht nicht zubilligen, sofern diese Idee eine Gefahr für das rassische Leben der Träger einer höheren Ethik darstellt: Denn in einer verbastardierten und vernegerten Welt wären auch alle Begriffe des menschlich Schönen und Erhabenen sowie alle Vorstellungen einer idealisierten Zukunft unseres Menschentums für immer verloren.
Menschliche Kultur und Zivilisation sind auf diesem Erdteil unzertrennlich gebunden an das Vorhandensein des Ariers. Sein Aussterben oder Untergehen wird auf diesen Erdball wieder die dunklen Schleier einer kulturlosen Zeit senken.
Das Untergraben des Bestandes der menschlichen Kultur durch Vernichtung ihres Trägers aber erscheint in den Augen einer völkischen Weltanschauung als das fluchwürdigste Verbrechen. Wer die Hand an das höchste Ebenbild des Herrn zu legen wagt, frevelt am gütigen Schöpfer dieses Wunders und hilft mit an der Vertreibung aus dem Paradies.
Damit entspricht die völkische Weltanschauung dem innersten Wollen der Natur, da sie jenes freie Spiel der Kräfte wieder herstellt, das zu einer dauernden gegenseitigen Höherzüchtung führen muss, bis endlich dem besten Menschentum, durch den erworbenen Besitz dieser Erde, freie Bahn gegeben wird zur Betätigung auf Gebieten, die teils über, teils außer ihr liegen werden.
Wir alle ahnen, dass in ferner Zukunft Probleme an den Menschen herantreten können, zu deren Bewältigung nur die höchste Rasse als Herrenvolk, gestützt auf die Mittel und Möglichkeiten eines ganzen Erdballs, berufen sein wird.

Adolf Hitler, Mein Kampf, Band II, München 1933, S. 421 f.

b) Der Evolutionsbiologe Axel Meyer, Professor an der Universität Konstanz, zeigt sechs Irrtümer bei der Interpretation von Charles Darwins Theorie auf. Dabei weist er unter anderem darauf hin, dass die Formulierung „survival of the fittest" keine „Kurzfassung" des Darwinismus darstellt, sondern von dem englischen Philosophen Herbert Spencer stammt.

Irrtum 1: Die Evolution arbeitet zur Erhaltung der Art

[...] Die natürliche Auslese [...] arbeitet zunächst auf der Ebene des Individuums. Dort herrscht Konkurrenz: Die Individuen einer Population kämpfen um limitierte Ressourcen; Selektion unter ihnen ist die Folge.
So geht es beim Kampf unter Männchen meist um Reviere und den Zugang zu Weibchen. Denn die natürliche Selektion manifestiert sich durch den unterschiedlichen Fortpflanzungserfolg der Individuen innerhalb einer Population – ein stärkeres Männchen zeugt mehr Nachkommen als der Rivale, den er vertrieben hat. Es gilt, möglichst viel eigenes Erbmaterial in den Genpool der nächsten Generation zu schleusen, also mehr Nachfahren zu produzieren als der Konkurrent. [...] Artgenossen [sind], wegen ihrer iden-

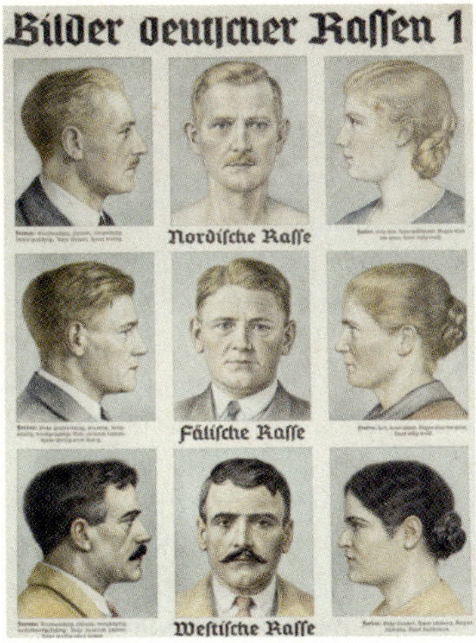

Die rassenideologischen Überlegungen im Nationalsozialismus führten zu konkreten Lehren, die auch in den Schulen gelehrt wurden, wie diese Schultafeln zeigen.

tischen ökologischen Bedürfnisse, vor allem aber auch immer die schärfsten Konkurrenten um Nahrung, Nistplätze und Paarungspartner. [...] Die natürliche Auslese sieht also das Individuum zuerst und dann erst – wenn überhaupt – die Art.

Irrtum 3: Evolution strebt nach Perfektion

Natürliche Selektion ist nicht gleich natürliche Perfektion. Schon Darwin war klar, dass die Evolution nicht nach Höherem strebt, ja nicht streben kann. [...] Selektion wird lediglich dazu führen, dass aus der Auswahl der in einer bestimmten Generation zur Verfügung stehenden Genkombinationen eine bestimmte mehr Nachkommen in der nächsten Generation hinterlassen wird als andere: diejenige, die sich unter den herrschenden Selektionsbedingungen besonders bewährt, also fortpflanzt [...] So ist vielleicht Körpergröße oder Schnelligkeit unter bestimmten Bedingungen von Vorteil. Aber schon in der nächsten Generation profitieren die Individuen womöglich von anderen verhaltensbiologischen oder physiologischen Attributen, die in eine ganz andere, vielleicht sogar gegenläufige Selektionsrichtung gehen. [...]

Irrtum 4: Evolution bedeutet immer auch Fortschritt

Ähnlich wie die Konzepte der Optimalität und Perfektion impliziert die Vorstellung von Fortschritt, dass die Evolution zielgerichtet ablaufe. Aber sie verfolgt kein Ziel, zumindest kein absolutes. Die Entwicklung des Menschen war in keiner Form vorgegeben oder je das Ziel der Evolution. [...] Würde das Tonband der Evolution zurückgespult, entstünde jedes Mal andere Musik. Zufall und damit Unvorhersagbarkeit spielt in der Evolution eine große Rolle.

Irrtum 6: Die Natur verhält sich gut, sie hat Moral

Genauso wenig wie man anderen natürlichen Phänomenen wie einem Tsunami oder einem Vulkanausbruch Gerechtigkeit oder Grausamkeit zuschreibt, treffen solche Begriffe auf die natürliche Selektion zu. Sie basiert allein auf Fortpflanzungsunterschieden zwischen Individuen einer Population. Daher ist die Natur weder moralisch noch unmoralisch. Sie strebt weder nach Schönheit noch nach Harmonie oder Stärke. Was „natürlich" ist, ist notwendigerweise im philosophischen Sinne moralisch gut.

Dies trifft auch dann zu, wenn falsch verstandene evolutionäre Prinzipien als sogenannte sozialdarwinistische Extrapolation auf das menschliche Miteinander – besser: Gegeneinander – angewendet werden. Hier wird die natürliche Auslese überinterpretiert. Wir verlangen zu viel von ihr.

Sie ist zwar mächtig, aber dennoch lediglich ein blinder und planloser Prozess. Das wusste schon Darwin.

Axel Meyer: Das missverstandene Buch, in: Die Zeit Nr. 30, 19. Juli 2007, S. 29 f.

MATERIAL

3 Revision von Versailles

a) Eine der unzähligen Karikaturen zum Versailler Vertrag ist diese Zeichnung aus dem Kladderadatsch vom 25.1.1920.

b) Die antiparlamentarische Kampagne und ihr Widerhall in der Öffentlichkeit bezogen sich auch auf die Waffenstillstandsbedingungen von 1918, die sogenannte Novemberrevolution, den Versailler Vertrag und die Inflation von 1923. Ausdruck fand diese Kritik in Begriffen wie: Dolchstoß, Novemberverbrecher, Erfüllungspolitik(er). Im politischen Katechismus wird diese Kritik wieder aufgegriffen:

Punkt 1: Wir fordern den Zusammenschluss aller Deutschen auf Grund des Selbstbestimmungsrechtes der Völker zu einem Groß-Deutschland.
Punkt 2: Wir fordern die Gleichberechtigung des deutschen Volkes gegenüber den anderen Nationen, Aufhebung der Friedensverträge von Versailles und St. Germain.
Warum fordern wir die Aufhebung der Friedensverträge, die Deutschland in Versailles, Österreich in St. Germain geschlossen haben?
1. Weil die Verträge auf der Lüge aufgebaut sind, dass Deutschland den Krieg gewollt habe und Schuld an ihm sei. Die Wahrheit der Geschichte spricht dagegen.
2. Weil Deutschland durch den Friedensvertrag wirtschaftlich vernichtet und für alle Zeiten als der „Besiegte" gelten soll.
3. Weil alle Völker der Welt, vor allem aber Europa unter dem Schanddiktat von Versailles leiden müssen.
Die Forderungen der Feinde waren unerfüllbar. Ursprünglich sollte Deutschland 269 Goldmilliarden an die Feinde zahlen. Es zeigte sich sehr bald, dass Deutschland dazu nicht imstande war. So schufen die Feinde den Dawesplan (1924).
Was wollte der Dawesplan?
Er wollte feststellen, wie Deutschland den Verpflichtungen nachkommen kann, die es in Versailles übernahm. Eisenbahn, Industrie, Steuern usw. sollten dazu herhalten. Deutschland wurde zur Annahme einer Anleihe von 800 Millionen Goldmark gezwungen, um damit eine erste Rate seiner Zahlungsverpflichtungen zu leisten. [...]
Der Dawesplan war ebenfalls unerfüllbar.
So ging man daran, einen neuen Plan aufzustellen, den man nach seinem Schöpfer Young – den Youngplan nannte.
Was wollte der Youngplan? (1929)
Er setzte die endgültige deutsche Schuldsumme auf 108,27 Goldmilliarden fest. Zahlbar in 59 Jahresraten bis zum Jahre 1988. Zwei Menschengenerationen versklavt in den Ketten der Zinsknechtschaft. So wollten es die Gegner; nur ein zerbrochenes Deutschland konnten sie brauchen.
Der Youngplan und seine Forderungen wurden nach einer in Lausanne im Juli 1932 getroffenen Vereinbarung aufgehoben. Deutschland soll lediglich 3 Milliarden als Abschlusszahlung zu leisten haben.
4. Weil der Vertrag kein „Friedens"vertrag ist; er reißt neue Wunden auf, statt die alten zu schließen; die Gedanken des Hasses und der Verbitterung kommen nicht zur Ruhe.

nach: Werner May: Kleine Nationalkunde für Schule und Beruf (früherer Titel des Buches „Politischer Katechismus"), Breslau (Heinrich Handels Verlag), 8., verb. Auflage 1938, S. 9ff.

MATERIAL

Antisemitismus 4

Der Rassismus erhält in der Gedankenwelt der Nationalsozialisten seine radikale Ausprägung in Form des Antisemitismus. Dieser war von Anfang an ein wesentliches Element für die Identität der nationalsozialistischen Partei und ihrer Mitglieder. Zugleich konnte man hier auf eine längere Tradition zurückgreifen.

Jagdszenen aus einem „deutschen Inselbad"

Anfang August 1905 reiste der Düsseldorfer Kunsthändler Jakob Sander auf die Nordseeinsel Borkum, um eine Gemäldeausstellung mit anschließender Auktion zu organisieren. Nach anfänglich gutem Verkauf drangen Unbekannte nachts in das Geschäftslokal ein, entfernten zwei Gemälde und forderten, dass der „Jude" Borkum sofort zu verlassen habe. Wie sich zeigen sollte, war dies lediglich der Auftakt zu weiteren antisemitischen Radauszenen, die zwei Tage später ihren Höhepunkt erreichten. In einem vom „Berliner Tageblatt" veröffentlichten Schreiben berichtete Sander über die Ereignisse:

„Freitag früh sah ich an allen Häusern Plakate mit der Aufschrift ‚raus mit den Juden aus Borkum.' Um 10 Uhr hatte ich Auktion anberaumt. Plötzlich besetzte eine Schar Kinder mit Gewehren (die sogenannte Schwarzweiß-Kompagnie) meine Lokalitäten und fing das sogenannte ‚Borkumer Lied' zu singen an. Dann kam eine große Anzahl Antisemiten und rief: ‚Der Jude muss hinaus!' Der Tumult wurde so groß, dass ich sofort die Behörde um Schutz ansuchen musste. Zwei Gendarmen ersuchten die Kinder und die Übrigen, aus dem Geschäftsraume zu gehen. Das taten sie auch, aber auf der Straße ging die Sache noch schlimmer, es wurde gerufen: ‚Wo ist der Jude? Heraus mit dem Juden.' Die Gendarmerie hatte keine Macht, die Tumultanten von der Straße zu entfernen. Die Sache wurde immer schlimmer, schließlich schossen die Jungens aus ihren Gewehren; ob dieselben mit Patronen geladen waren, weiß ich nicht, jedenfalls knallten die Schüsse. Gegen 1 Uhr war der Auflauf soweit vorbei, aber von der Kompagnie wurden zwei Jungen vor mein Geschäftslokal postiert. Meine Geschäftsräume habe ich schließen müssen, um eventuell nicht verhauen zu werden, und damit meine Gemälde nicht zerstört würden. Mein Logiswirt kam nachmittags zu mir und ersuchte mich, sofort meine Wohnung zu verlassen. Um mich vor weiteren Unannehmlichkeiten zu schützen, habe ich meine Sachen sofort einpacken lassen und bin am andern Morgen von Borkum fortgegangen."

Frank Bajohr „Unser Hotel ist judenfrei", Bäderantisemitismus im 19. und 20. Jahrhundert, Fischer Taschenbuch Frankfurt 2003, S. 11 ff.

Bereits im Kaiserreich gab es ein breites Angebot an Postkarten, die antisemitische Karikaturen zeigten. Die hier abgebildete Karte stammt aus Borkum. Unter den Illustrationen findet sich das „Borkumlied", das unter den anderen Urlaubern offenbar sehr beliebt war.

c) Eine der ersten dokumentierten politischen Äußerungen Hitlers vom 16. 9. 1919 bezieht sich auf antisemitische Vorstellungen und zeigt den Stellenwert und die Bedeutung dieser Grundhaltung im Rahmen der NS-Ideologie.

Wenn die Gefahr, die das Judentum für unser Volk heute bildet, seinen Ausdruck findet in einer nicht wegzuleugnenden Abneigung großer Teile unseres Volkes, so ist die Ursache dieser Abneigung meist nicht zu suchen in der klaren Erkenntnis des bewusst oder unbewusst planmäßig verderblichen Wirkens der Juden als Gesamtheit auf unsere Nation, sondern sie entsteht meist durch den persönlichen Verkehr, unter dem Eindruck, den der Jude als Einzelner zurücklässt und der fast stets ein ungünstiger ist. Dadurch erhält der Antisemitismus nur zu leicht den Charakter einer bloßen Gefühlserscheinung. Und doch ist dies unrichtig. Der Antisemitismus als politische Bewegung darf nicht und kann nicht bestimmt werden durch Momente des Gefühls, sondern durch die Erkenntnis von Tatsachen. Tatsachen aber sind:

Zunächst ist das Judentum unbedingt Rasse und nicht Religionsgenossenschaft. [...]

Durch tausendjährige Inzucht, häufig vorgenommen in engstem Kreise, hat der Jude im Allgemeinen seine Rasse und ihre Eigenart schärfer bewahrt, als zahlreiche der Völker, unter denen er lebt. Und damit ergibt sich die Tatsache, dass zwischen uns eine nichtdeutsche, fremde Rasse lebt, nicht gewillt und auch nicht im Stande, ihre Rasseneigenarten zu opfern, ihr eigenes Fühlen, Denken und Streben zu verleugnen, und die dennoch politisch alle Rechte besitzt wie wir selber.

Bewegt sich schon das Gefühl des Juden im rein Materiellen, so noch mehr sein Denken und Streben. Der Tanz ums goldene Kalb wird zum erbarmungslosen Kampf um alle jene Güter, die nach unserm inneren Gefühl nicht die höchsten und einzig erstrebenswerten auf dieser Erde sein sollen.

Der Wert des Einzelnen wird nicht mehr bestimmt durch seinen Charakter, der Bedeutung seiner Leistungen für die Gesamtheit, sondern ausschließlich durch die Größe seines Vermögens, durch sein Geld. [...]

Sein Wirken wird in seinen Folgen zur Rassentuberkulose der Völker.

Und daraus ergibt sich Folgendes: Der Antisemitismus aus rein gefühlsmäßigen Gründen wird seinen letzten Ausdruck finden in der Form von Progromen (sic). Der Antisemitismus der Vernunft jedoch muss führen zur planmäßigen gesetzlichen Bekämpfung und Beseitigung der Vorrechte des Juden, die er nur zum Unterschied der anderen zwischen uns lebenden Fremden besitzt (Fremdengesetzgebung). Sein letztes Ziel aber muss unverrückbar die Entfernung der Juden überhaupt sein. Zu beidem ist nur fähig eine Regierung nationaler Kraft und niemals eine Regierung nationaler Ohnmacht. [...]

Weltgeschichte im Aufriss, 3/1, Frankfurt am Main (Diesterweg) 1976, S. 340 f.

MATERIAL

5 Antiparlamentarismus

Die führenden Vertreter der NSDAP griffen nicht nur bestehende Ressentiments auf, sondern nutzten auch Stimmungen gegen die politisch Verantwortlichen aus, indem sie das „System von Weimar", die parlamentarische Demokratie, angriffen.

a) „Hassbotschaft" des Stahlhelm (paramilitärischer Verband, der DNVP nahestehend) auf einer Tagung in Fürstenwalde (4. September 1928)

Wir hassen mit ganzer Seele den augenblicklichen Staatsaufbau, seine Form und seinen Inhalt, sein Werden und sein Wesen. Wir hassen diesen Staatsaufbau, weil in ihm nicht die besten Deutschen führen, sondern weil in ihm ein Parlamentarismus herrscht, dessen System jede verantwortungsvolle Führung unmöglich macht. Wir hassen diesen Staatsaufbau, weil in ihm Klassenkampf und Parteienkampf Selbstzweck und Recht geworden sind. Wir hassen diesen Staatsaufbau, weil er die deutsche Arbeiterschaft in ihrem berechtigten Aufstiegswillen behindert, trotz aller hochtönenden Versprechungen. Wir hassen diesen Staatsaufbau, weil er uns die Aussicht versperrt, unser geknechtetes Vaterland zu befreien und das deutsche Volk von der erlogenen Kriegsschuld zu reinigen, den notwendigen deutschen Lebensraum im Osten zu gewinnen, das deutsche Volk wieder frei zu machen, Landwirtschaft, Industrie, Gewerbe und Handwerk gegen den feindlichen Wirtschaftskrieg zu schützen und wieder lebensfähig zu gestalten. Wir wollen einen starken Staat, in dem die verantwortungsvolle Führung der Beste hat und nicht verantwortungsloses Bonzen- und Maulheldentum führt. [...]

Michaelis, Herbert und Ernst Schraepler, Ursachen und Folgen, a. a. O., Bd. 7, Die Weimarer Republik – Vom Kellogg-Pakt zur Weltwirtschaftskrise 1928–30, Berlin (Wendler), 1962, S. 423.

b) Goebbels äußert sich in einer Rede 1934 zur Weimarer Demokratie

[...] Wenn die Demokratie uns in Zeiten der Opposition demokratische Methoden zubilligte, so musste dies ja in einem demokratischen System geschehen. Wir Nationalsozialisten haben aber niemals behauptet, dass wir Vertreter eines demokratischen Standpunktes seien, sondern wir haben offen erklärt, dass wir uns demokratischer Mittel nur bedienen, um die Macht zu gewinnen, und dass wir nach der Machteroberung unseren Gegnern rücksichtslos alle die Mittel versagen würden, die man uns in Zeiten der Opposition zugebilligt hatte. Trotzdem können wir erklären, dass unsere Regierung den Gesetzen einer veredelten Demokratie entspricht.
Wir sind die souveränen Meister der Kritik gewesen und können uns heute einhellig auf den Standpunkt des Rechts zur Kritik stellen. Nur mit einem Unterschied: das Recht zur Kritik, wenn es einen Sinn haben soll und nicht einen demokratischen Unsinn darstellt, kann zum Nutzen eines Volkes, der ja über allen Dingen der Politik stehen muss – immer nur dem Klügeren über den Dümmeren zugestanden werden und niemals umgekehrt. Es bliebe also nur noch zu beweisen, dass wir Nationalsozialisten während der Opposition anscheinend die Klügeren gewesen sind [...]

Joseph Goebbels: Wesen und Gestalt des Nationalsozialismus (Schriften der Deutschen Hochschule für Politik, Heft 8), Berlin 1934, S. 14; zit. nach: Walther Hofer (Hrsg.): Der Nationalsozialismus – Dokumente 1933–1945, Frankfurt am Main (Fischer Taschenbuch Verlag), 20. Aufl. 1971, S. 27.

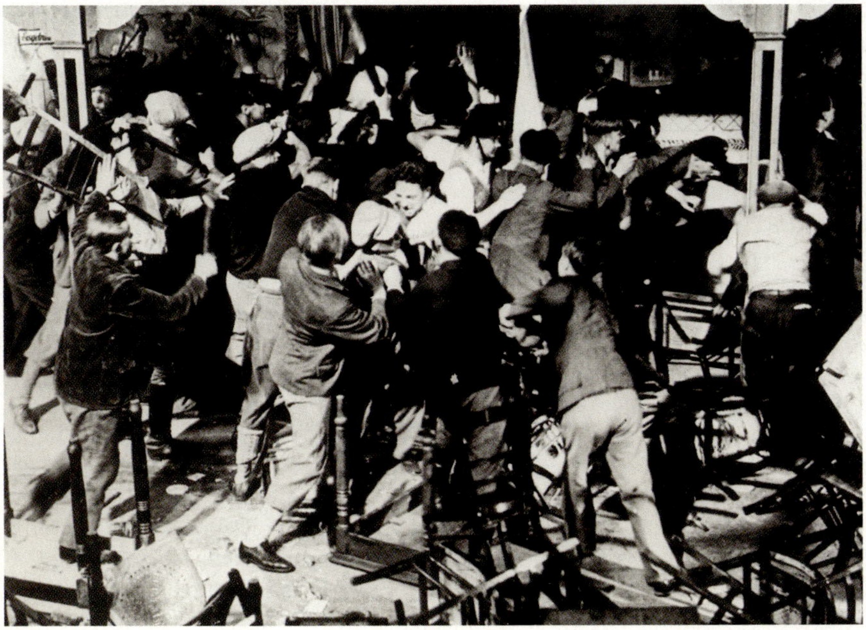

Das Klima politischer Gewalt wurde in der Weimarer Republik von den Nationalsozialisten geschürt, war aber nicht auf sie beschränkt: Hier eine Saalschlacht zwischen Kommunisten und Reichsbanner.

c) Nach dem Verbot der NSDAP *im November* 1923 *schlossen sich rechte Gruppen zum* „Völkischen Block“ *zusammen und kandidierten bei den* Reichstagswahlen 1924 *mit diesem Plakat:*

d) Zur Reichstagswahl *im September* 1930, *bei der Nationalsozialisten und* KPD *den größten Zuwachs hatten, verwendete die* NSDAP *u. a. folgendes* Plakat*:*

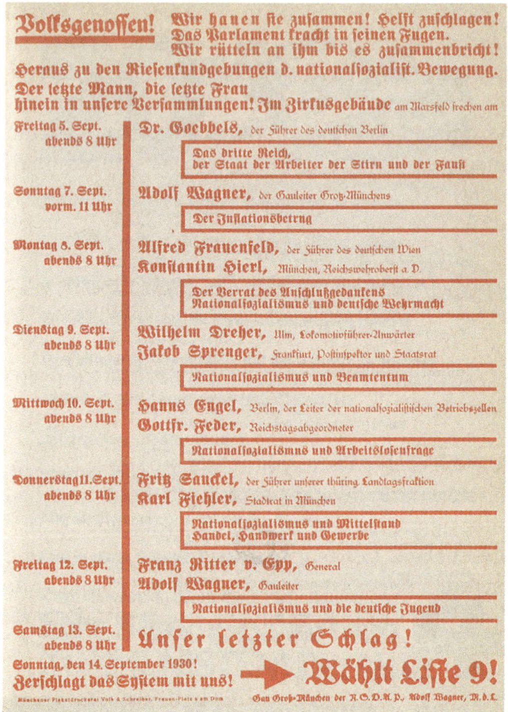

Nicht nur bei Saal- und Straßenschlachten*, sondern vor allem auch in der* Bildersprache *der* Plakate *spielte die Ästhetisierung von Gewalt bereits in der* Weimarer Republik *eine Rolle, keineswegs nur bei den rechten Parteien.*

MATERIAL

6 Antimodernismus

Hitler, Goebbels u. a. führende Nationalsozialisten *erkannten früh die Bedeutung der* Medien *zur Durchsetzung ihrer* Herrschaft*. Ein Medium war die* Kunst*. Bereits ab* März 1933 *wurden von ihnen in sogenannten* „Schreckenskammern“ *Beispiele für* moderne Kunst*, die den Zielsetzungen und der* Ideologie *der* Nationalsozialisten *widersprachen, ausgestellt. Im Laufe der* Jahre *wurden* Tausende *von* Bildern*, Gemälden und* Skulpturen *aus öffentlichen* Museen *und* Sammlungen *entfernt, vernichtet, gegen* Devisen *verkauft und* Künstler *mit* Berufs- *und* Ausstellungsverboten *belegt. Viele von ihnen verließen* Deutschland*.*

Kurze Zeit, nachdem mit Hitlers Wahl zum Reichskanzler am 30. Januar 1933 die Machtergreifung der Nazis vollzogen ist, beginnt der „Säuberungskrieg“ gegen die unliebsamen Künstler. Mit Max Beckmann wird im April 1933 einer der ersten und berühmtesten, auch international renommierten Maler aus seinem Lehramt an der Frankfurter Städelschule entlassen. [...]
Die Preußische Akademie der Künste in Berlin verliert von 1933 an mit dem erzwungenen Austritt sämtlicher Repräsentanten der Moderne ihre namhaftesten Mitglieder, darunter Otto Dix,

Karl Hofer, Ernst Ludwig Kirchner, Oskar Kokoschka, Käthe Kollwitz, Ludwig Mies van der Rohe und Max Pechstein. [...]
Bis 1937 hat die „kulturelle Säuberung" zum Zwecke der nationalsozialistischen „Wiedergeburt der Nation" das moderne kulturelle Leben Deutschlands zerstört. Am Anfang steht das Bauhaus in Dessau. Es wird bereits 1932 geschlossen, weil die NSDAP mit der Ankündigung, der internationalen Schule jegliche Mittel zu streichen, in Dessau den Wahlkampf gewinnt. [...]
1936 folgt die Schließung der modernen Kunstabteilung der Berliner Nationalgalerie im Kronprinzenpalais, die selbst für das Museum of Modern Art in New York als vorbildlich gilt. 1937 werden 101 deutsche Museen geplündert. Sowohl davor als auch danach gibt es Beschlagnahmungen in Galerien und Privatsammlungen. Der Nationalsozialismus hat so innerhalb von vier Jahren die berühmtesten Beispiele der Kunst des 20. Jahrhunderts, die sich in deutschen Sammlungen befinden, den Augen der Öffentlichkeit entzogen. Parallel zur „Großen Deutschen Kunstausstellung" in München werden rund 600 und später in Berlin mehr als 1000 Beispiele der nun „Entarteten Kunst" dem Publikum als abschreckende Beispiele der Moderne vorgeführt. [...]
Für Deutschland bedeutet die Kunstpolitik der Nationalsozialisten den personellen, institutionellen und bestandsmäßigen Verlust der Moderne. Nichtsdestoweniger zeichnet die inoffiziell überlebende deutsche Kunst, entweder im Exil oder im Verborgenen, das drastische Bild des bösen Erwachens. Die Künstler stellen nicht nur die Angriffe und Ungewissheiten dar, denen sie ausgesetzt sind. Sie schildern das Nahen der Katastrophe, die mit dem Zweiten Weltkrieg und dem Holocaust vorprogrammiert ist. [...]

Christian Schad, Hochwald, 1936 (Berlin).

Christian Schad hat mit dem „Hochwald" 1936 [...] wohl das stillste und doch besonders markante Sinnbild einer mörderischen Zeit geliefert. Die große mächtige Tanne, die nicht zufällig wie ein Zitat aus Caspar David Friedrichs Naturvisionen wirkt, verkündet mit ihrer abgestorbenen Spitze ohne Kruzifix unweigerlich den profanen Tod. An die Adresse der NS-Kunstpropagandisten ist sie eine zurückhaltende, sicherlich unverstandene Mahnung, dass Überzeugungen und Inhalte vergangener Kunstepochen nicht auf Befehl wiederzubeleben sind, ohne zu einer gespenstischen Maskerade und zu hohlem Pathos zu erstarren.

Jutta Hülsewig-Johnen: Das böse Erwachen – Die Kunst in Deutschland, in: Thomas Kellein (Hrsg.), 1937. Perfektion und Zerstörung [Katalog zur gleichnamigen Ausstellung in der Kunsthalle Bielefeld vom 30. September 2007–13. Januar 2008], Tübingen/Berlin (Ernst Wasmuth Verlag) 2007, S. 50ff.

MATERIAL

Weitere Ursachen 7

Es gibt viele weitere Ursachen für die Herausbildung des Nationalsozialismus in Deutschland, die hier nicht im Einzelnen durch Quellen belegbar sind.

Der Nationalsozialismus im Besonderen, der Faschismus im Allgemeinen hat vielfältige Voraussetzungen. Dazu zählen wirtschaftliche Faktoren:

die Proletarisierung, die tatsächliche Verarmung von sich bürgerlich verstehenden Massen und die Furcht der besitzenden Schichten vor revolutionären Entwicklungen. Dazu zählen politische Faktoren im engeren Sinn: die geringe Stabilität parlamentarischer Einrichtungen, die mangelnde Verankerung des Parteiensystems [...]
Dazu zählen aber auch ideengeschichtliche Wurzeln, [...] Das Phänomen des Nationalsozialismus kann nur verstanden werden, wenn das Zusammenwirken verschiedener Faktoren berücksichtigt wird. [...]
Die Konfliktscheu: Als Folgen einer die ganze Menschheitsgeschichte durchziehenden Einübung in Fremdbestimmung und damit eines Mangels an Erfahrung in Selbstbestimmung herrschte lange vor dem Nationalsozialismus trotz einer teilweisen Demokratisierung Europas eine Scheu vor sozialen Konflikten. Die vorhandenen Gegensätze von Interessen und Wertvorstellungen wurden verdrängt beziehungsweise abgeschoben – an den politischen Deus ex machina, der für das Individuum, für die Gesellschaft entscheiden sollte; aus dem sich die Rolle des Führers entwickelte.
Die Rückgriffssehnsucht: In einer zunehmend komplex werdenden Gesellschaft, in die sich das Individuum hineingestellt sah, entwickelte sich vor dem Nationalsozialismus bereits eine Sehnsucht nach einer idealisierten Vergangenheit; aus der offenen Gesellschaft der liberalen Demokratie flüchtete man in die geschlossene Gesellschaft, die man im Mittelalter oder anderen Phasen gegeben sah; die schwierige Pluralität der Gegenwart sollte mit einem Rückgriff in die Vergangenheit zu einer Totalität der Zukunft transformiert werden.
Das – spezifisch deutsche – Gefühl des „zu spät": In Abgrenzung zu den vor allem ökonomisch weiter entwickelten Staaten Westeuropas entstand in Deutschland eine Einstellung des Trotzes, der zum Motor der Mentalität der Expansion aus der Igelstellung wurde. Im Politischen stand dafür stellvertretend Wilhelm II., im Kulturellen der Kult um Richard Wagner; die daraus resultierende aggressive Ideologie war die vom Lebensraum, an die der Nationalsozialismus nahtlos anknüpfen konnte. [...]

Anton Pelinka: Die Wurzeln der nationalsozialistischen Ideologie, in: Aus Politik und Zeitgeschichte, Beilage zur Wochenzeitung DAS PARLAMENT, Nr. 22, 1979, S. 25 ff.

1. Erörtern Sie den Sozialismusbegriff der NSDAP und benennen Sie Unterschiede zum Klassenbegriff von Karl Marx. (M 1)
2. Erklären Sie die Popularität des Sozialdarwinismus am Anfang des 20. Jahrhunderts. Zeigen Sie, wo und warum die Evolutionstheorie ideologisiert wurde. (M 2)
3. Zeigen Sie anhand von M 3, wie historische Fakten durch rhetorische Mittel für eine Ideologie vereinnahmt werden.
4. Beschreiben Sie Ziele und Formen des Antisemitismus in Deutschland zu Beginn des 20. Jahrhunderts. Erläutern Sie die Funktion von Witzen oder Karikaturen dabei. (M 4)
5. Fassen Sie zusammen, was der Stahlhelm an dem politischen System der Weimarer Republik ablehnt und formulieren Sie Stellungnahmen dazu. Erläutern Sie den Begriff der „veredelten Demokratie" bei Goebbels. (M 5)
6. Begründen Sie die radikale Ablehnung der modernen Kunst durch die Nationalsozialisten unter Berücksichtigung anderer Elemente ihrer Ideologie. (M 6)
7. Gewichten Sie die in M 7 aufgeführten Ursachen für die Herausbildung des Nationalsozialismus und begründen Sie Ihre Gewichtung. (M 7)

2.0 Herrschaft des Nationalsozialismus

Das Kabinett Hitler am 30.1.1933: (v. l. n. r.): Seldte, Gereke, Schwerin v. Krosigk, Frick, v. Blomb, Hugenberg, sitzend: Göring, Hitler, v. Papen.

Regierungsbildung

Am 30. Januar 1933 übertrug Reichspräsident Hindenburg dem Vorsitzenden der größten Partei im Reichstag (insofern durchaus heutigen demokratischen Gepflogenheiten entsprechend) einem erklärten Gegner der Demokratie, Adolf Hitler (insofern demokratischen Gepflogenheiten vollkommen zuwider) das Amt des Reichskanzlers. Bestand bei den Ratgebern Hindenburgs und in Teilen des Bürgertums die Vorstellung, Hitlers propagierte Radikalität durch die Einbindung in eine Regierung kanalisieren und für das eigene Wohlergehen nutzen zu können, forderten die eigenen Anhänger und Mitglieder – vor allem in der SA – die Durchsetzung der zuvor formulierten ökonomischen und sozialen Ziele, um ihrerseits von den Änderungen profitieren zu können. Unabhängig von diesen einander widersprechenden Erwartungshaltungen an die neue Regierung konzentrierte diese sich zunächst darauf, ihre Herrschaft politisch abzusichern, indem sie zentrale Verfassungsorgane okkupierte oder praktisch ausschaltete. Mit solchen, die Verfassung aushöhlenden Maßnahmen griff die neue Regierung auf politische Verhaltensweisen aus der Endzeit der Weimarer Republik zurück: die Präsidialkabinette seit 1930, das verstärkte Regieren mit Notverordnungen eben seit dieser Zeit, den „Preußenschlag" v. Papens 1932 oder auch die verstärkten Zensurmaßnahmen z. B. gegen Carl von Ossietzky und seine „Weltbühne" (1931). Die Erfahrungen damit zeigten auch, dass substanzieller Widerstand gegen die ergriffenen Maßnahmen nicht zu erwarten war. Insofern ist das lethargisch abwartende Verhalten der anderen Parteien und Gruppierungen in der

Weimarer Republik mit als Ursache für die nahezu widerstandslose Zerstörung der Demokratie in der Frühphase des „Dritten Reiches" anzusehen. So wird es eher verstehbar, dass es einer kleinen, radikalen, entschlossenen Führungsgruppe der NSDAP gelang, innerhalb eines Zeitraums von etwa 18 Monaten das politische und kulturelle Leben in Deutschland nahezu vollständig zu verändern. Mit dem Tod Hindenburgs und der (rechtswidrigen) Übernahme seiner Funktion durch Hitler im August 1934 war dieser Prozess weitgehend abgeschlossen und im Prinzip unumkehrbar.

Gleichschaltung

Innerhalb dieses Zeitraums wurden alle öffentlichen Sektoren – politische Strukturen, kulturelle Einrichtungen, gesellschaftliche Bereiche – von der NSDAP vereinnahmt. Als alleinige Staatspartei noch zugelassen, okkupierte sie den Staat, der fortan dazu diente, die Parteiziele durchzusetzen. Staatsämter und Parteiämter wurden miteinander verschränkt (vgl. dazu M 6, 7). Einerseits entstand dadurch ein nach außen hin geschlossen wirkender, monokratischer Block, der scheinbar das demokratische Chaos der Weimarer Republik vergessen ließ, andererseits resultierte daraus ein polykratisches Kompetenzgerangel, das zu oftmals willkürlichen und widersprüchlichen Entscheidungen führte. Nicht sofort waren alle Verwaltungen, von der kleinsten Kommune bis hin zum Gesamtstaat (z. B. dem Außenministerium) auf die neuen Zielsetzungen ausgerichtet. Das Militär wurde nicht unmittelbar nach 1933 zu einer nationalsozialistischen Einrichtung. Auch andere Bereiche, wie etwa die Kirchen oder Vereine gingen nicht alle sogleich mit wehenden Fahnen zum Nationalsozialismus über.

Entwicklung der NSDAP

Auch innerhalb der NSDAP gab es unüberbrückbare Widersprüche, etwa die zwischen SA und SS. Nicht alle neuen Mitglieder, die seit 1933 um Aufnahme in die Partei ersuchten und sie erhielten, standen vorbehaltlos hinter allen Parteizielen. Was anfänglich für „Erfolge" der Nationalsozialisten gehalten wurde, wie z. B. der Rückgang der Arbeitslosigkeit, die wiedererstarkende wirtschaftliche Konjunktur, hatte erheblich zur Akzeptanz des Regimes beigetragen, da man zunächst nicht wahrnahm, dass diese Entwicklungen bereits vor 1933 weltweit einsetzten und womit diese Effekte in Deutschland bezahlt wurden.

Selbst nach Kriegsbeginn stiegen die Mitgliederzahlen noch erheblich an. Sicher ist, dass der Nationalsozialismus ohne die Millionen „williger Vollstrecker": Verwaltungsbeamte, Polizisten, Juristen, Eisenbahner, Ärzte, die zur Kooperation bereit waren, seine totalitären, rassistischen, menschenverachtenden, nationalistischen Ziele nicht hätte realisieren können.

Verfolgung und sozialer Aufstieg

Eine unmittelbare Folge war, dass kritische Geister das Land verlassen mussten. Intellektuelle, wie Schriftsteller (z. B. Bertolt Brecht), Künstler (z. B. Marlene Dietrich) oder Wissenschaftler (z. B. Albert Einstein) emigrierten. Die Führer der verbotenen linken politischen Parteien entzogen sich ihrer Verhaftung, indem sie nach Paris und Moskau (KPD) oder Prag (SPD) gingen. Tausende von zuvor in akribisch erstellten Listen erfasste Gegner des Nationalsozialismus wurden in die sogenannte „Schutzhaft" genommen und in immer neue Konzentrationslager eingewiesen. Angst und Schrecken auf der einen, Aussicht auf Einfluss und Aufstieg auf der anderen Seite („Wohlfühldiktatur") kennzeichneten die deutsche Gesellschaft im Nationalsozialismus. Aber auch die besondere Bedeutung und Funktion Hitlers ist in diesem Zusammenhang zu bedenken. Der Jubel, der ihn bei seinen öffentlichen Auftritten empfing und umgab, war anfangs meist nicht verordnet!

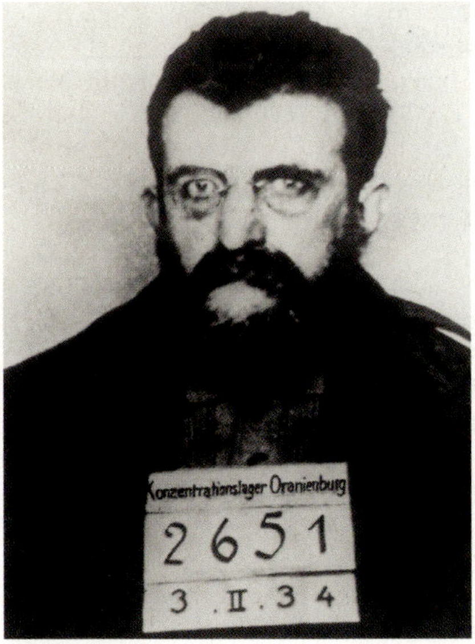

Verfolgung und Begeisterung: links der Schriftsteller Erich Mühsam im Konzentrationslager Oranienburg 1934 (dort im selben Jahr ermordet), rechts: Szene des Reichsparteitags in Nürnberg 1934, bei dem es v. a. um soziale Themen ging (aus L. Riefenstahl, „Triumph des Willens").

Vorauseilender Gehorsam und widerstandslose Akzeptanz erleichterten ihm und der Partei die Durchsetzung der eigenen Ziele. Dies gilt sowohl hinsichtlich der wirtschaftlichen Ausrichtung (Aufstellung von Vier-Jahres-Plänen zur Umstellung und Vorbereitung der Wirtschaft auf den Krieg; „Arisierung" bzw. „Entjudung" von Unternehmen) als auch bei der Ausschaltung und Vernichtung der politischen Gegner und der als minderwertig deklarierten Mitglieder der deutschen Bevölkerung: den Mitgliedern der jüdischen Glaubensgemeinschaft, den Sinti und Roma, den Behinderten, den Homosexuellen.

Aufhebung der Gewaltenteilung

Mittels der Gestapo, der SA, die mit der normalen Polizei zusammenarbeitete, und den neu eingerichteten Konzentrationslagern, aber auch der Justiz, die sich im Laufe der 30er Jahre in weiten Teilen zu einer parteiabhängigen Strafverfolgungsbehörde entwickelte, wurde die neue Diktatur durchgesetzt. Die Gewaltenteilung existierte nicht mehr. Rechtstraditionen und -verfahren, die sich etwa seit dem Habeas-Corpus-Amendment-Act (1679) in Europa herausgebildet und zu fundamentalen Menschenrechten entwickelt hatten, wurden durch ein nicht näher kodifiziertes, völkisches Recht ersetzt, einer Willkürjustiz, die vorgab, dem vermeintlich „gesunden Volksempfinden" zu entsprechen.

Außenpolitik

Die Außenpolitik war von Beginn auf den Krieg ausgerichtet, wenngleich Hitler in den ersten Jahren immer wieder den Frieden beschwor. Die deutsche Wirtschaft wurde sehr bald auf eine Kriegswirtschaft mit einem enormen Anteil der Rüstungsindustrie umgestellt, was zwar zur Vollbeschäftigung, aber auch zur Zerrüttung der Finanzen des Reiches führte. Reichsbankpräsident Hjalmar Schacht trat deswegen 1939 von seinem Amt zurück.

Neben der Sozialpolitik war es vor allem die Außenpolitik der Nazis, die ihnen die Zustimmung der großen Mehrheit der deutschen Öffentlichkeit eintrug.

2.1 Gleichschaltung, Volksgemeinschaft, Diktatur – die politische Herrschaft des NS-Staates

MATERIAL

1 Daten zur Entwicklung der NSDAP und der Etablierung ihrer Macht

5.1.1919	Gründung der DAP (ein Jahr später in NSDAP umbenannt)
24.2.1920	25-Punkte-Programm der NSDAP
1921	Gründung der SA
15.11.1922	Verbot der NSDAP in Preußen nach Ermordung Rathenaus
8./9.11.1923	Hitler-Putsch in München
26.2.1924	Hochverratsprozess gegen Hitler u.a. (5 Jahre Festungshaft)
20.12.1924	Vorzeitige Entlassung Hitlers
1925	Gründung der SS
1926	Gründung der HJ
25.2.1932	Hitlers Ernennung zum Regierungsrat in Braunschweig, damit deutsche Staatsbürgerschaft
30.1.1933	Ernennung Hitlers zum Reichskanzler
28.2.1933	VO des Reichspräsidenten „Zum Schutz von Volk und Staat" („Reichstagsbrandverordnung")
23.3.1933	Gesetz zur Behebung der Not von Volk und Reich („Ermächtigungsgesetz")
31.3.1933	Gesetz zur Gleichschaltung der Länder mit dem Reich
7.4.1933	Gesetz zur Wiederherstellung des Berufsbeamtentums
7.4.1933	Zweites Gesetz zur Gleichschaltung der Länder mit dem Reich
2.5.1933	Aufhebung der Gewerkschaften
26.5.1933	Gesetz über die Einziehung kommunistischen Vermögens
22.6.1933	Verbot der SPD
14.7.1933	Gesetz gegen die Neubildung von Parteien
14.7.1933	Gesetz zur Verhütung erbkranken Nachwuchses
22.9.1933	Reichskulturkammergesetz
1.12.1933	Gesetz zur Sicherung der Einheit von Partei und Staat
24.4.1934	Gesetz zur Errichtung des Volksgerichtshofes
3.7.1934	Gesetz über Maßnahmen der Staatsnotwehr (Legalisierung der Ermordung innerparteilicher Gegner)
1.8.1934	Gesetz über das Staatsoberhaupt des Deutschen Reiches

MATERIAL

2 Reichstagsbrandverordnung und Ermächtigungsgesetz

Das Ende der Wirksamkeit der Weimarer Reichsverfassung wird durch zwei gesetzliche Maßnahmen besiegelt: die Notverordnung des Reichspräsidenten vom 28.2.1933 aus Anlass des Reichstagsbrandes vom 27.2. und das Gesetz zur Behebung der Not von Volk und Reich vom 24.3.1933, dem so genannten Ermächtigungsgesetz, das das Ende der Republik bedeutete.

a) Verordnung des Reichspräsidenten zum Schutz von Volk und Staat (28. Februar 1933)

Das brennende Reichstagsgebäude (27.–28. Februar 1933). Plenarsaal und Kuppel werden zerstört. Der Brandanschlag war wahrscheinlich das Werk eines Einzelnen, von den Nationalsozialisten jedoch schnell den Kommunisten zur Last gelegt. Eine nationalsozialistische Täterschaft lässt sich mit den vorliegenden Quellen jedoch nicht belegen.

Auf Grund des Artikels 48 Abs. 2 der Reichsverfassung wird zur Abwehr kommunistischer staatsgefährdender Gewaltakte Folgendes verordnet:
§ 1. Die Artikel 114, 115, 117, 118, 123, 124 und 153 der Verfassung des Deutschen Reiches werden bis auf weiteres außer Kraft gesetzt. Es sind daher Beschränkungen der persönlichen Freiheit, des Rechts der freien Meinungsäußerung, einschließlich der Pressefreiheit, des Vereins- und Versammlungsrechts, Eingriffe in das Brief-, Post-, Telegraphen- und Fernsprechgeheimnis, Anordnungen von Haussuchungen und von Beschlagnahmen sowie Beschränkungen des Eigentums auch außerhalb der sonst hierfür bestimmten gesetzlichen Grenzen zulässig.
§ 2. Werden in einem Lande die zur Wiederherstellung der öffentlichen Sicherheit und Ordnung nötigen Maßnahmen nicht getroffen, so kann die Reichsregierung insoweit die Befugnisse der obersten Landesbehörde vorübergehend wahrnehmen. [...]
§ 5. Mit dem Tode sind die Verbrechen zu bestrafen, die das Strafgesetzbuch in den §§ 81 (Hochverrat), 229 (Giftbeibringung), 307 (Brandstiftung), 311 (Explosion), 312 (Überschwemmung), 315 Abs. 2 (Beschädigung von Eisenbahnanlagen), 324 (gemeingefährliche Vergiftung) mit lebenslangem Zuchthaus bedroht.
Mit dem Tode oder, soweit nicht bisher eine schwerere Strafe angedroht ist, mit lebenslangem Zuchthaus oder mit Zuchthaus bis zu 15 Jahren wird bestraft:
1. Wer es unternimmt, den Reichspräsidenten oder ein Mitglied oder einen Kommissar der Reichsregierung oder einer Landesregierung zu töten oder wer zu einer solchen Tötung auffordert, sich erbietet, ein solches Erbieten annimmt oder eine solche Tötung mit einem anderen verabredet;
2. wer in den Fällen des § 115 Abs. 2 des Strafgesetzbuches (schwerer Aufruhr) oder des § 125 Abs. 2 des Strafgesetzbuches (schwerer Landfriedensbruch) die Tat mit Waffen oder in bewusstem und gewolltem Zusammenwirken mit einem Bewaffneten begeht;
3. wer eine Freiheitsberaubung (§ 239 des Strafgesetzbuches) in der Absicht begeht, sich des der Freiheit Beraubten als Geisel im politischen Kampfe zu bedienen.
§ 6. Diese Verordnung tritt mit dem Tage der Verkündung in Kraft.

Der Reichspräsident: v. Hindenburg.
Der Reichskanzler: Adolf Hitler.
Der Reichsminister des Innern: Frick.
Der Reichsminister der Justiz: Dr. Gürtner.

b) Gesetz zur Behebung der Not von Volk und Reich (24. März 1933)

Der Reichstag hat das folgende Gesetz beschlossen, das mit Zustimmung des Reichsrats hiermit verkündet wird, nachdem festgestellt ist, dass die Erfordernisse verfassungsändernder Gesetzgebung erfüllt sind:
Art. 1 Die Reichsgesetze können außer in dem in der Reichsverfassung vorgesehenen Verfahren auch durch die Reichsregierung beschlossen

werden. Dies gilt auch für die in den Artikeln 85 Abs. 2 [Haushaltsrecht] und 87 [Kreditaufnahme] bezeichneten Gesetze.

Art. 2. Die von der Reichsregierung beschlossenen Reichsgesetze können von der Reichsverfassung abweichen, soweit sie nicht die Einrichtung des Reichstags und des Reichsrats als solche zum Gegenstand haben. Die Rechte des Reichspräsidenten bleiben unberührt.

Art. 3. Die von der Reichsregierung beschlossenen Gesetze werden vom Reichskanzler ausgefertigt und im Reichsgesetzblatt verkündet. Sie treten, soweit sie nichts anderes bestimmen, mit dem auf die Verkündung folgenden Tage in Kraft. Die Artikel 68 bis 77[1] der Reichsverfassung finden auf die von der Reichsregierung beschlossenen Gesetze keine Anwendung.

Art. 4. Verträge des Reichs mit fremden Staaten, die sich auf Gegenstände der Reichsgesetzgebung beziehen, bedürfen nicht der Zustimmung der an der Gesetzgebung beteiligten Körperschaften. Die Reichsregierung erlässt die zur Durchführung dieser Verträge erforderlichen Vorschriften.

Art. 5. Dieses Gesetz tritt mit dem Tage seiner Verkündung in Kraft. Es tritt mit dem 1. April 1937 außer Kraft; es tritt ferner außer Kraft, wenn die gegenwärtige Reichsregierung durch eine andere abgelöst wird.[2]

[1] Die Artikel 68–77 der Reichsverfassung regeln das normale Gesetzgebungsverfahren, darunter auch Volksentscheid und Volksbegehren und das Verfahren der Verfassungsänderung selbst.

[2] Das Ermächtigungsgesetz wurde dreimal verlängert (30. Januar 1937: bis zum 1. April 1941; 30. Januar 1939: bis zum 10. Mai 1943; durch einen vom Verfahren her selbst dem Ermächtigungsgesetz widersprechenden Erlass Hitlers („Selbstermächtigung") vom 10. Mai 1943: auf unbestimmte Zeit.

Ernst Rudolf Huber (Hrsg.), Dokumente zur deutschen Verfassungsgeschichte, Bd. 3: Dokumente der Novemberrevolution und der Weimarer Republik 1918–1933, Stuttgart (Kohlhammer), 1966, S. 602 ff.

MATERIAL

3 Gleichschaltung

Mit der Übernahme der Regierungsgewalt auf Reichsebene, der Aneignung der parlamentarischen Mehrheit im Reichstag durch den Ausschluss der am 5. März 1933 gewählten kommunistischen Abgeordneten und dem Durchsetzen des Ermächtigungsgesetzes, de facto dem Außerkraftsetzen der Weimarer Verfassung, hatte die NSDAP die ersten Stufen auf dem Weg zur totalitären Herrschaft in nicht einmal drei Monaten aus ihrer Sicht erfolgreich erklommen. Von dieser Basis ausgehend, wurden viele Schritte gleichzeitig unternommen, die gesamte öffentliche Struktur des Deutschen Reiches so umzugestalten, dass der dominierende Einfluss der NSDAP überall deutlich wurde. Mit der Erringung der vollständigen Macht auf Reichsebene war es daher aus dem Denken der NSDAP her logisch, sich der verbliebenen demokratischen Institutionen anzunehmen, diese abzuschaffen und nach eigenen Vorstellungen neu zu gestalten. Dies betraf zum einen die föderale Struktur des Deutschen Reiches. Schon am 5. März wurde die erste Landesregierung praktisch gewaltsam abgesetzt (Hamburg), am 6. März folgten Lübeck, Bremen und Hessen und bis zum 9. März alle anderen. Dies geschah durch illegale Aktionen, wie Besetzung von Verwaltungsgebäuden und Rathäusern und die darauf unter Berufung auf die „Reichstagsbrandverordnung" folgende Einsetzung von Reichskommissaren durch die amtierende Reichsregierung. Mit dem Gesetz vom 31. März 1933 wurde dieses Vorgehen quasi nachträglich legitimiert und die nach demokratischen Grundsätzen gewählten Landesparlamente aufgelöst. Mit der Begründung, dass die Ergebnisse bei der Reichstagswahl vom 5. März 1933 den wahren politischen Willen des deutschen Volkes anzeigten, mussten die Landesparlamente nach den Reichstagswahlergebnissen in den einzelnen Ländern – mit Ausnahme Preußens, das seit 1932 schon unter Reichskuratel stand – neu zusammengesetzt werden. Auch hier entfielen die Stimmen, die für die KPD abgegeben wurden, sodass sich die NSDAP die Mehrheit in den Ländern sichern konnte (vgl. Karte). In einem zweiten Schritt (7. April 1933) wurden die Landesregierungen nun

offiziell durch Reichsstatthalter ersetzt, die vom Reichspräsidenten auf Vorschlag des Reichskanzlers zu ernennen waren, bis schließlich im Januar 1934 die Länder de facto aufgelöst wurden:

„Gesetz über den Neuaufbau des Reiches (30.1.1934)
Die Volksabstimmung und die Reichstagswahl vom 12. November 1933 haben bewiesen, dass das deutsche Volk über alle innenpolitischen Grenzen und Gegensätze hinweg zu einer unlöslichen, inneren Einheit verschmolzen ist.
Der Reichstag hat daher einstimmig das folgende Gesetz beschlossen, das mit einmütiger Zustimmung des Reichsrats hiermit verkündet wird, nachdem festgestellt ist, dass die Erfordernisse verfassungsändernder Gesetzgebung erfüllt sind.
Art. 1. Die Volksvertretungen der Länder werden aufgehoben.
Art. 2. (1) Die Hoheitsrechte der Länder gehen auf das Reich über. [...]"

14 Tage später wurde auch die Zweite Kammer, der Reichsrat, aufgelöst. Kommunen und Kreise ereilte dasselbe Schicksal. Das Deutsche Reich war damit zu einem zentralistisch regierten Einheitsstaat unter alleinigem Einfluss der NSDAP geworden.

Das Prinzip der „Gleichschaltung" wurde auf alle anderen politisch-öffentlichen Bereiche übertragen. Nach dem Verbot von KPD und SPD und der „Selbstauflösung" der anderen Parteien gab es nur noch die NSDAP. Die Unabhängigkeit der Presse wurde durch die Reichpressekammer aufgehoben. Bis zum Beginn des Zweiten Weltkrieges gaben ca. 1500 Zeitungsverleger ihre Tätigkeit auf, „von den rund 4700 deutschen Zeitungen im Jahre 1932 bestanden 1944 noch 977. Während des gleichen Zeitraums stieg der Auflagenanteil der im Besitz der NSDAP befindlichen Zeitungen von rund 2,5 auf 82,5 Prozent."[1] Beispielhaft war auch das Vorgehen gegen Journalisten. Mit dem Schriftleitergesetz (4. Oktober 1933) wurde ein Berufsverbot für Journalisten jüdischen Glaubens und solchen, die mit einem Juden/einer Jüdin verheiratet waren, ausgesprochen. Ab 1936 musste ein Ariernachweis bis zum Jahre 1800 (zur Erinnerung: Die Judenemanzipation in Preußen wurde 1812 gesetzlich bestimmt) erbracht werden, um weiter als Journalist arbeiten zu können. Allerdings musste man selbstverständlich die Gewähr dafür bieten, im Sinne der nationalsozialistischen Ideologie zu schreiben. Dies wurde auch dadurch gewährleistet, dass es vom Propagandaministerium dezidierte Vorschriften gab, welche Themen und Begriffe verwendet werden durften. In sogenannten „Anweisungen" wurden Inhalte und genaue Sprachregelungen, die von der Presse zu beachten waren, vorgenommen. Dabei wurden uns banal erscheinende Mitteilungen, wie z. B. Anweisung Nr. 51, vom 9.11.1933 (drei Tage vor der „Wahl" zum Reichstag, zu der nur noch die NSDAP zugelassen war), die Neuregelung der Margarinepreise betreffend, die auf der ersten Seite zu veröffentlichen sei, ebenso vorgeschrieben, wie gravierende Vorgänge etwa zum Pogrom vom 9.11.1938: „Streng vertraulich! Nur zur Information! Muss geheimgehalten werden! – Abschließend sagte Braeckow, es sei anzunehmen, dass die Zeitungen im Laufe des Nachmittags zum Judenproblem noch eine Sprachregelung bekommen würden. […] Er – Braeckow – nehme an, dass eine große Zeitung oder das DNB [Deutsches Nachrichtenbüro (1934–1945)] einen von prominenter Seite geschriebenen Artikel bekämen, der dann die Kommentarrichtlinie für die übrigen Zeitungen darstelle."[2]

Neben den Journalisten in der Reichspressekammer wurden auch alle anderen „Kulturschaffenden" in ihren jeweiligen Sparten zusammengefasst und nach vergleichbaren Vorgaben in ihrer Arbeit reglementiert: Reichsschrifttumskammer (Schriftsteller), Reichsrundfunkkammer, Reichstheaterkammer, Reichsmusikkammer, Reichsfilmkammer, Reichskammer der bildenden Künste. Alle gemeinsam waren Teil der Reichskulturkammer. Das an diesen Beispielen veranschaulichte Vorgehen betraf zur gleichen Zeit die Gewerkschaften, die Interessenvertretungen des Handels, des Handwerks, der Industrie, der Bauern, aber auch Jugendverbände, Ärztevereinigungen, Lehrerverbände, Richter- und Anwaltsvereinigungen usw. Allein die Kirchen konnten sich gewisse Separatrechte erhalten, wenngleich der Einfluss der NSDAP auch hier dramatisch zunahm (sogenannte „Deutsche Christen").

Mit dem „Gesetz zur Sicherung der Einheit von Partei und Staat" (1. Dezember 1933) wurde Parteipolitik nun auch offiziell zur Regierungspolitik:

---

§1 bestimmt:

[1] Nach dem Sieg der nationalsozialistischen Revolution ist die Nationalsozialistische Deutsche Arbeiterpartei die Trägerin des deutschen Staatsgedankens und mit dem Staat unlöslich verbunden.

[2] Sie ist eine Körperschaft des öffentlichen Rechts. Ihre Satzung bestimmt der Führer. […]"

Autorentext Ulrich Scholz, zusammengestellt nach: 1 Hilde Kammer, Elisabet Bartsch: Jugendlexikon Nationalsozialismus – Begriffe aus der zeit der Gewaltherrschaft, Reinbek (Rowohlt), 1982, S. 171; 2 Joseph Wulf: Presse und Funk im Dritten Reich – Eine Dokumentation, Reinbek (Rowohlt), 1966, S. 93 bzw. 104.

MATERIAL

4 Propaganda

Bereits am 13. März 1933 wurde das Reichsministerium für Volksaufklärung und Propaganda, kurz: Propagandaministerium unter der Leitung Joseph Goebbels' eingerichtet. Zahlreiche Aufgaben anderer Ministerien gingen auf diese neue Behörde über. Goebbels war zuvor schon Reichsleiter für Propaganda der NSDAP. Er stellt damit eines von vielen Beispielen für die Verquickung von Partei- und Regierungsamt dar. Auf die Bedeutung der Propaganda hat schon Hitler ausführlich hingewiesen:

An wen hat sich die Propaganda zu wenden? An die wissenschaftliche Intelligenz oder an die weniger gebildete Masse?

Sie hat sich ewig nur an die Masse zu richten! […]

Die Aufgabe der Propaganda liegt nicht in einer wissenschaftlichen Ausbildung des einzelnen, sondern in einem Hinweisen der Masse auf bestimmte Tatsachen, Vorgänge, Notwendigkeiten usw., deren Bedeutung dadurch erst in den Gesichtskreis der Masse gerückt werden soll.

Die Kunst liegt nun ausschließlich darin, dies in so vorzüglicher Weise zu tun, dass eine allgemeine Überzeugung von der Wirklichkeit einer Tatsache, der Notwendigkeit eines Vorgangs, der Richtigkeit von etwas Notwendigem usw. entsteht. Da sie aber nicht Notwendigkeit an sich ist und sein kann, […] so muss ihr Wirken auch immer auf das Gefühl gerichtet sein und nur sehr bedingt auf den sogenannten Verstand.

Jede Propaganda hat volkstümlich zu sein und ihr geistiges Niveau einzustellen nach der Aufnahmefähigkeit des Beschränktesten unter denen, an die sie sich zu richten gedenkt. Damit wird ihre rein geistige Höhe um so tiefer zu stellen sein, je größer die zu erfassende Masse der Menschen sein soll. […] Je bescheidener dann ihr wissenschaftlicher Ballast ist, und je mehr sie ausschließlich auf das Fühlen der Masse Rücksicht nimmt, um so durchschlagender der Erfolg. Dieser aber ist der beste Beweis für die Richtigkeit oder Unrichtigkeit einer Propaganda und nicht die gelungene Befriedigung einiger Gelehrter oder ästhetischer Jünglinge.
Gerade darin liegt die Kunst der Propaganda, dass sie die gefühlsmäßige Vorstellungswelt der großen Masse begreifend, in psychologisch richtiger Form den Weg zur Aufmerksamkeit und weiter zum Herzen der breiten Masse findet. […]
Die Aufnahmefähigkeit der großen Masse ist nur sehr beschränkt, das Verständnis klein, dafür jedoch die Vergesslichkeit groß. Aus diesen Tatsachen heraus hat sich jede wirkungsvolle Propaganda auf nur sehr wenige Punkte zu beschränken und diese schlagwortartig so lange zu verwerten, bis auch bestimmt der Letzte unter einem solchen Worte das Gewollte sich vorzustellen vermag. […]
Die Aufgabe der Propaganda ist z. B. nicht ein Abwägen der verschiedenen Rechte, sondern dass ausschließliche Betonen des einen eben durch sie zu vertretenden. Sie hat nicht objektiv auch die Wahrheit, soweit sie den anderen günstig ist, zu erforschen, um sie dann der Masse in doktrinärer Aufrichtigkeit vorzusetzen, sondern ununterbrochen der eigenen zu dienen.

Adolf Hitler, Mein Kampf, 1. Bd., München (Verlag Franz Eher Nachf.), 69. Auflage 1933, S. 196 ff.

Zentrale Mittel der NS-Propaganda waren – neben Aufmärschen und inszenierten Massenveranstaltungen – die öffentliche Rede und ihre Verbreitung im Rundfunk. Oben: Hitlerrede 1938 in Nürnberg, unten: „Volksempfänger", Radio von Siemens 1936.

MATERIAL

Ein soziologisches Erklärungsmodell für die Akzeptanz Hitlers 5

Der Sozialökonom und Soziologe Max Weber (1864–1920), Mitbegründer der DDP und Sachverständiger der deutschen Delegation in Versailles, definierte idealtypisch den Begriff der charismatischen Herrschaft.

§ 10 „Charisma" soll eine als außeralltäglich […] geltende Qualität einer Persönlichkeit heißen, um derentwillen sie als mit übernatürlichen oder übermenschlichen oder mindestens spezifisch außeralltäglichen, nicht jedem anderen zugänglichen Kräften oder Eigenschaften [begabt] oder als gottgesandt oder als vorbildlich und deshalb als „Führer" gewertet wird. Wie die betreffende Qualität von irgendeinem ethischen, ästhetischen oder sonstigen Standpunkt aus „objektiv“ richtig zu bewerten sein würde, ist natürlich dabei begrifflich völlig gleichgültig: darauf allein, wie sie tatsächlich von den charismatisch Beherrschten, den „Anhängern“, bewertet wird, kommt es an. […]

1. Über die Geltung des Charismas entscheidet die durch Bewährung – ursprünglich stets: durch Wunder – gesicherte freie, aus Hingabe an Offenbarung, Heldenverehrung, Vertrauen zum Führer geborene, Anerkennung durch die Beherrschten. […]

3. […] Der Verwaltungsstab des charismatischen Herrn ist […] nach charismatischen Qualitäten ausgelesen: dem „Propheten“ entsprechen die „Jünger“, dem „Kriegsfürsten“ die „Gefolgschaft“, dem „Führer“ überhaupt: „Vertrauensmänner“. Es gibt keine „Anstellung“ oder „Absetzung“, keine „Laufbahn“ und kein „Aufrücken“. Sondern nur Berufung nach Eingebung des Führers auf Grund der charismatischen Qualifikation des Berufenen […] Es gibt kein Reglement, keine abstrakten Rechtssätze, keine an ihnen orientierte rationale Rechtsfindung, keine an traditionalen Präzedenzien[1] orientierten Weistümer[2] und Rechtssprüche. Sondern formal sind aktuelle Rechtsschöpfungen von Fall zu Fall, ursprünglich nur Gottesurteile und Offenbarungen maßgebend. Material aber gilt für alle genuin[3] charismatische Herrschaft der Satz: „es steht geschrieben, – ich aber sage euch“; der genuine Prophet sowohl wie der genuine Kriegsfürst wie jeder genuine Führer überhaupt verkündet, schafft, fordert neue Gebote […]

Die charismatische Herrschaft ist, als das Außeralltägliche, sowohl der rationalen, insbesondere der bureaukratischen, als der traditionalen, […] schroff entgegengesetzt. Beide sind spezifische Alltags-Formen der Herrschaft, – die (genuin) charismatische ist spezifisch das Gegenteil. Die bureaukratische Herrschaft ist spezifisch rational im Sinn der Bindung an diskursiv analysierbare Regeln, die charismatische spezifisch irrational im Sinn der Regelfremdheit. Die traditionale Herrschaft ist gebunden an die Präzedenzien der Vergangenheit und insoweit ebenfalls regelhaft orientiert, die charismatische stürzt (innerhalb ihres Bereichs) die Vergangenheit um und ist in diesem Sinn spezifisch revolutionär. […]

[1] Präzedenzien: frühere Fälle, frühere Beispiele
[2] Weistümer: Rechtssprüche, gesetzliche Bestimmungen
[3] genuin: echt, naturgemäß, rein, unverfälscht

Max Weber, Wirtschaft und Gesellschaft, Grundriss der verstehenden Soziologie, Tübingen (Mohr), 9. bis 13. Tausend, 1976, S. 140 ff.

MATERIAL

6 Übersicht über die Verflechtung von Staat und Partei

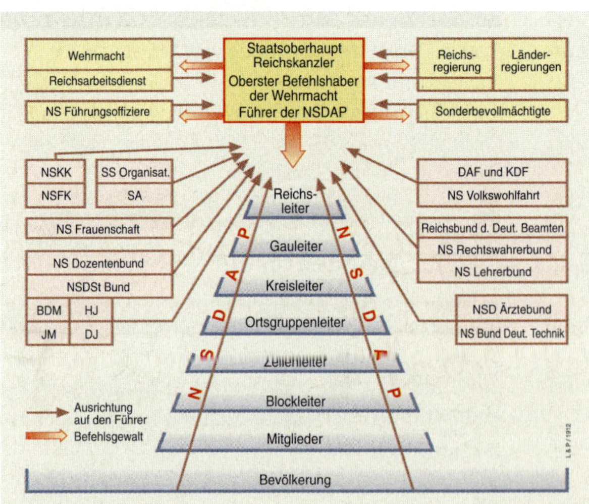

1939 gliederte sich die NSDAP *in 40 Gaue, 808 Kreise, 28 376 Ortsgruppen mit je maximal 1500 Haushalten, 89 378 Zellen mit 160–480 Haushalten, 463 048 Blocks mit 40–60 Haushalten. Die einzelnen Parteiorganisationen waren nach einem vergleichbaren Schema nach dem Führerprinzip hierarchisch strukturiert.*

nach: Neue Gesellschaft für bildende Kunst und Kunstamt Kreuzberg (Hrsg.), Faschismus – Renzo Vespignani, Berlin (Elefanten Press), 1976, S. 47.

MATERIAL

Ämterpluralismus und Polykratie im Nationalsozialismus 7

Der Historiker Martin Broszat erklärt die verwirrende Kompetenzverteilung im NS-*Staat:*

Die ersten Jahre des Dritten Reiches, in denen noch nicht definitiv entschieden war, wie sich der Dualismus zwischen „Bewegung" und Regierungsdiktatur weiterentwickeln würde, zeigen die Wirkungsweise dieses Dualismus besonders klar. Wesentliche Merkmale der durchaus widersprüchlichen Organisations-, Rechts- und Macht-Struktur des Hitler-Regimes sind überhaupt erst von diesem Antagonismus her zu verstehen. So war es von grundlegender Bedeutung, dass sich die sogenannte Machtergreifung in den Jahren 1933/34 in der Form eines Pendelschlags von Revolution und Revolutionsstop vollzog. Die in dieser stürmischen Anfangsphase herausgebildete Struktur der Macht- und Kompetenzverteilung war nicht die Folge eines klaren Konzepts und einheitlichen Vorgehens, vielmehr zahlreicher, z. T. ineinander übergreifender, aber nur selten koordinierter und häufig gegenläufiger Einzelprozesse, die sich aus der Partei-Revolution von unten, der Expansion der zentralen Staatsdiktatur von oben und der oft mehr oder weniger selbsttätigen Gleichschaltung und Anpassung im außerstaatlichen Raum des gesellschaftlichen und öffentlichen Lebens ergaben. [...]
Diese Verfilzung von staatlichen, halbstaatlichen und parteipolitischen Institutionen und Kompetenzen, die auch zur Vermengung staatlich-bürokratischer Organisation und privatwirtschaftlicher Verbandsstrukturen mit dem aus der NS-Bewegung stammenden Führerprinzip führte, machte die Grenzen zwischen Staat, Gesellschaft und Partei flüssig und erzeugte gleichsam ein totalitäres Verbundsystem unter ihnen. Das 1933/34 entstandene komplexe institutionelle Gefüge des Regimes reflektierte den Pluralismus der Kräfte und Aktionszentren, die in dieser Phase ihren Anteil an Einfluss und Macht, ihre partikularen Interessen und ihre Vorstellungen vom Wesen und der Zielsetzung des neuen Regimes durchzusetzen trachteten.

Martin Broszat, Der Staat Hitlers, dtv Weltgeschichte des 20. Jahrhunderts, München (dtv) 1983 (1. Aufl. 1969), S. 424–426.

MATERIAL

Präsentationsformen des Nationalsozialismus 8

Die Okkupation der Öffentlichkeit bedingte, sich auch der lokalen Kultur zu bemächtigen. Aufzüge und Feste der Schützenbrüder, Vereinsfeiern bis hin zu Erntedankfesten wurden durch nationalsozialistische Symbole und Propaganda ihrer eigentlichen Funktion beraubt. Diese Allgegenwart auf Festen und Feiern diente dazu, Eintracht zwischen Partei und Volk zu suggerieren.

Hitleraltar mit Fahnen, Gelsenkirchen.

Oetker-Park 1933, Bielefeld, bei der Umbenennung in Adolf-Hitler-Park.

MATERIAL

9 Der Nationalsozialismus und die Arbeiterschaft

Am Montag, dem 1. Mai 1933, wurde erstmals in der Geschichte der Tag der Arbeit als Feiertag begangen. Am darauffolgenden Tag wurden im gesamten Deutschen Reich die Gewerkschaftshäuser besetzt, das Vermögen eingezogen und die Gewerkschaften de facto verboten. An ihre Stelle trat die Deutsche Arbeitsfront (DAF, 10. Mai 1933) unter der Führung von Robert Ley (1890–1945 [Selbstmord in Nürnberg]). Die DAF diente der Gleichschaltung von Arbeitnehmern und Arbeitgebern.

Deutsche Arbeiter und Angestellte!
Schaffendes Volk in Stadt und Land!
Die Glocken zu Ehren der Arbeit sind verklungen. Mit nie dagewesener Wucht und Begeisterung hat das gesamte deutsche Volk das Hohelied vom schaffenden Menschen gesungen und damit sich und seinen hohen schöpferischen Geist geehrt. Die Räder standen still, der Amboss klang nicht mehr, der Bergmann kam aus seiner Grube: All, überall Feiertag!
Das, was die Gewerkschaften aller Richtungen, die Roten und die Schwarzen, die Christlichen und „Freien", auch nicht annähernd zustande brachten, was selbst in den besten Jahren des Marxismus nur ein Schatten, ein elender erbärmlicher Abklatsch gegenüber dem gewaltig Großen des gestrigen Tages war, der Nationalsozialismus schaffte es im ersten Anlauf. Er stellt den Arbeiter und den Bauern, den Handwerker und den Angestellten mit einem Wort, alle schaffenden Deutschen in den Mittelpunkt seines Denkens und Handelns und damit in den Mittelpunkt seines Staates, und den Raffenden und den Bonzen macht er unschädlich. [...] Wir treten heute in den zweiten Abschnitt der nationalsozialistischen Revolution ein. Ihr werdet sagen, was wollt Ihr denn noch, Ihr habt doch die absolute Macht! Gewiss, wir haben die Macht, aber wir haben noch nicht das ganze Volk. Die Arbeiter haben wir noch nicht hundertprozentig, und gerade Dich wollen wir, wir lassen Dich nicht, bis Du in aufrichtiger Erkenntnis restlos zu uns stehst. Du sollst auch von den letzten marxistischen Fesseln befreit werden, damit Du den Weg zu Deinem Volke findest. Denn das wissen wir: Ohne den deutschen Arbeiter gibt es kein deutsches Volk! [...]
Nicht als ob wir damit die Gewerkschaften an sich zerschlagen und zerstören wollten. Im Gegenteil, wir haben nie etwas zerstört, was überhaupt irgendwie Wert für unser Volk hat, und werden das auch in Zukunft nicht tun, das ist nationalsozialistischer Grundsatz. Das gilt ganz besonders für die Gewerkschaften, die mit so viel sauer verdienten und vom Munde abgesparten Arbeitergroschen aufgebaut wurden. Nein, Arbeiter, Deine Institutionen sind uns Nationalsozialisten heilig und unantastbar. [...]
Arbeiter und Bauern in breiter Front zusammen mit den freien Berufen und dem Handwerk – so bauen wir ein neues Reich des Wohlstandes, der Ehre und Freiheit. Mit Hitler für Deutschland vorwärts!

Berlin, den 2. Mai 1933
Das Aktions-Komitee zum
Schutze der Deutschen Arbeit
gez.: Dr. Ley, M. d. R.

Hans Mommsen und Susanne Willems (Hrsg.), Herrschaftsalltag im Dritten Reich, Studien und Texte, Düsseldorf (Schwann im Patmos Verlag), 1988, S. 157f.

Plakat der NSDAP *zum* 1. Mai 1935: *Dargestellt sind ein Industriearbeiter, ein Akademiker und ein Bauer.*

MATERIAL

Volksgemeinschaft – Kameradschaftsideologie 10

Sebastian Haffner beurteilt in seinem Buch „Geschichte eines Deutschen" auch die Bedeutung der „Kameradschaft" für das System. Er schreibt, dass

Kameradschaft eins der furchtbarsten Mittel der Entmenschung werden kann – und in der Hand der Nazis geworden ist. […] Sie haben die Deutschen überall zu Kameraden gemacht und sie vom widerstandslosesten Alter an an dieses Rauschmittel gewöhnt: in der Hitler-Jugend, der SA, der Reichswehr, in tausend Lagern und Bünden – und sie haben ihnen dabei etwas ausgetrieben, was unersetzlich und mit keinem Glück der Kameradschaft zu bezahlen ist.
Kameradschaft gehört zum Krieg. Wie Alkohol ist sie eins der großen Trost- und Hilfsmittel für Menschen, die unter unmenschlichen Bedingungen zu leben haben. Sie macht Unerträgliches erträglich. Sie hilft, Tod, Schmutz und Jammer zu überstehen. Sie betäubt. Sie tröstet über den Verlust aller Zivilisationsgüter hinweg, den sie voraussetzt. […] Dass sie eine Weile glücklich macht, ändert daran nicht das geringste. Sie verdirbt und depraviert den Menschen wie kein Alkohol und kein Opium. Sie macht ihn unfähig zum eigenen, verantwortlichen, zivilisierten Leben. Ja, sie ist recht eigentlich ein Dezivilisationsmittel. Die allgemeine Kameradschafts-Hurerei, zu der die Nazis die Deutschen verführt haben, hat dieses Volk heruntergebracht wie nichts anderes.
[…] Die Kameradschaft, um das Zentralste voranzustellen, beseitigt völlig das Gefühl der Selbstverantwortung […] Der Mensch, der in der Kameradschaft lebt, ist jeder Sorge für die Existenz, jeder Härte des Lebenskampfs überhoben. Er hat sein Lager in der Kaserne, er hat sein Essen und seine Uniform. Sein Tageslauf ist ihm von Stunde zu Stunde vorgeschrieben. Er braucht sich nicht die kleinste Sorge zu machen. […]
Viel schlimmer ist, dass Kameradschaft dem Menschen auch die Verantwortung für sich selbst und vor Gott und seinem Gewissen abnimmt. Er tut, was alle tun. Er hat keine Wahl. Er hat keine Zeit nachzudenken […]. Sein Gewissen sind die Kameraden und es erteilt ihm Absolution für alles, solange er tut, was alle tun […]
Kameradschaft bedeutet unvermeidlich Fixierung des geistigen Niveaus auf der niedrigsten, dem letzten noch gerade mal zugänglichen Stufe. Sie erträgt keine Diskussion; Diskussion nimmt […] sofort die Farbe der Quengelei und Stänkerei an und ist eine Todsünde. In der Kameradschaft gedeihen keine Gedanken, sondern nur Massenvorstellungen primitivster Art – und sie wieder unentrinnbar; wer sich ihnen entziehen will, würde sich außerhalb der Kameradschaft stellen. […] „Wir" waren ein Kollektivwesen, und mit der ganzen intellektuellen Feigheit und Verlogenheit des Kollektivwesens ignorierten und bagatellisierten wir instinktiv alles, was unsere kollektive Selbstzufriedenheit hätte stören können […] Ein Deutsches Reich im Kleinen. […]

S. Haffners posthum bekannt gewordene Erinnerungen zeigen eine klarsichtige Analyse des Nationalsozialismus bereits 1933.

Sebastian Haffner, Geschichte eines Deutschen, Die Erinnerungen 1914–1933, München (dtv) 2002, S. 278 ff.

MATERIAL
11 Die Absicherung der NS-Herrschaft durch die Gestapo

Am 26. April 1933 wurde die Gestapo als politische Polizei gegründet. Nach einigen organisatorischen Änderungen übernahm Heinrich Himmler im Juni 1936 als „Reichsführer-SS und Chef der Deutschen Polizei" die Verantwortung für den gesamten Polizeiapparat im Deutschen Reich. Die Aufgaben der Gestapo wurden 1936 in einem Gesetz formuliert:

„§ 1. Die Geheime Staatspolizei hat die Aufgabe, alle staatsgefährlichen Bestrebungen im gesamten Staatsgebiet zu erforschen und zu bekämpfen, das Ergebnis der Erhebungen zu sammeln und auszuwerten, die Staatsregierung zu unterrichten und die übrigen Behörden über wichtige Feststellungen auf dem Laufenden zu halten und mit Anregungen zu versehen. [...]

§ 7. Verfügungen und Angelegenheiten der Geheimen Staatspolizei unterliegen nicht der Nachprüfung durch die Verwaltungsgerichte."

Was als „staatsgefährliche Bestrebung" anzusehen war, wurde bewusst nicht klar definiert. Das Abhören feindlicher Rundfunksender, das Weiterverbreiten antinationalsozialistischer Schriften, das Erzählen politischer Witze, Kritik am Führer, der Partei, der Politik usw. konnten als Landes- und Hochverrat interpretiert werden. Der Auslegungsspielraum führte einerseits zu einer im gesamten Deutschen Reich durchaus uneinheitlichen Vorgehensweise, andererseits bewirkte die Willkürlichkeit der Verfolgung eine große Verunsicherung. Die „Erhebung" der Daten erfolgte im Wesentlichen durch Denunziation. Ohne gerichtliche Anweisung konnte die Gestapo Hausdurchsuchungen durchführen, Verhaftungen und Einweisungen ins KZ vornehmen. Die Zahl der „Schutzhäftlinge" betrug im April 1939 über 162000! Verhörmaßnahmen von Folter bis hin zur so genannten „Sonderbehandlung" (ein Euphemismus für Hinrichtungen ohne juristische Grundlage) standen im Ermessen der jeweiligen Beamten. Die Gestapo konnte rechtskräftige Urteile deutscher Gerichte, die ihr als unangemessen mild und als „dem gesunden Volksempfinden fremd" erschienen, durch eigene Ermittlungen „korrigieren".

Autorentext Ulrich Scholz.

1. Zeigen Sie auf, inwieweit durch diese beiden juristischen Vorgänge die Weimarer Verfassung außer Kraft gesetzt wurde. (M 2)
2. Erörtern Sie, inwieweit der Terminus „nationalsozialistische Revolution" angemessen ist. (M 3)
3. Stellen Sie dar, welche Vorstellung Hitler zum Verhältnis Regierung – Volk artikuliert und welches Verständnis von „Volksgemeinschaft" sichtbar wird. (M 4)
4. Überprüfen Sie, inwieweit Sie die hier aufgeführten Aspekte zur charismatischen Herrschaft am Dritten Reich nachweisen können. (M 5)
5. Veranschaulichen Sie an dieser Darstellung die Vereinnahmung des Einzelnen durch den totalitären Staat. (M 6)
6. Skizzieren Sie die Chancen für eigenständiges politisches Handeln. (M 7)
7. Zeigen Sie, wie sich in den beiden Fotografien das Verhältnis zwischen Führer und Gefolgschaft widerspiegelt. (M 8 a, M 8 b)
8. Untersuchen Sie die Art und Weise der Argumentation Leys. (M 9)
9. Setzen Sie sich mit Haffners Sicht auseinander. Vergleichen Sie dabei Ihr eigenes Verhalten als Individuum und als Teil einer Gruppe. (M 10)
10. Erläutern Sie die Funktion der Gestapo für die Durchsetzung der nationalsozialistischen Herrschaft. (M 11)

2.2 Nationalsozialistische Außenpolitik – Sicherung deutscher Interessen und Bedrohung der Welt

Links die verlassenen Stühle der deutschen Delegation im Völkerbund; rechts: eine Plakette von 1933, die die nationalsozialistische Außenpolitik symbolisiert.

Revision von Versailles

Zwar hatten sich alle Parteien die Revision des Versailler Vertrages auf ihre Fahnen geschrieben, bei dem, was sie konkret darunter verstanden, unterschieden sie sich aber deutlich voneinander. Die demokratisch, republikanisch gesinnten Parteien betrachteten die Revision als Endpunkt ihrer außenpolitischen Bemühungen. Mit diplomatische Feinarbeit, die um Interessenausgleich bemüht war und die jeweiligen Empfindlichkeiten der anderen Nation(en) in ihr Kalkül einbezog, gelang es Politikern wie v. a. Gustav Stresemann, Verständnis für die deutsche Position zu erreichen. Als ständiges Mitglied im Völkerbundsrat war Deutschland seit 1926 als Großmacht rehabilitiert. Die Reparationsforderungen der Alliierten waren mit der letzten gezahlten Rate 1932 abgegolten und deutlich niedriger ausgefallen als ursprünglich geplant.

Expansion und Kriegsvorbereitung

Von vornherein war die NS-Außenpolitik auf Expansion angelegt, die über die Revision des Versailler Vertrages hinausging: Bis zum März 1939 vergrößerte sich das Territorium des (Groß-)Deutschen Reiches um die Gebiete Österreich, Sudetenland, Memelland und durch einen offenen Bruch des Münchener Abkommens von 1938 um das Protektorat Böhmen und Mähren (im Prinzip das heutige Tschechien). Diese als „Erfolge" propagierten Ergebnisse stießen auch bei der deutschen Öffentlichkeit auf überwältigende Zustimmung. Wie nur wenigen klar war, waren sie der Ausgangspunkt einer expansiven Politik im Sinne der Eroberung von „Lebensraum im Osten", und damit war letztlich die Sowjetunion gemeint.

Appeasement-Politik

1933/34 beteuerte Hitler den Friedenswillen des Regimes, was internen Überlegungen klar widersprach. Das Deutsche Reich schloss mit vielen europäischen Mächten bilaterale Verträge, denen jedoch offene Vertragsbrüche entgegenstanden. Die Appeasement-Politik in Europa erlaubte Hitler dieses widersprüchliche Vorgehen. In England, aber auch in Frankreich bestand keine Bereitschaft zum Krieg und man hoffte, Deutschland mit Verhandlungen zum Frieden zu bewegen.

MATERIAL

1 Hitlers außenpolitische Ziele und Vorgehensweisen

Protokollarische Aufzeichnungen des Generalleutnants Liebmann von einer Rede Hitlers vor den Befehlshabern von Heer und Marine am 3. *Februar* 1933:

Ziel der Gesamtpolitik allein: Wiedergewinnung der pol. Macht. Hierauf muss gesamte Staatsführung eingestellt werden (alle Ressorts!).
1. Im Innern. Völlige Umkehrung der gegenwärt. innenpol. Zustände in D. Keine Duldung der Betätigung irgendeiner Gesinnung, die dem Ziel entgegen steht (Pazifismus!). Wer sich nicht bekehren lässt, muss gebeugt werden. Ausrottung des Marxismus mit Stumpf und Stiel. Einstellung der Jugend u. des ganzen Volkes auf den Gedanken, dass nur d. Kampf uns retten kann u. diesem Gedanken gegenüber alles zurückzutreten hat. (Verwirklicht in d. Millionen d. Nazi-Beweg. Sie wird wachsen.) Ertüchtigung der Jugend u. Stärkung des Wehrwillens mit allen Mitteln. Todesstrafe für Landes- u. Volksverrat. Straffste autoritäre Staatsführung. Beseitigung des Krebsschadens der Demokratie!
2. Nach außen. Kampf gegen Versailles. Gleichberechtigung in Genf; aber zwecklos, wenn Volk nicht auf Wehrwillen eingestellt. Sorge für Bundesgenossen.
3. Wirtschaft! Der Bauer muss gerettet werden! Siedlungspolitik! Künft. Steigerung d. Ausfuhr zwecklos. Aufnahmefähigkeit d. Welt ist begrenzt u. Produktion ist überall übersteigert. Im Siedeln liegt einzige Mögl., Arbeitslosenheer z. T. wieder einzuspannen. Aber braucht Zeit u. radikale Änderung nicht zu erwarten, da Lebensraum für d[eutsches] Volk zu klein.
4. Aufbau der Wehrmacht wichtigste Voraussetzung für Erreichung des Ziels Wiedererringung der pol. Macht. Allg. Wehrpflicht muss wieder kommen. Zuvor aber muss Staatsführung dafür sorgen, dass die Wehrpflichtigen vor Eintritt nicht schon durch Pazif., Marxismus, Bolschewismus vergiftet werden oder nach Dienstzeit diesem Gifte verfallen. Wie soll pol. Macht, wenn sie gewonnen ist, gebraucht werden? Jetzt noch nicht zu sagen. Vielleicht Erkämpfung neuer Export-Mögl., vielleicht – und wohl besser – Eroberung neuen Lebensraums im Osten u. dessen rücksichtslose Germanisierung. [...]
Wehrmacht wichtigste u. sozialistischste Einrichtung d. Staates. Sie soll unpol. u. überparteilich bleiben. Der Kampf im Innern nicht ihre Sache, sondern der Nazi-Organisationen. Anders wie in Italien keine Verquickung v. Heer u. SA beabsichtigt. – Gefährlichste Zeit ist die des Aufbaus der Wehrmacht. Da wird sich zeigen, ob Fr[ankreich] Staatsmänner hat; wenn ja, wird es uns Zeit nicht lassen, sondern über uns herfallen (vermutlich mit Ost-Trabanten).

Thilo Vogelsang, Neue Dokumente zur Geschichte der Reichswehr 1930–1933, Dokument 8, in: Vierteljahreshefte für Zeitgeschichte, 2. Jg. 1954, Heft 4, S. 434 f.

MATERIAL

2 Wahrnehmung der deutschen Außenpolitik im Ausland

a) Der englische Politiker Lloyd George äußert sich im Daily-Express über Hitler am 17.9.1936:

Ich bin eben von einem Besuch in Deutschland zurückgekehrt. Ich habe jetzt den berühmten deutschen Führer gesehen und auch etliches von dem großen Wechsel, den er herbeigeführt hat. Was immer man von seinen Methoden halten mag – es sind bestimmt nicht die eines parlamentarischen Landes –, es besteht kein Zweifel, dass er einen wunderbaren Wandel im Denken des Volkes herbeigeführt hat. [...]
Die Aufrichtung einer deutschen Hegemonie in Europa, Ziel und Traum des alten Militarismus vor dem Kriege, liegt nicht einmal am Horizont des Nationalsozialismus. Deutschlands Bereitschaft zu einer Invasion in Russland ist nicht größer als die zu einer militärischen Expedition auf den Mond.

Zit. nach: Anton Egner u. a., Demokratie und Diktatur – Deutsche Geschichte 1918–1945, Hannover (Schroedel) 1992, S. 163.

MATERIAL 3

München 1938: Die Tschechoslowakei als Preis für den Frieden?

Nach der offenen Drohung mit militärischem Einmarsch in die Tschechoslowakei versuchte Mussolini, Hitler durch weitgehende Zugeständnisse im Hinblick auf den Anschluss des Sudetenlandes an Deutschland von einem Krieg abzuhalten. Hitler erhöhte daraufhin sein Forderungspaket. Ein letzter Vermittlungsversuch in München sollte den Frieden retten. Diesem musste Hitler zustimmen, was seine Kriegspläne unerwartet störte.

Deutschland, das Vereinigte Königreich von Großbritannien, Frankreich und Italien sind unter Berücksichtigung des Abkommens, das hinsichtlich der Abtretung des sudetendeutschen Gebietes bereits grundsätzlich erzielt wurde, über folgende Bedingungen und Modalitäten dieser Abtretung und die danach zu ergreifenden Maßnahmen übereingekommen und erklären sich durch dieses Abkommen einzeln verantwortlich für die zur Sicherung seiner Erfüllung notwendigen Schritte.

1. Die Räumung beginnt am 1. Oktober.
2. Das Vereinigte Königreich von Großbritannien, Frankreich und Italien vereinbaren, dass die Räumung des Gebietes bis zum 10. Oktober vollzogen wird, und zwar ohne Zerstörung irgendwelcher bestehender Einrichtungen [...]
3. Die Modalitäten der Räumung werden im Einzelnen durch einen internationalen Ausschuss festgelegt, der sich aus Vertretern Deutschlands, des Vereinigten Königreiches von Großbritannien, Frankreichs, Italiens und der Tschecho-Slowakei zusammensetzt.
4. Die etappenweise Besetzung des vorwiegend deutschen Gebietes durch deutsche Truppen beginnt am 1. Oktober. [...]
5. Der in § 3 erwähnte internationale Ausschuss wird die Gebiete bestimmen, in denen eine Volksabstimmung stattfinden soll. [...]
6. Die endgültige Festlegung der Grenzen wird durch den internationalen Ausschuss vorgenommen werden. Dieser Ausschuss ist berechtigt, den vier Mächten Deutschland, dem Vereinigten Königreich von Großbritannien, Frankreich und Italien in bestimmten Ausnahmefällen geringfügige Abweichungen von der streng ethnographischen Bestimmung der ohne Volksabstimmung zu übertragenden Zonen zu empfehlen. [...]

München, den 29. September 1938
[...] Adolf Hitler; Neville Chamberlain
Édouard Daladier; Benito Mussolini

Heinz Hürten, Deutsche Geschichte in Quellen und Darstellung, Band 9, Weimarer Republik und Drittes Reich, 1918–1945, Stuttgart (Reclam), 1995, S. 307 ff.

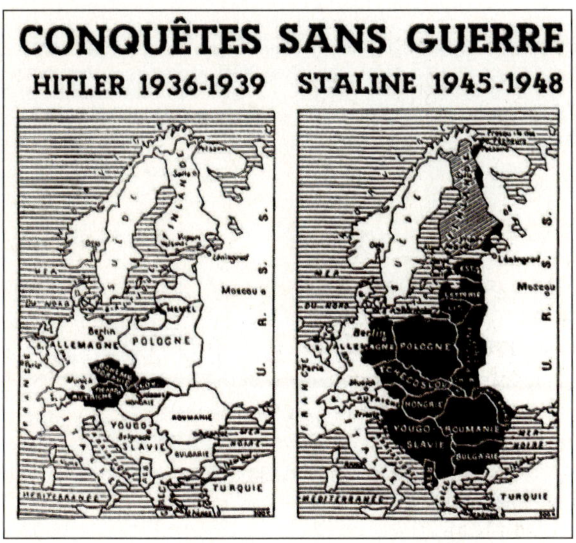

Eine Darstellung aus der französischen Zeitung Le Figaro von 1948 zeigt, wie traumatisch die Vereinbarung von M 3 war: Nach 1945 wurde die Erinnerung an München 1938 zum Symbol für politischen Verrat – und zum Kampfbegriff der politischen Auseinandersetzung der Nachkriegszeit.

Die Überschrift lautet: Eroberungen ohne Krieg, Hitler 1936–1939, Stalin 1945–1948.

MATERIAL

1 Deutschland tritt 1933 aus dem Völkerbund aus

Der Völkerbund war ursprünglich als Organ der militärischen Abrüstung gegründet worden. Die anderen Völkerbundsmächte hatten bislang aber noch keine Anstrengungen in diese Richtung unternommen, sodass das Deutsche Reich als prinzipiell gleichberechtigter Staat sich diskriminiert fühlte. Den Willen zur Abrüstung bekräftigten die fünf Großmächte (USA, GB, F, I, D) in einer Erklärung am 11. Dezember 1932 ausdrücklich. Aufgrund der politischen Veränderungen in Deutschland im Januar 1933 verzögerte sich die Realisierung, ein Abrüstungsabkommen auszuarbeiten. In der Volksabstimmung votierten über 95 Prozent der Stimmberechtigten für den Austritt. Ihr lag folgender Aufruf zugrunde:

Die deutsche Reichsregierung und das deutsche Volk sind sich einig in dem Willen, eine Politik des Friedens, der Versöhnung und der Verständigung zu betreiben, als Grundlage aller Entschlüsse und jeden Handelns.

Die deutsche Reichsregierung und das deutsche Volk lehnen daher die Gewalt als ein untaugliches Mittel zur Behebung bestehender Differenzen innerhalb der europäischen Staatengemeinschaft ab.

Die deutsche Reichsregierung und das deutsche Volk erneuern das Bekenntnis, jeder tatsächlichen Abrüstung der Welt freudig zuzustimmen, mit der Versicherung der Bereitwilligkeit, auch das letzte deutsche Maschinengewehr zu zerstören und den letzten Mann aus dem Heere zu entlassen, insofern sich die anderen Völker zu Gleichem entschließen.

Die deutsche Reichsregierung und das deutsche Volk verbinden sich in dem aufrichtigen Wunsche, mit den anderen Nationen einschließlich aller unserer früheren Gegner im Sinne der Überwindung der Kriegspsychose und zur endlichen Wiederherstellung eines aufrichtigen Verhältnisses untereinander alle vorliegenden Fragen leidenschaftslos auf dem Wege von Verhandlungen prüfen und lösen zu wollen. [...]

Die deutsche Reichsregierung und das deutsche Volk sind erfüllt von der gleichen Ehrauffassung, dass die Zubilligung der Gleichberechtigung Deutschlands die unumgängliche moralische und sachliche Voraussetzung für jede Teilnahme unseres Volkes und seiner Regierung an internationalen Einrichtungen und Verträgen ist.

Die deutsche Reichsregierung und das deutsche Volk sind daher eins in dem Beschlusse, die Abrüstungskonferenz zu verlassen und aus dem Völkerbund auszuscheiden, bis diese wirkliche Gleichberechtigung unserem Volke nicht mehr vorenthalten wird. [...]

Die Reichsregierung richtet an das deutsche Volk die Frage: Billigt das deutsche Volk die ihm hier vorgelegte Politik seiner Reichsregierung und ist es bereit, diese als den Ausdruck seiner eigenen Auffassung und seines eigenen Willens zu erklären und sich feierlich zu ihr zu bekennen?[1]

Berlin, den 14. Oktober 1933
Die Reichsregierung

[1] Wortlaut des Volksbefragung: Billigst Du, deutscher Mann, und Du, deutsche Frau, diese Politik Deiner Reichsregierung, und bist Du bereit, sie als den Ausdruck Deiner eigenen Auffassung und Deines eigenen Willens zu erklären und Dich feierlich zu ihr zu bekennen?

Reichsgesetzblatt, Teil I, Nr. 117, 1933, S. 748, Berlin 1933 (Reichsverlagsamt).

1. Analysieren Sie die Rede Hitlers in Bezug auf Redekontext und Ideologie und erklären Sie, warum diese Rede keine öffentliche Empörung ausgelöst hat. (M 1)
2. Erklären Sie die Wahrnehmung der deutschen Politik in England. (M 2)
3. Überprüfen Sie, inwieweit die Regelungen des Münchner Abkommens noch unter den Aspekt „Revision von Versailles" zu fassen sind. Beurteilen Sie diesbezüglich auch das Verhalten der anderen europäischen Mächte. (M 3)
4. Analysieren und interpretieren Sie die Argumentation in M 4.

2.3 Gefälligkeiten fürs Volk? – die Sozialpolitik des NS-Staates

Der Historiker Götz Aly veröffentlichte 2005 sein Buch „Hitlers Volksstaat – Raub, Rassenkrieg und nationaler Sozialismus", das eine umfangreiche wissenschaftliche Auseinandersetzung entfachte. Am Beispiel dieser Debatte lassen sich wichtige Einblicke in die Wirtschafts- und Sozialpolitik des NS-Staates gewinnen. Zudem kann man hier einen aktuellen wissenschaftlichen Diskurs verfolgen, bei dem klar wird, wie konträr Interpretationen und historische Darstellungen verschiedener Historiker sein können.

MATERIAL 1

Wie die Nazis ihr Volk kauften

a) Götz Aly zu seinem Buch (s. o.) und der Kritik daran:

Warum standen so viele Deutsche treu zu Hitler? Weil sie von seinen mörderischen Raubzügen profitierten. [...]
[Der Mittelpunkt meines Buches Hitlers Volksstaat handelt davon], in welchem – lange gut verdrängten – Ausmaß sich die NS-Führer als Sachwalter der kleinen Leute verstanden. Der Perspektivwechsel von der Elitenverantwortung zum Nutznießertum des Volkes hat erwartungsgemäß nicht nur Zustimmung gefunden [...].
Das Unbehagen an meiner These mag damit zusammenhängen, dass ich in der Struktur der nationalsozialistischen Steuer- und Sozialpolitik ein linkssozialdemokratisches Grundmuster erkenne.
Das unterschied den Zweiten Weltkrieg vom Ersten. Mit Hilfe der populären Nichtbelastung der deutschen Arbeiter und Bauern, der kleinen Handwerker, Angestellten und Beamten und der deutlichen und weithin sichtbaren Belastung der Besserverdienenden konnten sich die Stimmungspolitiker der NS-Zeit das hohe Maß an innerer Integration jeden Tag neu erkaufen. Während beispielsweise die Unternehmen massiv besteuert wurden und die Körperschaftsteuer von 20 Prozent im Jahr 1933 auf 40 Prozent (1940) und schließlich auf 55 Prozent stieg, hatten die deutschen Durchschnittsverdiener zwischen 1939 und 1945 keinerlei direkte Kriegssteuern zu bezahlen. Neben der ausgesprochen volkstümlichen klassenbewussten Verteilung der Kriegslasten beschaffte sich Nazideutschland einen wesentlichen Teil der materiellen Ressourcen auf der Basis von Erobern und Vernichten.
Gestützt auf glänzend ausgebildete Experten, transformierte die Regierung Hitler den Staat im Großen in eine Raubmaschinerie ohnegleichen. Im Kleinen verwandelte sie die Masse der Deutschen in eine gedankenlose, mit sich selbst beschäftigte Horde von Vorteilsnehmern und Bestochenen. Diese Politik des gemeinnützigen Ausraubens fremder Länder, sogenannter minderwertiger Rassen und Zwangsarbeiter, bildet den empirischen Kern meiner Studie über Hitlers Volksstaat.
Dabei geht es nicht um das Verschieben der Schuld von einer sozialen Klasse auf die andere.

„Arisiertes" Geschäft 1938. Weit unter Preis mussten jüdische Ladenbesitzer ihr Geschäft an „arische" Deutsche verkaufen. Diese warben, wie hier, offen mit ihrem „jetzt deutschen" Geschäft.

Eintopf auch beim Reichskanzler: Propagandabild 1933. Die soziale Fürsorglichkeit des Regimes war ein zentrales Thema der NS-Propaganda.

Auch ist es nicht das Ziel des Buches, die abgestandene These von der Kollektivschuld neu zu beleben, wie einige Rezensenten befürchten. Im Mittelpunkt steht die Frage, wie das NS-Regime sich trotz seiner – aus heutiger Sicht – offensichtlich halsbrecherischen und selbstzerstörerischen Politik so lange halten konnte. Das Ergebnis ist bedrückend, aber es führt zu einem missing link, das die politische Dynamik der Nazizeit meines Erachtens besser erklärt als die bisherigen Versuche: Eben weil fast alle Deutschen – die vielen Millionen Nicht- und Antinazis eingeschlossen – von den Raubzügen profitierten, zu Nutznießern beispielloser Verbrechen wurden, entwickelte sich nur marginaler Widerstand. […]

Was war Hitler – charismatischer Führer oder Gefälligkeitsdiktator?

Das Buch Hitlers Volksstaat versteht sich nicht als Gesamterklärung der NS-Zeit. Das wird an keiner Stelle behauptet. Doch zeigt es die Techniken, mit denen die NS-Führung ihre Macht im Inneren immer wieder stabilisierte. So breitete sich im Herbst 1940, nach dem Sieg über Frankreich, für einige Wochen eine merkwürdige Spannung in Deutschland aus, weil unklar war, wie die zur Systemerhaltung zwingend erforderliche kriegerische Expansion fortgeführt werden sollte. Das Regime vertraute aber nicht auf Propaganda, vielmehr beschenkte die NS-Regierung die deutschen Arbeiter mit einer deutlichen Lohnerhöhung in Gestalt der damals eingeführten und bis heute gültigen Steuer- und Sozialabgabenfreiheit für die Zuschläge auf Feiertags- und Nachtarbeit. Als die deutschen Armeen im Herbst 1941 vor Moskau scheiterten und die Alten in Deutschland in düsteren Worten an ihre Erfahrungen aus dem Ersten Weltkrieg erinnerten, verfügte Hitler eine Rentenerhöhung von 15 Prozent und führte die Krankenversicherung für Rentner ein, die sich bis dahin im Krankheitsfall mehrheitlich an die Sozialfürsorge hatten wenden müssen. […]

Die Beispiele für solche sozialtaktischen Entscheidungen der Gefälligkeitsdiktatur sind Legion. […]

DIE ZEIT, 6.4.2005, Nr. 15.

6) Yehuda Bauer, geboren 1926 in Prag, ist einer der bedeutendsten Historiker der Shoah. Er ist wissenschaftlicher Berater des International Center for Holocaust Studies am Jad Vaschem, dessen Leiter er von 1996 bis 2000 war. In seiner meist zustimmenden Rezension fragt er auch nach der Rolle des Antisemitismus:

Versteigerung jüdischen Hausrats 1942, Hanau.

Welche Rolle spielte der deutsche Antisemitismus?

[…] Kann die Bestechung des deutschen Volkes, kann die Ausplünderung besetzter Länder den Genozid an den Juden erklären? […]
Man könnte gegen Aly einwenden, dass die antijüdische Politik zu einem großen Teil im Gegensatz zu rationellen wirtschaftlichen Überlegungen stand und dass der Raub jüdischer Besitztümer nicht unbedingt und logisch den Mord an den Juden hat nach sich ziehen müssen. Die Nazis hätten die Juden versklaven können, um die Früchte ihrer Arbeit zu genießen. Im Februar 1943, also nach der Niederlage von Stalingrad, transportierten sie die in kriegswichtigen Berliner Betrieben arbeitenden jüdischen Fach- und Zwangsarbeiter, die dringend benötigtes Kriegsmaterial produzierten, in den Tod nach Auschwitz. Sie bauten die berüchtigte Durchgangsstraße von Lemberg in die Südukraine mithilfe von Zehntausenden jüdischen Zwangsarbeitern und ermordeten sie während dieser Arbeit. In Białystok und in Lodz versuchten lokale deutsche Behörden die Vernichtung der Ghettos zu verhindern, weil dort kriegswichtige Produktion geleistet wurde (und weil sie von den Juden Bestechungsgelder bekamen), aber die zentralen Behörden in Berlin befahlen die Vernichtung. Man könnte eine große Anzahl ähnlicher Beispiele anführen, die im Gegensatz zu jeder kapitalistischen Logik standen. […]

Die Antwort darauf, so scheint mir, kann man nicht im Lichte rationeller wirtschaftlicher Interessen geben, sondern nur durch die rassistische Ideologie, den treibenden Motor des Regimes. Kern dieser Ideologie war der mörderische Antisemitismus. Die Termine des Massenmordes, sein Vollzug, die wirtschaftlichen und finanziellen Interessen, die dabei gewahrt wurden, das alles ist rationell erkundbar und in Alys Buch dargestellt. Auch die Ideologie ist rationell zu erklären, und besonders der Antisemitismus. Aber das ist nur dann plausibel, wenn man die zentrale Rolle erkennt, die die rassistische Ideologie gespielt hat, also das innerste Motiv für den von Götz Aly beschriebenen Raubmord. Ein umfassender Erklärungsversuch müsste alle Seiten dieser Entwicklung behandeln. Die eindrucksvolle monokausale Erklärung, die uns Aly bietet, überzeugt daher nur teilweise. […]

DIE ZEIT, 4.8.2005, Nr. 32.

c) Der in Cambridge lehrende Wirtschaftshistoriker Adam Tooze widerspricht Alys These von der Gefälligkeitsdiktatur.

Stramme junge Männer in braunen Uniformen

In der Debatte um Götz Alys Buch Hitlers Volksstaat geht es um die Fundamentalfrage: Was hielt das „Dritte Reich“ zusammen? Alys Antwort kommt pointiert im letzten Satz des Buches zum Ausdruck: „Wer von den Vorteilen für die Millionen einfacher Deutscher nicht reden will, der sollte vom Nationalsozialismus und vom Holocaust schweigen.“ Nicht die NS-Ideologie, auch nicht der Terror spielten eine ausschlaggebende Rolle, sondern materielle Vorteile, die mit dem Vermögen der Juden und später auch mit dem Reichtum der durch Deutschland besetzten Länder erkauft wurden.

[...] Meine Kritik setzt vor allem an zwei Punkten an. Erstens ist die Interpretation des Verhaltens der „einfachen Deutschen“ unplausibel; zweitens hat Aly die tatsächliche Ressourcenverteilung im Nationalsozialismus gründlich missverstanden. [...]

Das „Dritte Reich“ war eine Mobilisierungsdiktatur

Die Anstrengung [sc. der Rüstung] ging, ganz unabhängig vom Modus der Finanzierung, direkt auf Kosten der deutschen Wirtschaft, und zwar in Gestalt von verringertem Konsum und vernachlässigten zivilen Investitionen. [...] Als sich durch den „Anschluss“ Österreichs und die anschließenden Eroberungen neue Möglichkeiten ergaben, wurden sie, so gut es ging, ausgenutzt. Aber Alys Behauptung, dass der größte Teil der Kriegskosten durch die Ausplünderung der besetzten Länder, der Juden und der Zwangsarbeiter finanziert wurde, ist eine Übertreibung.

Das „Dritte Reich“ behauptete sich gegen seine Gegner nicht als Gefälligkeitsregime, sondern als Mobilisierungsdiktatur. Das aber steigert nur den Erklärungsbedarf. Wie konnte eine so fordernde Diktatur so populär sein? Aly weicht der Frage aus. Er spielt die Ansprüche des Regimes herunter. Unbestritten ist, dass die NS-Diktatur in ihren Forderungen an die deutsche Bevölkerung geschickter vorging als das Kaiserreich. Aber die Steuergeschenke und die verschiedenen sozialen Wohltaten zählten wenig gegenüber den Ansprüchen der Rüstungsmaschinerie. Der Staat gab weniger zurück, als er nahm. Die Aussicht auf künftige Beute aus dem Ausland trug sicherlich dazu bei, die Stimmung zu heben.

Aly unterschätzt aber die Popularität Hitlers, vor allem aber unterschätzt er die Popularität der Rüstung. Die Wehrmacht war für das NS-Regime nicht nur ein äußeres Machtmittel, sie war auch eine der größten „Errungenschaften“ des Nationalsozialismus – ungeheuer teuer und zugleich auch außerordentlich beliebt, und, wie der Krieg zeigte, von einem breiten gesellschaftlichen Konsens getragen. [...]

Gegenüber der kollektiven Freude an der real existierenden Luftwaffe und den strammen jungen Männern in ihren braunen Uniformen verblasste die Enttäuschung über anhaltende Wohnungsnot und eingeschränkten Konsum. Mit dem Aufbau einer starken Wehrmacht und der Revision des Versailler Vertrags war für viele die Welt wieder in Ordnung. Nichts war für Hitlers Legitimation wichtiger als die außenpolitischen Erfolge der dreißiger Jahre, die mit den Siegen in Polen und Frankreich ihren Abschluss fanden.

Auch die Ausdauer des Regimes nach 1942 erklärt sich vor allem aus dem verzweifelten Zusammenhalt zwischen der kämpfenden Front und der Heimat – und nicht, wie Aly meint, aus den sozialpolitischen Wohltaten. Der gesamtgesellschaftliche Militarismus, ein hoch komplexes Geflecht aus Emotionen, Ideologemen und materieller Umverteilung, bildete den wirklich tragenden Pfeiler von Hitlers Regime. Mit Alys irreführender Formel der „Gefälligkeitsdiktatur“ lässt sich dieser Zusammenhang auch nicht annähernd erfassen.

DIE ZEIT, 28.4.2005, Nr. 18.

1. Fassen Sie die wesentlichen Kritikpunkte von Yehuda Bauer und Adam Tooze zusammen.
2. Formulieren Sie eine eigene Stellungnahme zu Alys These und begründen Sie sie.

2.4 Die Justiz im „Dritten Reich" – Anpassung oder willige Unterstützung?

Willkürjustiz

Im Zuge der strukturellen Veränderungen der Exekutive 1933/34 wurde die deutsche Justiz sehr bald zu einem von mehreren Werkzeugen des NS-Regimes, um seine Macht abzusichern und Gegner zu verfolgen. Von vornherein war sie aber nur eines von mehreren Mitteln, mit denen Menschen verfolgt oder inhaftiert werden konnten. Die „wilden" Verhaftungen und Misshandlungen durch die SA 1933 sowie die eingerichteten Konzentrationslager (das erste Oranienburg) waren der Justiz entzogen und die Inhaftierten hatten keinerlei Anspruch auf rechtliche Mittel. Täter, die im Dienste der Partei standen oder gar in deren Auftrag handelten, wurden von der Strafverfolgung freigestellt: „Straffreiheit wird [...] gewährt [...] für Straftaten, zu denen sich der Täter durch Übereifer im Kampfe für den nationalsozialistischen Gedanken hat hinreißen lassen" (7. August 1934). Andererseits wurde bestraft, „wer eine Tat begeht, die das Gesetz für strafbar erklärt oder die nach dem Grundgedanken eines Strafgesetzes und nach gesundem Volksempfinden Bestrafung verdient" (28. Juni 1935). Die Einrichtung von Sondergerichten (21. März 1933), deren Aufgabe in der Verfolgung von Straftaten nach der „Reichstagsbrandverordnung" bestand, die Bildung des „Volksgerichtshofes" (24. April 1934), „zur Aburteilung von Hochverrats- und Landesverratssachen", die „Befreiung des Reichsgerichts von Bindungen an alte Urteile", um „dem durch die Staatserneuerung eingetretenen Wandel der Lebens- und Rechtsanschauung Rechnung" zu tragen (28. Juni 1935) und die Bevollmächtigung des Reichsministers der Justiz, „eine nationalsozialistische Rechtspflege aufzubauen" (20. August 1942), markieren entscheidende Brüche in der deutschen Rechtstradition. Es entsteht eine unberechenbare Willkürjustiz.

Deutscher Juristentag 1936 (auf der Rednertribüne: R. Hess).

Gesetze und Verordnungen

Die Justiz trat aber nicht nur im Rahmen von Gerichtsverfahren an die Öffentlichkeit, sondern allem staatlichen Handeln lagen im Prinzip von Juristen erarbeitete Gesetze oder Verordnungen und Erlasse zugrunde. Die staatstragende Ideologie und der daraus abgeleitete politische Wille wurden juristisch fixiert, z. B. alle Maßnahmen gegen die jüdische Bevölkerung (auch gegen Juristen jüdischen Glaubens), alle Veränderungen der Justizstruktur und Strafprozessordnung usw.

Hatten deutsche Gerichte anfangs noch Anzeigen wegen Misshandlungen oder anderer illegaler Aktionen etwa der SA zugelassen, schwenkten die meisten Gerichte recht schnell auf die Linie der neuen Politik ein. Jüdische Anwälte (und bekannte Kritiker der Nationalsozialisten wie z. B. Sozialdemokraten) mussten ihre Tätigkeit aufgeben. Organisiert waren Juristen im NS-Juristenbund.

Widerstand Widerstand gab es gerade aus dem Kreis deutscher Juristen nur sehr wenig. Die meisten Juristen waren bereits in der Kaiserzeit sozialisiert worden und zumindest „national", viele auch offen „völkisch" eingestellt. Gerade diese Richter und Staatsanwälte waren es in der Weimarer Republik gewesen, die rechte Straftäter nur zu geringsten Strafen verurteilt und dem demokratischen Staat den Schutz von Gesetz und polizeilicher Aufrechterhaltung der Ordnung versagt hatten.

Nach 1945 Heute ist bekannt, dass viele Richter und Staatsanwälte keineswegs nur notgedrungen dem Regime Folge leisteten, sondern eigenständig die Ansprüche des Regimes umsetzten. Nach 1945 war es den meisten sehr bald wieder möglich, als Richter oder in anderen Funktionen an deutschen Gerichten zu arbeiten. Für die Unrechtsurteile wurde niemand von ihnen zur Verantwortung gezogen. Erst in den 80er und 90er Jahren fand eine historische Aufarbeitung dieser Kontinuität statt, als die meisten Betroffenen bereits verrentet oder gestorben waren.

MATERIAL

1 Die nationalsozialistische Auffassung von der Aufgabe der Justiz

Im Jahr 1989 informierte die Ausstellung „Im Namen des deutschen Volkes – Justiz und Nationalsozialismus" zum ersten Mal von offizieller Seite (nämlich dem Bundesjustizminister) über die NS-Justiz.

a) Hermann Görings Auffassung vom Zusammenhang von Staat und Justiz (1935)

„Der nationalsozialistische Staat ist und bleibt ein Rechtsstaat […] Der Staat, den wir geschaffen haben, verdient den Titel „Rechtsstaat" vielmehr im Hinblick darauf, dass sein Recht und seine Gesetze in der Gemeinschaft des Volkes begründet sind, dass jeder einzelne Volksgenosse die Gewissheit hat, dass sein Anspruch auf Gerechtigkeit erfüllt wird, dass schließlich jedem deutschen Volksgenossen, der seine Pflicht gegen die Gemeinschaft tut und der am Aufbau des Staates mitarbeitet, Lebensraum, Lebenssicherheit und Lebensfreiheit gewährleistet ist […].

Kein Terror des Rechts

Gottlob ist dieser Zustand bei uns nun ein für allemal überwunden. Mit aller Deutlichkeit will ich hier eines feststellen: So unerbittlich der nationalsozialistische Staat gegen den inneren Staats- und Volksfeind, der seinen Bestand zu erschüttern versucht, gegen Hoch- und Landesverräter einschreitet, so verabscheut er jeden Terror und jede Willkür in der Rechtsprechung. Niemals wird bei uns ein Urteil möglich sein, durch das aufrechte Männer, die der Stimme ihres Blutes treu blieben und bestehende internationale Rechtsabmachungen in nichts verletzt haben, zu drakonischen Strafen verurteilt werden […].

Unser Richterideal

Der Richter unsres Reiches steht auf höherer Warte. Der Richter muss ein lebendiger Träger der Weltanschauung des Nationalsozialismus sein […]. Unser Richterideal ist der Mann, der mit dem Volk verwurzelt ist und darum allein beurteilen kann, was dem Volk nützt und was ihm schadet […].

b) Beschränkung der Rechte des Angeklagten und der Verteidigung

Die Sondergerichte und der Volksgerichtshof entscheiden in erster und letzter Instanz. Ihre Urteile erlangen sofort Rechtskraft. Rechtsmittel (Berufung oder Revision) sind nicht zulässig.

- Beschleunigung um jeden Preis: Vor den Sondergerichten entfällt die gerichtliche Voruntersuchung. Die Ladungsfristen werden verkürzt. Die Anklageschrift muss dem Angeklagten nicht zugeleitet werden. Das Haftbefehlsverfahren wird „vereinfacht". Das Recht des Angeklagten, Richter abzulehnen, wird drastisch eingeschränkt.
- Beweiserhebung: Die Sondergerichte sind ermächtigt, Beweise, die der Angeklagte zu seiner

Entlastung vorbringen will, nicht zu berücksichtigen. Ab 1939 gilt diese Regelung auch vor den Amts-, Schöffen- und Landgerichten.

- Das „nachteilige" Rechtsmittel: Entgegen den bisherigen Grundsätzen können zugunsten des Angeklagten angefochtene Urteile seit 1935 auch „zum Nachteil des Angeklagten geändert werden".
- Um angeblich zu milde Urteile oder unerwünschte Freisprüche zu korrigieren, werden 1939 bzw. 1940 der „Außerordentliche Einspruch" und die „Nichtigkeitsbeschwerde" eingeführt. Mit diesen Instrumenten können rechtskräftige Urteile kassiert und härtere Strafen durchgesetzt werden.
- Der Verteidiger vor dem Volksgerichtshof: Vor dem Volksgerichtshof bedarf der Verteidiger der Genehmigung durch das Gericht. Das Gericht kann jederzeit einen anderen Verteidiger für den Angeklagten bestimmen. Nach nationalsozialistischem Verständnis ist der Verteidiger in erster Linie nicht dem Angeklagten, sondern dem Staat verpflichtet.

Bundesminister der Justiz (Hrsg.): Im Namen des deutschen Volkes – Justiz und Nationalsozialismus (Katalog zur Ausstellung), Köln (Verlag Wissenschaft und Politik), 1989, a) S. 110, b) S. 153 ff.

MATERIAL

Verurteilungspraxis 2

Während des Dritten Reiches werden von den zivilen Strafgerichten etwa 16 000 Todesurteile verhängt und mehr als drei Viertel hiervon vollstreckt: Hinzu kommen mindestens 25 000 Todesurteile der Kriegsgerichte. Im Vergleich dazu: In der Zeit von 1907 bis 1932 werden in Deutschland insgesamt 1547 Angeklagte zum Tode verurteilt; in 393 Fällen kommt es zur Vollstreckung. Diese Zahlen umfassen die Urteile aus dem Ersten Weltkrieg ebenso wie diejenigen Entscheidungen, die in den Wirren der ersten Jahre der Weimarer Republik (1919 bis 1923) ergangen sind. Im Italien Mussolinis, das 1931 die Todesstrafe wieder eingeführt hat, werden insgesamt 156 Todesurteile verhängt und 88 vollstreckt.

Von den Todesurteilen der ordentlichen Gerichtsbarkeit stammen rund 15 000 aus den Kriegsjahren 1940 bis 1945. [...]

Jahr	Angeklagte	Todesurteile	Freiheitsstrafen	Freisprüche	Urteile	Senate 1.	2.	3.	4.	5.	6.
1934	480				19	7	4	8			
1935	632	keine Unterlagen vorh.			206	10	7	12	4		
1936	708				285	13	6	10	11		
1937	618	32	422	52	264	52	66	82	64		
1938	614	17	302	54	269	64	82	58	65		
1939	477	36	390	40	291	84	61	83	63		
1940	1 094	53	956	80	556	242	106	107	97		
1941	1 237	102	1 058	70	535	185	148	92	100	10	
1942	2 573	1 192	1 266	107	1 033	368	246	126	137	148	8
1943	3 355	1 662	1 477	181	1 326	505	177	114	186	140	190
1944	4 428	2 097	1 842	480	2 171	744	198	403	291	118	249
1945	126	52	55	16	55	37	6	2	3	2	2
	16 342	5 243	7 768	1 089	7 010						

Die Zahlen entstammen verschiedenen Quellen, die nicht alle aufgeschlüsselt werden konnten. Daher entsprechen die Summen der Einzelzahlen nur teilweise den Gesamtzahlen.

Bundesminister der Justiz (Hrsg.): Im Namen des deutschen Volkes – Justiz und Nationalsozialismus (Katalog zur Ausstellung), Köln (Verlag Wissenschaft und Politik), 1989, S. 206 u. 211.

MATERIAL

3 Tod für Schlag mit der Handtasche

Im Namen des Deutschen Volkes!

Strafsache gegen

die polnische Hausangestellte Rosalie Kulesa aus Surowe, Kreis Scharfenwiese, geboren am 4. 2. 1917 in Amerika, ledig, angeblich nicht vorbestraft, wegen Verstoßes gegen Polenstrafrechtsverordnung[1].

Das Sondergericht beim Landgericht in Zichenau hat in der Sitzung vom 11. Januar 1943 in Scharfenwiese [...] für Recht erkannt:

Die Angeklagte ist der Schädigung des Ansehens des deutschen Volkes dadurch schuldig, dass sie eine deutsche Frau mit einer Handtasche ins Gesicht geschlagen hat. Sie wird deshalb [...] zum Tode verurteilt.

Ihr werden die Kosten des Verfahrens auferlegt.

Gründe.

[Es folgt eine ausführliche Beschreibung des angeblichen Tathergangs.]

Die Angeklagte will ferner nicht gewusst haben, das Frau Baschek eine Deutsche ist. Dies ist unglaubhaft. Sie musste unter allen Umständen wissen, dass sie in einen deutschen Laden kam [...]. Das „herein" war ihr in deutscher Sprache zugerufen worden, und die Zeugin Baschek hat unzweifelhaft die Haltung einer Deutschen, sodass sie trotz ihres Geschäftskittels mit einer polnischen Verkäuferin in einem deutschen Geschäft nicht hat verwechselt werden können. Aus ihrem ganzen Auftreten hat die Angeklagte unzweifelhaft ersehen müssen, dass sie es mit der deutschen Inhaberin zu tun hat. Darüber hinaus hat sie zu der Angeklagten nicht nur masurisch, sondern zwischendurch auch deutsch gesprochen [...].

Somit steht tatsächlich fest, dass die Angeklagte der deutschen Frau Baschek vorsätzlich mit einer Handtasche ins Gesicht geschlagen hat.

Sie hat dadurch das Ansehen des Deutschen Reiches und Volkes geschädigt. Sie war daher gemäß I Abs. 3, III der Polenstrafrechtsordnung zu bestrafen.

Der Schutz und die Autorität eines jeden Deutschen in dem hiesigen Gebiet erfordern, dass Gewalttätigkeiten von Polen gegen Deutsche mit den härtesten Strafen geahndet werden. Auch die Tatsache, dass es sich bei der Angeklagten um eine 25-jährige einfache Polin handelt, kann nicht dazu führen, den Fall als milder anzusehen, denn die Angeklagte hat eine deutsche Frau, die für ihren im Felde stehenden Ehemann die Leitung des Geschäfts übernommen hat, tätlich angegriffen. Die Zeugin Baschek bedarf daher des erhöhten Schutzes. Die Annahme eines minder schweren Falles ist daher nicht zulässig. Gegen die Angeklagte musste daher auf die Todesstrafe, die einzige vom Gesetz zugelassene Strafe, erkannt werden. [...]

[1] „Verordnung über die Strafrechtspflege gegen Polen und Juden in den eingegliederten Ostgebieten", die sogenannte Polenstrafrechts-Verordnung vom 4. Dezember 1941. In III (2) heißt es: Auf Todesstrafe wird erkannt, wo das Gesetz sie androht. Auch da, wo das Gesetz Todesstrafe nicht vorsieht, wird sie verhängt, wenn die Tat von besonders niedriger Gesinnung zeugt oder aus anderen Gründen besonders schwer ist; in diesen Fällen ist Todesstrafe auch gegen jugendliche Schwerverbrecher zulässig.

Neue Gesellschaft für Bildende Kunst und Kunstamt Kreuzberg (Hrsg.): Faschismus – Renzo Vespignani, Berlin (Elefanten Press Verlag GmbH), 1976, S. 50 f.

1. Zeigen Sie auf, welchen Zielen die Justiz im Dritten Reich verpflichtet war und wie sich diese entwickelten. (M 1, VT)
2. Beschreiben Sie die Entwicklung der vom Volksgerichtshof gefällten Urteile und benennen Sie mögliche Gründe dafür. (M 2)
3. Juristen haben nach 1945 erklärt: „Was damals Recht war, kann heute nicht Unrecht sein." (Hans Filbinger) Nehmen Sie vor dem Hintergrund dieses Falles dazu Stellung. (M 3)

3.0 Anpassung – Verfolgung – Vernichtung – Widerstand

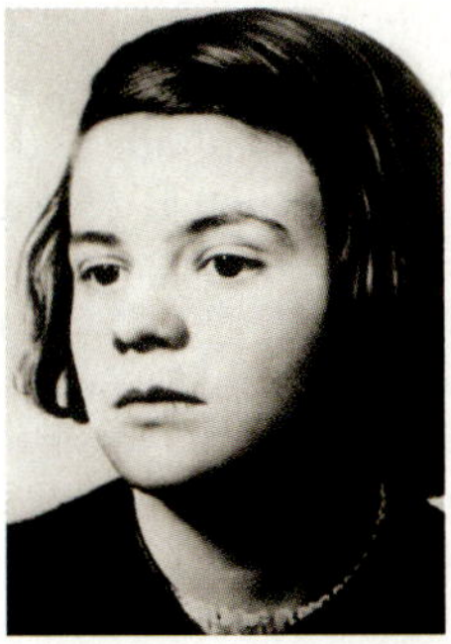

Menschen im Widerstand: v. l. n. r.: Dietrich Bonhoeffer, Sophie Scholl, Georg Elser, Graf Schenk v. Stauffenberg.

Mitläufer oder Mittäter? v. l. n. r.: Leni Riefenstahl 1952 vor dem Entnazifizierungsausschuss, Willi Geiger, NS-Richter, später Vizepräsident des Bundesverfassungsgerichtes, H. Filbinger, Ministerpräsident von Baden-Württemberg, der wegen seiner NS-Vergangenheit 1978 zurücktreten musste.

Mitläufer

Dass bei Millionen von Mitläufern die Auseinandersetzung mit dem Nationalsozialismus, seinen Ursachen, seiner Entwicklung und seinen Verbrechen, nach 1945 nicht geführt wurde, dass eine „Unfähigkeit zu trauern" zu beobachten war, wie ein Buchtitel der Psychoanalytiker Alexander und Margret Mitscherlich von 1967 lautet, ist auf das eigene Verhalten während der zwölfjährigen Diktatur und teilweise auch schon davor zurückzuführen. Die Millionen von Menschen, die einfach „nur" wegsahen, um nicht zu sehr involviert zu werden oder sich selber verdächtig zu machen, die ihre Arbeit verrichteten, um nicht aufzufallen und ihre Familien zu schützen, ermöglichten gerade durch dieses Verhalten Durchsetzung und zunehmende Radikalisierung der NS-Politik. Die „Psychologie der Massen" nutzend – z. B. deren Ordnungsliebe (versinnbildlicht im Auftreten der SA) oder Streben nach Wiederherstellung der

„nationalen Ehre" –, wurde „der kleine Mann" für die NSDAP vor allem als willig lenkbare, (ver-)führbare Massenbasis wertvoll. Ihr duldender Gehorsam, aus der eigenen Sozialisation heraus verständlich, sicherte den Führern der einzelnen Parteigliederungen großen Einfluss. Waren sie nicht selbst Intellektuelle, wurden sie doch maßgeblich durch diese beeinflusst, z. B. durch Juristen, Ärzte, Lehrer und Professoren, deren Karriere im Dritten Reich häufig auf einer paternalistischen Beziehung beruhte: Beförderung gegen vorbehaltlose Unterstützung. Die Scham über das angepasste Mitläufertum bei der großen Masse der NSDAP-Mitglieder oder Unterstützer, die Erkenntnis der gerade in der mangelnden Zivilcourage bestehenden eigenen Schuld, führte nach 1945 zu dem oben beschriebenen Verdrängungsprozess, der vielen dann sogar das Gefühl vermittelte, selbst Opfer des Nationalsozialismus gewesen zu sein. Die eher im Hintergrund agierenden Intellektuellen hingegen sahen ihr Verhalten gar nicht als schuldhaft an und machten in der Bundesrepublik weiter Karriere. Sie erlitten zumeist keine dauerhaften beruflichen Nachteile.

Formen des Widerstands

Andererseits bleibt ebenso festzuhalten, dass ca. 55 % der Wählerinnen und Wähler in noch einigermaßen freien Wahlen im März 1933 nicht für die Nationalsozialisten gestimmt haben. Vor dem Faschismus in seiner nationalsozialistischen Ausprägung warnten schon viele Zeitgenossen während der Weimarer Republik und auch zu Beginn des Dritten Reiches. Nach 1933 gab es neben systemimmanentem Widerstand in Form von Dienst nach Vorschrift, Verzögerungen, Verweigerungen, Aufschieben von Tätigkeiten usw. auch offene Formen wie Sabotage, Konspiration (auch mit dem Ausland) bis hin zum Attentat. In allen sozialen Schichten und politischen Lagern formierten sich Formen von Widerstand. Es gab nicht nur den „20. Juli" oder die „Weiße Rose", die heute – auch durch die Medien – besonders bekannt sind, sondern überall gab es einzelne oder kleine Gruppen, die zum großen Teil unverbunden eigene Aktionen gegen das Naziregime durchführten. Andererseits stehen gerade die beiden genannten Gruppen exemplarisch für einen Widerstand, der sich erst allmählich herausbildete. Aus Anhängern des Systems wurden erbitterte Gegner. Der Widerstand von Arbeitern, aus Kreisen der Kirchen und ehemaligen Parteien hingegen war dagegen ein durchgehendes Phänomen, wenngleich längst nicht so offensichtlich.

Exil

Vielen blieb, um der Verhaftung zu entgehen, nur die Emigration. Intellektuelle und Politiker, die ins Exil gegangen sind, agierten dann häufig vom Ausland aus und wirkten auf die Verhältnisse in Deutschland zurück, etwa die Exil-SPD (SOPADE), Autoren wie Thomas Mann und Bertolt Brecht oder Wissenschaftler wie Einstein.

Menschen im Exil v. l. n. r.: Thomas Mann 1928, Bertolt Brecht 1933, Albert Einstein 1930.

3.1 Die Verfolgung der Juden – von der Entrechtung zur Shoah

Einzigartigkeit der Shoah

Neben diesen Gruppen der Gesellschaft stehen die hauptsächlichen Opfergruppen des Nationalsozialismus, die schon durch dessen Ideologie von vornherein als Gemeinschaftsfremde gekennzeichnet waren. Dies betraf vor allem die Juden in Deutschland und Europa.

Das Ergebnis des „Historikerstreits", d. h. der Kontroverse bundesdeutscher Historiker Ende der 80er Jahre über die nationalsozialistische Judenvernichtung war die Erkenntnis der Einzigartigkeit des Holocaust, der Shoah. Zwar gab es zu allen Zeiten totalitäre Regime überall auf der Welt. Die Nichtachtung der Menschen- und Bürgerrechte, und damit Gewalt und Willkür gegenüber der eigenen Bevölkerung, grausame Kriege – euphemistisch als „Feldzüge" verharmlost – gegen die Nachbarn, selbst Genozide in Kauf nehmend, wurden immer wieder begonnen. Selbst der Antisemitismus ist keineswegs eine deutsche Besonderheit. Die politische Karte Europas zeigt, dass Deutschland 1933 auch nicht das einzige faschistische Land war: Nationalistische bzw. faschistische Diktaturen gab es u. a. in Italien, Ungarn, Polen, Spanien, Portugal, den baltischen Staaten.

Vernichtungspolitik

Aber der fundamentale Unterschied gegenüber allen anderen diktatorischen Systemen ist die planmäßige, angeblich naturwissenschaftlich begründbare, trotz aller wirtschaftlichen kriegsbedingten Schwierigkeiten unbeirrt fortgeführte, fabrikmäßig organisierte Ermordung von Menschen. Zuvor als „lebensunwert", als „Untermenschen" und „Ungeziefer" denunziert, um Hemmschwellen bei der „überlegenen arischen Rasse" abzubauen, wurden ca. 6 Millionen Menschen in der Mitte des 20. Jahrhunderts, in der Mitte einer Kulturnation Europas gehenkt, erschossen, vergast, verbrannt oder auf andere unmenschliche Art und Weise gezielt „ausgerottet" und „ausgemerzt". Nirgends auf der Welt hat es vor 1940 den Versuch gegeben, die aus dem Darwinismus abgeleitete und auf den Menschen übertragene Theorie von der Überlegenheit einer Rasse auf die von den Nationalsozialisten gewählte Art und Weise zu realisieren.

Sinti und Roma

Neben den jüdischen Mitbürgern wurden Sinti und Roma aus „rassehygienischen" Gründen verfolgt. Auch hierbei konnten die Nationalsozialisten auf jahrhundertealte antiziganistische Vorurteile zurückgreifen.

Darüber hinaus gab es weitere Gruppen, die aus pseudobiologischen Gründen in den zwölf Jahren der Diktatur Opfer von Verfolgung, medizinischen Versuchen, Sterilisation und Ermordung wurden: Homosexuelle und pflegebedürftige Menschen. Aber auch Kriegsgefangene und politische Häftlinge blieben davon nicht verschont. Den nationalsozialistischen Gewaltverbrechen fielen in Europa ca. 500 000 Menschen aus diesen Gruppen zum Opfer.

Die folgenden Materialien können nur ansatzweise einen Eindruck in das Leid der unzähligen Opfer und in die Motive der Täter und Dulder vermitteln. Sie veranschaulichen, weshalb wir uns auch heute noch mit der Geschichte des Nationalsozialismus auseinandersetzen müssen.

MATERIAL

1 Schrittweise Entrechtung und Verfolgung

30. 1. 1933	Hitler Reichskanzler, spontane antisemitische Aktionen
1. 4. 1933	Boykott jüdischer Geschäfte durch die SA
7. 4. 1933	Gesetz zur Wiederherstellung des Berufsbeamtentums: Weitgehendes Berufsverbot für alle Juden im Staatsdienst oder zulassungspflichtigen Berufen
15. 9. 1935	Nürnberger Gesetze: „Gesetz zum Schutze des deutschen Blutes und der deutschen Ehre“: Juden und Nichtjuden dürfen nicht heiraten und keinen außerehelichen Verkehr haben. Juden dürfen keine „deutschblütigen“ Dienstmädchen unter 45 Jahren haben.
14. 11. 1935	Erste Verordnung zum „Blutschutzgesetz“: Eherestriktionen für „Halbjuden“. Verbot, Reichs- und Nationalflagge zu hissen.
5. 1. 1938	Gesetz über die Änderung von Familiennamen und Vornamen: Juden müssen einen „typischen jüdischen“ Vornamen haben.
12. 3. 1938	Nach dem „Anschluss“ Österreichs werden Juden aus ihren Geschäften geprügelt, gezwungen, die Straße zu scheuern. Bereits jetzt werden zahlreiche Juden in KZs eingewiesen.
9. 11. 1938	Reichspogromnacht, anschließend werden Tausende Juden in KZs gebracht, den Gemeinden wird eine „Buße“ von 1 Milliarde RM auferlegt.
1939	Judenstern wird in Polen eingeführt
20. 9. 1939	Hitler, Himmler u. Heydrich beschließen, alle Juden aus dem Deutschen Reich in Lager oder Ghettos nach Polen zu bringen.
1941	Judenstern wird im Reich eingeführt
20. 1. 1942	Wannseekonferenz: Konkrete Planung des Holocaust

MATERIAL

2 Der publizierte Rassismus

Sprachrohr der Nationalsozialisten war neben dem Völkischen Beobachter vor allem das von Julius Streicher herausgegebene antisemitische Hetzblatt „Der Stürmer“ (1923–1945/Auflage 1935 ca. 600 000). Seit 1927 stand auf der Titelseite: „Die Juden sind unser Unglück!“ Julius Streicher wurde von dem Internationalen Militärgerichtshof in Nürnberg am 1. 10. 1946 wegen Verbrechen gegen die Menschlichkeit zum Tode verurteilt.

Der Jud im Familienbad – Ein Kapitel zur Rassenfrage

In der Nähe von Reichelsdorf ist das bekannte Familienbad Reichelsdorf. Dieses Familienbad wird aber immer weniger von Familien, immer mehr dagegen von Juden und ihrem verbastardierten Anhang bevölkert. Das Getriebe, das dort zum Teil beobachtet werden kann, ist der beste praktische Unterricht in der Rassenfrage. Da sieht man ahnungslose reinrassige deutsche Mädchen, an die sich der Jude mit schmeichlerischer Fratze heranzumachen versucht. Und da sieht man andererseits wieder an der Seite von Judenbuben unselige Geschöpfe im Sande liegen, bei deren Anblick der Wissende erschüttert stehen bleiben muss. Wer könnte behaupten, dass diese noch den Eindruck von deutschen Mädchen machen. Durch die Verbindung mit der jüdischen Köterrasse sind sie vollkommen entwurzelt und entartet. Deutsche Sitte und deutsches Schamgefühl ist bei ihnen bis auf das letzte Fünklein restlos ausgelöscht. Sie sind ihrer Rasse, ihrem Volkstum auf ewig verloren. Unwillkürlich muss man bei ihrem Anblick an die bedauernswerten Wesen denken, denen diese „Mädchen“ einmal

das Leben schenken werden. Es werden minderwertige Wechselbälge auch dann sein, wenn ihre Erzeuger der arischen Rasse angehören. Denn eine entartete Mutter kann keine Kinder gebären, in denen deutsche Art und deutsches Wesen verwurzelt ist. Sie sind rasselos und deshalb auch wesenlos und entartet. Und das wird sich von Geschlecht zu Geschlecht wie eine unausrottbare Krankheit fortpflanzen.
[…] Und es sollte weiterhin jedem zu denken geben, dass die schlechte Rasse immer die gute verdirbt, dass aber umgekehrt niemals die gute Rasse die schlechte verbessern kann. Ein Mädchen, dessen Blut durch den jüdischen Samen vergiftet ist, stürzt in jähem Falle in einen unglaublich scheußlichen Morast von Gesinnungslosigkeit und widernatürlicher Unzucht. […]
Nach jedem Jahr, in dem es bei uns Deutschen dem Juden möglich ist, deutsche Mädchen ungestraft zu entrassen, stehen wir unserer eigenen Kultur, stehen wir dem Wesen, das aus den Werken unserer größten Deutschen spricht, fremder und verständnisloser gegenüber. Bis wir, untergegangen in einem großen Völkerbrei, unsere deutsche Eigenart für immer verloren haben.
Es gibt kein einziges menschliches Lebewesen auf diesem Erdball, das diesen Rassegesetzen nicht unterworfen wäre.

Der Stürmer, 1939.

Der Stürmer, Nr. 37, September 1926 (Faksimile in: Fred Hahn, Lieber Stürmer. Leserbriefe an das NS-Kampfblatt 1924 bis 1945, Stuttgart (Seewald Verlag) 1978, S. 20).

MATERIAL

NS-Gesetzgebung 3

Gesetz zum Schutze des deutschen Blutes und der deutschen Ehre (15. 9. 1935)
Durchdrungen von der Erkenntnis, dass die Reinheit des deutschen Blutes die Voraussetzung für den Fortbestand des Deutschen Volkes ist, und beseelt von dem unbeugsamen Willen, die Deutsche Nation für alle Zukunft zu sichern, hat der Reichstag einstimmig das folgende Gesetz beschlossen, das hiermit verkündet wird:
§ 1. (1) Eheschließungen zwischen Juden und Staatsangehörigen deutschen oder artverwandten Blutes sind verboten. Trotzdem geschlossene Ehen sind nichtig, auch wenn sie zur Umgehung dieses Gesetzes im Ausland geschlossen sind.
[…]
§ 2. Außerehelicher Verkehr zwischen Juden und Staatsangehörigen deutschen oder artverwandten Blutes ist verboten.
§ 3. Juden dürfen weibliche Staatsangehörige deutschen oder artverwandten Blutes unter 45 Jahren in ihrem Haushalt nicht beschäftigen.
§ 4. (1) Juden ist das Hissen der Reichs- und Nationalflagge und das Zeigen der Reichsfarben verboten.
(2) Dagegen ist ihnen das Zeigen der jüdischen Farben gestattet. Die Ausübung dieser Befugnis steht unter staatlichem Schutz.
[…]

Reichsgesetzblatt, Teil I, Nr. 100, 1935, Berlin 1935 (Reichsverlagsamt), S. 1146 f.

MATERIAL

4 Antisemitische Politik seit 1933

Daniel Jonah Goldhagen, Hochschullehrer an der Harvard-Universität, veröffentlichte 1996 sein Buch „Hitlers willige Vollstrecker, ganz gewöhnliche Deutsche und der Holocaust“. Dieses Buch wurde von vielen Historikern stark kritisiert, denn es versuchte nachzuweisen, dass der Antisemitismus in Deutschland von vornherein eliminatorisch, also auf physische Vernichtung der Juden ausgerichtet gewesen sei. Diese These ist nicht Konsens unter den Wissenschaftlern. Die Entwicklung zu Beginn der NS-Diktatur beschreibt Goldhagen wie folgt:

Die antijüdische Politik und die daraus folgenden gesetzlichen Maßnahmen setzten beinahe unverzüglich ein; zunächst mit sporadischen Angriffen auf Juden, ihr Eigentum, ihre Grabstätten, ihre Synagogen sowie mit der Errichtung „wilder“ Konzentrationslager für sie und die politische Linke. [...] Der landesweite Boykott jüdischer Geschäfte am 1. April 1933 signalisierte allen Deutschen die Entschlossenheit der Nationalsozialisten. Nun wurden die Juden so behandelt, wie es der oft formulierten Auffassung über sie entsprach, nämlich als fremde Eindringlinge in den deutschen Gesellschaftskörper, die dessen Wohlergehen gefährdeten. Den Reden folgten jetzt Taten. Und wie reagierten die Deutschen auf den Boykott? Ein Jude erinnert sich, dass einige ihre Solidarität mit den umzingelten Juden entschieden zum Ausdruck brachten. Doch „solche Proteste waren nicht sehr verbreitet. Die allgemeine Einstellung des Publikums zeigte sich bei einem Zwischenfall in einer Drogerie. Eine Dame, begleitet von zwei Nazis in Uniform, trat ein. Sie hatte einige Artikel bei sich, die sie ein paar Tage zuvor gekauft hatte, und verlangte von dem Drogisten ihr Geld zurück. ‚Ich wusste nicht, dass Sie ein Jude sind‘, erklärte sie, ‚ich wünsche nämlich nichts bei Juden einzukaufen.‘“ [...]
Auf diesen Boykott, der sich auf die gesellschaftliche Stellung der Juden, die nun offiziell als Parias galten und auch entsprechend behandelt wurden, verheerend auswirkte, folgte eine Reihe antijüdischer Maßnahmen, die die systematische Ausgrenzung der Juden aus dem wirtschaftlichen, gesellschaftlichen und kulturellen Leben und damit die Zerstörung ihrer öffentlichen und sozialen Existenz in Deutschland einleiteten. Wenige Tage nach dem Boykott verabschiedeten die Nationalsozialisten das „Gesetz zur Wiederherstellung des Berufsbeamtentums“, das zur sofortigen Entlassung Tausender Juden aus dem öffentlichen Dienst führte, [...].
In den folgenden Jahren gelang es den Deutschen, durch Regierungspolitik und im Alltag, den Juden in Deutschland das Leben nahezu unerträglich zu machen. Sie hatten mit einer

Ortsschild, Braunschweig, 1933.

Fülle von Gesetzen, Maßnahmen und Angriffen zu kämpfen, die ihr Auskommen, ihre gesellschaftliche Stellung und ihre persönliche Sicherheit bedrohten. Die Attacken erfolgten unkoordiniert. Manches wurde von oben angeordnet, anderes geschah auf Initiative von unten, die meist, aber nicht immer, von überzeugten Nationalsozialisten ausging, in der überwiegenden Zahl SA-Männern, dem braunen Stoßtrupp des Regimes. Mitte 1933 überzogen sie Deutschland mit tätlichen wie symbolischen Angriffen gegen Juden, die bereits die ganze Bandbreite dessen umfassten, was zum deutschen „Standardrepertoire“ werden sollte. Verbale Beleidigungen waren dabei mittlerweile so verbreitet, so „normal“, dass sie gar nicht mehr besonders erwähnt wurden. Um die Pariastellung der Juden unmissverständlich öffentlich zu machen, stellte man in Franken beispielsweise überall vor Dorfeinfahrten, Restaurants und Hotels Schilder mit der Aufschrift „Juden unerwünscht“ oder „Eintritt für Juden verboten“ auf. Am Stadtrand von München befanden sich solche Tafeln schon im Mai 1933.

D. J. Goldhagen, Hitlers willige Vollstrecker, Dt. K. Kochmann, Siedler Berlin 1996, S. 118ff.

MATERIAL

Aus der Mitte der Gesellschaft 5

Der Historiker Ulrich Herbert veranschaulicht im Rahmen der sogenannten Goldhagen-Debatte die Rolle der Intellektuellen im Dritten Reich beispielhaft am Thema: Antisemitismus.

[...] Es gibt keine Untersuchung, die uns schlüssig darüber informieren könnte, wie viel Prozent der Deutschen vor und nach 1933 als Antisemiten zu gelten hätten. Es gab einen gewissen Bodensatz von radikalen Judenhassern, für die etwa der Nürnberger Gauleiter Streicher und das berüchtigte Antisemitenblatt Der Stürmer stehen. Sie waren gewiss nicht unbedeutend, aber ihr krakeelendes, von Ausschreitungen begleitetes Auftreten traf doch in der Öffentlichkeit, zum Teil sogar innerhalb der NSDAP, auf zuweilen indignierte Ablehnung. [...]

Weitaus bedeutender hingegen war jene Form eines Antisemitismus, die schon im Kaiserreich verbreitet war und durch die Entwicklung während des Ersten Weltkrieges und der Nachkriegszeit neue Nahrung erhalten hatte, sich aber nicht in offener Feindseligkeit oder Straßenkrawallen äußerte. Dass die Juden ein „Fremdkörper" im deutschen Volke seien, dass sie besonders unangenehme Eigenschaften besäßen, dass sie mit den Feinden Deutschlands aus dem Ersten Weltkrieg in Verbindung stünden, dass sie die Presse beherrschten und sich an Krieg, Inflation und Wirtschaftskrise bereichert hätten – das war die Überzeugung vieler in Deutschland; und es ist nicht ausgeschlossen, dass sie schon vor 1933 in Deutschland eine Mehrheit stellten. Das trifft zum einen auf die Anhänger und Wähler der NSDAP zu. Zwar waren gewiss nicht alle und vielleicht nicht einmal die Mehrheit der NSDAP-Wähler radikale Judenhasser, aber sie waren doch bereit, die von der Nazipartei angekündigte Entrechtung der Juden zu akzeptieren, wenn ihnen selbst nur Brot und Arbeit geboten würden. [...]

Allerdings gab es einen Bereich, in dem sich ein radikaler Antisemitismus schon früh durchsetzte und über 1933 hinaus bestimmend blieb: ausgerechnet die Universitäten, mithin den Ort, an welchem jene Generation ausgebildet wurde, die während der NS-Zeit und vor allem während der Kriegsjahre in die Führungspositionen aufrückte. [...] Dieser Antisemitismus war nicht nur rassistisch, sondern zugleich ausgesprochen elitär und strikt gegen den „dumpfen Radau-Antisemitismus" gerichtet. Nicht durch Pogrome und Ausschreitungen, sondern durch Fremdenrecht und Hinausdrängen aller Juden aus Deutschland durch staatliche Maßnahmen sollte das „Judenproblem" in kurzer Zeit „gelöst" werden – ebenso radikal wie „sachlich", das war die verbreitete Devise.

Die Führungsgruppe von Sicherheitspolizei und SD, die nach Kriegsbeginn in den von Deutschland eroberten Ländern Polizei und Einsatzgruppen leitete, für die Ingangsetzung von Deportationen und der Ghettoisierung verantwortlich und seit dem Herbst 1941 auch mit der Durchführung der Politik der „Endlösung" betraut war, setzte sich zum weit überwiegenden Teil aus Vertretern ebendieser Generation von Hochschulabsolventen zusammen – zumeist Juristen, die in ihrem Handeln kühle Professionalität mit der Überzeugung verbanden, dass ihr Tun nach dem Prinzip der „völkischen Weltanschauung" unumgänglich, notwendig, ja sogar ethisch geboten sei. Hier wird der Zusammenhang zwischen ideologischer „Aufladung" und der Beteiligung am Genozid unmittelbar greifbar, aber gerade nicht bei jenen, die traditionellerweise als fanatische Judenhasser auftraten, wie man sie in der SA, in Teilen der Partei und im Umfeld der antisemitischen Agitatoren fand, sondern eben bei der jungen Nachwuchselite, die nach 1933 Gelegenheit bekam, ihre politischen Utopien in die Praxis umzusetzen. [...]

Vor allem aber wurde die Politik des Völkermordes wohl auch als ein durch die Ausnahmesituation des Krieges legitimierter, zugespitzter Ausdruck jener Politik des Krieges und der Eroberung verstanden, die von der Mehrheit der deutschen Bevölkerung jedenfalls für lange Zeit mitgetragen wurde. [...]

Die Zahl der Deutschen, die an dem Mordgeschehen beteiligt waren, geht vielleicht nicht in die Millionen, aber von vielen zehntausend wird man wohl ausgehen müssen. [...]

Ulrich Herbert, Aus der Mitte der Gesellschaft, in: Die ZEIT, Nr. 25, 1996.

SA-Männer vor dem Ladengeschäft von Nathan Schmidt am 1. April 1933, Berlin.

MATERIAL

6 Der neue Alltag unter den Nationalsozialisten

Victor Klemperer, Romanistikprofessor in Dresden bis 1935, schreibt in seinem Tagbuch 1933:

3. April 1933, Montag Abend

Am Sonnabend rote Zettel an den Geschäften: „Anerkannt deutschchristliches Unternehmen". Dazwischen geschlossene Läden, SA-Leute davor mit dreieckigen Schildern: „Wer beim Juden kauft, fördert den Auslandboykott und zerstört die deutsche Wirtschaft." – Die Menschen strömen durch die Prager Straße und sahen sich das an. Das war der Boykott. „Vorläufig nur Sonnabend – dann Pause bis Mittwoch." Banken ausgenommen. Anwälte, Ärzte einbegriffen. Nach einem Tag abgeblasen – der Erfolg sei da und Deutschland „großmütig". Aber in Wahrheit ein unsinniges Schwanken. Offenbar Widerstand im Aus- und Inland, und offenbar von der anderen Seite Druck der nationalsozialistischen Straße. Ich habe den Eindruck, dass man rasch der Katastrophe zutreibt. Dass die Rechte nicht mehr lange mitmachen kann, die nationalsozialistische Diktatur nicht mehr lange erträgt, dass andrerseits Hitler nicht mehr frei ist und dass die Nationalsozialisten zu immer heftigerer Gewalt drängen. Heute die Rektoren der Universität Frankfurt, der TH Braunschweig, der Leiter der Bonner Universitätsklinik Kantorowicz, ein christlicher Börsenredakteur der „Frankfurter Zeitung" verhaftet. Usw. […] Eine Explosion wird kommen – aber wir werden sie vielleicht mit dem Leben bezahlen, wir Juden. Entsetzlich ein Pronunciamento der Dresdener Studentenschaft, es sei gegen die Ehre des deutschen Studenten, mit Juden in Berührung zu treten. – Ich kann nicht an meinem „Frankreichbild" arbeiten. Ich glaube nicht mehr an die Völkerpsychologie. Alles, was ich für undeutsch gehalten habe, Brutalität, Ungerechtigkeit, Heuchelei, Massensuggestion bis zur Besoffenheit, alles das floriert hier. […]

Victor Klemperer, Ich will Zeugnis ablegen bis zum letzten, Tagebücher 1933–1941, hrsg. Walter Nowojski, Hadwig Klemperer, Aufbau Verlag Berlin 1996, 3.4.1933.

MATERIAL

Die Planung der Ermordung der europäischen Juden 7

Am 20. Januar 1942 wurde in einer Villa am Wannsee in Berlin – heute eine Gedenkstätte – unter Führung Heydrichs und weiterer 14 Teilnehmer der SS und Polizei sowie der beteiligten Ministerien (Reichsministerium für die besetzten Ostgebiete, Reichsministerium des Innern, Reichsjustizministerium, ein Vertreter des Beauftragten für den Vierjahresplan, ein Vertreter des Auswärtigen Amtes und des Amtes des Generalgouverneurs Frank) die so genannte „Endlösung der europäischen Judenfrage" beschlossen. Von dem Protokoll, das Adolf Eichmann anfertigte, existierten nur 35 Exemplare.

Protokoll der „Wannseekonferenz"

II.

[...] Der Chef der Sicherheitspolizei und des SD[1] gab [...] einen kurzen Rückblick über den bisher geführten Kampf gegen diesen Gegner. Die wesentlichsten Momente bilden

a) die Zurückdrängung der Juden aus den einzelnen Lebensgebieten des deutschen Volkes,

b) die Zurückdrängung der Juden aus dem Lebensraum des deutschen Volkes.

Im Vollzug dieser Bestrebungen wurde als einzige vorläufige Lösungsmöglichkeit die Beschleunigung der Auswanderung der Juden aus dem Reichsgebiet verstärkt und planmäßig in Angriff genommen. [...]

Das Aufgabenziel war, auf legale Weise den deutschen Lebensraum von Juden zu säubern.

Über die Nachteile, die eine solche Auswanderungsforcierung mit sich brachte, waren sich alle Stellen im Klaren. Sie mussten jedoch angesichts des Fehlens anderer Lösungsmöglichkeiten vorerst in Kauf genommen werden. [...]

Inzwischen hat der Reichsführer SS und Chef der Deutschen Polizei[2] im Hinblick auf die Gefahren einer Auswanderung im Kriege und im Hinblick auf die Möglichkeiten des Ostens die Auswanderung von Juden verboten.

III.

Anstelle der Auswanderung ist nunmehr als weitere Lösungsmöglichkeit nach entsprechender vorheriger Genehmigung durch den Führer die Evakuierung der Juden nach dem Osten getreten. Diese Aktionen sind jedoch lediglich als Ausweichmöglichkeiten anzusprechen, doch werden hier bereits jene praktischen Erfahrungen gesammelt, die im Hinblick auf die kommende Endlösung der Judenfrage von wichtiger Bedeutung sind.

Im Zuge dieser Endlösung der europäischen Judenfrage kommen rund 11 Millionen Juden in Betracht. [...]

Unter entsprechender Leitung sollen im Zuge der Endlösung die Juden in geeigneter Weise im Osten zum Arbeitseinsatz kommen. In großen Arbeitskolonnen, unter Trennung der Geschlechter, werden die arbeitsfähigen Juden straßenbauend in diese Gebiete geführt, wobei zweifellos ein Großteil durch natürliche Verminderung ausfallen wird.

Der allfällig endlich verbleibende Restbestand wird, da es sich bei diesem zweifellos um den widerstandsfähigsten Teil handelt, entsprechend behandelt werden müssen, da dieser, eine natürliche Auslese darstellend, bei Freilassung als Keimzelle eines neuen jüdischen Aufbaues anzusprechen ist. (Siehe die Erfahrung der Geschichte.) [...]

IV.

[...] Staatssekretär Dr. Bühler stellte fest, dass das Generalgouvernement es begrüßen würde, wenn mit der Endlösung dieser Frage im Generalgouvernement begonnen würde, weil einmal hier das Transportproblem keine übergeordnete Rolle spielt und arbeitseinsatzmäßige Gründe den Lauf dieser Aktion nicht behindern würden. Juden müssten so schnell wie möglich aus dem Gebiet des Generalgouvernements entfernt werden, weil gerade hier der Jude als Seuchenträger eine eminente Gefahr bedeutet und er zum anderen durch fortgesetzten Schleichhandel die wirtschaftliche Struktur des Landes dauernd in Unordnung bringt. Von den in Frage kommenden etwa 21/2 Millionen Juden sei überdies die Mehrzahl der Fälle arbeitsunfähig. [...]

[1] Heydrich
[2] Himmler

Hans-Adolf Jacobsen, Werner Jochmann (Hrsg.): Ausgewählte Dokumente zur Geschichte des Nationalsozialismus 1933–1945, Bielefeld 1966 (Verlag Neue Gesellschaft GmbH), Loseblattsammlung.

MATERIAL

8 Der nationalsozialistische Verhaltenskodex

Der Reichsführer SS *Heinrich Himmler spricht vor hohen* SS*-Führern in Posen* (4. 10. 1943):

Ich will hier vor Ihnen in aller Offenheit, auch ein ganz schweres Kapitel erwähnen. Unter uns soll es einmal ganz offen ausgesprochen sein, und trotzdem werden wir in der Öffentlichkeit nie darüber reden. [...]
Ich meine jetzt die Judenevakuierung, die Ausrottung des jüdischen Volkes. Es gehört zu den Dingen, die man leicht ausspricht. – „Das jüdische Volk wird ausgerottet", sagt ein jeder Parteigenosse, „ganz klar, steht in unserem Programm, Ausschaltung der Juden, Ausrottung, machen wir." Und dann kommen sie alle an, die braven 80 Millionen Deutschen, und jeder hat seinen anständigen Juden. Es ist ja klar, die anderen sind Schweine, aber dieser eine ist ein prima Jude. Von allen, die so reden, hat keiner zugesehen, keiner hat es durchgestanden. Von Euch werden die meisten wissen, was es heißt, wenn 100 Leichen beisammen liegen, wenn 500 daliegen oder wenn 1 000 daliegen. Dies durchgehalten zu haben, und dabei – abgesehen von Ausnahmen menschlicher Schwächen – anständig geblieben zu sein, das hat uns hart gemacht. Dies ist ein niemals geschriebenes und niemals zu schreibendes Ruhmesblatt unserer Geschichte, denn wir wissen, wie schwer wir uns täten, wenn wir heute noch in jeder Stadt – bei den Bombenangriffen, bei den Lasten und bei den Entbehrungen des Krieges – noch die Juden als Geheimsaboteure, Agitatoren und Hetzer hätten. Wir würden wahrscheinlich jetzt in das Stadium des Jahres 1916/17 gekommen sein, wenn die Juden noch im deutschen Volkskörper säßen.
[...] Wir hatten das moralische Recht, wir hatten die Pflicht gegenüber unserem Volk, dieses Volk, das uns umbringen wollte, umzubringen. [...]
Insgesamt aber können wir sagen, dass wir diese schwerste Aufgabe in Liebe zu unserem Volk erfüllt haben. Und wir haben keinen Schaden in unserem Inneren, in unserer Seele, in unserem Charakter daran genommen.

Der Prozess gegen die Hauptkriegsverbrecher vor dem Internationalen Militärgerichtshof, Nürnberg 14. November 1945 – 1. Oktober 1946, Nürnberg 1948, Band XXIX, Amtlicher Text – Deutsche Ausgabe; Urkunden und anderes Beweismaterial Nummer 1850-PS bis Nummer 2233-PS, Dokument 1919-PS, S. 110–173.

MATERIAL

9 Das KZ Auschwitz

In einer Entfernung von etwa 3 km vom Stammlager befand sich – auf dem Gebiete des Dorfes Brzezinka – ein zweites Lager – das KL Auschwitz II-Birkenau. Das Gelände dieses Lagers betrug ungefähr 175 ha und war mit über 300 Baracken bebaut. [...] Die Zahl aller männlichen und weiblichen Häftlinge erreichte im August 1944 gegen 100 000. Die Plagen des Lagers waren das Fehlen von Wasser, die katastrophalen hygienischen und sanitären Verhältnisse sowie die Riesenmenge von Ratten. Auf dem Gelände von Birkenau errichteten die Nazis die größte Anzahl von Vernichtungseinrichtungen, nämlich Krematorien mit Gaskammern, zwei provisorische Gaskammern in zu diesem Zweck umgebauten Bauernhäusern sowie Verbrennungsgruben und Scheiterhaufen. [...] Die gemauerten Baracken sind auf der linken Seite der Ausladerampe gelegen. Diese Baracken baute man ohne Fundamente, indem man sie einfach auf das sumpfige Gelände stellte. Die Mehrzahl der Baracken besaß keinen Fußboden, sondern nur festgestampfte Erde, die sich oftmals in Morast verwandelte. In den gemauerten Baracken befanden sich weibliche Häftlinge, die in dreistöckigen Kojen, auf verfaultem, vermorschtem Stroh schliefen. Auf gleicher Höhe lagen ungefähr 8 Personen. Die Holzbaracken (rechts von der Ausladerampe) waren Pferdeställe für 52 Pferde, in denen nur mit kleinsten Veränderungen bis zu 1000 Häftlinge untergebracht wurden. Durch die Baracke verliefen Rauchabzüge, der abziehende Rauch sollte den ganzen Innenraum heizen. [...]

Staatliches Museum in O´święcim, Informator, O´święcim 2003, S. 22 f.

MATERIAL
Ankunft in Auschwitz 10

Auschwitz II – Birkenau. Die Selektion auf der Rampe. Ärzte und Krankenpfleger wählen nach eigenem Ermessen und flüchtiger Betrachtung die arbeitsfähigen Juden aus einem neuen Transport aus. Diese werden ins KZ gebracht. Die übrigen, meistens 70–75 Prozent, werden sofort in die Gaskammern geschickt. Das Bild stammt wahrscheinlich aus dem Jahr 1944.

1. Untersuchen Sie die Sprache des „Stürmers" und klären Sie deren Funktion. (M 2)
2. Erörtern Sie, warum fast 150 Jahre nach der Erklärung der Menschen- und Bürgerrechte und 130 Jahre nach der Judenemanzipation in Deutschland ein solches Gesetz erlassen werden konnte. (M 3)
3. Beschreiben Sie die antisemitische Politik 1933 – 1945 anhand von M 4, M 5 und M 6. Nehmen Sie zu M 4 Stellung, indem sie diese Aussagen zu M 5 und M 6 sowie M 1 in Beziehung setzen.
4. In der Wannsee-Konferenz entwarfen staatliche Instanzen (Ministerien) gemeinsam mit der SS Pläne für die Vernichtung der Juden in Europa. Weisen Sie nach, inwieweit sich dieser Umstand in der Sprache des Protokolls niederschlägt, und erörtern Sie die Konsequenzen dieser Zusammenarbeit. (M 7)
5. Untersuchen Sie, mit welcher Methode Himmler die SS-Angehörigen von der Richtigkeit ihres Handelns überzeugen will. (M 8)
6. Formulieren Sie aufgrund der Materialien M 8, M 9 und M 10 Ihre Eindrücke und diskutieren Sie diese.
7. 2005 wurde in Berlin das Holocaust-Mahnmal als zentrale Gedenkstätte gegen die Vernichtung des europäischen Judentums eingeweiht. Für Sinti und Roma und die anderen verfolgten Gruppen gibt es ein solches Denkmal noch nicht. Nehmen Sie zu diesem Prozess Stellung.

3.2 Christen im Nationalsozialismus – zwischen Anpassung und Widerstand

Verhältnis zur Obrigkeit

Die Unsicherheit bezüglich des „richtigen" Verhaltens, die Millionen von Deutschen ab 1933 empfanden, zeigt sich beispielhaft in Stellungnahmen und Konflikten innerhalb der Kirchen. Während der Katholizismus in seinem Oberhaupt, dem Papst, schon ein natürliches Gegengewicht gegen einen weltlichen Führer mit Allmachtsanspruch stellte, war der Protestantismus auf dieser Ebene entschieden anfälliger, der „Obrigkeit" vorbehaltlos zu folgen. Die evangelische Kirche in Deutschland spaltete sich praktisch in die regimetreuen sogenannten Deutschen Christen und die Distanz zum Nationalsozialismus und seinen Ansprüchen haltende Bekennende Kirche.

Position der katholischen Kirche

Der Kurs der katholischen Kirche war ebenfalls uneinheitlich. Mit dem Reichskonkordat vom Juli 1933 unter dem Pontifikat Papst Pius XI. liegt einer der ersten außenpolitischen Verträge vor, der das Ansehen der Nationalsozialisten im In- und Ausland deutlich begünstigte. Der katholischen Kirche wurden darin Zugeständnisse hinsichtlich ihrer karitativen und seelsorgerischen Arbeit gemacht bei gleichzeitigem Verbot aller politischen Bekundungen. Für die Katholiken schien dieser Vertrag die Eigenständigkeit kirchlicher Verbände zu sichern und damit die Gleichschaltung zu verhindern.

Papst Pius XII.

In der Enzyklika „Mit brennender Sorge" reagierte derselbe Papst Pius XI. 1937 auf die zunehmenden Verstöße gegen das Konkordat seitens der Nationalsozialisten. Seinem Nachfolger, Papst Pius XII., der selber als Kardinalstaatssekretär an den Verhandlungen zum Konkordat und an der Ausarbeitung der Enzyklika beteiligt war, wird der Vorwurf gemacht, nicht energisch genug öffentlich gegen den Holocaust angegangen zu sein. Der konsequente Antibolschewismus der Nationalsozialisten habe dafür gesorgt, dass führende Katholiken Sympathien für die Politik Hitlers entwickelt hätten und nicht hinreichend auf Distanz zum Dritten Reich gegangen seien. Gestärkt wird diese Kritik durch das Verhalten kirchlicher Würdenträger nach dem Zweiten Weltkrieg, als sie vielen führenden NS-Verbrechern wie Adolf Eichmann, Josef Mengele und Klaus Barbie über die sogenannten „Klosterrouten" (später auch „Rattenlinie" genannt), mit Hilfe des Internationalen Roten Kreuzes und des amerikanischen Geheimdienstes die Flucht ins Ausland, insbesondere nach Argentinien ermöglichten.

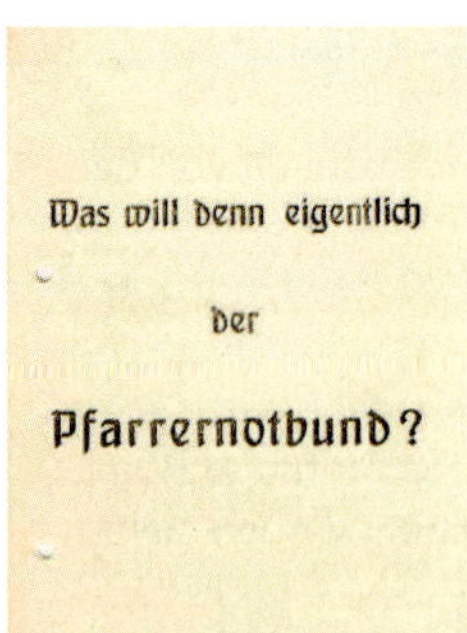
Was will denn eigentlich
der
Pfarrernotbund?

September 1933 entstand der Pfarrernotbund in der evangelischen Kirche, um der Einführung des Arierparagrafen in die Kirche entgegenzuwirken.

Andererseits muss unterstrichen werden, dass gerade aktive Christen beider Konfessionen dem Nationalsozialismus auch Widerstand geleistet haben und dafür in den Tod gegangen sind, wie z. B. Dietrich Bonhoeffer und Pater Maximilian Kolbe.

Ebenfalls aufgrund ihres Christentums leisteten Jehovas Zeugen Widerstand und verweigerten den Dienst mit der Waffe. Ihre Konfession wurde verboten und ihre Mitglieder brutal verfolgt und viele in den Konzentrationslagern umgebracht.

MATERIAL

War Jesus ein Jude? 1

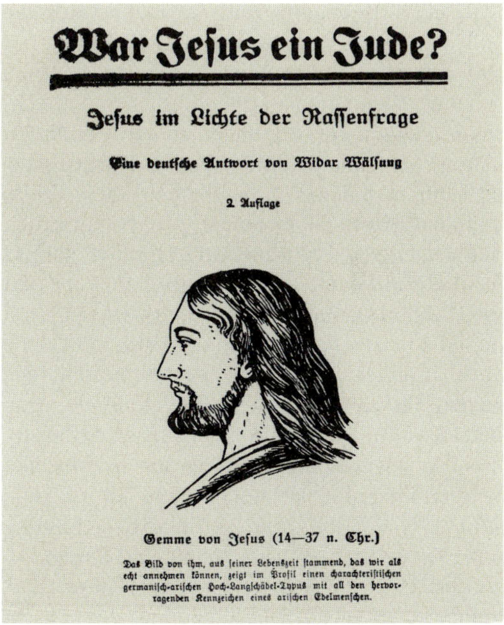

War Jesus ein Jude?

Jesus im Lichte der Rassenfrage

Eine deutsche Antwort von Widar Wälsung

2. Auflage

Gemme von Jesus (14—37 n. Chr.)

Das Bild von ihm, aus seiner Lebenszeit stammend, das wir als echt annehmen können, zeigt im Profil einen charakteristischen germanisch-arischen Hoch-Langschädel-Typus mit all den hervorragenden Kennzeichen eines arischen Edelmenschen.

Titelblatt eines von zahlreichen Publikationen der 30er Jahre, in denen man versuchte, nationalsozialistische Ideen mit dem Christentum zu vereinbaren. Herausgegeben vom „Verlag für Heimat und Volk", Nürnberg 1934.
Bei dem Autorennamen „Widar Wälsung" handelt es sich sicher um ein Pseudonym, das dem germanischen Sagenkreis entnommen ist. Der Text unter der „Gemme von Jesus" lautet:

Das Bild von ihm aus seiner Lebenszeit stammend, das wir als echt annehmen können, zeigt im Profil einen charakteristischen germanisch-arischen Hoch-Langschädel-Typus mit all den hervorragenden Kennzeichen eines arischen Edelmenschen.

MATERIAL

„Nationalsozialistisches Glaubensbekenntnis" 2

Der Reichsleiter der Deutschen Arbeitsfront (DAF), Dr. Robert Ley, formulierte am 10. Februar 1937 ein „Glaubensbekenntnis", das offen den christlichen Glauben durch den Nationalsozialismus ersetzte:

Adolf Hitler!
Dir sind wir allein verbunden! Wir wollen in dieser Stunde das Gelöbnis erneuern:
Wir glauben auf dieser Erde allein an Adolf Hitler.
Wir glauben, dass der Nationalsozialismus der allein seligmachende Glaube für unser Volk ist.
Wir glauben, dass es einen Herrgott im Himmel gibt, der uns geschaffen hat, der uns führt, der uns lenkt und der uns sichtbarlich segnet.
Und wir glauben, dass dieser Herrgott uns Adolf Hitler gesandt hat, damit Deutschland für alle Ewigkeit ein Fundament werde.

Der Autor des „Glaubensbekenntnisses", R. Ley 1936 auf dem Parteitag in Nürnberg.

Neue Gesellschaft für Bildende Kunst/Kunstamt Kreuzberg (Hrsg): Faschismus – Renzo Vespignani, Berlin (Elefanten Press Verlag), 1976, S. 85.

MATERIAL

3 Kundgebung des Katholischen Lehrerverbandes (1. April 1933)

Wie einst in den Augusttagen des Jahres 1914 hat ein nationales und deutsches Fühlen und Aufbegehren unser Volk erfasst. Der Umbruch des Bestehenden und die Zielausrichtung auf ein neues werdendes deutsches Volk und einen neuen deutschen Staat ist vollzogen. An diesem Wandel wurden bedauerlicherweise die katholischen Führer und Kräfte ebenso wenig beteiligt wie bei der Gründung des Deutschen Reiches Bismarckscher Prägung. Durch den Mahn- und Weckruf Adolf Hitlers und seiner Bewegung und durch seine Arbeit ist der Durchbruch durch den undeutschen Geist, der in der Revolution von 1918 zum Siege kam, gelungen.

Jetzt ist das ganze deutsche Volk in allen seinen Gliedern, auch den katholischen, zur Mitarbeit und zum Aufbau des Neuen aufgerufen. Es darf nun nicht mehr so kommen, dass der Katholizismus abwartend und tolerierend, oder nur geduldet, in dieser Zeitenwende dasteht. Wir legen, vertrauend auf den Führer der deutschen und völkischen Bewegung und vertrauend auf die volksverwurzelten Kräfte des Katholizismus, mit Hand an, den neuen Reichs- und Volksbau zu schaffen. Wenn man an die natürlichen und echten Regungen und Ordnungen unseres geschichtlichen Volkstums in seiner Gesamtheit appelliert, so kann man unserer, der katholischen, Kräfte nicht entbehren. So ist einmal unser Schicksal in den vergangenen Jahrhunderten geworden, dass aus Katholizismus und germanischem Volkstum die Eigenart deutschen Wesens erwuchs.

So hat auch der Katholische Lehrerverband seine erste und letzte Aufgabe wiedererhalten, aus seinen Prinzipien: Treu dem Vaterlande, treu dem Stande, treu der Kirche an der sittlichen, moralischen und staatsformenden Aufgabe der Volksbildung mitzuarbeiten. Mehr als ehedem wird er in Weckung und Vertiefung, in Klärung und Zusammenfassung seiner Mitglieder zu ganzen, in ihrem Sein und Sollen sich vor Volk und Staat verantwortlich fühlenden Gliedern der deutschen Volksgemeinschaft seine Aufgabe sehen. Bei diesem Streben bleibt er frei von jeder parteipolitischen Bindung, ist aber Mithelfer und Freund der nationalen Bewegung, die heute die Macht und das Ansehen hat, allem Neuen und Gesunden in unserer Zeit und unserem Volke zum Leben zu verhelfen.

An den einzelnen wenden wir uns mit der Bitte, bereitzustehen und mit Hand anzulegen, wo immer er einen Platz findet und sieht, dem Ganzen zu dienen. Wir aber werden in den nächsten Wochen die Nah- und Fernziele unserer Bewegung überprüfen und zu den Aufgaben aufrufen, die uns zur Unterstützung der nationalen Bewegung die jeweils vordringlichen zu sein scheinen. Möge es vereinter Kraft aller in unserem Volke gelingen, möglichst bald die Spuren alles Undeutschen und alles Volks- und Christentumsfremden aus unserem öffentlichen und staatlichen Leben zu verbannen.

Darum schließt die Reihen und seid bereit!

August Weber, Verbandsvorsitzender

Bayerische Lehrerzeitung, 1933.

Vollständiger Text in: H. Müller (Hrsg.), Katholische Kirche und Nationalsozialismus. Dokumente 1930-1935, München 1963, S. 86 f. Zit. nach: Reinhard Kühnl: Der deutsche Faschismus in Quellen und Dokumenten, Köln (PapyRossa) 2000, S. 210 f.

MATERIAL

Mit brennender Sorge 4

Papst Pius XI. verkündete im März 1937 seine Enzyklika „Mit brennender Sorge". Dabei handelt es sich um die einzige Enzyklika, die zunächst nur auf Deutsch erschienen ist. Neben Eugenio Pacelli, dem späteren Papst Pius XII., zählt Michael Faulhaber, der damalige Erzbischof von München-Freising, zu den Urhebern.

[...] Mit brennender Sorge und steigendem Befremden beobachten Wir seit geraumer Zeit den Leidensweg der Kirche, die wachsende Bedrängnis der ihr in Gesinnung und Tat treubleibenden Bekenner und Bekennerinnen inmitten des Landes und des Volkes, dem St. Bonifatius einst die Licht- und Frohbotschaft von Christus und dem Reiche Gottes gebracht hat. [...]

Habt acht, Ehrwürdige Brüder, dass vor allem der Gottesglaube, die erste und unersetzbare Grundlage jeder Religion, in deutschen Landen rein und unverfälscht erhalten bleibe! Gottgläubig ist nicht, wer das Wort rednerisch gebraucht, sondern nur, wer mit diesem hehren Wort den wahren und würdigen Gottesbegriff verbindet. [...]

Wer die Rasse oder das Volk oder den Staat oder die Staatsform, die Träger der Staatsgewalt oder andere Grundwerte menschlicher Gemeinschaftsgestaltung – die innerhalb der irdischen Ordnung einen wesentlichen und ehrengebietenden Platz behaupten – aus dieser ihrer irdischen Wertskala herauslöst, sie zur höchsten Norm aller, auch der religiösen Werte macht und sie mit Götzenkult verherrlicht, der verkehrt und fälscht die gottgeschaffene und gottbefohlene Ordnung der Dinge. Ein solcher ist weit vom wahren Gottesglauben und einer solchem Glauben entsprechenden Lebensauffassung entfernt.

Habet acht, Ehrwürdige Brüder, auf den in Rede und Schrift zunehmenden Missbrauch, den dreimal heiligen Gottesnamen anzuwenden als sinnleere Etikette für irgendein mehr oder minder willkürliches Gebilde menschlichen Suchens und Sehnens. [...] Unser Gott ist der persönliche, übermenschliche, allmächtige, und endlich vollkommene Gott, [...]

Dieser Gott hat in souveräner Fassung Seine Gebote gegeben. Sie gelten unabhängig von Zeit und Raum, von Land und Rasse. So wie Gottes Sonne über allem leuchtet, was Menschenantlitz trägt, so kennt auch Sein Gesetz keine Vorrechte und Ausnahmen. Regierende und Regierte, Gekrönte und Ungekrönte, Hohe und Niedrige, Reiche und Arme, stehen gleichermaßen unter Seinem Wort. [...]

Nur oberflächliche Geister können der Irrlehre verfallen, von einem nationalen Gott, von einer nationalen Religion zu sprechen; können den Wahnversuch unternehmen, Gott, den Schöpfer aller Welt, den König und Gesetzgeber aller Völker, vor Dessen Größe die Nationen klein sind wie Tropfen am Wassereimer (Is. 40, 15.), in die Grenze eines einzelnen Volkes, in die blutmäßige Enge einer einzelnen Rasse einkerkern zu wollen. [...]

Der im Evangelium Jesu Christi erreichte Höhepunkt der Offenbarung ist endgültig, ist verpflichtend für immer. Diese Offenbarung kennt keine Nachträge durch Menschenhand, kennt erst recht keinen Ersatz und keine Ablösung durch die willkürlichen „Offenbarungen", die gewisse Wortführer der Gegenwart aus dem sogenannten Mythus von Blut und Rasse herleiten wollen. Seitdem Christus der Gesalbte das Werk der Erlösung vollbracht, die Herrschaft der Sünde gebrochen und uns die Gnade verdient hat, Kinder Gottes zu werden – seitdem ist kein anderer Name unter dem Himmel den Menschen gegeben, durch den sie selig werden können, als der Name Jesu (Apg. 4, 12.). Kein Mensch – möge auch alles Wissen, alles Können, alle äußerliche Macht der Erde in ihm verkörpert sein – kann einen anderen Grund legen als den, der in Christus bereits gelegt ist (1. Cor. 3, 11.). Wer in sakrilegischer Verkennung der zwischen Gott und Geschöpf, zwischen dem Gottmenschen und den Menschenkindern klaffenden Wesensunterschiede irgend einen Sterblichen und wäre er der Größte aller Zeiten, neben Christus zu stellen wagt, oder gar über Ihn und gegen Ihn, der muss sich sagen lassen, dass er ein Wahnprophet ist [...].

In Euren Gegenden, Ehrwürdige Brüder, werden in immer stärkerem Chor Stimmen laut, die zum Austritt aus der Kirche aufrufen. Unter den Wortführern sind vielfach solche, die durch ihre amtliche Stellung den Eindruck zu erwecken suchen, als ob dieser Kirchenaustritt und die damit verbundene Treulosigkeit gegen Christus den König eine besonders überzeugende und verdienstvolle Form des Treubekenntnisses zu dem gegenwärtigen Staate darstelle. Mit verhüllten und sichtbaren Zwangsmaßnahmen, Einschüchterungen, Inaussichtstellung wirtschaftlicher, beruflicher, bürgerlicher und sonstiger Nachteile wird die Glaubenstreue der Katholiken und insbesondere gewisser Klassen katholischer Beamten unter einen Druck gesetzt, der ebenso rechtswidrig wie menschlich unwürdig ist. Unser ganzes väterliches Mitgefühl und tiefstes Mitleid begleitet diejenigen, die ihre Treue zu Christus und Kirche um so hohen Preis bezahlen müssen. Aber – hier ist der Punkt erreicht, wo es um Letztes und Höchstes, um Rettung oder Untergang geht, und wo infolgedessen dem Gläubigen der Weg heldenmütigen Starkmutes der einzige Weg des Heiles ist. Wenn der Versucher oder Unterdrücker an ihn herantritt mit dem Judasansinnen des Kirchenaustrittes, dann kann er ihm nur – auch um den Preis schwerer irdischer Opfer – das Heilandswort entgegenhalten: „Weiche von mir, Satan, denn es steht geschrieben: den Herrn deinen Gott sollst du anbeten und Ihm allein dienen!" (Mt. 4, 10; Lc. 4, 8.). [...]

Gegeben im Vatikan, am Passionssonntag, den 14. März 1937.

Pius PP XI.

http://www.kirchenlehre.com/brennend htm (2. 11. 2007)

Deutsche Delegation 1933 im Vatikan, zur Verhandlung des Kirchenkonkordats, in der Mitte: H. Göring

MATERIAL

5 Richtlinien der Liste „Deutscher Christen"

Bereits 1932 begann der Versuch seitens der Nationalsozialisten, die evangelische Kirche gleichzuschalten. Der spätere Bischof und Mitglied der Reichskirchenregierung, Joachim Hossenfelder, bereits seit 1929 Mitglied der NSDAP, stellt in zehn Punkten das Programm der „Deutschen Christen" zusammen:

Richtlinien der Liste „Deutscher Christen"

3. Die Liste „Deutsche Christen" will keine kirchenpolitische Partei in dem bisher üblichen Sinne sein. Sie wendet sich an alle evangelischen Christen deutscher Art. Die Zeit des Parlamentarismus hat sich überlebt, auch in der Kirche. [...]

4. Wir stehen auf dem Boden des positiven Christentums. Wir bekennen uns zu einem bejahenden artgemäßen Christusglauben, wie er deutschem Luthergeist und heldischer Frömmigkeit entspricht.

5. Wir wollen das wiedererwachte deutsche Lebensgefühl in unserer Kirche zur Geltung bringen und unsere Kirche lebenskräftig machen. In dem Schicksalskampf um die deutsche Freiheit und-

Zukunft hat die Kirche in ihrer Leitung sich als zu schwach erwiesen. Die Kirche hat bisher nicht zum entschiedenen Kampf gegen den gottfeindlichen Marxismus und das geistfremde Zentrum aufgerufen, sondern mit den politischen Parteien dieser Mächte einen Kirchenvertrag geschlossen. Wir wollen, dass unsere Kirche in dem Entscheidungskampf um Sein oder Nichtsein unseres Volkes an der Spitze kämpft. Sie darf nicht abseits stehen oder gar von den Befreiungskämpfern abrücken.

7. Wir sehen Rasse, Volkstum und Nation uns von Gott geschenkte und anvertraute Lebensordnungen, für deren Erhaltung zu sorgen uns Gottes Gesetz ist. Daher ist der Rassenvermischung entgegenzutreten Die deutsche **Äußere Mission** ruft aufgrund ihrer Erfahrung dem deutschen Volk seit langem zu „Halte deine Rasse rein" und sagt uns, dass der Christusglaube die Rasse nicht zerstört, sondern vertieft und heiligt.

8. Wir sehen in der recht verstandenen **Inneren Mission** das lebendige Tat-Christentum, das aber nach unserer Auffassung nicht in bloßem Mitleid, sondern im Gehorsam gegen Gottes Willen und im Dank gegen Christi Kreuzestod wurzelt. Bloßes Mitleid ist „Wohltätigkeit" und wird zur Überheblichkeit gepaart mit schlechtem Gewissen und verweichlicht ein Volk. Wir wissen etwas von der christlichen Pflicht und Liebe den Hilflosen gegenüber, wir fordern aber auch Schutz des Volkes vor den Untüchtigen und Minderwertigen. Die Innere Mission darf keinesfalls zur Entartung unseres Volkes beitragen. [...]

9. In der Judenmission sehen wir eine schwere Gefahr für unser Volkstum. Sie ist das Eingangstor fremden Blutes in unseren Volkskörper [...].

10. Wir wollen eine evangelische Kirche, die im Volkstum wurzelt, und lehnen den Geist eines christlichen Weltbürgertums ab. Wir wollen die aus diesem Geist entspringenden verderblichen Erscheinungen wie Pazifismus, Internationale, Freimaurertum usw. durch den Glauben an unsere von Gott befohlene völkische Sendung überwinden. [...]

Friedensgruppe der Altstädter Nicolaigemeinde (Hrsg.): Evangelische Kirche im Nationalsozialismus am Beispiel Bielefeld, Bielefeld 1986, S. 31.

1934 Tagung der Deutschen Christen im Berliner Sportpalast. Das Banner sagt: „Der deutsche Christ liest das Evangelium im Dritten Reich'."

MATERIAL

6 Die Barmer theologische Erklärung

Die erste Bekenntnissynode der Deutschen Evangelischen Kirche fand im Mai 1934 in Wuppertal-Barmen statt. Die Anwesenden formulierten die Barmer Theologische Erklärung:

Theologische Erklärung zur gegenwärtigen Lage der Deutschen Evangelischen Kirche [...]

Wir bekennen uns angesichts der die Kirche verwüstenden und damit auch die Einheit der Deutschen Evangelischen Kirche sprengenden Irrtümer der „Deutschen Christen" und der gegenwärtigen Reichskirchenregierung zu folgenden evangelischen Wahrheiten:

1. „Ich bin der Weg und die Wahrheit und das Leben; niemand kommt zum Vater denn durch mich." (Joh. 14,6)

„Wahrlich, wahrlich ich sage euch: Wer nicht zur Tür hineingeht in den Schafstall, sondern steigt anderswo hinein, der ist ein Dieb und ein Mörder. Ich bin die Tür: so jemand durch mich eingeht, der wird selig werden." (Joh. 10, 1. 9)

Jesus Christus, wie er uns in der heiligen Schrift bezeugt wird, ist das eine Wort Gottes, das wir zu hören, dem wir im Leben und im Sterben zu vertrauen und zu gehorchen haben.

Wir verwerfen die falsche Lehre, als könne und müsse die Kirche als Quelle ihrer Verkündigung außer und neben diesem einen Worte Gottes auch noch andere Ereignisse und Mächte, Gestalten und Wahrheiten als Gottes Offenbarung anerkennen.

2. „Jesus Christus ist uns gemacht von Gott zur Weisheit und zur Gerechtigkeit und zur Heiligung und zur Erlösung." (1. Kor. 1, 30)

Wie Jesus Christus Gottes Zuspruch der Vergebung aller unserer Sünden ist, so und mit gleichem Ernst ist er auch Gottes kräftiger Anspruch auf unser ganzes Leben; durch ihn widerfährt uns frohe Befreiung aus den gottlosen Bindungen dieser Welt zu freiem, dankbarem Dienst an seinen Geschöpfen.

Wir verwerfen die falsche Lehre, als gebe es Bereiche unseres Lebens, in denen wir nicht Jesus Christus, sondern anderen Herren zu eigen wären, Bereiche, in denen wir nicht der Rechtfertigung und Heiligung durch ihn bedürften.

Karl Barth (1886–1968, *hier auf einem Foto aus den 30er Jahren), einer der wichtigsten evangelischen Theologen, war Initiator und wesentlicher Autor der in M 6 vorliegenden Barmer Erklärung. Er gehört damit auch zu den Gründern der Bekennenden Kirche. Dietrich Bonhoeffer war sein Schüler. 1934 verlor Barth seine Professur, weil er den Diensteid auf Adolf Hitler verweigerte, und ging in die Schweiz zurück. Dort setzte er sich unter anderem dafür ein, dass die Schweiz aus Deutschland flüchtende Juden aufnahm, und formulierte ein christliches Widerstandsrecht.*

3. [...]

Wir verwerfen die falsche Lehre, als dürfe die Kirche die Gestalt ihrer Botschaft und ihrer Ordnung ihrem Belieben oder dem Wechsel der jeweils herrschenden weltanschaulichen und politischen Überzeugungen überlassen.

4. „Ihr wisset, dass die weltlichen Fürsten herrschen und die Oberherren haben Gewalt. So soll es nicht sein unter euch; sondern so jemand will unter euch gewaltig sein, der sei euer Diener." (Matth. 20, 25–26)

Die verschiedenen Ämter in der Kirche begründen keine Herrschaft der einen über die anderen, sondern die Ausübung des der ganzen Gemeinde anvertrauten und befohlenen Dienstes.

Wir verwerfen die falsche Lehre, als könne und dürfe sich die Kirche abseits von diesem Dienst besondere, mit Herrschaftsbefugnissen ausgestattete Führer geben oder geben lassen.

5. „Fürchtet Gott, ehret den König!" (1. Petr. 2, 17)

Die Schrift sagt uns, dass der Staat nach göttlicher Anordnung die Aufgabe hat, in der noch nicht erlösten Welt, in der auch die Kirche steht, nach dem Maß menschlicher Einsicht und menschlichen Vermögens unter Androhung und Ausübung von Gewalt für Recht und Frieden zu sorgen. Die Kirche erkennt in Dank und Ehrfurcht gegen Gott die Wohltat dieser seiner Anordnung an. Sie erinnert an Gottes Reich, an Gottes Gebot und Gerechtigkeit und damit an die Verantwortung der Regierenden und Regierten. Sie vertraut und gehorcht der Kraft des Wortes, durch das Gott alle Dinge trägt.

Wir verwerfen die falsche Lehre, als solle und könne der Staat über seinen besonderen Auftrag hinaus die einzige und totale Ordnung menschlichen Lebens werden und also auch die Bestimmung der Kirche erfüllen.

Wir verwerfen die falsche Lehre, als solle und könne sich die Kirche über ihren besonderen Auftrag hinaus staatliche Art, staatliche Aufgaben und staatliche Würde aneignen und damit selbst zu einem Organ des Staates werden.

6. „Siehe, ich bin bei euch alle Tage, bis an der Welt Ende." (Matth. 28, 20)

„Gottes Wort ist nicht gebunden." (2. Tim. 2, 9)

Der Auftrag der Kirche, in welchem ihre Freiheit gründet, besteht darin, an Christi Statt und also im Dienst seines eigenen Wortes und Werkes durch Predigt und Sakrament die Botschaft von der freien Gnade Gottes auszurichten an alles Volk.

Wir verwerfen die falsche Lehre, als könne die Kirche in menschlicher Selbstherrlichkeit das Wort und Werk des Herrn in den Dienst irgendwelcher eigenmächtig gewählter Wünsche, Zwecke und Pläne stellen.

Die Bekenntnis-Synode der Deutschen Evangelischen Kirche erklärt, dass sie in der Anerkennung dieser Wahrheiten und in der Verwerfung dieser Irrtümer die unumgängliche theologische Grundlage der Deutschen Evangelischen Kirche als eines Bundes der Bekenntniskirchen sieht. Sie fordert alle, die sich ihrer Erklärung anschließen können, auf, bei ihren kirchenpolitischen Entscheidungen dieser theologischen Erkenntnisse eingedenk zu sein. Sie bittet alle, die es angeht, in die Einheit des Glaubens, der Liebe und der Hoffnung zurückzukehren.

Verbum Dei manet in aeternum.

Friedensgruppe der Altstädter Nicolaigemeinde (Hrsg.): Evangelische Kirche im Nationalsozialismus am Beispiel Bielefeld, Bielefeld 1986, S. 56.

MATERIAL

Die Vernichtung „lebensunwerten" Lebens 7

a) Auch die gedanklichen Grundlagen der nationalsozialistischen „Euthanasie" wurden vor der NS-Zeit gelegt. Unter dem Titel: „Die Freigabe der Vernichtung lebensunwerten Lebens. Ihr Maß und ihre Form" äußern sich der Jurist Professor Karl Binding und der Freiburger Mediziner Prof. Alfred Hoche bereits 1920 (Hervorhebung im Original kursiv):

[...] **Gibt es Menschenleben, die so stark die Eigenschaft des Rechtsgutes eingebüßt haben, dass ihre Fortdauer für die Lebensträger wie für die Gesellschaft dauernd allen Wert verloren hat?**

Man braucht sie nur zu stellen und ein beklommenes Gefühl regt sich in jedem, der sich gewöhnt hat, den Wert des einzelnen Lebens für den Lebensträger und für die Gesamtheit auszuschätzen.

Er nimmt mit Schmerzen wahr, [...] welch Maß von oft ganz nutzlos vergeudeter Arbeitskraft, Geduld, Vermögensaufwendung wir nur darauf verwenden, um lebensunwerte Leben so lange zu erhalten, bis die Natur – oft so mitleidlos spät – sie der letzten Möglichkeit der Fortdauer beraubt. [...]

Dass es lebende Menschen gibt, deren Tod für sie eine Erlösung und zugleich für die Gesellschaft und den Staat insbesondere eine Befreiung von einer Last ist, deren Tragung außer dem einen, ein Vorbild größerer Selbstlosigkeit zu sein, nicht den kleinsten Nutzen stiftet, lässt sich in keiner Weise bezweifeln. Ist dem aber so – gibt es in der Tat menschliche Leben, an deren weiterer Erhaltung jedes vernünftige Interesse dauernd geschwunden ist – dann steht die Rechtsordnung vor der verhängnisvollen Frage, ob sie den Beruf hat, [...] unter bestimmten Voraussetzungen ihre Vernichtung freizugeben? [...]

III. Die in Betracht kommenden Menschen zerfallen nun, soweit ich zu sehen vermag, in zwei große Gruppen, [...].

1. die zufolge Krankheit oder Verwundung unrettbar Verlorenen, die im vollen Verständnis ihrer Lage den dringenden Wunsch nach Erlösung besitzen und ihn in irgendeiner Weise zu erkennen gegeben haben. [...]

2. Die zweite Gruppe besteht aus den unheilbar Blödsinnigen – einerlei ob sie so geboren oder etwa wie die Paralytiker im letzten Stadium ihres Leidens so geworden sind.

Sie haben weder den Willen zu leben noch zu sterben. So gibt es ihrerseits keine beachtliche Einwilligung in die Tötung, andererseits stößt diese auf keinen Lebenswillen, der gebrochen werden müsste. Ihr Leben ist absolut zwecklos, aber sie empfinden es nicht als unerträglich. Für die Angehörigen wie für die Gesellschaft bilden sie eine furchtbar schwere Belastung. Ihr Tod reißt nicht die geringste Lücke – außer vielleicht im Gefühl der Mutter oder der treuen Pflegerin. Da sie großer Pflege bedürfen, geben sie **Anlass, dass ein Menschenberuf entsteht, der darin aufgeht, absolut lebensunwertes Leben für Jahre und Jahrzehnte zu fristen.**

Dass darin eine furchtbare Widersinnigkeit, ein Missbrauch der Lebenskraft zu ihrer unwürdigen Zwecken, enthalten ist, lässt sich nicht leugnen.

Wieder finde ich weder vom rechtlichen, noch vom sozialen, noch vom sittlichen, noch vom religiösen Standpunkt aus schlechterdings keinen Grund, die Tötung dieser Menschen, die das furchtbare Gegenbild echter Menschen bilden und fast in jedem Entsetzen erwecken, der ihnen begegnet, freizugeben – natürlich nicht an Jedermann! In Zeiten höherer Sittlichkeit – der unseren ist aller Heroismus verloren gegangen – würde man diese armen Menschen wohl amtlich, von sich selbst erlösen. Wer aber schwänge sich heute in unserer Entnervtheit zum Bekenntnis dieser Notwendigkeit, also solcher Berechtigung auf? [...]

b) Nach einer Darlegung von Fällen, in denen schon heute ein Arzt die körperliche Unversehrtheit von Patienten und sogar deren Tod (z. B. Schwangerschaftsunterbrechungen, Operationen) nicht immer vermeiden kann und wegen der gesellschaftlichen Billigung solcher Eingriffe im Interesse eines höheren Rechtsgutes vor Strafverfolgung geschützt ist, führt Prof. Hoche aus:

Den Hauptgegenstand meiner ärztlichen Stellungnahme [...] soll die Beantwortung der [...] Frage bilden: „Gibt es Menschenleben, die so stark die Eigenschaft des Rechtsguts eingebüßt haben, dass ihre Fortdauer für die Lebensträger wie für die Gesellschaft dauernd allen Wert verloren hat?"

Diese Frage ist im Allgemeinen zunächst mit Bestimmtheit zu bejahen; [...].

Zustände endgültigen unheilbaren Blödsinns oder wie wir in freundlicher Formulierung sagen wollen: Zustände geistigen Todes sind für den Arzt, insbesondere für den Irrenarzt und Nervenarzt etwas recht Häufiges.

[...] in Bezug auf die wirtschaftliche und moralische Belastung der Umgebung, der Anstalten, des Staates usw. bedeuten die geistig Toten keineswegs immer das gleiche. Die geringste Belastung in dieser Richtung wird durch die Fälle von Hirnerweichung der einen oder anderen Art gegeben, die von dem Momente an, in welchem von geistigem völligem Tode gesprochen werden kann, in der Regel nur noch eine Lebensspanne von wenigen Jahren (höchstens) vor sich haben. Einen ein wenig weiteren Spielraum finden wir bei den Fällen von Greisenblödsinn. Die durch die jugendlichen Prozesse geistig Verödeten können unter Umständen in diesem Zustande noch 20 oder 30 Jahre leben, während bei den Fällen von Vollidiotie auf Grund allerfrühester Veränderungen eine Lebensdauer und damit die Notwendigkeit fremder Fürsorge von zwei Menschenaltern und darüber erwachsen kann.

In wirtschaftlicher Beziehung würden also diese Vollidioten, ebenso wie sie auch am ehesten alle Voraussetzungen des vollständigen geistigen Todes erfüllen, gleichzeitig diejenigen sein, deren Existenz am schwersten auf der Allgemeinheit lastet.

Diese Belastung ist zum Teil finanzieller Art und berechenbar an der Hand der Aufstellung der Jahresbilanzen der Anstalten. [...] Nehmen wir für den Einzelfall eine durchschnittliche Lebenserwartung von 50 Jahren an, so ist leicht zu ermessen, welches ungeheure Kapital in Form von Nahrungsmitteln, Kleidung und Heizung, dem Nationalvermögen für einen unproduktiven Zweck entzogen wird.

Dabei ist hiermit noch keineswegs die wirkliche Belastung ausgedrückt.

Die Anstalten, die der Idiotenpflege dienen, werden anderen Zwecken entzogen; [...] ein Pflegepersonal von vielen tausend Köpfen wird für diese gänzlich unfruchtbare Aufgabe festgelegt und fördernder Arbeit entzogen; es ist eine peinliche Vorstellung, dass ganze Generationen von Pflegern neben diesen leeren Menschenhülsen dahinaltern, [...]

Unsere deutsche Aufgabe wird für lange Zeit sein: eine bis zum höchsten gesteigerte Zusammenfassung aller Möglichkeiten, ein freimachen jeder verfügbaren Leistungsfähigkeit für fördernder Zwecke. Der Erfüllung dieser Aufgabe steht das moderne Bestreben entgegen, möglichst auch die Schwächlinge aller Sorten zu erhalten, allen, auch den zwar nicht geistig toten, aber doch ihrer Organisation nach minderwertigen Elementen Pflege und Schutz angedeihen zu lassen [...].

[...] wir werden vielleicht eines Tages zu der Auffassung heranreifen, dass die Beseitigung der geistig völlig Toten kein Verbrechen, keine unmoralische Handlung, keine gefühlsmäßige Rohheit, sondern einen erlaubten nützlichen Akt darstellt. [...]

Die geistig Toten stehen auf einem intellektuellen Niveau, das wir erst tief unten in der Tierreihe wiederfinden, und auch die Gefühlsregungen erheben sich nicht über die Linie elementarster, an das animalische Leben gebundener Vorgänge.

[...] eine neue Zeit wird kommen, die von dem Standpunkte einer höheren Sittlichkeit aus aufhören wird, die Forderungen eines überspannten Humanitätsbegriffes und einer Überschätzung des Wertes der Existenz schlechthin mit schweren Opfern dauernd in die Tat umzusetzen. [...]

Karl Binding, Alfred Hoche: Die Freigabe der Vernichtung lebensunwerten Lebens. Ihr Maß und ihre Form, Leipzig (Felix Meiner Verlag) 1920 (Auszug).

MATERIAL

Widerstand gegen die Ermordung Kranker 8

Insbesondere in Krankenhäusern in kirchlicher Trägerschaft wurden viele Versuche unternommen, die Durchführung des sogenannten Euthanasiebefehls Hitlers zu behindern. Der Begriff „Euthanasiebefehl" ist eine nachträgliche Bezeichnung für ein Schreiben Hitlers, in dem er im Gegensatz zur weiterhin bestehenden Rechtsprechung bestimmte, „dass nach menschlichem Ermessen unheilbar Kranken bei kritischster Beurteilung ihres Krankheitszustandes der Gnadentod gewährt werden kann". Ausgelöst wurde damit die Vernichtung von ca. 120 000 Menschen, die als lebensunwert angesehen wurden. Die massenhafte Ermordung erfolgte schon 1940 teilweise durch Vergasungen in speziellen LKWs. Trotz striktester Geheimhaltungsversuche bekam die Öffentlichkeit Kenntnis von den Vorgängen durch katholische und evangelische Geistliche, sodass die Tötungsaktion 1941 eingestellt wurde, wenngleich auch weiterhin Tausende von Menschen Opfer dieser nationalsozialistischen Unmenschlichkeit wurden.

Schwester Anna Bertha von Königsegg, die Autorin des Schreibens in M 8.

An den
Reichsverteidigungskommissar im Wehrkreis XVIII, Salzburg, 23. August 1940, Innsbruck

Die Oberin der Versorgungsanstalt Schernberg bei Schwarzach-St. Veit erhielt dieser Tage die Mitteilung, die sie mir als ihrer Vorgesetzten weitergab, dass Kranke der Anstalt in Sammeltransporten abgeholt und in andere Anstalten überführt würden.
Es ist nunmehr schon ein offenes Geheimnis, welches Los diese abtransportierten Kranken erwartet, denn nur zu oft langt kurz nach ihrer Überführung die Todesnachricht vieler derselben ein.
Bedenken Sie, Herr Reichsverteidigungskommissar, die Folgen dieses Vorgehens: Unsere siegreich heimkehrenden Krieger, die Blut und Leben fürs Vaterland gewagt haben, werden vielleicht Vater oder Mutter oder sonst einen nahen Verwandten nicht mehr vorfinden; wie werden sie sich dazu stellen? Und bringt es nicht eine große Unruhe unter das Volk, das gerade heutzutage mehr denn je geeint und vertrauensvoll dastehen sollte, wenn ein jeder sich sagen muss: „Was wird noch mit mir selbst geschehen?" Denn ein jeder von uns, auch Sie und ich, wird einmal hilfsbedürftig werden oder durch Krankheit oder Unfall der Gemeinschaft keinen aktiven Dienst mehr leisten können.
Was wird auch das Ausland von uns denken, wenn ein so hochstehendes Kulturvolk, das die größten Siege der Weltgeschichte erringt, mitten in seinem Siegeslauf beginnt, sich selbst zu verstümmeln? […]
Wenn Sie uns zusagen, uns unsere Pfleglinge in Schernberg zu belassen, so sind wir bereit, bis zum Ende des Krieges und der Rückkehr zu Friedensverhältnissen auf den staatlichen Beitrag zur Erhaltung der Kranken (die Kopfquote des Gaufürsorgeverbandes) zu verzichten und einzig auf Kongregationskosten die Anstalt im jetzigen Zustand weiter zu erhalten. […]
Sollte aber aus irgendeinem Grunde der Vorschlag nicht angenommen werden, so bitte ich Sie, nicht auf unsere Mithilfe beim Abholen und Transport der Kranken zu rechnen.

Für die Kongregations-Vorstehung:
gez. Schwester Anna Bertha Königsegg
Visitatorin der Barmh. Schwestern
vom hl. Vizenz von Paul.

In zwei weiteren Briefen (18.01.1941 *und* 13.04.1941) *unterstreicht die Visitatorin ihre Position. In dem Schreiben vom* 13. *April berichtet sie, dass „bis jetzt … auch keine Pfleglinge abgeholt" wurden.*

Gertrud Ehrle (Hrsg.), Licht über dem Abgrund – Aufzeichnungen und Erlebnisse christlicher Frauen 1933–1945, Freiburg (Herder) 1951, S. 83 ff.

1. Veranschaulichen Sie das Bestreben des Nationalsozialismus, eine neue Religion zu etablieren. (M 1 und M 2)
2. Zeigen Sie die Intentionen des Katholischen Lehrerverbandes zur aktiven Unterstützung der „nationalen Bewegung" auf. (M 3)
3. Erläutern Sie die in diesem Auszug aus der Enzyklika sichtbar werdenden Motive Papst Pius XI., und diskutieren Sie, inwieweit diese Enzyklika als Widerstand gegen den Nationalsozialismus interpretiert werden kann. (M 4)
4. Vergleichen Sie die Forderungen und Intentionen der „Deutschen Christen" mit den entsprechenden Positionen des Katholischen Lehrerverbandes. (M 5 und M 3)
5. Stellen Sie die Kritikpunkte der Bekennenden Kirche an der Entwicklung der „Deutschen Christen" zusammen, und vergleichen Sie die Ausführungen mit den Gedanken Papst Pius XI. (M 6 und M 4)
6. Formulieren Sie eine Definition von „lebensunwertem Leben", die dem juristischen Beitrag zugrunde liegen kann. (M 7)
7. Vergleichen Sie die Argumentation der Ordensschwester mit der Ideologie der Nationalsozialisten. (M 8)

3.3 Der politische Widerstand – Arbeiterbewegung und Bürgertum

Motivation zum Widerstand

Widerstand während des NS-Regimes fand nur in engem Rahmen und auf einzelne Gruppierungen begrenzt statt. Die übergroße Mehrheit war weder bereit zum Widerstand, noch sah sie einen Grund dazu. Gerade in den 30er Jahren war das NS-Regime von der deutschen Bevölkerung stark akzeptiert. So benötigte etwa die Gestapo 7 000 Mitarbeiter (bei 60 Millionen Deutscher. Zum Vergleich: Die Stasi der DDR bestand aus 90 000 festen Mitarbeitern bei einer Bevölkerung von 20 Millionen). Die Zahl politischer Gefangener war 1935 bis 1938 rückläufig. Die Mitgliederzahlen der NSDAP stieg ab 1933 stark an (s. M 1).

Rezeption des Widerstands nach 1945

Erst in jüngerer Zeit ist die ganze Bandbreite des politischen Widerstands während der NS-Diktatur in den Blick von Öffentlichkeit und Forschung geraten. Nach 1945 war die Auseinandersetzung mit diesem Thema zunächst schwierig, zeigte der Widerstand doch, dass die große Mehrheit, die das Regime unterstützt oder toleriert hatte, an den Ereignissen mitschuldig war. Im konservativen Lager wurden Stauffenberg oder Offiziere wie v. Seydlitz in der Bundesrepublik noch lange als „Verräter" betrachtet. Auch zurückkehrenden Emigranten wurde Ähnliches vorgeworfen, obwohl sie vor Verfolgung geflohen waren. In der DDR war ausschließlich der Widerstand der Arbeiterbewegung als Thema einer Erinnerungskultur akzeptiert. Einzelne wie Georg Elser wurden erst in den 90er Jahren einer größeren Öffentlichkeit bekannt (dieser durch einen Film mit Klaus M. Brandauer).

Kommunisten, SPD, Bürgertum

Die Entwicklung der einzelnen Widerstandsgruppen waren sehr unterschiedlich. Kommunisten und Sozialdemokraten galten von vornherein als Gegner des Nationalsozialismus und wurden ab 1933 verfolgt. V. a. die Kommunisten haben, was Zahl und Organisiertheit angeht, den stärksten Widerstand geleistet. Konservative Gruppen gelangten meist erst später, während des Krieges und angesichts der Greueltaten und der militärischen Fehler, zu der Überzeugung, sich gegen das Regime stellen zu müssen.

Die KPD z. B. publizierte unter dem Titel „Warum nicht ein Musikinstrument?" 1934 Gedanken Wilhelm Piecks, des späteren Staatspräsidenten der DDR, zur Anklageerhebung gegen Ernst Thälmann, die Rede Georgi Dimitroffs vor dem Leipziger Gericht in Zusammenhang mit dem Reichstagsbrand sowie Hinweise zur Arbeit in der Illegalität. Ummantelt waren diese 30 Seiten von insgesamt 7 Seiten unverdächtiger Ausführungen zur Frage, warum man nicht ein Musikinstrument spielen sollte und – am Ende – einer Auflistung von Titeln von Volksliedern.

MATERIAL

1 Entwicklung der Mitgliederzahlen der NSDAP

Ende 1925	27 000	1939	5 300 000
Sept. 1930	130 000	1942	7 100 000
Jan. 1933	850 000	1945	8 500 000
Mai* 1933	2 500 000		

Mitglieder, die nach der Reichstagswahl 1933 eingetreten sind, bekamen die Bezeichnung „Märzgefallene".

*Aufnahmesperre

Martin Broszat u. Norbert Frei (Hrsg.), Das Dritte Reich im Überblick, Chronik, Ereignisse, Zusammenhänge, München (Piper) 5. Auflage 1996, S. 195.

MATERIAL

2 Erklärungen des Austritts aus der SPD 1933

Bevor die SPD *am* 22. Juni 1933 *verboten wurde, verließen schon viele Mitglieder die Partei. Die folgenden Austrittserklärungen stammen vom* März 1933, *als die* SPD *noch* 18,3 % *bei den Wahlen* (5. März) *erhielt.*

3. März 1933
Erkläre hiermit meinen Austritt aus der Partei und sende gleichzeitig das Mitgliedsbuch zurück. Irgendwelche Anfragen nach dem Grunde sind zwecklos, da dieselben nicht beantwortet werden können. H. M.

4. März 1933
Die Entwicklung der politischen Verhältnisse in den letzten Jahren haben mich recht müde gemacht. Ich möchte gern Ruhe haben und erkläre hiermit meinen Austritt aus Ihrer Organisation.
Hochachtungsvoll Karl M.

6. März 1933
Äußere Gründe zwingen mich, meinen Austritt aus der Partei zu erklären. Ich bitte daher, mich in den Mitgliederlisten zu streichen. H. K.

9. März 1933
Gemäß §9 des Organisationsstatuts erkläre ich hiermit meinen sowie auch meiner Frau Austritt mit sofortiger Wirkung [...]
Als Behördenangestellter stehe ich vor einem Scheidewege. Einerseits sehe ich, wie sich mit Sicherheit bei meinem Arbeitgeber, dem Reich, die Tendenz durchsetzt, diejenigen Arbeitskräfte, die regierungsfeindlichen Vereinigungen angehören, nicht mehr zu dulden. Auf der anderen Seite steht die Treue zur Partei. Leider sehe ich keine andere Möglichkeit als meinen Austritt. Steht doch die Existenz meiner Familie auf dem Spiele. Sollte dennoch das Los der Arbeitslosigkeit nicht abzuwenden sein, das aus eigener Anschauung sehr hart sein kann, so brauche ich mir nicht vorzuwerfen, nicht alles getan zu haben im Interesse meiner Frau und meines Kindes.
Hans J.

11. März 1933
Das augenblicklich zu beobachtende, wenig klassenbewusste Verhalten unserer Führer hat mich bitter enttäuscht und zu der Überzeugung gebracht, dass unter ihrer Leitung nicht an ein Weiterkommen zu denken ist. Ich sehe mich unter diesen Umständen außerstande, der Parteileitung auch weiterhin zu folgen und erkläre daher hiermit meinen Austritt aus der Partei. Mein Mitgliedsbuch ist beigefügt. H. P.

Unzufriedenheit des Verhaltens der SPD

21. März 1933
Die Entwicklung der politischen Verhältnisse im Deutschen Reiche verlangt von mir als Beamten, dass ich mich entscheide, ob ich meine Mitgliedschaft bei der SPD aufrechterhalte und demgemäß aus dem Staatsdienst scheiden oder ob ich weiterhin Beamter bleiben und meine Beziehungen zu Ihrer Partei lösen soll.
Nach gewissenhafter Überlegung habe ich mich entschlossen, diesen zweiten Weg zu gehen. Bestimmend war dabei für mich der Gedanke, dass der Dienst am Volke höher steht als die Gefolgschaftstreue zu einer Partei.
Ich erkläre daher hiermit meinen Austritt aus Ihrer Partei und bitte Sie, mich in Ihren Mitgliedslisten – unter Nr. 444 20 – zu streichen.
O.

29. März 1933
Nachdem sich die politischen Machtverhältnisse in ungeahnter Weise überschlagen haben, komme ich dem Verbot – der SPD als Mitglied noch anzugehören – zuvor und erkläre hiermit meinen Austritt aus der Partei. […]

F. Z., Obersteuersekretär

Neue Gesellschaft für bildende Kunst und Kunstamt Kreuzberg (Hrsg.): Faschismus – Renzo Vespignani, Berlin (Elefanten Press Verlag GmbH), 1976, S. 44.

MATERIAL 3

Widerstand der Arbeiterbewegung

Beim Arbeiterwiderstand sind zwei Ebenen deutlich voneinander zu unterscheiden: der Widerstand der Funktionäre der Arbeiterparteien auf der einen, der Widerstand des einzelnen Arbeiters vor Ort auf der anderen Seite. Während die Funktionäre – häufig im Ausland sitzend – umfassende Widerstandstheorien entwickelten, konnten die sozialdemokratisch, gewerkschaftlich, kommunistisch oder einfach auch nur menschlich gesinnten Arbeiterinnen und Arbeiter in den Betrieben nicht zu spektakulären Aktionen greifen oder aufrufen. Ihr Wirkungskreis blieb notgedrungen begrenzt. Ihnen drohte jederzeitige Verhaftung. Dennoch waren gerade sie es, die durch ihre ständige und flächendeckende Präsenz das System durch dauernde Nadelstiche besonders reizten.

Ein Vorteil für das NS-System bestand darin, dass sich die deutsche Arbeiterschaft 1918/19 endgültig gespalten hatte und in mehrere Gruppierungen zerfiel, die sich gegen Ende der Weimarer Republik sogar untereinander heftig bekämpften. Dabei stellte die von Stalin geprägte „Sozialfaschismus-Theorie", wonach Sozialdemokraten letztlich auch Faschisten seien, ein unüberbrückbares Hindernis zur Zusammenarbeit auf Reichsebene dar.

a) Die ins Exil nach Prag emigrierten Mitglieder des SPD-Parteivorstandes publizierten ihre Vorstellungen im Januar 1934.

Das Prager Manifest der SoPaDe

Ein Jahr lang lastet die nationalsozialistische Diktatur über Deutschland, über der Welt. Grundstürzend hat der Sieg der deutschen Gegenrevolution das Wesen und die Aufgaben der deutschen Arbeiterbewegung geändert. Der Knechtschaft und Gesetzlosigkeit preisgegeben ist das Volk im totalen faschistischen Staat.

Im revolutionären Kampf die Knechtschaft durch das Recht der Freiheit, die Gesetzlosigkeit durch die Ordnung des Sozialismus zu überwinden, ist die Aufgabe der deutschen Arbeiterbewegung.

I. Die Bedingungen des revolutionären Kampfes

Im Kampf gegen die nationalsozialistische Diktatur gibt es keinen Kompromiss, ist für Reformismus und Legalität keine Stätte. Die sozialdemokratische Taktik ist allein bestimmt durch das Ziel der Eroberung der Staatsmacht, ihrer Festigung und Behauptung zur Verwirklichung der sozialistischen Gesellschaft. Die Taktik bedient sich zum Sturz der Diktatur aller diesem Zweck dienenden Mittel.

Der revolutionäre Kampf erfordert die revolutionäre Organisation. Die alte Form, der alte Apparat ist nicht mehr, und Versuche zu seiner Wiederbelebung entsprechen nicht den neuen Kampfbedingungen. Neue Organisationsformen mit opferbereiten Kämpfern müssen entstehen. In der Wahl dieser Formen sind wir nicht frei. Noch legt der Gegner durch die Übermacht seiner Mittel, durch die Brutalität ihrer Anwendung, noch legt uns der Zustand der deutschen Gesellschaft selbst, die unter dem furchtbaren Druck des ökonomischen, physischen und geistigen Terrors steht, das Gesetz des Handelns auf. Kleine Gruppen bilden sich, sie müssen in teuer erkauften Erfahrungen die Technik ihrer Arbeit erwerben – eine Elite von Revolutionären.

Wenn die Gegensätze im Innern des Faschismus, wenn die stets sich verschärfenden Klassengegensätze im Kapitalismus sich entfalten, wenn Unzufriedenheit und Enttäuschung die Massengrundlage der nationalsozialistischen Herrschaft erschüttern, wenn oppositionelle Strömungen entstehen und spontane Massenbewegungen beginnen, dann wird es zur Aufgabe der revolutionären Elite, die Gegensätze im Bewusstsein der Massen zu vertiefen, ihre Entwicklung zu lenken, ihre Zielsetzung zu beeinflussen, die Verbindungen auszudehnen und die revolutionäre Organisation zur Massenorganisation zu erweitern.

[...] Der Druck des Terrors führt in Deutschland selbst zu weitgehender Dezentralisation der illegalen Arbeit. Die in Deutschland selbst unausweichliche Teilung der Arbeit kann nur in der Tätigkeit der Leitung ihre Zusammenfassung finden. [...]

VII. Die Einheit des revolutionären Sozialismus
Mit dem Sieg des totalen Staates ist die Frage seiner Überwindung mit grausamer Eindeutigkeit gestellt. Die Antwort lautet: totale Revolution, moralische, geistige, politische und soziale Revolution!
In diesem Kampf wird die Sozialdemokratische Partei eine Front aller antifaschistischen Schichten anstreben. Sie wird die Bauern, die Kleingewerbetreibenden, die Kaufleute, die durch die Versprechungen der Nationalsozialisten betrogen sind, sie wird die Intellektuellen, die unter dem gegenwärtigen Regime ein bisher unvorstellbares Maß der Unterdrückung und Entwürdigung erleiden, zum gemeinsamen Kampf mit der Arbeiterklasse aufrufen. Wir haben den Weg, wir haben das Ziel des Kampfes gezeigt. Die Differenzen in der Arbeiterbewegung werden vom Gegner selbst ausgelöscht. Die Gründe der Spaltung werden nichtig. [...]
Die Einigung der Arbeiterklasse wird zum Zwang, den die Geschichte selbst auferlegt.
Die Führung der deutschen Sozialdemokratie weiß sich deshalb frei von jeder sektenhaften Abschließung und ist sich ihrer Mission bewusst, die Arbeiterklasse in einer politischen Partei des revolutionären Sozialismus zu vereinigen. [...]
Gegen die faschistische Barbarei führen wir den Kampf für die großen unvergänglichen Ideen der Menschheit. Wir sind die Träger der großen geschichtlichen Entwicklung seit der Überwindung der mittelalterlichen Gebundenheit, wir sind die Erben der unvergänglichen Überlieferungen der Renaissance und des Humanismus, der englischen und der französischen Revolution. Wir wollen nicht leben ohne Freiheit, und wir werden sie erobern. Freiheit ohne Klassenherrschaft, Freiheit bis zur völligen Aufhebung aller Ausbeutung und aller Herrschaft von Menschen über Menschen!
Das Blut der Opfer wird nicht umsonst geflossen sein. Deutsche Arbeiter, ihr habt nur die Ketten eurer Knechtschaft zu verlieren, aber die Welt der Freiheit und des Sozialismus zu gewinnen.

Ernst Thälmann, 1886 in Hamburg geboren, war Vorsitzender der KPD. Er wurde 1944 im Konzentrationslager Buchenwald ermordet.

Deutsche Arbeiter, einigt euch im revolutionären Kampf zur Vernichtung der nationalsozialistischen Diktatur!
Durch Freiheit zum Sozialismus, durch Sozialismus zur Freiheit! Es lebe die deutsche revolutionäre Sozialdemokratie, es lebe die Internationale!
Der Vorstand der Sozialdemokratischen Partei Deutschlands

zitiert nach: Friedrich Ebert Stiftung (Hrsg.): Widerstand und Exil der deutschen Arbeiterbewegung 1933–1945; Schriftenreihe der Bundeszentrale für politische Bildung, Bd. 180, Bonn 1981, S. 613 ff.

b) Das Exekutivkomitee der Kommunistischen Internationale verfasste am 1.4.1933 eine Resolution, in der sie zunächst die Taktik der KPD während der Weimarer Republik als richtig deklarierte und den Sozialfaschismus-Vorwurf gegenüber der SPD bekräftigte. Daran knüpfen folgende Überlegungen an:

Die Arbeiterklasse überzeugt sich in der Praxis, dass die Kommunisten recht hatten, als sie jahrelang gegen die demokratischen Illusionen und die sozialdemokratische Politik des „kleineren Übels" sowie die Arbeitsgemeinschaft mit der Bourgeoisie kämpften.
Gleichzeitig vermag die zügellose faschistische Diktatur Hitlers, die den Bürgerkrieg im Lande entfesselt hat, keine einzige politische und wirtschaftliche Frage des heutigen Deutschlands zu lösen. Not und Elend der Massen nehmen mit jedem Tage mehr zu. Die Lage der Industrie ver-

schlechtert sich, da die abenteuerliche Politik der Regierung lediglich die Schrumpfung sowohl des Binnen- wie auch des Außenmarktes beschleunigt. Es fehlt jegliche Perspektive eines ernsthaften Rückgangs der Erwerbslosigkeit, ja es kann eine solche Perspektive auch gar nicht geben. […]

Jeder neue Tag der Regierung Hitler wird immer klarer den Betrug offenbaren, dem die Massen, die Hitler Gefolgschaft leisteten, zum Opfer gefallen sind. Jeder neue Tag wird immer klarer aufzeigen, dass Hitler Deutschland in die Katastrophe hineintreibt. Es wird was passieren…

Die augenblickliche Stille nach dem Siege des Faschismus ist nur eine vorübergehende Erscheinung. Der revolutionäre Aufschwung in Deutschland wird trotz des faschistischen Terrors unvermeidlich ansteigen. Die Abwehr der Massen gegen den Faschismus wird zwangsläufig zunehmen. Die Errichtung der offenen faschistischen Diktatur, die alle demokratischen Illusionen in den Massen zunichte macht und die Massen aus dem Einfluss der Sozialdemokratie befreit, beschleunigt das Tempo der Entwicklung Deutschlands zur proletarischen Revolution.

Es hat die Aufgabe der Kommunisten zu sein, die Massen darüber aufzuklären, dass die Hitler-Regierung das Land in eine Katastrophe hineinreitet. Heute ist es nötig, den Massen mit größerer Energie denn je vor Augen zu halten, dass die einzige Rettung der werktätigen Massen vor noch größerem Elend und noch größerer Not, das einzige Mittel zur Verhütung der Katastrophe – die proletarische Revolution und die Diktatur des Proletariats ist. Es gilt, den Kampf zu führen um die Zusammenschweißung aller Kräfte des Proletariats und die Herstellung der Einheitsfront der sozialdemokratischen und der kommunistischen Arbeiter zum Kampf gegen die Klassenfeinde. Es gilt, die Partei zu festigen und alle Massenorganisationen des Proletariats zu verstärken, die Massen auf die entscheidenden revolutionären Kämpfe, auf den Sturz des Kapitalismus, auf den Sturz der faschistischen Diktatur durch den bewaffneten Aufstand vorzubereiten. […]

zitiert nach: Friedrich Ebert Stiftung (Hrsg.): Widerstand und Exil der deutschen Arbeiterbewegung 1933–1945; Schriftenreihe der Bundeszentrale für politische Bildung, Bd. 180, Bonn 1981, S. 270.

Zusammenschluss unter Führung der KPD

c) Lina Knapp, aus einer Hamburger Arbeiterfamilie, wurde 1934 von der Gestapo verhaftet und wegen Vorbereitung zum Hochverrat zu zwei Jahren und sechs Monaten verurteilt. Nach ihrer Haftentlassung war sie weiter aktiv.

Und wir hatten illegal gearbeitet: Im April 1933 hatte unter der Flagge „Jahresversammlung des Sportvereins" unsere letzte illegale Jugendkonferenz stattgefunden. Wir wählten eine illegale Leitung. Nach einigen Tagen kamen wir in unserer Gruppe zusammen, um unsere nächsten Arbeiten zu besprechen. Wir verkauften „Die Junge Garde", die illegale Zeitung des Kommunistischen Jugendverbandes, die uns Kuriere von außerhalb brachten. Für Hamburg-Altona machten wir eine eigene Zeitung, von uns selber geschrieben, abgezogen und vertrieben. Sie hieß „Der Jungprolet". Um zu zeigen, dass es eine Opposition gab, malten wir Losungen an Zäune und Wände. Um nicht erwischt zu werden, machten wir es bei Spaziergängen in der Dunkelheit, während einige von uns „Liebespärchen" spielten. Im Weiterschlendern klebten wir Handzettel an Anschlagsäulen, Haustüren und wo es gerade passte. Die Flugblätter steckten wir meist in Hausbriefkästen. Manchmal konnten wir auch in der Bahn welche „liegen lassen". Dabei musste man aber sehr aufpassen. […]

Die Naziverfolgung hatte unser Zusammengehörigkeitsgefühl nur gestärkt. Wenn wir uns lagerten, diskutierten wir, besprachen unsere Aufgaben, machten Pläne, machten politische Schulung. Das war wichtig, denn man musste bei der Nazidemagogie, mit der die Menschen benebelt wurden, richtig diskutieren können. […]

Durch Kuriere, die die Verbindung mit anderen Gruppen hatten, erfuhren wir, wie dort gearbeitet wurde und was sich so ereignet hatte. Wenn es ging, stimmten wir unsere Arbeiten mit Gruppen in anderen Stadtbezirken ab.

Gerda Zorn und Gertrud Meyer, Frauen gegen Hitler. Berichte aus dem Widerstand 1933–1945, Frankfurt/M. (Röderberg) 1974, S. 41.

d) Teilweise aus den alten Parteien, Gewerkschaften, Vereinen und Verbänden hervorgegangen, teilweise aber auch spontan gebildet, arbeiten viele kleine und kleinste Gruppen in Form von Zellen gegen den Nationalsozialismus. Gerade diese Zersplitterung verhinderte eine größere Effizienz.

DER DAUMEN
Bund der Deutschen

An alle Deutschen!
1. Stalingrad hat Hitler nicht genommen, im Gegenteil, es wurde der Anfang von Hitlers Ende, ein neuer Beweis, dass Hitler lügt.
2. Wir vom Daumen wollen immer und überall Hitlers Lügen und die seiner Oberbonzen darlegen. Darum müssen wir den Auslandssender stets abhören. Versammelt Euch jeden Abend an anderer Stelle und gebt die Meldungen weiter.
3. Versucht Verbindung zu ehemaligen Freimaurern aufzunehmen. Sie sind auf jeden Fall als Mitglieder des Daumens zu werben.
4. Enthaltet Euch aller Vorwürfe gegen Juden, im Gegenteil, weist immer und überall darauf hin, dass Juden auch Menschen sind und genau so unschuldig wie andere Menschen. Merkt Euch die, die gegen Juden hetzen.
5. Wer in der Partei ein Amt hat, behalte dies Amt, versuche aber Unordnung und Schwierigkeiten zu bereiten durch falsche und nachlässige Ausführung der Anordnungen. Versucht möglichst Kassenämter zu erlangen, um Gelder für unsere Zwecke in die Hände zu bekommen.
6. Schreib diesen Aufruf recht oft ab und vernichte das benützte Kohlepapier.
Deutschland muss leben, darum muss Hitler fallen.

DER DAUMEN
Bund der Deutschen
Sitz z. Z. Plauen i. V.

Günther Weisenborn, Der lautlose Aufstand. Bericht über die Widerstandsbewegung des deutschen Volkes 1933–1945, Frankfurt am Main (Röderberg), Nachauflage 1979, S. 378 f.

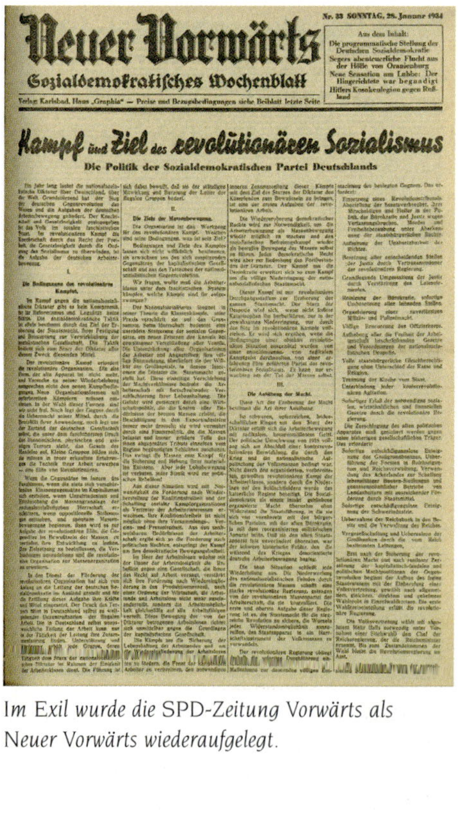

Neuer Vorwärts
Sozialdemokratisches Wochenblatt
Verlag: Karlsbad, Haus „Graphia" — Preise und Bezugsbedingungen siehe Beiblatt letzte Seite
Nr. 33 SONNTAG, 28. Januar 1934
Aus dem Inhalt:
Die programmatische Stellung der Deutschen Sozialdemokratie
Segers abenteuerliche Flucht aus der Hölle von Oranienburg
Neue Sensation um Lubbe: Der Hingerichtete war begnadigt
Hitlers Kosakenlegion gegen Rußland

Kampf und Ziel des revolutionären Sozialismus
Die Politik der Sozialdemokratischen Partei Deutschlands

Im Exil wurde die SPD-Zeitung Vorwärts als Neuer Vorwärts wiederaufgelegt.

Mitglieder der SoPaDe in Prag: Otto Wels, Hans Vogel, Erich Ollenhauer.

MATERIAL 4

Vorstellungen des bürgerlichen Widerstands

Ludwig Beck 1938.

a) Ludwig Beck, Generaloberst und Chef des Generalstabs des Heeres, warnte vor den Folgen eines Krieges gegen die Tschechoslowakei und trat wegen seiner erfolglosen Bemühungen um dessen Verhinderung am 18. *August* 1938 *von seinem Amt zurück. Im Zusammenhang mit dem Attentat auf Hitler vom* 20. *Juli* 1944 *wurde er zum Selbstmord gezwungen.*

Alle aufrechten und ernsten deutschen Männer in staatsverantwortlichen Stellen müssen sich berufen und verpflichtet fühlen, alle erdenklichen Mittel und Wege bis zur letzten Konsequenz anzuwenden, um einen Krieg abzuwenden, der in seinen Auswirkungen zu einem Weltkrieg führen muss, der das finis Germaniae[1] bedeuten würde. [...] Die höchsten Führer der Wehrmacht sind hierzu in erster Linie berufen und befähigt, denn die Wehrmacht ist das ausübende Machtmittel des Staates in der Durchführung eines Krieges. Es stehen hier letzte Entscheidungen über den Bestand der Nation auf dem Spiele. Die Geschichte wird diese Führer mit einer Blutschuld belasten, wenn sie nicht nach ihrem fachlichen und staatspolitischen Wissen und Gewissen handeln. Ihr soldatischer Gehorsam hat dort eine Grenze, wo ihr Wissen, ihr Gewissen und ihre Verantwortung die Ausführung eines Befehls verbietet.

Finden ihre Ratschläge und Warnungen in solcher Lage kein Gehör, dann haben sie das Recht und die Pflicht vor dem Volk und vor der Geschichte, von ihren Ämtern abzutreten. Wenn sie alle in einem geschlossenen Willen handeln, ist die Durchführung einer kriegerischen Handlung unmöglich. Sie haben damit ihr Vaterland vor dem Schlimmsten, vor dem Untergang bewahrt.

Es ist ein Mangel an Größe und an Erkenntnis der Aufgabe, wenn ein Soldat in höchster Stellung in solchen Zeiten seine Pflichten und Aufgaben nur in dem begrenzten Rahmen seiner militärischen Aufträge sieht, ohne sich der höchsten Verantwortung vor dem gesamten Volk bewusst zu werden. Außergewöhnliche Zeiten verlangen außergewöhnliche Handlungen!

Andere aufrechte Männer in staatsverantwortlichen Stellungen außerhalb der Wehrmacht werden sich auf ihrem Wege anschließen. [...]

[1] finis germaniae = das Ende Deutschlands

Wolfgang Foerster, Generaloberst Ludwig Beck – Sein Kampf gegen den Krieg, München (Isar-Verlag) 1953, S. 97 u. S. 122 f.

b) Grundsätze für die Neuordnung Deutschlands (*Entwurf des Kreisauer Kreises*[1] *vom* 9. *August* 1943)

Die Regierung des Deutschen Reiches sieht im Christentum die Grundlage für die sittliche und religiöse Erneuerung unseres Volkes, für die Überwindung von Hass und Lüge, für den Neuaufbau der europäischen Völkergemeinschaft.

[...] Die innere Neuordnung des Reiches ist die Grundlage zur Durchsetzung eines gerechten und dauerhaften Friedens.

[...] Die Reichsregierung ist daher entschlossen, folgende nach innen und außen unverzichtbare Forderungen mit allen ihr zur Verfügung stehenden Mitteln zu verwirklichen:

1. Das zertretene Recht muss wieder aufgerichtet und zur Herrschaft über alle Ordnungen des menschlichen Lebens gebracht werden. Unter dem Schutz gewissenhafter, unabhängiger und

Helmuth James v. Moltke als Student.

von Menschenfurcht freier Richter ist es Grundlage für alle zukünftige Friedensgestaltung.

2. Die Glaubens- und Gewissensfreiheit wird gewährleistet. Bestehende Gesetze und Anordnungen, die gegen diese Grundsätze verstoßen, werden sofort aufgehoben.

3. Brechung des totalitären Gewissenszwangs und Anerkennung der unverletzlichen Würde der menschlichen Person als Grundlage der zu erstrebenden Rechts- und Friedensordnung. Jedermann wirkt in voller Verantwortung an den verschiedenen sozialen, politischen und internationalen Lebensbereichen mit. Das Recht auf Arbeit und Eigentum steht ohne Ansehen der Rassen-, Volks- und Glaubenszugehörigkeit unter öffentlichem Schutz. [...]

6. Die persönliche politische Verantwortung eines jeden erfordert seine mitbestimmende Beteiligung an der neu zu belebenden Selbstverwaltung der kleinen und überschaubaren Gemeinschaften. In ihnen verwurzelt und bewährt, muss seine Mitbestimmung im Staat und in der Völkergemeinschaft durch selbstgewählte Vertreter gesichert und ihm so die lebendige Überzeugung der Mitverantwortung für das politische Gesamtgeschehen vermittelt werden. [...]

Reichsaufbau

Das Reich bleibt die oberste Führungsmacht des deutschen Volkes. Seine politische Verfassung soll von echter Autorität, Mitarbeit und Mitverantwortung des Volkes getragen sein. Sie beruht auf der natürlichen Gliederung des Volkes: Familie, Gemeinde und Land. Der Reichsaufbau folgt den Grundsätzen der Selbstverwaltung. In ihr vereinigen sich Freiheit und persönliche Verantwortung mit den Erfordernissen der Ordnung und Führung. [...]

Wirtschaft

1. [...] Die Existenzsicherung der Werktätigen ist um ihrer Menschenwürde willen Aufgabe der Wirtschaftsführung. Zugleich sind alle Anstrengungen zu machen, um das durch die schweren Wirtschaftsschäden des Krieges zunächst beeinträchtigte Existenzminimum möglichst bald und allgemein zu heben. [...]

2. Die Reichsregierung sieht die Grundlage des Wiederaufbaues der Wirtschaft in einem geordneten Leistungswettbewerb, der sich im Rahmen staatlicher Wirtschaftsführung vollzieht und hinsichtlich seiner Methoden unter ständiger staatlicher Aufsicht steht. [...]

Das Gemeinschaftsinteresse der Wirtschaft an den Großindustrien erfordert in besonderem Maße bei diesen Industriezweigen eine straffe Wirtschaftsführung des Staates. Schlüsselunternehmen des Bergbaues, der eisen- und metallschaffenden Industrie, der Grundchemie und Energiewirtschaft werden in das Eigentum der öffentlichen Hand überführt werden. [...]

---

[1] Kreisauer Kreis = benannt nach dem Gut der Familie Helmuth James von Moltkes, auf dem mehrere Treffen in verschiedenen Zusammensetzungen stattgefunden haben. Ziel war nicht der Sturz Hitlers (ein Attentat kam aus christlichen Erwägungen heraus nicht in Frage), sondern ein Programm zu entwerfen, dass unmittelbar nach dem Zusammenbruch des Nationalsozialismus umgesetzt werden konnte.

Friedrich Ebert Stiftung (Hrsg.): Widerstand und Exil der deutschen Arbeiterbewegung 1933–1945; Schriftenreihe der Bundeszentrale für politische Bildung, Bd. 180, Bonn 1981, S. 341 ff.

MATERIAL

Formen des Widerstands im Ghetto 5

In der Fachliteratur werden unter dem Stichpunkt „Widerstand gegen den Nationalsozialismus" u. a. folgende Möglichkeiten aufgeführt: (innere) Emigration, Rücktritt, Dienst nach Vorschrift, Sabotage, konspirative Gespräche, (Mehr-) Arbeitsverweigerung, Streik, Organisation von Parallelveranstaltungen zu NS-Veranstaltungen, Läuten von Kirchenglocken während NS-Veranstaltungen, Attentat, Flugblätter, Verweigerung im Alltag, Aufrechterhalten alter Organisationen (Partei, Gewerkschaft, Verein), Desertion, Aufbau einer Widerstandsgruppe, Selbstmord, Hilfe für Verfolgte.

Wolf Biermann (vgl. Kap. 4.1) verweist in einem Nachwort zur Autobiografie Szpilmans auf Chaim Guri, der eine Auflistung von Widerstandsformen im Warschauer Getto zusammengestellt hat.

Einen Laib Brot zu schmuggeln – war Widerstand
Im Geheimen zu unterrichten – war Widerstand.
Warnungen auszusprechen und Illusionen zu zerstören – war Widerstand.
Eine Thora-Rolle zu retten – war Widerstand.
Menschen über Grenzen zu bringen – war Widerstand.
Ereignisse aufzuschreiben und Aufzeichnungen zu verstecken – war Widerstand.
Mit den Eingeschlossenen in Verbindung zu treten – war Widerstand.
Mit Waffen in Straßen, Bergen und Wäldern zu kämpfen – war Widerstand.
In Todeslagern eine Rebellion vorzubereiten – war Widerstand.
In Gettos sich unter einstürzenden Mauern bei einem äußerst hoffnungslosen Aufstand zu erheben – war Widerstand.

Wolf Biermann, Brücke zwischen Wladyslaw Szpilman und Wilm Hosenfeld, gebaut aus 49 Anmerkungen, Anmerkung 29, in: Wadyslaw Szpilman, Der Pianist – Mein wunderbares Überleben, München (Ullstein), 2003, S. 220f.

1. Erklären Sie die Entwicklung der Mitgliederzahlen der NSDAP. (M 1)
2. Stellen Sie strukturiert implizite und explizite Motive für den Austritt aus der SPD zusammen. (M 2)
3. Der SPD wurde seit 1918 der Vorwurf gemacht, auf Legalismus und Attentismus zu setzen. Überprüfen Sie, inwieweit dieser Vorwurf auch 1934 noch aufrechterhalten werden kann. (M 3 a)
4. Vergleichen Sie die Position der Kommunistischen Internationale mit derjenigen der Sopade, und nehmen Sie Stellung zur deren Wahrnehmung der Entwicklung innerhalb Deutschlands. (M 3 a und M 3 b)
5. Stellen Sie praktische Probleme des Widerstandes zusammen (M 3 c und M 3 d), und setzen Sie diese in Bezug zu den theoretischen Forderungen. (M 3 a und M 3 b)
6. Erörtern Sie die Argumente Becks, indem Sie verschiedene Personengruppen in einem fiktiven Diskurs zusammenbringen (Offiziere, Soldaten, Politiker, „das Volk). (M 4 a)
7. Zeigen Sie, auf welchen Werten und politischen Traditionen das Programm des Kreisauer Kreises basiert und wo es neue Gedanken aufnimmt. (M 4 b)
8. Diskutieren Sie, inwieweit die einzelnen Vorgehensweisen als Widerstand verstanden werden können, und versuchen Sie anschließend eine Definition des Begriffes „Widerstand". (M 5)

3.4 Das Exil – Flucht und Emigration

Politiker, Künstler, Wissenschaftler

Unmittelbar nach dem 30. Januar 1933 verließen viele Prominente Deutschland; andere, die schon zuvor aus beruflichen Gründen im Ausland tätig waren, kehrten bewusst nicht zurück. Während führende Politiker vor allem der drohenden Verhaftung entgehen wollten, versuchten Künstler durch das Exil ein Berufsverbot in Deutschland zu umgehen. Künstlerinnen und Künstler, die auf die deutsche Sprache als Ausdrucksmittel ihrer Kunst angewiesen waren, hatten dabei größere Schwierigkeiten zu überwinden als etwa bildende Künstler. Relativ leicht konnten sich Wissenschaftler im Exil beruflich betätigen. V. a. die USA profitierten von dieser Einwanderung. Führende amerikanische Naturwissenschaftler etwa hatten in Deutschland studiert und kannten daher auch etliche der Emigranten persönlich.

Exilländer

Als Exilland wählten viele Emigranten das unmittelbar an Deutschland angrenzende Ausland: Österreich, Tschechoslowakei, Frankreich, Niederlande, Dänemark, auch das Saargebiet, das zu der Zeit noch Mandatsgebiet des Völkerbundes war. Als Grund dafür lässt sich die natürliche Hoffnung angeben, nach einer Veränderung der politischen Situation in der Heimat schnellstmöglich wieder zurückkehren zu können. Zudem bot z. B. die Tschechoslowakei den Emigranten eine intelektuelle, deutschsprachige Szene, um weiterhin etwa als Schriftsteller tätig zu sein. Mit der Ausdehnung des nationalsozialistischen Einflussbereichs (1935 Rückkehr des Saargebietes in das Deutsche Reich, 1938 „Anschluss" Österreichs, 1938/39 Zerschlagung der Tschechoslowakei und seit September 1939 Okkupation der Nachbarstaaten) mussten viele Emigranten wiederholt ihre Fluchtorte verlassen und sich erneut auf veränderte Gegebenheiten einstellen. Nach Kriegsbeginn wurden auch in vielen Ländern – z. B. in Frankreich – deutsche Staatsangehörige, die die Emigranten ja weiterhin waren, in den Gastländern interniert, aus Angst vor z. B. Spionage. Die Sowjetunion lieferte nach Abschluss des Hitler-Stalin-Paktes selbst geflohene Kommunisten wieder an das Deutsche Reich, an die Gestapo aus. Beispiele für Sippenhaft, um Flüchtiger habhaft zu werden, sind ebenfalls belegt,

Innere Emigration

Etliche Künstlerinnen und Künstler gingen in die sogenannte „innere Emigration", d. h., sie schrieben z. B. Romane, Gedichte usw., die nicht der Blut- und Bodenideologie der Reichsschrifttumskammer entsprachen, insofern also nicht-systemkonforme Literatur darstellte. Passive Verweigerung trat an die Stelle offenen Widerstandes, wie ihn die ins Ausland gegangenen Autorinnen und Autoren mit ihrer Exil- und Widerstandsliteratur praktizierten.

Jüdische Auswanderung bis 1939

Darüber hinaus gehört auch die durch die Umstände erzwungene Auswanderung von ca. 260 000 jüdischer Mitbürgerinnen und Mitbürger bis 1939 hierher. Die Bedingungen, unter denen der jüdischen Bevölkerung die Emigration ermöglicht wurde, wandelten sich ständig, bis zuletzt 1939 die „Reichszentrale für jüdische Auswanderung" nach österreichischem Vorbild geschaffen wurde. Hauptziel war es, die wirtschaftliche Ausplünderung der deutschen Juden zu forcieren. Unter Zurücklassung praktisch all ihrer Habseligkeiten und Ansprüche gegen das Deutsche Reich konnten sie Deutschland verlassen, wenn sie ein Aufnahmeland nachweisen konnten und die benötigten Devisen für den Transfer aufbringen konnten.

Brecht: Keine Emigranten, sondern Flüchtlinge, die auf eine Rückkehr warten.

MATERIAL 1

Über die Bezeichnung Emigranten

Wie Lion Feuchtwanger, der in seinem Roman „Exil" die Bedingungen der Emigration beschreibt, setzt sich auch Bertolt Brecht in einem seiner Svendborger Gedichte (1939 im Exil geschrieben) mit dem Begriff „Emigranten" auseinander.

Über die Bezeichnung Emigranten

Immer fand ich den Namen falsch, den man uns gab: Emigranten.
Das heißt doch Auswanderer. Aber wir
Wanderten doch nicht aus, nach freiem Entschluss
Wählend ein anderes Land. Wanderten wir doch auch nicht
Ein in ein Land, dort zu bleiben, womöglich für immer.
Sondern wir flohen. Vertriebene sind wir, Verbannte.
Und kein Heim, ein Exil soll das Land sein, das uns da aufnahm.
Unruhig sitzen wir so, möglichst nahe den Grenzen
Wartend des Tags der Rückkehr, jede kleinste Veränderung
Jenseits der Grenze beobachtend, jeden Ankömmling
Eifrig befragend, nichts vergessend und nichts aufgebend
Und auch verzeihend nichts, was geschah, nichts verzeihend.
Ach, die Stille der Stunde täuscht uns nicht! Wir hören die Schreie
Aus ihren Lagern bis hierher. Sind wir doch selber
Fast wie Gerüchte von Untaten, die da entkamen
Über die Grenzen. Jeder von uns
Der mit zerrissenen Schuhn durch die Menge geht
Zeugt von der Schande, die jetzt unser Land befleckt.
Aber keiner von uns
Wird hier bleiben. Das letzte Wort
Ist noch nicht gesprochen.

Suhrkamp-Verlag (Hrsg.): Die Gedichte von Bertolt Brecht in einem Band, Frankfurt am Main (Suhrkamp) 1981, S. 718.

MATERIAL 2

Politiker im Exil: Bericht der SoPaDe

Führende Mitglieder des Parteivorstandes der SPD flohen bereits im Mai 1933 nach Prag und gründeten dort die Sopade (auch: SoPaDe), die ab Mai 1934 die Deutschland-Berichte herausgab. Sie sammelte Nachrichten aus dem gesamten Reich, um diese, gebündelt und mit Kommentaren versehen, wieder in Deutschland zu verteilen, aber auch an internationale Agenturen zu verschicken und auf die Situation im nationalsozialistischen Deutschland aufmerksam zu machen. 1938 musste Prag als Exilort aufgegeben werden, und die Sopade siedelte nach Paris um. Mit dem Einmarsch deutscher Truppen in Frankreich musste die Sopade erneut weichen. Einige gingen in die USA, andere nach London. Ein aktiver Widerstand war seitdem kaum noch möglich.

Ende vorigen Jahres veranstalteten wir eine Erhebung über den Umfang, die altersmäßige und berufliche Zusammensetzung der sozialdemokratischen Emigration und über die Leistungen der Unterstützungskomitees in den einzelnen Ländern. Es gelang uns zwar nicht, eine vollständige Übersicht zu erhalten, da in einigen Ländern die Emigranten aus übertriebener Vorsicht die Ausfüllung unseres Fragebogens ablehnten [...], aber die eingegangenen Unterlagen ermöglichten dennoch die Feststellung einiger wichtiger Tatbestände.

Die Zahl der sozialdemokratischen Emigranten in den Ländern Belgien, Dänemark, Lettland, Österreich, Saargebiet, Schweden, Schweiz und Tschechoslovakei ist mit 1133 angegeben. Nähere Angaben fehlen aus Frankreich und Holland. In beiden Ländern ist die sozialdemokratische Emigration verhältnismäßig stark. Außerdem befinden sich kleinere Gruppen von parteigenössischen Emigranten noch in anderen Ländern, so

Prager Mittag
1. JAHRGANG NR. 29
SAMSTAG 2. SEPTEMBER 1933
PREIS 50 HELLER
Eine Fabrik, die in 3 Schichten arbeitet
Sudetendeutsche Einheitsfront?
Anträge an die tschechische Rechte
Lessing-Mord:
11 Personen verhaftet
Anti-Hitler-Kundgebungen in Prag
11 Personen in Haft
Zwei Mörder
Warum die Bewachung fehlte
Die Aussiger Beratungen der Nationalsozialisten

Die liberale Tschechoslowakei mit 3,5 Millionen deutschsprachigen Einwohnern war 1933/34 für viele Emigranten, gerade Literaten, die erste Wahl, so auch für den Philologen Theodor Lessing, der 1934 in Marienbad von einem nationalsozialistischen Täter ermordet wurde. Nachricht in der Exilszeitschrift Prager Mittag.

in England, Norwegen, Polen, Jugoslavien und Spanien. […] Die Gesamtzahl der sozialdemokratischen Emigranten dürfte jedoch 1800 nicht übersteigen. Bei diesen Zahlen handelt es sich nur um Emigranten, die vor dem Umsturz in Deutschland nachweislich Mitglieder der Sozialdemokratischen Partei Deutschlands waren. Im Ausland befinden sich aber noch eine große Zahl von deutschen Emigranten, die zwar nicht Parteimitglieder waren, die aber auf Grund ihrer Tätigkeit in den freien Gewerkschaften, im Reichsbanner oder in anderen sozialistischen Arbeiterorganisationen ins Ausland gehen mussten. Es handelt sich hier um eine Gruppe, die ungefähr die gleiche Stärke wie die sozialdemokratisch organisierten Emigranten haben dürfte, so dass die sozialdemokratisch orientierte Gesamtemigration zur Zeit etwa die Zahl von 3000 bis 3500 erreicht.

Das schwierigste Problem der Flüchtlingsfürsorge ist die materielle Unterstützung der Flüchtlinge. Hier hat sich trotz hervorragender Leistungen der Unterstützungskomitees einzelner Länder die Lage in der letzten Zeit wesentlich verschlechtert. Die Erträge der Sammlungen für die deutschen Flüchtlinge sind fast überall erschöpft […]. Hinzu kommt, dass in einzelnen Ländern, so vor allem in der Tschechoslovakei, jetzt auch noch die österreichische Emigration versorgt werden muss. Sie ist heute in der Tschechoslowakei zahlenmäßig schon stärker als die deutsche Emigration. Die Folge dieser Entwicklung ist, dass in vielen Ländern in der letzten Zeit eine wesentliche Einschränkung der Unterstützung, teilweise sogar die völlige Einstellung erfolgen musste. […]

Die Verteilung unserer Emigration auf Länder in fast allen Teilen Europas macht eine Zusammenfassung der Emigration zum Zwecke der politischen Information und Schulung außerordentlich schwierig. In der Tschechoslowakei, in der die Emigration besonders stark ist, finden in Abständen von etwa zwei Monaten regelmäßig Zusammenkünfte der Emigranten statt, die sowohl der Information wie der Diskussion über aktuelle politische Fragen dienen. In Westeuropa wurden vor einigen Wochen in jedem Land die aktiv in der Bewegung stehenden Emigranten über die Aufgaben und Pläne der Sopade informiert. […]

Eine besondere Aufgabe erwuchs dem Parteivorstand aus der Notwendigkeit, die Emigration und die Unterstützungseinrichtungen für die Emigration vor Spitzeln und Schnorrern zu bewahren. […] Sowohl Göring, als [auch d. Verf.] der damalige Leiter der Gestapo, Diels, haben zu Beginn des Jahres 1934 mit zynischer Offenheit erklärt, dass die Gestapo alle deutschen Flüchtlinge im Ausland überwachen lasse, und dass sie deshalb über jeden Emigranten Auskunft habe. Zu diesem Zweck unterhält die Gestapo im Ausland einen großen und kostspieligen Apparat. […] Wiederholt sind Entführungen von Emigranten in das Reich erfolgt. […]

Deutschland-Bericht der Sopade, Erster Jahrgang 1934, Salzhausen/Frankfurt am Main (Verlag Petra Nettelbeck und Zweitausendeins), 1980, S. 70 ff. und S. 468 f.

MATERIAL

Unwissen über Nazideutschland 3

Mary Saren, bis 1933 Fürsorgerin bei den Berliner Elektrizitätswerken, war durch ihre Tätigkeit im Internationalen Sozialistischen Kampfbund (ISK), in den Gewerkschaften und in sozialpolitischen Organisationen bekannt geworden. 1933 floh sie über das Saargebiet, dann Dänemark, nach England. Ihre Memoiren sind 1976 unter dem Titel „Never Give Up" in London erschienen.

Eine Aufforderung, über Deutschland zu reden, nahm ich stets an. Dabei stellte ich ständig fest, wie nötig es war, die Menschen über die Entwicklung unter Hitler und die internationale Gefahr, die von ihm ausging, aufzuklären. Die Fragen, die ich immer wieder zu beantworten hatte, verrieten große Unwissenheit. So war beispielsweise die Tatsache, dass Hitler seine politischen Gegner noch früher verfolgt hatte als die Juden, weithin unbekannt. „Aber Sie sind doch keine Jüdin, warum mussten Sie denn Deutschland verlassen?", wurde ich oft gefragt. Oder: „Tut denn Hitler nicht etwas für Deutschland, da er ja den Menschen Arbeit und nationalen Zusammenhalt gibt?" Oft hörte ich die Bemerkung: „Der Versailler Vertrag war ungerecht. Nun, da er durch Hitler außer Kraft gesetzt wurde, werden sich die Dinge sicher beruhigen." Der Einfluss pazifistischer Ideen auf die Arbeiterbewegung, wie er besonders durch George Lansbury [Vorsitzender der Labour Party/d. Verf.] verkörpert wurde, war noch stark. Viele Linke, die der Frage einer britischen Aufrüstung ausweichen wollten und die an den Aufruf von Marx „Proletarier aller Länder, vereinigt euch!" dachten, klammerten sich an die Illusion, man könne den Arbeitern in Deutschland die Hand reichen, das wäre die Lösung. [...]

Die Reaktionen auf Hitler, die ich in Großbritannien beobachtete, ähnelten fatal denen in Deutschland, als sein Aufstieg zur Macht begann. Seine fieberhaften Vorbereitungen, Europa zu erobern, die sofort einsetzten, nachdem er das deutsche Volk unter seine Botmäßigkeit gebracht hatte, wurden viel zu leicht genommen. Damals wurde nicht erkannt, dass die nationale Existenz Großbritanniens auf dem Spiel stand, und der Wille zu gemeinsamer Aktion fehlte. Viele britische Sozialisten, eine zeitlang selbst manche meiner engen Freunde, waren von pazifistischen Gefühlen und Gedanken beherrscht. Mir fiel es schwer, ihren Argumenten mit Geduld zu begegnen. Der gefühlsmäßige Widerstand gegen eine britische Aufrüstung war verständlich, er unterstützte aber die Appeasement-Politik gegenüber Hitler. Wir litten Qualen, zusehen zu müssen, wie Hitler über die Bestimmungen des Versailler Vertrages hinwegging, ohne auf Widerstand zu stoßen und wie er bei der deutschen Aufrüstung und den Kriegsvorbereitungen immer selbstherrlicher wurde. Sein Ziel war doch ganz klar die Faschisierung Europas. [...]

Mary Saran: Gib niemals auf. Erinnerungen. (Hektographiert, Bonn 1979), S. 120 f., 131 f.; zitiert nach: Friedrich Ebert Stiftung (Hrsg.): Widerstand und Exil der deutschen Arbeiterbewegung 1933–1945; Schriftenreihe der Bundeszentrale für politische Bildung, Bd. 180, Bonn 1981, S. 493 f.

MATERIAL

Fehlte es unserem Ruf an Überzeugungskraft? 4

Klaus Mann, Sohn von Thomas Mann und wie dieser und andere Familienmitglieder im Exil lebend, gehört zu den wichtigsten Repräsentanten der deutschen Exilliteratur. Sein autobiographischer Bericht erschien 1942.

Die literarische Emigration konnte sich sehen lassen; in ihren Reihen gab es Ruhm, Talent, kämpferischen Elan. Während die Parteifunktionäre sich zankten, hielten die Schriftsteller zusammen, auch wenn ihre politischen Ansichten voneinander abwichen. Besonders während der ersten Jahre des Exils von 1933 bis 1936, war dies Gefühl der Zusammengehörigkeit stark und echt. Ja, die verbannten Literaten bildeten wohl so etwas wie eine homogene Elite, eine wirkliche Gemeinschaft innerhalb der diffusen und amorphen Gesamtemigration. Man wusste, was man wollte; die Forderung des Tages erschien klar vorgezeichnet. Der deutsche Schriftsteller im Exil sah seine Funktion als eine doppelte: Einerseits

Klaus Mann, 1935 in Paris.

ging es darum, die Welt vor dem Dritten Reich zu warnen und über den wahren Charakter des Regimes aufzuklären, gleichzeitig aber mit dem „anderen", „besseren" Deutschland, dem illegalen, heimlich opponierenden also, in Kontakt zu bleiben und die Widerstandsbewegung in der Heimat mit literarischem Material zu versehen; andererseits galt es, die große Tradition des deutschen Geistes und der deutschen Sprache, eine Tradition, für die es im Lande ihrer Herkunft keinen Platz mehr gab, in der Fremde lebendig zu erhalten und durch den eigenen schöpferischen Beitrag weiter zu entwickeln. [...]

Nicht weniger notwendig und wesentlich als dieser indirekte Protest erschien vielen von uns der direkte, das politische Manifest, die enthüllende Analyse, der satirische oder informative Kommentar zum deutschen Drama, das immer wieder neu zu variierende, neu zu begründende J'accuse gegen den Hitler-Staat. Deutsche Antifaschisten im Ausland durften nicht müde werden, den noch freien, noch nicht gleichgeschalteten oder angeschlossenen Nationen immer wieder zu versichern: „Ihr seid in Gefahr. Hitler ist gefährlich. Hitler ist der Krieg. [...]"

Fehlte es unserem Ruf an Überzeugungskraft? Er überzeugte nicht, er verhallte. Die noch freien, noch unabhängigen Nationen, bei denen wir Emigranten zunächst Unterschlupf fanden, nahmen unsere Kassandra-Schreie mit „realistischer" Skepsis auf. Gewisse Vorkommnisse im Dritten Reich, Bücherverbrennungen, antisemitische Demonstrationen, das Massaker vom 30. Juni 1934, mochten etwas peinlich berühren; indessen waren das nur kleine Schönheitsfehler, die man einer sonst erfolgreichen und in vieler Hinsicht sympathischen Regierung gern verzieh. Hitler war gegen den Kommunismus, was genügte, ihn in feinsten europäischen Kreisen beliebt zu machen. Wenn er Eroberungspläne hatte, so waren sie doch wohl ausschließlich gegen den Osten gerichtet, will sagen, gegen die Sowjetunion. Um so besser! Den feinsten Kreisen konnte das nur recht sein. Für die Warnungen einiger fortgelaufener Literaten hatte man ein mokantes Lächeln oder ein ungeduldiges Achselzucken.

Ernst Loewy (Hrsg.): Exil. Literarische und politische Texte aus dem deutschen Exil 1933–1945, Stuttgart 1979, S. 597–600.

1. Beschreiben Sie die emotionale Wahrnehmung der Exilsituation. (M 1)
2. Stellen Sie die Probleme betroffener Emigranten und von Hilfsorganisationen dar. (M 2) Informieren Sie sich über die Situation von Asylsuchenden in der Bundesrepublik heute.
3. Erläutern Sie, welche Schwierigkeiten deutsche Emigranten hatten, im Ausland die Situation in Deutschland darzustellen und welche Auswirkungen das auf den Widerstand in Deutschland hatte. (M 3 und M 4)

3.5 Der Zweite Weltkrieg – staatlich organisiertes Kriegsverbrechen

Kriegswille

Die nationalsozialistische Außenpolitik ließ von vornherein den Weg in den Krieg erkennen. Auch wenn viele Menschen Hitlers „Mein Kampf" und Schriften anderer NS-Größen nicht wirklich ernst nahmen, die aktuell betriebene Politik der Jahre 1933–1939 ließ keinen Zweifel zu: Wiedereinführung der Wehrpflicht, dramatisch gesteigerte Rüstungsausgaben auf Kosten der sozial Schwachen, Bruch internationaler Verträge und Erpressung anderer Staaten markierten die Richtung eindeutig. Die Art der Auseinandersetzung mit innerdeutschen Gegnern des Nationalsozialismus

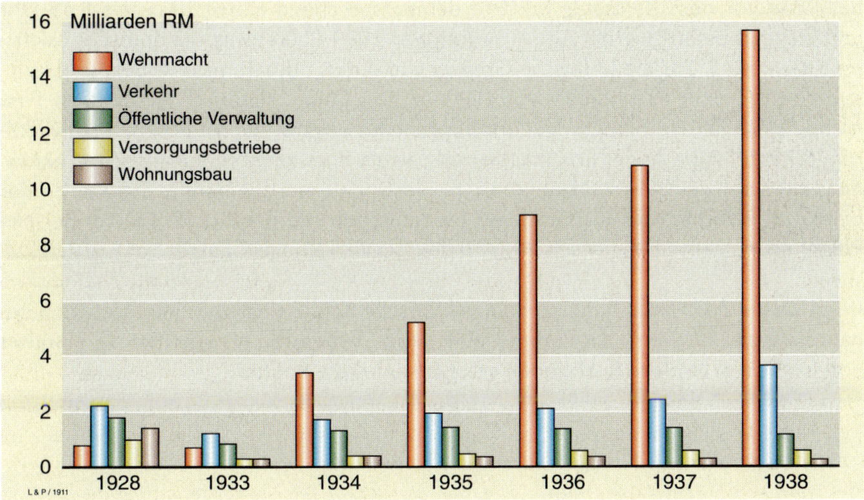

Rüstungsausgaben im Verhältnis zum Gesamthaushalt bis 1938.

deutete darüber hinaus an, welche dramatischen Folgen ein militärischer Erfolg deutscher Truppen für das Ausland und besonders dessen Bevölkerung nach sich zöge. Um den Deutschen den ihnen angeblich gebührenden Platz in der Welt zu verschaffen, beschritten Hitler und mit ihm das nationalsozialistische System Wege der Expansion, die weit über eine Revision von Versailles hinausgingen.

Guernica

Der Einsatz der Legion Condor im Spanischen Bürgerkrieg auf Seiten Francos stellte einen Test für die Kriegsfähigkeit, insbesondere der modernen Luftwaffe dar. Sie zerstörte am 26.4.1937 die baskische Stadt Guernica nicht etwa aus aktuellen strategischen Gründen, sondern aus weitergehenden militärischen Erwägungen heraus: Der Krieg gegen eine völlig schutzlose Zivilbevölkerung wurde hier geprobt. Als auch die von der NS-Propaganda so bezeichnete „Zerschlagung der Rest-Tschechei" (vgl. Kap. 2.3 M 4) auf keinen nennenswerten Widerstand in Europa stieß, sah sich Hitler ermutigt, seine aggressiven Pläne zur Gewinnung von „Lebensraum im Osten" zu forcieren. Der „Fall Weiß" (Angriffsvorbereitungen auf Polen), datiert vom 11. April 1939, gibt die Zielrichtung vor: „die polnische Wirtschaft zu zerschlagen und eine den

Bedürfnissen der Landesverteidigung entsprechende Lage im Osten zu schaffen. [...] Die Aufgabe der Wehrmacht ist es, die polnische Wehrmacht zu vernichten. Hierzu ist ein überraschender Angriffsbeginn anzustreben und vorzubereiten. Die getarnte oder offene allgemeine Mobilmachung wird erst am Angriffsvortage zu dem spätestmöglichen Termin befohlen werden." Auch auf eine völkerrechtlich verbindliche Kriegserklärung (II. Haager Abkommen vom 18.10.1907) oder das Stellen eines Ultimatums wurde zugunsten des Überfalls verzichtet. Der deutsch-sowjetische Nichtangriffspakt vom 23. August 1939 mit dem geheimen Zusatzprotokoll, das im Kern die Aufteilung Polens in ein deutsches und ein sowjetisches Interessengebiet vorsah, bot der deutschen Regierung die gewünschte Rückendeckung für den Angriff auf Polen.

„Blitzkrieg": Überfall auf Polen

Durch einen fingierten Überfall auf den Sender Gleiwitz in Oberschlesien sollte in der Weltöffentlichkeit Polen als Aggressor hingestellt und der massive Militäreinsatz deutscher Truppen gegen Polen als notwendige Reaktion dargestellt werden. In seiner Rede vor dem Reichstag erklärte dementsprechend Hitler, dass seit 5.45 Uhr „zurückgeschossen" werde. Am 1. September 1939 überschritt die deutsche Wehrmacht um 4.45 Uhr die polnische Grenze. Unterstützt durch massive See- und Luftstreitkräfte gelang es innerhalb von vier Wochen, Polen militärisch zu besiegen. Eine mehr als fünfjährige Besatzungs- und Leidenszeit begann für die polnische Bevölkerung. Damit litt sie länger und nachhaltiger als die aller anderen europäischen Nationen unter der deutschen Okkupation. In dieser Zeit wurden bereits Strukturen der Besatzung sichtbar, die auch anderen europäischen Nationen drohten. Am Beispiel Polens sollen deshalb die Mechanismen des „totalen Krieges" aufgezeigt werden.

In welchem Zusammenhang stehen militärische Eroberung und Durchsetzung des nationalsozialistischen Programms? Wie wird „Lebensraum" geschaffen, gestaltet und verwaltet? Welche Reaktionen erfolgen auf diese Politik?

MATERIAL

1 Regelungen zur ordnungsmäßigen Kriegsführung

Am 29. Juli 1899 (Erste Haager Friedenskonferenz) und in etwas abgeänderter Form am 18. Oktober 1907 (Zweite Haager Friedenskonferenz) unterzeichneten 24 bzw. 41 Staaten das „Übereinkommen betreffend die Gesetze und Gebräuche des Landkriegs", die so genannte Haager Landkriegsordnung, insgesamt 56 Artikel. Unter den Unterzeichnerstaaten waren das Deutsche Reich, die USA, Frankreich, Großbritannien, Russland. Das Hauptziel bestand darin:

[...] von dem Wunsche beseelt, selbst in diesem äußersten Falle [der Kriegführung] den Interessen der Menschlichkeit und den sich immer steigernden Forderungen der Zivilisation zu dienen [...]

Nach der Auffassung der hohen vertragschließenden Teile sollen diese Bestimmungen, deren Abfassung durch den Wunsch angeregt wurde, die Leiden des Krieges zu mildern, soweit es die militärischen Interessen gestatten, den Kriegführenden als allgemeine Richtschnur für ihr Verhalten in den Beziehungen untereinander und mit der Bevölkerung dienen. [...]

Solange, bis ein vollständigeres Kriegsgesetzbuch festgestellt werden kann, halten es die hohen vertragschließenden Teile für zweckmäßig, festzusetzen, dass in den Fällen, die in den Bestimmungen der von ihnen angenommenen Ordnung nicht einbegriffen sind, die Bevölkerung und die Kriegführenden unter dem Schutze und der Herrschaft der Grundsätze des Völkerrechts bleiben, wie sie sich ergeben aus den unter gesitteten Völkern feststehenden Gebräuchen, aus den Gesetzen der Menschlichkeit und aus den Forderungen des öffentlichen Gewissens. [...]

Artikel 4: Die Kriegsgefangenen unterstehen der Gewalt der feindlichen Regierung, aber nicht der

Polen 1939: SS-Truppen rücken in ein zerstörtes Dorf ein.

Gewalt der Personen oder der Abteilungen, die sie gefangen genommen haben. Sie sollen mit Menschlichkeit behandelt werden. Alles, was ihnen persönlich gehört, verbleibt ihr Eigentum mit Ausnahme von Waffen, Pferden und Schriftstücken militärischen Inhalts.

Artikel 21: Die Pflichten der Kriegführenden in Ansehung und Behandlung von Kranken und Verwundeten bestimmen sich nach dem Genfer Abkommen.

Artikel 22: Die Kriegführenden haben kein unbeschränktes Recht in der Wahl der Mittel zur Schädigung des Feindes.

Artikel 23: Abgesehen von den durch Sonderverträge aufgestellten Verboten, ist namentlich untersagt:

a) die Verwendung von Gift oder vergifteten Waffen, […]

e) der Gebrauch von Waffen, Geschossen oder Stoffen, die geeignet sind, unnötig Leiden zu verursachen, […]

g) die Zerstörung oder Wegnahme feindlichen Eigentums außer in den Fällen, wo diese Zerstörung oder Wegnahme durch die Erfordernisse des Krieges dringend erheischt wird, […]

Artikel 25: Es ist untersagt, unverteidigte Städte, Dörfer, Wohnstätten oder Gebäude, mit welchen Mitteln es auch sei, anzugreifen oder zu beschießen.

Artikel 43: Nachdem die gesetzmäßige Gewalt tatsächlich in die Hände des Besetzenden übergegangen ist, hat dieser alle von ihm abhängenden Vorkehrungen zu treffen, um nach Möglichkeit die öffentliche Ordnung und das öffentliche Leben wiederherzustellen und aufrechtzuerhalten, und zwar, soweit kein zwingendes Hindernis besteht, unter Beachtung der Landesgesetze.

Artikel 56: […] Jede Beschlagnahme, jede absichtliche Zerstörung oder Beschädigung […] von geschichtlichen Denkmälern oder von Werken der Kunst und Wissenschaft ist untersagt und soll geahndet werden.

Rudolf Laun, Die Haager Landkriegsordnung, Wolfenbüttel-Hannover (Wolfenbütteler Verlagsanstalt G.m.b.H.), 3. Aufl. 1947, S. 67–95.

MATERIAL

2 Hitlers Vorstellung von humaner Kriegsführung

Am 22. August 1939 hielt Hitler eine Ansprache vor den Oberbefehlshabern. Sie wurde in drei z. T. wörtlich übereinstimmenden Protokollen festgehalten, die dem Militärgerichtshof in Nürnberg 1945 vorlagen.

Es ist mir klar, dass es früher oder später zu einer Auseinandersetzung mit Polen kommen muss. Ich fasste den Entschluss bereits im Frühjahr [...]. Das Verhältnis zu Polen ist untragbar geworden [...]. Spannungszustand auf die Dauer unerträglich. (Nr. 192)
Vernichtung Polens im Vordergrund. Ziel ist die Beseitigung der lebendigen Kräfte, nicht die Erreichung einer bestimmten Linie. Auch wenn im Westen Krieg ausbricht, bleibt Vernichtung Polens im Vordergrund [...] Herz verschließen gegen Mitleid. Brutales Vorgehen [...]. Der Stärkere hat das Recht. Größte Härte [...]. Jede sich neu bildende lebendige polnische Kraft ist sofort wieder zu vernichten [...]. Restlose Zertrümmerung Polens ist das militärische Ziel. Schnelligkeit die Hauptsache. Verfolgung bis zur völligen Vernichtung. (Nr. 193)
Entschluss zum Angriff auf Polen im Frühling [...]. Unsere Stärke ist die Schnelligkeit und unsere Brutalität. Dschingis Chan hat Millionen Frauen und Kinder in den Tod gejagt, bewusst und fröhlichen Herzens. Die Geschichte sieht in ihm nur den großen Staatengründer [...]. Ich habe Befehl gegeben – und ich lasse jeden füsilieren, der auch nur ein Wort der Kritik äußert –, dass das Kriegsziel nicht im Erreichen bestimmter Linien, sondern in der physischen Vernichtung des Gegners besteht. So habe ich, einstweilen nur im Osten, meine Totenkopfverbände bereitgestellt mit dem Befehl, unbarmherzig und mitleidlos Mann, Weib und Kind polnischer Abstammung und Sprache in den Tod zu schicken [...]. Polen wird entvölkert und mit Deutschen besiedelt [...]. Seien Sie hart, seien Sie schonungslos, handeln Sie schneller und brutaler als die andern. Die Bürger Westeuropas müssen vor Entsetzen erbeben. Das ist die humanste Kriegsführung. (Anmerkung zu Nr. 193)

Wolfgang Jacobmeyer, Der Überfall auf Polen und der neue Charakter des Krieges; in: Christoph Kleßmann (Hrsg.), September 1939. Krieg, Besatzung, Widerstand in Polen, Göttingen (Vandenhoeck u. Ruprecht), 1989, S. 16–37, S. 16f.

MATERIAL

3 Formen der Durchsetzung deutscher Herrschaft in Polen

Reichsführer SS Heinrich Himmler (1900–1945) schreibt in „Einige Gedanken über die Behandlung der Fremdvölkischen im Osten“ vom 15. Mai 1940:

Bei der Behandlung der Fremdvölkischen im Osten müssen wir darauf sehen, so viel wie möglich einzelne Völkerschaften anzuerkennen und zu pflegen, [...]
Ich will damit sagen, dass wir nicht nur das größte Interesse daran haben, die Bevölkerung des Ostens nicht zu einen, sondern im Gegenteil in möglichst viele Teile und Splitter zu zergliedern. Aber auch innerhalb der Völkerschaften selbst haben wir nicht das Interesse, diese zu Einheit und Größe zu führen, ihnen vielleicht allmählich Nationalbewusstsein und nationale Kultur beizubringen, sondern sie in unzählige kleine Splitter und Partikel aufzulösen. [...] Eine Zusammenfassung nach oben darf es nicht geben, denn nur dadurch, dass wir diesen ganzen Völkerbrei des Generalgouvernements von 15 Millionen und die 8 Millionen der Ostprovinzen auflösen, wird es uns möglich sein, die rassische Siebung durchzuführen, die das Fundament in unseren Erwägungen sein muss, die rassisch Wertvollen aus diesem Brei herauszufischen, nach Deutschland zu tun, um sie dort zu assimilieren. [...]
Eine grundsätzliche Frage bei der Lösung aller dieser Probleme ist die Schulfrage und damit die Frage der Sichtung und Siebung der Jugend. Für die nichtdeutsche Bevölkerung des Ostens darf es keine höhere Schule geben als die vierklassige Volksschule. Das Ziel dieser Volksschule hat lediglich zu sein:

Einfaches Rechnen bis höchstens 500, Schreiben des Namens, eine Lehre, dass es ein göttliches Gebot ist, den Deutschen gehorsam zu sein und ehrlich, fleißig und brav zu sein. Lesen halte ich nicht für erforderlich.

Außer dieser Schule darf es im Osten überhaupt keine Schulen geben. Eltern, die ihren Kindern von vorneherein eine bessere Schulbildung sowohl in der Volksschule als später auch an einer Höheren Schule vermitteln wollen, müssen dazu einen Antrag bei den Höheren SS- und Polizeiführern stellen. Der Antrag wird in erster Linie danach entschieden, ob das Kind rassisch tadellos und unseren Bedingungen entsprechend ist. Erkennen wir ein solches Kind als unser Blut an, so wird den Eltern eröffnet, dass das Kind auf eine Schule nach Deutschland kommt und für Dauer in Deutschland bleibt. [...]

Die Eltern dieser Kinder guten Blutes werden vor die Wahl gestellt, entweder das Kind herzugeben – sie werden dann wahrscheinlich keine weiteren Kinder mehr erzeugen, so dass die Gefahr, dass dieses Untermenschenvolk des Ostens durch solche Menschen guten Blutes eine für uns gefährliche, da ebenbürtige Führerschicht erhält, erlischt – oder die Eltern verpflichten sich, nach Deutschland zu gehen und dort loyale Staatsbürger zu werden. Eine starke Handhabe, die man ihnen gegenüber hat, ist die Liebe zu ihrem Kind, dessen Zukunft und dessen Ausbildung von der Loyalität der Eltern abhängt.

Abgesehen von der Prüfung der Gesuche, die die Eltern um eine bessere Schulbildung stellen, erfolgt jährlich insgesamt bei allen 6–10-Jährigen eine Siebung aller Kinder des Generalgouvernements nach blutlich Wertvollen und Nichtwertvollen. Die als wertvoll Ausgesiebten werden in der gleichen Weise behandelt wie die Kinder, die auf Grund des genehmigten Gesuches ihrer Eltern zugelassen wurden. [...]

Die Bevölkerung des Generalgouvernements setzt sich dann zwangsläufig nach einer konsequenten Durchführung dieser Maßnahmen im Laufe der nächsten 10 Jahre aus einer verbleibenden minderwertigen Bevölkerung, die noch durch abgeschobene Bevölkerung der Ostprovinzen sowie all der Teile des deutschen Reiches, die dieselbe rassische und menschliche Art haben (Teile, z. B. der Sorben und Wenden), zusammen.

Diese Bevölkerung wird als führerloses Arbeitervolk zur Verfügung stehen und Deutschland jährlich Wanderarbeiter und Arbeiter für besondere Arbeitsvorkommen (Straßen, Steinbrüche, Bauten), stellen; sie wird selbst dabei mehr zu essen und zu leben haben als unter der polnischen Herrschaft und bei eigener Kulturlosigkeit unter der strengen, konsequenten und gerechten Leitung des deutschen Volkes berufen sein, an dessen ewigen Kulturtaten und Bauwerken mitzuarbeiten und diese, was die Menge der groben Arbeit anlangt, vielleicht erst ermöglichen.

Wolfgang Michalka, Der Nationalsozialismus, in: Robert-Hermann Tenbrock u. a. (Hrsg.), Zeiten und Menschen – Ausgabe Q, Paderborn (Schöningh/Schroedel), 1991, S. 78 f.

Deutsche Soldaten erschießen polnische Zivilisten.

MATERIAL

4 Die Ausbeutung Polens

a) Die eroberten polnischen Gebiete wurden entweder als Reichsgaue dem Deutschen Reich einverleibt (Reichsgau Danzig-Westpreußen, Reichsgau Wartheland; insgesamt ca. 90 000 km²) oder als so genanntes „Generalgouvernement für die besetzten polnischen Gebiete" (Rest-Polen, ca. 142 000 km²) dem Generalgouverneur Hans Frank unterstellt. Die in das Deutsche Reich eingegliederten Gaue sollten schnellstmöglich ethnisch gesäubert werden. Dazu wurden Merkmalslisten erstellt, mit deren Hilfe Menschen mit angeblich arischem Blut erfasst werden sollten. Klasse I galt als reinarisch, Klasse II wies beträchtliche Anteile arischen Blutes auf und konnte somit eingedeutscht oder „umgevolkt" werden. Ca. 900 000 Polen wurden in das Generalgouvernement umgesiedelt, ca. 2,8 Millionen waren als Kriegsgefangene oder Zwangsarbeiter im Deutschen Reich tätig. 5,5 bis 6 Millionen Polen kamen während der Besatzungszeit ums Leben, davon etwa die Hälfte Juden. Alle Vernichtungslager lagen auf polnischem Gebiet: Auschwitz, Belzec, Chelmno, Majdanek, Sobibor und Treblinka. Die Vorlage des SS-Gruppenführers Müller an Himmler (31.10.1942) beschreibt das Auswahlverfahren:

Mit der angeordneten Evakuierung von Polen im Distrikt Lublin (Zamosc), die zeitlich von der Heranbringung der zur Ansetzung gelangenden Volksdeutschen abhängt, wird voraussichtlich Mitte November begonnen werden. [...]

1. Die polnischen Familien der Wertungsgruppen I und II werden ausgesondert und nach Litzmannstadt zur Eindeutschung bezw. Feinmusterung gebracht. [...]
2. Von den Angehörigen der Wertungsgruppen III und IV werden die Kinder zusammen mit den über 60 Jahre alten Polen ausgesondert und gemeinsam, also im allgemeinen Kinder mit Großeltern, in so genannte „Rentendörfer" verbracht. [...]
3. Die Unterbringung in die so genannten „Rentendörfer" ist so geplant, dass die in Betracht kommenden Polen in bereits vorhandene, nur von Polen besiedelte Dörfer zusätzlich untergebracht werden. Ähnliche Maßnahmen wurden bisher bereits im Warthegau im Rahmen der örtlichen Verdrängung von Polen durch Schaffung von „Polenreservaten" erfolgreich durchgeführt.
4. Die von 14 bis 60 Jahre alten arbeitsfähigen Angehörigen der Wertungsgruppe III werden, ohne arbeitsunfähigen Anhang, zum Arbeitseinsatz in das Reich vermittelt. Im Einvernehmen mit dem Generalbevollmächtigten für den Arbeitseinsatz werden sie als Ersatz für die noch im kriegswichtigen Arbeitseinsatz stehenden Juden verwendet.
5. Die Angehörigen der Wertungsgruppe IV im Alter von 14 bis 60 Jahren werden in das KL. Auschwitz abgefördert. [...]

Eckart Thurich, Schwierige Nachbarschaften: Deutsche und Polen – Deutsche und Tschechen im 20. Jahrhundert, Stuttgart/Berlin/Köln (Kohlhammer), 1990, S. 73.

1. Gehen Sie auf den Widerspruch zwischen Krieg und Menschlichkeit ein. Diskutieren Sie, wie sich Kriegshandlungen von Kriegsverbrechen abgrenzen lassen. (M 1)
2. Erörtern Sie vor dem Hintergrund dieser Rede Hitlers die Frage nach der Schuld der Wehrmacht an den Exzessen an der Zivilbevölkerung in den besetzten Ländern. (M 2) Suchen Sie dafür auch nach zusätzlichen Informationen, indem Sie Beiträge in Presse, Internet oder Fernsehen auswerten.
3. Charakterisieren Sie die deutsche Besatzungspolitik in Polen hinsichtlich ihrer Ziele und Methodik und überlegen Sie, welche Auswirkungen dieses Vorgehen auf die Bevölkerung hat. (M 3)
4. Erörtern Sie die Konsequenzen dieser Politik für die polnische Bevölkerung. (M 4)

4.0 Faschismus in Europa – Faschismus als politisches System?

Faschismus – fascismo

Der Terminus „Faschismus“ wird einerseits als Bezeichnung für den konkreten Einzelfall des Fascismo in Italien unter der Herrschaft Mussolinis verwendet, andererseits als Verallgemeinerung dieses konkreten Einzelfalles als ein politischer Gattungsbegriff, mit dem beinahe idealtypisch versucht wird, strukturelle Gemeinsamkeiten zwischen verschiedenen diktatorisch-autoritären Systemen in der Zwischenkriegszeit vor allem in Europa zu erfassen. Schon während der 20er Jahre diente der Terminus als Kampfbegriff, mit dem die Kommunisten fast unterschiedslos ihre politischen Gegner diffamierten. Entsprechend der Vielfalt autoritärer politischer Systeme in Europa wurde der Begriff inflationär abgewandelt: Austrofaschismus, Klerikofaschismus, Sozialfaschismus (vgl. Kapitel 3), Philo-, Pseudo-, Proto- ... Auch die adjektivische Attribuierung politischer Gegner als faschistisch, faschistoid, neofaschistisch usw. führte zu einer weiteren inhaltlichen Verwässerung des Begriffs. Als Gegenbewegung kann die Totalitarismustheorie verstanden werden, die vor allem auf die Parallelität der Herrschaftstechniken in diktatorischen Regimen verwies, und dies unabhängig von ihrer kommunistischen oder rechtsextremistischen Ausrichtung. Genau darin begründete sich der Hauptvorwurf gegen den Totalitarismusbegriff von links, dass Unvergleichbares gleichgesetzt werde. Beide Termini fungierten in Zeiten des Kalten Krieges auch als herabwürdigende Bezeichnung des jeweils anderen. Mit zunehmendem Einblick in die Stalinsche Herrschaftspraxis und erst recht nach 1990 begann eine Versachlichung der Diskussion.

Benito Mussolini (1883–1945), „Il Duce“ Begründer des italienischen fascismo. Im Vordergrund die namensgebenden fasces (Liktorenbündel). Ursprünglich Sozialist gründete er 1919 die Nuovi Fasci und marschierte 1922 auf Rom. Obwohl militärisch völlig machtlos, übergab der König ihm den Auftrag zur Regierungsbildung, sodass Mussolini in den Jahren bis 1926 seine faschistische Diktatur durchsetzen konnte, u. a. durch die Ermordung und Inhaftierung politischer Gegner sowie das Verbot jeglicher Opposition.
Im Zweiten Weltkrieg stand Italien zunächst auf der Seite des Deutschen Reiches. 1943 wurde Mussolini abgesetzt, noch einmal von den Deutschen befreit, 1945 von Partisanen erkannt und hingerichtet.
Der italienische Faschismus war zunächst eine autoritäre Herrschaft mit Großmachtanspruch im Äußeren („mare nostro“), jedoch ohne den Rassismus und den Antisemitismus im Sinne der NS-Ideologie.
Die faschistische Partei lebte nach 1945 als Movimento sociale italiano (MSI) fort und wurde später in Alleanza Nazionale umbenannt, als die sie an Regierungen unter Silvio Berlusconi beteiligt war. Die Enkelin, Alessandra Mussolini, ist bis heute politisch aktiv.

Gleichzeitig: Lenin in Russland Gegenmodell (als Ideal eines besseren Staates)

→ gegen Kommunismus, im Einklang mit kath. Kirche

Terminologie

Terminologische Schwierigkeiten zeigen sich auch heute bei der Begriffsbestimmung: Neonazismus – Rechtsradikalismus – Rechtsextremismus. Allein in der Bundesrepublik gibt es unzählige Gruppen, die in dieses Umfeld zu rechnen sind, ohne dass sie eine einheitliche ideologische Basis hätten. Nimmt man die europäische Ebene hinzu, verbreitert sich das Spektrum weiter. Anders als der Kommunismus, der zeitlich und geografisch unabhängig auf einer zentralen Idee, einem der menschlichen Gesellschaft zugrundeliegenden Entwicklungsgesetz basiert, und somit zur Bildung einer alle Nationen umfassenden Internationale in der Lage war, bleiben nationalistisch orientierte Gruppierungen trotz etlicher ideologischer Übereinstimmungen zwangsläufig isoliert, da ihr letztes Ziel die Suprematie der eigenen Nation über andere darstellt.

heutiger Rechtsradikalismus

Die Schwierigkeit, Rechtsradikale etwa von extrem Konservativen abzugrenzen, wird dadurch erhöht, dass sich Erstere in der Regel nicht mehr so offensichtlich zur Abschaffung der freiheitlich-demokratischen Grundordnung bekennen. Während etwa die Fußtruppen der Rechten, die Naziskins, mit Symbolen, Fahnen und Parolen öffentliche Plätze im weitesten Sinne besetzen und durch ihr martialisches Auftreten Angst und Schrecken verbreiten (No-go-areas), verhalten sich die Intellektuellen im Hintergrund, z. B. studentische Verbindungen, deutlich umsichtiger. Der dumpfen Parole der einfachen Handlanger: „Ausländer raus" etwa setzen sie den Begriff „Ethnopluralismus" entgegen. Zunächst scheint „Pluralismus" im Sinne unserer Demokratie positiv besetzt zu sein. Gemeint ist aber praktisch: Es gibt viele verschiedene Ethnien, und das soll auch so bleiben, d. h., eine Vermischung führt zum Ende der Pluralität, und die ist gerade nicht gewollt. Die „Reinhaltung" der eigenen Ethnie (Rasse) ist oberstes Gebot.

Faschistische Regime in Europa.

MATERIAL 1

Faschismus oder Totalismus – eine historische Debatte

Eine in sich geschlossene Theorie des Faschismus, die er selber hervorgebracht hätte, existiert nicht. Alle Faschismen haben sich verschiedenster Theorien und Praktiken bedient (bis hin zum Anarchismus und Sozialismus) und sie eklektisch, den jeweiligen Rahmenbedingungen in den einzelnen Ländern entsprechend, ausgewählt und angepasst. Auf die sich daraus ergebenden Differenzen wies schon Reichskanzler Brüning 1930 hin, der in einem Gespräch erklärte, dass italienischer Faschismus und Nationalsozialismus nichts miteinander gemein hätten.
Seit den 20er Jahren des vergangenen Jahrhunderts wird eine bis heute anhaltende historische Debatte um die kategoriale Einordnung (Faschismus oder Totalitarismus) der – vorwiegend – europäischen Diktaturen im 20. Jahrhundert geführt, die auch jeweils die (politischen) Positionen der Diskutanten erkennen lassen. Der Historiker Wolfgang Wippermann führt dazu aus:

Thesen zum Faschismusproblem

1. Es gibt bisher keine allgemein anerkannte Faschismustheorie.
2. Auf eine allgemeine Faschismustheorie daher zu verzichten, scheint aus zwei Gründen nicht opportun:
a) Es kann als historisch-wissenschaftlich erwiesen gelten, dass der Faschismus zumindest ein gesamteuropäisches Phänomen zwischen den Kriegen gewesen ist.
b) Faschismus war und ist bis heute ein Begriff, der über eine große emotionalisierende und politisierende Wirkung verfügt. Abgesehen von der politischen Diffamierung bedingt eine Charakterisierung einer Partei oder eines Staates als „faschistisch" eine bestimmte politische Strategie: die Einheitsfront aller „antifaschistischen" Kräfte.
3. Faschismustheorien, die Ähnlichkeiten des Faschismus mit einer bereits bekannten Erscheinung (Kapitalismus oder Stalinismus) so sehr betonen, dass zwei an sich verschiedene historisch-gesellschaftliche Erscheinungen identifiziert werden, haben sich als weitgehend unbrauchbar erwiesen. Dies gilt für die kommunistische Agenten- wie für die westliche Totalitarismustheorie.
4. Faschismustheorien, die von der Ideologie des Faschismus ausgehen und die empirische Untersuchung der politischen, sozialen und ökonomischen Faktoren des Aufstiegs, der Machtergreifung und Machtausübung der faschistischen Bewegungen umfassen, haben bisher das Phänomen Faschismus in seiner Gesamtheit sowie die Geschichte und Struktur der einzelnen faschistischen Bewegungen am überzeugendsten darstellen können.
5. Faschismustheorien müssen soziale Basis und soziale Funktion sowie den Zweck, die ideologische Zielrichtung „des" Faschismus (Industrialisierung oder Krieg und Rassenherrschaft) untersuchen und erklären.
6. Sinnvoll wäre es, zu unterscheiden zwischen:
a) dem „klassischen" Faschismus zwischen den Weltkriegen (Deutschland, Italien),
b) „faschistischen" Regimen mit modernisierenden Funktionen in ökonomisch und sozial rückständigen Ländern (Argentinien unter Perón),
c) einem möglichen „modernen" Faschismus, der zwar nicht über Parteiarmee, Führer etc. verfügen kann, aber neben offener Gewalt integrative Herrschaftsmethoden einsetzt.
7. Beim „klassischen" Faschismus, auf den sich die Diskussion beinahe ausschließlich konzentriert hat, kann seine Entstehung vornehmlich ideologisch und sozialpsychologisch erklärt werden, denn die cui-bono-Frage führt hier nicht sehr weit. Die besondere Situation eines Landes – antidemokratische Tradition einer Revolution von oben und Anwendung bonapartistischer Herrschaftsmethoden – kann Entstehung und Entwicklung der faschistischen Bewegung begünstigen. Wesentlich war aber die vermeintliche oder tatsächliche kommunistische Bedrohung. Die Machtergreifung selber vollzog sich meist in einem Bündnis mit den sozialen Oberschichten; danach gelang es der faschistischen Exekutive, sich gegenüber den Interessen der ökonomisch Mächtigen zumindest temporär und partiell zu verselbständigen.

Wolfgang Wippermann: Faschismustheorien – Zum Stand der gegenwärtigen Diskussion, Darmstadt (Wissenschaftliche Buchgesellschaft), 3. Auflage, 1976, S. 148 ff.

General Francisco Franco (1892–1975) „El Caudillo", Foto von 1975. Nachdem sich Franco (teilweise mit deutscher und italienischer Hilfe) im Spanischen Bürgerkrieg gegen die Volksfront und die Internationalen Brigaden durchgesetzt hatte, wurde er 1939 zum Staatschef. Im Zweiten Weltkrieg blieb Spanien neutral.
Nach 1945 war das Franco-Regime zunächst isoliert, der Ost-West-Konflikt führt aber zu einer Verständigung mit den USA. 1947 fand ein Volksentscheid für die Monarchie statt, deren Einführung aber bis Francos Tod 1975 ausgesetzt blieb. Danach liberalisierte sich das Land schrittweise (transición). Erst in den letzten Jahren werden die Verbrechen und schweren Menschenrechtsverletzungen des Regimes öffentlich diskutiert.
Der Franquismus war ein paternalistisches autoritäres Regime, das sich neben den Sicherheitsbehörden auf die katholische Kirche und ein konservatives Bürgertum stützte. Bis heute wird Franco von einem erheblichen Teil der Spanier positiv gesehen.

MATERIAL

2 Faschismus als Systembegriff?

Der Historiker Karl-Dietrich Bracher fasst seine Auffassung zusammen:

Wenn hier Faschismus als Gattungs- und Systembegriff in Frage gestellt wird, so auch deswegen, weil die Bestimmung nach allgemeinen ideologischen und sozio-ökonomischen Kriterien (als konterrevolutionär, reaktionär, kapitalistisch, bürgerlich oder imperialistisch), mit denen er begründet wird, nicht genügen kann. Damit werden jene fundamentalen Unterschiede in den Voraussetzungen, Erscheinungsformen und Zielen der jeweiligen nationalen „Faschismen" vernachlässigt, die den nationalen politischen Traditionen wie übrigens auch den heterogenen sozio-ökonomischen Strukturbedingungen entspringen: man vergleiche nur die zutiefst verschiedenen Bedingungen in den balkanischen, westeuropäischen oder iberischen Ländern, in Italien oder Deutschland, in Industrie- oder Agrarländern, die alle auf die Faschismusformel gebracht werden sollen. Auch die konkrete Organisation politischer Herrschaft und ihre praktische Ausübung ist in einem Maße gebunden an besondere staatliche, gesellschaftliche und kulturelle Bedingungen, dass eine Vergleichung nur dann möglich erscheint, wenn man sorgfältig die Technik der Herrschaftspolitik untersucht. Eben dies ist die Methode einer empirischen Totalitarismusforschung. Sie ist darin der alten ideologischen und ökonomistischen Faschismustheorie wie ihren globalen Neuauflagen durchaus überlegen. […]
Auch aus diesen Gründen bleibt die Ausweitung des Faschismusbegriffs und sein genereller Gebrauch bis zur Gegenwart fragwürdig. Er verwischt gerade die besonders wesentlichen politischen Merkmale jener national-antidemokratischen Regime, die nach dem ersten Weltkrieg nicht nur in Italien und Deutschland entstanden, sondern auch in Spanien (Franco), Portugal (Salazar), Ungarn (Horthy), Polen (Pilsudski), auf dem Balkan (Antonescu), in Österreich (Dollfuß-Schuschnigg) und schließlich noch in Südamerika (Peron). Vor allem die beiden wichtigsten Ausprägungen, der italienische Faschismus und der deutsche Nationalsozialismus, sind bei allen Wechselbeziehungen nach Ursprung und Erscheinung so spezifisch nationalgebundene Phänomene, dass sie gerade erst durch einen kritischen Vergleich ihrer Eigenarten recht zu fassen sind. […]
Man könnte allenfalls vorschlagen, statt von dem Faschismus treffender im Pluralismus von den Faschismen zu sprechen. […]
Eine kurze Zusammenfassung der wesentlichen Merkmale beweist dies. Allen „Faschismen" ähn-

lich ist der nationalistische, der antikommunistische und der antimarxistische Ansatz, aber das traf weithin auf sämtliche Rechtsparteien zu. Ebenso charakteristisch erscheint die Gegenstellung gegen Liberalismus, Demokratie und das parlamentarische System, aber unterschiedlich waren dann jeweils die Alternativvorstellungen: autoritärer, korporativer Einparteienstaat, Militär- und SS-Staat, Führerdiktatur usw., wie sie je nach der nationalen Tradition propagiert wurden. […]

Ähnlich wiederum ist allen „Faschismen" der Glaube an das Führerprinzip und die elitäre, militärische Organisierung der Massen, und von besonderer Bedeutung natürlich die […] Existenz und Funktion der Massenpartei. Wollte man den Faschismusbegriff überhaupt verwenden, so wären die beiden wichtigsten Kriterien zur Unterscheidung „faschistischer" Bewegungen und Systeme von konservativen, militärischen oder Entwicklungsdiktaturen jene beiden sozio-politischen Phänomene: das autoritäre Führerprinzip und die betont alles erfassende, tendenziell totalitäre Massenpartei. […]

Weiterhin: die elaborierte Technik der Machtergreifung und Machtstabilisierung bildet ein wesentliches Element der politischen Organisation solcher „Faschismen" und ihrer politischen „Bewegungen". Demgegenüber ist das ideologische Programm bewusst vage und eklektisch[1] gehalten. Oberster Wert ist die Nation oder (in der gesteigerten Form) die Rasse, oberstes Ziel die Expansion zum Großstaat, die sowohl aus der Vergangenheit gerechtfertigt […] wie zugleich bevölkerungspolitisch-rassistisch und ökonomisch begründet wird. Eine reiche Symbolik soll das Engagement der Bürger unterstützen, zumal die pseudoreligiöse Intensivierung des Führermythos mit den Mitteln moderner Massenkommunikation. Überhaupt bilden solche Regime den Charakter einer „politischen Religion" mit einer betäubenden Liturgie aus: Massenversammlungen und Aufmärsche werden quasi als Gottesdienst organisiert und so auch von den Massen erlebt. […]

Ein weiterer Grundzug, der ebenfalls große Wirkung auf Anhänger und Massen ausübte, war der Kult der Gewalt und der Aktion, oft betont stilisiert als Gegenstellung der Tat gegen den Gedanken, der Aktion gegen die Ratio. Dazu gehört die Erzeugung und Verabsolutierung von Hass und Feindschaft, in der man den Grundmotor des Politischen sieht: Politik als Freund-Feind-Verhältnis […] bildet den Antrieb für die Mobilisierung und die Ablenkung der Massen: je nach den Bedürfnissen des Regimes, die zeitweise mehr auf Stabilisierung, zeitweise mehr auf Dynamik gerichtet waren.

Admiral Niklas Horthy (1868-1957) begründete nach dem Ersten Weltkrieg und dem Zerfall der Habsburger Monarchie als zunächst provisorischer Regierungschef 1919/20 eine Diktatur. Dabei kam es zu Terrorakten gegen Linke und Juden. Horthy regierte bis 1944 als „Reichsverweser" und erließ u. a. 1938 eine Reihe antijüdischer Gesetze nach deutschem Vorbild. Er wurde 1944 von den Deutschen abgesetzt, weil er einen Separatfrieden mit der Sowjetunion schließen wollte. Horthy geriet bei Kriegsende in amerikanische Gefangenschaft und ging 1948 über die Schweiz nach Portugal ins Exil.

Ersetzt wurde er durch Ference Szálasi, der an der Ermordung von etwa 50 000 Juden sowie an weiteren Vernichtungsaktionen des Holocaust beteiligt war.

Trotz der erklärten Feindschaft gegen die Demokratie operierten Faschisten und Nationalsozialisten durchaus auch mit pseudodemokratischen Mitteln: mit dem Anspruch, alle Gruppen und Klassen zu repräsentieren, mit der Sammel- oder Volkspartei. Gewiss waren in der Realität die politische „Rechte" und das Bürgertum stärker vertreten, war das soziale Profil einseitig. Aber der Appell richtete sich doch so wirkungsvoll an alle durch den Krieg und die folgenden Krisen sozio-ökonomisch Bedrohten, dass er neben den deklassierten Militärs und Kleinbürgern weitere Schichten der Bevölkerung, nicht zuletzt auch Teile der Arbeiterschaft erfasste. Das schwierige Problem jeder realistischen Faschismustheorie ist ja gerade, dass solche Bewegungen nicht eindeutig in einer bestimmten sozialen Struktur entstehen, sondern dass sie unter sehr verschiedenen Voraussetzungen auftreten: sowohl in Ländern mit schwacher Bourgeoisie und starkem Proletariat (Italien und Spanien), oder in Ländern, wo beide stark waren (Deutschland) wie auch umgekehrt in zurückgebliebenen agrarisch strukturierten Ländern (des Balkan, Lateinamerikas).

[...] Aber bei aller Vergleichbarkeit war doch besonders das deutsche Phänomen des Nationalsozialismus einzigartig: die rassistische Ideologie, der globale Herrschaftsanspruch, die diktatorisch-technokratische Effizienz, die Radikalität der Herrschafts- und Vernichtungspolitik heben es weit über die „Faschismen" hinaus, die sonst fast allesamt näher dem italienischen Modell stehen. Hier zeigt sich, dass nicht die Frage nach den Ähnlichkeiten schließlich die wichtigste ist (wie die Faschismustheorie meint), sondern vielmehr die empirische Frage nach den allgemeinen und besonderen Bedingungen, die ein Phänomen wie den Nationalsozialismus gerade in einem kultur-zivilisatorisch und sozio-ökonomisch entwickelten Land wie Deutschland möglich machten: einen Rückfall in die Barbarei, den man im 20. Jahrhundert für unmöglich gehalten hatte.

[1] verschiedene Theorien anderer verwendend

Karl-Dietrich Bracher: Zeitgeschichtliche Kontroversen – Um Faschismus, Totalitarismus, Demokratie, München (R. Piper & Co. Verlag), 2. ergänzte Auflage 1976, S. 18 ff., S. 27 ff.

MATERIAL

3 Modernität des Nationalsozialismus?

Während die Faschismus- und Totalitarismustheoretiker besonders den reaktionären Charakter der Diktaturen beschreiben, untersuchen stärker sozialhistorisch orientierte Geschichtswissenschaftler Aspekte von Modernität.

Während die weltanschauliche Zielstrebigkeit Hitlers und seine bis zum Ende nicht angefochtene absolute Führerstellung sowie die sich daraus ergebende Radikalität des NS-Regimes für zahlreiche Historiker die entscheidenden Merkmale des Dritten Reiches sind, begnügen sich andere, vor allem auch sozialhistorisch orientierte Forscher nicht mit dieser Sicht eines totalitären, monokratischen Führerstaates. Sie erblicken vielmehr in dem Zusammenhang zwischen dem Führerabsolutismus an der Spitze und der zunehmenden Auflösung ordnungsstaatlicher, regulativer und rationaler Elemente im Herrschaftsgefüge des Dritten Reiches eine wesentliche strukturelle Ursache bzw. Voraussetzung der Durchsetzungsfähigkeit extremer und verbrecherischer Ziele in der Endphase des Regimes. Trotz dieser unterschiedlichen Sicht ist unbestritten, dass die erst allmähliche Entfaltung der radikalen weltanschaulichen Zielsetzungen Hitlers in der Innen-, Außen- und Kriegspolitik wesentlich dazu beigetragen hat, dass das Regime bis 1938 und zum Teil noch darüber hinaus im In- und Ausland lange Zeit verkannt wurde und vielfältige Unterstützung auch von nicht nationalsozialistischen Kräften erhielt, die seine Stabilisierung und Machtexpansion wesentlich erst ermöglichten. Auch die in neuerer Zeit in Gang gekommene Erforschung des Alltags und der populären Stimmung im Dritten Reich hat diese lang anhaltende Fehleinschätzung, nicht zuletzt der Person Hitlers, deutlich zutage gefördert. Dabei trat als ein neuer Gesichtspunkt historischer Erkenntnis auch die plebiszitäre Sensibilität der NS-Führung deutlich in Erscheinung. Sie markiert auch bestimmte Grenzen der materiellen Belastung, die das Regime der breiten mittelständischen Bevölkerung, den Bauern und auch den Arbeitern bei seiner Autarkie-, Rüstungs- und Kriegspolitik zumuten konnte. Neben den Instrumenten des Terrors und der organisatorischen und propagandistischen „Erfassung" der gesamten Gesellschaft erscheint diese Berücksichtigung populistischer Stimmungen und materieller Bedürfnisse der Massen als wesentlicher Grundzug der NS-Herrschaft. Dass es der NS-Führung mit alldem bis weit in den Krieg hinein gelang, Einsatzbereitschaft und Leistungsenergie nicht nur breiter Bevölkerungsschichten, sondern vor allem auch der neuen politischen und sozialen Eliten in so hohem Maße zu mobilisieren, war ein wesentlicher Grund für die – trotz der wachsenden internen Rivalitäten – sehr viel perfektere Herrschaft des Nationalsozialismus im Vergleich etwa mit dem italienischen Faschismus.

Seit Ralf Dahrendorf in seinem Buch „Gesellschaft und Demokratie in Deutschland" 1965 die These von der modernisierenden Wirkung der nationalsozialistischen Diktatur aufgestellt hat, ist in der historischen Forschung die Diskussion um die Anwendbarkeit der Modernisierungstheorie auf das Dritte Reich lebendig geblieben. Gegenthesen, etwa Henry Ashby Turners, die auf den rückwärts gewandten, sozial-konservativen Gehalt nationalsozialistischer Weltanschauungsziele und -utopien hinweisen, haben doch nicht entkräften können, dass infolge der NS-Herrschaft nicht nur auf technischem und industriewirtschaftlichem Gebiet, sondern auch in sozialer und sozial-psychologischer Hinsicht Strukturveränderungen eintraten, die unter einem freilich wertneutralen Begriff der Modernisierung zu subsumieren sind. Verstärkung der horizontalen und vertikalen sozialen Mobilität, die wenigstens psychologische Egalisierung von landsmannschaftlichen, konfessionellen und sozialen Unterschieden sowie auch manche herrschaftsorganisatorischen Instrumente, die im Dritten Reich entwickelt wurden (Reichsnährstandsorganisation, das Gemisch von Staatslenkung und Selbstverwaltung im Bereich der Wirtschaft u. ä.), lassen sich unabhängig von den politischen Intentionen als bemerkenswerte Innovationen verstehen. Sie erklären wohl auch, dass das Regime trotz des weltanschaulichen Rückgriffs auf Germanenkult, Blut und Boden-Mystik u. a. von den meisten Zeitgenossen im In- und Ausland als eine Form moderner Herrschaft angesehen worden ist und solche Einschätzung ihm erhebliche dynamische Schubkräfte verschaffte.

Martin Broszat: Das Dritte Reich als Gegenstand historischen Fragens, in: Martin Broszat und Norbert Frei (Hrsg.): Das Dritte Reich im Überblick. Chronik – Ereignisse – Zusammenhänge, München/Zürich (Piper), 5. Auflage, 1996, S. 15 f.

MATERIAL

Rechtsradikalismus als soziale Bewegung 4

Mit Ende des Zweiten Weltkrieges bestand in der Bundesrepublik zunächst kurzzeitig die Hoffnung, dass Rechtsextremismus im politischen Spektrum keine Zukunft mehr habe, dass Reste einer nationalsozialistischen Gesinnung quasi auf natürlichem Wege aussterbe. Die täglichen Schlagzeilen vermitteln heute eine grundlegend andere Realität. Naziskins sind sichtbares Zeichen einer neuen „Popularität" des Rechtsextremismus.

Der Soziologe Dieter Rucht untersucht u. a. solche sozialen Bewegungen.

[...] Rechtsradikalismus bezeichnet üblicherweise sowohl ein in den Köpfen verankertes Einstellungssyndrom als auch ein soziales Gebilde, das durch Interaktionen stabilisiert wird.

(1) Als ideologisches Syndrom ist Rechtsradikalismus (oder Rechtsextremismus) vielfach definiert und auch mit Mitteln der Umfrageforschung gemessen worden. Zum Beispiel fasst ihn Stöss in den Dimensionen von Entfremdung, Autoritarismus, Nationalismus und Ethnozentrismus. Sieht man von dem m. E. nicht konstitutiven Merkmal der Entfremdung ab, so handelt es sich um eine Gegenposition zu den universalistischen Werten der Aufklärung. Diese Einstellungen können bei einem Individuum vorhanden sein, ohne dass es sich als Teil einer rechtsradikalen Gruppierung begreift und in deren soziales Feld eingebunden ist. Ein so verstandener Rechtsradikalismus wäre nichts anderes als die

Summe aller rechtsradikal eingestellten Personen. Dagegen ist Rechtsradikalismus als soziales Gebilde und politische Kraft das Ensemble von Gruppen und Organisationen, das die genannten Prinzipien öffentlich und programmatisch vertritt, also einen sozialen und politischen Konflikt eingeht und unter anderem daraus seine kollektive Identität gewinnt. Hierbei können jeweils spezifischere Werte und Kritikpunkte artikuliert werden. So haben beispielsweise Falter und Schumann rechtsextreme Parteien durch zehn ideologische Merkmale charakterisiert: extremer Nationalismus, Ethnozentrismus, Antikommunismus, Antiparlamentarismus, Antipluralismus, Militarismus, Law and Order-Denken, das Verlangen nach einem starken Führer und/oder einer entsprechenden Exekutive, Anti-Amerikanismus und kultureller Pessimismus.

Werden diese Werte und Ziele zusammengenommen, so beinhalten sie nicht nur eine Kampfansage an den politischen Gegenpol der extremen Linken, sondern auch an die Kräfte der Mitte als wichtigsten Trägern des Status quo in liberalen Demokratien. Auch wenn die genauen Konturen der von Rechtsradikalen angestrebten gesellschaftlichen Ordnung nicht deutlich werden, so besteht doch kein Zweifel, dass ein grundlegender sozialer Wandel angestrebt wird. Dies belegen gleichermaßen programmatische Aussagen aus dem rechtsextremen Lager wie auch die darauf bezogenen Reaktionen der Politik und Justiz.

Diese ideologischen Merkmale lassen sich tatsächlich bei den Parteien wiederfinden, die landläufig als rechtsradikal gelten, zum Beispiel der NPD in Deutschland, der FPÖ in Österreich, dem Front National in Frankreich und der National Front in Großbritannien. Zwar werden nicht alle diese Positionen explizit und eindeutig in den Programmen rechtsextremer Parteien formuliert, zumal es taktische Rücksicht zu nehmen gilt. Doch manifestieren sich diese Merkmale – mehr oder weniger deutlich – sowohl in Äußerungen von Spitzenvertretern und Funktionären dieser Parteien als auch ihrer einfachen Mitglieder. Gleiches gilt für andere und nicht parteiförmige Gruppierungen, die aufgrund ihrer ideologischen Ausrichtung ebenfalls als rechtsradikal einzustufen sind. Es versteht sich, dass hierbei keine scharfen Grenzziehungen zu äußerst konservativen Gruppen bestehen, welche nur einige der genannten ideologischen Merkmale aufweisen und/oder sie nur in einer stark gebrochenen Form vertreten. […]

(3) Der Versuch, grundlegenden sozialen Wandel herbeizuführen, zu verhindern oder rückgängig

Kroatien, Sagreb 1992: Demonstranten mit Porträt von Ante Pavelić (1889–1959).
Pavelić wurde 1941, als die deutsche Wehrmacht in Jugoslawien einmarschierte, an die Spitze eines unabhängigen Staates Kroatien gestellt. Pavelić übernahm die Rassenpolitik der Nazis und erweiterte den Opferkreis noch um die Serben. Unterstützt wurde Pavelić bei den Masseneschießungen und Deportationen von dem katholischen Erzbischof Stepina (1998 seliggesprochen).
Pavelić war in den 20er Jahren nach Italien emigriert, wo er Mussolini bewunderte und seine eigene faschistische Ustascha-Bewegung gründete. Nach 1945 wurde er als Kriegsverbrecher gesucht. Es gelang ihm, nach Argentinien zu fliehen, wo er von Juan Perón aufgenommen wurde. 1957 ging er nach Spanien, wo er 1959 in Madrid gestorben ist.
Trotz der klaren Parteinahme für die NS-Politik und der dazugehörigen Verbrechen wird Pavelic in Kroatien als Nationalheld verehrt.

zu machen, erscheint allein aufgrund von Appellen und Argumenten nicht aussichtsreich. Zwar finden sich in rechtsradikalen Kreisen auch relativ weiche Formen der Auseinandersetzung mit ihrer Umwelt, sei es im Rahmen intellektueller oder pseudointellektueller Zirkel, sei es auf dem Feld der Parteienkonkurrenz. Entscheidender aber ist die Erzeugung eines gesellschaftlichen oder politischen Drucks, der sich im Falle sozialer Bewegungen vor allem als Protestmobilisierung konkretisiert. Viele, wenngleich nicht alle rechtsradikale Gruppen und Organisationen beschreiten diesen Weg. Sie treten in demonstrativer Weise in der Öffentlichkeit auf, zeigen in provozierender Absicht ihre Symbole und Insignien, organisieren Kundgebungen und Märsche, greifen politische Gegenspieler und vermeintliche Sündenböcke, vor allem Ausländer, verbal und/oder tätlich an, bereiten sich teilweise sogar durch ein paramilitärisches Training auf Kämpfe mit ihren Gegnern vor. [...]

Dieter Rucht: Rechtsradikalismus aus der Perspektive der Bewegungsforschung; in: Thomas Grumke, Bernd Wagner (Hrsg.): Handbuch Rechtsradikalismus. Personen – Organisationen – Netzwerke vom Neonazismus bis in die Mitte der Gesellschaft, Opladen (Leske + Budrich), 2002, S. 78 ff.

Juan und Eva Perón (1895–1974, bzw. 1919–1952), Argentinien 1952 (nach Wiederwahl): Auch Juan Perón lernte Mussolinis Faschismus in Italien kennen (und bewundern). Nach Teilnahme an einem Militärputsch 1943 wurde er 1946 zum Präsidenten gewählt. Nach einer Verfassungsänderung konnte er ein zweites Mal antreten.
Der „Peronismus" sollte ein dritter Weg neben Kapitalismus und Kommunismus sein. Perons Regime war ein autoritäres Regime mit starken sozialen Elementen. 1955 wurde Perón durch das Militär gestürzt, 1973 aber noch einmal zum Präsidenten gewählt.

Seine Frau Eva (Evita) wurde in Argentinien genauso wie in Europa verehrt. Ihre Eva-Peron-Stiftung galt der Armenhilfe und fungierte als Frauenrechtsorganisation.

1. Begründen Sie, welche Theorie Ihrer Meinung nach den Nationalsozialismus am ehesten erfasst. Erläutern Sie, welche Bedeutung Theorien für historische Erkenntnisprozesse überhaupt haben. (M 1 und M 2)
2. Untersuchen Sie das Modernisierungspotential des Nationalsozialismus, z. B. auch in den Bereichen: Schule und Wissenschaft, Medien, Sport, ..., und nehmen Sie Stellung zu den Fragen, warum eine solche Perspektivenänderung erst relativ spät erfolgte und ob darin nicht die Gefahr der Verharmlosung des Nationalsozialismus steckt. (M 3)
3. Überprüfen Sie an aktuellen Beispielen rechtsradikaler Vorfälle (aus Ihrer Region), inwieweit die Begriffsklärung, -füllung und Differenzierungen einer eindeutigen politischen Zuordnung der Täter als Rechtsextremisten dienlich ist. (M 4)
4. Informieren Sie sich mit Hilfe des Internets über die politischen, gesellschaftlichen, wirtschaftlichen, ... Strukturen einzelner diktatorischer Regime in der Zeit von ca. 1920–1945, und versuchen Sie eine Kategorisierung mit Hilfe des Faschismus- bzw. Totalitarismusbegriffs. (Karte S. 86 und Infokästen)

GLOSSAR

Appeasement-Politik
Beschwichtigungs- oder Befriedungspolitik des englischen Premierministers Neville Chamberlain gegenüber Hitler. Der Bruch des Versailler Vertrages durch Hitler (Aufrüstung, Einmarsch ins entmilitarisierte Rheinland) und die zunehmende Aggressivität in der deutschen Außenpolitik tolerierte er, um einen Krieg, auf den Großbritannien wegen großer Wirtschaftsprobleme und der Ablehnung eines Krieges durch die Bevölkerung und den König nicht eingestellt war, zu verhindern. Diese Politik gipfelte 1938 im Münchener Abkommen in der dem Deutschen Reich zugestandenen Annexion des Sudetenlandes und sogar später des restlichen Tschechiens. Nach Ausbruch des Zweiten Weltkrieges, der ein offensichtliches Scheitern der Appeasement-Politik bedeutete, trat Chamberlain am 10. Mai 1940, dem Tag des deutschen Angriffs auf Frankreich, Holland und Belgien, von seinem Amt zurück.

Blitzkrieg
Als Blitzkrieg wird eine Form der Kriegführung bezeichnet, die den gleichzeitigen Einsatz von Luft-, See- und Landstreitkräften vorsieht. Dem Gegner soll dadurch die Möglichkeit genommen werden, eine stabile Verteidigung aufzubauen. Die Theorie des Blitzkrieges entstand in den 20er Jahren in England als Reaktion auf die unbeweglichen Materialschlachten im 1. Weltkrieg. In der Praxis wurde der von den Nationalsozialisten entfachte Krieg gegen Polen 1939, der nur vier Wochen bis zur Kapitulation Warschaus dauerte, als erstes Beispiel eines Blitzkrieges bekannt, wobei der Terminus „Blitzkrieg" selber nicht von deutschen Militärs, sondern vom US-Magazin Time erstmals benutzt wurde.

Emigration
Insbesondere Künstler (z. B. Bertolt Brecht, Marlene Dietrich), Wissenschaftler (z. B. Albert Einstein) und Politiker (u. a. Willy Brandt) verließen nach 1933 Deutschland, um von außen gegen den Nationalsozialismus zu arbeiten und um ihr Leben zu retten.

Ermächtigungsgesetz
Ermächtigungsgesetze gab es schon in der Frühphase der Weimarer Republik. In Notzeiten delegierte das Parlament sein Gesetzgebungsrecht an die Reichsregierung, indem es die Exekutive ermächtigte (Blanko-Ermächtigung), konkrete Maßnahmen für einen befristeten Zeitraum auf dem Wege der Verordnung mit gesetzgebender Gewalt zu veranlassen. Von 1919 bis 1923 wurden sieben Ermächtigungsgesetze erlassen: Durchführung der Waffenstillstandsbedingungen (6. März 1919), drei Ermächtigungsgesetze in Bezug auf die Übergangswirtschaft, d. h. die Umstellung von Kriegs- auf Friedensproduktion (17. April 1919, 3. August 1920, 6. Februar 1921), drei Ermächtigungsgesetze im Zusammenhang mit der Ruhrbesetzung und deren Folgen (24. Februar 1923, 13. Oktober 1923, 8. Dezember 1923). Der Terminus wird heute aber fast ausschließlich auf das „Gesetz zur Behebung der Not von Volk und Reich" vom 24. März 1933 angewandt.

Konzentrationslager
Im Gegensatz zum „Vernichtungslager" (VL), das häufig fälschlicherweise unter dem Terminus „Konzentrationslager" (KZ) subsumiert wird, handelte es sich bei den flächendeckend über ganz Deutschland verbreiteten KZs um Orte der Zwangsinternierung („Schutzhaft"). Sie dienten zunächst dazu, missliebige Personen, die zuvor als Individuen oder im Zuge einer Razzia verhaftet und abgeurteilt wurden, zum Zwecke quasi produktiver Sklavenarbeit auf Zeit einzusperren. Insbesondere nach 1939 änderte sich der Charakter der Konzentrationslager, und es kam auch hier vermehrt zu planmäßigen Ermordungen der Inhaftierten. Tausende von Menschen starben an Entkräftung, Seuchen und Krankheiten oder auch an den Folgen von Misshandlungen und „medizinischen" Versuchen.

Lebensraum
Den Begriff „Lebensraum" prägte der Geograf Ratzel in seinen Schriften „Politische Geographie" (1897) und „Der Lebensraum" (1901). Er verstand

Geschichte als einen „permanenten Kampf um Lebensraum", verfolgte mit diesem Terminus also keine politische Handlungsanweisung. Der Alldeutsche Verband und in seiner Folge der Geograph Karl Haushofer leiteten aus dem Begriff aber politische Expansionsforderungen ab, die Adolf Hitler in seinem Buch „Mein Kampf" aufgriff. An die Stelle der bei Haushofer noch „friedlichen" Ausdehnung setzte er die aggressive, rassistisch begründete Forderung zur Erweiterung deutschen Siedlungsgebietes. In der NS-Außenpolitik wurde dieses Konzept rigoros durchgesetzt und mit dem Überfall auf die Sowjetunion der Plan verfolgt, Osteuropa bis zum Ural zu germanisieren.

Schutzhaft
Die sogenannte Reichstagsbrandverordnung vom 28. Februar 1933 schuf die Basis für die Aushöhlung des Rechtsstaates und ein illegales staatliches Handeln. Eine gerichtliche Überprüfung der willkürlich von der Gestapo getroffenen Maßnahmen war ausdrücklich nicht vorgesehen. Erste Opfer waren politische Gegner der Nationalsozialisten. Bereits Ende Juli 1933 befanden sich mehr als 26 000 Menschen in Deutschland in „Schutzhaft". Diente die Verhängung der Schutzhaft bis dahin offiziell noch der Absicherung der Herrschaftsübernahme durch die Nationalsozialisten, entwickelte sich die „Schutzhaft" während des Dritten Reiches zu einem Repressionsinstrument, das jedermann gefährdete. Im Januar 1945 waren mehr als 700 000 Menschen in Konzentrationslagern in „Schutzhaft".

Sinti und Roma
Sinti und Roma sind in Deutschland seit über 600 Jahren eingesessene nationale Minderheiten, die seit dem Mittelalter häufig auch unter dem diskriminierenden Begriff „Zigeuner" zusammengefasst werden. Als Sinti werden die seit dem Spätmittelalter in Mitteleuropa ansässigen, als Roma vorwiegend die aus Südosteuropa stammenden Bevölkerungsgruppen bezeichnet. Die Sprache der Sinti und Roma weist eine enge Verwandtschaft zur altindischen Hochsprache Sanskrit auf, sodass sich dadurch auch ihre geografische Herkunft bestimmen lässt. Ähnlich wie die jüdische Minderheit unterlagen auch Sinti und Roma – regional und zeitlich unterschiedlich – den Einstellungsschwankungen der (christlichen) Bevölkerungsmehrheit. Schutzbriefe und Verfolgungen (Antiziganismus) lösten einander ab. Ein vergleichbares Emanzipationsedikt wie für die jüdische Bevölkerung gab es für Sinti und Roma im Zuge der Aufklärung nicht. Rechtlich waren sie damit deutlich schlechter gestellt als alle anderen, was ihre stärkere Diskriminierung durch die Bevölkerung und Behörden begünstigte. In den nationalsozialistischen Konzentrations- und Vernichtungslagern wurden mehr als 500 000 Sinti und Roma aus dem von deutschen Truppen besetzten Europa ermordet. Ihre Diskriminierung setzte sich auch nach dem Zweiten Weltkrieg in Deutschland fort. Erst seit 1982 werden Ansprüche von Sinti und Roma als Folge der nationalsozialistischen Verbrechen anerkannt.

Sozialdarwinismus
In Anlehnung an Charles Darwins Evolutionstheorie aus der Biologie (genauer: der Pflanzen- und Tierwelt) werden angeblich in der Natur wirkende Mechanismen auf den Menschen, genauer: auf gesellschaftliche (wirtschaftliche und politische) Phänomene übertragen. Darwins Erkenntnis der „natürlichen Selektion" (als Beschreibungskategorie verstanden) wurde durch den britischen Philosophen und Soziologen Herbert Spencer umgedeutet als Prinzip des „survival of the fittest", das auch als kulturelle Überlegenheit gedeutet werden konnte. Eindeutig verbunden ist damit die Idee einer zielgerichteten Höherentwicklung, die mit Darwins Überlegungen der Anpassungsfähigkeit überhaupt nicht verbunden ist. Bereits im 19. Jahrhundert begründete man damit den Unterschied zwischen Arm und Reich. Im Nationalsozialismus führte diese Idee zu unvorstellbaren Verbrechen gegen Kranke, Behinderte und gegen als für „rassisch minderwertig" erklärte Menschen.

Vernichtungslager
Die Vernichtungslager (sämtlich in Polen) dienten ausschließlich dazu, die aus Ghettos und Sammellagern herbeigeschafften Menschen zu ermorden. Ca. 75 % der Ankommenden wurden unverzüglich in die Gaskammern geschickt, dort vergast und anschließend verbrannt. Die anderen wurden der „Vernichtung durch Arbeit zugeführt".

LITERATURHINWEISE

- Aly, Götz: Hitlers Volksstaat – Raub, Rassenkrieg und nationaler Sozialismus, Frankfurt/Main (S. Fischer) 2005
- Benz, Wolfgang, Walter H. Pehle (Hrsg.): Lexikon des deutschen Widerstandes, Frankfurt/Main (S. Fischer) 1994
- Benz, Wolfgang: Geschichte des Dritten Reiches, München (C. H. Beck) 2000
- Bracher, Karl-Dietrich: Zeitgeschichtliche Kontroversen – Um Faschismus, Totalitarismus, Demokratie, München (Pieper), 5. veränderte und erweiterte Auflage 1989
- Broszat, Martin, Norbert Frei (Hrsg.): Das Dritte Reich im Überblick – Chronik, Ereignisse, Zusammenhänge, München (Pieper), 5. Aufl. 1996
- Erdmann, Karl Dietrich: Deutschland unter der Herrschaft des Nationalsozialismus 1933 – 1939, Gebhardt – Handbuch der deutschen Geschichte, Band 20, Herbert Grundmann (Hrsg.), München (dtv), 11. Aufl. 1999
- Frei, Norbert: Der Führerstaat – Nationalsozialistische Herrschaft 1933 bis 1945, München (dtv), 7. erweiterte Auflage 2002
- Gellately, Robert: Hingeschaut und weggesehen – Hitler und sein Volk, München (DVA) 2002
- Gessenharter, Wolfgang und Thomas Pfeiffer (Hrsg.): Die Neue Rechte – eine Gefahr für die Demokratie?, Wiesbaden (VS Verlag für Sozialwissenschaften) 2004
- Goldhagen, Daniel Jonah: Hitlers willige Vollstrecker: ganz gewöhnliche Deutsche und der Holocaust, Berlin (Siedler) 1996
- Grumke, Thomas und Bernd Wagner (Hrsg.): Handbuch Rechtsradikalismus. Personen – Organisationen – Netzwerke vom Neonazismus bis in die Mitte der Gesellschaft, Opladen (Leske + Budrich) 2002
- Haffner, Sebastian: Geschichte eines Deutschen, Die Erinnerungen 1914–1933, München (dtv) 2002
- Klemperer, Victor: Das Tagebuch 1933–1945 – Eine Auswahl für junge Leser, Berlin (Aufbau Taschenbuchverlag) 1997
- Mommsen, Hans und Susanne Willems (Hrsg.): Herrschaftsalltag im Dritten Reich, Studien und Texte, Düsseldorf (Schwann im Patmos Verlag) 1988
- Wendt, Bernd Jürgen: Deutschland 1933–1945, Das Dritte Reich – Handbuch zur Geschichte, Hannover (Fackelträger) 1995
- Winkler, Heinrich August: Der lange Weg nach Westen II, Deutsche Geschichte vom „Dritten Reich" bis zur Wiedervereinigung, München (C. H. Beck) 2000
- Wippermann Wolfgang: Faschismustheorien – Die Entwicklung der Diskussion von den Anfängen bis heute, Darmstadt (Primus-Verlag), 7. überarb. Auflage 1997

BILDQUELLENVERZEICHNIS

Akg-images 9.2, 14.1, 17.1, 19.1, 19.2, 25.1, 25.2, 28.1, 31.1, 35.1, 43.1, 43.2, 43.4, 43.5, 44.1, 44.2, 44.3, 50.1, 55.2, 58.1, 68.1, 71.1, 81.1, 83.1, 89.1, 93.1; Altonaer Museum Hamburg 11.1, Bayerische Staatsbibliothek München 56.1; Bildstelle Hanau 37.1; Bpk (Berlin) 5.1, 10.1, 13.1, 43.3, 48.1, 59.1, 60.1, 72.1, 85.1; Bpk/Dieter Katz/Zeitungsabtlg Staatsbibliothek Berlin 76.1; Carsten Drecoll Verlag 33.1; Corbis 88.1, 92.1; DHM 9.1, 54.1, 31.2, 54.1; dtv 29.1; Festschrift Willi Geiger 1994 43.6; G. Fürstler (2004) Privatarchiv 63.1; Institut für Stadtgeschichte, Gelsenkirchen, Fotosammlung 27.1; Staatsarchiv preußischer Kulturbesitz, Bildarchiv Berlin 21.1; Stadtarchiv Bielefeld 27.2; AdsD in der Friedrich Ebert Stiftung 70.2; Ullsteinbild 36.1, 39.1, 43.7; VG Bildkunst/Christian Schad Archiv Rottach Egern 15.1; Wienerlibrary 53.1

Nicht in allen Fällen war es uns möglich, den Rechteinhaber der Abbildung ausfindig zu machen. Berechtigte Ansprüche werden im Rahmen der üblichen Vereinbarungen abgegolten.

AVANT-PROPOS

La réussite, c'est d'abord et surtout d'être au travail,
quand les autres vont à la pêche.
Philippe Bouvard, *Journal 1992-1996*

Que les choses soient claires dès maintenant : nous souhaitons faire de vous des champions ! Des champions des tests de logique et de mathématiques.

Si vous souhaitez sincèrement obtenir les meilleurs scores aux différentes épreuves des concours, alors vous ne devez rien laisser au hasard et ne plus attendre une minute pour commencer à vous préparer.
Le jeu en vaut la chandelle, vous ne trouvez pas ? Les tests de logique et de mathématiques représentent en moyenne un tiers des coefficients alloués aux épreuves écrites et nombreux sont les candidats qui parviennent à intégrer l'école de leurs rêves grâce à elles. Nous espérons que vous souhaitez en faire autant !

Cet ouvrage se nourrit essentiellement d'une expérience de professeurs aguerris et d'un long dialogue avec les milliers de préparationnaires passés par AURLOM. D'année en année, nous nous sommes efforcés de suivre l'évolution des épreuves de logique et de mathématiques et de cerner les demandes et les besoins spécifiques des candidats.

Nous n'avons rien laissé au hasard. Tous les types de tests ont été passés au crible et vous tenez entre les mains un ouvrage qui vous aidera sans aucun doute à faire la différence… Si seulement vous jouez le jeu !

Mais que signifie exactement « jouer le jeu » ? Jouer le jeu signifie se mettre au travail, vraiment ! Comment ? En apprenant un certain nombre de définitions, de formules et de règles par cœur. Sans rechigner. Sans esquiver. Sans vous plaindre.

Mais encore, en appliquant religieusement des méthodes et des astuces qui doivent assurément vous permettre de gagner du temps le jour des concours. Car le temps compte aux concours. Il est l'un des facteurs clés de réussite. Si vous parvenez à convoquer l'énergie, les savoirs et les savoir-faire nécessaires à la résolution d'un nombre maximal de questions en un temps limité, alors c'est gagné ! Vous serez en mesure de viser des scores compris entre 16 et 20 sur 20. Et nul doute alors que vous terminerez parmi les premiers.

Pour beaucoup d'entre vous, pour ne pas dire pour *la majorité* d'entre vous, vous allez passer vos premiers concours. Rassurez-vous, vous ne serez ni les premiers, ni les derniers. Nous vous demanderons simplement de ne retenir qu'une seule chose : vous êtes et serez toujours les artisans de votre propre succès. Dans un concours, le pire ennemi que l'on peut être amené à trouver sur son chemin, c'est soi-même. A quoi bon passer son temps à se comparer aux autres ? Bien entendu, savoir ce que l'on vaut à un moment T comparativement à d'autres candidats peut être un bon indicateur de son niveau intrinsèque. Mais cela n'est rien comparé aux efforts que vous êtes prêts à fournir et aux défis que vous êtes décidés à relever.

Votre pire ennemi, ce sera donc vous-même. Il faudra cultiver vos points forts et vous battre contre vos faiblesses. Il vous faudra convoquer une motivation sans faille et une rigueur militaire dans l'atteinte de vos objectifs de préparation et de révision. Il vous faudra aussi ne jamais perdre espoir et vous dire qu'il n'est jamais, non, jamais trop tard pour relever la tête et rattraper et combler les lacunes dans une matière ou dans une autre. Le plus important, c'est que vous donniez tout ce que vous pouvez donner. Comme disait Gandhi : « C'est dans l'effort que l'on trouve la satisfaction et non dans la réussite. Un plein effort est une pleine victoire. »

En vous portant candidats aux concours, vous vous donnez rendez-vous avec vous-mêmes. Vous donnez rendez-vous à votre destin.

Bon courage à vous tous et bonne réussite !

Franck ATTELAN

PRESENTATION DES EPREUVES DE TESTS AUX CONCOURS POST-BAC

Les tests de logique et de mathématiques sont devenus un rituel à l'entrée des écoles de commerce post-bac. Désormais, vous ne pouvez plus y échapper, car toutes les écoles vous font passer un test de logique et/ou de mathématiques spécifique pour vous sélectionner. Rares et confidentiels il y a vingt ans, les tests de logique et de mathématiques ont reçu aujourd'hui leurs lettres de noblesse et sont **reconnus comme un très bon moyen de sélectionner les étudiants prometteurs d'écoles de commerce.**

1. POURQUOI DES TESTS DE LOGIQUE ET DE MATHEMATIQUES AUX CONCOURS ?

Que recherchent donc les écoles de commerce post-bac à travers les tests de logique et de mathématiques ?

Principalement à mettre à l'épreuve et à évaluer le potentiel de chaque candidat. Le test est un indicateur de votre niveau de raisonnement et de réflexion. Etymologiquement, la logique vient du grec *logos,* « la raison », et du latin *logica,* « le sens identique ». La logique est donc la science du raisonnement. Les tests de logique doivent être un indicateur de votre capacité à bien raisonner. Les écoles recherchent avant tout des profils avec une tête « bien faite », qui seront de futurs managers compétents et qualifiés. L'éventail des compétences managériales testées à travers les épreuves de logique est vaste : la capacité analytique, la méthode, la rigueur, la curiosité, l'adaptabilité, la persévérance, la gestion du temps et du stress, l'originalité et la créativité, etc.

Lorsque l'on vous demande de compléter la série de lettres **U – D – T – Q – C,** qui est la suite des initiales des premiers chiffres (**U**n – **D**eux – **T**rois – **Q**uatre – **C**inq), les écoles cherchent à mesurer aussi bien votre capacité analytique que votre adaptabilité ou votre créativité. Chaque calcul, chaque analogie ou encore chaque série graphique doit permettre de mettre en valeur une ou plusieurs de ces qualités si prisées sur le marché du travail. Le manager qui étudie l'ouverture d'un nouveau marché ou qui doit valoriser une entreprise doit être capable d'analyser la situation par analogie aux autres marchés ou autres entreprises, de calculer les résultats prévisionnels et de s'adapter aux aléas de l'environnement économique. Le chef de produit doit pouvoir cerner les tendances du marché quasi instantanément en observant et en analysant les graphiques des ventes trimestrielles, raisonner sur les stratégies à adopter et déduire la bonne marche à suivre pour faire croître les ventes de son produit… Et les exemples similaires sont innombrables dans les métiers de la finance, du conseil, du marketing, ou pour le chef d'entreprise.

2. DES EPREUVES QUI PESENT LOURD AUX CONCOURS

Vous l'avez bien compris, les tests de logique et de mathématiques permettent de sélectionner les managers de demain. Les coefficients des tests de logique et de mathématiques sont de plus en plus élevés d'une année sur l'autre, ce qui renforce le poids de ces épreuves aux concours. **Ils représentent en moyenne 25 à 30 % des coefficients des épreuves écrites, avec un poids record dans certaines écoles comme l'EDC où la part des tests de logique atteint 60 % des coefficients écrits.**

En conclusion, vous pouvez difficilement envisager d'intégrer l'école de vos rêves si vous faites l'impasse sur ces tests, et une préparation minutieuse devient alors une condition indispensable à votre intégration.

3. DES EPREUVES NOUVELLES POUR LES CANDIDATS DE CLASSES TERMINALES…

L'enseignement reçu au lycée ne prépare guère aux exigences des concours d'entrée aux écoles de commerce post-bac. **Les épreuves de logique sont déroutantes pour les candidats, qui découvrent souvent trop tardivement ces nouvelles épreuves.** Les formats des tests, les méthodes de résolution et les techniques de préparation sont la plupart du temps totalement méconnus des candidats… Il est ainsi primordial de commencer à préparer ces tests plusieurs semaines, voire plusieurs mois avant les concours et ce, afin de comprendre précisément les exigences des épreuves et de s'habituer aux formats, et d'acquérir les méthodes qui vous permettront d'obtenir d'excellents résultats.

4. … POUR LESQUELLES CHACUN A SA CHANCE

Les tests de logique et de mathématiques étant nouveaux pour chacun d'entre vous, vous ne devez avoir aucun préjugé ou aucune appréhension sur vos aptitudes à « performer ». **Chacun a sa chance et ce, indépendamment de la section (scientifique, économique, littéraire ou technologique) dont il est originaire, et quasi indépendamment du niveau initial en mathématiques.** L'essentiel est que vous vous donniez les moyens de réussir.

Dites-vous donc bien que malgré la difficulté de ces tests, bien d'autres candidats ont intégré ces écoles avant vous : vous avez donc toutes vos chances ! N'oubliez jamais cela !

5. PRESQUE AUTANT D'EPREUVES DIFFERENTES QUE DE CONCOURS !

Il y a presque autant d'épreuves différentes que de concours différents.

Fort heureusement, les tests de logique et de mathématiques présentent d'importantes similarités d'un concours à l'autre et préparer les épreuves de logique du concours SESAME (par exemple) revient à préparer en grande partie celles des concours PASS et PRISM, ou encore certaines épreuves du test TAGE 2.

Nous vous présentons ici les spécificités des épreuves de logique et de mathématiques des différents concours d'entrée aux écoles de commerce post-bac.

Les concours ont été classés *par ordre alphabétique.*

[Le concours ATOUT+3]

Le concours ATOUT+3 permet d'intégrer les écoles suivantes : l'ISAM Amiens, l'ESC Pau, l'ESC Clermont, l'ESC Dijon, Grenoble EM, l'ESC Brest, l'EM Strasbourg, l'EM Normandie, Advancia-Negocia, l'Ecole Atlantique de commerce et l'ESC La Rochelle.

L'épreuve de raisonnement logique du concours ATOUT+3 est structurée autour de trois parties :

- Partie 1 : 20 questions de raisonnement logique (tests de calculs, séries simples, séries de raisonnement, intrus, analogies, etc.), coefficient 1 chacune.
- Partie 2 : 3 questions de résolution de système, coefficient 2 chacune.
- Partie 3 : 2 questions de commentaire de tableau, coefficient 2 chacune.

Vous devez donc traiter 25 questions de type QCM en 1 h, avec pour chacune 4 réponses possibles. Les réponses fausses ne sont pas sanctionnées par des points de pénalité. L'utilisation de la calculatrice est interdite.

COEFFICIENTS DES TESTS DE LOGIQUE CONCOURS ATOUT+3									
Ecole	Advancia Negocia	EM Normandie	EM Strasbourg	ESC Brest	ESC Dijon	Grenoble EM	ESC Clermont	ESC Pau	ISAM Amiens
Logique numérique	2	2	2	3	2	3	2	2	3
Total coefficients écrits	12	12	12	12	12	10	12	12	12

Notre analyse : l'épreuve de raisonnement ATOUT+3 évolue peu d'une année sur l'autre et la structure des questions est très proche à chaque fois. Attention néanmoins aux parties 2 et 3 de l'épreuve portant sur la résolution de systèmes mathématiques et le commentaire de graphiques : ces questions un peu plus rares sont d'une difficulté supérieure et méritent toute votre attention. Entraînez-vous donc à résoudre rapidement des systèmes de trois équations à trois inconnues et n'hésitez pas à lire régulièrement des revues économiques pour les graphiques.

Plus d'informations sur le site *www.concours-atoutplus3.com*

[Le concours ECRISTART]

Le concours ECRISTART représente l'opportunité de rejoindre le programme Bachelor d'une grande école de management partenaire de la banque d'épreuves communes ECRICOME.

L'épreuve de logique du concours ECRISTART a pour but de tester vos aptitudes de raisonnement logique sous différents aspects : logique spatiale, logique verbale, logique numérique, logique picturale… La durée de l'épreuve est de 1 heure, au cours de laquelle vous devez traiter 60 questions. Vous y trouvez très fréquemment des séries simples, des séries de raisonnement, des séries d'intrus, des raisonnements logiques, des séries graphiques, des questions de synonymie et d'antonymie, etc. L'utilisation de la calculatrice est interdite.

COEFFICIENTS DES TESTS DE LOGIQUE CONCOURS ECRISTART						
Ecole	**SUP'TG REIMS**	**PMF EUROMED**	**SUP'TG BEM**	**Iseme ESCM**	**Bachelor RBS**	**SUP'Est ICN**
Logique numérique	3	3	3	3	5	3
Total coefficients écrits	10	12	12	10	12	10

Notre analyse : le niveau des questions est très abordable si vous connaissez bien votre cours et vos exemples de référence. Il n'y a pas franchement de grandes surprises. En revanche, étant donné la variété des thèmes abordés (intrus, séries simples, de raisonnement, logique spatiale, etc.), la maîtrise de la totalité du cours et de ses applications est un gage de réussite, car « le hasard ne favorise que les esprits bien préparés ». D'autre part, nous vous alertons sur le rythme effréné de cette épreuve de logique : 60 questions en 60 minutes, c'est-à-dire 1 minute en moyenne par question ! La gestion du temps est donc cruciale dans une telle épreuve, et en conséquence, vous devez avoir un certain nombre de réflexes pour ne pas perdre une seconde. Pensez notamment à ne pas passer trop de temps sur une question : si vous traitez une question en 1 mn 30 ou 2 mn, vous savez qu'il ne vous restera que 20 à 30 s pour les deux questions suivantes. N'hésitez donc pas à traiter en priorité les questions que vous maîtrisez.

Plus d'informations sur le site *www.ecristart.org*

[Le concours ACCES]

Le concours ACCES permet d'intégrer les trois écoles suivantes : l'ESDES, l'ESSCA et l'IESEG.

L'épreuve de mathématiques du concours ACCES est la plus longue des concours. Elle dure 4 heures et comporte trois parties :

- Partie 1 : exercices de logique
- Partie 2 : questions de mathématiques
- Partie 3 : questions liées à un problème

Le niveau de mathématiques requis correspond aux éléments communs de l'ensemble des classes du lycée, toutes séries confondues. Le but principal de cette épreuve est de tester la maîtrise des candidats portant sur les éléments d'arithmétique, d'algèbre et de géométrie, ainsi que d'évaluer leurs capacités de raisonnement logique.

Chaque question comporte quatre affirmations notées A, B, C et D. Pour chaque affirmation, vous devez signaler sur la grille de réponses si elle est vraie ou si elle est fausse. Une réponse complète est donc composée de quatre réponses Vrai ou Faux sur les affirmations A, B, C et D. Le décompte de points suit la règle suivante : vous disposez au départ d'une réserve de points. Chaque erreur entraîne une pénalité qui entame la réserve de points. L'absence de réponse est également pénalisée, mais moins fortement que l'erreur. Si vous répondez correctement aux quatre affirmations d'une même question, alors un bonus est attribué.
L'utilisation de la calculatrice est interdite.

	COEFFICIENTS AU CONCOURS ACCES		
Ecole	**ESDES**	**ESSCA**	**IESEG**
Mathématiques	8	7	10
Total coefficients écrits	20	18	20

Notre analyse : soyons honnêtes, cette épreuve de quatre heures est difficile et éprouvante, et elle est souvent présentée comme la plus exigeante des épreuves de mathématiques. Dans tous les cas, battez-vous jusqu'au bout et allez chercher les points là où vous pouvez, car les mathématiques d'ACCES testent aussi votre persévérance et votre ténacité. L'esprit de l'épreuve ACCES est bien particulier et diffère des autres épreuves sur de nombreux points. Elle est avant tout axée sur le calcul et demeure la seule épreuve qui requiert des connaissances préalables en mathématiques : le concours ACCES cherche à tester vos capacités analytiques et votre méthode plutôt que votre logique.

Nous avons pris le parti de ne pas traiter les questions exclusivement de mathématiques et de mettre l'accent sur les questions calculatoires et logiques, estimant que la partie purement mathématique était déjà traitée longuement en classe au cours de votre scolarité au lycée. Nous vous recommandons en revanche pour les questions de mathématiques de revoir précisément votre cours, ainsi que les exercices de première et de terminale en mathématiques portant sur les fonctions, les suites et les probabilités.

Plus d'informations sur le site *www.concours-acces.com*

[Le concours PASS]

Le concours PASS permet d'intégrer les écoles suivantes : l'ESPEME Lille-Nice, le MBA Institute Paris et l'ECE Bordeaux-Lyon.

L'épreuve de logique et de mathématiques du concours PASS est composée de **60 questions** QCM que vous devez traiter en 1 h 30. La logique représente **25 % des coefficients des épreuves écrites.** La calculatrice n'est pas autorisée et une grille de réponses vous est fournie. Chaque réponse juste vaut 1 point et la réponse fausse ou l'absence de réponse vaut 0 point. Il n'y a donc pas de points négatifs.

Le test se décompose en quatre sections d'exercices :

- La résolution des suites logiques (10 questions) : le candidat doit compléter une suite numérique, alphabétique ou alphanumérique.
- Les capacités calculatoires (10 questions) : les questions portent sur la résolution d'équations, les fractions, les calculs de durées, etc.
- Les raisonnements mathématiques (30 questions) : cette partie, qui est la plus longue du test, repose sur une série de problèmes logiques énoncés de manière littéraire. Le candidat doit trier et sélectionner les informations utiles à la résolution des problèmes.
- L'analyse de tableaux et de graphiques (10 questions) : la fin de l'épreuve est consacrée à l'observation de statistiques sous forme de tableaux, graphiques, etc. Le candidat doit sélectionner le commentaire qui lui semble le plus approprié.

> *Notre analyse : cette épreuve met l'accent avant tout sur le raisonnement, au détriment de la logique et des mathématiques qui passent en partie à la trappe. Cette épreuve n'exigera donc pas de vous une technicité calculatoire parfaite, mais plutôt un sens aiguisé de l'observation et de l'interprétation (*cf. *analyse de tableaux graphiques). Attention à ne pas perdre trop de temps dans cette épreuve : 1 h 30 pour 60 questions, vous avez intérêt à bien gérer votre temps, en vous imposant un fractionnement précis du temps.*

Plus d'informations sur le site *www.concours-pass.com*

[Le concours PRISM]

PRISM

Le concours PRISM est le concours d'entrée aux sept ISEG Business School.

Lors de cette épreuve de logique et de mathématiques, vous devez répondre à 40 questions en 1 heure. Le coefficient de cette épreuve est de 2 sur un ensemble total de 12 pour les épreuves écrites. Quatre réponses sont possibles pour chaque question : une réponse juste vaut 2 points, une réponse fausse entraîne une pénalité d'1 point et l'absence de réponse équivaut à 0 point. Le contenu du test est varié et équilibré, et vous y trouvez les questions ci-dessous :

- 5 séries simples
- 5 séries de raisonnement
- 5 analogies
- 5 séries d'intrus
- 20 questions de calcul

> *Notre analyse : cette épreuve ne présente aucun piège ! Vous ne serez pas surpris avec une bonne préparation, car toutes les questions proposées au concours PRISM sont de grands classiques. Si vous avez été sérieux et assidus dans la préparation des épreuves de logique, cette épreuve sera pour vous une partie de plaisir. Attention cependant aux points de pénalité : la sanction d'une mauvaise réponse est particulièrement forte au concours PRISM. Soyez donc bien sûrs de vos réponses.*

Plus d'informations sur le site *www.concours-prism.com*

[Le concours SESAME]

SESAME

Le concours SESAME permet d'intégrer les écoles suivantes : le CESEM Reims, l'ESCE, l'EMP International, l'EM Normandie, l'EPSCI, le programme Bachelor de la Rouen Business School et l'ESCE.

L'épreuve de logique et de mathématiques du concours SESAME se présente sous la forme de deux tests distincts : le test de logique générale (Logique 1) et le test de logique numérique (Logique 2). Chaque test dure 30 minutes, consignes et exemple non compris.

La logique générale comporte 40 questions ouvertes (sans réponses proposées) de difficulté graduée. Les questions sont précédées d'exemples résolus, d'exercices et de consignes précises. Vous devez répondre aux questions directement sur le cahier de questions en suivant les consignes. Ces questions se présentent sous la forme de séries de lettres et de chiffres, et de séries d'intrus et d'analogies. Pour répondre il vous faudra soit remplacer chaque point par un chiffre ou une lettre, soit souligner ou entourer des mots.

L'épreuve de logique numérique, arithmétique et mathématique est composée de 40 questions à 4 choix possibles, balayant les différents aspects du raisonnement numérique : pourcentage, proportionnalité, moyenne, géométrie, conversions, etc.

A travers ce test, les écoles de la banque SESAME testent les capacités d'observation et de compréhension, les aptitudes au raisonnement logique et la gestion du temps et de la difficulté.

COEFFICIENTS DES TESTS DE LOGIQUE AU CONCOURS SESAME							
Ecole	**CESEM**	**ESCE**	**EMP**	**EMN**	**EPSCI**	**CeseMed**	**IFI**
Logique générale	1,5	1,5	2	1	2	1	1
Logique numérique	1,5	1,5	2	1	3	1	1
Total coefficients	12	12	12	10	13	10	10

Notre analyse : l'épreuve de logique et de mathématiques du concours SESAME est réputée pour être imprévisible. Sans être d'une difficulté beaucoup plus élevée que la moyenne, les questions varient régulièrement. Ne soyez donc pas surpris et faites preuve d'ouverture d'esprit et d'adaptabilité. Ces tests occupent une place très importante au concours SESAME, avec des coefficients compris entre 20 et 35 % du total des coefficients des écrits. Certaines écoles décident de mettre l'accent sur les compétences calculatoires, comme le programme Bachelor de l'ESSEC (EPSCI), qui attribue 25 % du total des coefficients à l'épreuve de logique générale. Rendez-vous bien compte qu'en l'espace de 30 minutes, vous jouez 25 % de votre admissibilité ! Les épreuves de logique du concours SESAME sont réputées pour être de vrais « contre-la-montre ». Pour chaque épreuve, vous devez traiter 40 questions en 30 minutes, ce qui vous laisse en moyenne 45 secondes par question. Vous n'avez pas le droit de perdre 2 minutes avec une question pour laquelle vous hésitez sur la formule à utiliser. Vous devez être capables de mobiliser avec précision vos connaissances et votre cours de façon quasi instantanée. C'est dans ce genre d'épreuves que les heures passées à s'entraîner se révèlent payantes. Connaître sur le bout des doigts ses formules et leurs utilisations, avoir des exemples précis de référence sur lesquels vous pouvez raisonner, calculer juste et rapidement, voilà les atouts qui vous permettront de ne pas vous noyer aux tests de logique du concours SESAME.

Plus d'informations sur le site *www.concours-sesame.net*

[Le TAGE 2 : concours TEAM, EBS, ESG et EDC]

Le test TAGE 2 est un test de sélection aux études supérieures de management spécialement conçu pour évaluer les aptitudes du candidat relatives à la mémorisation, la compréhension, le raisonnement et la résolution de problèmes. Le TAGE 2 a été conçu de façon à ne pas avantager des candidats ayant une formation spécifique (mathématique, littéraire, ou autre).

Le test TAGE 2 est un QCM constitué de 70 questions réparties en 6 sous-tests. Pour chacune des questions, il est proposé 4 réponses, dont une seule est correcte. Le test sélectionne les candidats selon trois dimensions :

- Dimension verbale : cette dimension est évaluée par deux sous-tests de mémorisation durant lesquels le candidat doit mémoriser deux textes avant de répondre à 15 questions sur ces deux textes. Les questions portent soit sur des données événementielles, soit sur des données sémantiques.
- Dimension calculatoire : cette dimension est évaluée par deux sous-tests de calcul et de mathématiques. Ils sont chacun constitués de 10 questions de nature algébrique et mathématique.
- Dimension logique : cette dimension est évaluée par deux sous-tests de logique. L'un d'eux est relatif à des questions portant sur des croisements de séries de lettres et de chiffres. Les contenus sont simples, la difficulté réside dans la compréhension des procédures de construction des deux séries. L'autre test de logique est constitué de 10 questions portant sur des séries d'informations de nature spatiale.

La durée de passation du test est de 1 heure 55 minutes. Le temps à consacrer à chaque épreuve a été déterminé précisément lors d'un étalonnage.

Epreuves	Nombre de questions	Durée
TOTAL	**70**	**1 h 55**
Sous-test 1 Mémorisation de textes	15	15 mn
Sous-test 2 Calcul	10	30 mn
Sous-test 3 Logique (verbale et numérique)	10	15 mn
Sous-test 4 Mémorisation de textes	15	15 mn
Sous-test 5 Calcul	10	30 mn
Sous-test 6 Logique (données spatiales)	10	10 mn

	COEFFICIENTS DU TAGE 2			
Ecole	**TEAM**	**EBS**	**ESG**	**EDC**
TAGE 2	4	3	5	5
Total coefficients écrits	10	10	12	8

Notre analyse : le TAGE 2 est un test très complet : séries doubles, séries graphiques, calcul... Nous mettons ici l'accent sur la préparation minutieuse des sous-tests de calcul, de logique verbale et numérique, et de logique spatiale et graphique. Pour vous y préparer de façon méticuleuse et spécifique, nous vous recommandons La Bible du TAGE 2 *dans la même collection, qui vous propose 5 tests blancs du TAGE 2 inédits, ainsi qu'une multitude de méthodes, de savoir-faire et d'astuces sur le TAGE 2. Et comme nos étudiants à Aurlom, visez des notes comprises entre 16 et 20 sur 20 à ce test qui vous ouvrira les portes des Ecoles de commerce les plus prestigieuses (ESG, EDC, EBS...).*

Plus d'informations sur le site *www.tage2.fr*

CONSEILS (BIENVEILLANTS) **DE PREPARATION**

Une préparation efficace passe à la fois par le biais d'un **travail soutenu et régulier,** mais encore par une **excellente hygiène de vie** (rythme de vie, sommeil, relaxation, alimentation, etc.).

Nous ne prétendons pas ici vous proposer des secrets de grand-mère sur la composition d'une bonne infusion pour passer d'excellentes nuits (même si, croyez-le ou pas, nous pourrions), mais bien vous donner quelques conseils sur la façon de gérer votre quotidien à l'approche de l'épreuve.
En effet, vous vous en doutez bien, se coucher à 4 h du matin tous les soirs pour se réveiller à 13 h, rester une semaine entière sans travailler ou au contraire s'enfermer 8 heures par jour pendant un mois sont des méthodes qui ne risquent pas de vous mettre dans des conditions optimales…

1. « LA QUANTITE NE FAIT PAS LA QUALITE » OU « LE SECRET DES 100 % // 0 % »

Il y a une erreur à éviter absolument lorsque l'on prépare des concours : croire que c'est la quantité qui prime, et ce dans un sens comme dans l'autre.
Nous sommes tous différents, et chacun va avoir besoin d'un temps plus ou moins important pour ingurgiter une information ou maîtriser une méthode. Certains, dotés d'une mémoire visuelle, auront besoin d'une simple lecture pour que tout reste en tête, tandis que d'autres devront se répéter des formules devant un miroir avant qu'elles n'entrent définitivement dans leur tête. De même, vous pouvez être un adepte des fiches… Ou pas !

Le second point sur lequel chacun peut (et doit, idéalement) voir les choses différemment est la capacité à travailler sans pause.
Voici un autre mythe à évincer au plus vite : « Il faut travailler par tranches de 3 heures, sinon ça ne sert à rien. » Non, encore une fois, chacun est différent. Nous pourrions vous citer à la pelle des exemples d'étudiants qui ont parfaitement

réussi des concours parmi les plus difficiles sans jamais avoir travaillé plus de 30 minutes d'affilée !

N'hésitez donc pas à prendre des pauses régulières lorsque vous préparez vos concours (et cela vaut aussi pour vos examens à commencer par le baccalauréat). Et par pause, nous entendons un arrêt complet de tout ce qui s'apparente au travail. Dans ces moments-là, votre esprit doit être totalement libre de toute pression, de tout stress : au téléphone, devant la télévision, en faisant du sport, en lisant, en sortant avec des amis, vous ne devez pas vous culpabiliser de ne pas être en train de travailler.

Cela nous permet d'en venir à l'explication du titre de cette partie : la clé d'une préparation réussie, c'est d'**être à 100 % lorsque l'on travaille, et à 0 % le reste du temps.** Voilà une phrase qui peut paraître bien plate dite comme ça, mais, croyez-nous sur parole, elle est bien plus facile à énoncer qu'à mettre en pratique. En effet, être à 100 % lorsque l'on travaille signifie, entre autres :

- se séparer de tout ce qui pourrait vous déconcentrer (téléphone, ordinateur, télévision, grignotage intempestif) ;
- ne pas lever les yeux au ciel ou rêvasser par la fenêtre ;
- éviter de se lever pour aller chercher quelque chose dans le réfrigérateur ;
- ne penser à rien d'autre que ce que l'on est en train de faire.

Etre à 100 % pendant une période de travail signifie donc ne penser qu'à ça, ne faire que ça et ne pas se laisser déconcentrer ou déranger. Le mot d'ordre : **la concentration.**

Vous comprenez maintenant pourquoi faire cela pendant 3 heures d'affilée relève quasiment de l'impossible et, *a fortiori,* à quel point adopter cette attitude pendant une vraie heure (qui nous semble être le créneau le plus intéressant pour travailler d'une traite avant de prendre 10-15 minutes de pause) peut se révéler efficace.

L'autre partie de ce conseil n'en est pas moins importante : **dès que vous avez décidé de prendre une pause, ou que vous devez sortir, faire autre chose, ne pensez plus au travail.**

Les écoles de commerce auxquelles vous vous portez candidats vous préparent à devenir de futurs managers, et l'une des qualités requises pour être un manager de talent est cette capacité à faire la part des choses et à avoir l'esprit libre dans les moments où l'on ne travaille pas. C'est d'autant plus important dans le sens où, lorsque vous reviendrez à votre bureau, vous aurez le sentiment d'avoir réellement coupé pendant un certain temps.

Nous le répétons une dernière fois : le but n'est pas d'être à 50 ou même 60 % tout le temps, mais bien à 100 % quand il le faut et à 0 % sinon.

Ainsi, avant de démarrer votre préparation, il va falloir vous poser quelques questions dont les réponses peuvent cependant varier au fil de vos heures de travail :

- Combien de temps d'affilée suis-je capable de travailler à 100 % ?
- Ai-je besoin de faire des fiches pour tout ?
- Quelle sera ma méthode d'apprentissage du cours : lecture ? répétition devant un miroir ? récitation à un ami ?
- Comment puis-je être certain que j'ai bien acquis une méthode ?

Soyez-en sûrs, répondre à ces questions est le premier pas d'une préparation qui s'annonce des plus réussies !

2. SE FIXER DES OBJECTIFS : LA MAGIE DU SCHEDULING

Après avoir saisi l'importance de la concentration, il va falloir passer à la phase suivante : **l'organisation.**

Il n'y a rien de pire que de se laisser aller au gré de ses envies, travaillant quelques heures par-ci ou par-là lorsque l'on daigne trouver le temps… **Le plus efficace reste donc de se construire un emploi du temps et, surtout, de s'y tenir, coûte que coûte.** Car remplir un tableau ou un agenda avec des créneaux de travail, c'est bien beau, mais encore faut-il être capable de bien mettre vos résolutions en pratique et d'arrêter définitivement de « remettre au lendemain ».

Pour ce qui est de la construction de votre emploi du temps, nous vous donnerons un seul conseil : **soyez réalistes.** En répondant à toutes les questions présentées plus haut, vous pouvez savoir (ou en tout cas estimer et réajuster par la suite) de combien de temps de travail vous avez besoin approximativement, connaître votre capacité de concentration d'affilée, etc.

Avec toutes ces informations, essayez de faire un planning le plus précis possible en vous disant bien à chaque instant : **« Ça, je vais le faire, vraiment. »** Si dans une case est inscrit : « 14 h-15 h : 10 questions de calcul + correction », c'est que vous savez qu'en une heure vous devez être capables de traiter 10 questions de calcul et d'en étudier leur correction.

Ainsi, il va falloir vous fixer des objectifs, cette fois en termes de quantité. Non pas de temps mais bien de nombre d'exercices, de fiches de cours à apprendre et à maîtriser. Pour cela, nous vous conseillons de suivre certaines règles :

1

Chiffrez toujours au maximum vos objectifs
(prévoyez plutôt « 10 questions de calcul » et pas « 1 h de calcul »).

2

Alternez au maximum entre les types d'épreuves, au sein de la même journée.

3

Evitez de travailler avant 8 h, après 22 h, ou même entre 12 h et 13 h.

4

N'hésitez pas à faire un emploi du temps très complet, avec votre heure de réveil, toutes les autres activités prévues pendant la journée (si vous êtes en cours), vos pauses etc.

Mais avant de vous jeter sur votre agenda pour le remplir, soyez bien attentifs à ce qui va suivre.

3. MENS SANA IN CORPORE SANO

Nous vous avions promis des recettes de grand-mère, non ? Plus sérieusement, comme vous l'avez certainement déjà compris, préparer un examen, c'est certes faire travailler son esprit, mais c'est également ne pas faire souffrir son corps.

Ce que vous devez à tout prix éviter est d'arriver le jour de l'examen avec des cernes jusqu'au menton, un estomac trop vide ou trop plein, un cerveau qui fonctionne au ralenti et des muscles ankylosés. Pour cela, il n'y a qu'un seul secret : **avoir une hygiène de vie la plus saine possible.**

Nous ne vous forçons pas à vous enfermer dans un couvent deux mois durant, à ne manger que des produits issus de l'agriculture biologique tout en respectant vos 2 heures quotidiennes de sport et vos 9 heures de sommeil règlementaires, mais vous conseillons simplement d'essayer de vous connaître un maximum en sachant combien d'heures de sommeil vous sont nécessaires pour préserver votre concentration à son meilleur niveau, ou si vous êtes plutôt du matin ou du soir pour travailler, etc.

A part **la gestion du sommeil,** deux autres paramètres sont importants : **l'alimentation et le sport.** Ce n'est pas parce que vous travaillez un peu plus qu'à l'accoutumée que vous ne devez pas entretenir votre corps et garder la forme, ou que vous devez manger tout ce qui vous passe sous la main (l'effet inverse étant bien évidemment tout autant prohibé).
Nous ne prétendons pas jouer les coachs sportifs ou nutritionnistes, mais cela a forcément un impact sur votre façon de travailler et à plus long terme sur votre sommeil. Donc nous ne pouvons que vous inviter à manger sainement et à ne pas hésiter à vous aérer souvent (cette remarque est surtout valable pour ceux qui préparent le test peu de temps avant et qui auraient prévu de passer leur mois ou semaine à ne faire quasiment que cela).

Reste la gestion de tous ces paramètres dans les jours voire les heures qui précèdent le jour où vous passez le test.

Nous vous conseillons de vous coucher relativement tôt la veille et de vous réveiller au moins 2 heures avant le début de l'épreuve, pour être bien frais au moment fatidique.

Nous n'insisterons pas davantage sur ce point, mais essayez de dîner léger la veille de vos concours et prenez un bon repas le matin avant d'y aller pour ne pas vous retrouver avec un estomac criant famine au beau milieu d'une épreuve.

Tous ces conseils peuvent vous paraître bien futiles à côté de ceux qui vous permettront de calculer rapidement la moyenne des salaires des femmes dans une entreprise ou la vitesse parcourue par un cycliste sur une piste circulaire… Ils sont pourtant indispensables à la réussite de vos concours d'entrée aux Ecoles de commerce. Alors, de grâce, ne les négligez pas !

Résumons donc les principaux points :

- Apprenez à vous connaître.
- Ne soyez pas obsédés par la quantité de travail.
- Travaillez sur votre concentration (pensez au secret des 100 % // 0 %).
- Faites un emploi du temps réaliste et surtout tenez-y vous !
- Prenez soin de vous !

WWW.AURLOM.COM

L'intérêt de cet ouvrage est renforcé par un site Internet (www.aurlom.com) où il vous sera donné d'accéder à du contenu exclusif et gratuit.

En plus de vous donner accès à des fiches bonus gratuites (entrainement au calcul mental, tests de logique) vous aurez surtout la possibilité de poser vos questions aux auteurs et de leur faire part de toutes vos remarques et/ou idées susceptibles de valoriser le contenu que vous trouverez dans cet ouvrage.

Code à saisir pour accéder aux fiches bonus spéciales *Bible des tests de logique et de mathématiques aux concours des Ecoles de commerce post-bac* sur le site **www.aurlom.com** :

RSMPA-13-BSST-RSRFDY

Nous serons très sensibles à toutes vos remarques et suggestions et vous remercions par avance du temps que vous prendrez pour nous les communiquer.

Ceux qui le souhaitent pourront également consulter **notre offre de stages intensifs de préparation aux concours.**

Organisés principalement pendant les week-ends et les vacances scolaires, ces stages (où les groupes sont limités à 20 étudiants pour plus de proximité et d'échanges avec les professeurs), vous permettent de prendre la mesure de votre niveau comparativement aux autres étudiants et apportent toujours à votre préparation ce supplément d'âme qui fait toute la différence aux concours.

PREMIERE PARTIE

LES TESTS DE LOGIQUE

1. LES ANALOGIES

1. PRESENTATION DES ANALOGIES

Vous serez régulièrement amenés à travailler sur des analogies dans les épreuves de logique des concours d'entrée aux Ecoles de commerce post-bac (principalement dans le cadre des concours SESAME (Logique 1), PASS, PRISM ou encore ATOUT+3).

A travers les analogies, les écoles affichent clairement leur volonté de tester votre capacité à raisonner de façon fluide et rigoureuse ainsi que votre culture générale.

[Qu'est-ce qu'une analogie ?]

Le site Internet *Wikipedia* offre une définition de l'analogie fort convaincante.

> Le terme *analogie* désigne une similitude entre des choses ou des idées de nature différente. Une analogie est une ressemblance.
>
> L'analogie – du grec ἀναλογία « proportion mathématique » – est une ressemblance perçue comme non fortuite entre deux éléments. Il y a par exemple une analogie de nom entre *astronomie* et *astrologie,* qui indique leur parenté étymologique.
>
> Par extension, le raisonnement par analogie est donc **un raisonnement par association d'idées, combinaison et synthèse.**

Les **analogies** sont omniprésentes dans le langage courant : la comparaison, la métaphore, l'allégorie, la prosopopée… Toutes ces figures de style trouvent leur source dans le raisonnement par analogie.

Les analogies sont également vulgairement appelées « images ». Elles établissent en effet une ressemblance entre un premier élément (le « comparé ») et un second élément (le « comparant »), ressemblance fondée sur une ou plusieurs qualités communes.

Dans ce chapitre, les analogies se rapporteront exclusivement au sens des mots, c'est-à-dire à leur signification et à leur définition.

[Exemples]

Concrètement, une analogie se présente au départ sous la forme d'un couple de mots. Vous devez identifier le lien logique qui existe entre ces deux mots, pour trouver ensuite un autre couple de mots reliés par le même lien logique.

Exemple 1 :

DIGUE – INONDATION ⇒ GARROT – ?

La fonction première d'une DIGUE est de **stopper** une INONDATION. En médecine, la fonction première d'un GARROT est de **stopper** une **HEMORRAGIE.**
Comme vous le voyez, il convient de définir très précisément les termes qui composent vos couples de mots pour identifier clairement le lien logique qui existe entre eux.
Pour définir un mot de la façon la plus précise qui soit, demandez-vous quelle définition vous pourriez trouver dans un dictionnaire classique comme le *Larousse*.

Exemple 2 :

VAINCRE – FAIBLE ⇒ INTERESSER – C _ _ _ _ UX

Il faut comprendre ici le lien qui existe entre VAINCRE et FAIBLE. L'on pourrait dire par exemple **qu'il est facile de** vaincre un être faible. On trouve alors le même rapport dans INTERESSER et **CURIEUX** puisqu'il **est** également **facile d**'intéresser un homme curieux.
Naturellement, point d'inquiétude, vous serez toujours aidés par des indices aux concours : ou bien il s'agira d'un QCM et auquel cas, la réponse se trouvera sous vos yeux et il faudra la sélectionner parmi un choix de 4 ou 5 réponses ; ou bien l'on vous donnera la première et/ou la dernière lettre ainsi que le nombre de lettres que contient la réponse (comme c'est d'ailleurs le cas dans ce second exemple).

Exemple 3 :

SOUS-NUTRITION – S'ALIMENTER ⇒ IGNORANCE – ?

Le fait de S'ALIMENTER permet **d'échapper à un état** de SOUS-NUTRITION. De la même façon, le fait de **S'INSTRUIRE** permet de **d'échapper à un état** d'IGNORANCE.

Exemple 4 :

BOULANGER – MANGER ⇒ ECRIVAIN – ?

Le fait de MANGER **est une action exercée sur le produit** du BOULANGER.
LIRE est une action exercée sur le produit de l'ECRIVAIN.
LIRE est donc la bonne réponse.

Ces quatre exemples illustrent bien la variété des liens qu'il est possible d'inférer entre deux mots. Ils mettent également l'accent sur l'exigence d'une définition rigoureuse et précise du lien qui doit fédérer les différents couples de mots.

S'il existe potentiellement autant de liens entre deux mots que de couples de mots, la majorité des analogies sur lesquelles vous plancherez aux concours seront très cadrées. C'est l'objet du chapitre qui suit.

2. LES LIENS LOGIQUES RECURRENTS AUX CONCOURS

[1. La synonymie]

De nombreuses analogies sont construites sur la base d'un lien de synonymie relativement simple à trouver.

Exemple :

DRAPEAU – BANNIERE ⇒ DETRUIRE – A _ _ _ _ _ _ R

DRAPEAU et BANNIERE sont deux synonymes. Il faut donc ici trouver un synonyme du mot DETRUIRE. **RUINER** et **ANEANTIR** sont ici les meilleures propositions.

[2. L'antonymie]

Exemple :

NAITRE – DECEDER ⇒ SENESTRE – ?

NAITRE et DECEDER sont deux antonymes parfaits. Par analogie, il vous faut donc trouver un antonyme parfait de SENESTRE. La bonne réponse est **DROITE** ou **DEXTRE** puisque SENESTRE se rapporte à « la gauche / ce qui est à gauche ».

[3. La chronologie]

Vous pouvez rencontrer des liens chronologiques dans les analogies, c'est-à-dire des liens qui intègrent une notion de temps.

Exemple :

LENINGRAD – SAINT-PETERSBOURG ⇒ CEYLAN – ?

LENINGRAD est l'ancien nom de SAINT-PETERSBOURG (Leningrad devient Saint-Pétersbourg en 1991). CEYLAN est l'ancien nom du **SRI LANKA.**

[4. La cause et la conséquence]

Il arrive que les deux mots du couple aient un rapport de cause/conséquence. Vous devez alors respecter ce rapport.

Exemple :

RADIATEUR – CHALEUR ⇒ LAMPE – ?

Dans cette analogie, le RADIATEUR produit de la CHALEUR : le radiateur **est la cause** de la chaleur. La LAMPE produit quant à elle de la **LUMIERE,** et elle **est alors bien la cause** de la lumière.

[5. L'expression]

Certaines analogies reproduisent un lien d'expression idiomatique entre deux mots. Vous devez la plupart du temps associer un verbe transitif avec son complément habituel.

Exemple :

EPARGNER – ARGENT ⇒ COIFFER – ?

Habituellement, on EPARGNE de l'ARGENT. De même, habituellement, on se COIFFE les cheveux. La meilleure réponse était donc **CHEVEUX.**

Le lien d'expression peut aussi associer un élément symbolique et représentatif de l'autre mot du couple.

Exemple :

AFRIQUE DU SUD – ARC-EN-CIEL ⇒ LIBAN – ?

L'un des noms donnés à l'AFRIQUE DU SUD est « la nation ARC-EN-CIEL ». Il arrive aussi d'associer au LIBAN le **CEDRE,** qui est l'arbre inscrit sur son drapeau.

[6. Du général au particulier ou du particulier au général]

Il arrive parfois que l'on associe à un concept général un élément particulier.

Exemple :

APPARTEMENT – IMMOBILIER ⇒ OBLIGATION – ?

Dans l'exemple ci-dessus, un APPARTEMENT est un élément de l'IMMOBILIER : c'est une valeur immobilière. L'OBLIGATION, qui est un titre de créance, est un élément du **MOBILIER** : c'est une valeur mobilière. Il fallait donc compléter l'analogie par *mobilier*.

2. LES SERIES DE RAISONNEMENT

PRESENTATION DES SERIES DE RAISONNEMENT

Les séries de raisonnement sont la **colonne vertébrale** des tests de logique des concours d'entrée aux Ecoles de commerce post-bac. Vous les retrouverez dans la majorité des concours que vous serez amenés à passer. Elles constituent très souvent « le gros » des questions qui tombent.

Vous trouverez des séries de raisonnement notamment à l'épreuve de Logique 1 du concours SESAME, aux épreuves de tests des concours PASS et PRISM ainsi qu'aux concours ATOUT+3 et ECRISTART.

Fondées sur des raisonnements de type analogique, les séries de raisonnement **surprennent toujours** par leur variété et l'effet « waouh ! » qu'elles provoquent parfois chez les candidats. Un effet « waouh ! » qui précède d'ailleurs toujours un « mais où est-ce qu'ils sont allés chercher ça ! » (« ils » étant les humbles concepteurs de tests que nous sommes).

Les séries de raisonnement convoquent un sens aigu de l'**observation** (il vous faudra par exemple observer la position des voyelles dans un mot, ou encore faire état d'un nombre identique de syllabes dans une autre série de mots), de l'**analyse** (vous devrez ainsi voir que vous êtes face à une série de verbes défectifs, de mots épicènes ou de nombres premiers), ainsi qu'une bonne dose de **curiosité** (il vous faudra ainsi deviner que les lettres **J F M A M** ne sont autres que les initiales des cinq premiers mois de l'année, ou encore que le produit des consonnes d'un mot par celui de ses voyelles est toujours égal à 12… Vaste programme !).

Mais ce n'est pas tout ! Car dans certains concours, **les séries de raisonnement se conduisent désormais sur plusieurs niveaux** et il n'est pas rare que vous deviez à la fois faire preuve d'un bon sens de l'observation conjugué à de l'analyse… Le tout sur fond de raisonnement analogique.

Cela étant dit, point d'inquiétude !

Nous allons aborder dans ce chapitre tous les types de séries de raisonnement.
Notre longue expérience des tests de logique posés aux concours nous a permis de **définir différentes familles de séries de raisonnement relativement homogènes** et nous espérons donc que vous les approcherez dorénavant avec beaucoup de méthode et de technique !

Car même si nous conseillons toujours à nos élèves de laisser la porte ouverte à leur imagination et à leur créativité quand ils abordent des séries de raisonnement, ces dernières s'appuient dans la très grande majorité des cas sur des règles récurrentes et éprouvées que l'on ne saurait découvrir pour la première fois le jour J devant son sujet de concours.

Voici ces règles :

I. Les séries dans lesquelles il faut interroger la nature et le sens des MOTS.

1. Séries de noms masculins, féminins, épicènes.
2. Séries de mots de même nature grammaticale.
3. Séries de mots invariables.
4. Séries de mots appartenant au même champ lexical.
5. Séries de synonymes.
6. Séries d'antonymes.
7. Séries d'homonymes.

II. Les séries dans lesquelles il faut observer et analyser la forme des MOTS.

1. Compter le nombre de lettres.
2. Compter le nombre de consonnes. / Observer la position des consonnes.
3. Compter le nombre des voyelles. / Observer la position des voyelles.
4. Compter le nombre de syllabes orales et écrites.
5. Observer la récurrence de lettres.
6. Observer la première lettre, la lettre du milieu (si lettre du milieu il y a), ainsi que la dernière lettre.
7. Observer le nombre de « barres » des lettres.
8. Identifier des anagrammes.
9. Identifier des palindromes.
10. Repérer les sigles et acronymes.
11. Ecouter les mots.

III. Les séries dans lesquelles il faut transformer les MOTS.

1. Transformer les lettres en rangs.
2. Appliquer des règles arithmétiques de base : addition, soustraction, produit, division, carrés, cubes.
3. Cryptages.

IV. Les séries dans lesquelles il faut interroger les propriétés des NOMBRES.

1. Identifier les nombres pairs / impairs.
2. Identifier les nombres divisibles par 2, 3, 4, 5, 6, 7, 8, 9, 10, 11, 13, 17, 19, 23.
3. Identifier les carrés d'entiers naturels.
4. Identifier les cubes d'entiers naturels.
5. Identifier les nombres premiers.
6. Identifier les nombres palindromes.
7. Identifier les nombres composés de chiffres consécutifs.
8. Identifier des règles de progression INTER.

V. Les séries dans lesquelles il faut analyser et transformer les NOMBRES.

1. Transformer vos nombres-rangs en lettres.
2. Appliquer des opérations de base.
3. Séparer.
4. Ecouter les nombres.

I. INTERROGER LA NATURE ET LE SENS DES MOTS

Il est souvent question de **sens,** de **syntaxe** et de **signification** dans les séries de raisonnement des épreuves de logique aux concours des Ecoles de commerce post-bac.

Retenez donc qu'avant de commencer à compter les lettres des mots d'une série ou encore leur nombre de consonnes ou de syllabes, vous devrez tout d'abord vous demander si ces mots appartiennent au même champ lexical, s'ils représentent des verbes conjugués à la troisième personne du subjonctif présent ou encore s'ils sont tous synonymes d'un même mot. C'est parti !

1. SERIES DE NOMS FEMININS, MASCULINS, EPICENES

[1. Masculin ou féminin ?]

Exemple : parmi les six mots suivants, un seul est de genre masculin. Lequel ?

ALGEBRE – IDYLLE – EGIDE – METEORITE – ARMISTICE – TOPAZE

Ici, l'intrus est ARMISTICE puisqu'il s'agit en effet du seul mot masculin.

Dit-on *un* ou *une astérisque* ? Nous donnons ici une liste de noms sur lesquels les erreurs sont les plus nombreuses. Nous n'avons pas retenu les noms qui peuvent s'employer au masculin ou au féminin (*un* ou *une après-midi*), puisque aucune forme n'est fautive.

Masculin	Féminin
Acolyte	Acné
Agrume	Aérogare
Amalgame	Agape
Ambre	Agora
Amiante	Alcôve
Anathème	Algèbre

Masculin	**Féminin**
Antidote	Alvéole
Antipode	Anagramme
Antre	Anicroche
Aparté	Apothéose
Aphte	Argile
Apogée	Arrhes
Appendice	Azalée
Arcane	Camée
Armistice	Câpre
Aromate	Catacombes
Asphalte	Coriandre
Astérisque	Dartre
Augure	Décombres
Auspice	Dupe
Autoradio	Ebène
Camélia	Echappatoire
Cerne	Ecritoire
Codicille	Egide
Edelweiss	Ephéméride
Effluve	Epitaphe
Elytre	Epithète
Emblème	Equivoque
En-tête	Escarre
Epilogue	Espèce
Errata	Gemme
Esclandre	Icône
Exécutoire	Idylle
Girofle	Immondices
Haltère	Interview
Hémisphère	Météorite
Interclasse	Oasis
Interstice	Obsèques

Masculin	Féminin
Intervalle	Octave
Interview	Ogive
Ivoire	Omoplate
Jade	Orbite
Méandre	Orque
Météore	Pléthore
Obélisque	Réglisse
Opercule	Stalactite
Opuscule	Stalagmite
Pécule	Ténèbres
Pétale	Topaze
Planisphère	Urticaire

A vos définitions !

Si vous souhaitez réussir vos concours et intégrer l'Ecole de vos rêves, alors vous ne devez rien laisser au hasard. Chaque point engrangé peut faire la différence.

Si dans ces listes de mots féminins et masculins, certaines définitions vous échappent, prenez le temps de consulter un dictionnaire et notez les définitions des mots méconnus dans un petit carnet. Si vous démontrez une telle attitude au cours de votre préparation, alors nul doute que vous serez capables de relever tous les défis qui se présenteront à vous.

[2. Mots épicènes !]

Epicène : se dit d'un mot dont la forme ne change pas avec le genre qu'il désigne. Du grec *epikoinos,* « possédé en commun ».

Exemples : cartouche (une cartouche = une cartouche d'encre ou une cartouche de cigarettes / un cartouche = un symbole hiéroglyphique ou encore un ornement de pierre taillée portant une inscription gravée), critique, garde, greffe, livre, manche, mémoire, mode, moule, mousse, page, pendule, platine, poste, somme, tour, vase, voile.

Il existe également quelques **prénoms épicènes** comme : Claude, Maxime, Camille et Dominique. Attention : des prénoms qui ont la même prononciation à l'oral mais qui s'écrivent différemment, comme Michel / Michelle / Michèle, ne font pas partie de la catégorie des prénoms épicènes.

2. Series de mots de meme nature grammaticale

Dans certaines séries d'intrus ou de mots à compléter, vous serez amenés à déterminer si vous êtes face à une série :

- D'articles ou de déterminants
- De noms communs
- De verbes à l'infinitif, de verbes impersonnels, de verbes conjugués, de verbes défectifs…
- De pronoms
- D'adverbes
- De prépositions
- De conjonctions de coordination
- De conjonctions de subordination

3. Series de mots invariables

Exemple : soulignez l'intrus.

TOT – HIER – TANT – POUR – PAIR – GRE – HORS – AFIN – ICI

Ici, l'intrus est PAIR puisqu'il s'agit en effet du seul mot qui n'est pas invariable (on peut écrire : des pairs, *pair* étant ici compris comme un membre d'un groupe social, avec une connotation d'égalité de rang social (par exemple, un médecin jugé par le Conseil de l'ordre est dit « jugé par ses pairs »)).

[1. Liste de mots invariables]

Afin	Dehors, hors
Ailleurs	Déjà
Au-dessus, dessus, par-dessus, sus	Durant
Aujourd'hui	Entre
Auparavant, avant, devant, davantage, dorénavant	Envers, par devers, (à) travers, vers
Aussi	Environ
Aussitôt, bientôt, plutôt, sitôt, tantôt, tôt	Gré, malgré
Autant, pourtant, tant, tant pis	Guère, naguère

Autrefois, fois, parfois, quelquefois, toutefois	Hier
Avec	Hormis
Beaucoup	Ici
Cependant, pendant	Jadis
Certes	Jusque
Chez	Loin
Comme, comment	Longtemps
D'abord	Mieux, tant mieux
Dans, dedans	Moins, néanmoins
Debout	Parmi
Ainsi	Partout
Alors, dès lors, lorsque	Plus, plusieurs
Après, auprès, exprès, près, presque	Quand
Arrière, derrière	Sans
Assez	Selon
Demain	Surtout
Depuis, puis, puisque	Tandis que
Dès, dès que	Toujours
Désormais, jamais, mais	Trop
Donc	Volontiers

[2. Le cas des adjectifs numéraux]

Les adjectifs numéraux cardinaux sont invariables sauf *un, cent* et *vingt.*

- *Un* s'accorde en genre (masculin ou féminin).

J'ai lu vingt et un livres. J'ai lu vingt et une pages.

- *Cent* prend un *-s* quand il est multiplié : *deux cents pages,* sauf quand il est suivi d'un autre numéral : *deux cent trois pages,* ou quand il est employé comme ordinal : *page deux cent* (= la deux centième page).

- *Vingt* ne prend un *-s* que dans le nombre *quatre-vingts* : *il a quatre-vingts ans,* sauf quand il est suivi d'un autre numéral : *il a quatre-vingt-deux ans* ou quand il est employé comme ordinal : *ouvrez vos livres page quatre-vingt* (= la quatre-vingtième page).

Attention !

Mille est toujours invariable : *trois mille soldats.*

Million et *milliard* ne sont pas des adjectifs mais des noms. Ils prennent donc la marque du pluriel : *trois milliards* et *deux cent millions de personnes.*

[3. Le cas de « sans »]

Les noms composés avec **sans** prennent un trait d'union et sont invariables : *des sans-abris, des sans-cœurs, des sans-gêne, des sans-grade, un sans-papiers* ; sauf *sans-culotte* : *les sans-culottes.*

[4. Le cas des couleurs]

1. Les adjectifs simples désignant une couleur (bleu, vert, jaune, blanc, etc.) sont variables. Ils suivent la règle générale et s'accordent en genre et en nombre avec le nom auquel ils se rapportent.

Un papier blanc, une table blanche, des tissus blancs.

Une rose jaune, des tissus bleus, des cheveux blonds.

2. Lorsque l'adjectif de couleur est issu d'un nom désignant une chose dont la couleur, caractéristique, sert de référence, il reste invariable.

Des fleurs orange (= de la couleur orange, entre rouge et jaune).

Des jupes marron (= de la couleur brune du marron).

Des bijoux turquoise (= de la couleur de la turquoise, entre bleu et vert).

3. Lorsque l'adjectif de couleur est suivi d'un mot qui précise une teinte, une nuance, c'est un adjectif de couleur composé qui reste invariable.

Des jupes bleu foncé. / Des cheveux blond cendré. / Des chemises vert bouteille.

Lorsque l'adjectif composé est formé de deux adjectifs de couleur, on met un trait d'union : *bleu-vert.*

4. Lorsqu'un objet comporte plusieurs couleurs, les adjectifs de couleur restent invariables.

Un drapeau bleu, blanc, rouge / Des drapeaux bleu, blanc, rouge.

Ainsi, on écrira *des cravates bleu et rouge* pour désigner plusieurs cravates avec chacune du bleu et du rouge, mais on écrira *des cravates bleues et rouges* pour désigner un ensemble formé de cravates bleues et de cravates rouges.

4. Series de mots appartenant a un meme champ lexical

Dans des séries d'intrus par exemple, vous serez parfois amenés à rassembler certains mots autour d'un même champ lexical pour exclure alors le ou les mots qui s'en écartent. Exemples :

1. Les mots *jugement, légalité, avocat, loi, plaidoirie, juge, greffier* ou encore *procès* font partie du champ lexical de la **JUSTICE** ou plus généralement du **DROIT.**

2. Les mots *crack, cocaïne, méthamphétamine, blanche, ecstasy* ou encore *héroïne* font partie du champ lexical des DROGUES et plus précisément des **DROGUES DURES.**

3. Les mots *braconnage, filetage, piégeage, battue, affût, traque, poursuite* ou *course* font partie du champ lexical de la **CHASSE.**

4. Les mots *digestif, gnôle, goutte, spiritueux, fine, marasquin, menthe, mirabelle, marc, pousse-au-crime, pousse-café* ou encore *rincette* appartiennent au champ lexical de l'**ALCOOL.**

5. Les mots *monnaie, fonds, finances, capital, billet, fric, flouze, pèze, pognon* ou encore *liquide* font partie du champ lexical de l'**ARGENT.**

6. Les mots *division, multiple, addition, nombre, chiffre, quotient, opération…* appartiennent au champ lexical de l'**ARITHMETIQUE.**

Exemple 1 : complétez la série suivante (un trait équivaut à une lettre).

EQUINOXE – _ _ LS _ _ CE – LATITUDE – ORBITE – MERIDIEN – ZO _ _ _ Q _ _ – ZENITH

Vous aurez deviné ici le champ lexical de l'**ASTRONOMIE.** Il fallait donc trouver SOLSTICE et ZODIAQUE.

Exemple 2 : complétez la série suivante (un trait équivaut à une lettre).

MOEL_ _UX – OXYDATION – CRU – CE _ AG _ – ETHANOL – TANIN – _ END_ NG _ – TROUBLE

Vous aurez deviné ici le champ lexical du **VIN.** Il fallait donc trouver MOELLEUX, CEPAGE et VENDANGE.

Stimulez donc autant que possible votre curiosité et, comme tout bon manager qui se respecte, variez toujours vos lectures !

Nous vous proposons ici de travailler sur un exercice difficile, généralement proposé aux candidats de niveau bac+4 / bac+5. Mais nous sommes sûrs que vous saurez relever le défi.

Dans l'exercice qui suit, vous trouverez des questions comportant des séries de trois phrases, qui sont généralement des phrases simples, des proverbes ou des pensées d'auteurs.

Votre mission consiste à trouver le mot manquant commun aux trois phrases, en vous référant au contexte. Autrement dit, le mot que vous devrez trouver sera identique aux trois phrases d'une même question.

Pour cet exercice, il n'y a pas de limite de temps. C'est parti !

1.
- Il a recours aux ______________ les plus perfides pour arriver à ses fins.
- Il a trouvé une ______________ diabolique pour déjouer leurs plans.
- C'est la ______________ ordinaire de Satan de corrompre et abâtardir par tous moyens qu'il peut bonne semence de Dieu, afin qu'elle ne mûrisse point pour apporter fruit.

2.
- C'est avant tout la ______________ de l'expérience qui importe : la raison suivra toujours, son bandeau phosphorescent sur les yeux.
- Une folle ______________ s'est engagée entre les policiers et les braqueurs.
- La vaine ______________ d'une utopie.

3.
- Le Temps, monseigneur, a sur le dos un sac où ce monstre géant d'______________ enfouit sans cesse des aumônes pour l'oubli.
- L'______________ la plus odieuse, mais la plus commune et la plus ancienne, est celle des enfants envers leurs pères.
- Il n'y a qu'un seul vice dont on ne voie personne se vanter, c'est l'______________.

4.
- Le moment est venu de desserrer l'______________ des militaires sur les affaires.
- Les journaux se sont libérés de l'______________ du parti.
- Selon une des thèses fondamentales de Nietzsche, les valeurs traditionnelles ont perdu leur ______________ sur la vie des individus.

5.
- L'empreinte d'un homme sur un autre est éternelle, aucun ______________ n'a traversé le nôtre impunément.
- Nous tissons notre ______________, nous le tirons de nous comme l'araignée sa toile.
- Il s'agit là d'une famille cruellement marquée par le ______________.

6.
- Ses nouvelles sont d'une ______________ feutrée.
- Les dictatures fomentent l'oppression, la servilité et la ______________.
- La ______________ est le remède de l'orgueil blessé.

7.
- Le commencement et le ______________ de l'amour se font sentir par l'embarras où l'on est de se trouver seuls.
- Le mois de septembre signe le ______________ de la belle saison.
- L'amour constant ressemble à la fleur du soleil,

Qui rend à son______________, le soir, le même hommage,

Dont elle a, le matin, salué son réveil !

8.
- Au lieu que c'est une vertu d'avoir pitié des moindres afflictions qu'ont les autres, c'est une espèce de ______________ de s'affliger pour les nôtres propres.
- Il a eu la ______________ de témoigner à visage couvert.
- Je considère le suicide comme une ______________ : c'est un duel avec un adversaire désarmé.

9.
- C'est délicieux quand deux silences ayant cheminé parallèlement dans l'______________, soudain les deux esprits reparaissent côte à côte, avec la même phrase.
- Chacun est l'______________ de tous.
- La religion n'est autre chose que l'______________ portée de l'univers sur l'intelligence humaine.

10.
- Grands hommes ! Voulez-vous avoir ______________ demain ? Mourez aujourd'hui.
- L'ordre est le plaisir de la ______________ : mais le désordre est le délice de l'imagination.
- Ce n'est pas en enfermant ton prochain dans une maison de santé que tu prouveras ta ______________.

11.
- Il considère le travail comme une ______________ contraignante.
- Un être ne se sent obligé que s'il est libre, et chaque ______________, prise à part, implique la liberté.
- Employeur et employé ont des ______________ communes.

12.
- Il n'a personne à qui confier sa ______________.
- L'homme est un apprenti, la ______________ est son maître, et nul ne se connaît tant qu'il n'a pas souffert.
- Rien ne nous rend si grands qu'une grande ______________.

13.
- Un nouveau ______________ routier s'est produit ce matin.
- Affirmant que « la vie de l'intelligence constitue un univers lyrique incomparable, un ______________ complet où ne manquent ni l'aventure, ni les passions, ni le comique, ni rien d'humain », Valéry retrace dans *Charmes* un ______________ de l'intelligence, où chaque poème pourrait constituer une étape dans l'aventure de la connaissance.
- Il y a eu un petit ______________ familial au dîner d'hier soir.

14.
- Pas la Couleur, rien que la ______________.
- Il a répété la même chose avec une petite ______________.
- Ce tableau idyllique mérite quelques ______________.

15.
- Oh ! Attention, monseigneur, à la jalousie ; c'est le monstre aux yeux verts qui ______________ la proie dont il se nourrit.
- Ces compagnies ne survivront pas à la ______________ boursière.
- La ______________ révolutionnaire passée, les Vigny s'installèrent à Paris.

16.
- Je possède ce don d'observation appelé vulgairement ______________ par ceux qui en sont dépourvus.
- On atteint là le comble du ______________.
- Ce film dépeint la réalité de l'entreprise avec un ______________ désabusé.

17.
- Le mouvement démocratique perd un peu de son _____________.
- Choisir la vie, c'est choisir l'avenir. Sans cet _____________ qui nous porte en avant nous ne serions rien de plus qu'une moisissure à la surface de la terre.
- Il n'a pas réussi à créer un _____________ communautaire.

18.
- Point d'_____________, point de Suisse, et ma porte était close.
- Mais sans _____________ l'honneur n'est qu'une maladie.
- Il y a loin de l'homme qui méprise l'_____________ à celui qui est véritablement honnête.

19.
- Le mariage est le tombeau de la femme, le principe de toute _____________ féminine.
- C'est une grande _____________ qu'une grande carrière.
- Les révolutions n'ont généralement pour résultat immédiat qu'un déplacement de _____________.

20.
- La _____________, c'est le bonheur d'être triste.
- Il fut soudain submergé par la _____________.
- La _____________ n'est que de la ferveur retombée. La sagesse n'est pas dans la raison, mais dans l'amour.

[Réponses]

1. ruse(s)
2. poursuite
3. ingratitude
4. emprise
5. destin
6. cruauté
7. déclin
8. lâcheté
9. ombre
10. raison
11. obligation(s)
12. douleur
13. drame
14. nuance(s)
15. tourmente
16. cynisme
17. élan
18. argent
19. servitude
20. mélancolie

5. SERIES DE SYNONYMES

Il peut vous être demandé de trouver un ou plusieurs synonymes de certains mots. Les modalités sont diverses et variées.

Exemple 1 :

Un synonyme de BROCHURE est _ _ SC _ C _ _ E

Réponse : FASCICULE.

Exemple 2 : soulignez l'intrus.

FIDELITE – CHALEUR – ARDEUR – BOUILLONNEMENT – FLAMME – FOUGUE – PASSION

Réponse : CHALEUR, ARDEUR, BOUILLONNEMENT, FLAMME, FOUGUE et PASSION sont des synonymes (l'idée centrale étant celle du FEU AMOUREUX). L'intrus est donc ici le mot FIDELITE, qui est suffisamment éloigné des autres pour être retenu.

Définition

On dit de deux mots qu'ils sont **synonymes** lorsqu'ils ont le même sens ou à peu près le même sens, un sens voisin, un sens proche.

Ainsi, des termes comme *gendre* et *beau-fils* / *confondre* et *démasquer* / *naviguer* et *voguer* / *diminuer* et *décroître* sont synonymes.

Toutefois, il n'existe pas vraiment de mots que l'on puisse substituer les uns aux autres dans une synonymie parfaite. **Tout dépend du contexte d'emploi du mot.**

Manger, se sustenter, se nourrir, bouffer ou *becter* désignent la même action mais ne s'emploient pas dans les mêmes circonstances. On peut *confondre* ou *démasquer* un coupable, mais on ne peut pas *démasquer* le sel avec le sucre.

La plupart des synonymes ne sont synonymes d'un mot que pour l'un de ses emplois et il y a presque toujours une nuance ou un degré d'intensité différent.

Exemples :

Un bon musicien : un musicien doué/talentueux/créatif.
De bons amis : des amis chers/loyaux/proches.
Un bon rôti : un rôti excellent/exquis/délicieux.
Un homme bon : un homme altruiste/aimable/charitable, etc.

Si vous souhaitez sincèrement enrichir votre vocabulaire et jouer sur de nombreuses nuances de la langue française, consultez le dictionnaire de synonymes du CNRS… Un véritable bijou !

http://dico.isc.cnrs.fr/dico/fr/chercher

Voici par exemple le niveau de précision que vous pourrez trouver en cherchant des synonymes du mot *délicieux.*

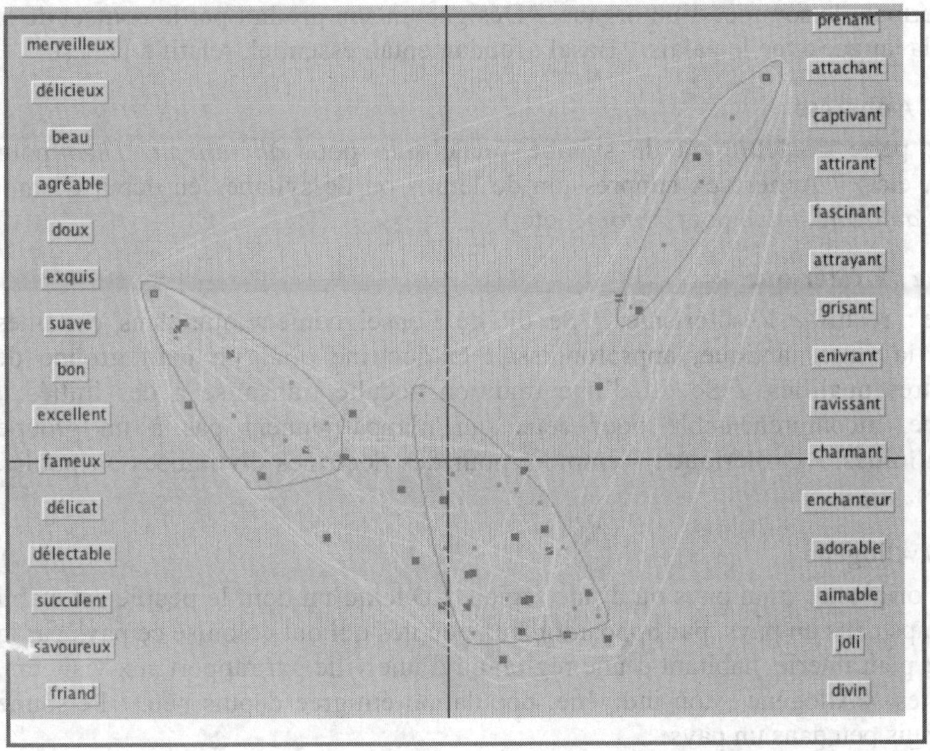

6. Series d'antonymes

Un **antonyme** est un mot dont le sens est opposé à celui d'un autre.

Exemples : *chaud* est un antonyme de *froid, lumière* est un antonyme d'*obscurité* et *étroit* est un antonyme de *large.*

Voici quelques couples d'antonymes qui ne vous laisseront pas indifférents et que nous vous conseillons de connaître !

Agnat / Cognat
Agnat : relatif à un élément d'une famille descendant d'un même ancêtre masculin. / Cognat : parenté par consanguinité.

Apical / Basal
Apical : formant le sommet d'un organe. / Désigne un son produit par le contact de la pointe de la langue avec le palais. / Basal : fondamental, essentiel, relatif à la base.

Apocope / Aphérèse
Apocope : perte de lettre ou de syllabe finale (*alu* pour *aluminium, Théo* pour *Théophile,* etc.). / Aphérèse : suppression de lettres ou de syllabes en début de mot (*-car* pour *autocar, -toine* pour *Antoine,* etc.).

Esotérique / Exotérique
Esotérique : relatif à l'ésotérisme. / Se dit de l'enseignement qui, dans certaines écoles de la Grèce antique, approfondissait la doctrine pour un petit groupe de disciples très qualifiés. / Se dit d'une tradition occulte transmise à des initiés. / Hermétique, incompréhensible pour ceux qui n'appartiennent pas à un groupe restreint d'initiés. / Exotérique : s'emploie pour des doctrines divulguées au public, vulgarisées.

Indigène / Allogène
Indigène : originaire d'un pays ou d'une région. / Quelqu'un dont le peuple est établi de tout temps dans un pays, par opposition aux peuples qui ont colonisé ce pays par la suite. / Par plaisanterie, habitant d'une région ou d'une ville par rapport aux visiteurs, aux touristes. / Allogène : non indigène, population émigrée depuis peu. / Personne établie depuis peu dans un pays.

Lévirat / Sororat
Lévirat : loi des anciens Hébreux, obligeant une veuve sans descendant mâle à épouser le frère de son mari défunt. / Tradition selon laquelle les veuves épousent un

frère du mari défunt. / Sororat : qualifie le système familial selon lequel un homme veuf doit épouser l'une des sœurs de sa femme défunte.

Périhélie / Aphélie

Périhélie : point orbital d'une planète le plus proche du Soleil. / Aphélie : point de l'orbite d'une planète le plus éloigné du Soleil.

Prolixe / Concis

Prolixe : bavard. / Concis : bref, exprimé en peu de mots.

Psychique / Somatique

Psychique : relatif à l'esprit, à la pensée. / Se rapportant aux phénomènes parapsychiques. / Somatique : relatif au soma, à l'ensemble des cellules non reproductrices d'un organisme (s'opposant à « germen »). / Qui concerne le corps (s'oppose à « psychique »).

Senestre / Dextre

Senestre : qui est à gauche. / Dextre : qui est à droite.

Tachycardie / Bradycardie

Tachycardie : accélération anormale du rythme cardiaque. / Bradycardie : rythme cardiaque lent.

Ubac / Adret

Ubac : en montagne, versant exposé à l'ombre. / Adret : versant d'un relief montagneux exposé au soleil.

Utérin / Consanguin

Utérin : né de la même mère mais non du même père qu'un autre. / Frères et sœurs nés de la même mère mais d'un père différent. / Consanguin : lié par le sang à d'autres individus, ayant des ascendants proches identique. / Issu du même père.

Yang / Yin

Yang : force symbolique dans la pensée chinoise, s'unit et s'oppose au « yin ». / Yin : force symbolique dans la pensée chinoise, s'unit et s'oppose au « yang ».

Zénith / Nadir

Zénith : point où la verticale d'un lieu perce la sphère céleste au-dessus de l'horizon. / Nadir : point virtuel de la sphère céleste, situé à l'extrémité d'une ligne verticale partant d'un endroit donné du globe et passant par le centre de la Terre, opposé au zénith.

Si vous souhaitez trouver l'antonyme d'un mot, le meilleur site Internet qui soit est sans aucun doute : **http://www.cnrtl.fr/antonymie/**

7. SERIES D'HOMONYMES

Il peut vous être demandé aux concours de trouver des homonymes de mots courants. Ainsi : *vers, verre* et *vert* sont des homonymes tout comme *mère, maire* et *mer.*

Voici quelques couples d'homonymes remarquables :

Un abord / Les abords

Un abord : façon d'aborder quelqu'un ou de se présenter à quelqu'un / Les abords (toujours au pluriel) : ce qui donne accès à un lieu, les alentours.

Un acquis / Acquit

Un acquis : qui a été gagné / Acquit : qui a été payé.

Une ballade / Une balade

Une ballade : un poème (souvent mis en musique) / Une balade : une promenade (les dérivés de *balade* s'écrivent aussi avec un seul *l*).

Un cahot / Un chaos

Un cahot : une secousse de voiture / Un chaos : un grand désordre.

Censé / Sensé

Censé : supposé / Sensé : de bons sens.

Décrépi / Décrépit

Décrépi : qui a perdu son crépi / Décrépit : dans un état de déchéance physique du fait de l'âge.

Délacer / Délasser

Délacer : défaire ce qui est lacé / Délasser : reposer, détendre.

Détoner / Détoner

Détoner : exploser, émettre une détonation / Détonner : contraster, ne pas être dans le ton juste, chanter ou jouer faux.

Différent / Différend

Différent : qui diffère, qui est dissemblable, distinct / Un différend : un désaccord, un litige.

Exaucer / Exhausser

Exaucer : satisfaire un vœu, répondre favorablement à une demande / Exhausser : augmenter la hauteur, rehausser.

Sain / Saint

Sain : qui est en bonne santé, qui contribue à la bonne santé / Saint : qui a un caractère sacré, en particulier pour l'Eglise catholique.

Une session / Une cession

Une session : la période pendant laquelle une assemblée tient séance / Une cession : l'action de céder un bien, un droit.

Subi / Subit

Subi : qui est supporté, enduré / Subit : qui se produit en très peu de temps, brusque.

II. OBSERVER ET ANALYSER LA FORME D'UN MOT

1. Compter le nombre de lettres

Un grand classique des séries de raisonnement !

Si les mots d'une série de raisonnement ne font pas sens et qu'ils ne sont portés par aucune forme de signification (comme c'est le cas dans le chapitre précédent), ayez d'abord le réflexe de compter le nombre de lettres.

Exemple :

GRADIENT (8) – ARIDITE (7) – JADIS (5) – SYSTEMATIQUE (12)

NB : vous remarquerez ici qu'il n'est pas bien difficile de comprendre vite que l'on a à faire à une série de raisonnement où les mots ne sont pas étudiés pour leur sens ou leur signification étant donné que GRADIENT, ARIDITE, JADIS et SYSTEMATIQUE sont des mots qui n'ont strictement rien à voir les uns avec les autres !

2. Compter le nombre de consonnes / Observer la position des consonnes

Exemple 1 :

GRADIENT (5) – ARIDITE (3) – JADIS (3) – SYSTEMATIQUE (6)

On compte ici le nombre de consonnes des mots.

Exemple 2 :

GRADIENT (12478) – ARIDITE (246) – JADIS (135) – SYSTEMATIQUE (1346810)

Les chiffres du code chiffré entre parenthèses donne la position des consonnes dans le mot. Ainsi dans le mot **GR**A**D**IE**NT** les consonnes se trouvent bien placées en 1re, 2e, 4e, 7e et 8e positions, d'où le code : 12478.

3. Compter le nombre de voyelles / Observer la position des voyelles

Exemple 1 :

GRADIENT (3) – ARIDITE (4) – JADIS (2) – SYSTEMATIQUE (6)

On compte ici le nombre de voyelles des mots.
Rappel : il y a 6 voyelles écrites en français : A, E, I, O, U, Y.

Exemple 2 :

GRADIENT (356) – ARIDITE (1357) – JADIS (24) – SYSTEMATIQUE (25791112)

Les chiffres du code chiffré entre parenthèses donne la position des voyelles dans le mot. Ainsi dans le mot JADIS les voyelles se trouvent bien placées en 2de et 4e positions, d'où le code : 24.

4. Compter le nombre de syllabes orales et ecrites

Quelle différence faites-vous entre les deux exemples suivants ?

Exemple 1 :

GRADIENT (2) – ARIDITE (4) – JADIS (2) – SYSTEMATIQUE (4)

Exemple 2 :

GRADIENT (3) – ARIDITE (4) – JADIS (2) – SYSTEMATIQUE (5)

La réponse est simple : dans l'exemple 1, on compte les syllabes orales tandis que dans l'exemple 2, on compte les syllabes écrites.

Retenez donc que les syllabes orales (c'est-à-dire celles qui sont réellement prononcées dans l'usage oral courant d'un mot) ne correspondent pas toujours aux syllabes écrites (c'est-à-dire les syllabes prononcées en insistant artificiellement sur les *e* muets, notamment en fin de mot).

5. OBSERVER LA RECURRENCE DE LETTRES

Il arrive parfois que vous soyez amenés à observer la récurrence de certaines lettres au sein d'un même mot ou encore la récurrence de lettres communes à plusieurs mots.

Exemple 1 :

FREDONNER (REN) – GAGNER (G) – PERSONNALITE (EN)

Dans ce premier exemple, vous remarquez que le code entre parenthèses décrit le nombre de lettres en double dans le mot. Ainsi dans le mot FREDONNER, les lettres R, E et N sont les seules qui apparaissent deux fois. De la même façon, dans PERSONNALITE, les lettres E et N sont les seules qui apparaissent deux fois.

Exemple 2 :

TRAITEMENT (3) – ATTENTAT (4) – TARTE (2) – TOUS (1)

Ici, il saute aux yeux que la lettre T est commune aux trois mots et qu'il y en a 3 dans **T**RAI**T**EMEN**T**, 4 dans A**TT**EN**T**A**T**, 2 dans **T**AR**T**E et 1 dans **T**OUS.

6. OBSERVER LA PREMIERE LETTRE, LA DERNIERE LETTRE ET LA LETTRE DU MILIEU

Exemple 1 : complétez la série (un trait équivaut à une lettre).

STATIONNEMENT (TS) – PARAPENTE (EP) – SCARIFICATION (NS) – TACITURNE (_ _)

Dans ce premier exemple, vous remarquez que le code entre parenthèses donne la dernière puis la première lettre du mot associé. Ainsi, dans **S**TATIONNEMEN**T** (**TS**), le T du code représente la dernière lettre du mot, et le S, la première.

Réponse : TACITURNE (ET).

Exemple 2 : complétez la série (un trait équivaut à une lettre).

CHARPENTE (P) – CASQUETTE (U) – SENSIBILISATION (L) – FERTILITE (_)

La lettre entre parenthèses représente ici la lettre centrale du mot associé. Ainsi, dans CHARPENTE (**P**), on voit bien que la lettre P est positionnée au milieu.

Réponse : FERTILITE (I).

7. Observer le nombre de « barres » des lettres

Exemple 1 : complétez la série.

MAMAN (17) – MENTHE (20) – AVANT (13) – FETE (13) – MALIKA (?)

Vous remarquez ici que le nombre total de barres du mot MAMAN est égal à 17. En effet, la lettre M est composée de 4 barres (appelées aussi parfois « allumettes » ou encore « traits »), la lettre A en contient 3 et la lettre N en contient 3 également, ce qui nous donne bien MAMAN (17). On vérifie alors par analogie que MENTHE est bien composé d'un total de 20 barres et que les mots AVANT comme FETE sont chacun composés de 13 lettres.
En conclusion, il fallait trouver **MALIKA (16).**

Tableau des lettres « à barres » :

Lettres	A	E	F	H	I	K	L	M	N	T	V	W	X	Y	Z
Barres	3	4	3	3	1	3	2	4	3	2	2	4	2	3	3

8. Identifier les anagrammes

Exemple : complétez la série suivante (un trait équivaut à une lettre).

CENTRA – ENCART – CARNET – CANTER – _ _ _ _ _ _

CENTRA, ENCART, CARNET et CANTER sont des anagrammes du même mot.
Il fallait donc trouver ici le mot NECTAR qui est une autre anagramme de CARNET ou ENCART.

Définition

Du grec *anagramma,* « renversement de lettres », une anagramme est une construction fondée sur l'inversion (ou permutation) des lettres d'un mot ou d'un groupe de mots pour en extraire un sens ou un mot nouveau.

Exemples :

- SOIGNEUR – GUERISON
- MERCI – CRIME
- IMAGINER – MIGRAINE
- MARIE – AIMER – MARIE
- CHINE – NICHE – CHIEN
- MARION – MANOIR – ROMAIN
- ETRANGE – GERANTE – ARGENTE

Les anagrammes peuvent aussi se construire à partir de plusieurs mots :

- PABLO PICASSO – PASCAL OBISPO
- ALBERT EINSTEIN – RIEN N'EST ETABLI
- BORIS VIAN – BISON RAVI
- THE GERMAN SOLDIERS – HITLER'S MEN ARE DOGS

9. Identifier les palindromes

Exemple : soulignez l'intrus.

ICI – ALLA – RADAR – CRAC – KAYAK

Le seul mot qui ne peut se lire ici de la même façon de la gauche vers la droite comme de la droite vers la gauche est le mot CRAC. C'est donc l'intrus.

Définition

Le palindrome est un mot, un nombre, voire un texte dont l'ordre des symboles (lettres, chiffres, etc.) reste le même **qu'on le lise de gauche à droite ou de droite à gauche.**

Exemples :

- ROTOR
- KAYAK
- KARINE ALLA EN IRAK
- ELU PAR CETTE CRAPULE
- LA MARIEE IRA MAL
- 20-02-2002
- RIONS NOIR
- AINSI ANAIS NIA
- A LAVAL, ELLE L'AVALA.
- AXA, BOB, ETE, GAG, NON…
- REVER, SAGAS, SEVES…
- 11 h 11
- 2 puissance 4 = 4 puissance 2

10. Reperer les sigles et les acronymes

Définition
Un sigle est une abréviation constituée des initiales (ou de certaines lettres) de plusieurs mots.

EDF : Electricité de France / HLM : Habitation à loyer modéré / CNRS : Centre national de la recherche scientifique / ONU : Organisation des Nations unies.

Aujourd'hui, les sigles s'écrivent de plus en plus souvent sans point entre les lettres et même les majuscules ont tendance à disparaître.

Un sigle qui peut se lire et se prononcer comme un mot est un acronyme : *SICAV, SMIC, ONU, OVNI.* Ces acronymes s'écrivent de plus en plus souvent en minuscules : *une Sicav monétaire, un Smic brut.*

Les sigles et les acronymes prennent le genre du mot principal qui les compose.
CFDT est du féminin (= Confédération française démocratique du travail).
CNRS est du masculin (= Centre national de la recherche scientifique).

Les acronymes peuvent être invariables : *des SICAV,* ou prendre la marque du pluriel quand ils sont devenus de véritables noms communs : *des ovnis* (= objets volants non identifiés), *des faqs*, *des radars*.

Retrouvez sur www.aurlom.com une liste des principaux sigles et acronymes.

11. ECOUTER LES MOTS

Sous ce titre un peu curieux se cache pourtant un nombre croissant de séries de raisonnement pour lesquelles il faut faire montre d'une bonne oreille. Ceux qui chuchotent ce qu'ils lisent vont être avantagés ! La preuve par l'exemple…

Exemple 1 : soulignez l'intrus.

AT – OC – BB – CD – HT – OT – KC – AG – AM

L'intrus est AM. Lorsque vous « écoutez » ce que vous lisez, vous comprenez alors que les lettres A et T lues l'une après l'autre donnent le mot « athée » ou « hâter », OC donne le mot « hausser », BB donne « bébé », CD donne « céder »… Seul AM ne donne rien !

Exemple 2 :

VINGT est à BORD D'EAU ce que TAIE est à C'EST LENT

Vous avez compris ici que « VINGT » s'entend comme « VIN » et « BORD D'EAU » comme « BORDEAUX ». On comprend ensuite que « TAIE » s'entend comme « THE » et « C'EST LENT » comme « CEYLAN ».

Pensez donc toujours à chuchoter les mots que vous lisez pour déceler quelque autre signification qui fait sens au moment où vous les prononcez.

III. TRANSFORMER LES MOTS

1. TRANSFORMEZ VOS LETTRES EN RANGS

Voici les correspondances lettres – rangs :

A	B	C	D	E	F	G	H	I	J	K	L	M
1	2	3	4	5	6	7	8	9	10	11	12	13
26	25	24	23	22	21	20	19	18	17	16	15	14

N	O	P	Q	R	S	T	U	V	W	X	Y	Z
14	15	16	17	18	19	20	21	22	23	24	25	26
13	12	11	10	9	8	7	6	5	4	3	2	1

Notre expérience d'enseignants à AURLOM nous a permis d'arriver à la conclusion que vous avez souvent du mal à apprendre les correspondances « lettres – rangs ». Nous avons donc imaginé pour vous un moyen mnémotechnique très efficace qui s'appelle **EJOTY** !

E	J	O	T	Y
5	**10**	**15**	**20**	**25**

EJOTY est un redoutable pense-bête.
Il vous permet en effet de retrouver instantanément les rangs de toutes les lettres. Vous pouvez vous contenter d'apprendre seulement les cinq correspondances lettres – rangs de ce mot et vous entraîner à retrouver les rangs de toutes les autres lettres. Vous allez voir, c'est un jeu d'enfant !

Ainsi, par exemple, si vous cherchez le rang de K, il vous suffit de vous souvenir que la lettre K succède dans l'alphabet à la lettre J, et donc que le rang de K est égal à 11 (puisque le rang de J que vous connaissez par cœur est 10 !). De même, si vous cherchez le rang de R, et bien comme R est positionné dans l'alphabet juste avant S et T, vous en déduisez que son rang est égal à 18.

Entraînez-vous ainsi à transformer votre prénom ainsi que celui de vos proches en rangs à l'aide d'EJOTY. C'est vraiment simple… Même si c'est vrai que c'est quand même plus simple quand on s'appelle Ben (2-5-14) que lorsqu'on s'appelle Marie-Elisabeth (13-1-18-9-5-5-12-9-19-1-2-5-20-8).

Exemple 1 : complétez la série suivante.

FEODAL (12) – ARTICHAUT (20) – JASMIN (14) – PARADIS (?)

Les nombres entre parenthèses représentent ici les rangs respectifs des dernières lettres des mots de la série. Ainsi dans FEODAL, le rang de la dernière lettre L est bien égal à 12 et dans ARTICHAUT, le rang de T est bien égal à 20. On trouve donc **PARADIS (19).**

Exemple 2 : soulignez le nom de l'animal intrus.

CHAT (3-8-1-20) – SINGE (19-9-14-7-5) – KANGOUROU (11-1-13-7-15-21-18-15-21)

Les nombres entre parenthèses représentent ici les rangs respectifs des lettres du mot associé. Ainsi, dans CHAT, les lettres C, H, A et T occupent respectivement les positions 3, 8, 1 et 20. L'animal intrus est donc ici KANGOUROU puisque les rangs des lettres de ce mot sont dans l'ordre : 11-1-**14**-7-15-21-18-15-21 et non 11-1-**13**-7-15-21-18-15-21

Exemple 3 : complétez la série suivante.

THEATRE (205) – OPERA (151) – KERMESSE (115) – FESTIVAL (?)

Dans THEATRE, le code 205 doit se lire 20 et 5, **20** pour le rang de **T** la première lettre de THEATRE et **5** pour le rang de **E,** la dernière lettre de THEATRE. On trouve ainsi **FESTIVAL (612).**

2. OPERATIONS SUR LES RANGS DES LETTRES

Lorsque l'on passe à un niveau de difficulté supérieure, on en vient à conduire des **opérations** sur les rangs des lettres des mots qui nous sont proposés dans les séries. Ces opérations sont très classiques :

- L'addition
- La soustraction
- La multiplication
- La division
- La mise au carré
- La mise au cube

Exemple 1 : complétez la série suivante.

ELLE (34) – DAME (23) – EPOUSE (81) – FEMME (?)

Le nombre entre parenthèses est ici égal à la somme des rangs des mots associés. Ainsi, les rangs des lettres du mot ELLE sont respectivement égaux à 5, 12, 12 et 5 et la somme 5 + 12 + 12 + 5 est bien égale à 34. Les rangs des lettres du mot FEMME sont respectivement égaux à 6, 5, 13, 13 et 5. La somme des rangs est donc égale à 42 et on trouve donc **FEMME (42).**

Exemple 2 : complétez la série suivante.

LION (144) – PUMA (256) – CHACAL (9) – JAGUAR (100) – HYENE (?)

Les nombres entre parenthèses sont ici à chaque fois égaux au carré du rang de la première lettre du nom du félin associé. Ainsi, le rang de la première lettre de LION, **L,** est égal à 12 et le carré de 12 vaut **144.**
Par conséquent, il fallait trouver **HYENE (81)** puisque le rang de la première lettre de HYENE, H, est 9 et que le carré de 9 est bien égal à 81.

Bien entendu, vous allez devoir apprendre vos carrés et vos cubes par cœur pour réussir à obtenir les meilleurs scores aux concours et intégrer ainsi l'Ecole de vos rêves. Nous reviendrons précisément sur les listes de carrés, cubes et autres nombres premiers à apprendre par cœur pour vos concours.

Exemple 3 : complétez la série suivante.

GATEAU (27) – TARTE (58) – MOUSSE (51) – CRUMBLE (?)

Une série difficile. Le nombre entre parenthèses est ici égal à la somme des rangs des CONSONNES des mots associés. Ainsi, dans GATEAU, la somme de rangs des consonnes G et T est bien égale à G(7) + T(20) : **27.**
On trouve donc **CRUMBLE (48).**

3. Cryptages

Crypter un message consiste à remplacer les signes alphabétiques traditionnels par des chiffres (ou des symboles) grâce à un code.

[1. Cryptage alphabet]

Ainsi, associer aux lettres d'un mot leurs rangs respectifs constitue en soi un cryptage.
Par exemple, 1612112 est un cryptage de PAUL si l'on s'appuie sur les rangs des lettres de PAUL dans l'alphabet. P(16) A(1) U(21) L(12) soit PAUL : 1612112.

[2. Cryptage arbitraire]

Disons à présent que je décide de vous envoyer le code **17085-30794-260974** en vous précisant que chaque lettre est associée à un chiffre et un seul compris entre 0 et 9 et que ce code signifie **BRAVO MARIE CLAIRE** ; et bien si vous me renvoyez en réponse le code **34729,** je comprendrai que vous m'avez tout simplement répondu **MERCI.** En effet, nous sommes ici face à un cryptage qui consiste à attribuer de façon arbitraire un chiffre à une lettre. L'attribution de ce chiffre ne respecte aucune règle précise (contrairement au cryptage précédent qui respectait l'ordre d'apparition des lettres dans notre alphabet).

B	**R**	A	V	O	**M**	A	R	**I**	**E**	**C**	L	A	I	R	E
1	**7**	0	8	5	**3**	0	7	**9**	**4**	**2**	6	0	9	7	4

M	**E**	**R**	**C**	**I**
3	**4**	**7**	**2**	**9**

[3. Cryptage « pendu »]

Un autre type de cryptage, appelé **cryptage « pendu »,** consiste à crypter un mot selon l'ordre d'apparition de ses lettres dans le mot : on peut ainsi par exemple crypter le mot **MANGER** en utilisant le code **3N5E1M6R2A4G.**

Ce code signifie qu'en troisième position, vous trouvez la lettre N, en cinquième position la lettre E, en première la lettre M, en sixième la lettre R, en deuxième la lettre A et en quatrième la lettre G. Aussi, en m'appuyant sur le fonctionnement de ce code, si je vous envoie à présent le code **8E6I4S1R2E5S7T3U9S**, vous devrez donc comprendre le mot : **REUSSITES.**

[4. Cryptage « translation »]

Pour terminer, je peux décider de crypter un message dans lequel j'associe à chaque lettre de mes mots une valeur du type **AX + B** où **X** est **le rang des lettres** dans l'alphabet et où **A** et **B** sont **les clés du code.**

Ainsi, si je veux crypter le mot **PARIS** avec les clés **A = 3 et B = -2,** j'obtiens le code 46-1-52-25-55.

	P	**A**	**R**	**I**	**S**
X	16	1	18	9	19
3X	48	3	54	27	57
3X-2	**46**	**1**	**52**	**25**	**55**

IV. EXPLORER LES PROPRIETES DES NOMBRES

Les séries de raisonnement s'appuient souvent sur des nombres dont il faut identifier des propriétés communes. Vous devrez ainsi trouver par exemple dans une série le seul nombre qui n'est pas divisible par 13, ou encore compléter une série de carrés ou de cubes. Vous retrouverez naturellement toutes les propriétés des nombres **(avec des listes de carrés, cubes et autres critères de divisibilité à connaître par cœur)** dans le *Cours fondamental de mathématiques* de la deuxième partie de cet ouvrage.

1. PAIR OU IMPAIR ?

Exemple : soulignez l'intrus.

671 – 213 – 981 – 762 – 711 – 903 – 765 – 980

L'intrus est ici tout simplement 762 qui est le seul nombre PAIR de la série.

2. MULTIPLES

Exemple 1 : soulignez l'intrus.

63 – 177 – 210 – 28 – 77 – 154 – 350 – 707

Tous les nombres de cette série sont divisibles par 7, **sauf 177.**

Exemple 2 : soulignez l'intrus.

190 – 57 – 85 – 171 – 109 – 38 – 76

Tous les nombres de cette série sont divisibles par 19, **sauf 109.**

Exemple 3 : soulignez l'intrus.

133 – 111 – 39 – 78 – 90 – 81 – 84 – 336

Ici, tous les nombres sont divisibles par 3 sauf **133.**

Rappel : un nombre divisible par 3 est un nombre dont la somme des chiffres est elle-même divisible par 3.

3. CARRES

Exemple 1 : complétez la série suivante (un trait équivaut à un chiffre).

225 – 81 – 64 – 361 – 256 – 19_

Tous les nombres de cette série sont des carrés d'entiers naturels. Il fallait donc trouver 19**6**, qui n'est autre que le carré de 14.

Exemple 2 : soulignez l'intrus.

18 – 52 – 63 – 94 – 47 – 61

Une série difficile. Les nombres de cette série représentent des carrés d'entiers naturels **écrits à l'envers.** Ainsi, 18 est en fait de 81, le carré de 9, 52 est en fait 25, le carré de 5, etc.

Il fallait donc souligner **47** puisque 74 n'est pas le carré d'un entier naturel.

4. CUBES

Exemple : complétez la série suivante (un trait équivaut à un chiffre).

27 – 125 – 216 – 64 – 512 – 7_9

Tous les nombres de cette série sont des cubes d'entiers naturels. Il fallait donc trouver 7**2**9, qui n'est autre que le cube de 9.

5. NOMBRES PREMIERS

Exemple : soulignez l'intrus.

71 – 17 – 83 – 29 – 31 – 37 – 23 – 41 – 63 – 19

Tous les nombres de cette série sont des nombres premiers hormis **63.**

6. Nombres palindromes

Exemple : soulignez l'intrus.

5665 – 878 – 111 – 4343 – 989 – 2332 – 10901 – 87778

Tous les nombres de cette série sont des nombres palindromes (qui se lisent de la même façon de gauche à droite que de droite à gauche). L'intrus est donc **4343.**

7. Nombres consecutifs

Exemple 1 : soulignez l'intrus.

678 – 123 – 78 – 89 – 345 – 45 – 678 – 12 – 245 – 56 – 567

Tous les nombres de cette série sont des nombres dont les chiffres sont consécutifs croissants, **sauf 245.**

Exemple 2 : soulignez l'intrus.

765 – 98 – 21 – 987 – 432 – 32 – 78 – 876 – 54

Tous les nombres de cette série sont des nombres dont les chiffres sont consécutifs décroissants, **sauf 78.**

8. Progressions inter

Les progressions INTRA et INTER seront étudiées en profondeur dans le cadre du chapitre consacré aux SERIES DOUBLES de la première partie de cet ouvrage.

Exemple : complétez la série avec l'un des cinq nombres suivants : 134, 879, 193, 454, 890.

824 – 130 – 649 – 253 – 963 – ?

La bonne réponse est ici **879** puisque vous remarquez que les deuxièmes chiffres des nombres de cette série se suivent d'un nombre à l'autre.

8<u>2</u>4 – 1<u>3</u>0 – 6<u>4</u>9 – 2<u>5</u>3 – 9<u>6</u>3 – 8<u>7</u>9

V. ANALYSER ET TRANSFORMER LES NOMBRES

1. TRANSFORMER VOS CHIFFRES ET NOMBRES EN RANGS

Il s'agit ici tout simplement de faire l'opération inverse de celle vue avec les lettres. En effet, s'il vous paraît à présent tout à fait « normal » de transformer vos MOTS en NOMBRES, et bien l'opération inverse existe aussi.

Exemple : complétez la série (un trait correspond ici à un chiffre ou à un nombre).

16-1-18-9-19 est à 6-18-1-3-5 ce que 15-19-12-15 est à 14 - __ - __ - __ - __ - __ - 5

En considérant les chiffres et nombres de cette série comme les rangs des lettres de l'alphabet, la série devenait : **PARIS** est à **FRANCE** ce que **OSLO** est à **NORVEGE** (un peu de culture générale ne fait jamais de mal).
Il fallait donc trouver le code correspondant au mot NORVEGE, soit le code : **14-15-18-22-5-7-5.**

Ne vous inquiétez pas ! Dans vos sujets de concours figureront des explications relatives à la façon dont vous devrez aborder la série. Exemple : *« en vous aidant des positions des lettres dans l'alphabet... ».*

2. APPLIQUER DES OPERATIONS DE BASE

Les opérations à appliquer sur les nombres de vos séries sont :

- L'addition
- La multiplication
- La division
- La mise au carré
- La mise au cube

Exemple 1 : complétez la série (un trait correspond ici à un chiffre ou à un nombre).

677 – 596 – 299 – 794 – 398 – 58_

La bonne réponse est **7** ici. En effet, la somme des chiffres des nombres de cette série est toujours égale à 20.

Exemple 2 : complétez la série (un trait correspond ici à un chiffre ou à un nombre).

645 (15) – 785 (20) – 599 (23) – 987 (__)

Le nombre entre parenthèses est égal à la somme des chiffres du nombre associé. Ainsi : la somme des chiffres du nombre 645 est bien égale à 15 et la somme des chiffres du nombre 785 est bien égale à 20. On vérifie encore que la somme des chiffres du nombre 599 est égale à 23 pour conclure que la réponse est **987 (24).**

Exemple 3 : complétez la série (un trait correspond ici à un chiffre ou à un nombre).

45 ⇒ 81 ; 67 ⇒ 169 ; 43 ⇒ 49 ; 55 ⇒ 100 ; 98 ⇒ __

Cette série d'un niveau plus difficile fonctionne de la façon suivante : il faut dans un premier temps faire la somme des chiffres du nombre qui se trouve à gauche de la flèche (⇒) puis, dans un second temps, élever la somme obtenue au carré. Ainsi, la somme des chiffres de 45 vaut 9 et le carré de 9 vaut **81.** Cela fonctionne bien entendu également pour 67 ⇒ 169 puisque la somme des chiffres de 67 vaut 13 et que le carré de 13 est égal à **169.** On trouve donc 98 ⇒ 289 car la somme des chiffres de 98 vaut 17 et que le carré de 17 n'est autre que 289.

Exemple 3 : complétez la série (un trait correspond ici à un chiffre ou à un nombre).

498 ⇒ 12 ; 764 ⇒ 11 ; 181 ⇒ 2 ; 728 ⇒ 15 ; 995 ⇒ __

Un test assez simple. En fait, dans 498, nous avons fait la somme des premier et troisième chiffres pour obtenir 12. D'où : <u>4</u>9<u>8</u> ⇒ **12.** On trouve donc **995 ⇒ 14.**

Vous retiendrez donc que parfois, certains chiffres ne sont pas pris en compte dans le cadre de votre raisonnement.

3. SEPARER

Les séparations consistent à « séparer » les nombres en deux ou plusieurs morceaux, et ce, en vue d'appliquer des opérations de base (addition, soustraction…).
Il est possible de séparer au niveau du premier chiffre, du dernier chiffre, ou encore de séparer au milieu.

Exemple 1 : complétez la série (un trait correspond ici à un chiffre).

7694 – 4783 – 8466 – 9137 – 806_

Lorsque vous séparez le nombre 7694 au milieu, vous obtenez 76 puis 94. Vous remarquez alors que la somme des chiffres de 76 (13) est précisément égale à la somme des chiffres de 94 (13). On trouve donc **8062.**

Exemple 2 : complétez la série (un trait correspond ici à un chiffre).

6427 – 3124 – 9364 – 8648 – 42_5

Lorsque vous séparez 6427 en trois morceaux : 6 / **42** / 7, vous comprenez que 42 s'obtient en multipliant 6 par 7. De même pour 3 / **12** / 4 ; 9 / **36** / 4 et 8 / **64** / 8. On trouve donc **4205.**

Exemple 3 : complétez la série (un trait correspond ici à un chiffre).

238 – 4216 – 63216 – 93729 – 44256 – 35_43

Une série difficile. Lorsque vous séparez le nombre 238 en trois morceaux, vous obtenez 2 / 3 / 8 et vous remarquez alors que 2 puissance 3 est égal à 8. De même pour 4216, 4 puissance 2 est égal à 16. On trouve donc **35<u>2</u>43.** En effet 3 puissance 5 est égal à 243.

Exemple 4 : complétez la série (un trait correspond ici à un chiffre).

104 – 71 – 60 – 137 – 9_

Réponse : 3. En séparant au niveau du dernier chiffre, on comprend que pour 104 par exemple, on a 10 et 4 et 10 - 4 = **6.** Aussi pour 71, 7 - 1 = **6** etc.

4. Ecouter les nombres

Exemple 1 : complétez la série (un trait correspond ici à une lettre).

24 (VQ) – 32 (TD) – 65 (SC) – 58 (_ H)

On trouve ici **58 (CH).** En effet, le nombre 24 se lit « Vingt-Quatre ». Aussi, VQ entre parenthèses annonce-t-il donc les initiales de 24.

Exemple 2 : complétez la série (un trait correspond ici à une lettre).

Si 6 + 4 = D et 3 x 5 = Q alors 3^2 = __

Réponse : N. Ici 6 + 4 = **Dix,** 3 x 5 = **Quinze** et 3^2 = **Neuf.**

3. LES SERIES SIMPLES

LES SERIES SIMPLES

Les séries simples sont certainement les séries les plus emblématiques des épreuves de logique aux concours des Ecoles de commerce post-bac. Les concours font donc rarement l'impasse sur ces séries, **car les écoles apprécient leur aspect minimaliste.** Les séries simples convoquent des raisonnements logiques d'une grande rigueur tout en s'appuyant sur des opérations de calcul relativement simples (addition, soustraction, produit…).

Vous devez savoir que les séries simples suivent une **logique de construction.** Autrement dit, chaque élément d'une série simple est dépendant des autres éléments de la série et se déduit donc des éléments qui le précèdent. **C'est d'ailleurs pour cette raison qu'il n'y a qu'une et une seule réponse possible dans un test de série simple.**

1. LES SERIES SIMPLES DE CHIFFRES

Les séries simples de chiffres sont formées d'une suite de nombres. Le but de chaque série est de continuer la suite de nombres, en tenant compte de règles logiques. Chaque série simple de chiffres se construit selon une logique de progression mathématique. Votre mission est de trouver parmi une myriade de possibilités la progression mathématique qui régit la série.

Une règle de progression est avant tout logique et elle ne vous demande que très rarement des connaissances mathématiques particulières. L'essentiel des progressions logiques se résume à l'utilisation des quatre opérations mathématiques fondamentales : +, -, x et /.

L'instinct et l'observation sont les premières armes du candidat face aux séries simples de chiffres. Néanmoins, pour atteindre les sommets que vous vous êtes fixés, l'apprentissage des règles logiques est une étape essentielle.

Avant de commencer à lister les critères des séries simples de chiffres, nous vous faisons part de deux conseils primordiaux :

- Notez les écarts entre les termes de la suite pour mettre en évidence les progressions.
- Lisez la série de manière alternée et décalée pour voir plus clairement les combinaisons et les alternances.

1. PROGRESSION ARITHMETIQUE

[1. Progression arithmétique croissante]

Cette progression consiste à passer d'un nombre au suivant en ajoutant un nombre constant positif. Ce nombre s'appelle la « raison arithmétique ».

Exemple :

1	**4**	**7**	**10**	**13**	**?**

Vous ajoutez dans cet exemple la raison 3 au nombre précédent. Vous devez remplacer le point d'interrogation par 16.

[2. Progression arithmétique décroissante]

Cette progression consiste à passer d'un nombre au suivant en soustrayant un nombre constant positif. Ce nombre s'appelle également la « raison arithmétique ».

Exemple :

547	**541**	**535**	**529**	**523**	**?**

Vous retirez dans cet exemple la raison 6 au nombre précédent. Vous devez remplacer le point d'interrogation par 517.

[3.Progression arithmétique évolutive]

Cette progression consiste à passer d'un nombre au suivant en ajoutant un nombre qui augmente ou qui diminue à chaque fois.

Exemple :

4	**5**	**7**	**10**	**14**	**?**

Vous ajoutez dans cet exemple d'abord 1, puis 2, ensuite 3, etc.
Vous devez remplacer le point d'interrogation par 19, puisque vous devez ajouter 5 à 14.

L'évolution de la progression peut aussi être négative.

Exemple :

85	**80**	**76**	**73**	**71**	**?**

Vous retirez dans cet exemple successivement les nombres 5, 4, 3, 2 et enfin 1. Vous devez remplacer le point d'interrogation par 70.

2. La progression geometrique

[1. Progression géométrique croissante]

Cette progression consiste à passer d'un nombre au suivant en multipliant par un nombre constant supérieur à 1. Ce nombre s'appelle la « raison géométrique ».

Exemple :

1	**2**	**4**	**8**	**16**	**?**

Vous multipliez dans cet exemple par la raison 2 le nombre précédent. Vous devez remplacer le point d'interrogation par 32.

[2. Progression géométrique décroissante]

Cette progression consiste à passer d'un nombre au suivant en multipliant par un nombre constant positif inférieur à 1. Ce nombre s'appelle également la « raison géométrique ».

Exemple :

800	**400**	**200**	**100**	**50**	**?**

Vous multipliez dans cet exemple par la raison 1/2 le nombre précédent. Vous devez remplacer le point d'interrogation par 25. Cette progression géométrique décroissante revient à diviser chaque nombre par 2.

[3. Progression géométrique évolutive]

Cette progression consiste à passer d'un nombre au suivant en multipliant par un nombre qui augmente ou qui diminue à chaque fois.

Exemple :

2	**4**	**12**	**48**	**240**	**?**

Vous multipliez dans cet exemple d'abord par 1, puis par 2, ensuite par 3, etc. Vous devez remplacer le point d'interrogation par 1440, puisque vous devez multiplier 240 par 6.

3. La progression arithmetico-geometrique

La progression arithmético-géométrique est un mélange de la progression arithmétique et de la progression géométrique. Vous devez multiplier le nombre précédent par la raison géométrique, puis ajouter au résultat la raison arithmétique.

Exemple 1 :

1	**3**	**7**	**15**	**31**	**?**

Vous multipliez dans cet exemple par la raison 2 le nombre précédent puis vous ajoutez 1 au résultat.
Vous devez remplacer le point d'interrogation par 63 (31 x 2 + 1 = 63).

Exemple 2 :

3	**11**	**35**	**107**	**323**	**?**

Vous multipliez dans cet exemple par la raison 3 le nombre précédent puis vous ajoutez 2 au résultat.
Vous devez remplacer le point d'interrogation par 971 (323 x 3 + 2 = 971).

4. La combinaison de series

Le principe de la combinaison de suites consiste à faire coexister deux séries avec deux logiques différentes au sein d'une même série. La combinaison fait de deux séries une unique série.

Voici les principales combinaisons auxquelles vous pouvez être confrontés :

[1. Combinaison de séries arithmétiques]

Vous combinez deux séries qui suivent une progression arithmétique : la première a pour premier terme 2 et a une raison égale à 10, tandis que la seconde a pour premier terme 1 et a une raison égale à 4.

2		**12**		**22**		**32**		**?**	
	1		**5**		**9**		**13**		**?**

La série combinée est donc :

2	**1**	**12**	**5**	**22**	**9**	**32**	**13**	**?**	**?**

Vous complétez la série par les nombres 42 et 17.

[2. Combinaison de séries géométriques]

Vous combinez deux séries qui suivent une progression géométrique : la première a pour premier terme 2 et une raison égale à 2, tandis que la seconde a pour premier terme 2 et a une raison égale à 3.

2 4 8 16 ?

2 6 18 54 ?

La série combinée est donc :

2 2 4 6 8 18 16 54 ? ?

Vous complétez la série par les nombres 32 et 162.

[3. Combinaisons de séries arithmétiques et géométriques]

Vous combinez deux séries : la première suit une progression arithmétique et a pour premier terme 2 et une raison égale à 4, tandis que la seconde suit une progression géométrique et a pour premier terme 3 et une raison égale à 2.

2 6 10 14 ?

3 6 12 24 ?

La série combinée est donc :

2 3 6 6 10 12 14 24 ? ?

Vous complétez la série par les nombres 18 et 48.

5. Progression alternee

Le principe de la progression alternée est d'utiliser deux critères que l'on applique une fois sur deux à la même suite. Attention, la progression alternée diffère de la combinaison de séries : contrairement à la combinaison de séries où il y a deux séries, la progression alternée est composée d'une unique série.

[1. Progression alternée arithmétique]

Vous devez alterner deux raisons de progressions arithmétiques :

Exemple :

2	**3**	**5**	**6**	**8**	**9**	**11**	**?**	**?**

Vous ajoutez dans cet exemple d'abord 1, puis 2, puis encore 1, puis encore 2, etc. Le modèle est donc du type +1, +2, +1, +2, etc. Vous devez remplacer les points d'interrogation par 12 et 14.

[2. Progression alternée géométrique]

Vous devez alterner deux suites de raisons géométriques :

Exemple :

2	**4**	**12**	**24**	**72**	**144**	**432**	**?**	**?**

Vous multipliez dans cet exemple d'abord par 2, puis par 3, puis encore par 2, puis encore par 3, etc. Le modèle est donc du type x2, x3, x2, x3, etc. Vous devez remplacer les points d'interrogation par 864 et 2592.

[3. Progression alternée arithmétique et géométrique]

Vous devez alterner deux raisons, la première d'une suite arithmétique, la seconde d'une suite géométrique.

Exemple :

2	**3**	**6**	**7**	**14**	**15**	**30**	**?**	**?**

Vous ajoutez dans cet exemple d'abord 1, puis vous multipliez par 2, puis vous ajoutez encore 1, puis vous multipliez encore par 2, etc. Le modèle est donc du type +1, x2, +1, x2, etc. Vous devez remplacer les points d'interrogation par 31 et 62.

6. Carres, cubes et nombres premiers

La mise au carré, la mise au cube, la suite des nombres premiers sont régulièrement utilisées comme règle de progression dans les séries simples de chiffres.

Pensez également à utiliser les dérivées de ces règles : la suite des carrés pairs, la suite des carrés impairs, la suite des écarts des carrés etc.

Nous vous rappelons quelques suites à connaître sur le bout des doigts :

[1. Suite des carrés]

1	**4**	**9**	**16**	**25**	**36**	**49**	**64**	**81**	**100**

[2. Suite des cubes]

1	**8**	**27**	**64**	**125**	**216**	**343**	**512**	**729**	**1000**

[3. Suite de nombres premiers]

1	**2**	**3**	**5**	**7**	**11**	**13**	**17**	**19**	**23**	**29**

7. PROGRESSION SYMETRIQUE

Certaines séries construisent leur règle sur un concept de symétrie simple. La symétrie peut être axiale ou centrale.

Exemple :

121	**232**	**343**	**454**	**565**	**787**	**?**

Voici une série avec une règle de symétrie centrale. Les chiffres sont consécutifs à l'intérieur de chaque nombre et le chiffre de chaque nombre est croissant d'un nombre à l'autre. La réponse attendue est 898.

8. PROGRESSION DE TYPE « RECURRENCE »

Nous l'appelons progression de type récurrence car les termes de la série s'obtiennent en faisant une combinaison d'opérations élémentaires sur les nombres précédents.

Exemple :

1	**2**	**3**	**5**	**8**	**13**	**21**	**?**

Dans cet exemple, chaque terme est égal à la somme des deux termes qui précèdent : 3 = 1 + 2 ; 5 = 3 + 2 ; 8 = 5 + 3 ; 13 = 8 + 5. La réponse est donc 34, car 21 + 13 = 34.

Exemple :

4	**2**	**10**	**32**	**106**	**350**	**?**

Dans cet exemple, chaque terme est donné par le triple du terme précédent ajouté du terme précédant le précédant : 10 = 3 x 2 + 4 ; 32 = 3 x 10 + 2 ; 106 = 3 x 32 + 10, etc. La solution est donc 350 x 3 + 106 = 1156.

9. Les series « tableau »

Le principe des séries en tableau est identique aux séries simples de chiffres. Les règles de progression des termes sont identiques. C'est pour cela qu'elles apparaissent dans ce cours.

Un seul élément change, qui n'est pas des moindres : l'ordre des termes. Dans les séries « tableau » se pose le problème de lecture des nombres.

Dans quel ordre ou quel sens faut-il lire les nombres du tableau ?

Nous vous procurons ci-dessous les différents sens de lecture :

Sens horizontal

Sens vertical

Sens diagonal

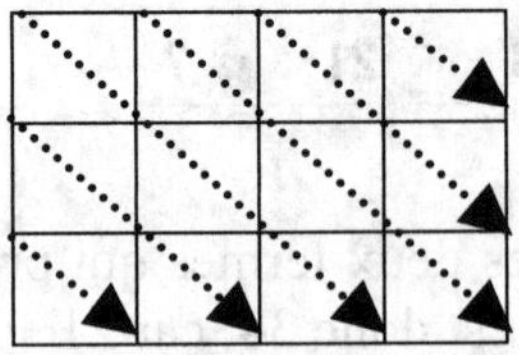

Colimaçon

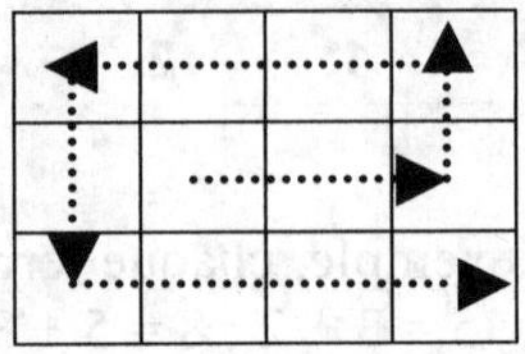

Vous pouvez bien sûr envisager de nombreux autres sens : de la gauche vers la droite, de la droite vers la gauche, du haut vers le bas, de bas en haut, etc.

Exemple :

8	**6**	**4**	**2**
10	**12**	**14**	**16**
?	**22**	**20**	**18**

Concentrez-vous dans un premier temps sur le sens : observez la croissance des nombres. Vous partez en haut à droite pour observer que vous êtes dans un cas de progression horizontal. La suite est la suivante : 2 – 4 – 6 – 8 – 10 – 12 – 14 – 16, etc. La progression est arithmétique de raison 2. La réponse est donc 24.

2. LES SERIES SIMPLES DE LETTRES

Les séries simples de lettres sont des dérivées des séries simples de chiffres. Nous vous conseillons d'appliquer les mêmes procédés que pour les séries simples de chiffres. Les lettres perdent alors dans les séries simples de lettres leur fonction principale : celle de former des mots. Vous verrez que dans de nombreux cas, il vous suffit de remplacer les lettres par leurs rangs pour appliquer simplement les règles que vous connaissez déjà bien. Veillez à connaître vos correspondances entre les lettres et les rangs : gagnez du temps ! C'est votre objectif principal et c'est le moyen d'accumuler facilement des points.

1. LA PROGRESSION ARITHMETIQUE

[1. Progression arithmétique croissante]

Cette progression consiste à passer d'une lettre à la suivante en ajoutant un nombre de rang constant positif.

Exemple :

C E G I K ?

Vous ajoutez dans cet exemple deux lettres à la lettre qui précède. Vous devez remplacer le point d'interrogation par M.

[2. Progression arithmétique décroissante]

Cette progression consiste à passer d'une lettre à la suivante en remontant l'alphabet à chaque fois d'un nombre constant de lettres.

Exemple :

T S R Q P ?

Vous remontez dans cet exemple d'une lettre à chaque fois. Vous devez remplacer le point d'interrogation par O.

[3. Progression arithmétique évolutive]

Cette progression consiste à passer d'une lettre à la suivante en augmentant progressivement le nombre de lettres qui augmentent ou qui diminuent à chaque fois.

Exemple :

A B D G K P ?

Vous ajoutez dans cet exemple d'abord 1 lettre, puis 2 lettres, ensuite 3 lettres, etc. Vous devez remplacer le point d'interrogation par V, en faisant un saut de 5 lettres.

L'évolution de la progression peut aussi être décroissante.

Exemple :

U Q N L ?

Vous remontez dans cet exemple de 4 lettres, puis de 3 lettres, puis de 2 lettres, puis d'1 lettre. Vous devez remplacer le point d'interrogation par K.

2. Combinaison de series

Vous devez faire coexister deux suites avec deux logiques différentes au sein d'une même série. La combinaison fait de deux séries une unique série.

Exemple : vous combinez deux séries qui suivent une progression arithmétique : la première a pour premier terme A et a une raison égale à 2, tandis que la seconde a pour premier terme B et a une raison égale à 1.

B		**D**		**F**		**H**		**?**	
	A		**B**		**C**		**D**		**?**

La série combinée est donc :

B A D B F C H D ? ?

Vous complétez la série par les lettres J et E.

Avant de continuer sur la progression alternée, vous vous dites peut-être que nous avons oublié les progressions de type géométrique. Ne vous inquiétez pas, c'est normal ! Etant donné qu'il n'y a que 26 lettres dans l'alphabet, les séries de lettres qui utilisent une progression géométrique sont très rares, car on dépasse très rapidement le rang de Z. Voici par exemple la plus petite des séries à progression géométrique, celle où l'on multiplie le rang de la lettre précédente par 2 :

A B D H P

Vous voyez bien qu'elle se finit très rapidement.

3. Progression alternee

Le principe de la progression alternée est d'utiliser deux critères pour la même série. Chaque critère est appliqué une fois sur deux.

Exemple :

A C D F G H ?

La progression alternée dans cet exemple est de type +2/+1. Vous ajoutez d'abord deux lettres dans la première progression, puis seulement une lettre dans la deuxième progression, puis deux lettres dans la troisième progression, puis encore une lettre dans la quatrième progression. Par conséquent, il faut ajouter deux lettres après le H pour placer un J à la place du point d'interrogation.

Exemple :

N R P T R V ?

La progression alternée est de type +4/-2 dans cette série. Il faut donc remplacer le point d'interrogation par T.

4. Progression de type « recurrence »

Le principe fondamental des séries avec une progression de type « récurrence » est de lier un terme de la série mixte à plusieurs termes précédents dans la série. Vous pouvez additionner, soustraire ou encore multiplier, deux ou trois termes précédents pour trouver la combinaison qui permet de calculer le terme que vous recherchez.

Exemple :

A B C E H ?

Ici, le rang de chaque lettre est donné par la somme des rangs des deux lettres précédentes. La réponse attendue est donc M.

5. Les progressions initiales

La progression de type « initiales » est assez atypique parmi les différents critères de progression et elle vous surprend la plupart du temps lorsque vous la rencontrez. C'est tout à fait normal, puisque la progression de type « initiales » est la seule progression qui ne fonde pas sa logique sur les rangs, mais sur la signification des lettres. C'est une exception à la règle de construction des séries simples. Mais ce type de séries simples de lettres tombe aux concours, nous ne pouvions donc pas faire l'impasse sur ce critère. Gardez ce critère en tête comme ultime solution !

Comme l'indique le mot « initiales », cette progression utilise les lettres de la série comme la première lettre d'une suite logique de mots.

Exemple 1 :

U D T Q C S S H ?

Remarquez qu'ici les critères arithmétiques simples ou évolutifs, les critères alternés et les critères de récurrence ne vous sont d'aucune aide. Tournez-vous alors vers le critère « initiales ». Voilà en fait la série avec les mots écrits au complet : Un, Deux, Trois, Quatre, Cinq, Six, Sept, Huit et donc Neuf. Vous devez finalement remplacer le point d'interrogation par un N.

Exemple 2 :

J	F	M	A	M	J	J	A	?

Cette série vous propose les mois de l'année : Janvier, Février, Mars, Avril, Mai, Juin, Juillet, Août et donc Septembre. La bonne réponse est par conséquent S.

6. Les series mixtes

La série mixte est comme son nom l'indique un mélange entre les séries simples de chiffres et les séries simples de lettres. Les concepteurs de tests logiques n'hésitent pas aux concours à tout mélanger pour vous faire passer d'une écriture numérique à une écriture littérale. Cela ne doit pas vous poser de problèmes particuliers, car vous devez être en mesure le jour J de connaître parfaitement vos correspondances entre les lettres et les chiffres.

Pour cela, nous vous rappelons le mot magique : **EJOTY !**

Exemple 1 :

A	3	E	7	I	11	?

Voilà tout simplement une progression arithmétique de raison 2. Pour vous en convaincre, remplacez alors les lettres par leurs rangs : 1 – 3 – 5 – 7 – 9 – 11.
La réponse attendue est donc M, dont le rang est 13.

Exemple 2 :

4	B	17	E	30	H	43	K	?	?

Voilà une combinaison de deux séries complètement indépendantes : la série de chiffres qui est une série à progression arithmétique de raison 13, et la série de lettres qui est à progression arithmétique de raison 3. Il faut donc compléter la série avec un 56 et un N.

Exemple 3 :

C	**3**	**E**	**5**	**H**	**8**	**L**	**12**	**Q**	**?**	**?**	**23**

Observez que chaque lettre a son rang inscrit en nombre juste après. Il y a de plus une progression arithmétique croissante de type +1/+2/+3/+4, etc. On attend donc le rang de Q, c'est-à-dire 17, puis le W, dont le rang est égal à 23.

Exemple 4 :

A	**B**	**3**	**E**	**H**	**13**	**?**

Voilà en fait une série de type récurrence, où vous remplacez une lettre sur trois directement par son rang. Par conséquent, comme chaque terme est la somme des deux précédents, la lettre qui suit est le U, dont le rang est égal à 21 (H + 13 = 8 + 13 = 21).

4. LES SERIES DOUBLES

I. PRESENTATION DES SERIES DOUBLES

1. COMMENT SE PRESENTENT LES SERIES DOUBLES ?

Une série double est toujours structurée de la façon suivante :

	V_1			
H_1	?	H_2	H_3	H_4
	V_2			
	V_3			
	V_4			

Avec V_1, V_2, V_3 et V_4 les éléments de la **série verticale,** et H_1, H_2, H_3 et H_4 les éléments de la **série horizontale.**

La série verticale, que l'on notera toujours **V** dans le présent ouvrage, respecte une règle d'identité (une logique) que vous devrez identifier.

Dans une série de lettres, il s'agira par exemple d'observer que dans un même élément, deux lettres se suivent (ex. : H**BC**, **HG**Z) ou que les lettres se suivent d'un élément à l'autre (ex. : **A**GV ; **B**RA ; **C**QP). Dans une série de chiffres, il s'agira encore de remarquer que tous les nombres de la série sont des carrés entiers ou que tous les nombres sont des multiples de 7.

La série horizontale, que l'on notera toujours **H** dans le présent ouvrage, respecte elle aussi une règle d'identité (une logique) que vous devrez identifier.

> Le but de l'exercice, vous l'aurez compris, consiste à trouver l'élément « ? » qui respecte tout à la fois la règle d'identité de la série verticale V et celle de la série horizontale H.

QU'EST-CE QU'UNE REGLE D'IDENTITE ?

Une règle d'identité est une règle qui « fédère » les différents éléments d'une série sous une règle commune, un trait commun, un caractère particulier.

Il existe bien entendu une très grande variété de règles d'identité aux concours. Nous en citerons ici quelques-unes qui ne doivent en aucun cas vous effrayer car soyez assurés que nous allons vous transmettre des méthodes très efficaces qu'il vous faudra appliquer religieusement pour sortir vainqueurs de l'épreuve de logique.

Voici donc ces quelques règles :

- « Tous les nombres de la série sont des carrés entiers. »
- « Toutes les deuxièmes lettres des éléments de la série sont des voyelles. »
- « Tous les nombres de la série sont des multiples de 13. »
- « Les deux premiers chiffres des nombres de la série forment un nombre divisible par 9. »
- « Les troisièmes lettres des éléments de la série se suivent d'un élément à l'autre. »
- « La somme des chiffres des nombres de la série est toujours égale à 20. »
- « Les troisième et deuxième lettres de la série se suivent avec un saut de 3 lettres. »
- « Les éléments de la série sont tous des cubes entiers auxquels on a soustrait 1. »
- « Les première et troisième lettres de la série se suivent avec un saut d'une lettre et un mouvement de type gauche/droite. »
- « Les premiers chiffres des nombres de la série multipliés par 7 donnent le nombre composé des deuxième et troisième chiffres. »
- Etc.

Exemple 1 :

123				
678				
?	819	675	306	117
789				
456				

Dans cet exemple, il suffit d'observer que les éléments de H sont tous des multiples de 9. En effet, le critère de divisibilité par 9 nous apprend que si la somme des chiffres d'un nombre est égale à un multiple de 9 (9, 18, 27…), alors ce nombre est lui-même divisible par 9. Quant à la série V, il suffit d'observer que tous les nombres de cette série sont des chiffres successifs croissants (123, 456…).

Une solution possible à cette question pourrait ainsi être **234** ou encore **567,** qui sont bien deux nombres qui respectent à la fois la règle d'identité de la série H et celle de la série V.

Exemple 2 :

			RZS	
			BGC	
UHJ	NIB	VJX	?	PLO
			LHM	
			VRW	

Dans cet exemple, il suffit d'observer que les deuxièmes lettres des éléments de H se suivent d'un élément à l'autre (U**H**J, N**I**B, V**J**X…).

Quant à la série V, il suffit d'observer qu'au sein d'un même élément, les première et troisième lettres se suivent (**R**Z**S**, **B**G**C**…).

Ainsi, une solution possible à cette question pourrait être **DKE** ou encore **TKU,** qui sont bien deux « mots » qui respectent à la fois la règle d'identité de la série H et celle de la série V.

NB 1 : dans la majorité des cas, la règle d'identité de la série verticale s'avère être différente de la série horizontale.

NB 2 : les séries horizontale et verticale peuvent se croiser en n'importe quel endroit de la série double (ici, c'est entre H_1 et H_2 puis V_1 et V_2 que les séries se croisent, mais ces dernières pourraient aussi très bien se croiser entre H_3 et H_4 puis V_2 et V_3). Retenez simplement qu'il y a toujours quatre éléments horizontaux et quatre éléments verticaux, avec des éléments composés de nombres dans le cas des séries doubles de chiffres, et de lettres… dans le cas des séries doubles de lettres !

2. METHODE D'APPROCHE DES SERIES DOUBLES

Nous vous proposons ici une méthode simple en 4 étapes, pleine de bon sens et qui a naturellement fait ses preuves sur les séries doubles de chiffres comme sur les séries doubles de lettres.

Nous vous conseillons vivement d'appliquer à chaque fois ces étapes dans cet ordre. L'expérience montre en effet qu'à vouloir brûler une ou deux étapes, vous finissez par perdre en efficacité et en rapidité de résolution.
Appuyons-nous sur un exemple :

324	81	400	?	49	(A)	144
			808		(B)	664
			763		(C)	716
			178		(D)	196
			457			

Voici les 4 étapes :

1. CHOISISSEZ UNE SERIE

Il revient strictement au même de commencer par raisonner sur H ou sur V. Ce qui importe en revanche, c'est que lorsque vous décidez de vous attaquer à une série, *vous devez alors absolument ignorer l'autre série* et ce, afin de ne pas vous laisser déconcentrer ou influencer par ses éléments.

> Dans notre exemple, nous choisissons de commencer par trouver la règle d'identité de V.

2. TROUVEZ LA REGLE D'IDENTITE DE LA SERIE CHOISIE

Cette deuxième étape est fondamentale. Vous devez en effet considérer un à un chacun des éléments de V et trouver la règle d'identité qui les fédère. C'est là que vous devrez tester dans un ordre bien précis l'ensemble des règles que nous vous exposerons ci-après.

Surtout, lorsque vous travaillez sur V, soyez persévérants et évitez de baisser trop vite les bras en louchant sur H. Tester plusieurs règles prend un peu de temps (moins d'1 minute 30 en moyenne, pas de panique !) et ce temps peut vous paraître long. Ce n'est pas pour autant une raison valable pour « laisser tomber » V et passer vite à H en espérant alors trouver quelque chose.

> Dans notre exemple, la règle d'identité de V est la suivante : « La somme des chiffres des nombres de la série est toujours égale à 16. »

3. ELIMINEZ PARMI LES REPONSES PROPOSEES CELLES QUI NE SUIVENT PAS LA REGLE D'IDENTITE TROUVEE

Une fois que vous avez trouvé la règle d'identité de V, vous devez la tester sur les différentes réponses proposées afin de ne retenir que celles qui suivent la même règle. Vous réduisez ainsi le nombre de réponses possibles et si vous rencontrez par la suite des difficultés avec la série H, vous pourrez vous appuyer sur les réponses restantes et trouver peut-être une dernière source d'inspiration. Il n'est pas rare en effet que l'inspiration vienne parfois de l'une des réponses pour ce qui concerne la règle d'identité d'une série.

> Dans notre exemple, nous gardons les réponses B (664) et D (196) qui affichent bien des nombres dont la somme des chiffres est égale à 16.

4. TROUVEZ LA REGLE D'IDENTITE DE LA SECONDE SERIE ET CHOISISSEZ LA BONNE REPONSE !

Pour terminer, il ne vous reste plus qu'à trouver la règle d'identité de la série H. Une fois la règle trouvée, testez-la sur les réponses qui restent et cochez la bonne réponse !

> Dans notre exemple, la règle d'identité de H est la suivante : « Les nombres de la série sont tous des carrés entiers. »
> Nous retenons donc la réponse D qui est bien un carré entier (196 est en effet le carré de 14). Réponse D !

II. LES SERIES DOUBLES DE LETTRES

TOUT COMMENCE AVEC EJOTY...

Enfin... Presque !

Nous allons vous proposer ici une toute nouvelle méthode que nous avons expérimentée auprès de milliers d'étudiants à la Prépa Aurlom. Cette méthode a largement fait ses preuves et nous y croyons beaucoup. Alors croyez-y aussi !

Cette méthode consiste à convertir systématiquement vos séries doubles de lettres en séries doubles de nombres.

Naturellement, avec l'expérience, vous serez souvent capables – du moins on l'espère – d'identifier certaines règles d'identité du premier coup d'œil, en moins de 5 secondes ! Dans ce cas, inutile de préciser que vous ne devrez surtout pas (même si on parie que vous allez y prendre goût) convertir vos séries de lettres en séries de nombres. Vous n'avez pas une minute à perdre aux concours.

Cela étant dit, il arrivera souvent que vous ne verrez rien du premier coup d'œil, mais alors rien du tout. Aussi, dans ce cas-là, vous n'aurez plus la moindre seconde à perdre et devrez alors convertir votre série, sans vous poser de question, et appliquer l'ensemble des critères que nous allons très bientôt vous exposer.

Le secret réside donc dans la traduction des lettres en nombres. Nous voyons déjà vos mines sceptiques. Nous savons que vous vous dites que ça a l'air un peu long et tiré par les cheveux pour pas grand-chose tout ça... Et bien détrompez-vous ! Avec un peu d'entraînement, convertir une série de 4 x 3 = 12 lettres en nombres deviendra rapidement une vraie partie de plaisir (toutes choses égales par ailleurs bien sûr).

Comme vous le savez déjà certainement, chaque lettre occupe une position précise dans l'alphabet (le A est en 1re position, le N en 14e, le X en 24e, etc.). Ces positions des lettres dans l'alphabet sont également connues sous le terme de **« rangs des lettres ».**

EJOTY va donc précisément nous aider à trouver rapidement les rangs de toutes les lettres de l'alphabet, et ce, afin de **convertir instantanément les séries de lettres en séries de nombres.**

Essayez donc ! Quel est le rang de la lettre N ? Le rang de la lettre N est 14 puisque si le rang de O est 15 alors celui de N est 14 (récitez dans votre tête la mini-séquence … M N **O** P… comme lorsque vous récitez naturellement l'alphabet). Le rang de W ? 23 ! … V W X **Y.** Si le rang de Y est 25 alors celui de W est 23 !

Vous verrez, grâce à EJOTY, vous allez très vite connaître par cœur les rangs de toutes les lettres de l'alphabet. D'ailleurs, quand vous en serez arrivés à ce stade, évitez d'en parler autour de vous, cela peut vite vous faire passer pour quelqu'un de relativement « bizarre ».

E	J	O	T	Y
5	**10**	**15**	**20**	**25**

Une précision avant de tester EJOTY sur un exemple.
Si ce chapitre démarre par « Tout commence avec EJOTY… Enfin… Presque ! », c'est parce qu'il existe une règle d'identité qui résiste à EJOTY. Heureusement, cette règle est simple et vous ne manquerez donc pas de la tester avant toute conversion : **« toutes les premières lettres des éléments de la série sont des voyelles »**, ou encore : **« toutes les deuxièmes lettres des éléments de la série sont des voyelles ».** On aurait pu vous conseiller d'apprendre les rangs des voyelles… Mais on n'a pas osé. N'oubliez donc pas de tester cette règle d'identité avant de convertir vos séries.

Exemple :

			ATC	
			FLH	
			ILK	
SGY	BOT	UBC	?	WSZ
			VDX	

Commençons par convertir la série verticale. Cela nous donne :

1	20	**3**
6	12	**8**
9	12	**11**
?	?	?
22	4	**24**

Vous aurez remarqué ici que les première et troisième lettres des éléments de cette série se suivent avec un saut de deux nombres (c'est-à-dire un saut d'une lettre).

Convertissons ensuite la série horizontale. Cela nous donne :

19	7	25
2	15	**20**
21	2	3
?	?	?
23	19	26

Vous aurez remarqué ici que les lettres des éléments se suivent d'un élément à l'autre avec un mouvement gauche/droite sur la grande diagonale. Le rang de la troisième lettre de la solution sera donc égal à 22. Autrement dit, il nous faudra un V.

NB : comme vous l'avez remarqué, nous avons converti la série horizontale de lettres en série verticale de nombres. Suivez donc ce conseil : convertissez toujours vos séries verticales de lettres **en séries verticales de nombres** ET convertissez également toujours vos séries horizontales de lettres **en séries verticales de nombres.** En effet, convertir les séries horizontales de lettres en séries verticales de nombres vous permettra de mieux repérer les règles d'identité impliquant un mouvement.

A partir de maintenant, nous ne travaillerons plus dans ce cours qu'avec des séries déjà converties et nous nous concentrerons sur des extraits de séries composés de 3 éléments (cela suffit à comprendre les différentes règles d'identité).

1. PREMIERE FAMILLE DE REGLES : LES INTRA

En latin, *intra* signifie « à l'intérieur de ».
Cette première famille de règles s'appuie donc sur ce qui se passe à l'intérieur des éléments d'une même série.

Il existe trois types d'INTRA :

1. L'INTRA sur les deux premières lettres.
2. L'INTRA sur les deux dernières lettres.
3. L'INTRA entre la première et la dernière lettre.

1. L'INTRA SUR LES DEUX PREMIERES LETTRES

1 →	**3**	9
6 →	**8**	4
2 →	**4**	15

Nous dirons ici qu'il y a un **INTRA de +2 sur les deux premières lettres.**

2. L'INTRA SUR LES DEUX DERNIERES LETTRES

5	**12** →	**9**
3	**8** →	**5**
7	**21** →	**18**

Nous dirons ici qu'il y a un **INTRA de -3 sur les deux dernières lettres.**

3. L'INTRA ENTRE LA PREMIERE ET LA DERNIERE LETTRE

Exemple 1 :

3	1	**6**
7	9	**10**
17	12	**20**

Nous dirons ici qu'il y a un **INTRA de +3 entre la première et la dernière lettre.**

Exemple 2 :

5	12	**10**
24	8	**3**
7	21	**12**

Nous dirons ici qu'il y a un **INTRA de +5 entre la première et la dernière lettre.**

Nous attirons votre attention sur une particularité de cette série que vous n'aurez pas manqué de noter : 24 + 5 = 3 !! Eh oui. En effet, n'oubliez pas que derrière ces nombres se cachent des lettres et que :
24 + 1 = 25 = Y
24 + 2 = 26 = Z
24 + 3 = 1 = A
24 + 4 = 2 = B…

Cela s'appelle le **retour dans l'alphabet,** pensez-y !

Exemple 3 :

3	22	**4**
18	12	**20**
13	4	**16**

Nous dirons ici qu'il y a un **INTRA progressif entre la première et la dernière lettre.** En effet, on fait +1 en passant de 3 à 4 ; +2 en passant de 18 à 20 et +3 en passant de 13 à 16.

Vous venez donc de découvrir trois règles d'identité fréquemment posées aux épreuves de logique de séries doubles aux concours. Ces règles propres aux séries doubles de lettres s'appuient sur une **logique dite statique,** car elles ne font pas interagir les éléments entre eux, les uns avec les autres.

Nous allons donc à présent passer aux règles INTER, qui s'appuient quant à elles sur une **logique dite dynamique.**

2. DEUXIEME FAMILLE DE REGLES : LES INTER

En latin, *inter* signifie « entre ».
Il existe neuf types d'INTER répartis en trois sous-familles :

4. L'INTER VERTICAL
   - Première colonne
   - Deuxième colonne
   - Troisième colonne

5. L'INTER GRANDE DIAGONALE
   - Droite
   - Gauche

6. L'INTER PETITE DIAGONALE
   - Première-gauche
   - Première-droite
   - Deuxième-gauche
   - Deuxième-droite

4. L'INTER VERTICAL

[Première colonne]

5	12	10
7	8	3
9	21	12

On dira qu'il y a un **INTER vertical de +2 sur la première colonne.**

[Deuxième colonne]

5	**12**	10
1	**7**	3
9	**2**	12

On dira qu'il y a un **INTER vertical de -5 sur la deuxième colonne.**

[Troisième colonne]

5	12	**10**
1	8	**14**
9	21	**18**

On dira qu'il y a un **INTER vertical de +4 sur la troisième colonne.**

5. L'INTER GRANDE DIAGONALE

[Gauche]

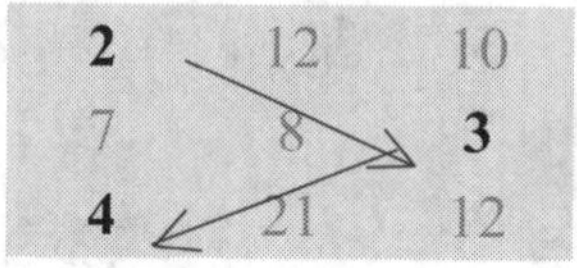

On dira qu'il y a un **INTER grande diagonale gauche de +1.**

[Droite]

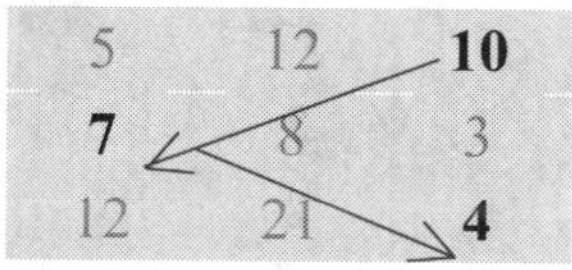

On dira qu'il y a un **INTER grande diagonale droite de -3.**

6. L'INTER PETITE DIAGONALE

[Première-gauche]

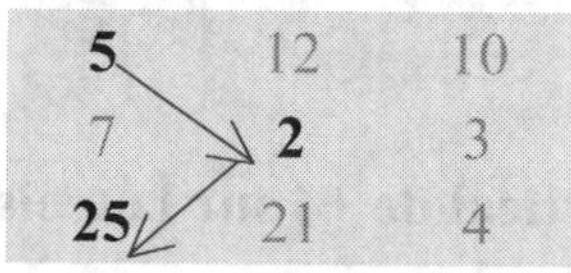

On dira qu'il y a un **INTER petite diagonale première-gauche de -3.**

[Première-droite]

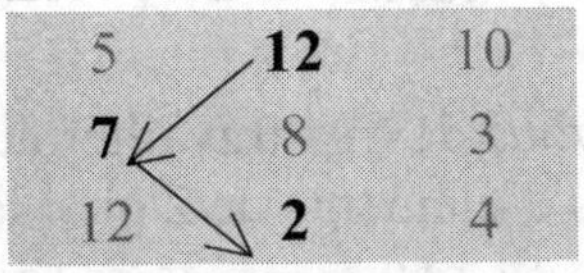

On dira qu'il y a un **INTER petite diagonale première-droite de -5.**

[Deuxième-gauche]

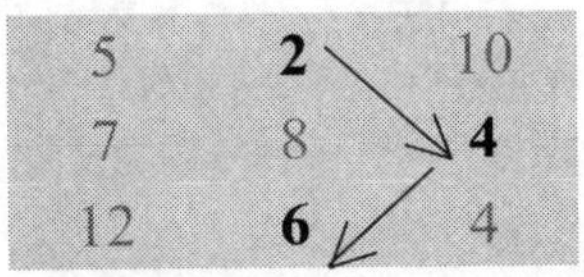

On dira qu'il y a un **INTER petite diagonale deuxième-gauche de +2.**

[Deuxième-droite]

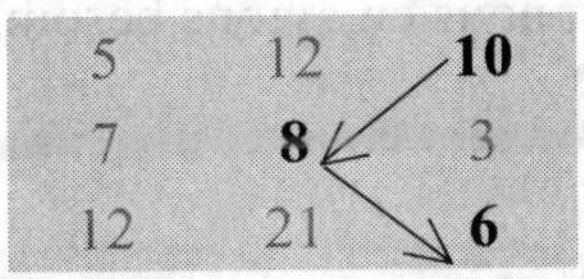

On dira qu'il y a un **INTER petite diagonale deuxième-droite de -2.**

Avant de conclure, nous ajouterons une dernière règle que vous serez amenés à rencontrer : au lieu d'être constantes, les progressions peuvent être évolutives. Autrement dit, vous pourrez vous retrouver avec un **INTER petite diagonale deuxième-droite évolutif.** Là, comme ça, ça peut paraître un peu compliqué, mais ça veut juste dire qu'au lieu d'avoir toujours la même progression de **+2 ; +2 ; +2, on aura une évolution du type +1 ; +2 ; +3.**

3. LE CAS PARTICULIER DES SERIES AVEC DES ELEMENTS COMPOSES DE DEUX OU QUATRE LETTRES

Certaines séries sur lesquelles vous devrez travailler aux concours seront parfois (ces cas demeurent rares) composées d'éléments de 2 ou 4 lettres.

Cela ne doit aucunement vous inquiéter car la méthode de résolution demeure la même et les familles de règles étudiées précédemment s'appliquent encore.

Exemple :

	JK				(A)	EO
	IZ				(B)	ET
	HR				(C)	FO
	GE				(D)	FR
AN	?	OP	IQ	UR		

Avant de convertir notre série, nous constatons que les premières lettres de la série horizontale sont toutes des voyelles. Conservons cette observation dans un coin de notre brouillon, sait-on jamais si nous en avions besoin.

La conversion de la série donne :

V	
10	11
9	26
8	18
7	5
	?

H	
1	**14**
	?
15	**16**
9	**17**
21	**18**

Vous en déduisez sans difficulté les deux règles suivantes :

V : INTER vertical de -1 sur la première colonne

H : INTER vertical de +1 sur la deuxième colonne

La réponse doit donc contenir un 6 (F) en première colonne et un 15 (O) en deuxième colonne : réponse C !

III. LES SERIES DOUBLES DE CHIFFRES

Remarque préliminaire : si les éléments d'une série double de lettres sont « stables » pour ce qui concerne le nombre de lettres qui les composent (tous les éléments d'une série sont composés du même nombre de lettres), il n'en est pas de même pour les séries doubles de chiffres dont les éléments peuvent être composés d'un nombre variable de chiffres. Ainsi, dans une même série double de chiffres, il vous sera possible de travailler sur des nombres composés de 1, 2, 3 ou 4 chiffres (exemple : la série de carrés 1, 64, 289, 1000).

Deux grandes familles de règles existent pour les séries doubles de chiffres : les règles qui s'appuient sur une **« logique statique »** et celles qui s'appuient sur une **« logique dynamique ».**

1. PREMIERE FAMILLE DE REGLES : LOGIQUE STATIQUE (RADAR)

1. CARRES / CUBES

Ici, la règle est simple : tous les éléments de la série sont des carrés, ou : tous les éléments de la série sont des cubes.

NB : dans certains cas, tous les carrés/tous les cubes de la série seront pairs ou tous les carrés/tous les cubes de la série seront impairs.

Exemples :

Carrés	Carrés impairs	Carrés pairs	Cubes	Cubes pairs	Cubes impairs
121	121	144	1	1000	729
4	169	64	125	8	125
81	289	36	64	216	343

Nous dirons ici que **tous les nombres sont des carrés** ou que **tous les nombres sont des cubes.**

2. Somme constante / Somme progressive

Somme constante : la somme des chiffres des éléments de la série est toujours la même. Exemple :

124
70
2311

On a : 1 + 2 + 4 = 7 + 0 = 2 + 3 + 1 + 1 = 7
Nous dirons que l'on a une **somme constante égale à 7.**

Somme progressive : la somme des chiffres d'un élément à l'autre est progressive. Exemple :

234
55
803

On a : 2 + 3 + 4 = 9 ; 5 + 5 = 10 et 8 + 0 + 3 = 11.
Nous dirons que l'on a une **somme progressive.**

3. Produit constant / Produit progressif

Produit constant : le produit de tous les chiffres des éléments de la série est le même. Exemple :

234
83
416

On a bien : 2 x 3 x 4 = 8 x 4 = 4 x 1 x 6 = 24
Nous dirons que l'on a un **produit constant.**

Produit progressif : le produit des chiffres d'un élément à l'autre est progressif. Exemple :

251
1252
325

On a : 2 x 5 x 1 = 10 ; 1 x 2 x 5 x 2 = 20 et 3 x 2 x 5 = 30
Nous dirons que l'on a un **produit progressif.**

4. Séparations somme

Il existe trois types de « séparations somme » :

- Séparation par la gauche : XX/X ou XXX/X
- Séparation par la droite : X/XX ou X/XXX
- Séparation par les côtés : X/X/X ou XX/XX ou X/XX/X

Exemple 1 :

134	⇒	13 / 4	⇒	1	+	3	=	4
6814	⇒	68 / 14	⇒	6	+	8	=	14
257	⇒	25 / 7	⇒	2	+	5	=	7

Nous dirons ici que l'on a une **séparation somme par la gauche.**

Exemple 2 :

4139	⇒	4 / 13 / 9	⇒	4	+	9	=	13
385	⇒	3 / 8 / 5	⇒	3	+	5	=	8
8146	⇒	8 / 14 / 6	⇒	8	+	6	=	14

Nous dirons ici que l'on a une **séparation somme par les côtés.**

5. Séparations produit

Les « séparations produit » reposent exactement sur le même principe que les « séparations somme ».

Exemple 1 :

632	⇒	6 / 32	⇒	3	x	2	=	6
933	⇒	9 / 33	⇒	3	x	3	=	9
414	⇒	4 / 14	⇒	1	x	4	=	4

Nous dirons ici que l'on a une **séparation produit par la droite.**

Exemple 2 :

2555	⇒	**2** / 55 / **5**	⇒	5	x	5	=	25
4762	⇒	**4** / 76 / **2**	⇒	7	x	6	=	42
2397	⇒	**2** / 39 / **7**	⇒	3	x	9	=	27

Nous dirons ici que l'on a une **séparation produit par les côtés.**

6. Séparations carres/cubes

Les « séparations carrés/cubes » reposent là encore sur le même principe que les « séparations somme » ou les « séparations produits ».

Exemple 1 :

273	⇒	**27** / 3	⇒	3	au	cube	=	27
1255	⇒	**125** / 5	⇒	5	au	cube	=	125
3437	⇒	**343** / 7	⇒	7	au	cube	=	343

Nous dirons que l'on a une **séparation cube par la droite.**

Exemple 2 :

891	⇒	**8** / 9 / **1**	⇒	9	au	carré	=	81
366	⇒	**3** / 6 / **6**	⇒	7	au	carré	=	36
479	⇒	**4** / 7 / **9**	⇒	3	au	carré	=	49

Nous dirons que l'on a une **séparation carré par les côtés** (nous dirons aussi **par le centre**).

7. SEPARATION CONSTANTE

Ce type de séparation fonctionne exactement comme les autres sauf que le résultat de la somme ou du produit de deux chiffres ne donne pas un chiffre ou un nombre présent dans le même élément mais un autre totalement extérieur et qui est constant.

Voici un exemple :

174	⇒	**17** / 4	⇒	1	+	7	=	8
807	⇒	**80** / 7	⇒	8	+	0	=	8
352	⇒	**35** / 2	⇒	3	+	5	=	8

Les chiffres 4, 7 et 2 apparaissent en gris car ils sont « laissés pour compte » et ne servent absolument à rien, sinon à vous déconcentrer.

Nous dirons ici que l'on a une **séparation somme constante par la gauche.**

8. SEPARATION CACHEE

Les séparations cachées ne sont pas simples à trouver. Voici deux exemples qui ont fait les malheurs de nos préparationnaires.

Exemple 1 :

246	⇒	24 / 6	⇒	24	=	6	x	**4**
41	⇒	4 / 1	⇒	4	=	1	x	**4**
328	⇒	32 / 8	⇒	32	=	8	x	**4**

Vous remarquez ici que la multiplication par 4 est « cachée ».

Exemple 2 :

103	⇒	10 / 3	⇒	10	–	3	=	**7**
81	⇒	8 / 1	⇒	8	–	1	=	**7**
136	⇒	13 / 6	⇒	13	–	6	=	**7**

9. Successions intra

Voici un critère très simple : deux ou trois chiffres se suivent au sein de chaque élément. **Attention, ces successions peuvent impliquer tous les chiffres du nombre, comme elles peuvent n'impliquer qu'une partie du nombre.**

Exemple 1 :

456
123
789

Dans cet exemple, tous les chiffres sont impliqués dans la succession. Notez bien que la succession peut être croissante (456) comme décroissante (654).

Exemple 2 :

42**3**
29**1**
85**7**

Dans cet exemple, seuls les premier et dernier chiffres sont impliqués dans la succession. Le deuxième chiffre, lui, ne sert à rien. Il est surtout là pour vous déconcentrer.

2. DEUXIEME FAMILLE DE REGLES : LOGIQUE DE MULTIPLES

10. MULTIPLES SIMPLES (3, 5, 6, 8, 9, 11)

Cette règle nous invite à identifier **des nombres multiples de 3, de 5, de 6, de 8, de 9 ou encore de 11.**

Ces multiples sont dits « simples » car il existe des critères de divisibilité (que vous connaissez maintenant) et qui permettent de vérifier en un rien de temps si un nombre est multiple de l'un de ces entiers.

Exemple 1 :

111
63
117

On dira que l'on a des **multiples de 3.**

Exemple 2 :

1**18**
3**36**
8**12**

Cet exemple est assez difficile. Il faut en effet voir ici **que seuls les nombres composés des deuxième et troisième chiffres sont à prendre en considération** et remarquer que ce sont des multiples de 6.

11. MULTIPLES COMPLEXES (7, 13, 17, 19)

Cette règle nous invite à identifier des **nombres multiples de 7, de 13, de 17 ou de 19.**

Ces multiples sont dits « complexes » car il n'existe pas de critères permettant de vérifier rapidement si les nombres de la série sont multiples de l'un de ces entiers. Rassurez-vous… il existe quand même quelques astuces.

Exemple 1 :

34
153
51

On dira que **tous les nombres sont des multiples de 17.**

Nous sommes donc ici en présence de nombres multiples de 17. Comment le savons-nous ? Et bien pour le savoir, il existe deux astuces.

La première astuce consiste à identifier d'éventuels écarts égaux à 17. Cette astuce sera très souvent utile aux concours. Ainsi, dans notre exemple, 34 et 51 sont distants de 17, ce qui doit naturellement nous mettre la puce à l'oreille et nous inciter à vérifier que 34 n'est autre que le double de 17 et 51, le triple ! On vérifie enfin que 153 est également multiple de 17, ce qui est naturellement le cas puisque 153 est le triple de 51, un nombre divisible par 17.

La seconde astuce consiste à décomposer le plus petit nombre de la série en un produit unique de facteurs premiers afin de voir émerger un entier complexe. Ici, il fallait écrire que 34 = 2 x 17 pour voir apparaître le multiple complexe 17 et vérifier ensuite que les autres nombres étaient également des multiples de 17.

Exemple 2 :

284
569
143

Dans cet exemple, les nombres en gras et soulignés sont des multiples de 7.

3. TROISIEME FAMILLE DE REGLES : LOGIQUE DYNAMIQUE

La **logique dynamique** est aux séries de chiffres ce que les **INTER** sont aux séries de lettres. Notez simplement que cette famille de règles est très simple à tester puisque vos séries sont déjà converties en nombres !

Rappelons les différentes règles et arrêtons-nous sur quelques-unes d'entre elles :

12. L'INTER VERTICAL
- Première colonne
- Deuxième colonne
- Troisième colonne

13. L'INTER GRANDE DIAGONALE
- Droite
- Gauche

14. L'INTER PETITE DIAGONALE
- Première-gauche
- Première-droite
- Deuxième-gauche
- Deuxième-droite

Si nous vous conseillions de convertir vos séries horizontales de lettres en colonnes verticales de nombres, nous ne pensons pas en revanche qu'il soit utile que vous transposiez vos séries horizontales de nombres en colonnes verticales de nombres.

Exemple 1 :

103
46**2**
389

Nous avons ici un **INTER grande diagonale gauche droite.**

Exemple 2 :

1**6**7 2**5**0 8**4**1 4**3**2

Nous avons ici un **INTER vertical deuxième colonne.**

Exemple 3 :

61**3**
9**4**5
42**5**
1**6**9

Nous avons ici un **INTER petite diagonale deuxième-droite.**

Nous terminerons par deux cas devenus très rares aux concours, mais nous nous devons de les signaler. Il s'agit de **l'INTER grande diagonale supérieure** et de **l'INTER grande diagonale inférieure.**

Exemple 4 (INTER grande diagonale supérieure) :

683
1**5**5
12**4**
1**3**9
209

Exemple 5 (INTER grande diagonale inférieure) :

61**1**
9**2**5
325
1**4**9
16**5**

4. APPLICATIONS

1.

479
366
891
146
561 444 ? 129 606

(A) 255
(B) 192
(C) 684
(D) 144

2.

? KJM PLR CGE VBX
GCT
BZH
IPO
SKJ

(A) MKF
(B) LKN
(C) DIF
(D) JHD

3.

927
523
826
330
130 ? 39 195 91

(A) 312
(B) 413
(C) 431
(D) 156

4.

LTR				
?	UEZ	GWT	YGT	ZAE
ETA				
CVT				
BAZ				

(A) ZED
(B) HSD
(C) HFA
(D) ASI

5.

	431			
729	?	8	125	1728
	622			
	340			
	267			

(A) 439
(B) 591
(C) 1331
(D) 343

6.

		248		
555	861	?	645	924
		212		
		326		
		428		

(A) 339
(B) 744
(C) 111
(D) 483

7.

OPM	NJU	XSO	?	WAQ
			DRS	
			EQZ	
			FPP	
			GOB	

(A) PSQ
(B) XQP
(C) WSX
(D) PRP

8.

684	146	?	891	366	(A)	366
		84			(B)	417
		75			(C)	632
		444			(D)	255
		66				

9.

YVT	EDB	NLJ	?	QSQ	(A)	SNB
			JUR		(B)	IQP
			QWS		(C)	SZX
			JNP		(D)	QMK
			OKG			

10.

128	734	?	956	761	(A)	843
		691			(B)	285
		427			(C)	145
		832			(D)	648
		119				

Réponses :

1. H : vous remarquez que $5 + 6 + 1 = 4 + 4 + 4 = 1 + 2 + 9 = 6 + 0 + 6 = 12$, soit que la somme de tous les chiffres de chaque nombre de la série vaut 12. Or, en ce qui concerne les réponses proposées :
   A : $2 + 5 + 5 = 12$ C : $6 + 8 + 4 = 18 \neq 12$
   B : $1 + 9 + 2 = 12$ D : $1 + 4 + 4 = 9 \neq 12$

   Il s'agit donc d'une **somme constante égale à 12** et vous pouvez ne conserver que les réponses A et B, 255 et 192.

V : Il s'agit d'une **séparation carré par le centre.** En effet, vous avez :

479 : 7^2 = **49** 891 : 9^2 = **81**

366 : 6^2 = **36** 146 : 4^2 = **16**

Le chiffre du centre élevé au carré donne donc les deux chiffres des extrémités mis bout à bout. Parmi les deux réponses restantes, vous trouvez :

(A) **255 :** 5^2 = **25** (B) **192 :** 9^2 = 81≠ **12**

La bonne réponse est donc la A.

2. Traduisons les deux séries l'une après l'autre, toujours verticalement :

H :

11	10	13
16	12	18
3	7	5
22	2	24

Vous remarquez que 13 - **11** = 18 - **16** = 5 - **3** = 24 - **22** = 2. Il y a donc un écart de +2 entre la première et la dernière lettre et cette série suit une logique d'**INTRA de +2 entre la première et la troisième lettre.**

Seules la B et la C vérifient cela avec **L** - M - **N** et **D** - E - **F**.

V :

		6
7	3	20
2	26	**8**
9	16	15
19	11	**10**

Comme illustré ci-dessus, vous avez un **INTER grande diagonale droite de +1,** et le rang de la dernière lettre de la solution doit être 6 : il s'agit donc d'un F. Parmi les deux réponses restantes, seule la C fonctionne donc.

3. H : on remarque que tous les nombres sont des multiples de 13 :
   130 = 13 x 10   195 = 13 x 15
   39 = 13 x 3   91 = 13 x 7

   Or, parmi les solutions proposées, seules deux sont des multiples de 13 :
   A : 312 = 13 x 24
   D : 156 = 13 x 12

   V : il s'agit d'une **séparation somme par la droite.** En effet, vous avez :
   927 : **2** + **7** = 9   **826** : **2** + **6** = 8
   523 : **2** + **3** = 5   **330** : **3** + **0** = 3

   La somme des deux derniers chiffres donne toujours le chiffre des centaines. Parmi les deux réponses conservées, vous trouvez :
   A : **312** : **1** + **2** = 3   D : **156** : **5** + **6** = 11 ≠ 1

   La bonne réponse est donc la (A) : 312.

4. H :

	19	
21	5	26
7	**23**	20
25	7	20
26	**1**	5

   La logique de cette série est donc un **INTER petite diagonale première droite de +2.** Le rang de la deuxième lettre de la solution doit par conséquent être 19, ce qui signifie que cette lettre est un S. Seules les réponses B et D fonctionnent.

   V :

12	20	18
8		
5	20	1
3	22	20
2	1	26

Vous remarquez en partant du bas que le rang de la première lettre augmente :
- de 1 entre 2 et 3 ;
- de 2 entre 3 et 5 ;
- de 7 = 3 + 4 entre 5 et 12.

Ainsi, vous en déduisez que le rang de la lettre manquante doit être 5 + 3 = 8, soit un H, pour convenir à cet **INTER vertical évolutif de -4 à -1 sur la première lettre.** La seule réponse possible est dès lors la B.

5. H : vous remarquez que tous les nombres sont des cubes d'entiers :
$729 = 9^3$ $8 = 2^3$ $125 = 5^3$ $1728 = 12^3$
Cela vous permet de conserver uniquement les réponses C et D car : $1331 = 11^3$ et $343 = 7^3$

V : vous remarquez que le produit des deux premiers chiffres de chaque nombre est constant égal à 12. En effet :
431 : **4** x **3** = 12 **34**0 : **3** x **4** = 12
622 : **6** x **2** = 12 **26**7 : **2** x **6** = 12

La logique est donc une **séparation produit constante par la gauche, égale à 12.** Or parmi les deux réponses restantes, vous avez :
1331 : **1** x **3** = 3 ≠ 12 **34**3 : **3** x **4** = 12
Réponse D.

6. H : INTER petite diagonale première gauche de +1. V : INTER vertical de -1 sur la lettre du milieu. **Réponse C.**

7. H : séparation somme constante égale à 20. V : séparation somme constante par le centre. **Réponse B.**

8. H : INTER vertical progressif sur la lettre du milieu. V : INTER vertical de +1 sur la dernière lettre. **Réponse D.**

9. H : INTRA de -1 entre le premier et le deuxième chiffre. V : INTER vertical de -1 sur le dernier chiffre. **Réponse D.**

10. H : INTER vertical de -4 sur la lettre du milieu. V : INTER grande diagonale gauche de +1. **Réponse C.**

5. LES SERIES GRAPHIQUES

I. PRESENTATION DES SERIES GRAPHIQUES

1. COMMENT SE PRESENTENT LES SERIES GRAPHIQUES ?

Une série graphique est composée de 3 cadres. La consigne est simple : trouver le 4e cadre qui complète la série.

Exemple de série graphique :

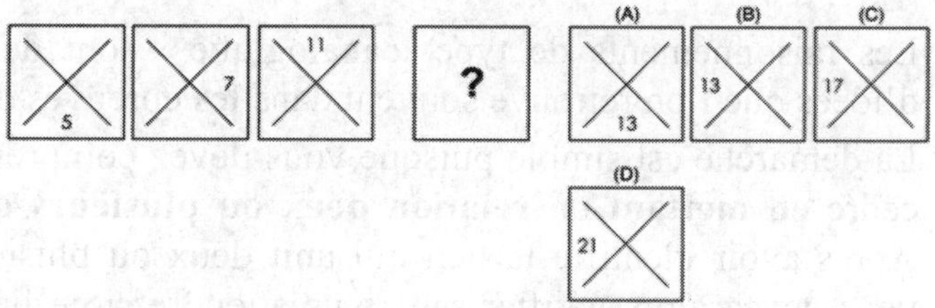

Cet élément s'appelle un cadre.

Les séries graphiques **peuvent être composées d'éléments divers et variés :** lettres, chiffres, nombres, figures géométriques, flèches et signes en tout genre (£, /, €, *, ¥, §, $, &…). Si dans un même cadre, plusieurs signes cohabitent, c'est que chacun des signes joue un rôle différent.

La résolution de ces séries implique **l'identification de critères d'identité** (appartenance à une famille d'éléments) ainsi que deux principaux types de raisonnements : un raisonnement de type « **analogique** » et/ou un raisonnement de type « **déductif** ».

1. L'IDENTIFICATION DE CRITERES SIMPLES D'IDENTITE

Certaines séries graphiques sont vraiment très simples à résoudre. Il suffit en effet pour cela d'identifier un critère d'identité de base que l'on retrouve dans chacun des cadres. On déduit alors sans trop de difficulté le 4e cadre qui complète la série.

Voici quelques règles (on dit aussi critères) d'identité qui font régulièrement l'objet de questions aux concours :

• « Chaque cadre contient une lettre à deux barres (L, X, V ou T). Il doit donc en être de même pour le cadre solution. »
• « Chaque cadre contient un nombre qui est le carré d'un entier impair (49, 81, 121, 169, 289, 361). »
• « Chaque cadre contient un nombre dont la somme des chiffres est égale à 13. »

2. Les raisonnements de type « analogique »

Les raisonnements de type « analogique » sont des raisonnements par association d'idées que l'on retrouve souvent dans les épreuves de logique aux concours.

La démarche est simple puisque vous devez comprendre ce qui se passe au sein d'un cadre **en mettant en relation deux ou plusieurs des éléments qui le composent.** Après avoir identifié le lien qui unit deux ou plusieurs éléments d'un même cadre, vous devez alors vérifier sans plus attendre si ce lien fonctionne de façon identique entre les différents éléments des deuxième et troisième cadres. Et si c'est le cas, vous trouvez ensuite sans difficulté le cadre solution.

Voici deux exemples de raisonnements de type « analogique » que vous retrouverez dans les épreuves de logique aux concours :

1. Eléments : ***une figure/un nombre*** *(qui se trouve par exemple à l'intérieur de la figure).*
• ***Raisonnement 1 :*** *le nombre de côtés de la figure au carré est égal au nombre qui se trouve à l'intérieur de la figure.*
• ***Raisonnement 2 :*** *le nombre de côtés de la figure moins le nombre qui se trouve à l'intérieur de la figure est égal à 3 dans le premier cadre, à 2 dans le deuxième cadre, à 1 dans le troisième cadre et donc à 0 dans le cadre solution.*

2. Eléments : ***deux lettres/un nombre.***
• ***Raisonnement 1 :*** *le nombre est égal à la différence, à la somme ou encore au produit des rangs des deux lettres.*
• ***Raisonnement 2 :*** *le nombre est égal à la différence, à la somme ou encore au produit des « barres » des deux lettres.*
• ***Raisonnement 3 :*** *les lettres représentent les initiales du nombre.*
• ***Raisonnement 4 :*** *le nombre est égal au carré de la somme des rangs des deux lettres.*

3. LES RAISONNEMENTS DE TYPE « DEDUCTIF »

Dans les épreuves de logique des concours, les raisonnements de type « déductif » concernent ce que l'on appelle communément les **« logiques de mouvement ».**
Ces logiques de mouvement vous sont généralement familières puisque l'on vous en proposait déjà un nombre important lors des tests de QI que vous passiez en classe de sixième.
La démarche est simple : vous devez comprendre comment les éléments d'une série progressent d'un cadre à l'autre et en déduire alors la position des éléments dans le cadre solution.

Exemples :

- *Une figure subit une rotation de 45 degrés cadre après cadre.*
- *Une lettre se déplace dans le sens des aiguilles d'une montre.*
- *Un nombre se déplace dans le sens inverse des aiguilles d'une montre.*
- *Un nombre suit un mouvement de type gauche/droite.*

2. UNE REGLE FONDATRICE DES SERIES GRAPHIQUES : LES 3 OCCURRENCES

Nous attirons ici votre attention sur le fait que certaines séries graphiques, qui ont l'air très simples à résoudre au premier abord, posent au final quelques soucis aux étudiants, qui découvrent avec effroi qu'ils n'ont pas répondu juste à une question pour laquelle ils étaient sincèrement « sûrs de leur coup ».

La source d'erreur majeure provient du fait que vous extrapolez parfois vos raisonnements de façon erronée et cela a pour conséquence de vous faire répondre « à côté » tout en étant persuadés que vous avez raison !
Appuyons-nous sur l'exemple donné au début de ce chapitre.

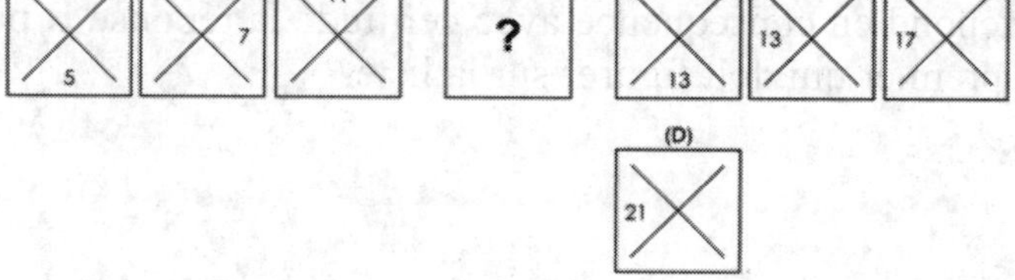

Au niveau de la « logique de mouvement », il n'y a pas de problème majeur. Vous remarquez en effet que les nombres progressent d'un cadre à l'autre dans le sens inverse des aiguilles d'une montre. Il faut donc éliminer la réponse A.

Toute la question à présent est : faut-il garder la réponse B, C ou D ?
Lorsque l'on soumet cette série à un groupe de candidats de niveau homogène, l'on obtient des réponses divergentes quoique toujours assumées et justifiées. Il n'existe pourtant qu'une et une seule réponse si l'on respecte les règles de construction des séries logiques.

En effet, certains parmi vous soutiendront avec ferveur qu'il faut compléter la série avec le nombre 17. Pourquoi ? Parce que de 5 à 7, on progresse en faisant « +2 », de 7 à 11, on progresse en faisant « +4 » (+2, +2) et de 11 à 17, on progresse en faisant « +6 » (+2, +2, +2).
D'autres diront aussi qu'il faut répondre le nombre 13 parce que l'on a ajouté « +2 », « +4 » et de nouveau « +2 ».

Et bien, sachez qu'aucune de ces justifications n'est recevable… **En effet, pour qu'une série logique simple force l'unanimité, elle se doit de contenir au moins 3 occurrences ou « répétitions ».**

Ici, nous n'avons pas assez d'occurrences pour répondre 17. Si nous avions eu la série logique 5 --- 7 --- 11 --- 17 --- ?, alors nous aurions répondu sans hésiter le nombre 25 en solution car il ne fait alors plus aucun doute que la série suit le tempo (+2, +4, +6, +8), les trois occurrences qui initient la série étant ici +2, +4 et +6.

Bon, alors… Quelle est la solution ici ?

Et bien, il s'agit de la réponse B (13), mais pas pour la raison citée précédemment. Car pour justifier notre réponse et être vraiment sûrs de notre coup, nous devons en identifier les trois occurrences. Ici, **les nombres 5, 7 et 11 sont tous les trois des nombres premiers. On remarque en outre que ces nombres premiers sont successifs.** L'on répond en conséquence avec certitude la réponse B puisque 13 est le prochain nombre premier qui doit figurer sur la liste.

II. METHODES, SAVOIR-FAIRE ET ASTUCES

[Une règle d'or]

Avant toute chose, nous vous invitons à appliquer systématiquement la règle d'or suivante applicable aux séries graphiques : **traduisez et inscrivez sous forme numérique le maximum d'informations mises à votre disposition.**
Autrement dit :

- Inscrivez les nombres de côtés des figures.
- Inscrivez les rangs des lettres.
- Inscrivez les nombres de « barres » des lettres.
- Calculez et inscrivez les écarts qu'il y a entre les nombres.
- Calculez et inscrivez les écarts entre les rangs des lettres.
- Calculez et inscrivez les écarts qu'il y a entre les côtés des figures et les nombres.
- **Inscrivez tout !** Plus vous écrirez de choses autour de vos séries graphiques et plus vous verrez se profiler les règles logiques à trouver.

Efforcez-vous d'appliquer cette règle. **Vous gagnerez beaucoup de temps.**

1. SERIES GRAPHIQUES ET FIGURES

Qui dit *figures* dit :

- Inscrire le nom de la figure et l'initiale de son nom.
- Compter le nombre de côtés.
- Compter le nombre de côtés parallèles.
- Compter le nombre d'angles droits.
- Compter le nombre de points d'intersection qu'il y a entre deux figures.

Exemples :

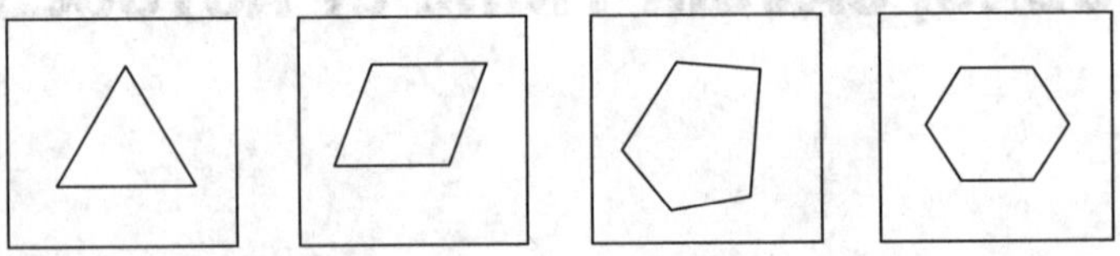

Dans ce premier exemple, le nombre de côtés est simplement croissant : 3 côtés pour le triangle, 4 côtés pour le parallélogramme, etc. Le nombre de côtés peut bien sûr suivre des progressions bien plus compliquées.

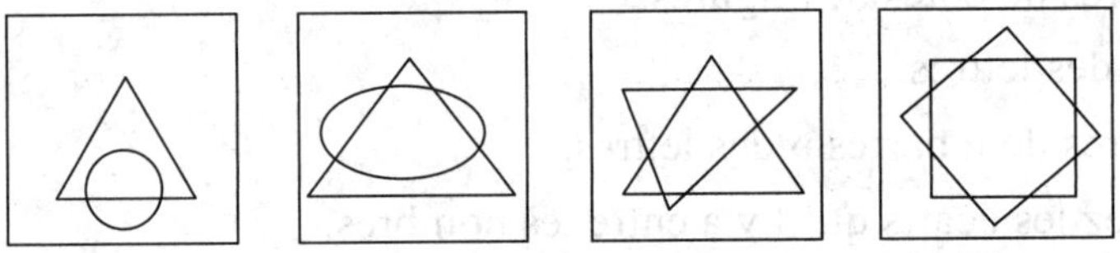

Dans cet exemple, le nombre de points d'intersections entre les deux figures est croissant : 2, puis 4, puis 6 et enfin 8.

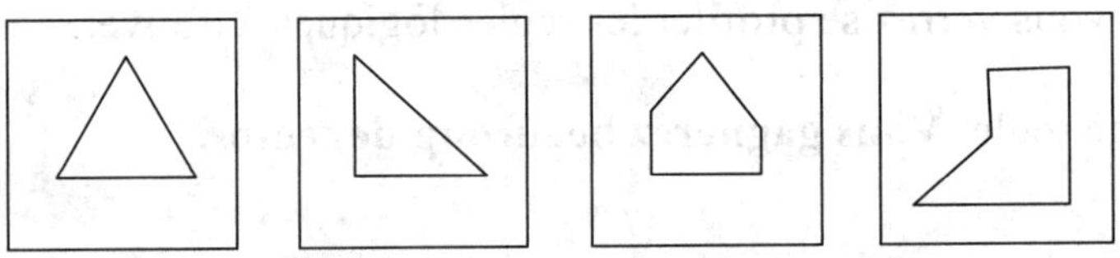

Dans ce dernier exemple, vous observez que le nombre d'angles droits est croissant : d'abord aucun angle droit pour le premier triangle, puis un angle droit pour la deuxième figure, puis 2 et enfin 3. Un rectangle pourrait ainsi par exemple compléter la série…

Retenez qu'il est essentiel de tout compter lorsque vous vous retrouvez face aux figures des séries graphiques. Ne laissez rien au hasard !

2. SERIES GRAPHIQUES ET NOMBRES

Qui dit *nombres* dit :

- Revoir toutes les règles qui ont été étudiées dans le cadre des séries doubles de chiffres et que vous devez donc connaître sur le bout des doigts.
- Appliquer les opérations suivantes :
  - Somme de chiffres/nombres
  - Différence de chiffres/nombres
  - Produit de chiffres/nombres
  - Quotient de chiffres/nombres
  - Puissance de chiffres/nombres
  - Somme de tous les chiffres d'un nombre
- Attention aux nombres dans leurs formes « séparées ».
- Attention aux sommes et produits des nombres pris « deux à deux » ou « un à trois », « un à quatre »…

Exemple 1 :

13	91	17	62	36	21	42	38
33	40	43	44	12	81	46	33

Les nombres sont ici considérés « deux à deux » dans leurs formes « séparées ». Vous devez donc **séparer** les chiffres de chaque nombre. Dans le premier cadre, sur la diagonale allant du côté en haut à gauche au côté en bas à droite, la somme des chiffres est identique aux deux extrémités de la diagonale : $1 + 3 = 4 + 0$. Sur l'autre diagonale, le produit des chiffres à chaque extrémité est égal : $3 \times 3 = 9 \times 1$. On retrouve cette même somme et ce même produit dans les autres cadres : $1 + 7 = 4 + 4$ et $4 \times 3 = 6 \times 2$, etc.

Exemple 2 :

				27			64
	1	8					

Vous reconnaissez naturellement une suite de cubes.

Exemple 3 :

3	10	8	20	12	30	12	40
2	5	6	6	14	4	22	6

Dans cet exemple, le nombre en haut à droite de chaque cadre est la somme des trois autres nombres. Ainsi, 10 = 3 + 5 + 2 ; 20 = 8 + 6 + 6 ; 30 = 12 + 4 + 14 et enfin 40 = 12 + 6 + 22.

3. SERIES GRAPHIQUES ET LETTRES

Qui dit *lettres* dit :

- Revoir toutes les règles qui ont été étudiées dans le cadre des séries doubles de lettres et que vous devez donc connaître sur le bout des doigts.
- Attention au nombre de « barres » des lettres.
- Attention au « sens » des lettres : les lettres peuvent en effet être des initiales : initiale d'une figure (T pour Triangle), d'un chiffre (S pour 7/Sept), d'une position (H pour Haut, B pour Bas…), d'un symbole (A pour */Astérisque ; D pour #/Dièse, etc.).

Tableau des lettres « à barres » :

Lettres	A	E	F	H	I	K	L	M	N	T	V	W	X	Y	Z
Barres	3	4	3	3	1	3	2	4	3	2	2	4	2	3	3

Exemples :

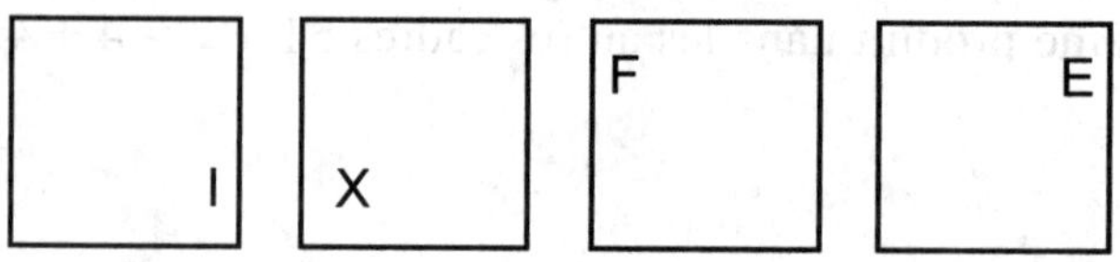

Dans ce premier exemple, le nombre de barres de chaque lettre est croissant : 1 barre pour I, 2 barres pour X, 3 barres pour F et 4 barres pour E.

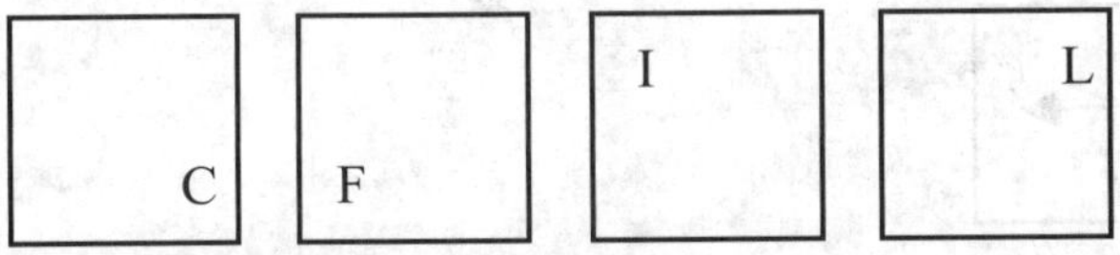

Dans ce deuxième exemple, il y a un saut de deux lettres lorsque l'on passe d'un cadre à l'autre : **CDEFGHIJKL**.

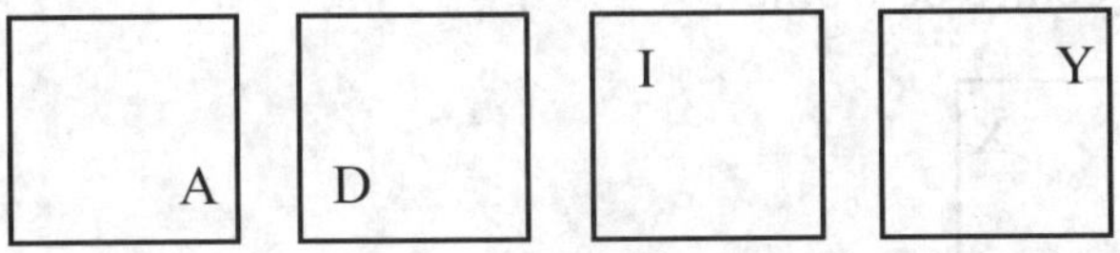

Ici, inscrivez les rangs des lettres au-dessus de chaque cadre : 1 – 4 – 9 – 25. Vous reconnaissez alors la suite des carrés parfaits.

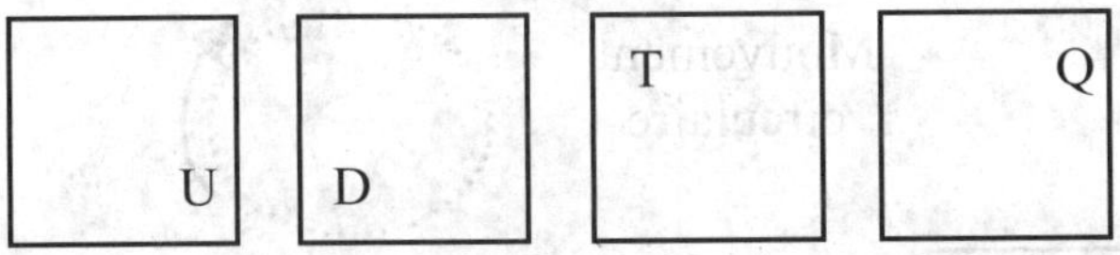

Enfin, vous devez reconnaître ici une suite d'initiales : U pour Un – D pour Deux – T pour Trois – et Q pour Quatre.

4. SERIES GRAPHIQUES ET MOUVEMENTS

Qui dit *mouvements* dit :

- Mouvements de rotation.
- Mouvements circulaires : sens des aiguilles d'une montre ou sens inverse.
- Mouvements d'alternance : alternance horizontale, verticale, diagonale, centrale et axiale.

Exemples :

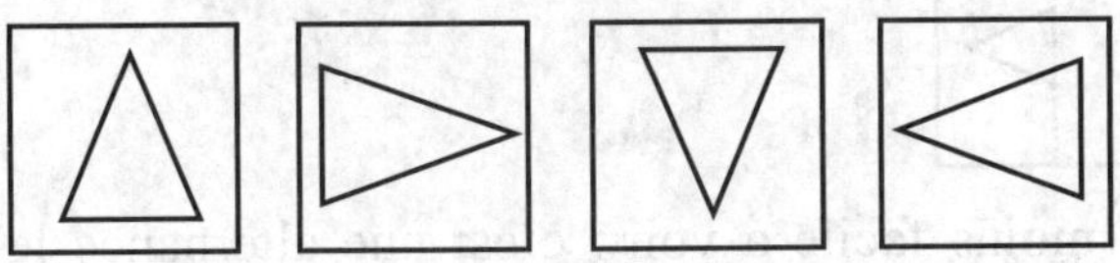

Dans ce premier exemple, il s'agit d'une rotation du triangle de 90° dans le sens des aiguilles d'une montre à chaque nouveau cadre.

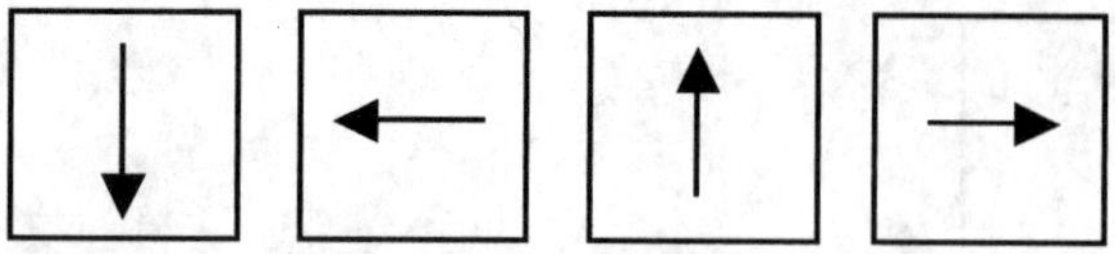

Vous pouvez observer dans cet exemple une rotation de 45° toujours dans le sens des aiguilles d'une montre. Veillez à bien comprendre la notion de rotation : il s'agit d'une rotation sur soi-même, autour du centre de l'objet.

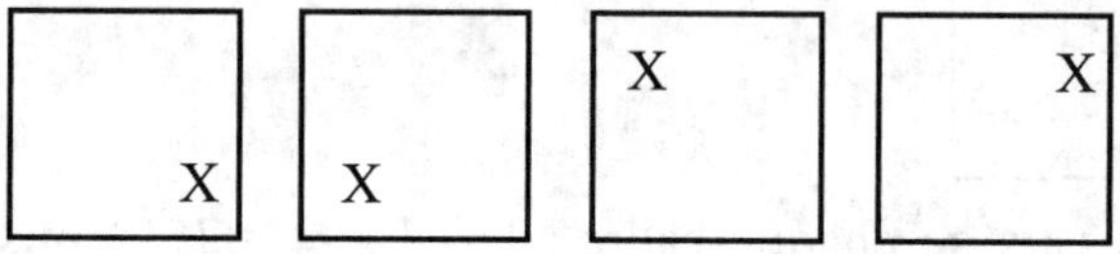

Observez la position du X dans cet exemple : il suit un mouvement de type circulaire dans le sens des aiguilles d'une montre :

Mouvement circulaire

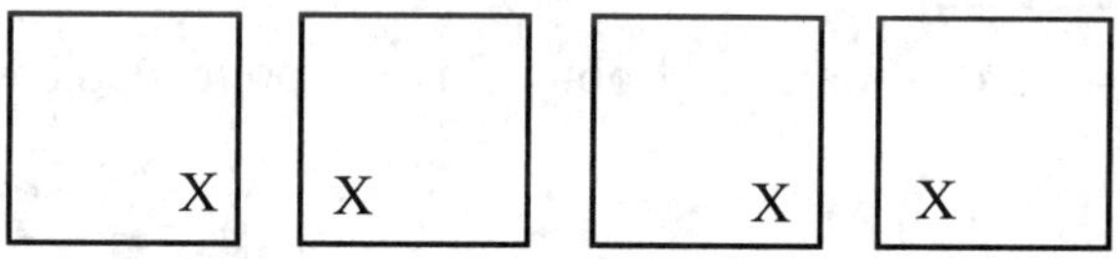

Observez bien les changements de positions du X : il s'agit d'un mouvement alterné horizontal.

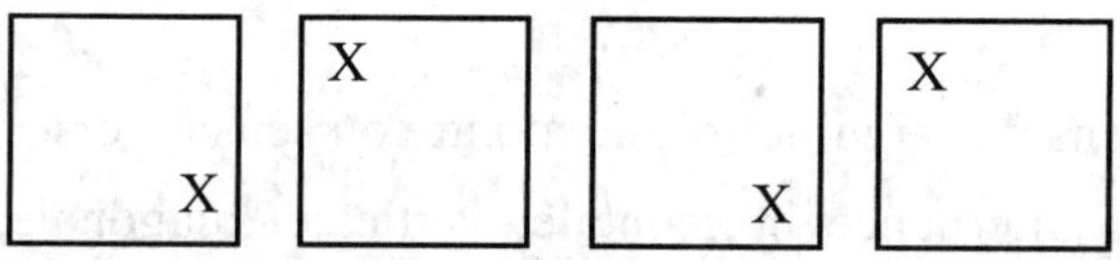

Cet exemple présente un mouvement alterné diagonal.

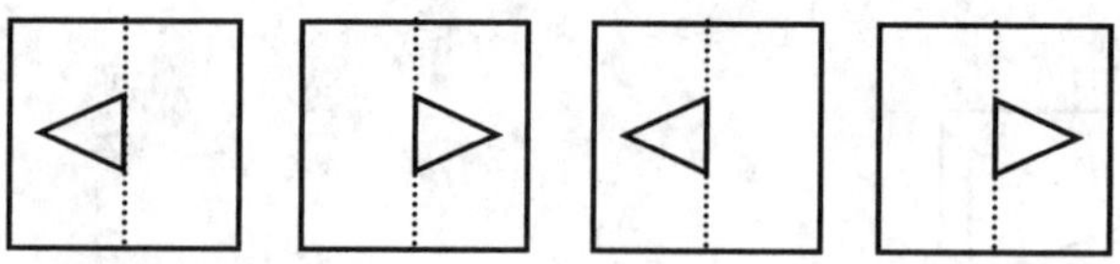

Nous terminons avec le mouvement le moins facile à voir : c'est une alternance le long d'un axe de symétrie (qui sera naturellement invisible aux concours !).

Pour ces 5 questions, vous devez expliquer précisément la règle qui régit chacune des séries graphiques.

5. APPLICATIONS

1.

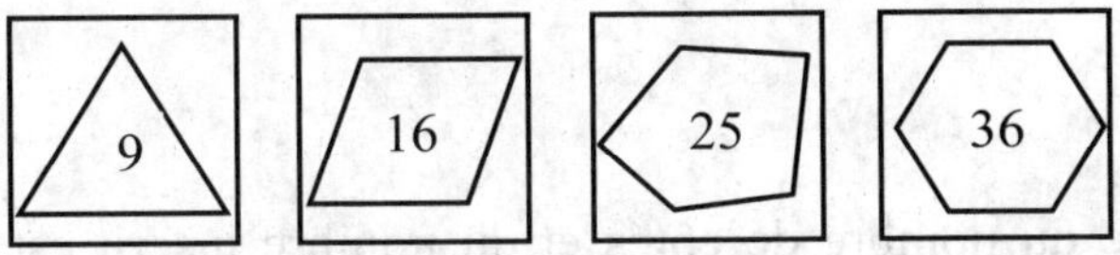

2.

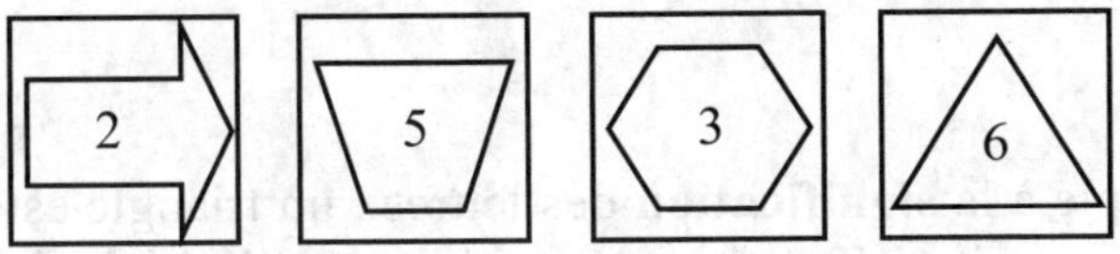

3.

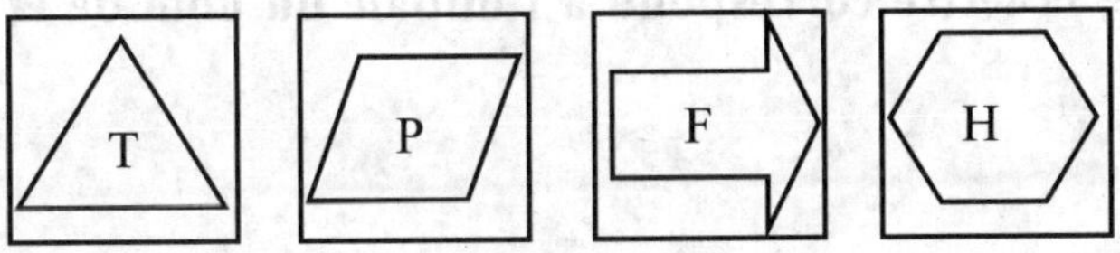

4.

5.

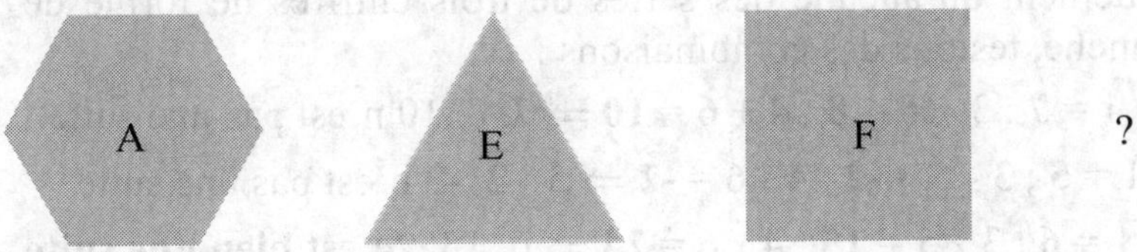

[Réponses]

1. Dans cette application, le nombre de côtés mis au carré est égal au nombre inscrit dans la figure : le triangle a trois côtés et $3^2 = 9$; pour le parallélogramme, $4^2 = 16$, etc.

2. Vous remarquez ici que la somme du nombre de côtés et du nombre inscrit est constante et égale à 9 : 7 + 2 = **9** pour la première figure, 4 + 5 = **9** pour la deuxième figure, 6 + 3 = **9** pour la troisième figure et 3 + 6 = **9** pour la quatrième figure.

3. Nous faisons appel dans cet exemple à la **signification** des lettres : un triangle est inscrit dans le premier cadre et on a écrit un T qui correspond donc à l'initiale de la figure. Un parallélogramme se situe dans le deuxième cadre avec justement un P à l'intérieur. **En conséquence, la lettre correspond à l'initiale du nom de la figure.**

4. Ici, nous associons le nombre de côtés de la figure au rang de la lettre. Dans le premier cadre, le rang de D est égal à 4, ce qui correspond au nombre de côtés du carré. La figure du deuxième cadre est composée de 5 côtés, ce qui correspond au rang de la lettre inscrit dans la figure.

5. En numérisant tout on trouve :
   Côtés : 6, 3, 4 **Lettres :** 1, 5, 6

   Vous voyez immédiatement qu'aucune des séries de trois chiffres ne forme de suite logique. En revanche, testons des combinaisons :

   Côtés + Lettres : 6 + 1 = **7** ; 3 + 5 = **8** ; 4 + 6 = **10** ⇒ 7, 8, 10 n'est pas une suite

   Côtés - Lettres : 6 - 1 = **5** ; 3 - 5 = **-2** ; 4 - 6 = **-2** ⇒ 5, -2, -2 n'est pas une suite

   Côtés x Lettres : 6 x 1 = **6** ; 3 x 5 = **15** ; 4 x 6 = **24** ⇒ 6, 15, 24 **est bien une suite avec un écart constant de 9.** On vous laisse proposer la solution de votre choix.

6. LE RAISONNEMENT LOGIQUE

D'Aristote aux concours d'Ecoles de commerce post-bac, il n'y a qu'un pas ! En effet, au milieu des questions de calcul ou de mathématiques, certains concours n'hésitent pas à glisser des questions de raisonnement logique. C'est en particulier l'une des marques de fabrique du concours ACCES.

Les raisonnements logiques que vous rencontrez aux tests de logique des concours sont tous inspirés de la logique fondée par Aristote. La logique aristotélicienne s'appuie sur trois grands principes :

- Le principe d'identité : une chose, considérée sous un même rapport, est identique à elle-même. Concrètement, ce qui est vrai est vrai. Il existe donc une stabilité, une constance et une immuabilité des affirmations et des propositions logiques. Par exemple, si A désigne un arbre, alors A désignera toujours un arbre dans le raisonnement. Le principe d'identité affirme que (**P = P**).

- Le principe de non-contradiction : une proposition peut être vraie, peut être fausse, mais ne peut pas être à la fois vraie et fausse ou ni vraie et ni fausse. La contradiction est une relation existant entre deux propositions dont l'une affirme ce que l'autre nie. Par exemple, les propositions A et non(A) sont contradictoires, et les affirmations « tous les Suédois sont blonds » et « quelques Suédois ne sont pas blonds » sont contradictoires. Retenez simplement qu'**une chose ne peut être vraie et fausse en même temps.**

- Le principe du tiers exclu est un corollaire du principe de non-contradiction : parmi deux propositions contraires, si l'une est vraie alors l'autre est nécessairement fausse. Par exemple, un objet est blanc ou n'est pas blanc. Il ne peut pas être gris-blanc, blanc cassé, un peu blanc, blanchi, etc. Il n'y a pas d'intermédiaire possible : une proposition est ou n'est pas, mais ne peut pas être autre chose. Le principe du tiers exclu impose la loi du tout ou rien et rend les propositions binaires.

A partir de ces trois axiomes définis par Aristote, il est possible de construire des raisonnements logiques. Comment, à partir de ces principes, les logiciens développent-ils leurs discours ? Et bien comme tout le monde, en juxtaposant des phrases et des affirmations plus ou moins complexes que l'on appelle propositions.

Le but des raisonnements logiques aux concours est de transformer les informations littérales que l'énoncé vous fournit en propositions logiques afin de pouvoir appliquer des méthodes de raisonnement pour clarifier et simplifier les situations et résoudre le problème.

Bien sûr, n'importe quelle phrase ne peut en général passer pour une proposition logique bien construite. Vous devez alors vous servir de symboles et de connecteurs logiques pour donner un sens logique à vos propositions et appliquer les règles de logique.

1. Les principes fondamentaux du raisonnement logique

Avant de vous présenter les principaux connecteurs logiques utiles aux épreuves de raisonnement, nous vous recommandons de prendre l'habitude de remplacer les affirmations et les phrases simples par des propositions. Par exemple, vous pouvez appeler la proposition « il pleut aujourd'hui » la proposition A.

[1. Le connecteur négation « NON »]

Le connecteur négation « NON » transforme une proposition en son contraire. Si l'on considère la proposition A « il pleut aujourd'hui », alors la négation de la proposition A, notée non(A), est aussi une proposition affirmant : « il ne pleut pas ». Vérifiez que les principes d'Aristote d'identité, de non-contradiction et de tiers exclu sont respectés par l'utilisation du connecteur négation « NON ».

[2. Le connecteur conjonctif « ET »]

Le connecteur conjonctif « ET » transforme deux propositions élémentaires en une unique proposition élémentaire. Il relie les deux propositions en imposant une condition de vérité simultanée.

Le connecteur « ET » implique que les deux propositions reliées par « ET » sont vraies simultanément :

(A et B) signifie « A est vraie *et* B est vraie » simultanément.

Le connecteur « ET » indique donc que les deux propositions doivent être réalisées en même temps.

Voici un exemple trivial : **si A signifie « il pleut » et B signifie « il y a du soleil », alors (A et B) signifie « il pleut et il y a du soleil (simultanément) ».**

[3. Le connecteur disjonctif « OU »]

Le connecteur « OU » relie aussi deux propositions entre elles, mais il impose une condition de vérité disjointe :

(A ou B) signifie
« A est vraie et B est vraie »
ou bien « A vraie et B fausse »
ou bien « A fausse et B vraie »

Attention, le « OU » a une signification bien particulière en logique : A ou B, c'est l'un ou l'autre, ou bien les deux en même temps !

Si l'on reprend l'exemple ci-dessus, (A ou B) signifie **« il pleut et il n'y a pas de soleil »** ou **« il ne pleut pas et il y a du soleil »** ou bien encore « il pleut et il y a du soleil ». Retenez qu'avec l'utilisation du « OU », **il y a au moins une des propositions qui est vraie !**

Ainsi, selon le sens du « OU » en logique, le fameux « fromage ou dessert » devrait signifier « Fromage et non(Dessert) », ou bien « non(Fromage) et Dessert » ou bien encore « Fromage et Dessert ».

[4. Le connecteur « IMPLICATION »]

Nous rentrons désormais dans le vif du raisonnement logique. Comme nous vous l'avons sous-entendu plus haut, le but des raisonnements logiques est de prouver la véracité de certaines propositions par une suite de déductions logiques. Le connecteur « IMPLICATION », noté ⇒, permet de transmettre la vérité d'une proposition à une autre en liant leur véracité.

A ⇒ B, signifie que « si A est vraie, alors B est nécessairement vraie ».

Si A et B sont deux propositions, (A ⇒ B) est vraie lorsque A et B sont toutes les deux vraies ou bien lorsque A est fausse.

Attention, si par exemple vous avez A et non(B), c'est-à-dire, si « A est vraie et B est fausse », alors bien sûr vous remarquez que l'implication $(A \Rightarrow B)$ n'est plus respectée. Lorsque que l'on dit que $(A \Rightarrow B)$, l'affirmation de cette vérité porte sur le connecteur $\Rightarrow$.

A chaque fois que vous lisez le symbole $\Rightarrow$, nous vous conseillons de le remplacer par les termes « si…, alors ». Nous vous recommandons donc concrètement d'interpréter $(A \Rightarrow B)$ par la phrase « si la proposition A est vraie, alors la proposition B est vraie ».

Souvenez-vous également du principe de transitivité de l'implication :

$$\text{Si } A \Rightarrow B \text{ et } B \Rightarrow C, \text{ alors } A \Rightarrow C.$$

Application :

Il a plu toute la semaine dernière. Mercredi dernier, il y a eu néanmoins du soleil. On sait que s'il pleut et qu'il y a du soleil, alors un arc-en-ciel apparaît. Que peut-on en conclure ?

Dans un premier temps, nous vous proposons de réécrire les affirmations basiques en propositions :

(1) Nous appelons A la proposition « il pleut ».
(2) Nous appelons B la proposition « il y a du soleil ».
(3) Nous appelons C la proposition « un arc-en-ciel apparaît ».

Maintenant, concentrez-vous sur la phrase comportant le « si » et « alors ». Vous pouvez la transformer par la proposition suivante : $(A \text{ et } B) \Rightarrow C$.

Mercredi dernier, A est vraie, B est vraie, et d'après l'implication, C est vraie.

Vous pouvez conclure qu'il y a eu un arc-en-ciel mercredi dernier.

[5. Le connecteur « EQUIVALENCE »]

Deux propositions A et B sont équivalentes si A implique B et si B implique A. L'équivalence est donc une double implication : c'est une implication dans le sens direct et une implication dans le sens réciproque. Le symbole du connecteur équivalence est $\Leftrightarrow$:

$$(\mathrm{A} \Leftrightarrow \mathrm{B}) \Leftrightarrow (\mathrm{A} \Rightarrow \mathrm{B} \text{ et } \mathrm{B} \Rightarrow \mathrm{A})$$

Comme l'équivalence est une double implication, elle doit se lire « si et seulement si ». Par exemple, (A $\Leftrightarrow$ B) se lit « A est vraie si et seulement si B est vraie ».

Entre autres, « A est faux si et seulement B est faux », par conséquent :

$$(\mathrm{A} \Leftrightarrow \mathrm{B}) \Leftrightarrow (\mathrm{non(A)} \Leftrightarrow \mathrm{non(B)})$$

Voici un exemple d'inspiration géométrique pour illustrer la notion d'équivalence : d'après le théorème de Pythagore, si un triangle est rectangle, alors le carré de la longueur de l'hypoténuse est égal à la somme des carrés des deux autres longueurs. Réciproquement, si le carré de la longueur d'un côté d'un triangle est égal à la somme des carrés des longueurs des deux autres cotés, alors le triangle est rectangle. En conséquence, un triangle est rectangle si et seulement si le carré de la longueur de l'hypoténuse est égal à la somme des longueurs des deux autres côtés. Il y a donc équivalence.

> *Conditions nécessaires et suffisantes*
>
> *Dans la vie courante, vous distinguez parfaitement les notions de conditions nécessaires et de conditions suffisantes. Par exemple vous comprenez parfaitement que pour acheter une place de concert à 30 €, il est nécessaire d'avoir 25 € mais pas suffisant, qu'il est suffisant d'avoir 35 € mais pas nécessaire, et qu'il est nécessaire et suffisant d'avoir 30 €. En logique pure, c'est la même chose !*
>
> *Supposons que A implique B, donc si A est vraie alors B est vraie. Autrement dit, il suffit que A soit vraie pour que B le soit, ce que l'on exprime aussi en disant que A est une « condition suffisante » à B.*

Vous pouvez aussi interpréter la chose en observant que lorsque B est vraie, A est nécessairement vraie, ce que l'on exprime aussi en disant que B est une « condition nécessaire » à A.

[6. La contraposée]

Une contraposée est une proposition équivalente à une implication extrêmement utilisée aux concours pour vous sortir d'impasses. Soit la proposition (A ⇒ B). Le but de la contraposée est d'utiliser les négations des propositions A et B.

La contraposée de la proposition (A ⇒ B) est (non(B) ⇒ non(A)). Plus précisément :

$$(A \Rightarrow B) \Leftrightarrow (\text{non}(B) \Rightarrow \text{non}(A))$$

Attention, veillez à bien voir que la contraposée inverse le sens de l'implication !
Pour vous en convaincre, prenons l'exemple suivant : « lorsque je me lève, je prends un café ». Appelons la proposition A « je me lève », la proposition B « je prends un café ». L'affirmation signifie bien que (A ⇒ B). La proposition (non(A) ⇒ non(B)) est fausse : en effet, rien ne me dit que je ne peux pas prendre de café lorsque je suis encore au lit. En revanche, si je n'ai pas pris de café, alors je ne me suis pas levé, puisque le réflexe est de prendre un café dès que je me lève.

[7. Les lois de Morgan]

Les lois de Morgan fournissent les négations de propositions logiques complexes comportant plusieurs connecteurs logiques :

$$\text{non}(\text{non}(A)) \Leftrightarrow A$$

$$\text{non}\ (A\ \textbf{et}\ B) \Leftrightarrow \text{non}(A)\ \textbf{ou}\ \text{non}(B)$$

$$\text{non}\ (A\ \textbf{ou}\ B) \Leftrightarrow \text{non}(A)\ \textbf{et}\ \text{non}(B)$$

Retenez que :

- la négation du « ET » est « OU » ;
- la négation du « OU » est « ET » ;
- la négation de « pour tous les éléments » est « il existe au moins un élément ».

Application :

Quels sont les contraires des propositions suivantes :

(1) non(A) ou B
(2) A ou non(B)
(3) (non(A) ou B) $\Rightarrow$ *C*
(4) « tous les élèves de la classe ont intégré une école »

(1) non (non(A) ou B) $\Leftrightarrow$ *A et non(B)*
(2) non (A ou non(B)) $\Leftrightarrow$ *non(A) et B*
(3) non C $\Rightarrow$ *A et non B*
(4) « Il existe au moins un élève dans la classe qui n'a pas intégré une école »

Application :

Sophie adore la mode et s'habille selon des règles très précises :

Si elle met un vêtement noir, alors elle met un vêtement blanc.
Si elle met ne met pas de vêtement noir, alors elle met un vêtement bleu.
Si elle met un vêtement bleu, alors elle met un vêtement noir.
Si elle met ne met pas un vêtement bleu, alors elle ne met pas de vêtement blanc.
Quels vêtements Sophie a-t-elle mis ?

Voici une application type du concours ACCES. Nous vous conseillons dans un premier temps de simplifier les propositions logiques que l'on vous donne en remplaçant les couleurs par leurs initiales :
Noir $\Rightarrow$ *Blanc*
Non(Noir) $\Rightarrow$ *Bleu*
Bleu $\Rightarrow$ *Noir*
Non (Bleu) $\Rightarrow$ *non (Blanc), ou la contraposée Blanc* $\Rightarrow$ *Bleu*

Cet exercice est déstabilisant car vous ne savez souvent pas par où commencer. L'énoncé vous fournit seulement des implications et aucune proposition vraie sur laquelle vous pouvez vous appuyer. Vous devez alors avoir un réflexe : pour débuter le raisonnement logique, vous allez supposer qu'une proposition est vraie et voir si cela vous mène à une contradiction. Si vous obtenez à la fin de votre raisonnement un résultat qui est en contradiction avec votre supposition de départ, alors la seule position possible est que l'hypothèse de départ est fausse par respect du principe aristotélicien de non-contradiction.

Vous pouvez retenir que ce type de raisonnement s'appelle un raisonnement par l'absurde.

Comme Sophie s'habille, elle met au moins un vêtement.

Vous supposez d'abord que Sophie porte un vêtement bleu :
Bleu vraie
D'après (3), Noir vraie
D'après (1), Blanc vraie
Il n'y a pas de contradiction.

Vous supposez alors que Sophie porte un vêtement noir :
Noir vraie
D'après (1), Blanc vraie
D'après (4), Bleu vraie
Il n'y a pas de contradiction.

Vous supposez finalement que Sophie porte un vêtement blanc :
Blanc vraie
D'après (4), Bleu vraie
D'après (3), Noir vraie
Il n'y a pas de contradiction.

Par conséquent, quelle que soit la couleur du vêtement, si Sophie met un vêtement, alors elle met les trois vêtements.

2. Les grands raisonnements classiques aux concours

[1. Les tirages minimum]

Parmi les questions qui tombent, celles des tirages minimum sont de grands classiques. Deux cas de figure sont possibles : le nombre minimum de tirages pour avoir deux objets d'une même couleur, ou le nombre minimum de tirages pour avoir deux objets d'une couleur différente.

Dans ces deux cas, vous devez utiliser la méthode du « poissard », c'est-à-dire vous devez vous placer dans la situation où la personne qui tire les objets a le moins de chance possible.

« Pour être sûr d'obtenir deux objets de même couleur »
= Nombre de couleurs + 1

« Pour être sûr d'obtenir deux objets de couleur différente »
= Card(Plus grande couleur) + 1

Applications :

Une urne contient 4 boules rouges, 7 boules bleues, 3 boules blanches, 9 boules vertes et 2 boules jaunes. Quel nombre minimum de boules faut-il tirer pour obtenir 2 boules d'une même couleur ?

Vous pouvez compter 5 couleurs de boules différentes (bleu, blanc, vert, rouge et jaune). Avec la pire malchance, au cours des 5 premiers tirages, il est possible de tirer une boule de chaque couleur et en conséquence, il n'y aura pas 2 boules d'une même couleur. Au 6e tirage, la couleur de la boule tirée aura déjà été tirée dans l'un des 5 premiers tirages.
En conclusion, le nombre minimum de tirages est égal à 6.

Une urne contient 4 boules rouges, 7 boules bleues, 3 boules blanches, 9 boules vertes et 2 boules jaunes. Quel nombre minimum de boules faut-il tirer pour obtenir deux boules d'une couleur différente?

Repérez la couleur la plus représentée. Il y a 9 boules vertes. En conséquence, avec la pire malchance, au cours des 9 premiers tirages, il est possible de ne tirer que des boules vertes. La couleur verte étant écoulée au 9e tirage, la 10e boule est nécessairement d'une nouvelle couleur.

[2. Les menteurs]

Les questions de « menteurs » tombent très régulièrement aux concours (pour ne pas dire tout le temps). Nous vous l'accordons, il est très facile de se mélanger les pinceaux dans ces exercices. C'est pourquoi nous vous demandons et nous exigeons de vous même une grande concentration dès que le mot *menteur* apparaît dans l'énoncé. Voici la principale idée à retenir des exercices menteurs :

Lorsqu'un personnage ment, la vérité réside dans le contraire de son affirmation.

Si vous savez que le personnage ment et qu'il affirme par exemple qu'A est vraie, alors comme il ment, la vérité est le contraire de son affirmation, c'est-à-dire qu'A est fausse.

La clé de la réussite est donc de savoir si le personnage dit la vérité ou ment.

Application :

Jérôme ment le lundi, le jeudi et le vendredi, et dit la vérité les autres jours de la semaine. Il affirme :
(1) Hier, j'ai menti.
(2) Je mentirai encore demain.

Quel jour sommes-nous ?

Vous devez ici savoir si Jérôme ment ou dit la vérité. Pour cela, il ne faut pas hésiter à se placer dans des cas particuliers en imaginant les situations un jour donné. Par exemple, si nous somme le jeudi, Jérôme ment. Par conséquent, la vérité est le contraire de ses affirmations, c'est-à-dire :

(1) Hier, j'ai dit la vérité.
(2) Je dirai encore la vérité demain.

L'affirmation (1) ne pose pas de problème puisque hier, à savoir mercredi, Jérôme disait bien la vérité. Cependant, demain vendredi, il mentira. L'affirmation (2) est donc en contradiction avec la vérité : l'hypothèse « nous sommes jeudi » est donc absurde.

En testant, les différents jours, vous pouvez vous rendre compte que seul le lundi respecte les deux affirmations. Jérôme ment le lundi. La vérité réside donc dans le contraire de ses affirmations, à savoir :

(1) Hier, j'ai dit la vérité.
(2) Je dirai encore la vérité demain.

Le dimanche et le mardi, Pierre dit la vérité. En conséquence, le lundi convient.

[3. Les inégalités]

Voici quelques rappels sur les inégalités :

- Si A > B et B > C, alors A > C (principe de transitivité)
- Si A > B et C > D, alors A + C > B + D (principe d'additivité)
- Si A + C > B + C, alors A > B (principe de simplification)

Application :

Albert, Bertrand, Charles et Daniel comparent leurs notes respectives à un devoir d'économie. Ensemble, Albert et Charles ont eu à eux deux une moyenne supérieure à celle de Bertrand et de Daniel. De plus, la moyenne d'Albert et de Bertrand est supérieure à celle de Charles et Daniel. Que peut-on conclure ?

Nous vous recommandons fortement d'écrire les inégalités :

Albert + Charles > Bertrand + Daniel
Albert + Bertrand > Charles + Daniel

Après addition des membres des inéquations :

2 Albert + Charles + Bertrand > Charles + Bertrand + 2 Daniel
Et après simplification :
Albert > Daniel

[4. Les jours de la semaine]

Parmi les questions classiques, celle des jours de la semaine tombe régulièrement.

Application :

Si le 20 juin est un vendredi, quel jour de la semaine le tombera le 18 novembre ?

La clé de ces exercices est de se rappeler que tous les 7 jours, on recommence le cycle de la semaine. Vous devez donc déterminer le nombre de semaines qui se situent entre les deux dates. Du 20 juin au 18 novembre, il y a 10 jours au mois de juin, 31 jours aux mois de juillet, août et octobre, 30 jours au mois de septembre et enfin 18 jours au mois de novembre. En tout, 151 jours se sont écoulés, ce qui correspond à 21 semaines et 4 jours (vous effectuez la division euclidienne de 151 par 7 : 151 = 21 x 7 + 4). Par conséquent, le jour situé 21 semaines (ou encore 147 jours) après le vendredi 20 juin, c'est-à-dire le 14 novembre, est aussi un vendredi. Le 18 novembre est donc un mardi.

[5. Les syllogismes et raisonnements ensemblistes]

Nous vous rappelons le syllogisme le plus classique :

Socrate est un homme.
Or, les hommes sont mortels.
Donc, Socrate est mortel.

Chaque syllogisme est composé de trois éléments : la mineure *(Socrate est un homme),* la majeure *(les hommes sont mortels)* et la conclusion *(Socrate est mortel).*

Le syllogisme s'appuie sur des raisonnements ensemblistes. Voici une représentation ensembliste du syllogisme de Socrate :

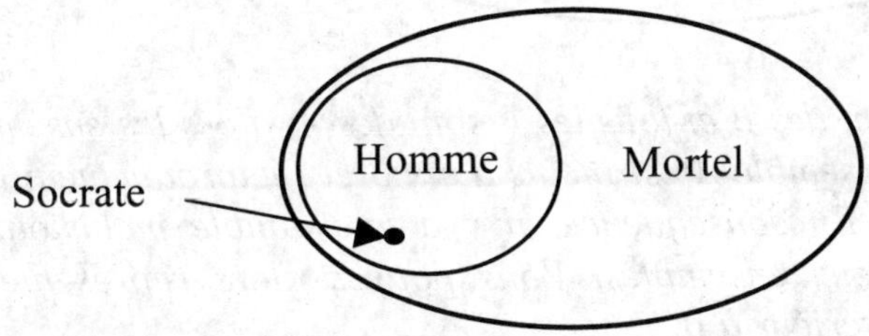

De nombreux raisonnements utilisent le principe du syllogisme et des raisonnements ensemblistes. Il vous faut alors établir les ensembles, les sous-ensembles et les relations d'appartenance et d'inclusion. La principale difficulté des raisonnements assimilés aux syllogismes est de comprendre précisément la signification de mots comme *tous, aucun, certain, une partie,* etc. qui permettent d'exclure ou d'inclure un élément d'un ensemble.

Applications :

> *On considère trois propositions :*
> *(1) Tous les A sont des B.*
> *(2) Tous les B sont des A.*
> *(1) Seuls les non B sont des C.*

Parmi les propositions suivantes, laquelle contredit le groupe de propositions présentées ?

A : Seuls les non A sont des C.

B : Il y a une intersection entre le groupe des A et des B.

C : Il existe des B qui sont des C.

D : Les A ne sont pas des C.

Un schéma permet de mieux visualiser la situation :

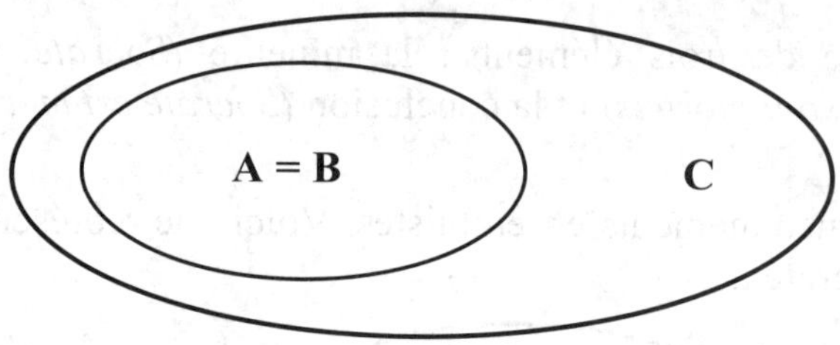

Si tous les A sont des B et tous les B sont des A, alors les ensembles A et B sont identiques : l'ensemble A est inclus dans B et réciproquement l'ensemble B est inclus dans A. En conséquence, il y a une double inclusion, ce qui prouve l'égalité des deux ensembles. Vous pouvez alors représenter l'ensemble C comme celui extérieur à B.

En conclusion, la seule proposition qui contredit l'énoncé est la proposition C : « Il existe des B qui sont des C. »

On considère la proposition suivante : « Certains acrobates sont des philanthropes gais. » L'adjonction de quelle donnée parmi les suivantes est-elle suffisante pour conclure que certains acrobates sont des gens conciliants ?

A : Tous les philanthropes sont des gens conciliants.

B : Tous les gens conciliants sont gais.

C : Une partie des gens gais sont des gens conciliants.

D : Une partie des gens conciliants sont des philanthropes.

Vous savez que certains acrobates sont des philanthropes. Si tous les philanthropes sont conciliants, alors en particulier les quelques acrobates qui

sont philanthropes sont nécessairement conciliants. Vous devez donc vous servir de l'assertion : « Tous les philanthropes sont des gens conciliants. »
Schéma représentatif :

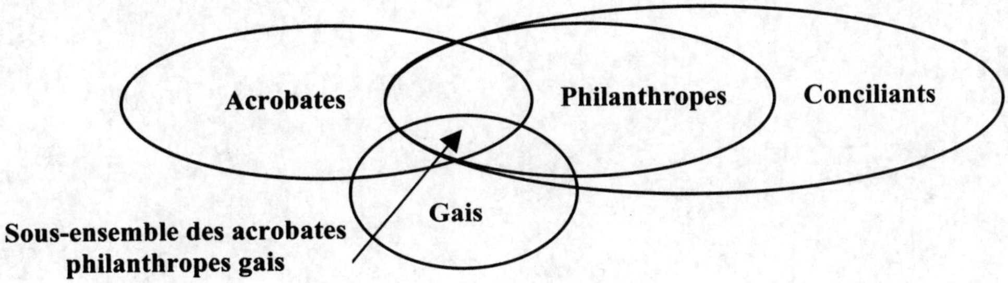

DEUXIEME PARTIE

CALCUL & MATHEMATIQUES

1. COURS FONDAMENTAL & APPLICATIONS CLES

I. PRESENTATION DES EPREUVES DE CALCUL ET DE MATHEMATIQUES

1. LE CALCUL AU CŒUR DE LA VIE DES AFFAIRES

Vous vous êtes certainement déjà demandé pourquoi les concepteurs de tests aux concours ses Ecoles de commerce post-bac s'acharnent à tester les candidats sur des questions de calcul et de mathématiques… Et bien la réponse est simple : le calcul est au cœur de la vie des affaires. Si vous souhaitez créer votre entreprise ou travailler comme trader chez UBS ; si vous rêvez d'occuper le poste de directeur marketing de la filiale brésilienne de Total ; ou si vous rêvez d'être la future directrice des achats de la division produits de luxe du groupe L'Oréal… alors vous êtes condamnés à être bons en calcul !

Le calcul est partout dans la vie des affaires et partout il sera. Voyez donc ! Vous démarrez votre carrière en tant que chef de produit marketing chez Danone, et bien vous devrez très rapidement estimer le potentiel de chiffre d'affaires de la nouvelle crème dessert dont vous êtes responsable. Et pour cela, vous devrez combiner beaucoup d'informations comme le nombre de consommateurs potentiels, le niveau de consommations moyen de crèmes desserts annuel, mensuel, hebdomadaire ; le chiffre d'affaires en volume et en valeur du marché des crèmes desserts, les parts de marché de vos concurrents… Et surtout, vous devrez faire des hypothèses de ventes moyennes hebdomadaires, de pourcentage de points de vente qui référenceront votre produit, des hypothèses de parts de marché, des hypothèses de proportions de produits non vendus parce qu'ils auront dépassé la date de péremption. Bref, il sera question de moyennes, de pourcentages, de produits en croix, de divisions, de multiplications et même parfois… d'équations ! Alors, oui, vous aurez souvent une calculatrice sous la main… mais pas toujours ! En plein déjeuner d'affaires, il ne fait jamais bon sortir une calculatrice pour estimer ce que valent les 6 % de commission que vous devrez verser à votre invité pour avoir réalisé un chiffre d'affaires de 250 000 euros.

Si le calcul est un prérequis nécessaire au chef de produit marketing d'une multinationale ou au responsable des achats d'une jeune PME, imaginez donc combien **le calcul investit le quotidien du gestionnaire de patrimoine ou de l'analyste financier** qui modélise en continu sur Excel des simulations de valorisation d'entreprise dans le cadre d'une acquisition ou d'une fusion ; mais aussi celui de directeur des ressources humaines qui doit veiller à ce que la masse salariale de l'entreprise ne dépasse jamais les 18,2 % du CA net réalisé par la société. Le calcul est partout et vous ne pourrez jamais y échapper.

Pour terminer, **intéressons-nous de plus près aux premiers mois qui vont suivre votre intégration au sein de l'école de vos rêves.** Ce n'est pas franchement compliqué à imaginer : vous allez tout bonnement et simplement étudier des disciplines comme la comptabilité, la gestion, la finance, l'optimisation sous contraintes, la théorie des jeux, la stratégie d'entreprise, la logistique, le marketing, les études de marché, la microéconomie, le droit des affaires, la fiscalité... Vous devez savoir que toutes ces matières incluent des calculs mathématiques, souvent de base certes, mais des calculs mathématiques quand même. Alors, avouez que c'est finalement normal (pour ne pas dire responsable) si les écoles de commerce exigent des étudiants qui seront amenés à rejoindre leurs bancs qu'ils maîtrisent les notions de base du calcul et qu'ils sachent jongler avec elles.

2. DES EPREUVES DE RAPIDITE

Selon les concours, vous disposerez entre 45 secondes et 3 minutes pour résoudre une question. Dans tous les cas, c'est peu. C'est court et c'est long quand on sait que deux facteurs entrent en effet en ligne de compte. Le premier, c'est bien entendu le **caractère relatif du temps** dont chacun dispose. Le second, c'est **le type de questions.**

Intéressons-nous au caractère relatif du temps dont vous disposez.

Comment expliquez-vous que certains candidats mettent montre en main 20 secondes pour répondre à une question comme « Que vaut 20 % du double du cube de 4 ? » quand d'autres candidats mettent, toujours montre en main, près de 2 minutes (soit 6 fois plus de temps que les premiers !) ? Sans parler de ceux qui n'ont aucune idée de la façon dont il faut s'y prendre pour y répondre et qui passent à la question suivante... La raison est simple : **il est question de cours et d'automatismes en calcul.** Ceux qui savent, instantanément, que le cube de 4 vaut 64, que le double de 64 vaut 128 et que 20 % de 128 vaut 0,2 multiplié par 128 soit 25,6 mettent montre en main entre 20 et 25 secondes pour répondre à la question. Mais ces 20 secondes peuvent durer près de 2 minutes pour ceux qui doivent passer 40 secondes pour retrouver ce que vaut le cube de 4, puis encore 20 secondes pour calculer le double de 64 et encore 50 secondes pour calculer la valeur de 20 % de 128.

Nous insisterons donc tout au long de ce chapitre sur l'impératif catégorique que constitue l'**apprentissage rigoureux et par cœur du cours** accompagné d'un **entraînement intensif et régulier** sur les grandes questions clés.

Mais vous devez savoir également qu'objectivement, **toutes les questions de calcul des concours ne se ressemblent pas en termes de difficulté.** Certaines questions seront courtes et faciles et exigeront que vous y passiez entre 15 et 20 secondes. Certaines, au contraire, seront plus longues ou plus difficiles et vous mettrez vraisemblablement entre 2 et 3 minutes pour en venir à bout. A vous donc d'identifier ces questions faciles pour les traiter en priorité et **libérer ainsi du temps additionnel** pour celles qui sont difficiles.

Nous ne saurions que trop vous conseiller de lire scrupuleusement les deux conseils qui suivent si vous souhaitez réussir votre épreuve de calcul, et ce, quel que soit votre niveau initial.

3. Point de salut sans une connaissance intime du cours

Si vous avez la ferme intention d'obtenir les meilleurs scores aux épreuves de calcul des concours, alors vous n'avez pas le choix : vous devez apprendre votre cours sur le bout des doigts pour être ensuite en mesure de le comprendre parfaitement.

Nous tenons à faire ici la distinction entre apprendre et comprendre.
Apprendre son cours convoque un effort de mémoire qui consiste à lire puis à retenir un ensemble de définitions, de formules et autres cas particuliers. Il est certain que lorsqu'il est question de retenir les dates d'anniversaire de vos proches ou les noms de vos amis sur Facebook, cela ne vous pose pas trop de problèmes. En revanche, quand il est question de réciter d'un trait la liste de vos 20 premiers carrés entiers, celle des 50 premiers nombres premiers ou encore toutes les formules relatives aux questions de vitesse, temps et distance… alors là, cela devient tout de suite moins évident.

Et pourtant ! Que vous soyez à l'origine bons ou mauvais en calcul et en mathématiques, cela n'a pas d'importance.
Vous êtes tous égaux devant l'apprentissage par cœur des définitions et des formules mathématiques. Car le fait d'apprendre dans un premier temps n'exige pas que vous compreniez quoi que ce soit ! Il suffit juste de lire et de répéter (bêtement), répéter (simplement) et répéter (inlassablement) encore et toujours… Chaque jour s'il le faut, comme une récitation. **Faites donc des fiches ! Des fiches qui vous ressemblent et qui rassemblent l'ensemble des notions qui vous font défaut.**

Le but est que toutes les définitions et formules mathématiques soient définitivement ancrées dans votre esprit, une bonne fois pour toutes ! Et ce, afin que vous puissiez les convoquer de façon quasi instantanée le jour du test.

Et vous allez me dire à présent qu'il faut quand même comprendre ce que l'on apprend si l'on souhaite résoudre les questions proposées. La réponse est « oui » bien sûr, mais pas forcément. Car ce qui est assez « bluffant » aux concours, c'est qu'il vous sera possible de résoudre certains énoncés sans pour autant comprendre votre cours, mieux encore, sans comprendre vraiment ce que l'on vous demande de trouver. Cela étant dit, comme votre objectif est, nous l'espérons, d'obtenir d'excellents scores aux concours (des scores supérieurs à **16 sur 20**), vous allez nécessairement devoir comprendre ce que vous apprenez afin d'être à la hauteur de toutes les situations auxquelles vous serez confrontés.

Prenons donc cette question type posée au concours SESAME :

> *Que vaut le tiers de 27^4 ?*
>
> *A. 3*
> *B. 3^{11}*
> *C. 3^{20}*
> *D. 2^{23}*

Il s'agit ici d'une simple question de cours ! Et il y a de fortes chances que vous résolviez cette question en 20 secondes, montre en main. En effet, vous avez appris par cœur trois choses – que vous n'avez pas forcément eu besoin de comprendre.

1) $27^4 = (3^3)^4$ car vous avez appris que 27 était le cube de 3.
2) $(3^3)^4 = 3^{12}$ car vous avez appris que $\left(A^B\right)^C = A^{BxC}$
3) Enfin : le tiers de 3^{12} vaut $3^{12}/3 = 3^{12-1} = 3^{11}$ car vous avez appris que $\frac{A^B}{A^C} = A^{B-C}$

Et le tour est joué !

4. Le calcul mental : votre nouvelle arme favorite !

Comme vous le savez, **la calculatrice est strictement interdite** aux concours.

Aussi, vous ne pourrez espérer viser un score maximal si vous n'adoptez pas dès maintenant les réflexes que tous les champions des concours post-bac acquièrent très tôt au cours de leur entraînement à ce test.

[Réflexe 1 : vous devez connaître vos tables de multiplication]

Pour commencer, apprenez sur le bout des doigts vos **tables de multiplication de 1 à 20** (voir cours). Nous comprenons aisément que cela peut vous paraître un peu « sauvage », mais croyez-nous, cela vous permettra de gagner énormément en rapidité de calcul et surtout d'arriver au test avec des repères calculatoires plus larges et plus denses que ceux définis par les tables de 1 à 10. Il faut ce qu'il faut pour avoir un score de champion, non ?

[Réflexe 2 : calculez de tête dès que vous en avez l'occasion et abandonnez définitivement l'utilisation de la calculatrice]

Toute occasion, toute situation est bonne pour calculer de tête.
Que ce soit au supermarché, au bureau de tabac, à la banque ou au café, **entraînez-vous inlassablement à tout calculer de tête.** Vous conduisez et êtes coincés dans les embouteillages ? Tant mieux ! Profitez-en pour multiplier entre eux les nombres qui figurent sur les plaques d'immatriculation des voitures qui sont devant vous… De tête bien sûr. On ne vous le répétera jamais assez, toute occasion est bonne à prendre pour doper son cerveau.

[Réflexe 3 : quand les calculs sont complexes, posez proprement vos multiplications et autres divisions]

Posez proprement vos additions, vos multiplications, vos divisions lorsqu'un calcul de tête n'a pas été concluant. Soyez combatifs et ne lâchez rien. Si vous ne savez plus poser une division, tapez « poser une division » sur Google et tout rentrera vite dans l'ordre. Surtout, ne baissez jamais les bras quand bien même la division comporte des chiffres après la virgule ou que vos multiplications vous paraissent plus longues que prévu. C'est l'entraînement qui paie et soyez certains qu'un entraînement rigoureux et intensif porte toujours ses fruits.

[Réflexe 4 : développez des automatismes essentiels à l'obtention des meilleurs scores en apprenant vos tables de carrés et de cubes]

Apprenez enfin vos tables de carrés (de 1 à 20) et vos tables de cubes (de 1 à 10) par cœur (voir cours). Ces tables vous seront utiles non seulement pour l'épreuve de calcul, mais encore pour les épreuves de logique dans lesquelles les carrés de 12 ou 18 et les cubes de 5 ou 7 jouent régulièrement les *guest stars*. Vous verrez surtout que ces tables représenteront un atout de taille pour gagner en dextérité et en agilité calculatoire.

II. COURS FONDAMENTAL ET APPLICATIONS CLES

1. PARLEZ-VOUS CALCUL ?

L'épreuve de calcul est d'abord une épreuve de vocabulaire. Inutile de vous lancer dans la résolution de quelque question de calcul que ce soit si vous ne comprenez pas la langue avec laquelle on vous parle, autrement dit si vous ne saisissez pas du premier coup le vocabulaire utilisé dans les énoncés qui vous sont proposés.

Connaissez-vous la définition de *tous* les mots suivants ?

Si ce n'est pas encore le cas, pas d'inquiétude. Le cours qui suit se fixe pour objectif de remédier à cela. N'hésitez pas à revenir sur ces pages au fil de vos révisions pour vérifier que tous ces points sont parfaitement maîtrisés.

1. ALGEBRE

- notion de contrainte dans une équation
- développement
- distributivité
- équation du premier degré
- équation du second degré
- factorisation
- inconnues
- inéquation
- résolution d'un système d'équations linéaires par addition
- résolution d'un système d'équations linéaires par substitution
- solutions
- systèmes d'équations linéaires

2. ARITHMETIQUE

- chiffre / nombre
- critères de divisibilité de 2 à 11
- décomposition unique en un produit de facteurs premiers
- divisible par…
- division euclidienne
- double, triple, quadruple, quintuple, sextuple, septuple, octuple, nonuple, décuple, centuple
- entier impair
- entier naturel
- entier pair
- entier relatif
- multiple de…
- nombre décimal
- nombre irrationnel
- nombre premier
- nombre réel
- nombres consécutifs
- pgcd / ppcm
- table de carrés de 1 à 20
- table de cubes de 1 à 10
- tables de multiplication de 1 à 20

3. GEOMETRIE

- angle
- angle aigu
- angle obtus
- angle plat
- angle supplémentaire
- angles adjacents
- angles droits
- arc
- arête
- axe
- base
- bissectrice
- carré
- cercle
- circonférence
- circonscrire
- coïncider
- commun

- complémentaire
- concourir
- cône
- cube
- décaèdre
- décagone
- degré
- demi-cercle
- diagonale
- diamètre
- disque
- dodécagone
- équilatéral
- hauteur
- heptagone
- hexagone
- hypoténuse
- intersection
- isocèle
- losange
- médiane
- médiatrice
- milieu
- octogone
- opposé
- parallélépipède
- parallélogramme
- pentagone
- périmètre
- pyramide
- quadrilatère
- rayon
- rectangle
- régulier
- sommet
- sphère
- superficie
- théorème de Pythagore
- théorème de Thalès
- trapèze
- triangle

4. Moyennes

- barycentre
- formule de la moyenne arithmétique
- corollaire de la formule de la moyenne arithmétique
- moyenne harmonique
- moyenne pondérée
- nombre rajouté
- nombre retiré
- somme des termes dans une moyenne arithmétique

5. Operations usuelles

- addition de fractions
- dénominateur
- fraction irréductible
- fractions
- identités remarquables
- numérateur
- produit de deux racines carrées
- produit de fractions
- puissances
- racines carrées
- simplification de fractions

6. Pourcentages

- augmentation en pourcentage
- baisse en pourcentage
- baisses et/ou hausses successives en pourcentages
- calculer un pourcentage de baisse ou d'augmentation
- formule pourcentage de hausse
- pourcentages de pourcentages
- pourcentages et équivalents décimaux (ex : 10 % = 0,1)
- pourcentages et équivalents fractions (ex : 20 % = 1/5 ou 12,5 % = 1/8)
- retrouver une quantité d'origine

7. Proportionnalite, unites de mesure et conversions

- centi-
- déca-
- déci-
- distances
- hecto-
- kilo-
- masses
- méga-
- micro-
- milli-
- multiples et sous-multiples de conversion
- proportionnalité multiple
- règle de trois

- surfaces
- tableaux de conversion
- temps
- unités d'aires
- unités de longueur
- unités de masse
- unités de volume
- unités légales

8. Vitesses, temps et distances

- convertir des km/h en m/s
- convertir des m/s en km/h
- distance
- le cas aller-retour
- le cas croisement
- le cas de changement de vitesse
- le cas rattrapage
- tableau VTD
- temps / durée
- vitesse

9. Autres

- additivité des tâches
- intérêts composés
- intérêts simples
- nombre de rectangles dans un rectangle
- nombre de rencontres
- nombre de salutations
- progression arithmétique
- progression géométrique
- somme des n premiers entiers naturels
- temps de travail et productivité

2. ARITHMETIQUE ET MANIPULATION DES NOMBRES

Nous attirons enfin votre attention sur le fait que **ce chapitre est assurément le plus important du cours fondamental de calcul et de mathématiques.**

1. RAPPELS SUR LES NOMBRES

[1. Chiffres ou nombres ?]

Il n'existe que dix chiffres : **0, 1, 2, 3, 4, 5, 6, 7, 8 et 9.**
En revanche, on dit qu'il existe une infinité de nombres (124, 67 615 273 ou encore 17 387 837 929). Les nombres s'écrivent donc avec un ou plusieurs chiffres et vous aurez donc compris que si les chiffres sont considérés comme des nombres (ainsi 3 est un chiffre mais aussi un nombre), les nombres eux, ne sont pas tous des chiffres !

[2. Entiers naturels]

Il s'agit de l'ensemble des nombres entiers positifs, 0 inclus : 0, 1, 2, 3, 4… 100 050, 185 175 719 617, etc. il y en a une infinité ! C'est avec l'ensemble des entiers naturels que nous avons tous appris à compter.

[3. Entiers relatifs]

L'ensemble des nombres entiers relatifs contient l'ensemble des nombres entiers naturels ***plus*** l'ensemble des nombres entiers naturels précédés du signe « - » (ce sont des nombres entiers *négatifs*).
Exemples : 918 ; -12 ; -2 232 ; -11 ; 176 516 ; -10 013 303 ; etc. Là encore, il en existe une infinité.

[4. Nombres décimaux]

Un nombre décimal est un nombre possédant un développement décimal **limité (*i.e.* que le nombre éventuel de chiffres après la virgule est limité)** et pouvant s'écrire sous la forme $a \times 10^p$ (où a et p sont des entiers relatifs).
Ainsi, des nombres comme -12,87 ; 1,783 ; 8,819716517 ou tout simplement 10 003 sont des nombres décimaux.

Attention ! Le nombre pi n'est pas un nombre décimal car il possède un développement décimal illimité. En revanche, il existe des approximations dites décimales de pi telles que 3,14 ; 3,14159 ou encore 3,1415926.

[5. Nombres rationnels]

Il s'agit de l'ensemble des nombres qui s'écrivent sous forme fractionnaire p/q avec p et q des entiers relatifs, q étant naturellement toujours différent de 0. Ces nombres peuvent admettre un développement décimal **illimité.**

Ainsi : 1/3, 3/4, 2/7, ou encore -12/11 sont des nombres rationnels.

Remarque : les nombres rationnels présentent une particularité qui vous est peut-être déjà familière, à savoir que leur écriture sous la forme de nombres décimaux donne après la virgule une séquence finie de chiffres se répétant continuellement. Ainsi, si vous prenez par exemple la fraction 2/7, vous remarquerez que son écriture décimale donne : 0,285714**285714**28571428… et qu'ici la séquence finie de chiffres qui se répètent continuellement est précisément 285714.

[6. Nombres irrationnels]

Il s'agit de l'ensemble des nombres **que l'on ne peut écrire** sous la forme fractionnaire p/q avec p et q des entiers relatifs (q étant différent de 0).

Les premiers nombres irrationnels découverts sont les racines carrées des entiers qui ne sont pas des carrés parfaits. Vous noterez ainsi que les racines de 2, de 7 ou encore de 11 sont des nombres irrationnels. Mais ce n'est pas tout. D'autres nombres tels que **pi** ou **e** (nombre exponentiel) sont également des nombres irrationnels puisqu'ils ne peuvent s'écrire, eux non plus, sous formes de fractions.

[7. Nombres réels]

L'ensemble des nombres réels est l'ensemble le plus large sur lequel on peut vous demander de travailler aux concours. Cet ensemble contient notamment l'ensemble des nombres entiers naturels et relatifs, des nombres décimaux mais encore l'ensemble des nombres rationnels et irrationnels.

> En résumé :
>
> 1. L'ensemble des **nombres rationnels** contient l'ensemble des **nombres décimaux** qui comprend **l'ensemble des nombres entiers.**
> 2. L'ensemble des **nombres rationnels** et l'ensemble des **nombres irrationnels** ne contiennent aucun élément commun, mais, ensemble, ils forment **l'ensemble des nombres réels.**

[8. Les nombres premiers]

Un nombre premier est un nombre qui n'est divisible **que par lui-même et par 1.**
Attention : 1 n'est pas considéré comme un nombre premier et 2 est le seul nombre premier pair.

Apprenez par cœur les premiers nombres premiers… jusqu'à 101 : **2, 3, 5, 7, 11, 13, 17, 19, 23, 29, 31, 37, 41, 43, 47, 53, 59, 61, 67, 71, 73, 79, 83, 89, 97, 101.**

2. Decomposition unique en un produit de facteurs premiers

Vous venez d'apprendre vos nombres premiers (n'est-ce pas ?) et vous n'allez pas le regretter puisque nous allons aborder ici *le* théorème fondamental de l'arithmétique, à savoir la décomposition de tout nombre entier en un produit unique de facteurs premiers.
Si les nombres premiers sont des nombres entiers incassables, transparents… qui n'ont rien à cacher, les autres nombres entiers ont pour leur part *tous* une histoire à raconter. Et pour connaître leur histoire, il suffit de les décomposer en produits uniques de facteurs premiers.

> **Tout nombre entier peut se décomposer comme un produit unique de facteurs premiers.**

Autrement dit, 91 par exemple, se décompose en 7 x 13 avec 7 et 13 qui sont des nombres premiers.

Si l'on qualifie cette décomposition d'**unique,** c'est parce qu'aucun autre nombre ne peut se décomposer de la même façon. On dit ainsi qu'il existe une **correspondance parfaite** entre [7 x 13] et 91. Pour utiliser une jolie image, on pourrait dire que 7 x 13 représente le noyau, l'ADN… l'oxygène de 91.

3. Divisibles par… et multiples de…

> **Si A est divisible par B alors A est un multiple de B.**

Prenons à présent le nombre 42. Si l'on décompose 42 en un produit unique de facteurs premiers, cela nous donne : **42 = 2 x 3 x 7** avec 2, 3 et 7 des nombres premiers.

Comme vous l'aurez deviné, il y a d'autres façons d'écrire 42 en un produit de nombres entiers, mais *une seule* en un produit de nombres premiers. Voici toutes les façons d'écrire 42 comme un produit de nombres entiers :

(1) 42 = 1 x 42	(3) 42 = 3 x 14	(5) 42 = 2 x 3 x 7
(2) 42 = 2 x 21	(4) 42 = 6 x 7	

Si l'on dresse à présent la liste de tous les nombres qui permettent de décomposer 42 en un produit de nombres entiers, cela nous donne : **1, 2, 3, 6, 7, 14, 21 et 42.**

On dira alors que 42 **est divisible par** 1, 2, 3, 6, 7, 14, 21 et 42 puisque la division de 42 par l'un de ces nombres donne un nombre entier.

On dira également que 42 **est un multiple de** 1, 2, 3, 6, 7, 14, 21 et 42 puisqu'il est possible d'écrire 42 comme le produit de l'un des nombres « 1, 2, 3, 6, 7, 21, 42 » par un autre nombre entier.

En règle générale, on dit qu'**un nombre entier A est un multiple d'un nombre entier B s'il existe un entier C tel que A = B x C**.
On dit également qu'**un nombre entier A est divisible par un nombre entier B si le reste de la division de A par B donne un quotient entier et un reste nul.** Cette dernière règle constitue une excellente transition pour notre prochain point : la division euclidienne.

4. Division euclidienne

Si A et B sont deux entiers naturels, B différent de 0, il existe des entiers Q et R déterminés de manière unique par les conditions suivantes :

$$A = B \times Q + R \text{ avec } R \text{ compris entre } 0 \text{ et } B - 1$$

Q s'appelle le quotient de la division de A par B et R s'appelle le reste de cette division. Si le reste est nul, cela signifie qu'il existe un entier Q tel que A = B x Q. On dit alors que B divise A, ou encore que A est un multiple de B.

5. PPCM

Le Plus Petit Commun Multiple (PPCM) de deux entiers naturels A et B est le plus petit entier naturel qui soit à la fois multiple de A **et** de B.

[Exemple 1 : quel est le PPCM de 30 et 84 ?]

Prenons les nombres 30 et 84 et décomposons-les en produits de facteurs premiers. Cela nous donne : 30 = **2 x 3 x 5** et 84 = 2 x 2 x 3 x 7 = $\mathbf{2^2 \times 3 \times 7}$

Pour calculer le PPCM de ces deux nombres, **nous allons sélectionner les facteurs qui figurent au moins une fois dans l'un des produits. Si ces facteurs figurent avec des exposants, nous leur attribuerons leur plus grand exposant et nous effectuerons alors le produit de tous ces nombres.**

Pour le nombre premier 2, le plus grand exposant est 2. Pour les nombres premiers 3, 5 et 7, le plus grand exposant est 1.

On trouve alors PPCM [30, 84] = $2^2 \times 3 \times 5 \times 7 = 420$

[Exemple 2 : quel est le PPCM 72 et 132 ?]

Prenons nos deux nombres et décomposons-les en produits de facteurs premiers. Cela nous donne : $72 = 2 \times 2 \times 2 \times 3 \times 3 = \mathbf{2^3 \times 3^2}$ et $132 = 2 \times 2 \times 3 \times 11 = \mathbf{2^2 \times 3^1 \times 11^1}$
Pour le nombre premier 2, le plus grand exposant est 3. Pour le nombre premier 3, le plus grand exposant est 2 ; et pour le nombre premier 11, le plus grand exposant est 1.

On trouve alors : PPCM [72, 132] = $2^3 \times 3^2 \times 11 = 8 \times 9 \times 11 = 792$

> *Entraînez-vous à présent à trouver le PPCM des nombres suivants :*
> *[36 et 24] ; [100 et 12] ; [144 et 81] ; [18 et 16]*

Réponses : [36 et 24] : 72 ; [100 et 12] : 300 ; [144 et 81] : 1 296 ; [18 et 16] : 144

6. PGCD

Le Plus Grand Commun Diviseur (PGCD) de deux entiers naturels A et B est le plus grand entier naturel qui divise à la fois A **et** B.

[Exemple : quel est le PGCD de 72 et 132 ?]

La décomposition de ces deux nombres en produits de facteurs premiers nous donne : $72 = 2 \times 2 \times 2 \times 3 \times 3 = \mathbf{2^3 \times 3^2}$ et $132 = 2 \times 2 \times 3 \times 11 = \mathbf{2^2 \times 3^1 \times 11^1}$

Pour calculer le PGCD de ces deux nombres, **nous allons sélectionner les facteurs communs (*i.e.* présents dans les deux produits). S'ils figurent avec des exposants, nous leur attribuerons leur plus petit exposant et nous effectuerons alors le produit de tous ces nombres.**

On trouve alors : PGCD [72, 132] = $2^2 \times 3^1 = 4 \times 3 = 12$

> *Entraînez-vous à présent à trouver le PGCD des nombres suivants :*
> *[36 et 24] ; [100 et 12] ; [144 et 81] ; [18 et 16]*

Réponses : [36 et 24] : 12 ; [100 et 12] : 4 ; [144 et 81] : 9 ; [18 et 16] : 2

7. Criteres de divisibilite

[1. Critère de divisibilité par 2]

Un nombre N est divisible par 2 si, et seulement si, il se termine par les chiffres 0, 2, 4, 6 ou bien 8… Autrement dit, si, et seulement si, il est pair.

Exemples de nombres divisibles par 2 : **0, 14, 898, 123 456**

[2. Critère de divisibilité par 3]

Un nombre N est divisible par 3 si, et seulement si, la somme de ses chiffres est divisible par 3.

Exemples de nombres divisibles par 3 : **0, 12, 45, 99, 111, 189, 768, 123 456**

[3. Critère de divisibilité par 4]

Un nombre N est divisible par 4 si, et seulement si, il se termine par 2 chiffres AB constituant un nombre divisible par 4.

Exemples de nombres divisibles par 4 : **0, 12, 96, 144, 2 028, 162 536, 7 115 308**

[4. Critère de divisibilité par 5]

Un nombre N est divisible par 5 si, et seulement si, il finit par 0 ou 5.

Exemples de nombres divisibles par 5 : **0, 10, 125, 121 175, 1 971 860**

[5. Critère de divisibilité par 6]

Un nombre N est divisible par 6 si, et seulement si, il est divisible par 2 et par 3.

Exemples de nombres divisibles par 2 : **0, 42, 54, 114, 594, 612, 6 172 194**

[6. Critère de divisibilité par 9]

Un nombre N est divisible par 9 si, et seulement si, la somme de ses chiffres est divisible par 9.

Exemples de nombres divisibles par 9 : **0, 18, 54, 117, 234, 504, 927, 617 891 751**

[7. Critère de divisibilité par 10]

Un nombre N est divisible par 10 si, et seulement si, il se termine par 0.

Exemples de nombres divisibles par 10 : **0, 10, 110, 278 270**

[8. Critère de divisibilité par 11]

Critère général : un nombre N est divisible par 11 si, et seulement si, la différence entre la somme de ses chiffres de rang impair et celle de ses chiffres de rang pair est un multiple de 11 (0, 11, 22, etc.). Ainsi, le nombre 1 485 est divisible par 11 puisque que l'on a bien (1 + 8) - (4 + 5) = 9 - 9 = 0

Exemples de nombres divisibles par 1 : **0, 22, 88, 99, 275, 451, 704, 814, 72 556**

Attention ! Erreur fréquente : 111 ou 333 ne sont pas divisibles par 11.

8. Pair ou impair ?

Un nombre pair est un entier positif qui se termine par 0, 2, 4, 6 ou 8.

Un nombre impair est un entier positif qui se termine par 1, 3, 5, 7 ou 9.

[Addition de nombres pairs / impairs]

Soit P un nombre pair et I un nombre impair ; on a :

P + P = P P + I = I I + I = P

[Multiplication de nombres pairs / impairs]

Soit P un nombre pair et I un nombre impair ; on a :

P x P = P P x I = P I x I = I

9. Nombres consecutifs

On dit que deux nombres entiers sont successifs s'ils… se suivent ! Ainsi : 3 et 4 sont successifs, de même que 167 et 168.

On dit également que 9, 10, 11 et 12 (par exemple) sont des **nombres entiers consécutifs croissants,** tandis que 19, 18, 17, 16 et 15 (par exemple) sont des **nombres entiers consécutifs décroissants.**

On dit enfin que 22, 24, 26, 28 et 30 (par exemple) sont des **nombres entiers pairs consécutifs croissants** et que 87, 85, 83 et 81 (par exemple) sont des **nombres entiers impairs consécutifs décroissants.**

Concernant les nombres consécutifs, nous vous invitons à connaître les propositions suivantes qui pourront vous être utiles dans les épreuves de calcul des concours :

(1) La somme de deux nombres entiers consécutifs (croissants ou décroissants) est toujours **impaire.** Ainsi, 16 + 17 = 33 et 224 + 223 = 447. **Rappel : P + I = I.**

(2) La somme de quatre nombres entiers consécutifs (croissants ou décroissants) est toujours **paire.** Ainsi, 2 + 3 + 4 + 5 = 14.

(3) La moyenne de trois nombres entiers consécutifs (croissants ou décroissants) est égale au deuxième d'entre eux. Ainsi, la moyenne des nombres 3, 4 et 5 est égale à 4 et la moyenne de 98, 97 et 96 est égale à 97.

(4) Le produit de deux nombres entiers consécutifs (croissants ou décroissants) est toujours **pair. Rappel : P x I = I.**

10. JARGON ARITHMETIQUE

Dans certains énoncés des épreuves de tests des concours post-bac, vous aurez affaire à du jargon arithmétique qui pourra parfois s'avérer quelque peu déstabilisant.
Si vous savez en effet ce que signifie « le double de », « le triple de » ou le « le quadruple de », vous hésitez parfois sur la signification des mots « quintuple », « nonuple » ou « décuple ». Petit rappel donc :

- Quadruple	4 fois
- Quintuple	5 fois
- Sextuple	6 fois
- Septuple	7 fois
- Octuple	8 fois
- Nonuple	9 fois
- Décuple	10 fois
- Dodécuple ou Duodécuple	12 fois
- Centuple	100 fois

11. TABLES DE MULTIPLICATION, DE CARRES ET DE CUBES

Aussi bizarre que cela puisse vous paraître, vous devez absolument connaître par cœur vos carrés de 1 à 20 et vos cubes de 1 à 10, absolument par cœur ! **Et oui, que ce soit en calcul ou en logique, vous devrez dans de nombreux cas faire appel à eux pour gagner en rapidité et en efficacité.**

Prenez donc cette question tombée aux concours dont l'énoncé commençait par : « Y est un cube de trois chiffres. Que vaut Y ? ». Et bien, dans la salle, il y avait ceux qui connaissaient leurs cubes par cœur et qui en un coup de crayon, notaient sur le sujet : 125, 216, 343, 512 et 729 ; et il y avait les autres… qui s'évertuaient à calculer à la main 6 x 6 x 6 ou 9 x 9 x 9.

Ainsi, pendant que ces derniers terminaient de calculer le cube de 9, les plus malins étaient déjà passés à la question suivante. Ce type de détails peut vous paraître dérisoire, mais croyez-moi, si vous avez la ferme intention d'obtenir un excellent score et de figurer parmi les meilleurs candidats, vous comprendrez que gagner 45 secondes dans une épreuve de 30 minutes est clairement ce qui peut vous permettre de faire la différence le jour du test. D'ailleurs, si l'on réfléchit un peu, gagner 45 secondes dans une épreuve de 30 minutes, c'est comme gagner 6 minutes dans une épreuve de dissertation ou de synthèse de 4 heures. Avouez quand même que parfois, on rêverait bien de pouvoir « gratter » 6 minutes supplémentaires pour terminer la rédaction de sa conclusion, non ? Assez parlé. Au travail maintenant ! **Tournez la page et apprenez sans plus tarder vos tables de multiplication, vos cubes et vos carrés.**

[Astuce 1 : calculer les carrés de nombres qui se terminent par 5]

Pour calculer le carré d'un nombre qui se termine par **5,** il suffit dans un premier temps d'isoler le chiffre ou le nombre qui se trouve avant le dernier chiffre (5, donc) et de le multiplier par son suivant. Et il suffit ensuite d'associer au résultat obtenu le nombre 25.

Premier exemple : si vous désirez calculer 25^2, il suffit de multiplier le premier chiffre (qui vaut 2) par son suivant (qui vaut 3) : 2 x 3 = <u>6</u> puis d'associer **25** à <u>6</u> pour obtenir <u>6</u>**25**. Ainsi, 25 au carré est égal à 625.

Second exemple : calculons 115^2 (pourquoi pas !). Pour cela, on multiplie 11 par son suivant (12) pour obtenir 11 x 12 = 132 et on associe ensuite 25 à 132 soit 13 225 et on trouve donc que le carré de 115 est égal à 13 225.

[Astuce 2 : calculer des carrés consécutifs]

Si vous connaissez le carré d'un entier ***N,*** il suffit d'**ajouter 2*N* + 1** à ce carré pour trouver la valeur du carré de l'entier suivant.
Ainsi, si vous connaissez le carré de 20 (soit $N = 20$ et $N^2 = 400$) alors il est très facile de trouver le carré de 21 qui vaut 400 + **(2 x 20 + 1)** = 441.

[Astuce 3 : jouer les écarts !]

Cette astuce est absolument géniale !
En fait, lorsque vous connaissez vos carrés par cœur, il devient très facile de calculer certains produits de nombres entiers.

Exemple 1 : si vous connaissez par exemple le carré de 12, alors 12 x 13 ne doit plus avoir de secret pour vous puisqu'il suffit d'ajouter 12 au carré de 12. En effet : $12 \times 13 = 12 \times (12 + 1) = 12^2 + 12 = 144 + 12 = 156$. Mais ce n'est pas tout.

Exemple 2 : disons que vous souhaitiez calculer à présent 13 x 17.
Dans ce cas, vous devez constater que 13 comme 17 sont « écartés » de 15 de façon égale (17 = **15** + 2 et 13 = **15** - 2) pour conclure que 13 x 17 = 221. Il suffit en effet de constater simplement que $13 \times 17 = (15 - 2) \times (15 + 2) = 15^2 - 2^2 = 225 - 4 = 221$.

Exemple 3 : Calculons à présent 19 x 21.
19 et 21 sont « écartés » de 20 de façon égale. On peut donc appliquer l'astuce des écarts puisque $19 \times 21 = (20 - 1) \times (20 + 1) = 20^2 - 1^2 = 400 - 1 = 399$.

Quelques applications pour terminer **(rappel : $A^2 - B^2 = (A - B)(A + B)$) :**

13 x 14
$13 \times 14 = 13^2 + 13 = 169 + 13 = 182$

12 x 16
$12 \times 16 = 14^2 - 4 = 196 - 4 = 192$

23 x 27
$23 \times 27 = 25^2 - 4 = 625 - 4 = 621$

26 x 34
$26 \times 34 = 30^2 - 16 = 900 - 16 = 884$

97 x 103
$97 \times 103 = 100^2 - 9 = 10\,000 - 9 = 9\,991$

17 x 19
$17 \times 19 = 18^2 - 1 = 324 - 1 = 323$

Tables de multiplication, carrés, et premiers nombres premiers

	1	**2**	**3**	**4**	**5**	**6**	**7**	**8**	**9**	**10**	**11**	**12**	**13**	**14**	**15**	**16**	**17**	**18**	**19**	**20**
1	**1**	**2**	**3**	4	**5**	6	**7**	8	9	10	**11**	12	**13**	14	15	16	**17**	18	**19**	20
2	**2**	**4**	6	8	10	12	14	16	18	20	22	24	26	28	30	32	34	36	38	40
3	**3**	6	**9**	12	15	18	21	24	27	30	33	36	39	42	45	48	51	54	57	60
4	4	8	12	**16**	20	24	28	32	36	40	44	48	52	56	60	64	68	72	76	80
5	**5**	10	15	20	**25**	30	35	40	45	50	55	60	65	70	75	80	85	90	95	100
6	6	12	18	24	30	**36**	42	48	54	60	66	72	78	84	90	96	102	108	114	120
7	**7**	14	21	28	35	42	**49**	56	63	70	77	84	91	98	105	112	119	126	133	140
8	8	16	24	32	40	48	56	**64**	72	80	88	96	104	112	120	128	136	144	152	160
9	**9**	18	27	36	45	54	63	72	**81**	90	99	108	117	126	135	144	153	162	171	180
10	10	20	30	40	50	60	70	80	90	**100**	110	120	130	140	150	160	170	180	190	200
11	**11**	22	33	44	55	66	77	88	99	110	**121**	132	143	154	165	176	187	198	209	220
12	12	24	36	48	60	72	84	96	108	120	132	**144**	156	168	180	192	204	216	228	240
13	**13**	26	39	52	65	78	91	104	117	130	143	156	**169**	182	195	208	221	234	247	260
14	14	28	42	56	70	84	98	112	126	140	154	168	182	**196**	210	224	238	252	266	280
15	15	30	45	60	75	90	105	120	135	150	165	180	195	210	**225**	240	255	270	285	300
16	16	32	48	64	80	96	112	128	144	160	176	192	208	224	240	**256**	272	288	304	320
17	**17**	34	51	68	85	102	119	136	153	170	187	204	221	238	255	272	**289**	306	323	340
18	18	36	54	72	90	108	126	144	162	180	198	216	234	252	270	288	306	**324**	342	360
19	**19**	38	57	76	95	114	133	152	171	190	209	228	247	266	285	304	323	342	**361**	380
20	20	40	60	80	100	120	140	160	180	200	220	240	260	280	300	320	340	360	380	**400**

Table de carrés

CARRES									
1	1	6	36	11	121	16	256	21	441
2	4	7	49	12	144	17	289	22	484
3	9	8	64	13	169	18	324	23	529
4	16	9	81	14	196	19	361	24	576
5	25	10	100	15	225	20	400	25	625

Table de cubes

CUBES			
1	1	7	343
2	8	8	512
3	27	9	729
4	64	10	1000
5	125	11	1331
6	216	12	1728

3. ARITHMETIQUE : APPLICATIONS CLES

Les applications clés qui suivent ont pour objectif de vous familiariser avec l'ensemble des notions exposées dans le point de cours précédent. N'oubliez jamais que les meilleures notes aux épreuves de calcul et de mathématiques des concours post-bac se gagnent avec une agilité et une dextérité **qui doit toujours résister à l'épreuve du temps. Ne négligez donc jamais ces applications.**

Rappel : vous n'avez jamais le droit à la calculatrice. Essayez donc autant que possible de répondre aux questions qui suivent en faisant vos calculs de tête.

1. ENONCES

1. Parmi les nombres suivants, soulignez ceux qui sont divisibles par 7 :
   1 484 – 786 – 128 – 429 – 567 – 111 – 198 – 81 – 91 – 101 – 113 – 1 897 – 896

2. Parmi les nombres suivants, soulignez ceux qui sont divisibles par 13 :
   716 – 403 – 123 – 373 – 918 – 767 – 818 – 156 – 838 – 119 – 8 163 – 91

3. Que vaut 9 999 + 99 + 9 999 ?

4. Que vaut 654 - 98 ?

5. Que vaut 6 760 - 95 ?

6. Décomposez 716, 123, 365 et 868 en produits uniques de facteurs premiers.

7. Que vaut W sachant que $W + W = W^2$?

8. Que vaut la somme de tous les entiers naturels qui divisent 28 hormis lui-même ? Que remarquez-vous ?

9. Parmi les nombres suivants, lesquels sont divisibles par 11 ?
   222 – 465 – 909 – 671 – 704 – 869 – 99 – 4 404 – 3212 – 8 107 – 817 – 762

10. Que vaut la somme de tous les diviseurs de 220 ? Et que vaut la somme de tous les diviseurs de 284 ? Que remarquez-vous ?

11. Vous avez 6 minutes pour effectuer les opérations suivantes, et pas une de plus !

25 + 7 =	25 + 8 =	51 + 73 =
42 + 59 =	56 + 13 =	79 + 14 =
58 + 69 =	77 + 9 =	76 + 67 =
41 + 63 =	90 + 77 =	42 + 49 =
22 + 24 =	62 + 19 =	20 + 63 =
66 + 74 =	46 + 16 =	100 + 43 =
62 + 13 =	86 x 88 =	65 x 80 =
47 + 82 =	93 + 45 =	32 + 21 =
55 + 9 =	9 + 12 =	68 + 46 =
98 + 86 =	87 + 67 =	55 + 31 =
100 + 34 =	72 x 5 =	46 x 33 =
20 + 28 =	60 + 58 =	56 + 4 =
78 + 23 =	99 + 56 =	37 + 25 =
32 + 27 =	88 + 40 =	42 + 39 =
70 + 20 =	81 + 66 =	82 + 6 =
44 x 71 =	32 + 9 =	53 + 13 =
13 + 71 =	39 + 39 =	96 + 40 =
27 x 25 =	86 + 59 =	6 x 63 =
38 + 7 =	48 + 16 =	61 + 53 =
28 + 23 =	56 + 60 =	92 + 47 =
65 + 88 =	58 + 44 =	20 + 61 =
6 x 78 =	24 + 77 =	95 + 46 =
79 + 19 =	48 x 73 =	67 x 53 =
18 + 24 =	11 + 15 =	27 + 76 =
80 + 8 =	19 + 34 =	81 + 23 =
86 + 6 =	76 + 19 =	64 + 56 =
9 + 10 =	85 + 54 =	27 + 64 =
73 x 9 =	98 + 30 =	63 + 60 =
103 + 56 =	8 + 23 =	63 + 75 =
56 + 55 =	37 + 70 =	63 + 37 =

12. Le signe « : » signifie « divisé par » et vous avez 8 minutes, et pas une de plus, pour effectuer les opérations suivantes.

100 : 5 =	60 - 3 =	63 : 7 =
144 : 12 =	84 : 12 =	60 : 10 =
36 : 2 =	33 : 11 =	14 : 7 =
36 : 4 =	72 x 6 =	80 x 8 =
84 x 12 =	64 : 8 =	100 : 10 =
88 : 8 =	54 : 9 =	16 x 8 =
16 - 4 =	21 : 7 =	45 : 5 =
99 x 9 =	27 x 3 =	91 : 13 =
60 : 12 =	132 : 12 =	30 : 5 =
38 : 2 =	28 : 7 =	50 x 21 =
77 : 11 =	14 - 2 =	36 : 4 =
120 : 12 =	14 : 1 =	22 x 2 =
35 + 7 =	36 : 9 =	12 : 4 =
132 : 11 =	24 x 8 =	121 : 11 =
96 : 12 =	77 : 11 =	48 : 12 =
40 : 10 =	40 - 8 =	27 : 9 =
42 - 6 =	60 : 10 =	132 : 12 =
28 x 4 =	65 : 13 =	66 : 11 =
36 : 9 =	66 : 11 =	10 : 5 =
10 : 5 =	121 : 11 =	42 : 6 =
110 : 10 =	60 x 19 =	16 : 4 =
72 x 12 =	42 : 7 =	77 : 7 =
143 : 13 =	48 : 12 =	88 : 22 =
60 : 10 =	54 : 6 =	35 : 7 =
56 - 7 =	100 - 10 =	36 : 4 =
81 : 9 =	40 : 4 =	22 : 11 =
108 : 9 =	12 : 2 =	65 : 13 =
34 : 2 =	24 : 3 =	24 x 4 =
20 : 4 =	40 : 8 =	56 : 7 =
50 : 5 =	70 : 10 =	30 : 2 =

13. Que vaut le reste de la division euclidienne de 12 718 par 17 ?

14. Que vaut le quotient de la division euclidienne de 12 345 par 12 ?

15. Que vaut le PPCM de 102 et 124 ?

16. Que vaut le PGCD de 36 et 54 ?

17. Ecrivez trois nombres qui sont à la fois des carrés et des cubes.

18. Que vaut 15 x 17 ?

19. Que vaut 18 x 22 ?

20. Que vaut le carré de 23 sachant que le carré de 22 vaut 484 ?

21. Que vaut la moitié du quart du cube de 8 ?

22. Le carré de 64 est-il plus grand ou plus petit que le cube de 16 ?

23. Parmi les nombres suivants, soulignez ceux qui sont égaux à trois fois la valeur d'un cube entier :
2 187 – 3 – 91 – 192 – 75 – 648 – 865 – 325 – 24 – 375 – 81 – 1 024 – 1 029
Ne sortez pas la calculatrice ! Non ! Rangez-la immédiatement.

24. Les **3 C** en action ! Calcul mental / Concentration / Combativité. C'est parti !

51 754 536	+	52 636 239	=
6 536 725 435	+	6 554 541	=
876 352 637	+	626 712 761	=
64 352 435	+	920 893	=
275 324 176	+	716 526	=
63 526 356 827	+	6 152 415 524	=
86 375 263	+	712 767 162	=
8 637 627	+	15 251 652	=
5 623 452	+	162 761	=
7 536 526	+	72 465 785 555	=

2. CORRIGES

1. **<u>1 484</u>** – 786 – 128 – 429 – **<u>567</u>** – 111 – 198 – 81 – **<u>91</u>** – 101 – 113 – **<u>1 897</u>** – **<u>896</u>**

   S'il existe bien un critère de divisibilité par 7, nous éviterons bien sûr de l'utiliser dans le cadre des concours post-bac. L'application de ce critère sur des nombres à trois chiffres prend plus de temps qu'une simple division à la main ou qu'un calcul mental à tâtons (voir la question suivante pour ce qui concerne la technique de calcul mental à tâtons).

2. 716 – **<u>403</u>** – 123 – 373 – 918 – **<u>767</u>** – 818 – **<u>156</u>** – 838 – 119 – 8 163 – **<u>91</u>**

   Pour savoir si un nombre est multiple de 13, nous allons raisonner à tâtons. Autrement dit, pour savoir si 716 est multiple de 13, nous allons commencer par multiplier 13 par 10 (ce qui nous donne 130), multiplier ensuite 130 par 5 pour obtenir 650 et remarquer enfin que pour aller de 650 à 716, il faut ajouter 66, autrement dit un nombre qui n'est pas divisible par 13 (puisque les premiers multiples de 13 sont : 13, 26, 39, 52, 65, 78…). En conclusion 716 ne pouvant s'écrire du début à la fin comme une **composition** de nombres multiples de 13, ce nombre n'est donc pas multiple de 13. En revanche, vous aurez noté que 715 est bien un multiple de 13 puisque 715 = 13 x 10 x 5 + 65 (soit une composition de nombres divisibles par 13).

3. Que vaut **9 999 + 99 + 9 999** ?

   Il suffit ici d'ajouter 1 à chacun des trois nombres et on retranchera 3 du total facilement obtenu. Soit : 10 000 + 100 + 10 000 - 3 = 20 100 - 3 = 20 097

4. Que vaut **654 - 98** ?

   On ajoute 2 à chaque nombre, ce qui ne change rien au résultat.
   Soit 656 - 100 = 556

5. Que vaut **6 760 - 95** ?
   On ajoute 5 à chaque nombre, ce qui ne change rien au résultat. Soit 6 765 - 100 = 6 665

6. Décomposez 716, 123, 365 et 868 en **produits uniques de facteurs premiers.**

   716 = 2 x 358 = 2 x 2 x 179. Stop ! Car 179 est un nombre premier.
   123 = 3 x 41. Stop ! Car 41 est un nombre premier.
   365 = 5 x 73. Stop ! Car 73 est un nombre premier.
   868 = 2 x 434 = 2 x 2 x 217 = 2 x 2 x 7 x 31. Stop ! Car 31 est un nombre premier.

   Toute la question est maintenant de savoir comment on reconnaît un nombre premier autre que ceux que l'on connaît déjà par cœur.
   Et bien il suffit en fait de tester la divisibilité de ce nombre par les nombres premiers inférieurs ou égaux à la racine carrée du premier carré entier supérieur à ce nombre (ouf !).
   Ainsi, pour 179, le premier carré supérieur est 196 et la racine carrée de 196 vaut 14. On teste alors la divisibilité de 179 par les nombres premiers inférieurs à 14, soit 13, 11, 7, 5, 3 et 2. Pour cela, il suffit d'appliquer quand c'est possible les différents critères de divisibilité ou de poser tout simplement une division. Ici, la division de 179 par 13 ne donne pas un nombre entier (179 n'est donc pas divisible par 13) et l'application des critères de divisibilité par 11, 7, 5, 3 et 2 nous permet de conclure que 179 n'est divisible par aucun de ces nombres. 179 est par conséquent un nombre premier !

7. Que vaut W sachant que $W + W = W^2$?

W = 0 ou 2 ! Ecrivez par exemple : $2W = W^2$ soit $W (W - 2) = 0$. Concluez ensuite qu'un produit de facteurs est nul si l'un ou l'autre des facteurs est nul, soit W = 0 ou W = 2.

8. Que vaut la somme de tous les entiers naturels qui divisent 28 (hormis lui-même) ?

Les entiers naturels qui divisent 28 sont (hormis lui-même) sont : 1, 2, 4, 7 et 14.

Vous remarquez alors que 1 + 2 + 4 + 7 + 14 = **28.** Autrement dit, 28 est égal à la somme de ses diviseurs. On dit alors que 28 est un **nombre parfait.**

Autres nombres parfaits : 6 ; 496 ; 8 128 ou encore 33 550 336.

9. Parmi les nombres suivants, lesquels sont divisibles par 11 ?

222 – 465 – 909 – **671** – **704** – **869** – **99** – 4 404 – **3 212** – **8 107** – 817 – 762

10. Que vaut la somme de tous les diviseurs de 220 ? Et que vaut la somme de tous les diviseurs de 284 ? Que remarquez-vous ?

220 a pour diviseurs : 1, 2, 4, 5, 10, 11, 20, 22, 44, 55 et 110. La somme de tous ces nombres est égale à **284.**

284 a quant à lui pour diviseurs : 1, 2, 4, 71 et 142 dont la somme est égale à **220.**

Vous ne remarquez toujours rien ?

11. Si vous avez répondu juste à moins de 75 % des opérations, alors cela signifie que vous avez du mal en calcul ! Entraînez-vous encore et encore, chaque jour, sans cesse en calculant tout de tête.

12. Si vous avez répondu juste à plus de 60 % des opérations, alors vous avez toutes les chances de réussir à conduire de nombreux calculs de tête le jour du test, ce qui est de bonne augure pour vous !

13. Que vaut le **reste** de la division euclidienne de 12 718 par 17 ?

12 718 = 17 x 748 + **2**. Le reste est donc égal à 2.

14. Que vaut le quotient de la division euclidienne de 12 345 par 12 ?

12 345 = **1 028** x 12 + 9. Le quotient est donc égal à 1 028.

15. Que vaut le PPCM de 102 et 124 ? PPCM [102 ; 124] = 6 324

16. Que vaut le PGCD de 36 et 54 ? PPCM [36 ; 54] = 18

17. Ecrivez trois nombres qui sont à la fois des carrés et des cubes : **0, 1 et 64** !

18. Que vaut **15 x 17** ?

$15 \times 17 = (16 - 1) \times (16 + 1) = 16^2 - 1 = 255$

19. Que vaut **18 x 22** ?

$18 \times 22 = (20 - 2) \times (20 + 2) = 20^2 - 2^2 = 400 - 4 = 396$

20. Que vaut le carré de 23 sachant que le carré de 22 vaut 484 ?

    Rappel : deux carrés entiers consécutifs N^2 et $(N + 1)^2$ sont distants de 2N + 1 unités. Ici N = 22 et 22^2 et 23^2 sont donc distants de 2 x 22 + 1 soit 45.
    En conclusion : $23^2 = 484 + 45 =$ **529**

21. Que vaut la moitié du quart du cube de 8 ?

    On cherche le huitième (la moitié du quart signifie 1/2 x 1/4 = 1/8) du cube de 8… Autrement dit le carré de 8, *i.e.* **64.**

22. Le carré de 64 est-il plus grand ou plus petit que le cube de 16 ?

    Voici des jeux d'écriture.
    $16^3 = (2 \times 8)^3 = (2^3 \times 8^3) = (8 \times 8)^3 = 8^4$
    $64^2 = (8^2)^2 = 8^{2\times2} = 8^4$

    En conclusion : le carré de 64 est EGAL au cube de 16 !

23. Parmi les nombres suivants, soulignez ceux qui sont égaux à trois fois la valeur d'un cube entier :
    2 187 – **3** – 91 – **192** – 75 – **648** – 865 – 325 – **24** – **375** – **81** – 1 024 – **1 029**

24.

51 754 536	+	52 636 239	=	104 390 775
6 536 725 435	+	6 554 541	=	6 543 279 976
876 352 637	+	626 712 761	=	1 503 065 398
64 352 435	+	920 893	=	65 273 328
275 324 176	+	716 526	=	276 040 702
63 526 356 827	+	6 152 415 524	=	69 678 772 351
86 375 263	+	712 767 162	=	799 142 425
8 637 627	+	15 251 652	=	23 889 279
5 623 452	+	162 761	=	5 786 213
7 536 526	+	72 465 785 555	=	72 473 322 081

Retrouvez sur www.aurlom.com des exercices pour doper votre calcul mental.

4. OPERATIONS USUELLES

1. FRACTIONS

[A retenir !]

Dans la fraction $\frac{a}{b}$, a est appelé **numérateur** et b est appelé **dénominateur.**

Soient a, b, c et d des nombres entiers non nuls, alors :

$$\frac{a}{b}=\frac{c}{d}\Leftrightarrow a\times d=b\times c$$

Soient a, b et x des nombres entiers non nuls, alors :

$$x=a\times b\Leftrightarrow a=\frac{x}{b}\Leftrightarrow b=\frac{x}{a}\Leftrightarrow\frac{a}{x}=\frac{1}{b}\Leftrightarrow\frac{b}{x}=\frac{1}{a}$$

[Manipulations fondamentales]

Soient a, b, x *et* y des nombres entiers non nuls.

(1) $\frac{a}{b}+\frac{x}{y}=\frac{a\times y+b\times x}{b\times y}$ (2) $a\times\frac{x}{y}=\frac{a\times x}{y}$ (3) $\frac{a}{b}\times\frac{x}{y}=\frac{a\times x}{b\times y}$

(4) $\frac{1}{\frac{1}{a}}=a$ (5) $\frac{\frac{a}{b}}{x}=\frac{a}{b\times x}=\frac{a}{b}\times\frac{1}{x}$ (6) $\frac{\frac{a}{b}}{\frac{x}{y}}=\frac{a}{b}\times\frac{y}{x}$

[Simplifier une fraction]

Simplifier une fraction consiste à transformer une fraction en une autre **avec un numérateur et un dénominateur qui sont les plus petits possibles.**

Si les fractions 2/3 ou 13/7 ne sont pas simplifiables (2 et 3 comme 13 et 7 n'ont pas de facteur commun), des fractions comme 14/4 ou 21/105 en revanche le sont !
Pour simplifier une fraction, on utilise le principe suivant :

> **On ne change pas la valeur d'une fraction si l'on divise ou multiplie le numérateur et le dénominateur par un même nombre non nul.**

Ainsi : $\frac{3}{5}=\frac{3\times4}{5\times4}=\frac{12}{20}$; $\frac{3}{5}=\frac{3\times7}{5\times7}=\frac{21}{35}$ et $\frac{3}{5}=\frac{3\times2}{5\times2}=\frac{6}{10}$

Et on conclut alors que : $\frac{14}{4}=\frac{\cancel{2}\times7}{\cancel{2}\times2}=\frac{7}{2}$ et $\frac{21}{105}=\frac{\cancel{7}\times3}{\cancel{7}\times15}=\frac{3}{15}=\frac{\cancel{3}\times1}{\cancel{3}\times5}=\frac{1}{5}$

7/2 et 1/5 sont appelées **fractions irréductibles,** *i.e.* on ne peut simplifier davantage.

2. Puissances

Soit n un entier naturel supérieur ou égal à deux et A un nombre réel.

$$A^n = A \times A \times \ldots \times A \ (n \text{ fois})$$

A^n est lu « A puissance n » ou « A exposant n ». En particulier, le **carré** et le **cube** sont des puissances d'exposant 2 et 3 respectivement.

[Manipulations fondamentales]

Soit A, B et C des nombres réels non nuls ; soit n et p des entiers naturels.

(1) $A^0 = 1$ (2) $A^{-n} = \frac{1}{A^n}$ (3) $A^n \times A^p = A^{n+p}$

(4) $(A^n)^p = A^{n\times p}$ (5) $\frac{A^n}{B^n} = \left(\frac{A}{B}\right)^n$ (6) $\sqrt{A} = A^{\frac{1}{2}}$ (A positif)

(7) $A^n \times B^n \times C^n = (A\times B\times C)^n$ (8) $A^n \times A^{-n} = 1$

[Identités remarquables]

Trois petites égalités à connaître par cœur !
Soit A et B des nombres réels.

(1) $(A+B)^2 = A^2 + B^2 + 2AB$ (2) $(A-B)^2 = A^2 + B^2 - 2AB$

(3) $(A-B)(A+B) = A^2 - B^2$

3. RACINES CARREES

La racine carrée d'un nombre réel positif A est le nombre positif dont le carré vaut A.

[Manipulations fondamentales]

Soit A et B deux nombres réels positifs non nuls et C un nombre réel quelconque.

(1) $\sqrt{C^2} = C$ si C est positif ou $-C$ si C est négatif

(2) $\sqrt{A} = A^{\frac{1}{2}}$ (3) $\sqrt{A} \times \sqrt{B} = \sqrt{A \times B}$ (4) $\frac{\sqrt{A}}{\sqrt{B}} = \sqrt{\frac{A}{B}}$

(5) $\left(\sqrt{A}\right)^n = A^{\frac{n}{2}}$ (6) $\sqrt{A+B} < \sqrt{A} + \sqrt{B}$

Quelques approximations pour terminer :

$\sqrt{2} \approx 1,414$ $\sqrt{3} \approx 1,732$ $\sqrt{5} \approx 2,236$ $\sqrt{7} \approx 2,646$ $\sqrt{10} \approx 3,162$

5. POURCENTAGES

1. LES TROIS DEFINITIONS DU POURCENTAGE

[1. Un pourcentage est une fraction]

Un pourcentage permet d'exprimer un nombre comme une fraction de cent, généralement en utilisant le signe « % ». Un pourcentage permet alors de comparer une quantité par rapport à la quantité de référence 100 :

X % = X/100

Ainsi, n'oubliez jamais qu'un pourcentage est d'abord une fraction. Justement, transformez donc **80 %, 72 %, 36 %, 44 %** en fractions irréductibles (*i.e.* en fractions qui ne peuvent pas être simplifiées davantage).

80 % = 80/100 = (4 x 4 x 5)/(4 x 5 x 5) = 4/5

72 % = 72/100 = (9 x 2 x 4)/(5 x 4 x 4) = 18/25

36 % = 36/100 = (4 x 9)/(4 x 25) = 9/25

44 % = 44/100 = (4 x 11)/(4 x 25) = 11/25

[2. Un pourcentage est une part]

Le pourcentage représente une proportion, une part d'un ensemble.
Le total est en fait ramené à 100 et le pourcentage représente donc le rapport d'un *sous-ensemble* à son ensemble :

Pourcentage = [(Part/Total) x 100] %

Exemples :

Une galette des rois est coupée en 16 parts. Joe prend 2 parts de galette.
Quel pourcentage de la galette Joe a-t-il mangé ?
Réponse : 2 parts = (2/16) x 100 % = (1/8) x 100 % = 12,5 %

Dans une classe de 30 élèves, il y a 12 garçons. Quel pourcentage de la classe, les garçons représentent ils ?
Réponse : part des garçons = 12/30 x 100 % = 40 %

[3. Un pourcentage est un nombre décimal]

Le pourcentage est un **nombre décimal** compris entre 0 et 1 lorsque le pourcentage est inférieur à 100 %, et au-dessus de 1 lorsque le pourcentage est supérieur à 100 %.

Exemple :

> *Transformez 25 % ; 112 % ; 72 % ; 0,5 % en nombres décimaux.*
> *Réponse : 25 % = 0,25 ; 112 % = 1,12 ; 72 % = 0,72 ; 0,5 % = 0,005.*

2. Tableau fondamental de correspondances

Voici les principales correspondances pourcentages / fractions / nombres décimaux que vous devez absolument connaître sur le bout des doigts et entre lesquelles vous serez amenés à jongler régulièrement en calcul !

N'oubliez jamais qu'un bon candidat est un candidat qui sait en une fraction de seconde que 1/8 est égal à 12,5 % et que 80 % est égal à 4/5 ! C'est à ce prix que l'on devient une « bête » dans les épreuves de calcul des concours.

1 % = 1/100 = 0,01	2 % = 1/50 = 0,02	4 % = 1/25 = 0,04
5 % = 1/20 = 0,05	10 % = 1/10 = 0,1	12,5 % = 1/8 = 0,25
16,66 % ≈ 1/6 ≈ 0,166	20 % = 1/5 = 0,2	25 % = 1/5 = 0,2
33,33 % ≈ 1/3 ≈ 0,333	40 % = 2/5 = 0,4	50 % = 1/2 = 0,5
60 % = 3/5 = 0,6	66,6 %… = 2/3 = 0,66…	70 % = 7/10 = 0,7
75 % = 3/4 = 0,75	80 % = 4/5 = 0,8	100 % = 1
200 % = 2	250 % = 2,5	1 000 % = 10

Doubler revient à multiplier par **2** ou à ajouter **100 %.**

Tripler revient à multiplier par **3** ou à ajouter **200 %.**

Quadrupler revient à multiplier par **4** ou à ajouter **300 %.**

Décupler revient à multiplier par **10** ou à ajouter **900 %.**

Augmenter du **cinquième** revient à ajouter **20 %** ou a multiplier par **1,2.**

Diminuer du **cinquième** revient à baisser de **20 %** ou a multiplier par **0,8.**

Augmenter du **quart** revient à ajouter **25 %** ou a multiplier par **1,25.**

Diminuer du **quart** revient à baisser de **25 %** ou a multiplier par **0,75.**

3. Les grands classiques des concours

[1. Appliquer une augmentation ou une baisse en pourcentage]

Si on **augmente** X (ex. : un prix) de *a* %, alors on obtient une valeur X^+ telle que :

$$X^+ = (1 + a/100) \times X$$

X^+ signifie que l'on a fait subir à X une augmentation en pourcentage.

Retenez ainsi par exemple qu'augmenter X de 35 % revient à multiplier X par 1,35 et qu'augmenter X de 12,8 % revient à multiplier X par 1,128.

Si on **diminue** X (ex. : un prix) de *a* %, alors on obtient une valeur X^- telle que :

$$X^- = (1 - a/100) \times X$$

X^- signifie que l'on a fait subir à X une baisse en pourcentage.

Retenez ainsi par exemple que diminuer X de 35 % revient à multiplier X par 0,65 et que diminuer X de 12,8 % revient à multiplier X par 0,872.

Exemple :

> *L'action d'une entreprise cotée à 42 € en ouverture du marché gagne 5 % lors de la séance. Quelle est la côte de l'action à la clôture ?*
> *Réponse : 42 € + 5 % x 42 € = 42 € x 1,05 = 42 € + 2,1 € = 44,1 €*

[2. Appliquer des augmentation(s)/baisse(s) successives en pourcentages]

Lors d'augmentations ou de baisses successives en pourcentages, **les pourcentages se multiplient entre eux, mais ne s'ajoutent pas !**

Augmentations successives :
Si on **augmente** X de *a* % et qu'on **augmente** ensuite la quantité obtenue de *b* %, alors on obtient une valeur X^{++} telle que :

$$X^{++} = (1 + a/100) \times (1 + b/100) \times X$$

Baisses successives :

Si on **diminue** X de *a* % et qu'on **augmente** ensuite la quantité obtenue de *b* %, alors on obtient une valeur X^{--} telle que :

$$X^{--} = (1 - a/100) \times (1 - b/100) \times X$$

Augmentation et baisse successives :

Si on **augmente** X de *a* % et qu'on **diminue** ensuite la quantité obtenue de *b* %, alors on obtient une valeur X^{+-} telle que :

$$X^{+-} = (1 + a/100) \times (1 - b/100) \times X$$

Si on applique à X une **augmentation** de *a* % suivie d'une **baisse** de *b* %, suivie d'une **baisse** de *c* %, suivie d'une **hausse** de *d* %, alors on obtient une valeur X^{+--+} telle que :

$$X^{+--+} = (1 + a/100) \times (1 - b/100) \times (1 - c/100) \times (1 + d/100) \times X$$

Remarque : dans des augmentations/baisses successives en pourcentages, l'ordre des variations n'importe pas. Cela revient ainsi strictement au même d'appliquer une hausse de *a* % suivie d'une hausse de *b* % que l'inverse (*i.e.* une hausse de *b* %, puis une hausse de *a* %). Aussi, cela revient strictement au même d'appliquer une baisse de *a* % suivie d'une hausse de *b* % que l'inverse (*i.e.* une hausse de *b* % suivie d'une baisse de *a* %).

Par exemple, si vous effectuez une hausse de 10 % suivie d'une baisse de 20 % en partant d'une valeur égale à 100, alors les deux ordres possibles sont :

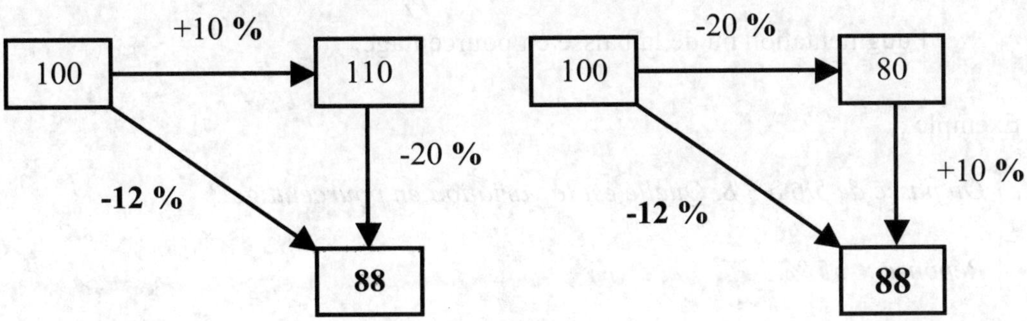

[3. Trouver un pourcentage d'augmentation ou de baisse]

Un problème classique aux concours consiste à vous demander de calculer l'évolution en pourcentage d'une valeur. La variation en pourcentage d'une valeur est égale à :

$$\left[\frac{Vf - Vi}{Vi} \times 100\right]\%$$

Avec ***Vf* la valeur finale** (après la baisse ou l'augmentation en pourcentage) et ***Vi* la valeur initiale** (avant la baisse ou l'augmentation en pourcentage).

Si $Vf > Vi$ alors on trouvera un pourcentage d'augmentation.

Si $Vf < Vi$ alors on trouvera un pourcentage de baisse.

Exemple :

> *Hier, le prix du litre d'essence à la pompe était égal à 1,40 €. Aujourd'hui, il est égal à 1,428 €. Quel est le pourcentage d'augmentation du prix du litre d'essence entre hier et aujourd'hui ?*
>
> *Réponse : ici, $Vf = 1{,}428$ et $Vi = 1{,}4$.*
> *Le pourcentage d'augmentation est donc égal à :*
> $$\left[\frac{1{,}428 - 1{,}4}{1{,}4} \times 100\right]\% = \left[\frac{0{,}028}{1{,}4} \times 100\right]\% = \frac{2{,}8}{1{,}4}\% = 2\%$$

> **Astuce !**
> Lorsque vos valeurs finale et initiale Vf et Vi sont des fractions, nous vous conseillons de calculer le rapport $\frac{Vf}{Vi}$ puis d'en déduire la valeur de l'augmentation ou de la baisse en pourcentage.

Exemple :

> *On passe de 5/6 à 3/8. Quelle est la variation en pourcentage ?*
>
> *Réponse : 55 %.*

En effet : $\frac{Vf}{Vi} = \frac{\frac{3}{8}}{\frac{5}{6}} = \frac{3}{8} \times \frac{6}{5} = \frac{18}{40} = \frac{9}{20} = 1 - \frac{11}{20} = 1 - 55\%$

Rappel : si 1/20 = 5 %, alors 11/20 = 55 %.

[4. Retrouver une quantité d'origine]

Nous attirons ici votre attention sur une erreur terrible que nous continuons de rencontrer régulièrement en tant que professeurs. Cette erreur consiste à penser curieusement que si l'on diminue X de *a* % et que l'obtient alors une valeur Y, alors il suffit d'augmenter Y de *a* % pour retrouver la valeur X.

Cette erreur n'est pas acceptable !
Imaginez donc en effet que vous perdiez **50 %** des 100 € que vous possédez, alors il vous reste 50 €, n'est-ce pas ? A présent, augmentez ces 50 € de **50 %,** quelle somme retrouvez-vous ? Vous ne retrouvez certainement pas les 100 € que vous aviez au départ, mais la somme de 75 € puisque 50 € + 50 % x 50 € = 1,5 x 50 € = 75 €. Attention donc à ne pas tomber dans ce piège suffisamment classique pour être évité.

Deux règles importantes :

Si vous retranchez $\frac{1}{N}$ à une valeur, alors vous devez rajouter $\frac{1}{N-1}$ à la valeur trouvée pour retrouver la valeur d'origine. (N étant ici un entier naturel strictement plus grand que 1)

Si vous ajoutez $\frac{1}{N}$ à une valeur, alors vous devez retrancher $\frac{1}{N+1}$ à la valeur trouvée pour retrouver la valeur d'origine. (N étant ici un entier naturel strictement plus grand que 1)

Exemple :

Une action perd 25% à la clôture ce mardi. Combien l'action devra-t-elle gagner mercredi en pourcentage pour effacer ses pertes de la veille ?

Réponse : vous avez appris grâce au tableau fondamental de correspondances que 25 % est égal à 1/4. Autrement dit, l'action a perdu 1/4 de sa valeur. Aussi, pour effacer ses pertes, l'action devra regagner 1/(4-1) = 1/3 de sa valeur, autrement dit environ 33,33 %. Vous l'avez compris, dans cet exemple : N = 4.

Le problème maintenant c'est lorsqu'une action perd 23,2 % par exemple, il ne nous plus possible d'appliquer la règle vue précédemment. En effet, cette dernière s'applique avec efficacité lorsque l'on est en mesure de transformer un pourcentage en fraction (ex. : 20 % = 1/5 ou 10 % = 1/10 etc.)

Voici donc comment nous ferons avec les pourcentages qui ne figurent pas dans le tableau fondamental de correspondances :
Soit X le prix initial et *Y* le prix final (*i.e.* après la baisse ou l'augmentation de *a* %).
L'énoncé vous donne les valeurs de *a* et de *Y*. Vous résoudrez alors les équations :

$X = \dfrac{Y}{\left(1-\dfrac{a}{100}\right)}$ dans le cas où X a subi une baisse en pourcentage.

$X = \dfrac{Y}{\left(1+\dfrac{a}{100}\right)}$ dans le cas où X a subi une augmentation en pourcentage.

Exemple :

Après une baisse de 15 %, un produit coûte 89,70 €. Quel était son prix initial ?
Réponse : soit X le prix initial, Y = 89,70 et a % = 15 % = 0,15.

On pose $X = \dfrac{Y}{\left(1-\dfrac{a}{100}\right)} = \dfrac{89,70}{1-0,15} = \dfrac{89,70}{0,85} = \dfrac{8970}{85} = 105,53$

[5. Calculer des pourcentages de pourcentages]

Exemple :

15 % de la population française habite en Ile-de-France. Parmi les habitants d'Ile-de-France, 20 % habitent Paris intra-muros. Quel est le pourcentage de la population française qui habite Paris intra-muros ?

Réponse : le pourcentage de Français franciliens est égal à 20 % de 15 %, soit : 20 % x 15 % = 1/5 x 15 % = 15 %/5 = 3 % (facile non, quand on connaît son tableau de correspondances ?).

6. MOYENNES

1. Moyennes arithmetiques

[Définition]

La **moyenne arithmétique** est la moyenne « ordinaire », c'est-à-dire, par définition, la somme des valeurs numériques divisée par le nombre de ces valeurs numériques :

Moyenne arithmétique = somme des termes / nombre de termes

Exemple :

Trois amies vont faire du shopping : la première dépense 50 €, la deuxième 70 € et la troisième 120 €. Combien ces trois amies ont-elles dépensé en moyenne ?

Réponse : ici, on vous demande de calculer une moyenne arithmétique. La somme des dépenses est égale à 50 + 70 + 120 = 240. La dépense moyenne (moyenne arithmétique) est donc égale à : (50 + 70 + 120) / 3 = 80 €.

[Deux corollaires de la moyenne arithmétique à connaître par cœur !]

Somme des termes = moyenne arithmétique x nombre de termes
Nombre de termes = somme des termes / moyenne arithmétique

Exemple :

> *La moyenne des âges des frères de David est 23 ans. David a trois frères. Quelle est la somme des âges des frères de David ?*
>
> *Réponse : pour trouver la somme des âges des frères de David, il suffit d'appliquer le corollaire de la moyenne arithmétique suivant :*
> *Somme des âges = moyenne x nombre de frères = 23 x 3 = 69*

2. MOYENNES PONDEREES

[Définition]

Soient N termes $T_1, T_2, T_3... ,T_N$, auxquels on associe des poids respectifs $P_1, P_2, P_3...$ P_N. Alors la moyenne (M) pondérée des N termes est égale à :

$$M = \frac{T_1 \times P_1 + T_2 \times P_2 + T_3 \times P_3 + ... + T_N \times P_N}{P_1 + P_2 + P_3 + ... + P_N}$$

Exemple :

> *Au cours du dernier trimestre, Frédéric a obtenu la moyenne de 12 en maths, 11 en français, 11 en histoire et 15 en anglais. Sachant que les coefficients des matières sont respectivement 6, 4, 2 et 2 en maths, français, histoire et anglais, quelle est la moyenne générale de Frédéric au dernier trimestre ?*
>
> *Réponse :*
> *Moyenne = (12 x 6 + 11 x 4 + 11 x 2 + 15 x 2) / (6 + 4 + 2 + 2)*
> *= 168 / 14 = 12*

[L'approche par la notion de barycentre]

En géométrie, la moyenne pondérée prend le nom de **barycentre. Le barycentre est le centre de gravité de plusieurs points auxquels des poids différents ont été associés.**

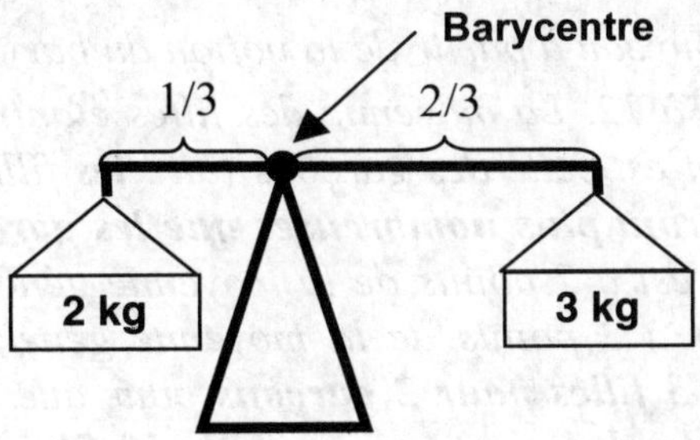

Comme vous le voyez sur ce schéma, le barycentre (point d'équilibre ou point moyen) est situé à 1/3 de la distance du poids de 2 kg et 2/3 de la distance du poids de 1 kg. En d'autres termes, pour atteindre le point d'équilibre, le poids de 1 kg doit compenser le poids de 2 kg par un écart de distance au point d'équilibre deux fois plus grand.
Par une approche analogue, le barycentre permet de trouver une moyenne pondérée grâce aux écarts à la moyenne de chaque terme et en comparant les poids des termes entre eux.

Exemples :

1. Dans une classe de 42 élèves, les garçons ont obtenu 12 de moyenne à un contrôle et les filles ont obtenu 15 de moyenne au même contrôle. La moyenne générale de la classe s'élève à 14. Combien y a-t-il de filles dans la classe ?

Réponse : raisonnons à partir de la notion du barycentre.
Le barycentre est ici égal à 14 (c'est la moyenne générale, ***le point d'équilibre*** *de la classe pour ce qui concerne ce contrôle). La moyenne des filles étant plus proche de la moyenne générale que ne l'est celle des garçons, on en déduit que les filles seront plus nombreuses que les garçons. Plus précisément, elles seront* ***deux fois plus nombreuses*** *que les garçons.* ***En effet, comme elles sont deux fois plus proches de la moyenne générale que ne le sont les garçons, elles sont donc deux fois plus nombreuses*** *(elles pèsent deux fois plus « lourd » que les garçons !). En d'autres termes,* ***il faut deux filles pour un garçon,*** *soit :* ***28 filles et 14 garçons.*** *Pour trouver 28 et 14, on a simplement multiplié 2 (filles) et 1 (garçon) par 14… Le but étant d'arriver à un nombre total d'élèves égal à 42 !*

2. Dans une classe de 30 élèves, les garçons ont obtenu 9 de moyenne à un contrôle et les filles ont obtenu 14 de moyenne au même contrôle. La moyenne générale de la classe s'élève à 12. Combien y a-t-il de filles dans la classe ?

Réponse : raisonnons à nouveau à partir de la notion du barycentre.

Le barycentre est ici égal à 12. La moyenne des filles étant plus proche de la moyenne générale que ne l'est celle des garçons (ah ! les filles !), on en déduit là encore que ***les filles seront plus nombreuses que les garçons.*** *Etant donné que la moyenne des filles est à 2 points de la moyenne générale (**14** vs 12) et que celle des garçons est à 3 points de la moyenne générale (**9** vs 12), on comprend qu'**il va falloir 3 filles pour 2 garçons** pour que le barycentre soit bien à 12. En conclusion,* ***la classe est composée de 18 filles et de 12 garçons.*** *Pour trouver 18 et 12, on a simplement multiplié 3 (filles) et 2 (garçons) par 6... Le but étant d'arriver à un nombre total d'élèves égal à 30 !*

7. PROPORTIONNALITE

On dit que deux grandeurs sont proportionnelles à partir du moment où l'on peut trouver un *« facteur de proportionnalité »* les liant.

Rien de mieux qu'un exemple pour illustrer cela :

On dit souvent que la consommation d'essence C tous les 100 km d'une voiture est ***proportionnelle*** *à sa vitesse V. C'est-à-dire que l'on peut trouver un « facteur de proportionnalité » F tel que C = V x F. Imaginons que F soit égal à 0,1. Alors si la voiture roule à 100 km/h, elle consommera C = 0,1 x 100 = 10 L tous les 100 km. Si elle roule à 200 km/h, elle consommera C = 0,1 x 200 = 20 L tous les 100 km, et ainsi de suite.*

Ainsi, lorsque deux grandeurs sont proportionnelles, il suffit de connaître la valeur de l'une pour immédiatement connaître la valeur de l'autre, à condition de connaître le facteur de proportionnalité.

La question qui vient alors naturellement est : **que faire si l'on ne connaît pas ce fameux facteur par lequel il faut multiplier une grandeur pour obtenir la valeur de l'autre ?** C'est là qu'intervient la très célèbre *règle de trois.*

1. LA REGLE DE TROIS OU « PRODUIT EN CROIX »

Reprenons l'exemple de la consommation d'essence C proportionnelle à la vitesse V. Imaginons que l'on ne vous donne pas la valeur de F mais que l'on vous présente les choses ainsi :

> *Une voiture parcourt la distance de Paris à Marseille. Sa consommation d'essence est proportionnelle à sa vitesse. Sachant qu'elle consomme 10 L tous les 100 km lorsqu'elle roule à 100 km/h, quelle sera sa consommation d'essence si elle roule à 125 km/h ?*

Vous savez ici que les deux grandeurs sont proportionnelles mais vous ne connaissez pas la valeur du facteur de proportionnalité F. Qu'à cela ne tienne, calculons-le !

Première approche : sachant que V et C sont proportionnelles, il existe un réel F tel que C = V x F. En remplaçant C et V par leur valeur dans la première ligne du tableau vous trouvez : 10 = 100 x F, soit F = 10 / 100 = 0,1

Ayant la valeur de F, il ne vous reste plus qu'à écrire que :

C = 125 x 0,1 = 12,5 L tous les 100 km.

Seconde approche : heureusement, il existe une méthode beaucoup plus systématique et rapide pour s'en sortir dans ce genre de situations. En effet, la situation peut se représenter ainsi :

Vitesse	Consommation
100	10
125	*C*

La règle de trois nous dit que les produits des cases diagonales doivent être égaux. Soit : 10 x 125 = 100 x C ; soit : C = 125 x 10 / 100 = 12,5 L

2. LA PROPORTIONNALITE « MULTIPLE »

Ce que l'on appelle **proportionnalité multiple** est la mise en parallèle de trois grandeurs proportionnelles deux à deux dont il faut trouver la valeur de l'une d'entre elles. Autrement dit, vous allez devoir modifier la valeur de deux grandeurs pour obtenir la troisième, alors que les deux premières varient déjà l'une en fonction de l'autre ! Un vrai casse-tête ? Pas vraiment !

Prenons un exemple :

> *Un camion consomme 8 litres aux 100 km quand il roule à 80 km/h. Consommation et vitesse sont proportionnelles. Sachant qu'il a consommé 32 litres en roulant à la vitesse de 40 km/h, quelle distance ce camion a-t-il parcourue ?*

En retranscrivant la situation dans un tableau, cela donne :

Vitesse	Consommation	Distance
80 km/h	8 L	100 km
40 km/h	32 L	?

Vous commencez à saisir la difficulté de la chose : pour passer de la première à la seconde ligne, il faudrait diviser la vitesse par 2 (de 80 à 40 km/h) et par conséquent la consommation aussi :

Vitesse	Consommation
80 km/h	8 L
40 km/h	4 L

Mais celle-ci passerait alors à 4 L et non pas 32 L. Il suffirait alors de multiplier le tout par 8 pour tomber sur la bonne consommation :

Vitesse	Consommation
80 km/h	8 L
320 km/h	32 L

Mais la vitesse deviendrait alors égale à 320 km/h ! On tourne en rond.

> Pour résoudre ce problème, il faut se dire que pour consommer 8 fois plus, il suffit de rouler 8 fois plus vite… Ou encore rouler sur 8 fois plus de distance (à la même vitesse bien sûr). La clé de la proportionnalité multiple est donc de **<u>toujours changer deux grandeurs en laissant la troisième fixe</u>.**

Dans notre exemple, nous allons d'abord diviser la vitesse du camion par 2 et impacter cela sur la consommation. La distance, elle, ne bouge pas. Si je roule 2 fois moins vite **sur la même distance,** le camion consomme 2 fois moins d'essence.

Vitesse	Consommation	Distance
40 km/h	4 L	100 km

Enfin, **s'il roule à la même vitesse** mais consomme 8 fois plus d'essence, c'est qu'il a alors roulé sur 8 fois plus de distance. Réponse : 800 km.

Vitesse	Consommation	Distance
40 km/h	32 L	800 km

8. EQUATIONS ET SYSTEMES D'EQUATIONS

Ce chapitre est fondamental puisqu'il va vous permettre de résoudre un grand nombre de questions des épreuves de calcul et de mathématiques des concours.

1. DEFINITIONS

[1. Inconnues]

Il est vrai qu'avant de parler d'équations, il vaut mieux introduire la raison d'être de celles-ci : les inconnues. En effet, elles peuvent être multiples, et leur définition commune serait la suivante :

> « Une inconnue est une valeur que l'on ne connaît pas *a priori,* souvent définie par une lettre, mais qu'il ne faut pas forcément trouver. »

Et c'est là toute la subtilité. **Pour trop de personnes, une inconnue doit au bout du compte se transformer en valeur numérique connue, même si on ne leur demande pas de trouver cette valeur.** C'est une erreur à ne pas commettre aux concours où le temps vaut de l'or : reconnaissez vos inconnues, classez-les, déterminez celles dont vous aurez besoin et celles qui sont purement accessoires. Et, surtout, comme nous allons le voir, résolvez vos systèmes intelligemment, *i.e.* de façon à faire ressortir avant tout la valeur des inconnues que vous cherchez.

[2. Equations]

> « Une équation est une égalité liant une ou plusieurs inconnues. »

Ainsi, toute égalité mettant en jeu des inconnues, quel que soit leur nombre, sera une équation, comme par exemple :

> $X = Y$
> $X + Y - Z = 265$
> $X^2 - 2ab + 7u = -576 + X - 2z^3$

Cette notation particulière possède également son propre vocabulaire : on parlera, de part et d'autre du signe « = », des deux membres d'une équation : le membre de gauche (situé à gauche du « = ») et le membre de droite (à droite du « = » !). Dans une équation, les deux membres sont totalement interchangeables, autrement dit :
$X + 2Y - Z = 7 + 3T$ équivaut t à : $7 + 3T = X + 2Y - Z$

[3. Inéquations]

> « Une inéquation est une inégalité liant une ou plusieurs inconnues. »

Voici quelques exemples d'inéquations :

> $X \leq Y$
> $X + Y - Z \geq 265$
> $X^2 - 2ab + 7u < -576 + X - 2z^3$

Comme vous le voyez, les inégalités peuvent être de **quatre types** :

> 1. Supérieur ou égal : ≥
> 2. Inférieur ou égal : ≤
> 3. Strictement supérieur : >
> 4. Strictement inférieur : <

Attention à la symétrie rencontrée dans les équations ; **elle n'est pas valable dans les inéquations.** Vous avez ici :

$X + 2Y - Z < 7 + 3T$ équivaut à : $7 + 3T > X + 2Y - Z$. Le signe a changé de sens.

Explication : « **Pierre** a le même âge [=] que **Paul** » est équivalent à « **Paul** a le même âge [=] que **Pierre** ». Mais, « **Pierre** est plus grand [>] que **Paul** » n'est pas équivalent à « **Paul** est plus grand [>] que **Pierre** ». L'équivalent de « **Pierre** est plus grand [>] que **Paul** » est « **Paul** est plus petit [<] que **Pierre** ».

[4. Systèmes]

Les inconnues sont liées par des (in)équations et les (in)équations sont à leur tour liées entre elles par des… Systèmes ! En effet, la définition la plus simple d'un système d'(in)équations est :

> « Un système d'(in)équations est une suite d'(in)équations mettant en jeu les mêmes inconnues. »

Ainsi, en continuant avec les exemples précédents, on peut considérer que :

$$\begin{cases} X = Y \\ X + Y - Z = 265 \end{cases}$$ est un système d'équations.

L'**accolade** sur la gauche sert à réunir toues les (in)équations d'un même système.

Les systèmes possèdent également leur propre terminologie et même plus : leur propre classification. **En effet, vous pouvez classer les systèmes e*n fonction de leur nombre d'inconnues et de leur nombre d'équations.*** Par exemple, on dira du système présenté plus haut qu'il s'agit d'un système de deux équations à trois inconnues.

[5. Contraintes]

En plus des équations et des inéquations, vous pourrez rencontrer au sein d'un système ce que l'on nomme des contraintes.

> « Une contrainte est une qualité possédée par une ou plusieurs inconnues réduisant le nombre de valeurs que ces dernières peuvent prendre. »

Les plus perspicaces auront déjà compris qu'équations et inéquations étaient elles-mêmes des contraintes. Mais vous pouvez encore en trouver beaucoup, comme par exemple : X est un entier ; X est un multiple de 3 ; X est un carré d'entier ou encore X est pair.

Il est vrai que certaines de ces contraintes peuvent se traduire sous la forme d'équations, mais il sera bien souvent plus pratique de les voir telles qu'elles sont pour diminuer petit à petit le nombre de solutions possibles du système.

[6. Equations liées, incompatibles, indépendantes]

Jalouses, les équations ont également développé leur propre classification les unes par rapport aux autres. En effet, deux équations se rencontrant au sein d'un système peuvent être liées, incompatibles ou indépendantes. Voici les trois classes :

> **Classe 1 :** « Deux équations **liées** sont deux équations donnant exactement la même information. »

Exemple : les équations $X + Y = 2Z$ et $Z = (X + Y) / 2$ sont liées.

> **Classe 2 :** « Deux équations **incompatibles** sont deux équations donnant deux informations contradictoires. »

Exemple : les équations $X + Y = 0$ et $2X + 2Y = 2$ sont incompatibles.

> **Classe 3 :** « Deux équations **indépendantes** sont deux équations qui ne sont ni liées, ni incompatibles ! »

Exemple : les équations $X + 5Y - 3Z = 0$ et $X / Y = 4$ sont indépendantes.

Mais attention, tout cela sera rarement visible du premier coup d'œil. Un petit calcul sera souvent nécessaire pour se rendre compte que des équations sont indépendantes, liées ou incompatibles.

2. Applications clés

Modèle :

> *Roland va au marché. Il achète 10 pommes et 7 bananes, et paye un montant total de 24 €. S'il avait acheté 4 pommes et 12 bananes, il aurait payé 28 €. Combien coûte une banane ?*

Inconnues à trouver	Inconnues-outils
B = prix d'une banane	P = prix d'une pomme

A vous !

1. La somme des âges de trois frères donne un diviseur de 121. Quelle est la différence d'âge entre les deux plus vieux sachant qu'il n'y a pas de jumeaux et qu'ils ont tous moins de 20 ans et plus de 2 ans ?

Inconnues à trouver	Inconnues-outils

2. Ce matin, on m'a livré un bouquet de 33 fleurs : 12 roses, des tulipes et des marguerites. Sachant que si l'on m'avait livré 7 tulipes de plus, j'aurais eu deux fois plus de tulipes que de roses, combien de marguerites ai-je reçues ?

Inconnues à trouver	Inconnues-outils

3. Sachant que l'équipe des filles est plus nombreuse que celles des garçons mais que si l'on retirait 10 % de leur groupe il y aurait exactement le même nombre de joueurs dans les deux équipes, combien vaut le rapport du nombre de filles sur le nombre de garçons ?

Inconnues à trouver	Inconnues-outils

Réponses :

1.

Inconnues à trouver	Inconnues-outils
$X - Y$ = Différence d'âge entre les deux plus vieux frères	X = âge du frère le plus âgé Y = âge du deuxième frère Z = âge du troisième frère

2.

Inconnues à trouver	Inconnues-outils
M = nombre de marguerites	R = nombre de roses T = nombre de tulipes

3.

Inconnues à trouver	Inconnues-outils
F/G = rapport du nombre de filles sur le nombre de garçons	F = nombre de filles G = nombre de garçons

[1. L'art de la traduction]

Après l'analyse de vos inconnues vient la fameuse mise en équation. Et là, aucun secret : seul l'entraînement vous apprendra à faire cela plus rapidement. Attention, en plus de traduire les équations et inéquations proposées, nous vous invitons également à mettre en forme toutes les contraintes vérifiées par les inconnues.

Pour bien commencer, nous vous proposons de reprendre les trois questions présentées plus haut et de traduire à présent les énoncés sous la forme de systèmes d'une ou plusieurs équations mettant en jeu toutes ces inconnues.

Pour vous aider, nous avons traité l'exemple :

> *Roland va au marché. Il achète 10 pommes et 7 bananes, et paye un montant total de 24 €. S'il avait acheté 4 pommes et 12 bananes, il aurait payé 28 €. Combien coûte une banane ?*

Cela nous donne le système d'équations suivant : $\begin{cases} 10P + 7B = 24 \\ 4P + 12B = 28 \end{cases}$

Réponses :

1. $\begin{cases} X+Y+Z \textit{ est un diviseur de } 121 \\ X \neq Y \\ Y \neq Z \\ X \neq Z \\ 2 \leq X, Y, Z \leq 20 \\ X, Y \textit{ et } Z \textit{ sont des entiers} \end{cases}$

2. $\begin{cases} 12+T+M=33 \\ T+7=2\times 12 \\ M \textit{ et } T \textit{ sont des entiers} \end{cases}$

3. $\begin{cases} F>G \\ F-F\times 10\%=G \\ F \textit{ et } G \textit{ sont entiers} \end{cases}$

[2. Opérations autorisées sur les équations et inéquations]

Maintenant que vous savez traduire des énoncés sous forme d'équations, il va vous falloir les résoudre. Mais avant cela, un petit rappel sur les opération « autorisées » dans un système d'équations :

1. Dans une équation, vous avez le droit de :

• **Ajouter** la même quantité aux deux membres : $X+Y=Z \Leftrightarrow X+Y+2=Z+2$

• **Soustraire** la même quantité aux deux membres : $X+Y=Z \Leftrightarrow X+Y-7=Z-7$

• **Multiplier** les deux membres par la même quantité : $X+Y=Z \Leftrightarrow 2\times(X+Y)=2\times Z$

• **Diviser** les deux membres par la même quantité non nulle : $X+Y=Z \Leftrightarrow \frac{X+Y}{21}=\frac{Z}{21}$

En revanche, attention, dans une inéquation, vous devez prendre vos précautions au moment de multiplier ou diviser. En effet, réaliser ce genre d'opérations avec une quantité négative inversera le sens de l'inégalité alors qu'une quantité positive conservera celui-ci. Par exemple :

$X+Y \leq Z \Leftrightarrow 2(X+Y) \leq Z$ mais $X+Y \leq Z \Leftrightarrow -2\times(X+Y) \geq -2\times Z$

2. Aussi, vous pouvez appliquer des opérations entre les équations elles-mêmes. En effet, dans un système vous avez le droit de :

- **Sommer** deux équations
- **Soustraire** deux équations
- **Multiplier** deux équations
- **Diviser** deux équations à condition que les membres soient non nuls

En revanche, une seule opération est autorisée sur des inéquations : vous ne pouvez que **sommer** deux inéquations, à condition qu'elles soient **dans le même sens.** Par exemple, vous avez :

$$\begin{cases} X+Y \leq Z \\ X-Y \leq 2Z \end{cases} \Leftrightarrow \begin{cases} X+Y+X-Y \leq Z+2Z \\ X-Y \leq 2Z \end{cases} \Leftrightarrow \begin{cases} 2X \leq 3Z \\ X-Y \leq 2Z \end{cases}$$

Bien évidemment, la dernière opération autorisée dans une équation (et jamais dans une inéquation) est de remplacer une inconnue par sa valeur dans une autre équation. Par exemple :

$$\begin{cases} X+Y=Z \\ Y=2X \end{cases} \Leftrightarrow \begin{cases} X+2X=Z \\ Y=2X \end{cases}$$

Vous voici avec toutes les cartes en main pour résoudre un système : des inconnues intelligemment posées, des mises en équations raisonnées et une liste d'opérations autorisées et maîtrisées. Il ne vous reste plus qu'à appliquer une méthode…

[3. Résolution d'un système d'équations]

La première des choses que vous devez déterminer est la classification de votre système : combien d'inconnues, combien d'équations, combien de contraintes (à partir de maintenant les inéquations seront considérées comme des contraintes) ?

A partir de là, vous pouvez en tirer quelques règles :

> - Si le système a plus d'inconnues que d'équations et aucune contrainte, vous ne pourrez pas trouver une unique valeur pour toutes les inconnues (mais peut-être pour certaines).

- Si le système a autant d'équations que d'inconnues et aucune contrainte, alors vous pourrez trouver une unique valeur pour toutes les inconnues à condition que les équations soient toutes indépendantes.
- Si le système a plus d'équations que d'inconnues, c'est que deux équations au moins sont forcément liées.

Grâce à ces observations, vous pourrez aisément vous débarrasser du superflu si vous avez trop d'informations, ou au contraire vous concentrer sur les inconnues les plus importantes si vous savez que toutes n'auront pas une valeur unique.

Le deuxième point capital est celui des contraintes : elles peuvent être très puissantes. N'oubliez jamais que, par exemple, dire que A x B = 2 signifie qu'il existe une infinité de valeurs possibles pour A comme B, **alors que si l'on précise** que A et B sont des entiers naturels, et bien il ne nous reste plus que deux couples de solutions possibles à savoir : A = 1 et B = 2 ou A = 2 et B = 1. Ainsi, des contraintes apparemment insignifiantes peuvent limiter de façon drastique le nombre de solutions et vous amener à trouver la solution en deux coups de cuillère à pot ! Ne négligez donc jamais ces contraintes.
Enfin, dernier point, et pas des moindres : il va falloir résoudre votre système de façon intelligente, à savoir en faisant en sorte de trouver en priorité la valeur des inconnues que vous recherchez. Reprenons notre exemple :

> *Roland va au marché. Il achète 10 pommes et 7 bananes, et paye un montant total de 24 €. S'il avait acheté 4 pommes et 12 bananes, il aurait payé 28 €. Combien coûte une banane ?*

Comme nous l'avons vu, le système correspondant à cette question est :

$$\begin{cases} 10P + 7B = 24 \\ 4P + 12B = 28 \end{cases}$$

Méthode de résolution par substitution :
Sachant que nous cherchons la valeur de *B*, nous allons tenter d'y arriver le plus rapidement possible en exprimant *P* en fonction de *B* dans la seconde équation :

$$\begin{cases} 10P + 7B = 24 \\ 4P + 12B = 28 \end{cases} \Leftrightarrow \begin{cases} 10P + 7B = 24 \\ 4P = 28 - 12B \end{cases} \Leftrightarrow \begin{cases} 10P + 7B = 24 \\ P = 7 - 3B \end{cases}$$

Il ne vous reste plus qu'à remplacer P par sa valeur dans la première équation pour obtenir :

$$\begin{cases} 10\times(7-3B)+7B=24 \\ P=7-3B \end{cases}$$

Votre première équation ne comporte donc plus qu'une inconnue *(B)*. Etant donné que c'est celle que vous cherchez, vous pouvez à présent faire abstraction de la seconde équation. En faisant l'inverse, c'est-à-dire en exprimant B en fonction de P dans la seconde, le calcul aurait duré deux fois plus longtemps : il aurait fallu trouver la valeur de P (dont on n'a pas besoin) puis la remplacer dans la seconde équation pour obtenir B.
Vous trouvez donc au final : $70-30B+7B=24 \Leftrightarrow -23B=-46 \Leftrightarrow B=2$ €

Pour clore ce chapitre somme toute assez dense, nous vous proposons de résoudre, si l'énoncé le permet, les trois questions dont vous avez déjà analysé les inconnues et posé les systèmes. Si vous trouvez plus d'une réponse mais que vous pouvez lister les solutions possibles, faites-le. Non ! Ne regardez pas encore les réponses ! Revenez en arrière, retroussez vos manches et trouvez des réponses à ces trois questions !
On compte sur vous.

Réponses :

1. Ici, la situation est très particulière car vous n'avez que des contraintes. Cela va nous permettre de vous démontrer leur puissance : sachant que $X+Y+Z$ divise 121 et que 121 ne possède que 3 diviseurs, vous avez déjà que :
$X+Y+Z=1$ ou $X+Y+Z=11$ ou $X+Y+Z=121$
De plus, comme chaque frère a entre 2 et 20 ans et qu'il n'y a aucun jumeau, c'est donc que : $2+3+4 \leq X+Y+Z \leq 18+19+20$ soit encore : $9 \leq X+Y+Z \leq 57$

Vous en déduisez donc forcément que $X+Y+Z=11$
Le plus vieux peut, au plus, avoir 6 ans. En effet, s'il avait 7 ans, alors les deux autres frères auraient 4 ans à se partager et :
- soit les deux ont 2 ans, ce qui est impossible car il n'y a pas de jumeaux ;
- soit l'un a 3 ans et l'autre 1 an, ce qui est impossible car $1 < 2$

Si le plus vieux a 6 ans, la répartition est donc forcément la suivante : $X = 2$, $Y = 3$ et $Z = 6$. Mais il peut également avoir 5 ans, auquel cas une seconde répartition est possible : $X = 2$, $Y = 4$ et $Z = 5$

Finalement, vous trouvez deux valeurs possibles pour $Z - Y$, qui peut valoir 2 ou 3. Le système a donc deux solutions distinctes.

2. $\begin{cases} 12 + T + M = 33 \\ T + 7 = 2 \times 12 \end{cases} \Leftrightarrow \begin{cases} T + M = 21 \\ T = 17 \end{cases} \Leftrightarrow \begin{cases} M = 21 - 17 = 4 \\ T = 17 \end{cases}$

3. La première inéquation est contenue dans l'équation. Cette inéquation est donc inutile. Vous avez donc une équation et deux inconnues. Impossible ? Attention à ne pas baisser les bras trop vite ! Nous vous rappelons que l'inconnue cherchée est F/G.

$$F - F \times 10\% = G \Leftrightarrow 0{,}9F = G \Leftrightarrow \frac{F}{G} = \frac{1}{0{,}9} = \frac{10}{9}$$

3. Equations du second degre

[1. X^2 = A]

Soit l'équation $X^2 = A$ avec A un nombre réel positif ou nul.

Les solutions de cette équation du second degré sont $X = \sqrt{A}$ ou $X = -\sqrt{A}$

[2. Trinôme du second degré]

Même si la notion de trinôme de second degré se fait de plus en plus rare aux concours, voici ce que vous devez savoir :

Soit *a*, *b* et *c*, trois nombres réels. L'équation : $aX^2 + bX + c = 0$ est appelée équation du second degré.

Pour résoudre cette équation, vous devez d'abord calculer son discriminant ***D***, qui est égal à : $D = b^2 - 4 \times a \times c$

Trois cas se présentent alors à vous :

(1) : $D < 0$

Dans ce cas, l'équation $aX^2 + bX + c = 0$ n'admet **aucune solution réelle.**

(2) : $D = 0$

Dans ce cas, l'équation $aX^2 + bX + c = 0$ admet une **solution réelle unique.**

Cette solution unique vaut : $\frac{-b}{2a}$

(3) : $D > 0$

Dans ce cas, l'équation $aX^2 + bX + c = 0$ admet **deux solutions réelles distinctes.**

La première solution vaut : $\frac{-b+\sqrt{D}}{2a}$

Et la seconde solution vaut : $\frac{-b-\sqrt{D}}{2a}$

9. VITESSES, TEMPS ET DISTANCES

1. Trois lettres : V, T et D

On considère les trois variables suivantes :

- **V**, la vitesse d'un objet pendant une durée **T** pour parcourir une distance **D**.
- **T**, le temps/la durée mis par l'objet pour parcourir une distance **D** à la vitesse **V**.
- **D**, la distance parcourue par objet à une vitesse **V** pendent un temps/une durée **T**.

Les problèmes VTD s'appuient sur **les trois formules suivantes** :

(1) V = D/T (2) D = V x T (3) T = D/V

Dans chaque problème, posez-vous d'abord la question suivante : quelle est précisément la variable que je cherche ?

- Si vous cherchez une vitesse, utilisez la formule (1).
- Si vous cherchez une distance, utilisez la formule (2).
- Si vous cherchez un temps, utilisez la formule (3).

Ensuite, **soyez toujours attentifs aux unités** avant d'utiliser ces formules, et assurez-vous toujours que les unités soient bien homogènes (identiques) au sein de la formule. Par exemple, si la vitesse est exprimée en km/h, alors le temps doit être exprimé en heures et la distance en kilomètres.

Exemples :

> *1. Un avion reliant Paris à New York a parcouru la distance de 5 200 km en 6 h 30 mn. Quelle a été sa vitesse de vol ?*
>
> *Réponse : ici, vous cherchez une vitesse et vous devez donc bien sûr appliquer la formule : V = D/T = 5 200 km / 6,5 h = 800 km/h. (Attention ! 6 h 30 = 6,5 h… Pas 6,3 h (erreur fréquente).*
>
> *2. Un marcheur parcourt 13 km à la vitesse de 4 km/h. Combien de temps a-t-il mis pour parcourir cette distance ?*
>
> *Réponse : on remplace tout simplement la distance et la vitesse dans la formule : T = D/V = 13 km / 4 km/h = 3,25 h = 3 h 15 mn.*
>
> *3. Une voiture roule pendant 2 h 20 mn à 90 km/h. Quelle distance a-t-elle parcourue ?*
>
> *Réponse : vous devez convertir les minutes en heures (ici 2 h 20 = 7/3 h) puis appliquer la formule : D = V x T = 7/3 h x 90 km/h = 210 km.*

[Conversion des km/h en m/s]

Apprenez la règle suivante par cœur :

> Pour passer des m/s aux km/h, on multiplie les m/s par le coefficient 3,6.
> Pour passez des km/h aux m/s, on divise les m/s par le coefficient 3,6.

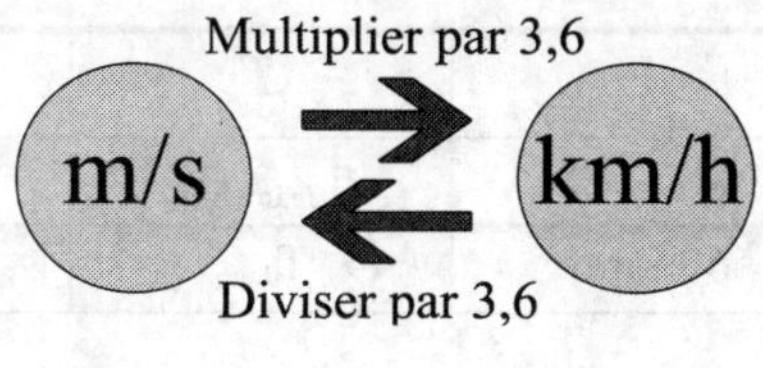

2. Le tableau VTD

Le tableau VTD est un outil très utile pour simplifier la compréhension d'un énoncé. Il n'est pas obligatoire pour résoudre une question, mais il s'avère souvent utile pour celles et ceux qui ont besoin de « tout mettre à plat ». Voici ce tableau :

	V	*T*	*D*
Acteur 1	V_1	T_1	D_1
Acteur 2	V_2	T_2	D_2

3. Les grands classiques des concours

[1. Le cas de rattrapage]

Deux objets quittent le même lieu à deux moments différents et avec deux vitesses différentes. Ils se dirigent vers le même endroit. L'un des objets est parti en avance et le second rattrape le premier, grâce à une vitesse supérieure. **Dans un cas de rattrapage, vous devez appliquer l'équation clé :**

$$D_1 = D_2$$

Exemple :

> *Jeanne part en voiture de la ville A en direction de la ville B à 12 h à la vitesse de 48 km/h. A 13 h, Jean part de la ville A en direction de la ville B à la vitesse de 60 km/h. A quelle heure Jean va-t-il rattraper Jeanne ?*

Utilisons dans un premier temps un tableau VDT.
On applique l'égalité $D_1 = D_2$. On sait en outre que comme Jean part avec une heure de retard par rapport à Jeanne : $T_{Jean} + 1 = T_{Jeanne}$

	V	*T*	*D*
Jeanne	48 km/h	$T_{Jean} + 1$	$D_{rattrapage}$
Jean	60 km/h	T_{Jean}	$D_{rattrapage}$

Pour trouver T_{Jeanne}, on applique l'égalité suivante :

$$D_{Jean} = D_{Jeanne} \Leftrightarrow V_{Jean} \times T_{Jeanne} = V_{Jeanne} \times T_{Jeanne} \Leftrightarrow 60T_{Jean} = 48(T_{Jean} + 1)$$

Par conséquent, $T_{Jeanne} = 5$ h.

Vous auriez pu également raisonner autour de la vitesse de rattrapage.
Jean va à la vitesse de 60 km/h et Jeanne à la vitesse de 48 km/h. Par conséquent, la vitesse de rattrapage est de 12 km/h (60 - 48 = 12). Cela signifie qu'en 1 heure, Jean rattrape Jeanne de 12 km. Etant donné que Jeanne a 48 km d'avance sur Jean (la distance parcourue par Jeanne à la vitesse de 48 km/h pendant 1 heure), il faut 4 heures (48 / 4 = 12) à Jean pour rattraper Jeanne. Jean rattrape donc bien Jeanne à 17 h.

[2. Le cas croisement]

Deux acteurs partent de deux endroits éloignés d'une distance D_{Total}. **Dans un cas de croisement, vous devez résoudre l'équation clé suivante :**

$$D_{Total} = D_1 + D_2$$

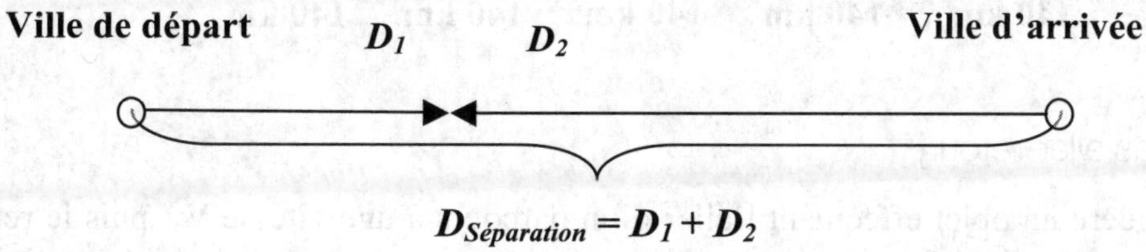

Exemple :

> *Un train part d'Auxerre à 10 h et roule à la vitesse de 200 km/h. A la même heure, un train part de Marseille et roule à 300 km/h. A quelle distance de Marseille les trains se croisent-ils, sachant que les deux villes sont éloignées de 700 km ?*

Vous cherchez ici la distance entre le point de rencontre des deux trains et la ville de Marseille, soit la distance $D_{Marseille}$. Utilisez là encore un tableau VTD :

	V	***T***	***D***
Auxerre	200 km/h	$T_{Auxerre}$	$700 - D_{Marseille}$
Marseille	300 km/h	$T_{Marseille}$	$D_{Marseille}$

Les deux trains se croisent au même moment, soit $T_{Auxerre} = T_{Marseille}$, ou encore :

$V_{Auxerre} / D_{Auxerre} = V_{Marseille} / D_{Marseille} \Leftrightarrow (700 - D_{Marseille}) / 200 = D_{Marseille} / 300$

Après résolution, vous obtenez $D_{Marseille} = 420$ km.

Vous pouviez également raisonner à partir du rapport des vitesses (la notion utilisée étant celle du barycentre, étudiée dans le chapitre consacré aux Moyennes).

Le train d'Auxerre roule à 200 km/h et le train de Marseille roule à 300 km/h. Par conséquent, le rapport est de 2 pour 3. Entre autres, quand le train d'Auxerre parcourt 200 km en 1 heure, le train de Marseille parcourt 300 km. Ou encore, quand le train de Marseille parcourt 3 tronçons, le train de d'Auxerre parcourt 2 tronçons (voir schéma ci-dessous). Donc, si l'on divise la distance de séparation en 5 tronçons de même distance, alors chaque tronçon est égal à 140 km. Le train de Marseille doit parcourir 3 tronçons de 140 km, soit 420 km.

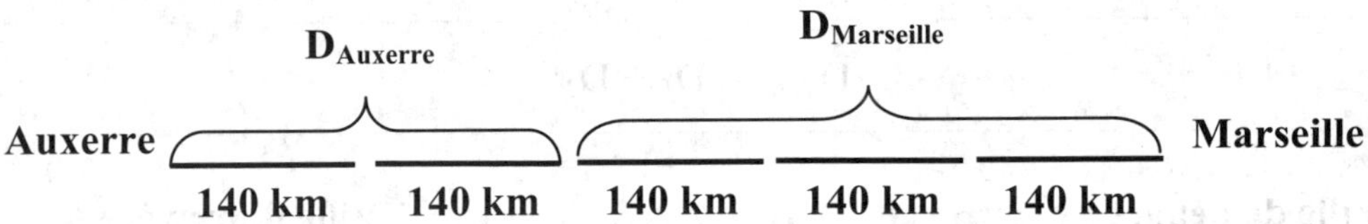

[3. Le cas aller-retour]

On considère un objet effectuant l'aller d'un parcours à une vitesse V_1, puis le retour du même parcours à la vitesse V_2. Alors la vitesse moyenne de l'objet sur l'aller-retour est donnée par :

$$\text{Vitesse moyenne} = H = \frac{2 \times V_1 \times V_2}{V_1 + V_2}$$

Cette vitesse moyenne est également appelée **moyenne harmonique.**

Exemple :

> *Un coureur part de Paris pour aller à Versailles, puis revient par le même chemin. Il effectue l'aller à 8 km/h et le retour à 14 km/h. Quelle est la vitesse moyenne du coureur sur l'ensemble du parcours ?*

Réponse : la vitesse moyenne du coureur sur l'aller-retour Paris-Versailles est égale à :

$$Vitesse\ moyenne = \frac{2 \times 8 \times 14}{8+14} \quad 10{,}2\ km/h$$

[4. Le cas changement de vitesse]

On considère un objet parcourant une distance D_1 à la vitesse V_1, puis une distance D_2 à une vitesse V_2. On étudie donc l'impact d'une accélération, ou d'une décélération, sur une vitesse moyenne. La vitesse moyenne de l'objet sur la distance $D_1 + D_2$ est égale à la moyenne harmonique des vitesses, donnée par la formule suivante :

$$Vitesse\ moyenne = \frac{D_1 + D_2}{\frac{D_1}{V_1} + \frac{D_2}{V_2}}$$

Application :

Une voiture roule pendant 1 heure à la vitesse de 80 km/h, puis accélère et roule pendant 60 km à la vitesse de 120 km/h. Quelle est la vitesse moyenne de l'automobiliste sur l'ensemble du parcours ?

Réponse : l'automobiliste a effectué dans un premier temps 80 km à la vitesse de 80 km/h, puis dans un second temps 60 km à la vitesse de 120 km/h. Il a roulé au total 1,5 heure pour parcourir une distance totale de 140 km. La vitesse moyenne est donc égale à 140 / 1,5 = 93,33 km/h.

La vitesse moyenne était aussi directement calculable par la formule suivante :

$$Vitesse\ moyenne = \frac{80+60}{\frac{80}{80} + \frac{60}{120}} \quad 93{,}33\ km/h$$

10. UNITES ET CONVERSIONS

1. UNITES

[1. Les unités de longueur]

Les unités de longueur sont utilisées pour mesurer une distance entre deux points.

km	Kilomètre	1 000 m
hm	Hectomètre	100 m
dam	Décamètre	10 m
m	Mètre	1 m
dm	Décimètre	0,1 m
cm	Centimètre	0,01 m
mm	Millimètre	0,001 m
nm	Nanomètre	10^{-9} m

Les multiples vont de 10 en 10 car l'unité légale (le mètre) est de dimension 1 (à la puissance 1).

[2. Les unités d'aire]

L'aire est la mesure d'une surface et son unité légale est le mètre carré.

km²	Kilomètre²	10^6 m²
hm²	Hectomètre²	10^4 m²
dam²	Décamètre²	10^2 m²
m²	Mètre²	1 m²
dm²	Décimètre²	10^{-2} m²
cm²	Centimètre ²	10^{-4} m²
mm²	Millimètre²	10^{-6} m²

Les multiples vont de 10^2 (100) en 10^2 (100) car l'unité légale (le mètre carré) est de dimension 2 (à la puissance 2). Retenez bien que les mètres carrés sont des mètres multipliés par des mètres.

[3. Les unités agraires]

Vous serez parfois confrontés aux unités agraires pour mesurer des surfaces agricoles. L'unité de base est l'are (a), qui possède comme seul multiple l'hectare (ha), principalement utilisé. Les équivalences avec les mesures d'aire du système métrique sont les suivantes :

1 are = 1 a = 100 m² 1 hectare = 1 ha = 10 000 m²

1 centiare = 1ca = 1 m² 1 verge = 0,25 a 1 préau = 30 a

Exemple :

> *Rangez par ordre décroissant :*
> *2 m² – 0,0002 km² – 0,02 ha – 200 000 cm²*
> *Convertissez toutes les surfaces en m² pour pouvoir comparer les expressions :*
> *2 m² – 0,002 km² = 20 m² – 0,02 ha = 200 m² – 2 000cm² = 0,2 m²*
> *En conclusion : 0,02 ha ≥ 0,002 km² ≥ 2 m² ≥ 2 000 cm²*

[4. Les unités de volume]

Le volume d'un objet est son « extension dans l'espace ». L'unité de base du volume est le mètre cube.

km³	Kilomètre³	10^9 m³
hm³	Hectomètre³	10^6 m³
dam³	Décamètre³	10^3 m³
m³	Mètre³	1 m³
dm³	Décimètre³	10^{-3} m³
cm³	Centimètre³	10^{-6} m³
mm³	Millimètre³	10^{-9} m³

Les multiples vont de 10^3 (1 000) en 10^3 (1 000) car l'unité légale (le mètre cube) est de dimension 3 (à la puissance 3).

[5. Les unités de capacité]

Le litre est une unité de contenance. Elle est utilisée pour mesurer un volume de liquide ou de gaz contenu dans un récipient.

hL	L'hectolitre	100 L
daL	Le décalitre	10 L
L	Le litre	1 L
dL	Le décilitre	0,1 L
cL	Le centilitre	0,01 L
mL	Le millilitre	0,001 L

Par convention, le litre est défini comme la capacité de contenance d'un cube de 10 cm de côté, soit un volume de 10 dm^3.

Retenez les correspondances litre/mètre cube suivantes :

1 kL = 1 m^3 = 1 000 L   1 L = 1 dm^3 = 1 000 cm^3 1 mL = 1 cm^3

[6. Les unités de masse]

Le tableau ci-dessous résume les principaux multiples et sous-multiples de la masse.

kg	Kilogramme	1 000 g
hg	Hectogramme	100 g
dag	Décagramme	10 g
g	Gramme	1 g
dg	Décigramme	0,1 g
cg	Centigramme	0,01 g
mg	Milligramme	0,001 g

Dans l'industrie et le commerce, il arrive d'utiliser la tonne (T) et le quintal (q) pour exprimer une masse. Les correspondances tonne/quintal/kilogramme sont les suivantes :

1 T = 10 q   1 T = 1 000 kg   1 q = 100 kg

[7. Les unités de temps]

Pour les unités de temps, à la place des multiples et des sous-multiples habituels, on utilise des heures, des minutes et des secondes qui suivent une base 60. Les correspondances sont les suivantes :

1 h = 60 mn	1 mn = 60 s	1 h = 3 600 s

Dans les conversions heures/minutes/secondes, la méthode essentielle consiste à former des ensembles de 60 minutes et de 60 secondes pour les convertir ensuite respectivement en heures et en minutes.
Le tableau suivant vous rappelle les principales correspondances heures / minutes / secondes / jours **à connaître par cœur :**

1 h = 60 mn	1 h = 3 600 s	1 j = 24 h = 1 440 mn	**0,1 h = 6 mn**
1/6 h = 10 mn	1/5 h = 12 mn	1/4 h = 15 mn	1/3 h = 20 mn
1/2 h = 30 mn	1 an = 365 jours (366 pour les années bissextiles)		

Application :

> *Convertissez les données suivantes :*
>
> | | | | |
> |---|---|---|---|
> | *72 mn en h* | *192 s en mn* | *84 s en mn* | *1,4 h en mn* |
> | *1,2 j en mn* | *36 mn en h* | *1 h 06 mn en s* | *3 j 4 h en h* |
>
> *Réponses :*
>
> | | |
> |---|---|
> | *72 mn = 1,2h* | *192 s = 3,2 mn* |
> | *84 s = 1,4 mn* | *1,4 h =1 h 24mn* |
> | *1,2 j = 1 728 mn* | *36 mn = 0,6 h* |
> | *1 h 06 mn = 3 960 s* | *3 j 4 h = 100 h* |

11. PROGRESSIONS ARITHMETIQUES ET GEOMETRIQUES

1. PROGRESSION ARITHMETIQUE

[Définition]

Soit U_n une suite arithmétique, définie par $\mathbf{U_n = U_0 + n \times r}$

U_0 est le premier terme de la suite U_n, ***n*** le nombre de termes de la suite U_n et ***r*** la raison de la suite U_n.

Exemple : dans la suite $U_n = 4 + 3n$, le premier terme vaut 4, et la raison vaut 3.
Ainsi, la suite progressera de la façon suivante : **4 – 7 – 10 – 13 – 16 – 19 – 22…**

[Somme des termes d'une suite arithmétique]

La somme des termes d'une suite arithmétique vaut :

1/2 x (premier terme + dernier terme) x nombre de termes

Ainsi, si l'on vous demande de calculer par exemple la somme de tous les nombres suivants : 7, 13, 19, 25, 31, 37, 43, 49, 55, 61 et bien c'est très simple puisqu'il vous suffit de remarquer que le premier terme de cette suite de nombre est 7, que le dernier est 61 et qu'il y en a 10.

Ce qui nous donne :

$$\frac{7+61}{2}\times 10 = \frac{68}{2}\times 10 = \frac{680}{2} = 340$$

[Un cas particulier : la somme des *N* premiers entiers naturels]

La somme des *N* premiers entiers naturels est égale à : $\frac{N\times(N+1)}{2}$

2. PROGRESSION GEOMETRIQUE

[Définition]

Soit U_n une suite géométrique, définie par $\mathbf{U_n = U_0 \times q^n}$

U_0 est le premier terme de la suite U_n, $\boldsymbol{n}$ le nombre de termes de la suite U_n et $\boldsymbol{q}$ la raison de la suite U_n.

Exemple : dans la suite $U_n = 5 \times 3^n$, le premier terme vaut 5, et la raison vaut 3.
Ainsi, la suite progressera de la façon suivante : **5 – 15 – 45 – 135 – 675 – 3375 …**

[Somme des termes d'une suite géométrique]

La somme des termes d'une suite géométrique vaut :

$$\text{Premier terme} \times [(q^{\text{nombre de termes}} - 1) / (q - 1])$$

Ainsi, si l'on vous demande de calculer par exemple la somme de tous les nombres suivants : 8, 40, 200, 1 000, 5 000, 25 000 et bien c'est encore très simple puisqu'il vous suffit de remarquer que le premier terme de cette suite de nombre est 8, que la raison vaut 5 et qu'il y a 6 nombres (ou termes) différents.

Ce qui nous donne :

$$8 \times \frac{5^6 - 1}{5 - 1} = 8 \times \frac{15625 - 1}{4} = 2 \times 15624 = 31248$$

Dans ce cas précis, il est vrai que l'on aurait fait plus vite de calculer de tête la somme 8 + 40 + 200 + 1000 + 5000 + 25 000… Mais bon, au moins maintenant, vous savez comment appliquer cette formule !

12. TEMPS DE TRAVAIL

Pour connaître le temps T que vont mettre N personnes **ensemble** pour réaliser un travail, il vous suffit d'appliquer la formule suivante :

$$\frac{1}{T}=\sum_{k=1}^{N}\frac{1}{T_k}=\frac{1}{T_1}+\frac{1}{T_2}+\ldots+\frac{1}{T_N}$$

Avec T_1, T_2,..., T_N sont les temps respectifs mis par les N personnes pour réaliser ce même travail, **mais** seules.

Voici un exemple pour illustrer tout cela :

> *Sacha doit ranger sa chambre. Il sait que tout seul, cela lui prendra 3 h. Son ami Ilan, qui vient l'aider, est capable de ranger la chambre en 2 h sans l'aide de personne. S'ils s'y mettent ensemble, la formule vous indique qu'ils mettront un temps total T de :*
>
> $$\frac{1}{\mathrm{T}}=\frac{1}{3}+\frac{1}{2}=\frac{2}{6}+\frac{3}{6}=\frac{5}{6}$$
>
> *Soit : T = 6/5 = 1,2 h = 1 h 12*

Attention à ne pas vous dire que si l'un met 2 h et l'autre 3 h, alors ensemble ils mettront 2 h 30, soit plus de temps qu'Ilan tout seul !

Ainsi, si vous connaissez le temps mis indépendamment par chacun des membres du groupe pour réaliser la tâche, vous pouvez en déduire le temps total mis par le groupe s'ils la réalisent tous ensemble. Et réciproquement, vous pouvez déduire le temps mis seul par une personne parmi le groupe à condition de connaître le temps de tous les autres membres, ainsi que le temps total mis par le groupe.

13. GEOMETRIE

1. PRESENTATION DES FIGURES USUELLES ET DE LEURS CARACTERISTIQUES

[1. Cercle]

Courbe formée de points situés à la même distance *r* (appelée « rayon ») d'un point nommé « centre ». La longueur *2r* est appelée « diamètre du cercle ». Un arc de cercle est la portion d'un cercle, définie par un angle.

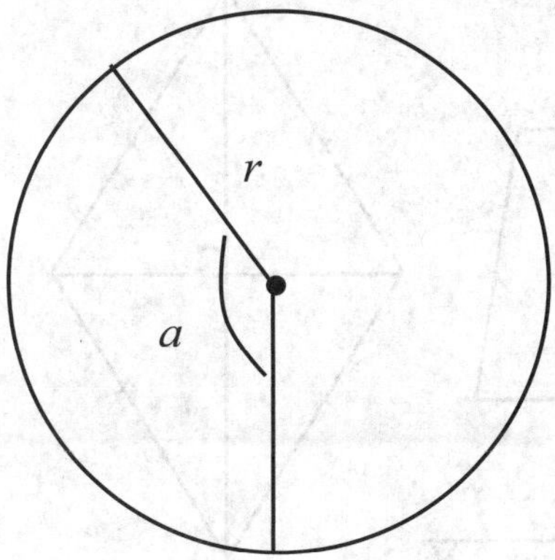

[2. Triangle]

Figure à 3 côtés.

- **Triangle rectangle** : triangle possédant un angle droit.
- **Triangle isocèle** : triangle possédant 2 côtés égaux.
- **Triangle équilatéral** : triangle ayant 3 côtés et 3 angles égaux.

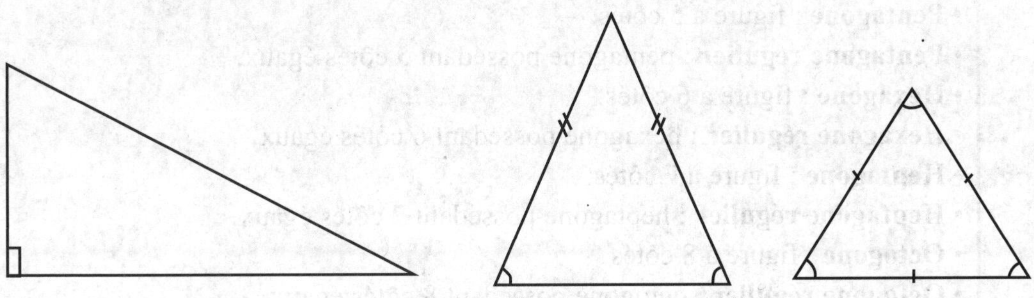

[3. Quadrilatère]

Figure à 4 côtés.

- **Trapèze** : quadrilatère possédant 2 côtés opposés parallèles.
- **Parallélogramme** : quadrilatère dont les côtés opposés sont parallèles deux à deux. Les diagonales du parallélogramme se coupent en leur milieu.
- **Losange** : parallélogramme dont les diagonales sont perpendiculaires.
- **Rectangle** : quadrilatère qui possède quatre angles droits.
- **Carré** : rectangle dont les 4 côtés sont égaux. Nota bene : un carré est à la fois un rectangle ET un losange.

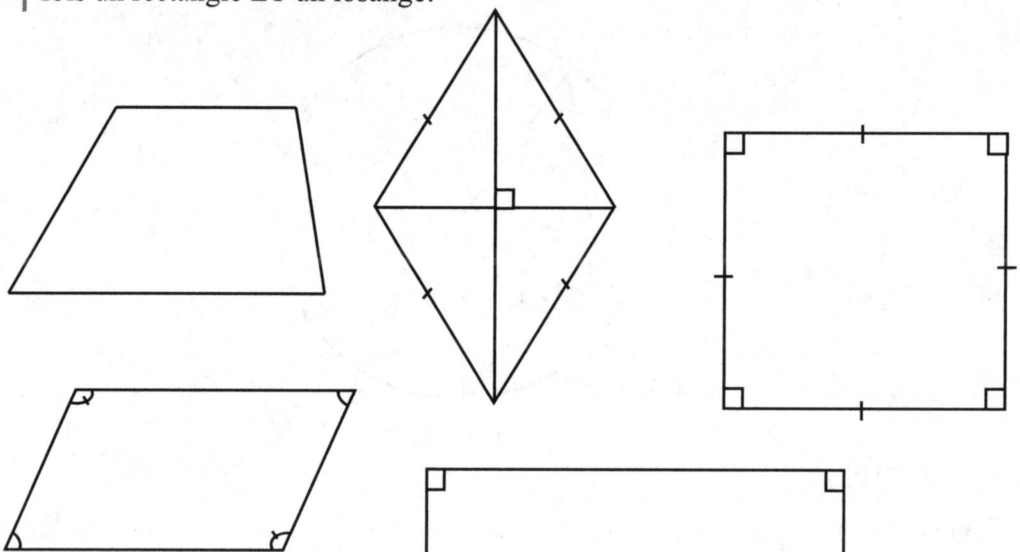

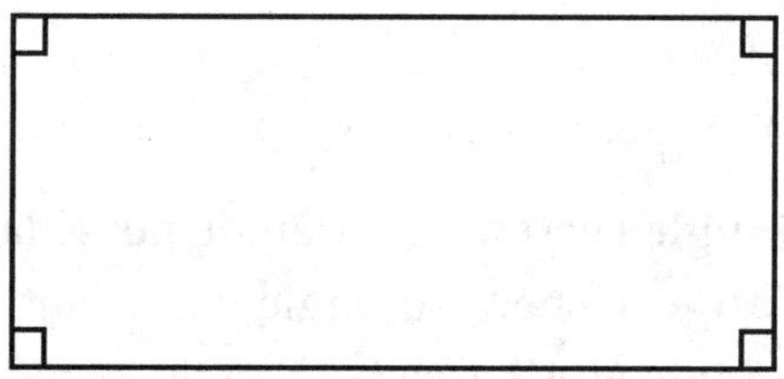

[4. Autres figures]

- **Pentagone** : figure à 5 côtés.
- **Pentagone régulier** : pentagone possédant 5 côtés égaux.
- **Hexagone** : figure à 6 côtés.
- **Hexagone régulier** : hexagone possédant 6 côtés égaux.
- **Heptagone** : figure à 7 côtés.
- **Heptagone régulier** : heptagone possédant 7 côtés égaux.
- **Octogone** : figure à 8 côtés.
- **Octogone régulier** : octogone possédant 8 côtés égaux.

2. PERIMETRES, AIRES, VOLUMES : DEFINITIONS, FORMULES ET METHODES

[1. Périmètres]

- Cercle de rayon r : $2\pi r$
- Arc de cercle de rayon r et d'angle a : $2\pi r \times \frac{a}{360}$
- Triangle isocèle de base b et de côté c : $b + 2c$
- Triangle équilatéral de côté c : $3c$
- Parallélogramme de largeur l et de longueur L : $2 \times (l + L)$
- Losange de côté c : $4c$
- Rectangle de largeur l et de longueur L : $2 \times (l + L)$
- Carré de côté c : $4c$

[2. Aires]

1. Les triangles

La formule à retenir est, en toutes lettres **« Base fois hauteur divisé par 2 ».**

Attention cependant au terme de **base** : dans un triangle quelconque, quel côté doit être considéré comme la base ? La réponse est simple : à vous de choisir en fonction des longueurs dont vous disposez ! Une chose est sûre : **la base est perpendiculaire à la hauteur.** Et selon le sens dans lequel vous aurez orienté votre triangle, l'aire pourra se calculer de deux façons différentes, comme le montrent les deux figures ci-dessous :

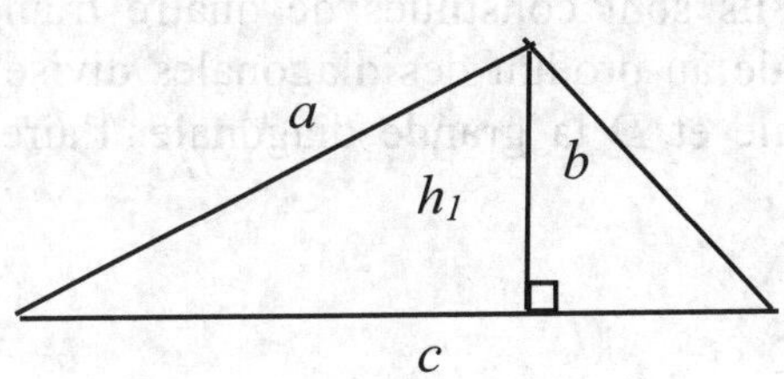

Base choisie : c

Aire = $(h_1 \times c) / 2$

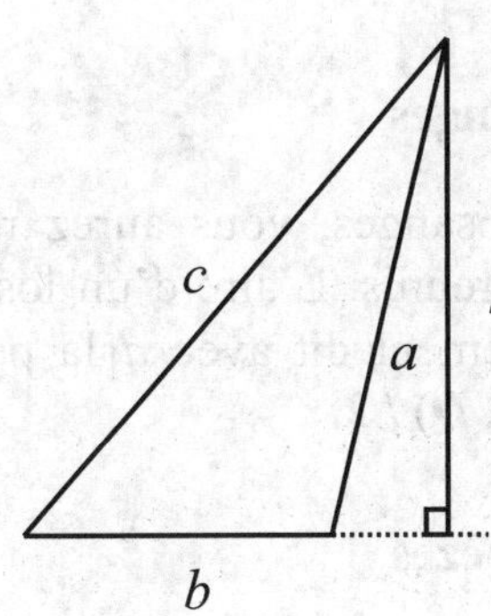

Base choisie : b

Aire = $(h_2 \times \text{b}) / 2$

Les cas particuliers des triangles rectangle et isocèle sont remarquables :

• Dans un **triangle rectangle,** la hauteur est confondue avec l'un des deux côtés de l'angle droit, l'autre jouant le rôle de base. Vous pouvez également remarquer qu'un triangle rectangle est la moitié d'un rectangle et retrouver ainsi le résultat.

• Dans un **triangle isocèle,** à condition de choisir la bonne base (aucun des deux côtés égaux), la hauteur sera également la bissectrice, la médiane et la médiatrice de la base. Cela peut servir.

2. Les parallélogrammes

L'aire d'un parallélogramme se calcule de diverses manières : tout dépend une fois de plus des longueurs dont vous disposez. Le plus simple est de remarquer qu'un parallélogramme peut se séparer en deux triangles égaux en coupant le long de la diagonale. Il suffit alors de choisir une base (la diagonale ou l'un des deux côtés) et de calculer la hauteur correspondante.

La formule qui en découle est alors **Base x Hauteur.**

Cette formule vient de [2 x (Base x Hauteur)] / 2 car le parallélogramme est formé de deux triangles égaux comme nous l'avons déjà fait remarquer.

3. Les rectangles

Un rectangle de longueur L et de largeur l est certes un parallélogramme, mais le fait qu'il possède des angles droits permet de calculer encore plus facilement son aire à l'aide de la formule $\boldsymbol{L \times l}$.

On peut bien évidemment la retrouver en considérant qu'un rectangle est formé de deux triangles rectangles de base L et de hauteur l.

4. Les losanges

Pour les losanges, vous aurez remarqué qu'ils sont constitués de quatre triangles rectangles réunis. L'aire d'un losange est égale au produit des diagonales divisé par deux, autrement dit avec d la petite diagonale et D la grande diagonale, l'aire est égale à $\boldsymbol{(d \times D) / 2}$.

5. Les trapèzes

Ici, pas beaucoup de choix en ce qui concerne le sens à donner à votre figure : un trapèze aura toujours une petite base b et une grande base B, qui sont les deux côtés parallèles. La formule de l'aire d'un trapèze est : $\boldsymbol{[h \times (b + B)] / 2}$.

6. Les disques et portions de disques

L'aire d'un disque de rayon r est égale à πr^2 tandis que l'aire d'une portion de disque de même rayon et d'angle a est donnée par la formule $\pi r^2 \times \frac{a}{360}$

[3. Volumes et aires latérales]

Si vous savez ce qu'est un « volume », vous ignorez parfois ce qu'est l'aire latérale d'une figure. L'**aire latérale** d'une figure est égale à la somme des aires de tous les côtés de la figure.

1. Parallélépipède rectangle (pavé droit)

Volume = $L \times l \times h$
Aire latérale = $2 \times (L \times l + l \times \mathrm{h} + L \times h)$

2. Cône

Volume = $1/3 \times \pi r^2 h$

3. Sphère

Volume = $4/3 \times \pi r^3$
Aire latérale = $4\pi r^2$

4. Cylindre

Volume = $\pi r^2 h$
Aire latérale = $2\pi rh$

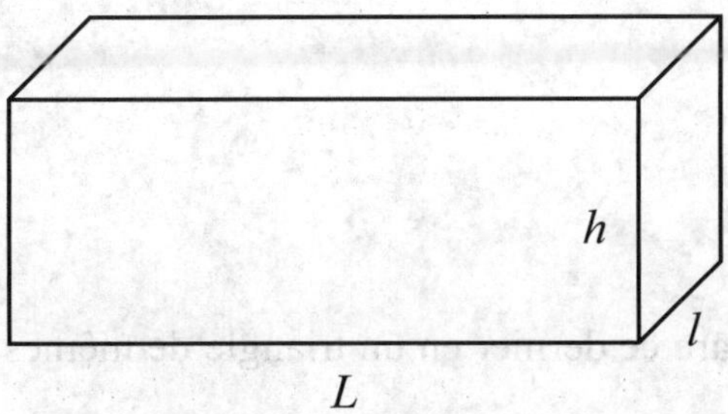

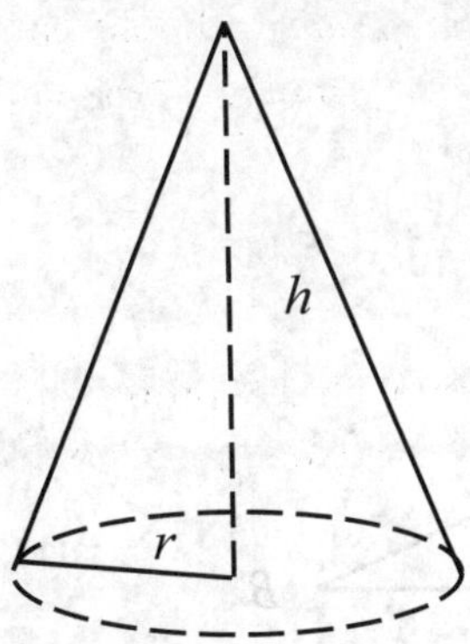

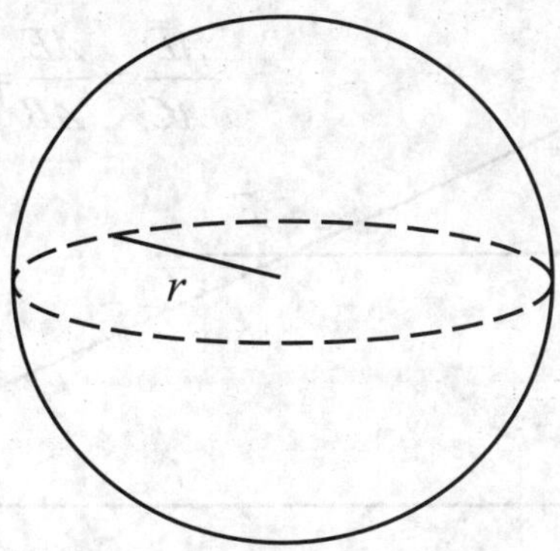

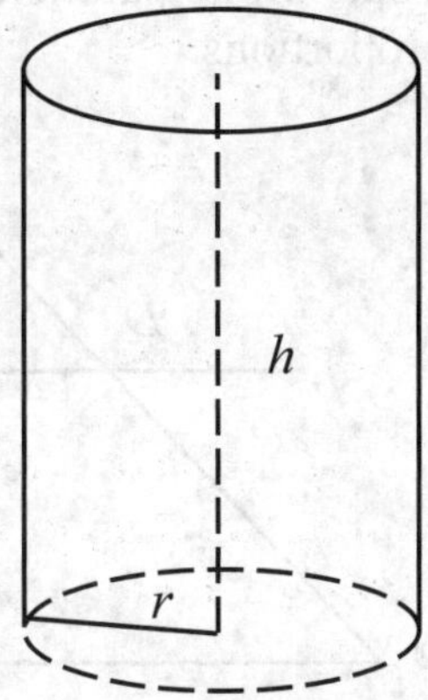

3. Des formules tres pratiques...

[1. Théorème de Pythagore et triangles pythagoriciens]

Dans un triangle rectangle, la somme des carrés des côtés de l'angle droit est égale au carré de l'hypoténuse. Autrement dit : $a^2 + b^2 = c^2$

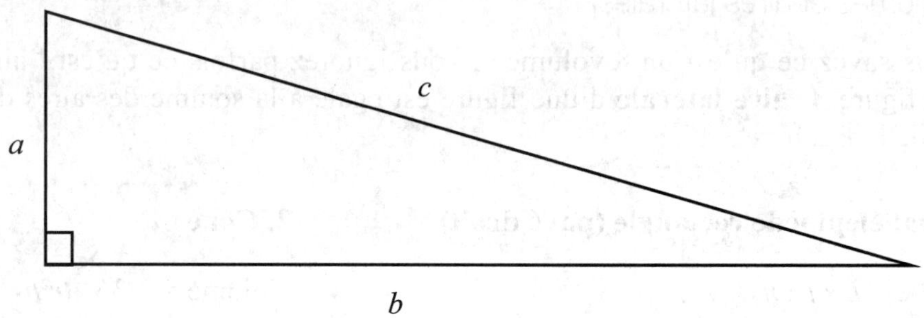

Triangles pythagoriciens

Les triangles pythagoriciens sont des triangles dont les longueurs des côtés sont des entiers naturels.

Les 4 triangles à connaître :

1. [$a = 3$, $b = 4$, $c = 5$]
2. [$a = 6$, $b = 8$, $c = 10$]
3. [$a = 5$, $b = 12$, $c = 13$]
4. [$a = 8$, $b = 15$, $c = 17$]

[2. Théorème de Thalès]

Toute droite parallèle au côté d'un triangle sépare ce dernier en un triangle de mêmes proportions.

$$\frac{AD}{AC} = \frac{AE}{AB} = \frac{DE}{CB}$$

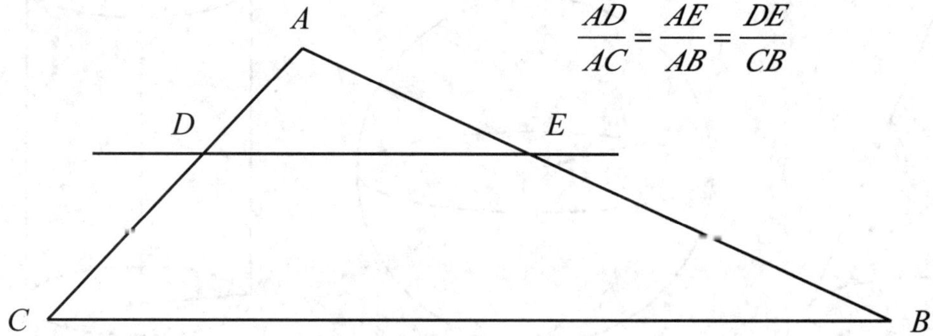

[3. Pythagore et les triangles équilatéraux]

Sachez qu'un triangle équilatéral est totalement défini par la longueur de l'un de ses côtés. Il est alors possible d'en déduire la totalité des informations souhaitées (aire, périmètre, hauteur, médiane, bissectrice, médiatrice…). En effet, comme le montre la formule suivante, on a :

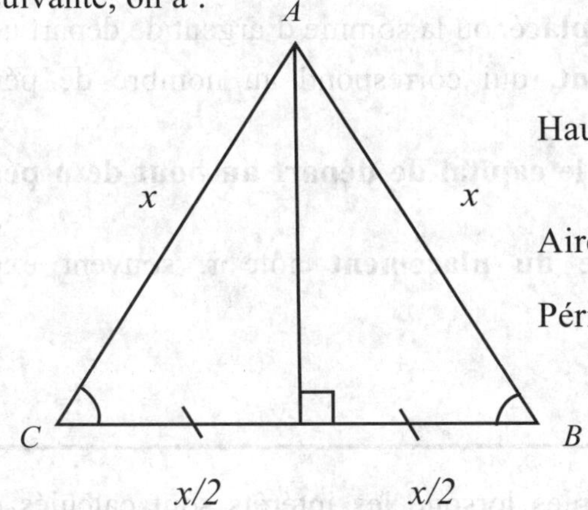

Hauteur = Médiatrice = $\dfrac{x\sqrt{3}}{2}$

Aire = $\dfrac{\sqrt{3}}{4} \times x^2$

Périmètre = $3x$

[4. Angles]

Les angles alternes internes

Si deux droites parallèles sont toutes deux coupées par une même autre droite, les angles formés sont égaux deux à deux.

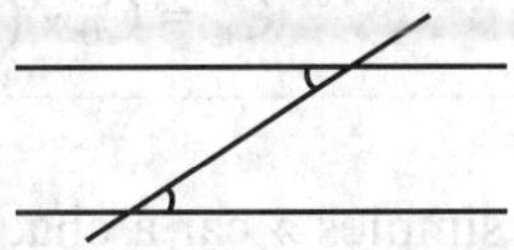

Les angles opposés par le sommet

Lorsque deux droites se croisent, elles forment des angles opposés par le sommet égaux deux à deux. On peut le voir sur la figure :

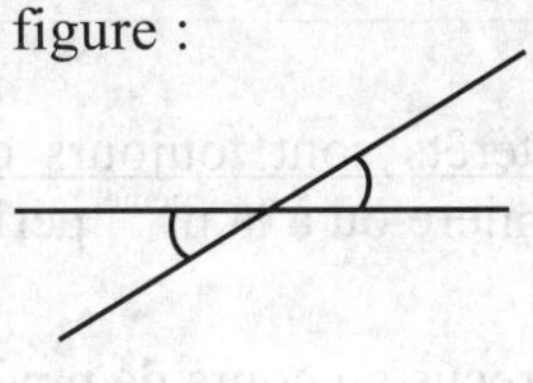

La somme des angles d'un **triangle** vaut toujours **180°.**

La somme des angles d'un **quadrilatère** vaut toujours **360°.**

D'un point à l'autre d'un **cercle**, l'angle total vaut **360°.**

14. QUELQUES NOTIONS DE MATHEMATIQUES FINANCIERES

Lorsque vous placez votre argent sur un compte bancaire, quatre variables entrent en jeu dans le calcul du capital final et des intérêts obtenus :

- **Le capital initialement placé,** ou la somme d'argent de départ notée C_0.
- **La durée du placement,** qui correspond au nombre de périodes de capitalisation noté n.
- **La valeur acquise par le capital de départ au bout de n périodes** de placement notée C_n.
- **Le taux d'intérêt fixe du placement** noté r, souvent exprimé en pourcentage.

1. Les interets simples

Un capital est placé à intérêts simples lorsque les intérêts sont calculés en fin de placement proportionnellement au capital, au taux et à la durée du placement. Dans le cas simple, les intérêts ne sont pas capitalisés au cours des périodes suivantes, et par conséquent ils ne rapportent pas d'intérêts supplémentaires. La valeur acquise C_n du capital initial C_0 est définie par :

$$C_n = C_0 \times (1 + n \times r)$$

Les intérêts sont dits « simples » car à chaque période, les intérêts se calculent par la formule :

$$I = r \times C_0$$

Remarquez que <u>les intérêts sont toujours constants</u> d'une période à l'autre, qu'ils soient calculés à la première ou à la $n^{\text{ième}}$ période.

La somme des intérêts reçus au cours de n périodes vaut :

$$I = n \times r \times C_0 = C_n - C_o$$

Comprenez bien que dans le cas des intérêts simples, les intérêts ne sont pas réinvestis aux périodes suivantes et sont en fait « mis sur un compte séparé non rémunéré ». En résumé, comme les intérêts simples ne sont pas placés, **il n'y a pas d'intérêts sur les intérêts.**

Application :

> *On place 1 000 € sur un compte rémunéré à 10 % par an pendant 8 ans. Que vaut la somme au bout de 8 ans de placement ?*
>
> *Réponse :* $C_8 = C_0 \times (1 + n \times r) = 1\,000\,€ \times (1 + 8 \times 10\,\%) = 1\,000\,€ \times 1{,}8 = 1\,800\,€$

2. LES INTERETS COMPOSES

Un placement est dit à intérêts composés **lorsque le montant des intérêts produits à la fin de chaque période de capitalisation s'ajoute au capital placé pour devenir lui-même productif d'intérêts à la période suivante.** La valeur acquise C_n par le capital initial C_0 au bout de n périodes de placement est égale à :

$$C_{n+1} = C_n \times (1 + r) \quad \text{et} \quad C_n = C_0 \times (1 + r)^n$$

Dans le cas des intérêts composés, les intérêts produits à chaque période augmentent la base à partir de laquelle on calcule les intérêts par la suite. Il faut bien comprendre que contrairement au cas des intérêts simples, les intérêts restent sur le compte bancaire, et par conséquent les intérêts obtenus par le placement sont croissants période après période.

Application :

> *On place 1 000 € à un taux d'intérêt de 10 % par an pendant 3 ans. Que vaut la somme placée au bout de 8 ans de placement ?*
>
> *Réponse :*
> $C_3 = C_0 \times (1 + r)^3 = 1\,000\,€ \times (1 + 10\,\%)^3 = 1\,000\,€ \times 1{,}331 = 1\,331\,€$

15. DENOMBREMENT

En mathématiques, *lorsque vous dénombrez, vous comptez !* Le dénombrement est simplement le « comptage » des éléments d'un ensemble. Cet exercice de comptage, qu'il soit de boules dans une urne, de chaussettes dans un tiroir, ou encore de matchs dans un championnat de football, n'est vraiment pas une affaire facile aux concours. Les modèles de dénombrement présentés dans ce chapitre doivent néanmoins vous permettre d'aborder ces questions sereinement.

1. QU'EST-CE QUE DENOMBRER ?

Rappelons que l'objet premier et « naturel » des mathématiques est *l'ensemble.* La notion d'ensemble fait intuitivement écho aux termes de collection, de liste, de catégorie, etc. Un ensemble regroupe des éléments. Par convention, le nombre d'éléments contenus dans un ensemble est appelé son « cardinal ». Par exemple, si l'ensemble E contient n éléments, alors on note Card(E) = n.

On appelle l'*union* de deux ensembles (A∪B), l'ensemble des éléments qui appartiennent à A ou à B, ou à A et à B en même temps (il s'agit d'un ou inclusif : ou/et).

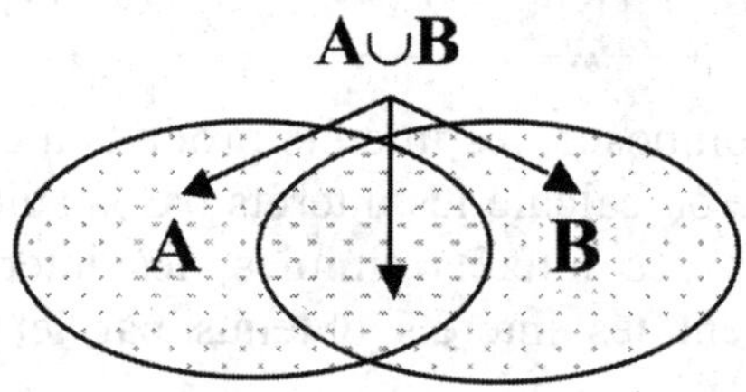

On appelle l'*intersection* de deux ensembles (A∩B), l'ensemble des éléments qui appartiennent à la fois à A et à B.

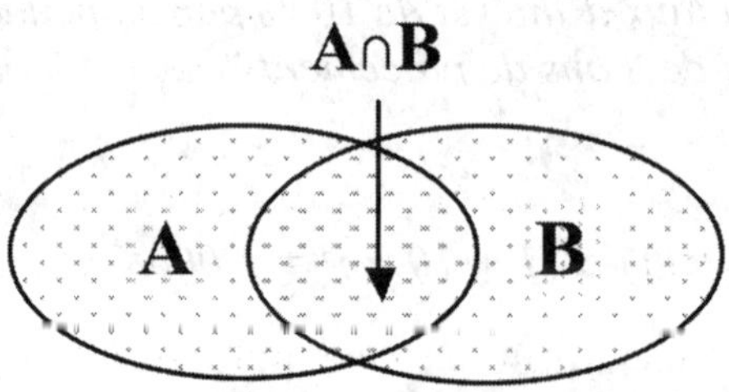

On appelle Z le complémentaire de A dans l'ensemble E, l'ensemble des éléments de E qui n'appartiennent pas à A.

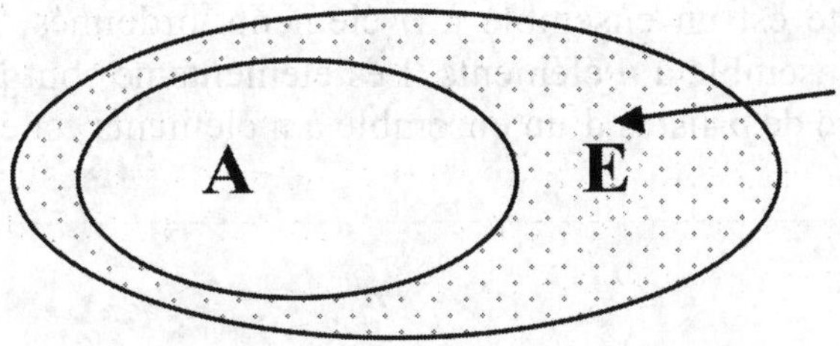

La partie hachurée désigne le complémentaire de A.

Retenez les deux formules suivantes :

Card(A∪B) = Card(A) + Card(B) - Card(A∩B)
Card (Z) = Card(E) - Card(A)

2. TROIS QUESTIONS A SE POSER POUR BIEN DENOMBRER

Compter les éléments d'un ensemble, cela ne semble pas trop compliqué à première vue. Mais contrairement aux apparences, les pièges et les écueils sont nombreux et classiques. Deux erreurs sont possibles en dénombrement :

- Compter trop d'éléments, c'est-à-dire compter plusieurs fois les mêmes éléments ou compter des éléments qui n'appartiennent pas à l'ensemble
- Compter trop peu d'éléments, c'est-à-dire, oublier de compter certains éléments de l'ensemble

Comprenez bien que dénombrer un ensemble revient à déterminer « le nombre de façons de choisir » un élément quelconque de cet ensemble. Par conséquent, pour éviter les « oublis » ou les « ajouts » d'éléments, vous devez déterminer précisément la nature des ensembles que vous souhaitez dénombrer.

Lorsque vous êtes amenés à dénombrer un ensemble, nous vous conseillons de vous poser quoiqu'il arrive les trois questions suivantes :

- **Les éléments de l'ensemble sont-ils ordonnés ?**
- **Les éléments de l'ensemble sont-ils distincts ?**
- **Les éléments de l'ensemble sont-ils discernables ?**

3. Les listes

Une p-liste est un ensemble à p éléments ordonnés. Les éléments sont pris dans un ensemble à n éléments. Les éléments ne sont pas forcément distincts. Le nombre de p-listes d'un ensemble à n éléments est égal à :

$$n^p$$

Concrètement, à partir d'un ensemble à n éléments, on décide de former une liste de p éléments. Les éléments étant ordonnés et non forcément distincts dans une liste, il y a n possibilités pour le premier élément, ensuite n possibilités pour l'élément suivant, puis n possibilités pour l'élément suivant, et cela jusqu'au p-ième élément. Il y a donc n^p possibilités de construction d'une p-liste.

Nous insistons sur la notion d'ordre dans une p-liste : il y a un premier élément, un deuxième élément, un troisième élément, etc.

Le modèle classique de tirage représentant une p-liste d'un ensemble à n éléments est celui des *tirages successifs avec remise de p boules dans une urne comprenant n boules*. A chaque tirage, il y a n possibilités de boules, puisque les tirages sont avec remise. Comme nous effectuons p tirages successifs, il y a en tout n^p possibilités.

Application :

Décrivez les listes suivantes : (1 ; 5 ; 6), (2 ; 2 ; 2 ; 4), (1 ; 2 ; 3).

(1 ; 5 ; 6) est une 3-liste d'éléments pris dans {1 ; 5 ; 6}.
(2 ; 2 ; 2 ; 4) est une 4-liste d'éléments pris dans {1 ; 2 ; 4} (ici, on a choisi de ne pas prendre l'élément 1 dans la 4-liste).
(1 ; 2 ; 3) est une 3-liste d'éléments dans {1 ; 2 ; 3}.

4. Les arrangements

Les arrangements sont des p-listes d'éléments *distincts* d'un ensemble à n éléments.

Dans un arrangement, il est impossible d'avoir deux fois le même élément. Le nombre d'arrangements de p éléments d'un ensemble à n éléments est égal à :

$$\frac{n!}{(n-p)!} = n \times (n-1) \times (n-2) \times ... \times (n-p+1)$$

Comprenez bien que l'arrangement introduit une notion supplémentaire, celle d'éléments distincts.

Application :

Dans une urne à 10 boules numérotées de 1 à 10, on effectue 5 tirages successifs sans remise. Combien y a-t-il de tirages possibles ?

Posez-vous pour commencer les trois questions essentielles en dénombrement. Remarquez qu'il existe un ordre dans les 5 boules tirées, que les boules sont distinctes (car le tirage est sans remise) et qu'elles sont discernables puisque numérotées. Il faut bien prendre un arrangement de 5 éléments dans un ensemble à 10 éléments. Par conséquent, il y a 10 x 9 x 8 x 7 x 6 façons de tirer les 5 boules, soit 30 240 façons.

5. Les permutations

Les permutations sont un autre type de listes. Elles sont des n-listes d'éléments **distincts,** d'un ensemble à n éléments. Dans le cas des permutations, les éléments sont distincts. En d'autres termes, deux éléments ne peuvent pas être identiques. Les permutations sont des arrangements de n-éléments pris dans un ensemble à n éléments.

Le nombre de permutations d'une n-liste est égal à :

$$n! = 1 \times 2 \times 3 \times 4 \times \ldots \times (n-1) \times n$$

Par exemple, considérons une 5-liste d'éléments (x_1, x_2, x_3, x_4, x_5). Une permutation de cette 5-liste est (x_1, x_3, x_2, x_5, x_4) ou encore (x_5, x_1, x_3, x_4, x_2). Retenez bien qu'une permutation consiste à « mélanger » les éléments entre eux afin de les placer dans un nouvel ordre.

Le modèle de tirages représentant les permutations est celui des tirages successifs sans remise de n boules parmi n. Lors du premier tirage, il y a n boules dans l'urne, donc n possibilités pour choisir la première boule, puis (n - 1) boules pour le deuxième tirage, et ainsi de suite jusqu'au $n$ième tirage où il reste plus qu'une boule possible. En tout, il a donc $n!$ résultats possibles.

Application :

> *Une famille de 4 personnes s'assoit tous les soirs le long d'un banc de 4 personnes pour dîner. Combien de tablées est-il possible de réaliser ?*
>
> *Ici, les 4 membres d'une famille sont discernables et distincts. Les places sur le banc sont ordonnées et il y a bien 4 places pour les 4 membres de la famille. On effectue une permutation des membres de la famille. Par conséquent, il y a 1 x 2 x 3 x 4 tablées possibles, soit 24 tablées possibles.*

6. Les combinaisons

> Une combinaison est une partie à p éléments d'un ensemble à n éléments.

Attention, si un ensemble n'a pas de notion d'ordre, il en est de même pour ses parties. Le nombre de combinaisons est égal à :

$$\frac{n!}{p!(n-p)!} = \frac{n\times(n-1)\times(n-2)\times\ldots\times(n-p+1)}{p\times(p-1)\times(p-2)\times\ldots\times 2\times 1}$$

Dans le cas des combinaisons, voyez la situation comme le tirage d'une poignée de p boules dans une urne à n boules. Dans une poignée, il n'y a pas de notion d'ordre.

Application :

> *Maman a offert une boîte de 10 chocolats tous différents à Forest. Forest pioche au hasard 4 chocolats dans la boîte. Combien de poignées différentes Forest peut-il prendre ?*
>
> *Il s'agit ici du modèle exact de combinaisons.*
> *L'énoncé demande en fait le nombre de parties à 4 éléments (la poignée de 4 chocolats) d'un ensemble à 10 éléments (la boîte de 10 chocolats). Forest peut donc avoir 10!/(5! x 5!) = (6 x 7 x 8 x 9 x 10)/(1 x 2 x 3 x 4 x 5) = 252.*

2. METHODES, TECHNIQUES, SAVOIR-FAIRE ET ASTUCES

I. METHODE DE LECTURE & TECHNIQUES D'APPROCHE ET DE RESOLUTION DES QUESTIONS

Comme vous le savez à présent, trop de candidats échouent à l'épreuve de calcul du fait que le cours a été appris à la va-vite et de façon superficielle. Mais l'expérience montre que les candidats échouent par-dessus tout à cause d'un manque évident de méthode dans l'approche et la résolution des questions qui leur sont posées.

Ce chapitre va donc nous permettre d'aborder précisément les méthodes d'approche et de résolution des questions de l'épreuve de calcul car il est possible d'augmenter très sensiblement son score aux concours en adoptant les comportements des champions, ceux qui parviennent à répondre à obtenir entre 16 et 20 sur 20 en calcul et en mathématiques.

1. LIRE LE SUJET DANS SON INTEGRALITE

Si ce savoir-faire apparaît aux premières loges de ce chapitre, c'est parce que nous constatons avec regret **que les élèves que nous préparons chaque année aux concours font de la résistance et s'entêtent terriblement à ne jamais l'appliquer !**

Vous vous souvenez pourtant que dès la classe de troisième au collège, vos professeurs de mathématiques vous conseillaient avec plus ou moins de fermeté de « parcourir » tout le sujet avant de vous lancer tête baissée dans sa résolution. Sans parler des professeurs que vous avez eus en terminale qui vous ont forcément conseillé de procéder ainsi afin de gagner du temps et de limiter nombre d'erreurs qui résultent souvent d'une précipitation injustifiée.

Alors pourquoi êtes-vous si nombreux à résister ?

Notre expérience montre que c'est souvent parce que vous redoutez la montre ; que le temps d'une épreuve, le temps devient sacré et vous avez le sentiment que si vous ne démarrez pas à toute vitesse, comme dans une course de Formule 1, alors vous perdez toute chance de terminer le sujet. Sauf que c'est là que vous vous trompez, parce qu'à la veille d'une guerre comme à la veille d'une course de Formule 1, les protagonistes font du repérage : quelles sont les contours du champ de bataille ? Qui sont les autres pilotes de la course ? A quel endroit faudra-t-il tenter de doubler un concurrent ? Dans quelle région faudra-t-il éviter de se battre ? Et à quel moment de la bataille faudra-t-il craindre l'adversaire ?... Vous n'iriez pas en guerre sans connaître les contours du champ de bataille, n'est-ce pas ? Vous ne participeriez pas non plus à une course de Formule 1 sans découvrir au préalable le parcours qui vous attend.

Et bien aux concours, c'est pareil ! Il faut faire du repérage ! C'est là un impératif catégorique. **On ne peut pas ne pas parcourir un sujet de calcul aux concours avant de s'attaquer à la résolution d'une question.**

Repérer les questions courtes, les questions longues, les questions qui vous font peur, celles qui vous semblent *a priori* faciles, celles qui vous rappellent vaguement une question déjà vue dans un livre ou pendant un stage de préparation, celles encore que vous ne ferez pas (souhaitons qu'il n'y en ait jamais plus de 2 !), par choix et non parce que vous manquerez de temps à l'approche des 30 minutes fatidiques... Autant de raisons donc de prendre 1 minute pour faire du repérage. Pendant ces 60 secondes, et 60 secondes, c'est long (faites le test lorsque vous travaillerez sur les concours blancs de la deuxième partie de cet ouvrage), vous serez en mesure de lire les questions en diagonale, d'entourer celles que vous ferez en premier ou encore celles que vous ferez en dernier, s'il vous reste du temps ! Vous verrez, vous pouvez espérer améliorer très sensiblement votre score en procédant ainsi. A bon entendeur...

2. NE JAMAIS RESTER BLOQUE SUR UNE QUESTION

Vous allez passer des concours. En d'autres termes, vous allez entrer en compétition avec des milliers de candidats qui, comme vous, rêvent d'intégrer les meilleurs Ecoles de commerce post-bac. Vous allez donc devoir être très malins et mettre en place des stratégies de réponses qui vous permettront d'être meilleurs que les autres. Parmi ces stratégies, il y en a une qui doit devenir une obsession : **répondre à un maximum de questions. Car il ne suffit pas d'avoir la moyenne pour être admis dans une très bonne Ecole. Vous devez obtenir des scores meilleurs que ceux qu'obtiendront les autres candidats.** Aussi, si vous bloquez sur une question plus de 30 secondes, ne perdez pas de temps, passez à une autre question et essayez de répondre à un maximum de questions. N'oubliez jamais qu'au sein d'une même épreuve, les questions pèsent toutes le même poids et qu'une question facile vous apportera autant de points qu'une question difficile. Alors ne restez pas bloqués sur une question et essayez d'accumuler le plus de points possibles. Le pire, c'est de sortir d'une épreuve de concours et de se dire : « mince, je suis passé à côté de cette question, alors qu'elle était trop facile... Et je suis aussi passé à côté de celle-là... ». Attention, donc !

3. COMMENT LIRE UNE QUESTION DE CALCUL ?

Notre expérience dans l'enseignement des épreuves de calcul et de mathématiques à Aurlom nous a montré que les candidats abordent l'épreuve de calcul dans un étrange état d'excitation et de frénésie, prêts à en découdre, comme si tout le test se jouait au terme de cette épreuve. On découvre ainsi malheureusement trop souvent des comportements qui n'ont pas leur place ici : précipitation extrême où l'on passe d'un énoncé à l'autre à toute vitesse, lecture partielle des énoncés où l'on réalise après coup que l'on est passé à côté de la question parce que l'on a sauté un mot-clé ou parce que l'on a confondu un mot avec un autre, découragement total cinq minutes après le début de l'épreuve… Tous ces comportements et ces erreurs sont bien sûr à bannir aux concours et **s'il y a bien une erreur qu'il vous est strictement interdit de commettre durant l'épreuve, c'est de vous précipiter… d'aller trop vite.**

Retenez donc que **plus vous irez lentement dans la lecture et la résolution des questions, et plus vous irez vite !**

Voici deux réflexes qui vous permettront assurément d'améliorer votre score. Veillez bien à adopter ces réflexes en toutes circonstances.

- Lire le plus lentement possible chacune des questions de l'épreuve.
- Injecter, pendant la lecture, un maximum de valeur ajoutée.

[Réflexe 1 : lire le plus lentement possible chacune des questions de l'épreuve]

Le plus lentement possible signifie ici que **vous devez lire votre question comme si cette dernière devait disparaître de votre vue à la fin d'une première et unique lecture.**

L'expérience montre que les questions de calcul et de mathématiques posées aux concours sont le plus souvent composées d'énoncés relativement courts (jamais plus de 3 ou 4 lignes) que les candidats abordent souvent de façon superficielle en les lisant vite ; ce comportement s'expliquant par la pression du temps alloué à l'épreuve (seulement 30 minutes pour 10 questions à résoudre).

Nous pensons que la meilleure façon de comprendre au mieux la question qui vous est posée est de la lire le plus lentement possible, **mot à mot,** comme si vous n'étiez autorisés à lire la question qu'une seule fois. Ainsi, vous serez sûrs de ne perdre aucune information en cours de route et de disposer de tous les éléments nécessaires à la bonne résolution de la question.

Surtout, en lisant lentement la question, vous n'aurez plus besoin de la relire une deuxième ou une troisième fois car c'est précisément pendant ces moments de relecture que l'on panique à la vue du temps qui file et que l'on perd vraiment du temps. N'oubliez donc jamais qu'à vouloir aller trop vite, vous brûlerez assurément vos chances de répondre juste à une majorité de questions.

[Réflexe 2 : injecter un maximum de valeur ajoutée pendant la lecture]

A la lecture trop rapide des énoncés vient s'ajouter une erreur que commettent beaucoup de candidats pendant qu'ils lisent la question, à savoir la retranscription quasi automatique des informations contenues dans l'énoncé, et ce, dès les premiers mots qui sont lus. Ainsi, un énoncé qui débuterait par exemple par : *« Aurélie est actuellement âgée de 8 ans... »* est immédiatement retranscrit sur le brouillon en *« Aurélie : 8 ans »* et ce, en plein pendant la lecture.

Alors, est-ce bien grave de faire cela ? Non, évidemment, ce n'est pas très grave en soi, mais l'expérience montre que les meilleurs candidats, ceux qui obtiennent des scores supérieurs à 16 sur 20, ne lisent pas leurs énoncés comme les autres... **Les meilleurs candidats injectent en effet au cours de leur lecture une valeur ajoutée exceptionnelle qui consiste à « traduire », « raffiner » et « mettre en relation » l'ensemble des informations des éléments mis en avant dans la question.**

Ce que vous devez comprendre, c'est qu'écrire sur son brouillon *« Aurélie : 8 ans »* ou « $A = 8$ » quand l'énoncé dit *« Aurélie est actuellement âgée de 8 ans »,* ou encore « $X > 0$ » quand l'énoncé dit *« X est un nombre réel strictement positif »* **n'apporte aucune valeur ajoutée à votre lecture** et c'est la raison pour laquelle vous devez éviter ce type de retranscription frénétique sur votre brouillon.

La bonne attitude à adopter est en fait la suivante : **en lisant lentement votre énoncé, vous devez être capables « de convoquer dans le même temps un maximum de connaissances et d'injecter de la valeur ajoutée » à que vous lisez.**

Ainsi, par exemple, quand vous lisez un énoncé qui débute par *« Le périmètre d'un carré de 24 cm est découpé en 2 rectangles »,* vous devez immédiatement faire une pause afin de comprendre mentalement absolument tout ce que cette phrase implique. Autrement dit, ici, vous devez mobiliser, de tête, le fait que le périmètre d'un carré est égal à $4a$ avec a la longueur d'un côté et que si $4a = 24$, alors $a = 6$ cm. Il s'ensuit donc que si ce carré est découpé en 2 rectangles, alors ces 2 rectangles auront nécessairement deux de leurs côtés dont la longueur sera égale à 6 cm.

Vous admettrez que l'on est beaucoup mieux armé ainsi pour découvrir la suite de l'énoncé que si l'on avait simplement dessiné dans un coin de notre brouillon un carré séparé en 2 rectangles avec écrit à côté : « P = 24 cm ».

Nous terminerons ce chapitre par l'analyse d'un nouvel énoncé, tombé tel quel aux concours, lu sous l'influence de nos deux réflexes. Voici l'énoncé :

> *Dans une école, 65 % des élèves sont des filles. Parmi les garçons, 75 % ont l'âge normal pour leur classe ; 15 % sont en avance et 20 garçons sont en retard scolaire. Quel est le pourcentage de garçons en retard scolaire par rapport au nombre total d'élèves ?*

En lisant lentement cet énoncé et en y injectant un maximum de valeur ajoutée, vous allez voir qu'il est possible de le résoudre **de tête** en moins de 40 secondes et sans trop d'efforts. En gras, en italiques et entre crochets, la valeur ajoutée injectée de tête pendant que l'on lit l'énoncé.

> *Dans une école, 65 % des élèves sont des filles **[j'en déduis que (100 - 65) % = 35 % sont des garçons]**. Parmi les garçons **[qui représentent donc 35 % de la classe]**, 75 % ont l'âge normal pour leur classe ; 15 % sont en avance et 20 garçons sont en retard scolaire **[ces 20 garçons en retard scolaire représentent donc (100 - 75 - 15) % = 10 % des garçons de la classe]**. Quel est le pourcentage de garçons en retard scolaire par rapport au nombre total d'élèves ? **[On me demande donc en fait de calculer ce que vaut 10 % de 35 %, soit 10 % x 35 % = 0,1 x 35 % = 3,5 %, et un rapide coup d'œil sur les réponses m'apporte la satisfaction espérée puisque 3,5 % figure parmi les réponses proposées !]***

4. ANALYSE DES DIFFERENTS TYPES DE QUESTIONS

Nous vous proposons ici de lister tous les types de questions qui peuvent vous être proposées dans une épreuve de calcul.

1. LES QUESTIONS COURTES

Qu'elles soient posées sous une forme textuelle ou numérique, les questions courtes (une à deux lignes au maximum) trouvent toujours leur place au sein d'une épreuve de calcul aux concours. D'un niveau relativement facile, elles permettent aux candidats de trouver leurs marques et d'éviter ainsi un flop total en assurant un score « minimal ». Malheureusement, ces questions courtes et faciles demeurent assez minoritaires dans une épreuve classique de calcul.

Nous pensons clairement que **ces questions doivent être traitées en priorité,** puisqu'elles ne laissent pas de place à quelque tergiversation que ce soit. Autrement dit, *on sait* ou *on ne sait pas* ! Et c'est pour cette raison qu'il faut « aller les chercher » où qu'elles se trouvent – pour rappel : aux concours, les questions ne sont jamais posées par ordre de difficulté croissante ou décroissante et il est donc possible de trouver une question courte et facile en début, en milieu ou en fin d'épreuve.

Voici quelques exemples de questions courtes d'un niveau facile…

1. Que vaut la moyenne de 2 008 et 8 002 ?

2. Que vaut le quart du tiers de vingt-quatre ?

3. La somme de trois nombres entiers consécutifs est égale à 9. Que vaut le plus petit de ces trois nombres ?

4. Que vaut l'octuple du cinquième de 135 ?

5. Quel est le 1er terme, représenté par le point d'interrogation, dans cette série ?

? 4 6 10 18

Retrouvez les corrections de ces questions sur www.aurlom.com

Comme vous le voyez, les questions de l'épreuve de calcul mettent déjà en scène des notions diverses et variées : calcul mental, arithmétique, calcul de moyenne, progressions géométriques. Attendez-vous donc à tomber sur à peu près tout et… n'importe quoi ! Dans la limite du programme bien sûr !

Si vous venez de découvrir – avec une joie à peine dissimulée – un échantillon de questions courtes d'un niveau facile, nous attirons à présent votre attention sur le fait que **certaines questions courtes peuvent être difficiles, voire très difficiles.**
Ne modifiez pas pour autant votre stratégie d'approche des questions et essayez de les traiter en priorité, car elles ont le mérite d'être courtes et ne sont pas gourmandes en temps de lecture. Vous serez ainsi très vite fixés sur le sort que vous leur réserverez.

Voici quelques exemples de questions courtes d'un niveau assez difficile :

1. Dans la multiplication SM x NZ = 840, S, N, M et Z sont dans cet ordre des nombres consécutifs croissants. Que vaut N ?

2. A est un entier positif non nul et strictement inférieur à 7.
Quelle est la valeur de H sachant que $H^2 - A^3 = A^2$ *?*

3. Que vaut $1/3^8 + 1/3^9 + 1/3^9 + 1/3^9$ *?*

4. Après avoir scié 5 bûches en deux, un bûcheron se retrouve avec 22 bûches. Combien avait-il de bûches au départ ?

Retrouvez les corrections de ces questions sur www.aurlom.com

2. Les questions longues

Si les questions longues ne sont pas forcément les plus difficiles, elles exigent en revanche toujours **une lecture lente, attentive et efficace.**

Nous vous conseillions un peu plus haut de lire lentement les énoncés de calcul, très lentement même, comme si la question disparaissait au terme de la première lecture. Et bien ce conseil est encore plus valable pour les questions longues. Il n'est en effet pas question que vous relisiez 2 ou 3 fois un énoncé long… Vous risqueriez de perdre beaucoup de temps et de vous priver alors des précieuses minutes nécessaires à la résolution des autres questions.

En plus de lire lentement les énoncés des questions longues, nous ne saurions que trop vous conseiller de convoquer **une lecture critique et sélective** devant ces questions qui contiennent parfois des informations périphériques qui ne vous seront d'aucune utilité… Pire, ces questions peuvent même vous faire perdre du temps.
Voici deux exemples de questions longues :

1. *Valérie, Yaëlle et Danielle entrent dans une bijouterie du cours Mirabeau à Aix-en-Provence. Danielle achète 2 broches et 1 collier. Le collier coûte 520 €. Yaëlle achète 1 broche et 1 bague. Elle a dépensé plus que Danielle. La bague coûte 1 100 €. Valérie achète 3 broches et 1 bracelet. Valérie a dépensé plus que Danielle. Le bracelet coûte 110 €. Sachant que toutes les broches sont au même prix, parmi les 5 propositions suivantes, quelle est la seule qui pourrait correspondre au prix d'une broche ?*

A. 570 *B. 590*
C. 610 *D. 630*

2. *Deux automobilistes partent en même temps, l'un de la ville A vers la ville B, l'autre de la ville B vers la ville A. Ces deux villes sont distantes de 8 km. Le premier roule à 20 km/h et le second à 60 km/h.*
Une mouche volant à 100 km/h part en direction de B en même temps que le premier automobiliste. Arrivée à destination, elle repart en sens inverse. Elle continue ainsi à faire la navette entre les deux villes jusqu'à ce que les deux automobilistes se rencontrent. Quelle distance en tout la mouche aura-t-elle parcourue ?

A. 5 km *B. 8 km*
C. 10 km *D. 12 km*

Ces deux questions sont riches d'enseignement.

La première **illustre l'exigence d'une lecture critique et sélective** visant à mettre de côté certaines informations périphériques parasitaires. La seconde question illustre quant à elle la nécessité de lire lentement les énoncés afin de procéder aux bons calculs du premier coup.
1. Vous aurez remarqué ici que la mise en scène est digne d'un court métrage avec son lot de petits détails tels que les prénoms des trois jeunes filles qui entrent dans la bijouterie. Mais attention, pas n'importe quelle bijouterie, puisqu'il s'agit quand même de celle du cours Mirabeau à Aix !

Vous aurez donc compris que de tels détails ne vous sont d'absolument aucune utilité et que **vous devez par conséquent être capables de faire le tri entre les informations utiles et celles qui sont purement et simplement parasitaires.**

Si l'on s'attache à présent à la résolution de la question, on remarque que l'on nous demande de choisir, parmi les 4 propositions données, celle qui est la seule à pouvoir correspondre au prix d'une broche, sachant que toutes les broches sont au même prix.

Et bien c'est là qu'une lecture lente et critique prend tout son sens puisque certains d'entre vous auront remarqué que l'on n'a que faire des achats de Valérie et du fait que cette dernière a dépensé plus que Danielle. Il est en effet possible ici de répondre à la question sur la seule base des informations suivantes : *« Danielle achète 2 broches et 1 collier. Le collier coûte 520 €. Yaëlle achète 1 broche et 1 bague. Elle a dépensé plus que Danielle. La bague coûte 1 100 € »*, que l'on peut traduire par l'inéquation : $B + 1\,100 > 2B + 520$ soit $B < 580$ avec B le prix d'une broche. Réponse A.

Attention donc à ne pas vous laisser distraire par des mises en scène farfelues. Attention également à ne pas toujours chercher à exploiter absolument toutes les informations fournies par un énoncé long.

2. Cette question est *a priori* assez difficile. Vous allez pourtant voir que grâce à une lecture lente et « digérée » de l'énoncé, la situation décrite est somme toute assez simple à comprendre. Sachez de toute façon que notre expérience des questions de calcul et de mathématiques aux concours nous conduit à affirmer sans l'ombre d'un doute que **vous disposez objectivement d'un temps suffisant à la résolution des 10 questions de l'épreuve.** Autrement dit, les questions ne sont pas « impossibles » à résoudre et n'exigent jamais que l'on sorte l'artillerie lourde pour en venir à bout.

Bon alors, quelle réponse avez-vous trouvée ?

Il y a en fait deux choses à trouver ici : l'heure de rencontre des automobilistes, puis la distance parcourue par la mouche. Les deux automobilistes roulent à une vitesse conjuguée de $60 + 20 = 80$ km/h. Autrement dit, en s'appuyant sur la formule $t = d/v$, on déduit qu'en $8/80 = 1/10$ d'heure, soit 6 minutes, ils auront parcouru à eux deux les 8 km séparant les deux villes. Et de conclure qu'en 6 minutes, la mouche aura parcouru une distance égale à $d = v \times t = 100$ km/h $\times$ (6/60) h = 10 km.

3. LES QUESTIONS OU LES REPONSES PROPOSEES SONT PLUS IMPORTANTES QUE LES ENONCES…

Ce qu'il y a d'intolérable et de très dur à accepter dans une question à choix multiples avec réponse unique, **c'est que la réponse est devant vous, sous vos yeux !** On ne vous la cache jamais… Et c'est bien là le problème.

Lorsque malgré tous vos efforts, vous ne parvenez pas à répondre à une question de calcul (ce que nous allons dire s'applique tout aussi bien à une question de raisonnement, de logique ou d'expression), vous vous retrouvez alors soudainement, et malgré vous, dans un incontrôlable état émotionnel qui résulte de l'empêchement à atteindre votre but ultime qui n'est autre que répondre juste à la question qui vous est posée… Pour faire simple, **vous développez ce que l'on appelle un sentiment de frustration** et ça, c'est très dur à vivre !

Alors au lieu d'accumuler ces inutiles sentiments de frustration, efforcez-vous plutôt d'acquérir les quelques réflexes développés dans cet ouvrage. Ces réflexes vous permettront assurément de gagner en confiance et de déjouer ainsi la majorité des difficultés et pièges qui vous seront tendus… Surtout, même si par le plus grand des malheurs vous ne parvenez pas à répondre à une question, pire encore, si vous répondez faux, vous aurez au moins gagné le sentiment d'avoir mis tout en œuvre pour y arriver (bon, évitez tout de même de gagner ce type de sentiments trop souvent !).

Savoir que l'on a tout mis en œuvre pour parvenir à ses fins n'a pas de prix car s'il y a bien un impératif catégorique à respecter le jour du test, c'est de préserver son moral au beau fixe pendant toute la durée des épreuves.

Dans le chapitre 3 « Comment lire une question de calcul aux concours ? », vous avez abordé deux réflexes essentiels qui consistent à lire vos questions très lentement et à apporter à votre lecture un « supplément d'âme » qui se traduit par une lecture active, valorisée, raffinée. **A présent, nous allons étudier un nouveau réflexe très important, celui qui consiste à regarder attentivement les réponses qui accompagnent l'énoncé.**

En identifiant en amont (*i.e.* avant d'entamer quelque résolution que ce soit) le type des réponses proposées ou encore leur format, vous gagnerez assurément du temps.

Vous pourrez en effet parfois éliminer certaines réponses absurdes ou impossibles et ainsi mieux conduire votre raisonnement. Vous verrez également qu'en vous attardant par exemple sur le dernier chiffre d'une réponse, vous aurez vite fait de mettre un terme à vos calculs et de passer à la question suivante.

Voyez donc les exemples qui suivent !

> *1. J'ai acheté une collection de disques au prix de 845,75 € sur laquelle il y avait une réduction de 13 %. Quel était le prix initial de cette collection ?*
>
> *A. 921,36 €* *C. 964,11 €*
> *B. 943,61 €* *D. 972,13 €*

Pour résoudre cette question, on peut par exemple poser une règle de trois. Soit :

X €	100 % [prix normal]
845,75 €	87 % [du prix normal (100 % - 13 %)]

Sachant que 100 % = 1 et 87 % = 0,87, on pose alors la division à la main suivante :
X = (845,75 x 1) / 0,87

Cette division avec des virgules vous semble compliquée ? Et bien ne vous inquiétez pas. Regardez plutôt ! Tout d'abord, vous transformez (845,75 x 1) / 0,87 en 84 575 / 87. Vous prenez ensuite 845 que vous divisez par 87. Pas besoin de calculer ce que cela vaut puisque cela vaut 9. Et oui, regardez vos réponses ! Elles commencent toutes par le chiffre 9 ! Le chiffre des centaines du résultat ne peut donc valoir que 9. Ensuite, vous calculez 9 x 87, qui vaut 783 et vous faites 845 - 783 = 62. Vous abaissez alors 5 et vous divisez 625 par 87… Et cela y va 7 fois. Et maintenant, **STOP !**
Vous savez en effet que le chiffre des centaines de votre résultat vaut 7 et que la seule et unique solution qui démarre par les chiffres 9 et 7 est la solution D. La division est donc déjà terminée et cela nous a pris entre 30 et 40 secondes.

Nous espérons que cela vous donne envie à présent de regarder un peu mieux à quoi ressemblent vos réponses avant de commencer à conduire quelque calcul que ce soit. Quelqu'un qui n'avait pas regardé ses réponses serait encore en train de résoudre la division à l'heure où vous lisez ces lignes… Et croyez-nous : un jour de test, où vous êtes stressés par le temps qui passe à toute allure, une simple division peut vite devenir un cauchemar tant il y a de chances que vous vous emmêliez les pinceaux… Alors autant en faire le moins possible et assurer un maximum de bonnes réponses.

NB : vous n'aurez peut-être pas toujours des réponses qui commencent toutes avec le même chiffre, mais vous aurez certainement des solutions avec des chiffres des dizaines ou des unités différents… Tout concepteur de tests qui se respecte (et nous en faisons partie) n'oublie jamais de favoriser l'étudiant qui aura eu la lucidité de regarder attentivement ses réponses.

> *2. Le produit de 3 entiers consécutifs est 2 184. Que vaut la somme des deux plus grands entiers ?*
>
> *A. 24* *C. 27*
> *B. 25* *D. 28*

La question que l'on vous pose ici est « que vaut la somme des deux plus grands entiers ? ». Ces deux plus grands entiers sont, comme le dit l'énoncé, consécutifs. Or si l'on regarde de plus près deux nombres consécutifs, on remarque qu'il y en a toujours un qui est pair quand l'autre est impair (prenez 7 et 8 ou 12 et 13). **Aussi, la somme de deux nombres consécutifs est-elle nécessairement un nombre impair !**

Si vous regardez à présent attentivement vos réponses, il n'y en a que deux qui sont impaires : **25** et **27.** Vous éliminez donc sans vous poser de question les réponses A et D.

Si la bonne réponse est 25, alors cela veut dire que les deux nombres sont 12 et 13. Le troisième, qui est le plus petit, vaut alors 11, et 11 x 12 x 13 n'est pas égal à 2 184 mais à un nombre qui finit par 6 (nous vous expliquerons un peu plus tard comment on arrive à savoir que c'est un nombre qui finit par 6… Soyez patients).
Nous concluons donc par élimination que la bonne réponse n'est pas 25 mais 27 (réponse C) et qu'encore une fois, en prenant le temps de regarder soigneusement les réponses proposées, nous sommes parvenus à raisonner sans équations ni calculs superflus et à répondre rapidement à la question.

En conclusion, n'oubliez jamais que vos réponses contiennent des informations qui valent de l'or et qui sont tout aussi importantes (sinon plus importantes) que votre énoncé lui-même. Apportez-leur donc toute l'attention qu'elles méritent !

II. DES TECHNIQUES ET DES ASTUCES

1. LE « BACKSOLVING » OU COMMENT RESOUDRE UNE QUESTION EN TESTANT LES REPONSES PROPOSEES

Le *backsolving* est une technique fondamentale de résolution des questions.
Les concepteurs aiment beaucoup cette technique qu'ils utilisent fréquemment pour concevoir de nouvelles questions, que vous retrouverez ici et là aux concours.

Le *backsolving* consiste à **trouver la bonne réponse en testant avec méthode les réponses qui vous sont proposées.**

En plus de vous expliquer la façon dont vous devez vous y prendre pour tester vos réponses, nous tenterons d'identifier dans quelle mesure il est possible, sinon fortement recommandé, d'utiliser la technique du *backsolving*.

Appliquons la technique du *backsolving* sur deux exemples :

> *1. Une somme de 6 500 € est composée de 79 billets de 50 et 100 €. Quel est le nombre de billets de 100 € ?*
>
> *A. 35* *C. 51*
> *B. 42* *D. 55*

A première vue, nous avons affaire à un problème qui peut se résoudre en posant un système de deux équations à deux inconnues… A première vue !

Un rapide coup d'œil sur nos réponses indique qu'elles donnent le nombre de billets de 100 € et que l'on peut ainsi en déduire le nombre de billets de 50 €. En effet, s'il y a par exemple 42 billets de 100 €, alors il y a 79 - 42 = 37 billets de 50 €.

Posons-nous à présent la question suivante : **peut-on dans cette question tester nos réponses pour trouver *la* bonne réponse ?** La réponse est *oui* !
Souvenez-vous que dans une question de calcul, **il est recommandé de tester les réponses lorsque vous êtes en mesure de vérifier quelque chose.**

Ici, en testant les réponses, vous êtes en mesure de vérifier que vous obtiendrez au bout du compte la somme de 6 500 € (en multipliant le nombre de billets de 100 € par 100, somme à laquelle vous ajoutez le nombre de billets de 50 € multiplié par 50).

1. Comment tester les reponses ?

La méthode est simple :

1. Vous classez vos réponses par ordre croissant (ce qui sera déjà souvent le cas aux concours).
2. Vous commencez toujours par tester une des « **réponses du milieu** », autrement dit, la réponse B ou la réponse C. Disons donc que vous testez la réponse C (tout simplement parce qu'a priori, elle vous paraît meilleure que la B) :

   2.1. La réponse C est la bonne réponse ? Vous passez à la question suivante.

   2.2. La réponse C n'est pas la bonne réponse ? Dommage. Mais rien d'inquiétant puisque vous allez tester à présent l'une des deux réponses qui se trouvent « au-dessus » de la réponse C (la A ou la B) ou bien répondre la réponse d'« en dessous » (la D). Imaginons donc que vous testiez une réponse d'au-dessus comme la A par exemple, alors deux cas de figure se présentent à vous : (1) la A est la bonne réponse, tant mieux et vous passez à la question suivante ; (2) la A n'est pas la bonne réponse… Mais par élimination, vous en déduisez finalement que la bonne réponse est la B.

A retenir !

Grâce à cette méthode efficace de résolution, vous effectuez au mieux une seule vérification (quand la bonne réponse est la B ou la C selon celle que vous avez choisie de tester) et au pire seulement deux.

Autrement dit, vous n'avez jamais besoin de vérifier toutes les réponses une à une lorsque vous testez les réponses. Et c'est en cela que cette méthode est efficace.

La seule difficulté consistera à choisir quelles réponses tester après avoir vérifié que la réponse C n'est la bonne réponse : **les réponses d'au-dessus ou les réponses d'en dessous ?**

Levons cette difficulté en appliquant notre méthode à notre premier exemple.

Comme vous le savez maintenant, nous devons tester dans un premier temps la réponse B ou la réponse C. Testons la réponse B !

Supposons donc qu'il y ait effectivement 42 billets de 100 € (4 200 €). Cela signifie alors qu'il y a 79 - 42 = 37 billets de 50 € (1 850 €). Nous obtenons ainsi la somme de 4 200 € + 1 850 € = 6 050 € et concluons que la somme de 6 500 € n'est pas vérifiée. La réponse B n'est donc pas la bonne réponse et il faut aller chercher du côté des réponses d'en dessous (les réponses C et D). **En effet, pour passer de 6 050 € à 6 500 € avec un nombre total de billets identique, il faut « charger » un peu plus en billets de 100 € (*i.e.* avoir plus de billets de 100 € et moins de 50 €).**

Nous testons donc la réponse C qui marche alors parfaitement puisque s'il y a 51 billets de 100 €, alors il y a :

79 - 51 = 18 billets de 50 € et 51 x 100 + 28 x 50 = 5 100 + 1 400 = **6 500 € !**

Une remarque importante : si nous avions testé la réponse D, nous aurions trouvé une somme de 6 700 € avec 55 billets de 100 € et 79 - 55 = 24 billets de 50 € et nous aurions alors conclu que la bonne réponse était nécessairement la C.

Un autre exemple :

> *2. Un concours comporte 20 questions. Chaque bonne réponse rapporte 2 points mais chaque mauvaise réponse fait perdre 1 point. Danielle a passé ce concours et a obtenu 19 points. Elle a répondu à toutes les questions mais est sûre de s'être trompée au moins une fois. A quel intervalle appartient le nombre de réponses fausses ?*
>
> *A. [0 ; 2]* *C. [5 ; 8]*
> *B. [2 ; 4]* *D. [10 ; 13]*

Si l'on regarde de près les réponses que l'on a sous les yeux, on remarque que le nombre de réponses fausses appartient à un intervalle de nombres entiers. Ainsi, la réponse D dit par exemple que le nombre de mauvaises réponses est compris entre 10 et 13 et que Danielle a répondu à 10, 11, 12 ou 13 mauvaises réponses.

Testons nos réponses en commençant par la réponse C. Le nombre de mauvaises réponses est dans ce cas compris entre 5 et 8.

Si c'est 5, alors le nombre de bonnes réponses est 15 (20 - 5) et le score total obtenu est : 15 x 2 - 5 x 1 = 25.

Si c'est 8, le nombre de bonnes réponses est 12 (20 - 8) et le score total obtenu est : 12 x 2 - 8 x 1 = 16.
Conclusion : la solution C nous dit que le nombre total de points obtenus par Danielle est compris entre 16 et 25. Or comme Danielle a obtenu 19 et que 19 est bien compris entre 16 et 25, c'est que la réponse C est la bonne réponse. Et c'est terminé.

2. Une remarque importante

Il n'y a jamais qu'une seule et unique façon de répondre à une question de calcul aux concours.

Si le *backsolving* était ici une technique bienvenue, il n'en demeurait pas moins que pour le dernier exemple traité (exemple 2), une méthode de résolution plus classique était possible.
Comme d'après l'énoncé une bonne réponse apporte +2 points et une mauvaise réponse fait perdre 1 point ; le score maximal (meilleur score) est donc potentiellement égal à 20 x 2 = 40 points et le score minimal (pire score) égal à 20 x (-1) = -20 points. Vous avez donc dans l'absolu un stock de 60 points (entre -20 et 40, il y a bien 60 points) à gérer. Et ce que vous devez comprendre, c'est que lorsque vous répondez faux à une question, vous perdez effectivement 1 point, mais dans l'absolu, vous vous privez en fait de 3 points (les 2 points que vous auriez pu avoir en répondant juste *plus* le point que l'on vous retire). En conclusion : si Danielle a eu 19 points sur un total maximal de 40, c'est qu'elle s'est privée de 40 - 19 = 21 points, soit l'équivalent de 21/3 = **7 questions.** Elle a donc répondu faux à 7 questions. Et comme 7 appartient à l'intervalle [5 ; 8], c'est que C est bien la bonne réponse.

Si nous vous avons recommandé de lire le sujet dans son intégralité avant de démarrer la résolution des questions, de résoudre en priorité les questions courtes ou encore d'utiliser la technique du *backsolving* pour ne pas rester pantois face à une question à l'allure délicate, et bien nous devons à présent vous apprendre à **minimiser le temps passé sur chacune des questions que vous traiterez,** car n'oubliez jamais qu'aux concours, votre principal adversaire s'appelle le temps.

Les astuces qui suivent sont reconnues pour être redoutablement efficaces dans bon nombre de situations et il est relativement facile de reconnaître le moment où il va falloir les utiliser. Notez toutefois que ces astuces ne sauraient se suffire à elles seules pour venir à bout d'une question. Une excellente maîtrise du cours et une lecture attentive des chapitres précédents sont en effet indispensables au bon apprentissage de ce qui va suivre.

2. LE DERNIER CHIFFRE

Le dernier chiffre du produit de deux nombres est le même que le dernier chiffre du produit des derniers chiffres des deux nombres en question.

Prenons par exemple le produit de 12 673 267 et 7 812 763 789.
En notant X le dernier chiffre du produit de deux nombres, la phrase en gras devient, après traduction :

X est égal au dernier chiffre du produit des derniers chiffres des deux nombres.

Dans notre cas, les deux nombres dont nous cherchons le produit sont 12 673 267 et 7 812 763 789, soit après une nouvelle traduction : **X est égal au dernier chiffre du produit des derniers chiffres de 12 673 267 et 7 812 763 789.** Soit enfin : **X est égal au dernier chiffre du produit de 7 et 9.**
Et comme le produit de 7 et 9 est $7 \times 9 = 63$, on conclut que X est égal au dernier chiffre de 63… *i.e.* : **3** !!!

Retenez donc la méthode à appliquer pour trouver le dernier chiffre du produit de nombres :

1. Isolez les derniers chiffres des deux nombres dont vous souhaitez faire le produit.
2. Calculez ensuite le produit de ces deux derniers chiffres.
3. Identifiez enfin le dernier chiffre de ce produit.

Application :

1. Jean a décidé de repeindre les quatre murs de son sous-sol. Les quatre murs sont hauts de 2,6 mètres. Deux murs ont pour largeur 13,7 mètres et deux autres murs ont pour largeur 11,9 mètres. Sachant qu'il faut 0,3 litre de peinture pour 1 mètre carré de mur à peindre, quelle quantité de peinture Jean utilisera-t-il pour repeindre les murs de son sous-sol ?

A. 33,713 litres *C. 39,762 litres*
B. 37,768 litres *D. 39,936 litres*

Il n'est pas question ici de calculer précisément la quantité de peinture dont Jean a besoin pour repeindre les murs de son sous-sol. Nous remarquons en effet – comme par hasard – que les derniers chiffres de nos solutions sont tous différents. Nous allons donc appliquer l'astuce du dernier chiffre et trouver la bonne réponse en… 15 secondes !

Surface totale des quatre murs à peindre : **2** x 2,**6** x 13,**7** + **2** x 2,**6** x 11,**9**.

En appliquant l'astuce du dernier chiffre, on trouve que **2** x 2,**6** x 13,**7** se termine par le chiffre **4** [**2** x **6** se termine par 2 et un nombre qui se termine par 2 fois un nombre qui se termine **7** est un nombre qui se termine par 4] et que **2** x 2,**6** x 11,**9** se termine par le chiffre **8**.

La somme **2** x 2,**6** x 13,**7** + **2** x 2,**6** x 11,**9** se termine donc par le dernier chiffre de **4 + 8**, c'est-à-dire 2. Il ne nous reste plus qu'à multiplier 2, le dernier chiffre de la surface totale des quatre murs, par 3 (le dernier chiffre de 0,3) pour trouver 6. Et on sait à présent avec certitude que le nombre de litres de peinture dont Jean a besoin pour repeindre son sous-sol est un nombre dont **le dernier chiffre est 6.** Réponse D.

Cette astuce vous permet donc de gagner des secondes précieuses et d'abréger rapidement vos souffrances. Mais ce n'est pas tout. **Car ce qui est prodigieux avec cette astuce, c'est qu'elle fonctionne également dans l'autre sens,** c'est-à-dire lorsque vous cherchez non pas le dernier chiffre du produit de deux nombres mais celui de l'un des (ou même des deux) nombres que vous multipliez entre eux.

Application :

> *2. Que vaut N + P sachant que le produit des nombres à trois chiffres 48N et 87P est égal à 42 853 ?*
>
> | | |
> |---|---|
> | *A. 16* | *C. 8* |
> | *B. 13* | *D. 7* |

Lorsque l'on vous demande de trouver les chiffres N et P sachant que le nombre de trois chiffres **48N** multiplié par le nombre de trois chiffres **87P** vaut **42 853,** votre premier réflexe doit être de vous dire que le produit N x P se termine nécessairement par le chiffre. Vous obtenez alors les valeurs suivantes pour N et P :

N	P	Dernier chiffre de N x P
1	**3**	3
3	**1**	3
7	**9**	3
9	**7**	3

L'on comprend donc que pour obtenir un nombre qui se termine par 3 en faisant le produit de deux nombres, ces deux nombres doivent nécessairement et respectivement se terminer par 1 et 3 ou 3 et 1 ou 7 et 9 ou 9 et 7.

La somme N + P vaut donc 1 + 3 = **4** ou 7 + 9 = **16.** Réponse A !

3. LES INCONNUES ENTIERES

Arrêt sur lecture : l'astuce des inconnues entières est tout simplement géniale, alors suivez bien ce qui va suivre.

S'il y a bien un type de questions sur lesquelles vous devez vous arrêter particulièrement, ce sont celles où les inconnues sont entières. En effet, avec des nombres entiers comme inconnues, et à condition bien sûr de connaître son cours sur le bout des doigts (ce dont nous ne doutons pas, n'est-ce pas ?), il est possible de traiter certaines questions en un temps éclair grâce aux astuces relatives aux inconnues entières.

1. MAIS D'ABORD, UNE INCONNUE ENTIERE, C'EST QUOI ?

Une majorité de questions aux concours vous demandent de trouver la valeur d'une inconnue : *Que vaut X ? Quel est l'âge de Robert ? Quel est le prix d'une figue ? Que vaut* R^2 *-* G^3 *? Quelle somme a été placée sur le compte C ? A quelle heure les deux trains se croiseront-ils ?...*

Quelle que soit l'inconnue, vous devrez toujours vous demander si cette dernière est entière ou non ; car si elle est entière, vous pourrez dans la majorité des cas, appliquer l'une des astuces qui suivent. Si l'on vous demande par exemple de trouver l'âge d'un adulte, et bien vous devez savoir que vous êtes face à une inconnue entière.

Nous voyons déjà les puristes parmi vous allumer leur ordinateur pour trouver nos coordonnées et nous indiquer qu'une faute s'est glissée dans le livre : oui, vous avez raison, un âge peut être un nombre à virgule si l'on considère qu'avoir 10,5 ans revient à avoir 10 ans et demi. Mais ce n'est pas le cas aux concours. Eteignez donc votre ordinateur et permettez-nous de dresser une liste non exhaustive d'inconnues entières sur lesquelles vous pouvez être amenés à travailler. Cette liste est le fruit d'un long travail d'analyse des questions tombées aux concours.

- Les êtres et les objets sont toujours des inconnues entières : des hommes, des femmes, des voitures, des chats, des chiens, des chaussettes, des abeilles, des bonbons, des enfants, des livres…
- Les âges : toujours entiers (10 ans, 37 ans).
- Les distances : très souvent entières (30 km ; 200 m).
- Les vitesses : très souvent entières (12 km/h ; 5 m/s).
- Les aires et les volumes : très souvent entiers (34 m^2 ; 100 m^3).
- Les sommes d'argent : très souvent entières (1 200 euros ; 432 yens).

En plus de cette liste, vous devez retenir une règle majeure qui s'applique en particulier aux prix et aux distances : **si toutes les données de l'énoncé ainsi que les réponses proposées sont entières, c'est que les données implicites le sont aussi.**

Prenons un exemple : si l'on vous parle de trois amis, Pierre, Paul et Jacques, qui ont commandé au restaurant des plats différents avec des prix différents et qui ont réglé à eux trois une addition s'élevant à 124 euros ; que l'inconnue est le prix du plat commandé par Paul et que les cinq propositions sont des nombres entiers, alors vous pouvez, sans prendre trop de risque, en déduire que les prix respectifs des plats commandés par Pierre et par Jacques sont, eux aussi, des nombres entiers.

2. Et si les inconnues ne sont pas entieres ?

Si votre énoncé ne contient pas d'inconnues entières, pourquoi vous priveriez-vous d'en créer vous-mêmes ?

En effet, si l'on vous parle d'une distance de 12,56 km, personne ne vous empêche de convertir cette distance en 12 560 m. Si vous découvrez qu'un coureur a mis 1 h 45 pour parcourir un chemin, pourquoi ne pas vous dire tout simplement qu'il a mis exactement 105 mn pour faire ce parcours ? Nous vous invitons donc à bien vous imprégner du cours de mathématiques relatif aux conversions heures/minutes, mètres/kilomètres, etc. Cela vous sera très utile pour transformer si nécessaire vos inconnues en inconnues entières.

Entrons à présent dans le vif du sujet : **pourquoi le fait que vos énoncés contiennent des inconnues entières va vous permettre de gagner des secondes précieuses tout au long de l'épreuve ?**

3. TABLES DE MULTIPLICATION

Vos pires ennemies sont de retour, sorties tout droit de vos livres de primaire : les tables de multiplication ! Mais bon, nous sommes sûrs qu'elles vous sont à présent plus douces et plus dociles et qu'elles sont même en passe de devenir vos meilleures amies…

Si l'on vous dit par exemple que A x B = 42 et qu'il vous faut trouver la valeur de la somme A + B et ce, sans aucune précision particulière, il est tout simplement impossible ne serait-ce que de se rapprocher de la solution du fait qu'il en existe une infinité. En revanche, si l'on vous précise dans l'énoncé de la question que les nombres A et B sont des nombres entiers, alors dans ce cas, le nombre de possibilités diminue considérablement. Voyez donc !

A	B	A	B
1	42	7	6
2	21	14	3
3	14	21	2
6	7	42	1

Et voilà comment d'une infinité de valeurs possibles pour A et B nous sommes passés à seulement 8 valeurs possibles. Il ne vous reste plus qu'à trouver parmi les 5 réponses proposées la seule qui vaut 43 (1 + 42), 23 (2 + 21), 17 (3 + 14) ou 13 (6 + 7).

Une autre application :

Si vous devez résoudre l'équation du second degré suivante : $N^2 - N - 42 = 0$, au lieu de calculer le discriminant delta et tout ce qui s'ensuit, écrivez tout simplement que $N^2 - N - 42 = 0$ équivaut à $N (N - 1) = 42$ et déduisez-en alors que les seuls nombres consécutifs (N - 1 et N sont consécutifs) dont le produit vaut 42 sont 6 et 7 et -7 et -6. Ainsi N = -6 ou N = 7.

4. Criteres de divisibilite

Tout comme vos tables de multiplication, il vous faut connaître ces critères sur le bout des doigts pour espérer augmenter votre vitesse de résolution des questions.

Prenons un exemple :

> *Un libraire a liquidé ce mois-ci tous ses livres. Un tiers des livres vendus a été payé en chèques, trois dixièmes par carte bancaire et les 704 livres restants ont été payés en espèces. Combien de livres le libraire a-t-il vendus ?*
>
> *A. 1 803* *C. 2 565*
> *B. 1 920* *D. 3 110*

La méthode classique consiste à poser et résoudre l'équation :

N = (1/3) N + (3/10) N + 704. Nous ne voulons pas de cette méthode, trop longue et trop risquée en termes de calculs, et nous vous proposons donc de résoudre la question en appliquant vos critères de divisibilité.

Sachant qu'un livre est un nombre entier (on ne peut pas acheter de quart ou de tiers de livre… non, même en déchirant les pages, oubliez !), **il faut bien que le nombre de livres payés en chèque soit lui même un nombre entier,** autrement dit qu'un tiers de N soit un nombre entier et que N soit donc divisible par 3.

En appliquant le même raisonnement aux livres payés par carte bancaire, vous trouvez que N doit être divisible par 10.

Si vous regardez à présent les réponses proposées : 1 803, 1 920, 2 565 et 3 110, vous en avez terminé puisqu'il n'y en a qu'une parmi les quatre **qui est à la fois divisible par 3** (vérifiez que la somme des chiffres du nombre proposé en réponse est divisible par 3) **et par 10** (vérifiez que le dernier chiffre du nombre proposé en réponse doit être égal à 0)… Vous retenez alors **1 920** ! Et c'est donc la bonne réponse.

Alors, ils ne sont pas beaux nos nombres entiers ?

4. QUESTIONS ORIGINALES : ASTUCES

1. Combien de rectangles ?

Pour cette question, il existe une astuce qui permet de calculer directement le nombre de rectangles différents qu'il y a dans le grand rectangle.

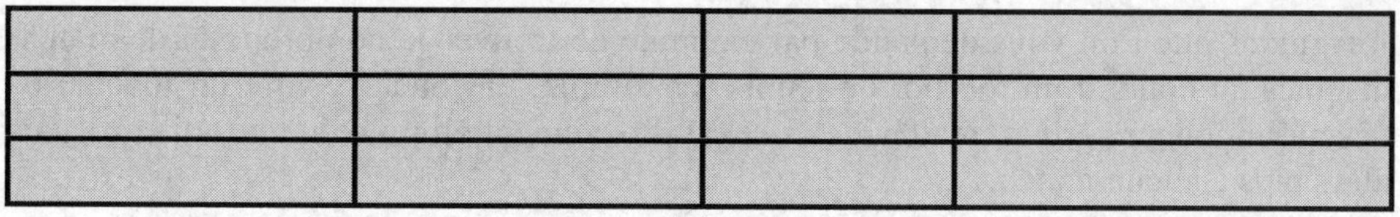

Soit C le nombre de colonnes et L le nombre de lignes qu'il y a dans le grand rectangle. Le nombre total de rectangles différents est égal à :

$$\frac{C\times(C+1)\times L\times(L+1)}{4}$$

Ici, $C = 4$ et $L = 3$, ce qui nous donne : $\frac{4\times(4+1)\times 3\times(3+1)}{4} = 60$ rectangles différents. Oui, oui ! Vous avez bien lu : 60 rectangles différents.

2. Combien de salutations ?

Imaginons que l'on vous demande de trouver le nombre de salutations que s'échangent N personnes (en supposant bien sûr qu'une personne ne salue toutes les autres personnes qu'une seule fois), ou encore le nombre de matchs que se disputent N équipes de football (en supposant là encore qu'une équipe ne rencontre toutes les autres équipes qu'une seule fois), ou enfin le nombre de couples différents qu'il est possible de constituer au cours d'une soirée parmi N personnes.

Alors vous devez savoir que le nombre total de salutations échangées ou encore le nombre total de matchs disputés est égal à :

$$\frac{N\times(N-1)}{2}$$

Ainsi, si vous allez à une soirée où il y a 22 invités, en supposant que chacun des invités salue une fois tous les autres invités, il y aura eu au total : $\frac{22 \times (22-1)}{2} = 231$

3. Combien de rencontres ?

Imaginons que l'on vous demande par exemple de trouver le nombre total de matchs disputés au cours d'un tournoi de tennis (en simple, un joueur contre un joueur) où dès qu'un joueur perd un match, celui-ci est directement éliminé du tournoi et ne joue alors plus à aucun match.

Vous devez savoir que si N joueurs participent à un tel tournoi, le nombre total de matchs disputés est égal à :

$$N - 1$$

Ainsi, si 128 joueurs participent à un tournoi de tennis (comme c'est le cas par exemple lors du premier tour du tournoi simple hommes ou simple dames de Roland-Garros), alors un total de 127 matchs auront été disputés au cours du tournoi.

A présent, que se passe-t-il si 17 joueurs participent à un tournoi ? Et bien le raisonnement sera le même et vous trouverez un total de 17 - 1 = 16 matchs disputés. En effet, lorsqu'il y a 17 joueurs, il n'y aura eu que 8 matchs disputés au premier tour éliminatoire car le « 17e » joueur devra sagement attendre qu'une place se libère pour entrer dans la compétition. Au deuxième tour, les 8 joueurs sortis gagnants à l'issue du premier tour se rencontrent et on compte alors 4 matchs. Au troisième tour, les 4 joueurs sortis gagnants à l'issue du deuxième tour se rencontrent et on compte alors 2 matchs. Au quatrième tour, les 2 joueurs sortis gagnants à l'issue du troisième tour se rencontrent et on compte alors 1 match et c'est là que le 17e joueur (veinard) entre dans la partie et rencontre le joueur sorti gagnant au quatrième tour, ce qui nous fait un dernier match à comptabiliser.

Faisons nos comptes : premier tour : 8 matchs ; deuxième tour : 4 matchs ; troisième tour : 2 matchs ; quatrième tour : 1 match ; dernier tour : 1 match.
Soit au total : 16 matchs !

TROISIEME PARTIE

10 CONCOURS BLANCS INEDITS CORRIGES ET COMMENTES

CONCOURS BLANC NUMERO 1

CB 1 — EPREUVE N°1 LOGIQUE

Cette première épreuve est composée de 100 questions.

De nombreux thèmes de la logique générale sont traités : **synonymie, antonymie, anagrammes, analogies, séries simples de chiffres, séries simples de lettres, séries d'intrus, séries de raisonnement etc.**

Vous allez devoir faire preuve d'une concentration sans faille pour passer efficacement d'une logique à une autre. Votre endurance et votre combativité seront également mises à l'épreuve pour parvenir à répondre à une majorité de questions.

Cette première épreuve de logique vous permettra de vous entraîner efficacement aux concours suivants (liste non exhaustive) :

- SESAME : LOGIQUE 1
- ESG, EDC, EBS, TEAM… : TAGE 2 (EPREUVES DE LOGIQUE 3 ET 6)
- PASS : QCM DE LOGIQUE
- PRISM : EPREUVE DE LOGIQUE GENERALE
- ATOUT+3 : EPREUVE DE RAISONNEMENT LOGIQUE
- ECRISTART : EPREUVE DE LOGIQUE

CONSIGNES

Vous disposez de **50 minutes** pour répondre aux **100 questions** de cette première épreuve. Attention : l'usage de la calculatrice et de tout dictionnaire est strictement interdit.

1. Synonymes

Pour les questions numérotées de 1 à 10, vous devez trouver un synonyme du mot proposé, qui respecte les contraintes relatives au nombre de lettres du mot à trouver. Inscrivez la réponse à la place des tirets. Chaque tiret représente une et une seule lettre. Une seule réponse est possible. Nous rappelons enfin que deux mots sont synonymes s'ils ont le même sens.

Exemple : CHEMIN : S _ _ _ _ _ R ⇒ CHEMIN : *SENTIER*

Explication : un chemin est une petite voie reliant un point à un autre. Un sentier est une voie étroite marquée par un passage répété. « Chemin » et « sentier » sont bien synonymes. « Sentier » respecte les contraintes relatives au nombre de lettres imposées.

---

[1] ABYSSE : _ _ _ _ F _ E

[2] GARGANTUESQUE : _ _ _ _ _ T _ S _ _ _

[3] LUNATIQUE : V _ _ S _ T _ _ _

[4] MERCANTILE : M _ _ _ _ _ _ D

[5] SCHISME : S _ _ _ _ _ T _ _ _

[6] VILLIPENDER : M _ _ R _ _ _ _

[7] ANTAGONISME : _ PP _ _ _ _ _ _ N

[8] PROLIXE : B _ V _ _ _

[9] EQUIVOQUE : A _ _ _ _ U

[10] TRANSGRESSER : _ _ _ _ EI _ _ _

2. Series de chiffres

Pour les questions numérotées de 11 à 22, vous devez remplacer chaque point d'interrogation par un nombre. Chaque série suit une construction logique précise. Vous devez donc d'abord inférer la ou les règle(s) de progression de la série afin de trouver le ou les nombre(s) qui respectent la logique de la série. Il n'y a qu'une seule bonne réponse par point d'interrogation.

Exemple : 0 – 3 – 6 – 9 – 12 – ? ⇒ 0 – 3 – 6 – 9 – 12 – *15*

Explication : la série suit une progression arithmétique de raison 3.

---

[11] 21 – 25 – 33 – 49 – ?

[12] 17 – 18 – 16 – 20 – 15 – 22 – ? – ?

[13] 23 – 46 – 92 – 184 – 368 – ?

[14] 120 – 96 – 84 – 78 – ?

[15] 17 – 8 – 25 – 33 – 58 – ?

[16] 14 – 17 – 18 – 24 – 22 – 31 – ? – ?

[17] 8 – 11 – 24 – 22 – 72 – 44 – ? – ?

[18] 4 – 5 – 9 – 18 – 32 – 59 – 109 – ?

[19] 1 – 2 – 6 – 24 – 120 – ?

[20] 16 – 30 – 19 – 33 – 22 – ?

[21] 3128 – 3860 – 4591 – 5321 – 6050 – ?

[22] 17 – 18 – 22 – 31 – 47 – ?

3. TABLEAUX

Pour les questions numérotées de 23 à 25, chaque tableau possède un sens de lecture. Les nombres inscrits à l'intérieur du tableau suivent une progression logique remarquable. Vous devez donc déterminer le sens de lecture du tableau ainsi que la construction logique de la série de nombres afin de remplacer le ou les point(s) d'interrogation par le ou les nombre(s) qui respecte(nt) la règle de progression. Il n'y a qu'une seule réponse possible par point d'interrogation.

Exemple :

2	8	14	20
4	10	16	22
6	12	18	?

Explication : Le sens de lecture du tableau est de haut en bas et de gauche à droite. La série des chiffres suit une progression arithmétique de raison 2. La bonne réponse est 24.

[23]

5	7	9	11
19	17	15	13
21	**?**	25	27

[24]

14	8	4	2
20	16	10	6
?	22	18	12

[25]

7	10	13	16
19	22	?	28
31	34	37	40

4. Anagrammes

Pour les questions numérotées de 26 à 35, vous devez déterminer une anagramme du mot proposé respectant les contraintes relatives au nombre de lettres du mot à trouver. Nous rappelons qu'une anagramme est un mot obtenu par la permutation des lettres d'un autre mot. Pour certains mots, plusieurs réponses sont possibles.

Exemple : LAINE : _ _ _ _ _ ⇒ LAINE : *LIANE*

[26] LION : L _ _ _

[27] CRIME : M _ _ _ _

[28] DIETE : T _ _ _ _

[29] ROIS : _ _ _ _

[30] CREATION : R _ _ _ T _ _ _

[31] LANCEUR : L _ _ _ _ _ _

[32] VIRTUOSE : V _ _ _ _ R _ _

[33] AMERE : _ R _ _ _

[34] CARTE : _ _ _ _ T

[35] IVRE : _ _ _ _

5. Series de lettres

Pour les questions numérotées de 36 à 50, vous devez remplacer le point d'interrogation par une ou plusieurs lettres. Chaque série possède une construction logique propre. Vous devez donc inférer le lien logique de la série pour pouvoir déterminer l'unique réponse possible.

Exemple : A – C – E – F – H – ? ⇒ A – C – E – F – H – I

Explication : la série saute une lettre sur deux. Il faut donc remplacer le point d'interrogation par un I.

[36] R – Q – O – N – L – ?

[37] QRT est à RSU, ce que DFE est à ?

[38] A – E – I – O – U – ?

[39] U – T – R – O – ?

[40] HPK est à LTO, ce que ESU est à ?

[41] A – B – C – E – G – K – ?

[42] U – D – C – M – M – ?

[43] AOP est à YNT, ce que DPZ est à ?

[44] A – E – F – K – Q – ?

[45] AHK est à YFI, ce que DCE est à ?

[46] Z – B – F – N – ?

[47] A – B – E – J – Q – ?

[48] DML est à FLN, ce que HPR est à ?

[49] F – J – N – R – V – ?

[50] A – B – C – E – G – K – M – ?

6. Antonymes

Pour les questions numérotées de 51 à 60, vous devez trouver un antonyme du mot proposé, qui respecte les contraintes relatives au nombre de lettres du mot à trouver. Chaque tiret représente une seule lettre. Une seule réponse est possible. Nous rappelons que deux mots sont antonymes s'ils ont un sens contraire.

Exemple : GENTIL : M _ _ _ _ _ T ⇒ GENTIL : *MECHANT*

Explication : on oppose traditionnellement les gentils et les méchants. « GENTIL » et « MECHANT » sont donc antonymes.

[51] SOUSTRACTION : A _ _ I _ _ _ _

[52] SEPARATION : J _ _ C _ _ _ _

[53] THEORIE : _ R _ _ _ Q _ _

[54] OBSCUR : C _ _ _ _

[55] FUSION : F _ _ S _ _ _

[56] DIVORCE : _ AR _ _ _ _

[57] ALLERGIE : I _ _ _ _ _ _ E

[58] ROTURE : _ O _ _ _ S _ _

[59] DIRIGISME : _ I _ _ _ _ _ _ _ M _

[60] LOQUACE : L _ _ _ N _ _ U _

7. Series de raisonnement

Pour les questions numérotées de 61 à 75, vous devez remplacer le point d'interrogation par une ou plusieurs lettres, par un mot, ou encore par un ou plusieurs chiffres. Une seule réponse est possible.

Exemple : DIX (21) – TRENTE (42) – CINQUANTE (54) – MILLE (?)

Explication : le premier chiffre du nombre associé au mot représente le nombre de consonnes et le second chiffre, le nombre de voyelles. Ainsi dans le mot « CINQUANTE » par exemple, vous comptez 5 consonnes et 4 voyelles, d'où « CINQUANTE (54) ». La bonne réponse est donc MILLE (32).

[61] HORTICULTURE (12) – POURCHASSER (11) – ABOYER (6) – COCOTIER (?)

[62] A (3) – Y (3) – M (4) – W (?)

[63] EPROUVETTE (3) – ENVOYER (2) – PERMETTRE (3) – APPROUVER (?)

[64] TABOURET (4) – LUMIERE (3) – CONDITION (5) – MUSIQUE (?)

[65] EXTINCTEUR (3) – CAPITALISTE (5) – TEST (1) – RESTAURANT (?)

[66] 123 (B) – 478 (G) – 897 (I) – 465 (?)

[67] NORME (24816) – RENOM (?)

[68] PISCINE (1346) – PALMIER (1347) – SOLEIL (?)

[69] 3U4R2O1J (JOUR) – 3I2U4T1N (?)

[70] EF (7) – IK (4) – HL (5) – NX (?)

[71] OQP – HEV – AJT – NR?

[72] IJ (19) – FK (17) – UV (?) – ET (25)

[73] PAR (9) – FESTIN (36) – ROIS (16) – LIVRE (?)

[74] Si && = 20, °° = 2 et &°°° = 13 ; alors : &&°°°° = ?

[75] BUREAU (2456) – CADRE (25) – AVOIR (134) – PRATIQUE (?)

8. Analogies

Dans les séries qui suivent, vous devez inférer le lien logique qui existe entre les mots du premier couple et appliquer alors le même lien logique entre les mots du second couple. L'ordre des mots dans les couples a son importance. Il n'y a qu'une seule réponse possible.

Exemple : Graphologie – Ecritures

(A) Astronomie – Astres

(B) Astrologie – Etoiles

(C) Arithmétique – Géométrie

(D) Zoologie – Animaux

Explication : dans le domaine de l'automobile, le chauffeur conduit des voitures. Dans le domaine de l'équitation, le cavalier monte un cheval. Réponse A.

---

[76] Mètre est à Longueur, ce que Mètre Carré est à :

(A) Distance
(B) Air
(C) Surface
(D) Volume

[77] Apprivoisé : Sauvage

(A) Enfoui : Caché
(B) Suspect : Coupable
(C) Nationalisé : Privé
(D) Penché : Courbé

[78] Socialisme est à Libéralisme, ce que Paix est à :

(A) Lutte
(B) Allié
(C) Combat
(D) Guerre

[79] Démocratie est à Peuple, ce que Aristocratie est à :

(A) Meilleur
(B) Riche
(C) Oligarchie
(D) Puissant

[80] Docteur est à Stéthoscope, ce que Musicien est à :

(A) Partition
(B) Orchestre
(C) Instrument
(D) Oreille

[81] Avocat est à Cabinet, ce que Notaire est à :

(A) Etude
(B) Bureau
(C) Office
(D) Fonds

[82] Policier est à Pistolet, ce que Bactériologiste est à :

(A) Culture
(B) Echantillon
(C) Test
(D) Microscope

[83] Avocat est à Honoraires, ce que Restaurateur est à :

(A) Somme
(B) Frais
(C) Pourboire
(D) Addition

[84] Ecran : Regarder

(A) Haut-parleur : Ecouter
(B) Climatiseur : Refroidir
(C) Projecteur : Assombrir
(D) Imprimante : Dactylographier

[85] Pluie est à Sécheresse, ce que Remède est à :

(A) Pathologie
(B) Maladie
(C) Virus
(D) Mort

[86] Sphère est à Boule, ce que périmètre est à :

(A) Rectangle
(B) Distance
(C) Aire
(D) Volume

[87] Feuille est à Forêt, ce que Ecume est à :

(A) Eau
(B) Vague
(C) Océan
(D) Mer

[88] Dé : s'est piqué

(A) Fruit : a été cueilli
(B) Etincelle : a brûlé
(C) Couvercle : s'est fermé
(D) Ancre : a dérivé

9. Soulignez l'intrus

Pour les questions numérotées de 89 à 100, chaque question vous présente une série de quatre mots. Parmi ces quatre mots, trois d'entre eux appartiennent à la même famille et sont donc régis par un ou plusieurs liens logiques. **Ces liens portent sur la définition et la signification des mots, et non sur leur forme** (on entend par « forme », le nombre de lettres qu'il y a par exemple dans un mot ou encore la présence d'une voyelle en fin de mot).

Vous devez donc inférer les relations d'appartenance entre ces trois mots et exclure alors le quatrième mot qui est l'intrus et qui n'entretient pas de liens avec les autres mots de la série.

Exemple 1 : Fourchette – Assiette – Cuillère – Couteau ⇒ l'intrus est « Assiette ».

Explication : la fourchette, la cuillère et le couteau sont des couverts. L'assiette n'est pas un couvert. L'assiette est donc l'intrus de cette série.

Exemple 2 : Billard – Baby-foot – Scrabble – Flipper ⇒ l'intrus est « Scrabble ».

Explication : le billard, le Baby-foot et le flipper sont des jeux que l'on trouve typiquement dans des bars ou des troquets. On peut naturellement trouver un Scrabble dans un bar ou un troquet et y jouer ! Mais ce jeu n'est pas typique d'un bar ou d'un troquet.

[89] Triangle – Rectangle – Losange – Parallélogramme

[90] Emeraude – Bague – Saphir – Rubis

[91] Métonymie – Allégorie – Synecdoque – Catharisme

[92] Proton – Neutron – Electron – Photon

[93] Afrique – Antarctique – Asie – Arctique

[94] Delaware – Sénégal – Birmanie – Zambèze

[95] Paternité – Cousinage – Maternité – Paternalisme

[96] Tanin – Cépage – Raisin – Cueillette

[97] Braise – Fumée – Feu – Flamme

[98] Espagne – Italie – Allemagne – Portugal

[99] Finir – Vieillir – Prendre – Mettre

[100] ONU – SNCF – RATP – RMI

CB 1

EPREUVE N°2
CALCUL, MATHEMATIQUES & RAISONNEMENT LOGIQUE

Cette seconde épreuve est composée de **45 questions à choix multiples (QCM) numérotées de 101 à 145.**
De nombreux thèmes sont traités dans cette épreuve : **calcul mental, arithmétique, moyennes, pourcentages, équations, règles de trois, conversions, dénombrement et combinatoire simple, proportionnalité, géométrie, raisonnement logique et argumentation, optimisation, algèbre, suites numériques, calculs de sommes, etc.**

Cette seconde épreuve vous permettra de vous entraîner efficacement aux concours suivants (liste non exhaustive) :

- SESAME : LOGIQUE 2
- ACCES : QUESTIONS DE RAISONNEMENT LOGIQUE
- ESG, EDC, EBS, TEAM… : TAGE 2 (EPREUVES DE CALCUL 2 ET 5)
- PASS : QCM D'ANALYSE QUANTITATIVE
- PRISM : EPREUVE DE MATHEMATIQUES

CONSIGNES

Vous disposez de **60 minutes** pour répondre aux **45 questions** de cette seconde épreuve. Pour chacune de ces questions, **une seule réponse est possible.**
Attention : l'usage de la calculatrice est strictement interdit.

[101] Lorsqu'un responsable supervise ses subalternes, il bénéficie de droits que lui confère sa fonction, parmi lesquels l'autorité. Il existe bien entendu certains individus qui jouissent d'une autorité naturelle liée au charisme. Si un responsable quitte son poste, alors il perd l'autorité liée à ce poste et elle revient alors au nouveau responsable. Que peut-on en conclure ?

(A) Il faut avoir de l'autorité pour être responsable.
(B) L'autorité a pour seule source le charisme.
(C) Certains chefs n'ont pas d'autorité.
(D) Une personne sans charisme peut être chef.

[102] Une course d'endurance consiste à effectuer 12 tours d'un parcours de 1 230 mètres. Quelle distance, en kilomètres, les participants auront-ils parcourue à l'issue de la course ?

(A) 13,84 km
(B) 14,36 km
(C) 14,76 km
(D) 15,22 km

[103] On considère la suite (U_n) définie par $U_n = (n + 1)^2 - n^2$. Quelle est la somme des 5 premiers termes de la suite ?

(A) 22
(B) 25
(C) 24
(D) 26

[104] Le prix de vente hors taxe d'un téléphone est égal à 200 €. Quel est le prix TTC du téléphone, sachant qu'il est soumis à une taxe de 5,5 % ?

(A) 211 €
(B) 212,50 €
(C) 214 €
(D) 216,25 €

[105] Jean-Luc a deux filles qui s'appellent Christine et Brigitte. Brigitte n'a qu'une fille. François est le cousin de Mathilde. Pierre, qui n'est malheureusement pas très grand, est toutefois plus grand que sa tante Brigitte. Parmi les conclusions suivantes, laquelle est juste ?

(A) Pierre est le fils de Jean-Luc.
(B) Mathilde est la sœur de Pierre.
(C) Brigitte est la mère de Pierre.
(D) Pierre et François sont frères.

[106] Une usine produit 23 800 pièces en une journée. Le 17 janvier 2010, 4 998 pièces ont été déclarées défectueuses. Quel est le pourcentage de pièces défectueuses le 17 janvier 2010 ?

(A) 18 % (C) 20 %
(B) 19 % (D) 21 %

[107] Voici les notes obtenues par Xavier au baccalauréat : 16 (coefficient 3) ; 12 (coefficient 2) ; 8 (coefficient 4) et 17 (coefficient 1). Quelle moyenne Xavier a-t-il obtenue au baccalauréat ?

(A) 11,8 (C) 12,3
(B) 12,1 (D) 12,4

[108] Quel capital faut-il placer à intérêts composés pendant 2 ans au taux annuel de 3 % pour obtenir un capital final de 5 000 € ?

(A) 4 684 € (C) 4 713 €
(B) 4 698 € (D) 4 732 €

[109] Je vous montre une photo et vous me demandez « Qui est-ce ? » Je réponds : « Le père de l'homme que je regarde est le fils de mon père. » Si je suis fils unique, alors qui apparaît sur la photo ?

(A) Moi-même. (C) Mon fils.
(B) Mon oncle. (D) Mon grand-père.

[110] La moyenne des billes possédées par Pierre, Alfred et Charles est égale à 13. Combien de billes possèdent-ils à eux trois ?

(A) 38 (C) 40
(B) 39 (D) 41

[111] Combien de cubes de 25 L de volume est-il possible d'inscrire dans un cube ayant un volume d'un mètre cube ?

(A) 40 (C) 48
(B) 44 (D) 52

[112] Lors d'une négociation syndicale, 6 délégations se retrouvent autour d'une table hexagonale. Le MEDEF est assis à gauche du gouvernement et n'est pas assis en face de FO. La CFTC est assise en face de la Caisse des retraites, et la CGT n'est pas assise à côté de la CFTC. Parmi les propositions suivantes, laquelle est fausse ?

(A) Le MEDEF est assis face à la CGT.
(B) FO est assise à la gauche de la Caisse des retraites.
(C) La CFTC et la CGT ne sont pas assises à côté.
(D) Le MEDEF est assis à la droite de la CFTC.

[113] En janvier 2011, une usine produit 2 800 bouteilles. Chaque mois, l'entreprise parvient à augmenter sa production de 200 bouteilles. Au bout de combien de mois l'entreprise aura-t-elle réussi à tripler la production de janvier 2011 ?

(A) 26
(B) 27
(C) 28
(D) 29

[114] Dans une course de chevaux, 12 jockeys s'affrontent. Les parieurs jouent sur le triplet de chevaux vainqueurs dans l'ordre (tiercé dans l'ordre). Combien de tickets faut-il jouer si l'on veut être sûr de toucher le tiercé dans l'ordre ?

(A) 1 320
(B) 1 470
(C) 1 580
(D) 1 640

[115] Un produit coûte 200 €. Il subit une augmentation de 12 %, suivie d'une baisse de 12 %. Quel est le prix final du produit ?

(A) 196,80 €
(B) 197,12 €
(C) 197,76 €
(D) 198,20 €

[116] Si le 11 septembre 2010 est un samedi, quel jour le 18 janvier 2011 sera-t-il ?

(A) Lundi.
(B) Mardi.
(C) Mercredi.
(D) Jeudi.

[117] On lance simultanément trois dés classiques à 6 faces, numérotées de 1 à 6. On note S la somme des faces obtenues. De combien de façons différentes peut-on obtenir une somme égale à 10 ?

(A) 4 (C) 8
(B) 6 (D) 12

[118] Dans un tiroir, on trouve 3 chaussettes bleues, 2 chaussettes rouges, 5 chaussettes vertes, 3 chaussettes jaunes, 4 chaussettes pourpres et 6 chaussettes mauves. Combien de chaussettes doit-on tirer au minimum pour être sûr d'obtenir deux chaussettes d'une même couleur ?

(A) 2 (C) 7
(B) 4 (D) 9

[119] Si l'on multipliait la longueur et la largeur d'un rectangle par 4, alors l'aire du nouveau rectangle serait égale à 64 cm². Quelle est l'aire de ce rectangle ?

(A) 4 cm² (C) 12 cm²
(B) 8 cm² (D) 16 cm²

[120] Il existe du bon vin qui n'est pas français. Tout vin français est bon. Que peut-on en déduire ?

(A) Il existe du mauvais vin à l'étranger.
(B) Le vin étranger n'est jamais bon.
(C) Tous les bons vins sont français.
(D) Aucun bon vin n'est pas français.

[121] On forme le plus grand et le plus petit des nombres à trois chiffres différents. Quelle est la différence entre ces deux nombres ?

(A) 864 (C) 885
(B) 874 (D) 899

[122] Que vaut la somme des carrés des nombres de 1 à 9 ?

(A) 730 (C) 855
(B) 812 (D) 903

[123] On considère un nombre N. Si je retranche 3 à ce nombre, le multiplie ensuite par 4, puis lui ajoute 12 et le divise enfin par 6, alors le nombre obtenu est égal à 8. Quel est ce nombre ?

(A) 9 (B) 10 (C) 11 (D) 12

[124] On considère la proposition logique suivante : (A et B) ⟹ (C ou D). Parmi les propositions suivantes, laquelle est la contraposée de cette proposition ?

(A) (non A et non B) ⟹ non (C ou D)
(B) non (C ou D) ⟹ (non A et non B)
(C) (non C et non D) ⟹ (non A ou non B)
(D) non (C ou D) ⟹ (non A ou non B)

[125] Que vaut le sixième du quart du cinquième de 72, multiplié par le tiers de 35 ?

(A) 7 (C) 21
(B) 15 (D) 27

[126] Que vaut le produit AB × CD, sachant que A + B = D ; D - C = B ; 2A = C et C - A = 2B ?

(A) 10 (C) 23
(B) 18 (D) 26

[127] A New York, la température est de 104 degrés Fahrenheit. Quelle est la température en degrés Celsius à New York, sachant que le 0 °C est fixé à 32 °F, et que 10 °C sont équivalents à 18 °F ?

(A) 28° (C) 37°
(B) 33° (D) 40°

[128] Fabien ment le lundi, le mardi et le mercredi, et dit la vérité les autres jours de la semaine. Il affirme à un ami :

(1) Demain, je mentirai. (2) J'ai dit la vérité hier.

Quel jour sommes-nous ?

(A) Lundi. (C) Jeudi.
(B) Mercredi. (D) Samedi.

[129] Que vaut A - B sachant que $A^2 + B^2 = 20$ et $A \times B = 8$?

(A) 2 (C) 7
(B) 4 (D) 11

[130] Thomas et Laurent se donnent rendez-vous au cinéma à 20 h. Thomas, qui part à 19 h 45 habite à 4 km du cinéma et décide d'y aller en marchant à la vitesse de 6 km/h. Laurent arrive à 20 h 02 au cinéma. Combien de temps Laurent va-t-il attendre Thomas ?

(A) 14 minutes (C) 22 minutes
(B) 18 minutes (D) 24 minutes

[131] Je prends 10 % de 20 % de 30 %. Quelle est ma part du total ?

(A) 16 % (C) 1,2 %
(B) 3 % (D) 0,6 %

[132] Quel est l'angle formé par les aiguilles d'une montre, lorsqu'il est 3 h 15 mn ?

(A) 0° (C) 7,5°
(B) 6° (D) 9°

[133] La moyenne de deux entiers A et B vaut 40, et la moyenne de deux entiers C et D est égale à 60. Que vaut la moyenne de A, B, C et D ?

(A) 45 (C) 55
(B) 50 (D) 60

[134] Au cours d'un repas, cinq personnes s'assoient autour d'une table ronde. Combien de tablées peut-on composer avec ces cinq personnes ?

(A) 24 (C) 119
(B) 25 (D) 120

[135] Plusieurs amis vont dîner au restaurant. A la fin de la soirée, ils décident tous de payer le même montant et de partager l'addition. Ils payent tous alors 20 €, mais malheureusement il manque 14 € pour arriver au compte. Finalement, ils payent tous 23 €, mais il y a alors 7 € en trop. Combien sont-ils ?

(A) 7 (C) 9
(B) 8 (D) 11

[136] On compte dans un tiroir 4 tee-shirts verts, 3 tee-shirts bleus, 11 tee-shirts blancs et 6 tee-shirts noirs. Combien de tee-shirts doit-on tirer au minimum pour être sûr d'avoir 2 tee-shirts d'une couleur différente ?

(A) 2 (C) 8
(B) 4 (D) 12

[137] Le prix du baril de pétrole a augmenté de 3 % au mois de mai puis de 5 % au mois de juin. Que vaut la hausse du prix sur les deux mois ?

(A) 8 % (C) 8,50 %
(B) 8,15 % (D) 9 %

[138] Quelle est la vitesse moyenne d'un train qui parcourt 1 156 km en 3 h 24 min ?

(A) 280 km/h (C) 324 km/h
(B) 316 km/h (D) 340 km/h

[139] Christine va à la boulangerie et achète des croissants à 1 € le croissant, des baguettes à 50 centimes d'euro la pièce et des pains de campagne à 1,2 € l'unité. Sachant que Christine a payé pour les 12 articles 11,50 € dont 1,5 € de baguettes, combien lui ont couté les pains de campagne ?

(A) 4 € (C) 6 €
(B) 5,5 € (D) 8,5 €

[140] Une boîte contient 35 boules vertes, quelques boules noires et 9 boules rouges. La probabilité de tirer une boule noire en piochant au hasard étant de 1/23, combien y a-t-il de boules noires ?

(A) 1 (C) 3
(B) 2 (D) 4

INTERPRETATION DE GRAPHIQUES ET DE TABLEAUX : ENONCE

Un organisme de prévention routière a mené une étude sur « le coup du lapin » lors d'accidents de la route. 50 hommes et 50 femmes ont participé à une expérience consistant à mesurer « l'angle d'inclinaison » de la tête au moment de la collision d'une automobile à la vitesse de 50 km/h, pour évaluer la gravité du choc infligé à la tête. Les résultats de l'expérience sont indiqués dans le graphique de la façon suivante : chaque point indique le nombre de sujets (hommes et femmes) avec l'angle maximal d'inclinaison de la tête, en marquant l'intersection de la droite décrivant l'angle et de l'arc de cercle indiquant le nombre de personnes.

Par exemple, 40 hommes ont incliné la tête selon un angle inférieur ou égal à 60°.

nombre de sujets ayant incliné la tête selon un angle inférieur ou égal à -

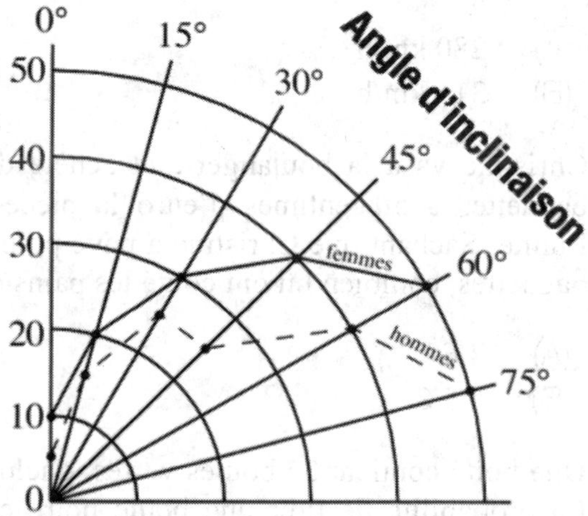

QUESTIONS

[141] Le nombre de femmes ayant incliné la tête selon un angle inférieur ou égal à 60° est identique au nombre d'hommes ayant incliné la tête selon un angle inférieur ou égal à :

(A) 30°
(B) 45°
(C) 60°
(D) 75°

[142] Quel pourcentage de l'ensemble des sujets a incliné la tête selon un angle inférieur ou égal à 45° ?

(A) 32,5 %
(B) 40 %
(C) 65 %
(D) 77,5 %

[143] Combien de sujets ont incliné la tête selon un angle inférieur ou égal à 60° ?

(A) 80
(B) 85
(C) 90
(D) 95

[144] Combien d'hommes ont incliné la tête selon un angle supérieur à 30° mais inférieur à 45° ?

(A) 0
(B) 5
(C) 10
(D) 15

[145] Quel est l'angle d'inclinaison moyen des femmes au cours de l'expérience ?

(A) 15°
(B) 30°
(C) 45°
(D) 60°

CONCOURS BLANC NUMERO 1 : GRILLE DES REPONSES JUSTES

LOGIQUE						CALCUL			
1	GOUFFRE	35	RIVE	69	NUIT	101	D	133	B
2	GIGANTESQUE	36	K	70	5	102	C	134	A
3	VERSATILE	37	EGF	71	V	103	B	135	A
4	MARCHAND	38	Y	72	43	104	A	136	D
5	SEPARATION	39	K	73	25	105	D	137	B
6	MEPRISER	40	IWY	74	24	106	D	138	D
7	OPPOSITION	41	M	75	3567	107	B	139	C
8	BAVARD	42	M	76	C	108	C	140	B
9	AMBIGU	43	BOD	77	C	109	C	141	D
10	ENFREINDRE	44	B	78	D	110	B	142	C
11	81	45	BAC	79	A	111	A	143	C
12	14 / 24	46	D	80	C	112	B	144	A
13	736	47	Z	81	A	113	C	145	B
14	75	48	JOT	82	D	114	A		
15	91	49	Z	83	D	115	B		
16	26 / 38	50	Q	84	A	116	B		
17	216 / 88	51	ADDITION	85	B	117	B		
18	200	52	JONCTION	86	C	118	C		
19	720	53	PRATIQUE	87	D	119	A		
20	36	54	CLAIR	88	D	120	D		
21	6778	55	FISSION	89	TRIANGLE	121	C		
22	72	56	MARIAGE	90	BAGUE	122	C		
23	23	57	IMMUNITE	91	CATHARISME	123	D		
24	24	58	NOBLESSE	92	PHOTON	124	C		
25	25	59	LIBERALISME	93	ARCTIQUE	125	A		
26	LOIN	60	LACONIQUE	94	BIRMANIE	126	A		
27	MERCI	61	8	95	PATERNALISME	127	D		
28	TIEDE	62	4	96	CUEILLETTE	128	B		
29	SOIR	63	1	97	FUMEE	129	A		
30	REACTION	64	3	98	PORTUGAL	130	C		
31	LUCARNE	65	3	99	FINIR	131	D		
32	VOITURES	66	F	100	ONU	132	C		
33	ARMEE	67	86241						
34	ECART	68	136						

CORRIGES DU CONCOURS BLANC NUMERO 1

1

[1] Au sens propre, un *abysse* est une région très profonde des mers et des océans. Dans un sens plus général, l'abysse est un trou très large dont on ne peut pas voir le fond. C'est un *gouffre*.
Réponse : GOUFFRE

[2] L'adjectif *gargantuesque* qualifie ce qui est à l'échelle de Gargantua, le géant de Rabelais. Vous deviez donc penser au synonyme *gigantesque*.
Réponse : GIGANTESQUE

[3] Une personne est *lunatique* si elle présente un caractère instable et changeant. Une personne *versatile* change souvent d'opinion et d'attitude.
Réponse : VERSATILE

[4] L'adjectif *mercantile* désigne ce qui est du domaine *marchand*.
Réponse : MARCHAND

[5] Le *schisme* (souvent religieux) est une rupture ou une scission. C'est en fait la *séparation* de deux éléments.
Réponse : SEPARATION

[6] *Vilipender* quelqu'un, c'est le critiquer et le *mépriser*.
Réponse : MEPRISER

[7] Deux choses sont *antagonistes* si elles luttent l'une contre l'autre. Pensez à l'antagonisme des partis politiques (la gauche et la droite) par exemple. Il fallait que vous trouviez comme synonyme *opposition*.
Réponse : OPPOSITION

[8] Une personne *prolixe* parle beaucoup : elle est trop longue dans ses discours. Concrètement, elle est trop *bavarde*.
Réponse : BAVARD

[9] Ce qui a un sens *équivoque* a également un sens *ambigu*.
Réponse : AMBIGU

[10] *Transgresser* la loi, c'est aussi *enfreindre* la loi.
Réponse : ENFREINDRE

[11] Le critère est celui d'une progression arithmétique, que vous devez multiplier par deux à chaque nouveau terme : +4/+8/+16/+32.
Réponse : 81

[12] Cette série combine deux suites : la première suite est une suite arithmétique et décroissante de raison -1 (17, 16, 15, etc.) et la seconde est arithmétique et croissante de raison 2 (18, 20, 22, etc.).
Réponse : 14 et **24**

[13] Cette série suit une progression géométrique de raison 2, avec comme premier terme 23 : 23 x 2 = 46, 46 x 2 = 92, etc. En conséquence, 368 x 2 = 736.
Réponse : 736

[14] Cette série décroissante suit un modèle de type -24/-12/-6/-3.
Réponse : 75

[15] Chaque terme est la somme des deux termes précédents : 25 = 17 + 8 ; 33 = 25 + 8 ; 58 = 33 + 25… Par conséquent, 58 + 33 = 91.
Réponse : 91

[16] Deux suites arithmétiques de raisons +4 et +7 sont combinées dans cette série. Les termes de la première suite sont : 14 – 18 – 22, et les termes de la seconde suite sont 17 – 24 – 31.
Réponse : 26 et **38**

[17] Vous devez combiner deux suites géométriques de raisons respectives 3 et 2 : 8 – 24 – 72 – 216, et 11 – 22 – 44 – 88.
Réponse : 216 et **88**

[18] Observez les sommes partielles des premiers nombres : 18 = 9 + 5 + 4 ; 32 = 18 + 9 + 5 ; 59 = 32 + 18 + 9 ; 109 = 59 + 32 + 18. Les trois premiers termes sont donnés et par la suite, chaque nouveau terme est la somme des trois termes précédents. En conséquence, 109 + 59 + 32 = 200.
Réponse : 200

[19] Vous reconnaissez la suite des factoriels : 1 ; 1 x 2 ; 1 x 2 x 3 ; 1 x 2 x 3 x 4 ; 1 x 2 x 3 x 4 x 5. La réponse est donc égale à 1 x 2 x 3 x 4 x 5 x 6.
Réponse : 720

[20] Modèle +14/-11, c'est-à-dire 16 + 14 = 30 ; 30 - 11 = 19 ; 19 + 14 = 33 ; 33 - 11 = 22. Vous ajoutez alors 14 à 22 pour obtenir la réponse.
Réponse : 36

[21] Dans cette série, la progression arithmétique est positive, mais décroissante : vous ajoutez d'abord 732, puis 731, ensuite 730, etc.
Réponse : 6778

[22] Pour passer d'un terme au suivant, vous devez ajouter chaque fois un carré parfait : +1/+4/+9/+16… Vous devez alors ajouter le carré de 5 à 47, *i.e.* 25 à 47.
Réponse : 72

[23] *Sens de la série :* sens horizontal allant de gauche à droite. La série commence à la première ligne.
Critère : la série est une suite arithmétique de raison 2. Par conséquent, entre 21 et 25, la réponse est 23.
Réponse : 23

[24] *Sens de la série :* le sens de la série est diagonal. La série commence dans le coin en haut à droite avec le 2.
Critère : la série est une suite arithmétique de raison 2. Par conséquent, le dernier terme de la série qui suit 22 est 24.
Réponse : 24

[25] *Sens de la série :* le sens de la série est horizontal et part de la gauche. La série commence à la première ligne.
Critère : la série est une suite arithmétique de raison 3.
Réponse : 25

[26] **LOIN**
[27] **MERCI**
[28] **TIEDE**
[29] **SOIR**
[30] **REACTION**
[31] **LUCARNE**
[32] **VOITURES**
[33] **ARMEE**
[34] **ECART**
[35] **RIVE**

[36] Cette série suit un critère alterné de type -1/-2. En conséquence, vous devez remonter d'une lettre à partir du L.
Réponse : K

[37] Progression de type +1/+1/+1.
Réponse : EGF

[38] Cette série est la suite des voyelles : A, E, I, O, U et donc Y.
Réponse : Y

[39] Vous devez retirer d'abord 1 lettre, puis 2 lettres, ensuite 3 lettres, etc. Par conséquent, entre le U et le T, vous retirez 1 lettre ; entre le R et le T, vous retirez 2 lettres ; entre le O et le R, vous retirez 3 lettres, etc.
Réponse : K

[40] Progression de type +4/+4/+4.
Réponse : IWY

[41] Veillez à inscrire les rangs des lettres pour mieux voir la progression : 1 – 2 – 3 – 5 – 7 – 11 – 13. Les rangs des lettres de la série suivent la suite des nombres premiers. La lettre qui a pour rang 13 est M.
Réponse : M

[42] Voilà une série peu évidente ! Aucun critère ne semble marcher à première vue : pas de progression arithmétique, ni de progression géométrique, pas de progression alternée et rien sur les critères de récurrence… Vous devez vous rabattre sur la représentation de chaque lettre comme initiales d'une suite de mot logique : Unité, Dizaine, Centaine, Millier, Millions et Milliard.
Réponse : M

[43] Progression de type -2/-1/+4.
Réponse : BOD

[44] Le rang de chaque terme est égal à la somme des deux rangs précédents. La somme des rangs de K et Q est égale à 28, soit 26 + 2.
Réponse : B

[45] Progression de type -2/-2/-2.
Réponse : BAC

[46] La progression arithmétique croissante est de type : +2/+4/+8/+16. Vous devez alors ajouter 16 lettres à N. Pensez aussi à recommencer l'alphabet après avoir atteint le Z.
Réponse : D

[47] La série suit une progression arithmétique de type +1/+3/+5/+7/+9.
Réponse : Z

[48] Progression de type +2/-1/+2.
Réponse : JOT

[49] Progression croissante avec un saut de 3 lettres entre chaque lettre : **F** *ghi* **J** *klm* **N** *opq* **R** *stu* **V** *wxy* **Z**
Réponse : Z

[50] La série suit une progression croissante qui correspond à l'écart des nombres premiers entre eux. La suite des nombres premiers étant 1, 2, 3, 5, 7, 11, 13, 17… la suite des écarts entre les nombres premiers est 1, 1, 2, 2, 4, 2, 4.
Réponse : Q

[51] Le contraire de la *soustraction* est l'*addition*.
Réponse : ADDITION

[52] Un antonyme de *séparation* est *jonction*.
Réponse : JONCTION

[53] Il est systématique d'opposer le théoricien au praticien. L'antonyme de *théorie* est donc *pratique.*
Réponse : PRATIQUE

[54] Parmi les oxymores les plus célèbres (figure de style qui utilise des mots de sens contraire), vous pouvez trouver le *clair-obscur*, qui est notamment un procédé de mise en valeur en peinture.
Réponse : CLAIR

[55] Dans le domaine nucléaire, on parle de *fusion* et de *fission* : la fusion transforme deux éléments en un, tandis que la *fission* scinde un élément en plusieurs éléments.
Réponse : FISSION

[56] Le *mariage* est l'antonyme de *divorce.*
Réponse : MARIAGE

[57] **Réponse : IMMUNITE**

[58] **Réponse : NOBLESSE**

[59] **Réponse : LIBERALISME**

[60] Une personne loquace parle volontiers et abondamment. La personne *laconique* s'exprime au contraire en peu de mots, sans détails inutiles, à la manière célèbre des anciens habitants de Laconie.
Réponse : LACONIQUE

[61] Le chiffre entre parenthèses correspond au nombre de lettres qu'il y a dans le mot.
Réponse : 8

[62] Le chiffre entre parenthèses correspond au nombre de barres de chaque lettre : 3 barres pour le A et pour le Y, 4 barres pour M et 4 barres pour W.
Réponse : 4

[63] Le chiffre correspond au nombre de E présents dans chaque mot : trois E pour EPROUVETTE, 2 E pour ENVOYER, 3 E pour PERMETTRE, et 1 E pour APPROUVER.
Réponse : 1

[64] Le chiffre entre parenthèses correspond au nombre de consonnes du mot précédant les parenthèses : 4 pour TABOURET, 3 pour LUMIERE, 5 pour CONDITION et 3 pour MUSIQUE.
Réponse : 3

[65] Le chiffre entre parenthèses est égal au nombre de syllabes de chaque mot : EXTINCTEUR est composé de 3 syllabes, CAPITALISTE se compose de 4 syllabe, TEST a seulement 1 syllabe et enfin RESTAURANT est un mot de 3 syllabes.
Réponse : 3

[66] Dans cette série, le rang de la lettre entre parenthèses correspond au chiffre du milieu : B = 2, G = 8, I = 9 et F = 6.
Réponse : F

[67] Voici un codage classique. Vous associez à chaque lettre un chiffre : le 2 au N, le 4 au O, le 8 au R, etc. Vous pouvez alors coder RENOM.
Réponse : 86241

[68] Les chiffres entre parenthèses indiquent les positions des consonnes dans le mot. Pour PISCINE, les consonnes se situent en positions 1, 3, 4 et 6. Pour SOLEIL, les consonnes se situent en positions 1, 3 et 6.
Réponse : 136

[69] Il s'agit ici d'un codage : les chiffres indiquent la position finale des lettres qui suivent immédiatement. En conséquent, le N doit être en position 1, le U doit être en position 2, le I doit être en position 3 et le T en position 4.
Réponse : NUIT

[70] Le chiffre entre parenthèses correspond à la somme des barres des deux lettres : EF correspond à 4 + 3 = 7 lettres, IK correspond à 1 + 3 = 4, HL correspond à 3 + 2 = 5.
Réponse : 5

[71] Voilà une question qui innove pas mal dans les séries de raisonnement. Cette série est phonétique et lorsque vous lisez les lettres à voix haute, vous obtenez en fait un langage SMS ou texto : OQP = occupé, HEV = achevé, AJT = agité. Vous deviez trouver le V pour former le mot « énervé ».
Réponse : V

[72] La somme des rangs des deux lettres est égale au nombre entre parenthèses : I + J = 9 + 10 = 19 ; F + K = 6 + 11 = 17 et U + V = 21 + 22 = 43.
Réponse : 43

[73] Le nombre entre parenthèses est égal au nombre de lettres du mot, élevé au carré. Le mot « livre » possède 5 lettres.
Réponse : 25

[74] Il s'agit ici d'un codage : « & » est égal à 10 et « ° » est égal à 1. En conséquence, « &&°°°° » = 10 + 10 + 1 + 1 + 1 + 1 = 24.
Réponse : 24

[75] Les chiffres indiquent la position des voyelles dans chaque mot : pour PRATIQUE, les voyelles sont situées à la 3e, 5e, 6e et 7e position.
Réponse : 3567

[76] Lien : le mètre est l'unité de mesure de la longueur. Le mètre carré mesure non pas une distance ou un volume, mais bien une surface. Attention, ne confondez pas l'air (air que l'on respire ou air de musique) et l'aire (la surface).
Réponse : C

[77] Lien : *apprivoisé* est le contraire de *Sauvage.* L'analogie doit donc permettre de retranscrire l'opposition de sens. Seul le couple « Nationalisé – Privé » est un couple d'antonymes.
Réponse : C

[78] Lien : le socialisme est le mouvement antagoniste du libéralisme, c'est-à-dire le mouvement qui lutte contre et qui opère un effet contraire. Le terme antagoniste à *la paix* est *la guerre.*
Réponse : D

[79] Lien : la démocratie est le gouvernement du peuple. L'étymologie du mot vient du grec *demos* qui signifie « peuple », et *kratos* qui signifie « pouvoir ». L'aristocratie n'est pas le gouvernement des riches ou des puissants, mais étymologiquement, c'est le gouvernement des meilleurs.
Réponse : A

[80] Lien : le stéthoscope est l'outil le plus utile du médecin, celui qui lui permet d'ausculter le cœur, qui est l'organe le plus important du corps humain. Le stéthoscope est véritablement l'objet qui symbolise le médecin. L'instrument (de musique évidemment) est l'outil principal du musicien, celui qui lui permet de faire de la musique. Le musicien n'a pas besoin nécessairement de partition ou d'orchestre pour faire de la musique.
Réponse : C

[81] Lien : appellation du lieu de travail. Le cabinet est le nom donné au bureau et à l'activité de l'avocat. Pour un notaire, on parle traditionnellement d'étude notariale.
Réponse : A

[82] L'analogie proposée associe au policier son instrument de travail : le pistolet permet de faire régner l'ordre. Vous devez associer ici au bactériologiste l'instrument avec lequel il travaille. La culture, l'échantillon ou le test ne sont pas des instruments. Le bactériologiste étudie les bactéries et doit donc les observer à l'aide d'un microscope.
Réponse : D

[83] Lien : ce que l'on doit payer. Si vous faites appel aux services d'un avocat, alors il va vous demander de payer des *honoraires*. Lorsque vous allez au restaurant, vous devez payer à la fin du repas non pas une somme ou des frais, mais *l'addition*. Le pourboire n'est pas le paiement obligatoire, et ne peut donc pas être la bonne réponse.
Réponse : D

[84] Le lien du couple « Ecran : Regarder » est un lien typique d'une expression. On regarde un écran. On ne refroidit pas un climatiseur, on n'assombrit pas un projecteur, on ne dactylographie pas une imprimante. En revanche, on écoute un haut-parleur.
Réponse : A

[85] Lien : lutter contre, prévenir, empêcher, guérir. La pluie prévient de la sécheresse et permet de lutter contre. A quoi un remède sert-il ? Il permet d'empêcher une maladie ou de la guérir. Il n'empêche pas la pathologie, puisque la pathologie est définie comme la science qui a pour objet les maladies.
Réponse : B

[86] En géométrie, la différence entre une sphère et une boule est précise : la sphère est une surface dans l'espace, tandis que la boule est un volume. En d'autres termes, la sphère est seulement le contour extérieur de la boule. La boule est pleine à l'intérieur, alors que la sphère est vide. Vous devez donc faire apparaître cette analogie. Le *périmètre* correspond seulement au contour (la sphère), et l'intérieur (la boule) correspond à l'*aire*.
Réponse : C

[87] Lien : appartenance et sous-ensemble. Une feuille appartient à un arbre, et un ensemble d'arbres compose une forêt. Remarquez bien qu'il y a deux relations d'appartenance consécutives dans cette analogie. L'écume appartient à la vague et les vagues appartiennent à la mer. Vous devez respecter les deux niveaux à partir de l'écume. Le terme « eau » est trop général, et le terme « océan » correspond au troisième niveau d'appartenance. Le terme attendu est par conséquent *mer*.
Réponse : D

[88] Un dé (de couture) empêche de se piquer. Une ancre empêche de dériver. Les autres réponses ne retranscrivaient aucunement le sens du couple initial.
Réponse : D

[89] Le lien logique qui régit la série est le nombre de côtés de chaque figure. Un rectangle, un losange et un parallélogramme ont chacun quatre côtés, tandis qu'un triangle a seulement trois côtés. En conséquence, *triangle* est l'intrus.
Réponse : TRIANGLE

[90] Le lien logique réside ici dans la préciosité des pierres. L'émeraude, le saphir et le rubis sont des pierres précieuses. L'intrus est donc la *bague*.
Réponse : BAGUE

[91] La métonymie, l'allégorie et la synecdoque sont des figures de style, ce qui n'est pas le cas de du *catharisme*.
Réponse : CATHARISME

[92] Le lien logique est l'atome. Le proton, le neutron et l'électron sont les éléments qui composent l'atome. Le photon est un élément de la lumière et n'a rien à voir avec l'atome. L'intrus est par conséquent le *photon*.
Réponse : PHOTON

[93] Tous les termes doivent être des continents. L'*Arctique* n'est pas un continent puisque c'est seulement une masse de glace sans terre, contrairement à l'Afrique, l'Asie ou l'Antarctique.
Réponse : ARCTIQUE

[94] Un peu de géographie pour cette série d'intrus ! Trois termes de la série désignent en fait des fleuves, et non des pays comme vous pouvez le penser légitimement à première vue. Le Delaware et le Sénégal sont des fleuves avant d'être des Etats, et le Zambèze est un fleuve qui passe en Zambie. L'intrus est donc la *Birmanie*.
Réponse : BIRMANIE

[95] La série tourne ici autour des relations familiales. Le *paternalisme* n'est pas un lien familial en tant que tel : c'est une forme de gestion de l'entreprise, qui consiste à assimiler l'entreprise à une grande famille dans laquelle le patron est le père et les employés sont les enfants.
Réponse : PATERNALISME

[96] Le lien logique est la viticulture et le rapport au vin : le tannin est une substance contenue dans le raisin, le cépage est un plant de vigne cultivé, le raisin est l'ingrédient de base du vin. La *cueillette* n'est pas un terme spécifiquement viticole, c'est donc l'intrus.
Réponse : CUEILLETTE

[97] Tous les termes de la série doivent être des sources de chaleur. Une braise, une flamme dégagent de la chaleur, tout comme le feu. La *fumée* n'est pas une source de chaleur.
Réponse : FUMÉE

[98] Ici, l'Espagne, l'Italie et l'Allemagne sont des pays frontaliers de la France, ce qui n'est pas le cas du *Portugal.*
Réponse : PORTUGAL

[99] L'ensemble de référence dans cette série d'intrus est l'appartenance au 3e groupe des verbes. Vieillir, prendre et mettre sont des verbes du 3e groupe, alors que *finir* est un verbe du 2e groupe.
Réponse : FINIR

[100] Attention à bien différencier les sigles des acronymes : SNCF, RATP et RMI sont des sigles, tandis qu'*ONU* est un acronyme.
Réponse : ONU

[101] Dans ce type de raisonnements, éliminez les réponses une à une en les testant. La réponse A n'est pas satisfaisante, puisqu'une personne dotée de charisme a une autorité naturelle. La réponse B est bien sûr fausse puisque le responsable tire son autorité de son poste. La réponse C contredit également la même hypothèse. Par conséquent, une personne sans charisme peut être chef.
Réponse : D

[102] Pour calculer la distance parcourue, il vous suffit de multiplier la distance d'un tour par le nombre de tours, puis de convertir en kilomètres :
12 x 1 230 m = 14 760 m = 14,76 km
Il a parcouru par conséquent 14,76 km.
Réponse : C

[103] Pour calculer les cinq premiers termes, remplaçons la lettre *n* à chaque fois par le rang du terme :
$U_0 = (0 + 1)^2 - 0^2 = 1$
$U_1 = (1 + 1)^2 - 1^2 = 3$
$U_2 = (2 + 1)^2 - 2^2 = 5$
$U_3 = (3 + 1)^2 - 3^2 = 7$
$U_4 = (4 + 1)^2 - 4^2 = 9$
La somme des 5 premiers termes est donc égale à 25.
Réponse : B

[104] Calculons le montant correspondant à la TVA à l'aide de la formule de cours d'augmentation de pourcentage :
200 € + 5,5 % x 200 € = 200 € + (5,5 x 200 €)/100 = 211 €
Réponse : A

[105] La difficulté de ce raisonnement consiste à bien identifier les différentes générations. Dans ce type d'exercices, nous vous conseillons de vous aider d'un arbre généalogique pour voir clairement les relations de parenté.

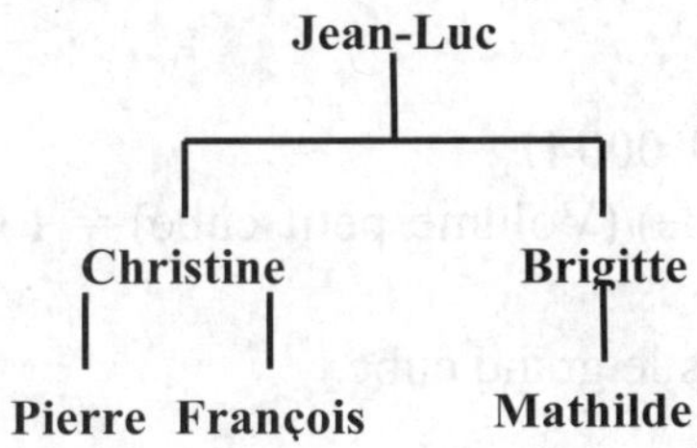

Par conséquent, la seule conclusion logique est que Pierre et François sont frères.

Réponse : D

[106] Pour trouver le pourcentage que représentent les pièces défectueuses, il suffit d'appliquer la formule suivante :

$\% \text{ Pièces}_{defectueuses} = \text{Pièces}_{defectueuses} / \text{Pièces}_{totales} \times 100 = 4\,998/23\,800 \times 100 = 21\ \%$

Réponse : D

[107] Calculez la moyenne de Xavier à l'aide de la définition d'une moyenne pondérée. Veillez à ce que ce type de calculs ne vous pose aucun problème :

$(16 \times 3 + 12 \times 2 + 8 \times 4 + 17 \times 1)/(3 + 2 + 4 + 1) = 121/10 = 12{,}1$

Réponse : B

[108] D'après la formule des intérêts composés :

$C_2 = (1 + 3\ \%)^2 \times C_0 \Leftrightarrow C_0 = C_2/1{,}03^2 = 5\,000\ €/1{,}0609 = 4\,713\ €$

Réponse : C

[109] Simplifiez la proposition pour la rendre plus compréhensible ! Si je suis fils unique, le fils de mon père est moi-même. Le père de l'homme que je regarde est donc moi-même. Je suis par conséquent le père de l'homme que je regarde, et ainsi, je regarde mon fils.

Réponse : C

[110] C'est une application du corollaire de la moyenne arithmétique :
Somme des termes = Nombre de termes x Moyenne = 3 x 13 = 39
A eux trois, Pierre, Alfred et Charles possèdent donc 39 billes.
Réponse : B

[111] Le volume du grand cube est égal à 1 m^3 = 1 000 L.
Nombre petits cubes = (Volume grand cube)/(Volume petit cube) = 1 000/25 = 40
Il est possible d'inscrire 40 petits cubes dans le grand cube.
Réponse : A

Rappel : veillez à bien maîtriser les conversions volume-capacité.
1 m^3 = 1 000 L ***1 L = 1 dm^3 = 1 000 cm^3*** ***1 mL = 1 cm^3***

[112] Voici la représentation de la table des négociations :

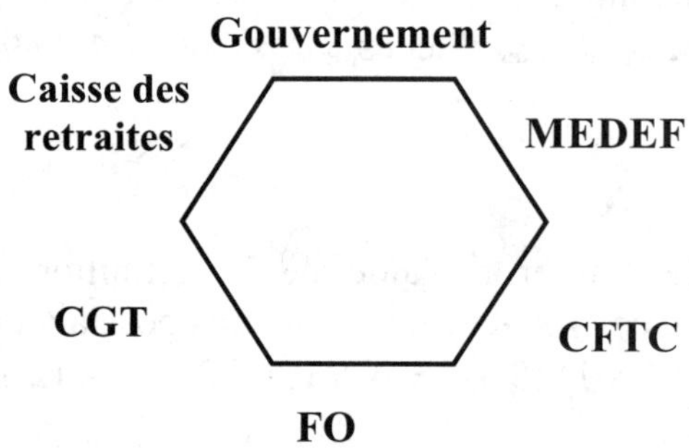

Réponse : B

[113] La production de l'entreprise au bout de n mois est égale à (2 800 + 200n) bouteilles. Par conséquent, la production aura triplé lorsque n vérifiera l'égalité suivante :
$2\,800 + 200n = 3 \times 2\,800 \Leftrightarrow n = 28$
La production aura triplé au bout de 28 mois.
Réponse : C

[114] Il y a un unique ticket gagnant : le triplet vainqueur (qui est ordonné). En conséquence, pour être sûr de gagner, il faut forcément jouer tous les triplets potentiellement vainqueurs. Le nombre de triplets potentiellement vainqueur

est égal au nombre d'arrangements de 3 éléments d'un ensemble à 12 éléments, soit 12 x 11 x 10, ou encore 1 320.

Réponse : A

[115] Traduisons d'abord l'augmentation de 12 % :

(1 + 12 %) x 200 € = 200 € + 12 x 1 % x 200 € = 200 € + 12 x 2 € = 224 €

Ecrivons maintenant la baisse de 12 % :

(1 - 12 %) x 224 € = 224 € - 12 x 1 % x 224 € = 224 € - 12 x 2,24 € = 197,12 €

Réponse : B

[116] Voici un grand classique en raisonnement. Lorsque l'on vous demande de trouver le jour de la semaine d'une date, appliquez toujours la même méthode :

- Identifiez une date de référence, dont vous connaissez le jour de la semaine.
- Comptez le nombre de jour entre la date de référence et la date dont vous cherchez le jour.
- Effectuez la division euclidienne par 7 du nombre de jours entre les deux dates (car une semaine dure 7 jours) et le reste de la division euclidienne correspond au nombre de jours qu'il faut rajouter pour arriver à la date finale.

Par conséquent dans le cas présent, entre le 11 septembre et le 18 janvier, il y a 129 jours (19 jours en septembre, 31 jours en octobre, 30 jours en novembre, 31 jours en décembre et 18 jours en janvier), ce qui correspond après la division euclidienne par 7 à 18 semaines et 3 jours. En conclusion, le 15 janvier est également un samedi, et le 18 janvier est un mardi.

Réponse : B

[117] Comment composer une somme égale à 10 avec 3 dés ? Il faut avoir les tirages suivants : {6 ; 3 ; 1}, {6 ; 2 ; 2}, {5 ; 4 ; 1}, {5 ; 3 ; 2}, {4 ; 3 ; 3}, {4 ; 4 ; 2}. Attention, l'ordre ici n'a aucune importance, puisque les dés ne sont pas discernables. Il y a donc 6 façons d'avoir une somme égale à 10.

Réponse : B

[118] Pour être sûr de tirer deux chaussettes d'une même couleur, il faut se placer dans la situation où vous avez le moins de chance, c'est-à-dire dans la situation où vous ne tirez que des chaussettes de couleurs différentes. Avec de la chance, il est possible de tirer deux chaussettes d'une même couleur en 2 tirages. Avec de la malchance, au cours des 6 premiers tirages il est possible de tirer une

chaussette rouge, puis une chaussette verte, ensuite une chaussette jaune, après une chaussette pourpre et enfin une chaussette mauve et une chaussette bleue. Au 7e tirage, une chaussette d'une couleur que l'on a déjà choisie sera nécessairement tirée, puisque l'on a déjà tiré une chaussette pour chaque couleur. En conséquence, il est sûr de tirer deux chaussettes d'une même couleur au 7e tirage.

Réponse : C

[119] **Méthode 1**

L'aire du rectangle est égale au produit de la longueur par la largeur. Cherchez donc quoiqu'il arrive à former le produit $L \times l$. L'énoncé fournit l'équation suivante :

$(4 \times L) \times (4 \times l) = 64\ \text{cm}^2 \Leftrightarrow 16 \times L \times l = 64\ \text{cm}^2 \Leftrightarrow L \times l = 64\ \text{cm}^2/16$

$\Leftrightarrow \boldsymbol{L \times l = 4\ \text{cm}^2}$

Méthode 2

Lorsque vous multipliez par 4 les proportions d'une figure, vous multipliez l'aire par 4^2, soit 16. L'aire du rectangle d'origine est donc 16 fois plus petite que celle du rectangle après transformation. Par conséquent, l'aire est égale à $64\ \text{cm}^2/16$, soit $4\ \text{cm}^2$.

Réponse : A

Astuce : souvenez-vous que lorsque vous multipliez par k les proportions d'une figure géométrique, le périmètre est multiplié par k, l'aire est multipliée par k^2 et le volume est multiplié par k^3.

[120] Nous vous conseillons fortement dans ce type de raisonnements de tester toutes les réponses. Nous n'avons aucune information sur le mauvais vin : vous éliminez la réponse A. Il existe du bon vin qui n'est pas français (il est donc étranger) : la réponse B est fausse. Tous les bons vins ne sont pas français puisqu'il y a du bon vin étranger. La seule bonne réponse est donc « aucun bon vin n'est pas français » qui découle de la négation de « tout vin français est bon ».

Réponse : D

[121] Les nombres à trois chiffres sont compris entre 100 et 999. Les nombres à trois chiffres les plus petits sont dans l'ordre 100, 101, 102, 103, etc. D'où le nombre le plus petit à trois chiffres différents est égal à 102. En raisonnant de manière analogue, le plus grand nombre à trois chiffres différents est égal à 987.

Attention à l'erreur classique qui consiste à dire que le plus petit nombre à trois chiffres différents est 123. Pour éviter ce genre d'erreurs, listez vraiment les nombres dans l'ordre croissant.
La différence de ces deux nombres est égale à 987 - 102, soit 885.
Réponse : C

[122] La somme des carrés des nombres de 1 à 9 est donnée par la formule suivante :
$[9 \times (9 + 1) \times (2 \times 9 + 1)]/6 = (9 \times 10 \times 19)2 = 855$
Réponse : C

[123] Deux méthodes sont possibles : soit vous testez directement les solutions, et après calcul (parfois hasardeux…), vous trouvez la bonne réponse 12 ; soit vous mettez en équation et vous résolvez :
$[(N - 3) \times 4 + 12]/6 = 8 \Leftrightarrow (N - 3) \times 4 + 12 = 48 \Leftrightarrow (N - 3) \times 4 = 36$
$\Leftrightarrow N - 3 = 9$, soit $N = 12$
Réponse : D

Astuce : pour effectuer une bonne mise en équation, partez toujours des informations les plus « à l'intérieur » ou encore entourées le plus de parenthèses. Ici, on effectue de nombreuses opérations sur N, commencez donc par poser N.

[124] Cette question semble un peu hermétique à première vue. Pensez à bien utiliser la contraposée : vous devez inverser le sens de l'implication et appliquer des négations partout. Nous vous rappelons que la négation de « et » est « ou ». Donc « non (A et B) » équivaut à « non A ou non B » et « non (C ou D) » équivaut à « non C et non D ».
Par conséquent, (non C et non D) $\Longrightarrow$ (non A ou non B).
Réponse : C

Astuce : si A implique B, alors non B implique non A. Rappelez-vous de la définition de la contraposée.

[125] Ecrivez pas à pas les calculs demandés :
« Le sixième du quart du cinquième » doit s'écrire « $(1/6) \times (1/4) \times (1/5)$ ».
« De 72 » s'écrit simplement « $\times 72$ ».
« le tiers de 35 » s'écrit « $1/3 \times 35$ ».

Il vous suffit alors de décomposez maintenant 72 et 35 en facteurs premiers :
(1/6) x (1/4) x (1/5) x 2 x 2 x 2 x 3 x 3 x (1/3) x 7 x 5 = 7

Réponse : A

[126] Comprenez bien déjà que les lettres A, B, C et D sont des chiffres et non des nombres. Les quatre équations permettent d'établir un système. Il suffit de résoudre méthodiquement le système suivant :

A + B = D		A + B = D		2 + B = D		B = 1
D - C = B		D - 2A = B		D = 5B		D = 3
2A = C	⇔	A + C = C + 2	⇔	A = 2	⇔	A = 2
C - A = 2		C - A = 2		C = 4		C = 4

Par conséquent :

AB x CD = 21 x 43 = 903

La somme des 4 chiffres est donc égale à 10.

Réponse : A

[127] Un degré Celsius vaut 18/10 d'un degré Fahrenheit soit 1,8 °F. Cela signifie que lorsque la température augmente de 10 °C, elle augmente de 18 °F.
Entre 104 °F et 32 °F, il y a 72 °F (104 - 32 = 72). Or 72 °F correspondent à 40 °C (après avoir effectué la division 72/1,8 = 40). Par conséquent les 104 °F sont équivalents à 40 °C.

Réponse : D

[128] Testez les réponses ici :

Le lundi, Fabien ment. La vérité est donc le contraire de ce qu'il affirme. « Demain, je mentirai » signifie alors « je dis la vérité le mardi ». Cela est faux, par conséquent, la réponse A n'est pas possible.

Le mercredi, Fabien ment encore. L'affirmation « demain, je mentirai » ne pose pas de problèmes en tenant compte du mensonge. Par l'affirmation « hier, j'ai dit la vérité », il faut comprendre le contraire, à savoir « hier, j'ai menti » puisqu'il ment le mercredi, ce qui est vrai puisque l'on était le mardi. Les deux conditions ne posent pas de problème.

Réponse : B

[129] Pour calculer A - B, l'énoncé donne une information sur les carrés de A et B ($A^2 + B^2 = 20$) et une information sur le produit de A par B. Ces deux informations doivent vous faire penser instantanément à l'expression d'une **identité remarquable** :

$(A - B)^2 = A^2 + B^2 - 2 \times AB \Leftrightarrow (A - B)^2 = 20 - 2 \times 8 \Leftrightarrow (A - B)^2 = 4$

Par conséquent A - B = 2

Réponse : A

Rappel : apprenez vos identités remarquables :

$\mathbf{(A + B)^2 = A^2 + B^2 + 2AB}$

$\mathbf{(A - B)^2 = A^2 + B^2 - 2AB}$

$\mathbf{A^2 - B^2 = (A + B)(A - B)}$

[130] Thomas doit parcourir 4 km à la vitesse de 6 km/h. Il met donc 40 mn pour aller au cinéma (T = 4/6 = 2/3 h). Comme il part à 19 h 45, Thomas arrive à 20 h 25 au cinéma. Laurent, qui est arrivé à 20 h 03, attendra donc 22 mn Thomas (20 h 25 - 20 h 03 = 22 mn).

Réponse : C

[131] On considère le total que l'on note T. Si je prends 10 % de 20 % de 30 % du total, alors :

10 % x 20 % x 30 % x T = 2 % x 30 % x T = 0,6 % x T

Il est aussi possible de raisonner sur les fractions :

10 % x 20 % x 30 % x T = (1/10) x (1/5) x (3/10) x T

= (3/500) x T = (6/1 000) x T = 0,006 x T

Réponse : D

[132] Pour calculer l'angle formé par les aiguilles, représentez-vous la situation ! A 3 h 15, l'aiguille des minutes est placée sur le 3 pour indiquer les 15 mn. Quant à l'aiguille des heures, attention, elle n'est pas située sur le 3 à 3 h 15 ! Entre 3 h et 3 h 15 mn, l'aiguille des heures a avancé pendant 15 mn, soit un quart d'heure.

360° représentent les 12 heures du tour de la montre, par conséquent 30° représentent 1 heure (360°/12 = 30°). Si 1 heure est donc égale à 30°, alors un quart d'heure est égal à 7,5°.

Réponse : C

[133] Ici, pour calculer la moyenne de A, B, C et D, deux méthodes sont possibles.
La moyenne de A, B, C et D vaut :
(A + B + C + D)/4

Méthode 1 : il suffit de calculer la somme A + B + C + D, puis de diviser par 4 :
(A + B)/2 = 40 donc A + B = 80
(C + D)/2 = 60 donc C + D = 120
Donc (A + B + C + D)/4 = (80 + 120)/4 = 50

Méthode 2 : on fait la moyenne des deux moyennes :
(40 + 60)/2 = 50
Réponse : B

[134] La table étant ronde, les places de la table n'ont pas d'ordre donné. On prend une première personne que l'on place au hasard pour commencer le dénombrement. A droite de cette personne on en met une autre (4 possibilités), puis on remet une personne encore à droite (3 possibilités), puis une personne encore à droite (2 possibilités) et enfin pour la cinquième personne et la cinquième place, il n'y a plus qu'un choix possible.
En tout il y a 4 x 3 x 2 possibilités, soit **24 possibilités.**
Réponse : A

[135] Soient N et P, respectivement le nombre d'amis et le prix total qu'ils doivent payer. Mettons en équation les deux informations données :
S'ils payent tous 20 €, alors il manque 14 € : 20N = P - 14
S'ils payent tous 23 €, alors il y a 7 € en trop : 23N = P + 7
Après résolution du système :

20N = P - 14	20N = P - 14	P = 154
23N = P + 7	3N = 7 - (-14)	N = 7

Ils sont donc 7 amis au restaurent.
Réponse : A

[136] Retenez par cœur la méthode pour déterminer le nombre minimal de tirages nécessaires pour tirer deux objets différents. Vous devez d'abord déterminer parmi les objets à tirer quel est l'ensemble le plus grand. Dans le cas présent, l'ensemble le plus grand est celui des tee-shirts blancs (11 tee-shirts). Si vous n'avez vraiment pas de chance, vous pouvez tirer au cours des 11 premiers

tirages que des tee-shirts blancs. Au douzième tirage, vous serez sûr d'avoir un tee-shirt d'une autre couleur, puisque vous avez déjà tiré tous les tee-shirts blancs.

Réponse : D

[137] Le prix du baril a subi une double augmentation. Notons P le prix d'origine et traduisons les augmentations :

(1 + 5 %) x (1 + 3 %)P = (1 + 5 %) x (P + 3 %P)

= P + 3 %P + 5 %P + 3 % x 5 %P = 108,15 % P

Réponse : B

[138] L'inconnue est la vitesse, il faut par conséquent utiliser la formule V = D/T. L'expression du temps en heures et minutes ne permet pas d'utiliser correctement la formule. Débarrassons-nous des minutes !

Comme 1 mn = 1/60 h ; alors 24 mn = (24/60) h = (6 x 4)/(6 x 10) h = 0,4 h.

Le temps de parcours du train est donc de 3,4 h. Il est désormais possible de calculer la vitesse moyenne :

V = D/T = 1 156/3,4 = 11 560/34 = 340 km/h

La vitesse moyenne du train est donc de 340 km/h.

Réponse : D

[139] On appelle C le nombre de croissants, B le nombre de baguettes et P le nombre de pains.

Mettons en équation les hypothèses :

B + C + P = 12		B + C + P = 12		C = 4
0,5B + C + 1,2P = 11,5	⇔	-0,5 x 3 + 0,2P = -0,5	⇔	P = 5
0,5B = 1,5		B = 3		B = 3

Christine a donc acheté 5 pains de campagne à 1,20 € pièce. Par conséquent, Christine a acheté pour 6 € de pains de campagne.

Réponse : C

[140] La probabilité d'obtenir une boule noire est égale au nombre de boules noires sur le nombre total de boules. Notons N le nombre de boules noires. Comme la probabilité d'obtenir une boule noire est égale à 1/23 :

N/(35 + 9 + N) = (1/23) ⇔ 23N = 35 + 9 + N ⇔ 22N = 44 ⇔ N = 2

Réponse : B

[141] Déterminez tout d'abord le nombre de femmes ayant incliné la tête selon un angle inférieur ou égal à 60° : il y en a 50. Le nombre d'hommes ayant incliné la tête au moins avec un angle de 75° est égal à 50. Il fallait repérer le point d'intersection de la courbe des hommes et de l'arc de cercle représentant 50 personnes.

Réponse : D

[142] Evaluez d'abord le nombre de sujets ayant eu un angle d'inclinaison inférieur ou égal à 45°. Vous pouvez lire qu'il y a exactement 40 femmes (intersection de la droite 45° et de l'arc 40) et 25 hommes. Il y a donc en tout 65 sujets pour 100 sujets ayant eu un angle d'inclinaison inférieur à 45°, ce qui correspond à 65 %.

Réponse : C

[143] Déterminez d'abord le nombre de femmes puis le nombre d'hommes. Ces nombres sont donnés à chaque fois par l'intersection de la droite représentant les 60° et la courbe des femmes et des hommes. Au point d'intersection, vous reportez sur l'arc de cercle. Il y a donc 50 femmes et 40 hommes, soit 90 sujets.

Réponse : C

[144] Vous devez calculer le nombre d'hommes qui ont incliné la tête entre 30° et 45°. Remarquez qu'il y a 25 hommes qui ont incliné la tête avec un angle de 30° et qu'il y a également 25 hommes qui ont incliné la tête avec un angle de 45°. En conséquence, il n'y a pas eu d'hommes qui ont incliné la tête entre 30° et 45°.

Réponse : A

[145] Vous devez calculer une moyenne pondérée, avec comme termes les angles d'inclinaison, et comme coefficients associés, le nombre de personnes :

Moyenne de l'angle d'inclinaison =

$(10 \times 0° + 10 \times 15° + 10 \times 30° + 10 \times 45° + 10 \times 60°)/50 = 30°$

Réponse : B

CONCOURS BLANC NUMERO 2

CB 2 EPREUVE N°1 LOGIQUE

Cette première épreuve est composée de 100 questions.

De nombreux thèmes de la logique générale sont traités : **synonymie, antonymie, anagrammes, analogies, séries simples de chiffres, séries simples de lettres, séries d'intrus, séries de raisonnement etc.**

Vous allez devoir faire preuve d'une concentration sans faille pour passer efficacement d'une logique à une autre. Votre endurance et votre combativité seront également mises à l'épreuve pour parvenir à répondre à une majorité de questions.

Cette première épreuve de logique vous permettra de vous entraîner efficacement aux concours suivants (liste non exhaustive) :

- SESAME : LOGIQUE 1
- ESG, EDC, EBS, TEAM… : TAGE 2 (EPREUVES DE LOGIQUE 3 ET 6)
- PASS : QCM DE LOGIQUE
- PRISM : EPREUVE DE LOGIQUE GENERALE
- ATOUT+3 : EPREUVE DE RAISONNEMENT LOGIQUE
- ECRISTART : EPREUVE DE LOGIQUE

Consignes

Vous disposez de **50 minutes** pour répondre aux **100 questions** de cette première épreuve. Attention : l'usage de la calculatrice et de tout dictionnaire est strictement interdit.

1. Synonymes

Pour les questions numérotées de 1 à 10, vous devez trouver un synonyme du mot proposé, qui respecte les contraintes relatives au nombre de lettres du mot à trouver. Inscrivez la réponse à la place des tirets. Chaque tiret représente une et une seule lettre. Une seule réponse est possible. Nous rappelons enfin que deux mots sont synonymes s'ils ont le même sens.

[1] SIBYLLIN : O _ _ _ U _

[2] PREPONDERANT : P _ _ D _ _ _ _ _ _ _

[3] AUTOCHTONE : I _ _ _ _ _ N _

[4] DECHEANCE : D _ _ _ _ D _ _ _ _ N

[5] COSMOPOLITE : I _ _ _ R _ _ T _ _ N _ _

[6] CONTRIBUTION : _ _ P _ _ _

[7] REPARTITION : D _ _ _ _ _ B _ _ _ _ N

[8] PERENNISER : I _ _ O _ T _ _ _ S _ _

[9] CONFORMITE : _ C _ _ _ _

[10] CONSULTATION : _ X _ _ _ _

2. Series de chiffres

Pour les questions numérotées de 11 à 22, vous devez remplacer chaque point d'interrogation par un nombre. Chaque série suit une construction logique précise. Vous devez donc d'abord inférer la ou les règle(s) de progression de la série afin de trouver le ou les nombre(s) qui respectent la logique de la série. Il n'y a qu'une seule bonne réponse par point d'interrogation.

[11] 21 – 42 – 126 – 504 – ?

[12] 7 – 10 – 1 – 4 – 7 – 10 – ?

[13] 17 – 35 – 69 – 139 – 277 – ?

[14] 169 – 196 – 225 – 256 – ?

[15] 720 – 360 – 120 – 30 – ?

[16] 23 – 115 – 460 – 1380 – ?

[17] 99999999999 – 99 – 18 – ?

[18] 41 – 42 – 50 – 77 – 141 – ?

[19] 2112 – 32223 – 433334 – ?

[20] 757 – 245 – 40 – ?

[21] 142 – 84 – 58 – 26 – ?

[22] 98 – 100 – 50 – 52 – 26 – ? – ?

3. Tableaux

Pour les questions numérotées de 23 à 25, chaque tableau possède un sens de lecture. Les nombres inscrits à l'intérieur du tableau suivent une progression logique remarquable. Vous devez donc déterminer le sens de lecture du tableau ainsi que la construction logique de la série de nombres afin de remplacer le ou les point(s) d'interrogation par le ou les nombre(s) qui respecte(nt) la règle de progression. Il n'y a qu'une seule réponse possible par point d'interrogation.

[23]

72	61	51	42
16	?	27	34
12	9	7	6

[24]

144	49	36	1
?	64	25	4
100	81	16	9

[25]

2	4	14	16
6	8	?	20
10	12	22	24

4. Anagrammes

Pour les questions numérotées de 26 à 35, vous devez déterminer une anagramme du mot proposé respectant les contraintes relatives au nombre de lettres du mot à trouver. Nous rappelons qu'une anagramme est un mot obtenu par la permutation des lettres d'un autre mot. Pour certains mots, plusieurs réponses sont possibles.

[26] TOUR : _ _ _ _

[27] AFIN : _ _ _ _

[28] NORME : _ _ _ _ _

[29] SUEUR : _ _ _ _ _

[30] RAIDE : _ _ _ _ _

[31] OUTRE : _ _ _ _ _

[32] SANTE : _ _ _ _ _

[33] PARTIE : P _ _ _ _ _

[34] MEPRIS : P _ _ _ _ _

[35] RIVAGE : V _ _ _ _ _

5. Series de lettres

Pour les questions numérotées de 36 à 50, vous devez remplacer le point d'interrogation par une ou plusieurs lettres. Chaque série possède une construction logique propre. Vous devez donc inférer le lien logique de la série pour pouvoir déterminer l'unique réponse possible.

[36] A – D – G – J – ?

[37] E – J – T – N – ?

[38] T – S – Q – N – ?

[39] E – D – Z – Y – U – ?

[40] F – H – K – M – ?

[41] D – C – G – J – Q – ?

[42] B – D –H – P – ?

[43] L – M – M – J – V – ?

[44] R – S – U – X – B – ?

[45] B – F – D – H – F – J – H – ?

[46] DOQ est à BLT, ce que SDF est à ?

[47] BCE est à EEF, ce que DAX est à ?

[48] TOP est à VRT, ce que LPD est à ?

[49] PSA est à QUB, ce que LMI est à ?

[50] OAS est à KCR, ce que FKO est à ?

6. Antonymes

Pour les questions numérotées de 51 à 60, vous devez trouver un antonyme du mot proposé, qui respecte les contraintes relatives au nombre de lettres du mot à trouver. Chaque tiret représente une seule lettre. Une seule réponse est possible. Nous rappelons que deux mots sont antonymes s'ils ont un sens contraire.

[51] TRAGEDIE : C _ _ _ _ _ _

[52] IDYLLIQUE : T _ _ _ _ Q _ _

[53] ARCANE : _ V _ D _ _ C _

[54] BLANC : _ _ _ R

[55] ESOTERIQUE : _ R _ F _ _ _

[56] LAIC : _ _ _ I _ _ _ _ X

[57] ROI : _ _ J _ _

[58] HELIOCENTRISME : G _ _ _ _ _ _ _ _ _ _ _

[59] MAJORITE : M _ _ _ _ _ _ E

[60] AGNOSTIQUE : C _ _ Y _ _ _

7. Series de raisonnement

Pour les questions numérotées de 61 à 75, vous devez remplacer le point d'interrogation par une ou plusieurs lettres, par un mot, ou encore par un ou plusieurs chiffres. Une seule réponse est possible.

[61] HEUREUX (7) – VALOIR (5) – ENTREPRENDRE (12) – POUBELLE (?)

[62] MORTUAIRE (25679) – APPAREIL (1467) – PHOSPORE (?)

[63] RIDEAU (2) – COSTUME (4) – SCIENCE (4) – BUNGALOW (?)

[64] CEREMONIE (5/3) – TIREUR (18/20) – POIVRIER (18/16) – FEUILLE (?/ ?)

[65] ACCUEIL (7) – PLACE (5) – PLANETE (7) – MACHOIRE (?)

[66] ORGUE (76432) – ROUGE (?)

[67] AFRIQUE (235) – EUROPE (35) – ARMOIRE (?)

[68] PALMIER (16/18) – INQUIET (9/20) – HARPON (8/14) – STAGE (?/ ?)

[69] QUATRE (6) – SIX (3) – UN (2) – NEUF (?)

[70] OREILLER (18/15) – BOITE (5/2) – TOIT (20/20) – SCEAU (?/ ?)

[71] BOIRE (29) – PARAITRE (16) – VAPEUR (23) – BOUTEILLE (?)

[72] EPHEMERE (1468) – PERRENISER (259) – CEDER (24) – ETEINDRE (?)

[73] BOITE (6) – MANTEAU (12) – ANTHOLOGIE (25) – MACHINE (?)

[74] D6D – OK1 – 2M1 – ?PA

[75] ETAGERE (246) – POIGNET (1457) – INSCRIPTION (23457811) – CARTON (?)

8. SERIES D'ANALOGIES

Dans les séries qui suivent, vous devez inférer le lien logique qui existe entre les mots du premier couple et appliquer alors le même lien logique entre les mots du second couple. L'ordre des mots dans les couples a son importance. Il n'y a qu'une seule réponse possible.

[76] Cinéma est à Acteur, ce que Opéra est à :

(A) Comédien
(B) Interprète
(C) Réalisateur
(D) Chanteur

[77] Pain : Couper

(A) Monnaie : Frapper
(B) Bouton : Tirer
(C) Valise : Emballer
(D) Livre : Bruler

[78] CD est à DVD, ce que Carrosse est à :

(A) Train
(B) Chariot
(C) Calèche
(D) Automobile

[79] Molécule est à Atome, ce que Lumière est à :

(A) Images
(B) Lunettes
(C) Ultraviolets
(D) Photons

[80] Baccalauréat est à Etudes Supérieures, ce que Entretien :

(A) Nettoyage
(B) Embauche
(C) Personnalité
(D) Dialogue

[81] Connu : Présenter

(A) Superflu : Renoncer
(B) Différent : Prêter attention
(C) Fatigant : Faire des efforts
(D) Evident : Eclaircir

[82] Moteur est à Voile, ce que Fusil est à :

(A) Mousquet
(B) Revolver
(C) Mitraillette
(D) Arc

[83] Acier est à Fer, ce que Plastique est à :

(A) Chimique
(B) Synthétique
(C) Pétrole
(D) Bakélite

[84] Chandelier est à Bougie, ce que Lampe est à :

(A) Electricité
(B) Filament
(C) Ampoule
(D) Interrupteur

[85] Noël est à Père, ce que Pâques est à :

(A) Chocolat
(B) Cadeau
(C) Fête
(D) Lapin

[86] Prologue est à Epilogue, ce que Aube est à :

(A) Nuit
(B) Jour
(C) Horizon
(D) Crépuscule

[87] Pierre est à Carrière, ce que Pétrole est à :

(A) Gisement
(B) Station
(C) Plate-forme
(D) Raffinerie

[88] Soleil : Système solaire

(A) Nourriture : Système digestif
(B) Reine : Essaim
(C) Nerf : Système nerveux
(D) Cours : Horaire

9. Soulignez l'intrus

Pour les questions numérotées de 89 à 100, chaque question vous présente une série de quatre mots. Parmi ces quatre mots, trois d'entre eux appartiennent à la même famille et sont donc régis par un ou plusieurs liens logiques. **Ces liens portent sur la définition et la signification des mots, et non sur leur forme** (on entend par « forme », le nombre de lettres qu'il y a par exemple dans un mot ou encore la présence d'une voyelle en fin de mot).

Vous devez donc inférer les relations d'appartenance entre ces trois mots et exclure alors le quatrième mot qui est l'intrus et qui n'entretient pas de liens avec les autres mots de la série.

[89] Burlesque – Comique – Grotesque – Tragique

[90] Terre-à-terre – Epique – Prosaïque – Banal

[91] Apologétique – Satirique – Caricaturiste – Caustique

[92] Intestin – Estomac – Œsophage – Foie

[93] Basket-ball – Tennis – Athlétisme – Natation

[94] Duc – Baron – Comte – Marquis

[95] Choix – Alternative – Obligation – Dilemme

[96] Parachute – Parabole – Paratonnerre – Parasol

[97] Déchirant – Poignant – Pathétique – Algide

[98] Plutonium – Sodium – Polonium – Uranium

[99] Très – Fréquent – Souvent – Beaucoup

[100] Agnostique – Apathique – Atome – Appétit

CB 2

EPREUVE N°2
CALCUL, MATHEMATIQUES & RAISONNEMENT LOGIQUE

Cette seconde épreuve est composée de **45 questions à choix multiples (QCM) numérotées de 101 à 145.**

De nombreux thèmes sont traités dans cette épreuve : **calcul mental, arithmétique, moyennes, pourcentages, équations, règles de trois, conversions, dénombrement et combinatoire simple, proportionnalité, géométrie, raisonnement logique et argumentation, optimisation, algèbre, suites numériques, calculs de sommes, etc.**

Cette seconde épreuve vous permettra de vous entraîner efficacement aux concours suivants (liste non exhaustive) :

- SESAME : LOGIQUE 2
- ACCES : QUESTIONS DE RAISONNEMENT LOGIQUE
- ESG, EDC, EBS, TEAM… : TAGE 2 (EPREUVES DE CALCUL 2 ET 5)
- PASS : QCM D'ANALYSE QUANTITATIVE
- PRISM : EPREUVE DE MATHEMATIQUES

CONSIGNES

Vous disposez de **60 minutes** pour répondre aux **45 questions** de cette seconde épreuve. Pour chacune de ces questions, **une seule réponse est possible.**

Attention : l'usage de la calculatrice est strictement interdit.

[101] Trois personnes attendent dans une file d'attente et portent toutes les trois un manteau de couleur différente et un couvre-chef. La personne qui porte le bonnet sera servie en dernier, celle qui porte le manteau marron sera servie avant la personne au chapeau melon et la personne au manteau noir porte le chapeau melon. Sachant que la file est composée uniquement de trois personnes, parmi les quatre conclusions, quelle est la seule inexacte ?

(A) La première personne de la file ne porte ni le chapeau melon, ni le bonnet.

(B) La personne qui porte le manteau noir se situe en seconde position dans la file.

(C) La personne qui porte le manteau marron se situe en première position.

(D) La personne qui porte le manteau marron porte également le bonnet.

[102] Combien de temps faut-il placer à intérêts composés un capital de 30 000 € au taux annuel de 8 %, pour qu'il rapporte 3 696 € ?

(A) 12 mois (C) 16 mois

(B) 14 mois (D) 18 mois

[103] On considère la suite définie par $U_{n+1} = U_n - (n + 1)^2$, et $U_0 = 83$. Quelle est la valeur du 4e terme de la suite ?

(A) 48 (C) 57

(B) 53 (D) 62

[104] François et Gaspard gagnent en moyenne 1 300 € par mois. Nabil est le mieux payé et a un salaire égal à 1 600 €. Quel est le salaire moyen de François, Gaspard et Nabil ?

(A) 1 250 € (C) 1 350 €

(B) 1 300 € (D) 1 400 €

[105] Fred a deux fils Stéphane et Martin. Aurélien et Joseph ne sont pas frères. Martin est plus grand que son oncle Joseph, mais plus petit que son cousin germain Aurélien. Parmi les conclusions suivantes, laquelle n'est pas juste ?

(A) Fred et Joseph sont frères.

(B) Stéphane est le neveu de Joseph.

(C) Joseph est l'oncle de Martin.

(D) Aurélien et Martin sont frères.

[106] Un marathonien participe à une course dont le parcours consiste à aller à un point puis à en revenir. Il effectue l'aller à 8 km/h et le retour à 10 km/h. Quelle a été sa vitesse moyenne ?

(A) 8,6 km/h
(B) 8,9 km/h
(C) 9 km/h
(D) 9,2 km/h

[107] Lors des élections municipales, un candidat a obtenu 428 voix sur 1 312 dans le bureau de vote A, et 323 voix sur 918 dans le bureau de vote B. Quelle est la différence des pourcentages favorables au candidat entre le bureau B et le bureau A ?

(A) 12,6 %
(B) 13,4 %
(C) 14,2 %
(D) 15,8 %

[108] Lors d'un championnat d'athlétisme, un athlète est inscrit aux courses suivantes : le marathon de 42,128 km, le 100 m, le 110 m haies, les 50 km de marche, le 5 000 m steeple et le 400 m. Quelle distance, en kilomètres, l'athlète parcourra-t-il lors de ce championnat ?

(A) 96,645 km
(B) 97,738 km
(C) 98,234 km
(D) 99,125 km

[109] Quel mot faut-il mettre à la place du point d'interrogation pour que l'énoncé ci-dessous en italiques soit conforme à son contenu ?

Cette phrase contient bien ? fois plus de mots que la phrase située entre guillemets : « Je pense, donc je suis. »

(A) 2
(B) 3
(C) 4
(D) 5

[110] Un domino est composé de deux parties, portant chacune un nombre de points allant de 0 à 6. Combien y a-t-il au plus de pièces distinctes dans un jeu de dominos ?

(A) 27
(B) 28
(C) 29
(D) 30

[111] Un barman prépare deux types de cocktails : le cocktail 2 avec deux glaçons et le cocktail 3 avec trois glaçons. Au cours d'une soirée pendant laquelle le barman a préparé 80 cocktails, la moyenne des glaçons pour tous les cocktails a été de 2,375. Combien de cocktails 2, le barman a-t-il préparés au cours de la soirée ?

(A) 48
(B) 50
(C) 52
(D) 54

[112] Pierre souhaite acheter une nouvelle voiture. Il obtient du concessionnaire une remise de 15 % sur le véhicule et paye alors la somme de 10 200 €. Pierre a également bénéficié de la prime à la casse pour un montant de 1 000 €. Quel pourcentage la prime à la casse représente-t-elle par rapport au prix initial de la voiture ?

(A) 8,33 %
(B) 11,5 %
(C) 14,2 %
(D) 15,8 %

[113] On considère la proposition logique suivante : (A ou B) ⟹ (non C et D). Parmi les propositions suivantes, laquelle est la contraposée de cette proposition ?

(A) (non A et non B) ⟹ non (C ou D)
(B) non (C et D) ⟹ (non A et non B)
(C) (non C et non D) ⟹ (non A ou non B)
(D) (C ou non D) ⟹ (non A et non B)

[114] Ouriel place 400 € sur un compte qui rapporte 5 % par an. Quelques années plus tard, il décide de retirer cet argent placé. Il remarque alors que son compte est crédité de 520 €, capital et intérêts compris. Combien de temps a-t-il laissé son argent sur ce compte ?

(A) 4 ans
(B) 5 ans
(C) 6 ans
(D) 7 ans

[115] Mathilde transvase le contenu d'une bouteille remplie à 40 % dans un seau. Le niveau de l'eau du seau augmente de 2 %. Si le seau a une capacité de 30 L, quelle est la capacité de la bouteille d'eau ?

(A) 2 L
(B) 1,5 L
(C) 1,2 L
(D) 0,8 L

[116] Le mois dernier, un restaurateur a proposé trois formules de repas à ses clients : « entrée + plat », « plat + dessert », « entrée + plat + dessert ». Trois onzièmes des repas facturés étaient des formules « plat + dessert » et deux tiers étaient des formules « entrée + plat + dessert ». Il a également vendu 14 formules « entrée + plat ». Combien de formules ce restaurateur a-t-il vendues ?

(A) 220
(B) 224
(C) 231
(D) 248

[117] On considère la proposition suivante :
« Il existe des chiens qui sont grands et gentils. »
L'adjonction de quelle donnée parmi les suivantes est-elle suffisante pour conclure que certains chiens sont affectifs ?

(A) Une partie des chiens affectifs sont grands.
(B) Tous les chiens affectifs sont gentils.
(C) Une partie des chiens gentils sont affectifs.
(D) Tous les chiens gentils sont affectifs.

[118] Que vaut le produit des chiffres du cube de la somme des nombres de 1 à 5 ?

(A) 295
(B) 315
(C) 363
(D) 380

[119] Que vaut l'octuple du tiers de 111 ?

(A) 296
(B) 198
(C) 277
(D) 124

[120] Xavier décide de repeindre les murs de sa chambre. Sa chambre a une forme cubique et une hauteur de plafond de 3 m. Combien de pots de peinture Xavier utilisera-t-il pour repeindre sa chambre, sachant qu'avec un pot il peut peindre une surface de 6 m² ?

(A) 4
(B) 5
(C) 6
(D) 7

[121] Lors d'un dîner rassemblant Clara, Xavier et Julie, chacun apporte quelque chose pour participer aux frais. Une bouteille de vin, une tarte et un rôti ont été apportés. On sait que :

(1) Clara n'a pas apporté la tarte. (2) Xavier n'a pas apporté le rôti.

Laquelle des données suivantes ne permet pas de déterminer avec certitude qui a apporté chaque objet ?

(A) Julie a apporté la bouteille de vin.
(B) Clara a apporté la bouteille de vin.
(C) Xavier a apporté la tarte.
(D) Julie a apporté le rôti.

[122] Le meilleur ailier de la ligue de football américain a joué 32 matchs dans la saison et a battu le record de yards parcourus dans une saison. Sachant qu'en moyenne il a couru la distance de 130 yards par match et qu'un yard mesure 90 cm, quel est le record de distance parcourue, en mètres, établi par le joueur ?

(A) 3 744 (C) 4 251
(B) 3 936 (D) 4 334

[123] Le produit de trois nombres impairs consécutifs est égal à 315. Quelle est la somme de ces trois nombres ?

(A) 21 (C) 25
(B) 24 (D) 27

[124] On considère un carré de 400 m de périmètre. On découpe le carré en petits carrés de 400 m² de surface. Quelle est la somme des périmètres des petits carrés ?

(A) 1 420 m (C) 2 000 m
(B) 1 850 m (D) 2 220 m

[125] Amel, Laetitia et Caroline décident d'aller s'acheter des chaussures pour les soldes. Amel ne porte que des ballerines blanches. Caroline préfère les chaussures noires. Laetitia adore toutes les sortes de chaussures. Elles passent la journée à faire les magasins. A la fin de la journée, Laetitia et Caroline ont acheté des chaussures, mais Amel n'a pas trouvé chaussure à son pied. Parmi les affirmations suivantes, laquelle n'est pas nécessairement vraie ?

(A) Les chaussures étaient toutes des ballerines noires.
(B) Il n'y avait pas de ballerines blanches.
(C) Il y avait des chaussures noires et des ballerines.
(D) Les chaussures étaient noires et à talon.

[126] Avant les soldes, le prix d'une chemise a été augmenté de 10 %, avant d'être soldé à 30 %. Le prix affiché de la chemise au moment des soldes est de 30,8 €. Quel était le prix initial de la chemise ?

(A) 40 €
(B) 41,2 €
(C) 41,4 €
(D) 42 €

[127] Léo achète du lait par pack de 6 et de 12 briques de lait. Il a acheté en tout 7 packs pour un total de 66 briques de lait. Combien de packs de 12 briques Léo a-t-il achetés ?

(A) 3
(B) 4
(C) 5
(D) 6

[128] J'achète 12 paquets de riz pour 21,6 €. Combien dois-je débourser si je veux acheter 7 paquets de riz ?

(A) 9,6 €
(B) 11,4 €
(C) 12,2 €
(D) 12,6 €

[129] Je vous montre une photo et vous me demandez : « Qui est-ce ? » Je vous réponds : « Le grand-père du fils de l'homme que je regarde est le fils de mon frère. » Qui apparaît sur le portrait ?

(A) Moi-même.
(B) Mon frère.
(C) Mon cousin.
(D) Mon grand-père.

[130] Dans une classe de 30 élèves, la maîtresse demande de former des groupes de 3 élèves et demande à Adeline de choisir les deux élèves qui seront dans son trinôme. Quel est le nombre de trinômes qu'Adeline peut composer ?

(A) 355
(B) 406
(C) 812
(D) 900

[131] Si X vaut 40 % de Y, combien vaut Y en pourcentage de X ?

(A) 60 % (C) 180 %
(B) 120 % (D) 250 %

[132] Pierre souhaite louer un appartement de 18 m² à un étudiant américain. Le pauvre ! Il a l'habitude de mesurer les surfaces en pieds. Quelle est la surface de l'appartement en pieds carré, sachant qu'un pied vaut 30 cm ?

(A) 188 (C) 200
(B) 195 (D) 206

[133] On compte dans un tiroir 5 boules rouges, 4 boules noires et 12 boules blanches. Combien de boules doit-on tirer au minimum pour être sûr d'avoir trois boules de couleurs différentes ?

(A) 3 (C) 18
(B) 16 (D) 19

[134] John et Robert remplissent un sac de terre ensemble. Robert a déjà rempli un sac identique en 20 min. John a l'habitude de remplir tout seul un sac en 30 min. En combien de temps John et Robert rempliront-ils le sac ?

(A) 9 mn (C) 15 mn
(B) 12 mn (D) 18 mn

[135] Pour se rendre dans sa résidence secondaire éloignée de Y kilomètres de sa résidence principale, Charles prend l'avion pour faire X kilomètres, puis termine le trajet en louant une voiture. Le billet d'avion coûte 3 €/km, alors que la location de voiture coûte 2 €/km parcouru. Combien d'euros Charles va-t-il dépenser pour aller jusqu'à sa résidence secondaire ?

(A) 3Y - 2X (C) 3X + 2Y
(B) 2X + Y (D) 2Y + X

[136] En 2009, l'usine Fabrik a produit 270 voitures à l'aide de 18 machines. En 2010, l'usine a produit 252 voitures à l'aide de 21 machines. Le nombre moyen de voitures produites par machine entre 2009 et 2010 a baissé de :

(A) 10 % (C) 16 %
(B) 12 % (D) 20 %

[137] On considère trois propositions :

(1) Il existe des A qui sont des B.
(2) Il existe des B qui sont des A.
(3) Seuls les non A sont C.

Parmi les propositions suivantes, laquelle contredit le groupe de propositions présentées ?

(A) Tous les B sont C.
(B) Il y a une intersection entre le groupe des A et des B.
(C) Il existe des B qui sont C.
(D) Les A ne sont pas des C.

[138] A l'entrée du dernier tour d'une course de lévriers, le lévrier numéro 2 accuse un retard de 35 m sur le lévrier numéro 1. Après avoir accéléré, le lévrier 2 court à 54 km/h, alors que le lévrier 1 garde sa vitesse initiale de 36 km/h. En combien de temps le lévrier 2 rattrapera-t-il le lévrier 1 si les deux chiens gardent respectivement leur vitesse ?

(A) 5 s
(B) 7 s
(C) 9 s
(D) 11 s

[139] Tom a souscrit en début d'année un abonnement annuel à 30 € pour aller à la piscine. L'abonnement lui permet de payer sa place seulement 1,20 € au lieu de 1,80 €. Combien de fois Tom doit-il aller à la piscine pour rentabiliser son abonnement ?

(A) 44
(B) 47
(C) 50
(D) 53

[140] Sur 8 500 candidats, 8 325 passent le concours ACCES, 7 300 passent le concours SESAME et 2 560 passent le concours ESG. 6 400 candidats passent à la fois les concours ACCES et SESAME. Quel peut être le nombre maximal de candidats inscrits à la fois aux concours ACCES et SESAME, et qui ne passent pas le concours ESG ?

(A) 3 840
(B) 7 300
(C) 6 460
(D) 5 940

INTERPRETATION DE GRAPHIQUES ET DE TABLEAUX : ENONCE

Le service statistique de l'aéroport « EasyAir » a réalisé une étude concernant le transit des avions à l'aéroport au cours d'une matinée. Le graphique ci-dessous présente les résultats de cette étude. Chaque avion ayant atterri ce matin-là est représenté par un segment sur le graphique. Le point gauche sur le segment marque l'heure de l'atterrissage de l'avion, le point droit désigne l'heure du décollage et la longueur du segment représente la durée de stationnement au sol de l'avion. La contenance de chaque avion, c'est-à-dire le nombre de passagers à son bord, est également précisée sur le graphique. Par exemple, l'avion ayant atterri à 6 h avec 100 passagers à son bord est resté une heure au sol et a décollé à 7 h.

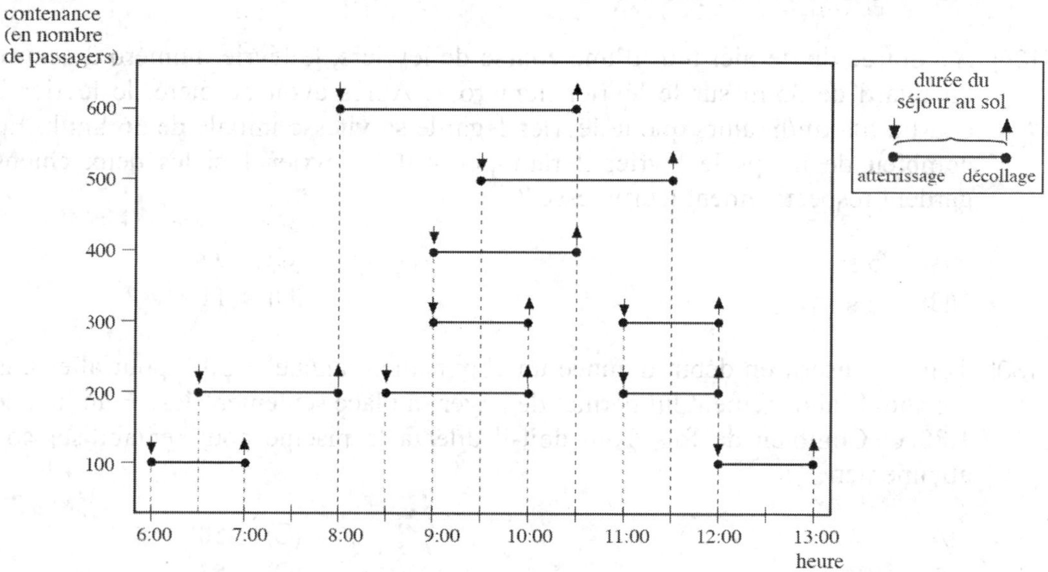

QUESTIONS

[141] Quelle a été la plus longue durée de stationnement au sol d'un avion quelconque ?

(A) Deux heures et demie.

(B) Une heure et demie.

(C) Une demi-heure.

(D) On ne peut pas savoir.

[142] Combien d'avions ont atterri entre 7 h 30 et 12 h 30 ?

(A) 6
(B) 7
(C) 8
(D) 9

[143] Quelle a été la durée de stationnement du quatrième avion ayant atterri ce matin-là ?

(A) Une demi-heure.
(B) Une heure.
(C) Une heure et demie.
(D) Deux heures.

[144] Combien de passagers ont atterri entre 8 h et 11 h ?

(A) 2 500
(B) 2 700
(C) 2 900
(D) 3 000

[145] Quelle était la contenance moyenne des avions ayant atterri au cours de la matinée ?

(A) 320
(B) 310
(C) 300
(D) 290

CONCOURS BLANC NUMERO 2 : GRILLE DES REPONSES JUSTES

LOGIQUE						CALCUL			
1	OBSCUR	35	VIRAGE	69	4	101	D	133	C
2	PREDOMINANT	36	M	70	21/19	102	D	134	B
3	INDIGENE	37	B	71	59	103	B	135	D
4	DEGRADATION	38	J	72	138	104	D	136	D
5	INTERNATIONAL	39	T	73	12	105	D	137	A
6	APPORT	40	P	74	5	106	B	138	B
7	DISTRIBUTION	41	A	75	1346	107	C	139	C
8	IMMORTALISER	42	F	76	D	108	B	140	D
9	ACCORD	43	S	77	A	109	B	141	A
10	EXAMEN	44	G	78	D	110	B	142	C
11	2520	45	L	79	D	111	B	143	C
12	1	46	QAI	80	B	112	A	144	A
13	554	47	GCY	81	D	113	D	145	D
14	289	48	NSH	82	A	114	C		
15	6	49	MOJ	83	C	115	B		
16	2760	50	BMN	84	C	116	C		
17	9	51	COMEDIE	85	D	117	D		
18	266	52	TRAGIQUE	86	D	118	B		
19	5444445	53	EVIDENCE	87	A	119	A		
20	0	54	NOIR	88	B	120	C		
21	22	55	PROFANE	89	TRAGEDIE	121	C		
22	28 / 14	56	RELIGIEUX	90	EPIQUE	122	A		
23	21	57	SUJET	91	APOLOGETIQUE	123	A		
24	121	58	GEOCENTRISME	92	FOIE	124	C		
25	18	59	MINORITE	93	BASKETBALL	125	C		
26	TROU	60	CROYANT	94	BARON	126	A		
27	NAIF	61	8	95	OBLIGATION	127	B		
28	RENOM	62	368	96	PARABOLE	128	D		
29	USURE	63	5	97	ALGIDE	129	B		
30	AIDER	64	5/6	98	SODIUM	130	B		
31	ROUTE	65	8	99	FREQUENT	131	D		
32	SENAT	66	67342	100	APPETIT	132	C		
33	PATRIE	67	236						
34	PERMIS	68	19/5						

CORRIGES DU CONCOURS BLANC NUMERO 2 — 2

[1] L'adjectif *sibyllin* signifie obscur et mystérieux. Une sibylle était une prophétesse en Grèce antique qui prononçait des oracles.
Réponse : OBSCUR

[2] Ce qui est *prépondérant,* pondère le plus. Autrement dit, ce qui est prépondérant est *prédominant.*
Réponse : PREDOMINANT

[3] Un *autochtone* est originaire du lieu où il habite et que ses ancêtres ont également habité. L'*indigène* est originaire du pays où il se trouve.
Réponse : INDIGENE

[4] La *déchéance* est une décrépitude et une *dégradation.*
Réponse : DEGRADATION

[5] Une chose est *cosmopolite* si elle présente des origines provenant d'une très large répartition géographique. Le cosmopolitisme dépasse souvent la simple limite nationale.
Réponse : INTERNATIONAL

[6] *Contribuer à* quelque chose, c'est apporter sa pierre à l'édifice.
Réponse : APPORT

[7] *Répartir* les richesses, c'est les distribuer équitablement.
Réponse : DISTRIBUTION

[8] Une chose est *pérenne* si elle est durable et permanente.
Réponse : IMMORTALISER

[9] Une chose est en *conformité,* si elle est en *accord* avec une règle.
Réponse : ACCORD

[10] Une *consultation* chez un médecin est aussi un *examen* médical.
Réponse : EXAMEN

[11] Le critère à voir est une multiplication progressive : vous multipliez d'abord par 2, puis par 3, puis par 4… Ainsi 21 x 2 = 42 ; 42 x 3 = 126 ; 126 x 4 = 504 et enfin 504 x 4 = 2 520.
Réponse : 2520

[12] C'est une progression de type horloge, c'est-à-dire lorsque vous passez à 12, au lieu de continuer avec 13, 14, 15 et ainsi de suite, vous repasser comme une horloge à 0, 1, 2, etc. Ici vous ajoutez 3 (3 heures) à chaque nouveau nombre. Donc 10 + 3 = 13 ou plutôt 1.
Réponse : 1

[13] Deux suites arithmético-géométriques sont combinées, la première avec comme raison x2/-1 et la seconde avec le critère x2/+1. Or 277 x 2 + 1 = 554.
Réponse : 554

[14] Voici la suite des carrés des nombres à partir de 13 : $13^2 = 169$, $14^2 = 196$, $15^2 = 225$, $16^2 = 256$, $17^2 = 289$.
Réponse : 289

[15] Dans cette série, on commence par diviser par 2 (720/2 = 360), puis par 3 (360/3 = 120), puis par 4 (120/4 = 30) et enfin par 5. Vous obtenez donc la solution en divisant 30 par 5.
Réponse : 6

[16] On passe d'un terme au suivant en effectuant une multiplication décroissante : on multiplie d'abord par 5, puis 4, puis par 3, etc. Vous obtenez la réponse en multipliant 1380 par 2.
Réponse : 2760

[17] Un critère un peu plus atypique ici : la somme des chiffres du nombre est égale au nombre suivant.
Ainsi 9 + 9 + 9 + 9 + 9 + 9 + 9 + 9 + 9 + 9 = 99 ; 9 + 9 = 18. Enfin 1 + 8 = 9.
Réponse : 9

[18] Pour passer d'un terme de la série au suivant, vous devez ajouter la suite des cubes parfaits : +1/+8/+27… Ainsi, après 141, il vous faut ajouter 125, qui est le cube de 5.
Réponse : 266

[19] L'observation est la clef de cette série qui est avant tout visuelle. La symétrie des nombres est flagrante. Les chiffres au centre de chaque nombre sont croissants : 1, puis 2, ensuite 3, etc. De plus les chiffres positionnés aux extrémités sont aussi croissants : 2, 3, 4.
Réponse : 5444445

[20] Le produit des chiffres d'un nombre est égal au nombre suivant. Par exemple, 7 x 5 x 7 = 245 ; 2 x 4 x 5 = 40 et alors 4 x 0 = 0.
Réponse : 0

[21] Chaque nombre de cette série est donné par la soustraction des deux nombres précédents entre eux : 142 - 84 = 58 ; 84 - 58 = 36 et donc 58 - 36 = 22.
Réponse : 22

[22] Dans cette série, on alterne deux critères : +2 et /2. D'où 98 + 2 = 100 ; 100/2 = 50 ; 50 + 2 = 52 ; 52/2 = 26 ; 26 + 2 = 28 ; 28/2 = 14.
Réponse : 28 et **14**

[23] *Sens de la série :* la série suit un sens horizontal et commence en bas à droite.
Critère : progression croissante de type +1/+2/+3/etc. En conséquence, si entre le 12 et le 16, il y a un saut de 4, il faut ajouter 5 à 16. La bonne réponse est 21.
Réponse : 21

[24] *Sens de la série :* la série suit un sens vertical commençant en haut à droite du tableau.
Critère : vous reconnaissez bien sûr la suite des carrés : 1, 4, 9, 16, 25… En conclusion, la réponse attendue entre 100 et 144 est le carré de 11, soit 121.
Réponse : 121

[25] *Sens de la série :* vous devez séparer ici les deux colonnes de gauche avec les deux colonnes de droite. La série commence sur les deux premières colonnes dans le sens horizontal en allant de gauche à droite et du haut vers le bas, puis elle continue de la même manière sur les deux colonnes suivantes.

Critère : la série est une suite arithmétique de raison 2. Le nombre succédant à 16 et précédant 20 est 18.
Réponse : 18

[26] **TROU**
[27] **NAIF**
[28] **RENOM**
[29] **USURE**
[30] **AIDER**
[31] **ROUTE**
[32] **SENAT**
[33] **PATRIE**
[34] **PERMIS**
[35] **VIRAGE**

[36] Pour passer d'une lettre à la suivante, vous devez sauter à chaque fois 2 lettres : **A** *bc* **D** *ef* **G** *hi* **J** *kl* **M.**
Réponse : M

[37] Observez les rangs des lettres : 5 pour le E, 10 pour le J, 20 pour le T et 40 pour le N (26 + 14). Vous multipliez en fait par 2 le rang de la lettre précédente. Pensez également que l'alphabet est un cycle et qu'après le Z, vous devez continuer avec le A. Le rang de la réponse est donc 80, c'est-à-dire 3 x 26 + 2.
Réponse : B

[38] La série suit une progression arithmétique de type -1/-2/-3/-4.
Réponse : J

[39] La série suit une progression alternée de type -1/-4/-1/-4, etc. La réponse est la lettre qui précède donc U.
Réponse : T

[40] Progression de type +2/+3.
Réponse : P

[41] Cette série est de type récurrence : le rang de chaque terme est calculé à partir de la somme des rangs des deux lettres précédentes : D + C = 4 + 3 = 7 = G ; C + G = 3 + 7 = 10 = J. En conséquence, J + Q = 10 + 17 = 27 = 26 + 1 = A.
Réponse : A

[42] Observez les rangs : 2 – 4 – 8 – 16. Vous multipliez par 2 le rang de la lettre qui précède dans la série. Par conséquent, le rang de la lettre solution est 32, ou plus exactement 6 si l'on considère qu'à Z on revient à A (32 = 26 + 6).
Réponse : F

[43] Voici la suite des initiales des jours de la semaine : **L**undi, **M**ardi, **M**ercredi, **J**eudi, **V**endredi, etc.
Réponse : S

[44] La série suit une règle de progression arithmétique qui évolue de manière croissante : +1/+2/+3/+4/+5.
Réponse : G

[45] Voici une série avec deux critères alternés : +4/-2. En conséquence, pour passer de B à F, vous ajoutez 4 lettres, pour passer de F à D, on retire 2 rangs, pour passer de D à H, on ajoute 4.
Réponse : L

[46] Progression de type -2/-3/+3.
Réponse : QAI

[47] Progression de type +3/+2/+1.
Réponse : GCY

[48] Progression de type +2/+3/+4.
Réponse : NSH

[49] Progression de type +1/+2/+1.
Réponse : MOJ

[50] Progression de type -4/+2/-1.
Réponse : BMN

[51] Dans le champ lexical du théâtre, la *tragédie* s'oppose à la *comédie*.
Réponse : COMEDIE

[52] Un monde *idyllique* est un monde dans lequel tout est parfait, c'est-à-dire un monde opposé au monde *tragique.*
Réponse : TRAGIQUE

[53] Les *arcanes* sont les secrets ou encore les mystères. L'antonyme recherché est donc *évidence.*
Réponse : EVIDENCE

[54] Le *blanc* est bien sûr le contraire de *noir*.
Réponse : NOIR

[55] L'antonyme du mot *ésotérique* est *profane,* c'est-à-dire celui qui n'est pas initié, contrairement à ce qui est ésotérique.
Réponse : PROFANE

[56] On oppose le concept de religion à celui de laïcité. Par conséquent, on recherchait le terme *religieux*.
Réponse : RELIGIEUX

[57] Dans une monarchie, le *roi* est face à ses *sujets*.
Réponse : SUJET

[58] L'*héliocentrisme* est la représentation astronomique du système solaire, dans lequel le Soleil est au centre du système. Ce système s'oppose au système *géocentrisme* qui prévaut jusqu'au XVIIe siècle avant les découvertes de Galilée. Dans le système géocentrique, la Terre est au centre de tout.
Réponse : GEOCENTRISME

[59] Ce qui n'est pas dans la *majorité* est dans la *minorité.*
Réponse : MINORITE

[60] L'*agnostique* est le terme élaboré pour le non-*croyant.*
Réponse : CROYANT

[01] Le chiffre entre parenthèses donne le nombre de lettres du mot : 7 lettres pour HEUREUX, 5 lettres pour VALOIR et 12 lettres pour ENTREPRENDRE. Le mot POUBELLE est composé de 8 lettres.
Réponse : 8

[62] Les chiffres entre parenthèses indiquent les positions des voyelles dans le mot. Pour APPAREIL, les voyelles se situent en positions 1, 4, 6 et 7. Pour PHOSPHORE, les voyelles se situent en positions 3, 6 et 8.
Réponse : 368

[63] Le chiffre entre parenthèses correspond au nombre de consonnes du mot précédant les parenthèses : 2 pour RIDEAU, 4 pour COSTUME, 4 pour SCIENCE et 5 pour BUNGALOW.
Réponse : 5

[64] Le premier nombre correspond au rang de la dernière lettre du mot. Le second nombre correspond au rang de la première lettre du mot. Le rang de E est égal à 5 et le rang de F est égal à 6.
Réponse : 5/6

[65] Le chiffre entre parenthèses correspond au nombre de lettres qu'il y a dans le mot.
Réponse : 8

[66] Voici un codage qui consiste à associer à chaque lettre du mot ORGUE un chiffre. Pour coder ROUGE, vous devez remplacer les lettres par les chiffres correspondants : 7 pour le O, 6 pour le R, 4 pour le G, etc.
Réponse : 67342

[67] Les chiffres entre parenthèses indiquent les positions des consonnes dans le mot. Pour AFRIQUE, les consonnes se situent en positions 2, 3 et 5. Pour ARMOIRE, les consonnes se situent en positions 2, 3 et 6.
Réponse : 236

[68] Le premier nombre correspond au rang de la première lettre du mot. Le second correspond au rang de la dernière lettre du mot. Le rang de S est égal à 19 et le rang de E est égal à 5.
Réponse : 19/5

[69] Ici, vous ne devez pas tenir compte du sens des mots et vous concentrer sur leurs formes. Le chiffre entre parenthèses correspond au nombre de lettres du mot. Le mot NEUF possède 4 lettres.
Réponse : 4

[70] Le premier nombre correspond au rang de la dernière lettre du mot. Le second correspond au rang de la première lettre du mot. Le rang de S est égal à 19 et le rang de U est égal à 21.
Réponse : 21/19

[71] Le nombre entre parenthèses est égal à la somme des rangs des voyelles du mot : pour BOIRE, les voyelles ont pour rangs respectifs 15, 9 et 5, soit 15 + 9 + 5 = 29. Pour BOUTEILLE, O + U + E + I + E = 15 + 21 + 5 + 9 + 9 = 59.
Réponse : 59

[72] Le nombre entre parenthèses indique les positions des E dans chaque mot. Pour ETEINDRE, les E se situent en 1re, 3e et 8e position.
Réponse : 138

[73] Le nombre entre parenthèses est égal au produit du nombre de voyelles et du nombre de consonnes. Pour MACHINE, il y a 3 voyelles et 4 consonnes.
Réponse : 12

[74] Les accros aux textos ont forcément reconnu les mots : « décider » (D6D), « aucun » (OK1), « demain » (2M1) et « sympa » (5PA).
Réponse : 5

[75] Les chiffres inscrits dans les parenthèses correspondent à la position des consonnes dans le mot.
Réponse : 1346

[76] Lien : l'acteur est l'interprète au cinéma. Il apparaît à l'écran et joue le scénario du film. Dans un opéra, les interprètes sont des chanteurs : ils sont sur scène pour chanter les paroles (qui se dénomment « libretto » dans le jargon de l'opéra).
Réponse : D

[77] Lien : on coupe du pain. On associe le nom avec un verbe parfaitement adapté. On ne tire pas un bouton ; il n'est pas habituel de brûler un livre et on emballe rarement une valise. En revanche, l'Etat frappe traditionnellement monnaie.
Réponse : A

[78] Lien : le DVD est la version améliorée et moderne du CD. Le CD est donc l'ancêtre du DVD. Quelle a été alors l'évolution du carrosse ? Le train n'avait pas la même fonction, et le charriot et la calèche ne sont pas des améliorations du carrosse. En revanche, l'automobile est bien un carrosse à moteur !
Réponse : D

[79] Une molécule est composée d'atomes. La lumière est composée de photons.
Réponse : D

[80] Lien : le baccalauréat est la clef qui permet d'accéder aux études supérieures. Sans baccalauréat, vous ne pouvez aller en école ou à l'université. De même, l'entretien est indispensable pour être embauché : c'est le passage obligatoire pour arriver à l'embauche.
Réponse : B

[81] Le lien logique dans le couple « Connu : Présenter » est un lien de but : on présente quelque chose <u>pour</u> la rendre connue. Le seul couple qui convient est « Evident : Eclaircir ». On éclaircit quelque chose <u>pour</u> la rendre évidente.
Réponse : D

[82] Lien : le bateau à moteur a succédé au bateau à voile. Il faut donc trouver l'ancêtre du fusil, tout en restant dans le domaine des fusils. Le revolver est une arme de poing qui n'entre pas dans la catégorie des fusils. L'arc est une arme qui n'utilise pas de poudre. La mitraillette a succédé au fusil et ne peut donc pas être l'ancêtre du fusil. La seule réponse possible est le mousquet, qui est effectivement la première arme à feu apparue.
Réponse : A

[83] L'acier est principalement constitué de fer : c'est la matière de loin majoritaire dans sa composition. Vous devez donc trouver la matière première qui constitue le plastique. Vous éliminez donc rapidement les termes de chimique et synthétique, qui sont des adjectifs et non des noms désignant des matières premières. Vous avez le choix finalement entre pétrole et bakélite. La bakélite est la première matière plastique qui a été découverte au début du XXe siècle, et ce n'est donc pas la matière première du plastique. Les plastiques sont en fait tous des dérivés du pétrole.
Réponse : C

[84] Lien : le chandelier porte la bougie et la bougie produit de la lumière. Ce schéma s'applique parfaitement à la lampe et l'ampoule : la lampe porte l'ampoule qui produit de la lumière.
Réponse : C

[85] Lien : le second élément est le symbole de la fête. Le Père Noël incarne Noël. Le lapin de Pâques incarne bien aussi Pâques.
Réponse : D

[86] Lien : le début et la fin d'une chose. Le prologue est le début d'un roman, tandis que l'épilogue est la fin du roman. Si l'aube est le début du jour, alors la fin du jour se nomme le crépuscule. Vous ne pouviez pas choisir la nuit car c'est le contraire du jour.
Réponse : D

[87] Ici, le lieu d'extraction détermine l'analogie avec la matière : on extrait des pierres dans une carrière de pierres. On extrait du pétrole à partir d'un gisement, qui n'est pas forcément une plate-forme pétrolière si le gisement est situé dans les terres. La raffinerie n'est pas le lieu d'extraction du pétrole, mais le lieu de transformation du pétrole en essence.
Réponse : A

[88] Représentez-vous mentalement le système solaire : le Soleil est au centre du système solaire et tout tourne autour du Soleil au sens propre comme au sens figuré. Le système digestif ne s'organise pas autour de la nourriture, le système nerveux ne s'organise pas autour d'un nerf, et idem pour les horaires. Toutefois, l'essaim d'abeilles s'organise autour de la reine qui est le centre et la raison de vivre de tout l'essaim.
Réponse : B

[89] Au théâtre, la *comédie* s'oppose radicalement à la *tragédie.* Le burlesque et le grotesque sont des veines dérivées de la comédie. L'intrus de la série est donc la *tragédie*.
Réponse : TRAGEDIE

[90] Terre-à-terre, prosaïque et banal sont synonymes : ils signifient « commun », ou encore « bassement matériel ». Epique se rapporte à l'épopée, c'est-à-dire au récit des héros, qui est hors du commun. L'intrus est donc *épique*.
Réponse : EPIQUE

[91] Apologétique a un sens opposé à satirique, caricaturiste ou caustique : cela tient de l'apologie, c'est-à-dire qui dresse un portrait positif et amélioré. Caustique signifie blessant ou cinglant dans le sens de satirique. L'intrus est donc *apologétique*.
Réponse : APOLOGETIQUE

[92] Le lien logique qui conduit la série est l'appartenance au système digestif. L'intestin, l'estomac et l'œsophage sont des organes du système digestif, tandis que le foie est l'organe qui stocke la glycémie. L'intrus est donc le *foie*.
Réponse : FOIE

[93] Voilà une série avec que des sports. Vous devez alors déterminer un ensemble plus précis et plus restreint que l'ensemble « sport ». Quelle est la propriété commune entre le tennis, l'athlétisme et la natation ? Ce sont des sports individuels en opposition aux sports collectifs comme le basketball. En conséquence, l'intrus est le *basketball*.
Réponse : BASKETBALL

[94] Cette série est particulièrement difficile par le niveau de connaissances demandées. Les quatre mots désignant des nobles, l'ensemble « noblesse » n'est pas assez précis. Deux types de noblesse s'opposent, la noblesse d'Empire, établie par Napoléon Ier, et la noblesse d'Ancien Régime. La baronnie provient de la noblesse d'Empire, tandis que le duché, la marche et le comté datent du Moyen Age. Par conséquent, l'intrus est *baron*.
Réponse : BARON

[95] Ici, tout doit se référer à la possibilité. Lorsqu'il existe une alternative, il y a alors deux possibilités. Lorsque l'on a un choix à faire, il y a plusieurs possibilités. Dans un dilemme, il y a deux possibilités qui sont toutes les deux aussi dévastatrices l'une que l'autre. Seule l'obligation est en opposition avec la notion de possibilité. *L'obligation* est donc l'intrus.
Réponse : OBLIGATION

[96] Ici, vous vous rendez bien compte que tous les mots ont le préfixe « para- ». Pourtant le préfixe « para- » n'a pas toujours la même signification : le parachute est « contre » la chute, le paratonnerre est « contre » le tonnerre et le parasol est « contre » le soleil. Seule la parabole n'a pas cette notion de « contre ». La *parabole* est donc l'intrus.
Réponse : PARABOLE

[97] Les mots de la série se rapportent au registre de l'émotion. Ce qui est déchirant, ce qui est poignant, vous affecte nécessairement sur le plan émotionnel. Pathétique a le même sens, c'est-à-dire le sens de « ce qui émeut profondément et vivement ». *Algide* est un antonyme qui signifie « froid » ou « glacial » pour une personne. En conclusion, *algide* est l'intrus.
Réponse : ALGIDE

[98] Le lien logique est la radioactivité. Le plutonium, le polonium et l'uranium sont des atomes radioactifs, ce qui n'est pas le cas du sodium. Le *sodium* est donc l'intrus.
Réponse : SODIUM

[99] « Très », « souvent » et « beaucoup » sont des adverbes. *Fréquent* est un adjectif.
Réponse : FREQUENT

[100] Observez que tous les mots commencent par la lettre *a.* Dans « agnostique », « apathique » et « atome », le *a* est privatif, ce qui n'est pas le cas pour « appétit ». Il était plus difficile de voir que le *a* d'« atome » était privatif : l'atome est ce qui est insécable.
Réponse : APPETIT

[101] Nous vous conseillons de faire un tableau ici pour y voir plus clair ! Commencez par remplir le tableau à l'aide des indications qui sont sûres, c'est-à-dire celles qui vous donnent la position exacte des personnes dans la file d'attente et non une position par rapport à d'autres éléments. Puis complétez le tableau avec les informations qui donnent une position par rapport aux autres objets :

- Le bonnet est en troisième position.
- Le manteau marron se trouve avant le chapeau melon.
- Le chapeau melon ne peut pas se trouver en troisième position, ni en première puisque le manteau marron se trouve avant le bonnet.

Position dans la file	**1**	**2**	**3**
Type de chapeau	**-**	**Melon**	**Bonnet**
Couleur du manteau	**Marron**	**Noir**	**-**

La seule conclusion erronée est donc : « La personne qui porte le manteau marron porte également le bonnet. »
Réponse : D

[102] Le montant des intérêts lors de la première année s'élève à 8 % x 30 000 € = 2 400 €. Les intérêts cumulés sur les deux années doivent atteindre la valeur de 3 696 €. Comme les intérêts de la première année sont de 2 400 €, les intérêts perçus au cours de la deuxième année valent nécessairement 1 296 € (3 696 € - 2 400 €). Le montant des intérêts lors de la deuxième année s'élève donc à (8 % x 32 400 €), soit 2 592 €.

Si le capital avait été placé pendant 2 ans, les intérêts cumulés du placement auraient atteint 2 400 € + 2 592 €, soit 5 992 €, et ils auraient été supérieurs aux intérêts attendus de 3 696 €. En conséquence, le placement doit durer moins de 2 ans. Sachant que le placement doit rapporter 1 296 € au cours de la deuxième année, et qu'il rapporte 2 592 € sur 12 mois, il doit par conséquent durer 1 296/2 592 = 0,5 ; soit 6 mois.

Pour obtenir des intérêts de 3 696 €, il faut placer les 30 000 € pendant 18 mois.
Réponse : D

[103] Observez la définition par récurrence de la suite : ce n'est ni une suite arithmétique, ni une suite géométrique. Pour calculer le 4e terme, vous devez donc calculer le 2e et le 3e terme, puisque vous n'avez pas d'expression directe des termes par une formule de cours :
$U_1 = U_0 - 1^2 = 83 - 1 = 82$; $U_2 = U_1 - 2^2 = 82 - 4 = 78$;
$U_3 = U_2 - 3^2 = 78 - 9 = 69$.
Finalement, $U_4 = U_3 - 4^2 = 69 - 16 = 53$.
Réponse : B

[104] Si François et Gaspard gagnent en moyenne 1 300 €, la somme de leurs deux salaires est égale à 2 x 1 300 €, c'est-à-dire 2 600 €.Vous pouvez alors calculer la somme des trois salaires :
2 600 € + 1 600 € = 4 200 €
A eux trois, ils gagnent alors 4 200 €. En conclusion, la moyenne arithmétique des trois salaires est égale à 4 200/3, soit 1 400 €.
Réponse : D

[105] Le point essentiel des arbres généalogiques est de pouvoir identifier les générations des membres de la famille. Traduisez les relations par un arbre généalogique pour les faire apparaître plus facilement :

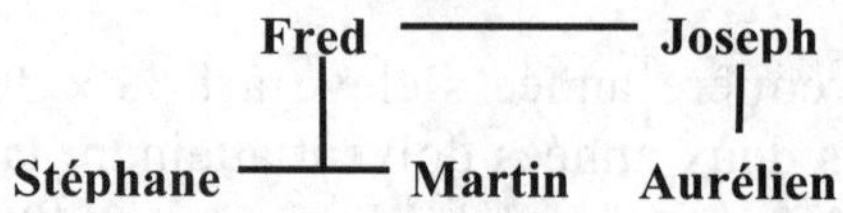

Réponse : D

[106] Cette question est très classique : c'est un cas de calcul de vitesse moyenne sur un aller-retour. Appliquez mécaniquement votre cours qui fournit directement la vitesse moyenne par la formule suivante :

$V_{Moyenne} = (2 \times V_{Aller} \times V_{Retour})/(V_{Aller} + V_{Retour})$

$V_{Moyenne} = (2 \times 8 \times 10)/(8 + 10) = 160/18 = 8{,}9$ km/h

Réponse : B

[107] Pour déterminer le bureau de vote dans lequel le candidat a fait le meilleur pourcentage, vous devez calculer le pourcentage que représentent les voix favorables dans les deux bureaux de vote :

% voix A = (428/1 312) x 100 = 21 %

% voix B = (323/918) x 100 = 35,2 %

Le candidat a fait un meilleur score dans le bureau de vote B, et la différence de pourcentage est égale à 14,2 %.

Réponse : C

[108] Cette application exige de sommer toutes les distances parcourues :

42,128 km + 50 km + 100 m + 110 m + 5 000 m + 400 m = (42,128 + 50 + 0,1 + 0,11 + 5 + 0,4) km

L'athlète parcourra donc 97,778 km lors du championnat.

Réponse : B

[109] Dans cette proposition, il y a en tout dans la première partie de la phrase *(cette phrase contient bien ? fois plus de mots que la phrase située entre guillemets)* 15 mots en comptant bien sûr le point d'interrogation comme un mot, tandis que la partie de la phrase entre guillemets contient 5 mots *(je pense, donc je suis)*. En conclusion, il y a donc trois fois plus de mots.

Réponse : B

[110] Cette question est loin d'être simple : attention à ne pas compter un trop grand nombre de dominos, c'est un piège classique ! Considérons un domino : il y a deux cases dans lesquelles vous pouvez inscrire un nombre entre 0 et 6. Par conséquent, pour la première case il y a 7 possibilités et pour la seconde case il y a également 7 possibilités. Il semble alors avoir 7 x 7 dominos possibles, soit 49. Cependant, on a compté des dominos en trop. Par exemple les dominos (2 ; 3) et (3 ; 2) sont identiques car il n'y a pas d'ordre entre la première et la seconde case. Sur les 49 dominos dénombrés, on retire les 7 « doubles » ((0 ; 0), (1 ; 1), (2 ; 2)…, (6 ; 6)) qui sont uniques, et on divise le reste par 2 ((49 - 7)/2 = 21). En tout, il y a donc 21 + 7 dominos, soit 28 dominos.

Réponse : B

[111] Si le barman a réalisé 80 cocktails dans la soirée, alors la somme de C_2 et C_3 est égale à 80, c'est-à-dire :

$C_2 + C_3 = 80 \Leftrightarrow C_3 = 80 - C_2$

Maintenant, vous devez traduire l'information donnée sur la moyenne des glaçons dans les cocktails par l'équation suivante :

$(3 \times C_3 + 2 \times C_2)/80 = 2{,}375 \Leftrightarrow 3 \times C_3 + 2 \times C_2 = 80 \times 2{,}375$

$\Leftrightarrow C_2 = (190-3C_3)/2$

Et par substitution, comme $C_3 = 80 - C_2$, le nombre de cocktails avec deux glaçons est finalement égal à 50.

Réponse : B

[112] Vous devez calculer dans un premier temps le prix initial de la voiture. Soit P ce prix, alors :

$(1 - 15\ \%)P = 10\ 200\ € \Leftrightarrow P = 10\ 200\ €/85\ \% \Leftrightarrow P = 12\ 000\ €$

Comme le prix initial est égal à 12 000 €, la prime de 1 000 € correspond à 1 000/12 000 du prix initial, c'est-à-dire 1/12 ou encore 8,33 %.

Réponse : A

[113] Rappelons la définition de la contraposée : (proposition 1 $\Longrightarrow$ proposition 2) $\Leftrightarrow$ (non proposition 2 $\Longrightarrow$ non proposition 1). Transformez alors les propositions : « non (non C et D) » équivaut à « C ou non D », et « non (A ou B) » équivaut à « non A et non B ». La contraposée de la proposition est donc :

(C ou non D) $\Longrightarrow$ (non A et B).

Réponse : D

[114] Calculons la durée du placement à partir des intérêts annuels :
Intérêts annuels = 5 % x $\text{capital}_{\text{Initial}}$ = 5 % x 400 € = 20 €
Les intérêts cumulés du placement correspondent au capital final moins le capital initial, c'est-à-dire (520 € - 400 €) = 120 €. Sachant que le placement rapporte 5 % de 400 € par an, ce qui correspond à 20 € par an, et qu'il rapporte en tout 120 €, la durée du placement est de :
$\text{Intérêts}_{\text{Cumulés}}/\text{Intérêts}_{\text{Annuels}}$ = 120 €/20 € = 6 ans
Réponse : C

[115] Si lorsque Mathilde verse 40 % d'une bouteille d'eau dans un seau, le contenu du seau augmente de 2 %, cela signifie alors que les 2 % du volume du seau correspondent à 40 % du volume de la bouteille, ou encore en divisant les proportions par 2, 1 % du seau a le même volume que 20 % de la bouteille.
Comme le seau possède un volume de 30 L, 1 % du volume du seau est égal à 0,3 L. Par conséquent, 20 % de la bouteille correspondent à un volume 0,3 L, et en multipliant les volumes par 5, on conclut que la bouteille peut donc contenir 1,5 L.

Sous forme d'équation : 40 %B = 2 %S ⇔ B = 2 %/40 % x 30 L ⇔ B = 1,5 L.
Réponse : B

[116] **Méthode 1**
Soit N, le nombre de formules vendues au cours du mois dernier. Mettons en équation les informations fournies sur les trois formules :
N = « entrée + plat » + « plat + dessert » + « entrée + plat + dessert »

En effectuant l'application numérique, on obtient :
N = 14 + (3/11) x N + (2/3) x N ⇔ N x (33 - 9 - 22)/33 = 14 ⇔ N = (33 x 14)/2
⇔ N = 231
Cette méthode est très calculatoire et longue… bien trop longue dans une épreuve de concours où le temps est votre pire ennemi. Nous vous recommandons chaudement la méthode qui suit.

Méthode 2
Dans cette méthode, nous partons des solutions proposées pour trouver la bonne réponse en utilisant des critères de divisibilité.
Bien évidemment, le restaurateur a vendu un nombre entier de formules « plat + dessert » et un nombre entier de formules « entrée + plat + dessert » : il ne

peut pas avoir vendu 3,2 formules « plat + dessert » ! Par conséquent, comme N (le nombre de formules vendues) est un entier, pour que le nombre de « plat + dessert » soit un entier, il faut que N soit divisible par 11 puisque 3N/11 = nombre de « plat + dessert ». Avec un raisonnement identique, on montre que N doit être également divisible par 3.

N doit être divisible par 3 et 11. En conclusion, la seule solution proposée possible est 231, qui est à la fois multiple de 3 (car 2 + 3 + 1 = 6, multiple de 3) et de 11 (231 = 11 x 22).

Réponse : C

Astuce : retenez qu'il est parfois très efficace d'utiliser les critères de divisibilité pour résoudre des équations à <u>une seule inconnue entière</u>.

[117] Vous savez qu'il existe des chiens grands d'après l'énoncé. D'autre part, comme affirmé dans la réponse D, les chiens grands sont affectifs. Il existe donc des chiens grands qui sont affectifs. Attention, la réponse C n'est pas valable. Même s'il existe des chiens gentils, tous les chiens gentils ne sont pas affectifs. En conséquence, les chiens gentils peuvent ou ne peuvent pas être affectueux.

Réponse : D

[118] La somme des nombres de 1 à 5 vaut 15. Le cube de 15 est 3 375. Le produit des chiffres de 3 375 est égal à 315.

Réponse : B

[119] Calculer l'octuple du tiers de 111 revient à calculer 8 fois le tiers de 111. Or comme le tiers de 111 vaut 37 (posez une division), il suffit d'appliquer la technique du dernier chiffre pour conclure que 8 x 37 est un nombre qui doit se terminer par le dernier chiffre du résultat du produit de 8 x 7, soit 6. La seule réponse qui se termine par 6 est la réponse A. C'est donc la bonne réponse.

Réponse : A

[120] On calcule d'abord la surface à peindre. La chambre de Xavier a une forme cubique. Il doit donc peindre quatre murs en forme de carré. La surface de chaque carré est de 9 m², puisque le côté du cube qui correspond à la hauteur de plafond est de 3 m. La surface totale à peindre est donc égale à 4 x 9 m² = 36 m². Et comme un pot de peinture permet de peindre 6 m², il vous suffit de diviser 36 m² par 6 m² pour obtenir le résultat de 6 pots nécessaires pour repeindre sa chambre.

Réponse : C

[121] D'après les hypothèses (1) et (2), on sait que Clara a apporté la bouteille de vin ou le rôti, et que Xavier a apporté la tarte ou la bouteille de vin. Testons alors les réponses en commençant par la A : si Julie a apporté la bouteille de vin, alors Clara a nécessairement apporté le rôti et Xavier la tarte. La réponse A permet de répondre.

Si Clara a apporté la bouteille de vin, alors Xavier a apporté le rôti et Julie a apporté la tarte. La réponse B permet de répondre également.

Si Xavier a apporté la tarte, alors on ne peut pas déterminer si Clara a apporté la bouteille de vin ou le rôti.

Réponse : C

[122] D'abord calculons tout simplement le nombre de yards parcourus par le joueur durant la saison. Il a parcouru 130 yards par match et a joué 32 matchs dans la saison, ce qui fait 4 160 yards. Convertissons désormais les yards en mètre : 1 yard = 0,9 m. Donc :

4 160 yards = 4 160 x 0,9 m = 3 744 m

Réponse : A

[123] **Méthode 1**

Il est toujours intéressant de commencer par tester quelques nombres impairs :

1 x 3 x 5 = 15 ; 3 x 5 x 7 = 105 ; 5 x 7 x 9 = 315

Rapidement, vous vous apercevez que les nombres 5, 7 et 9 conviennent et que leur somme est égale à 21.

Méthode 2

Appelons N le plus petit de ces trois nombres impairs. En traduisant l'énoncé sous forme d'équation, on obtient :

$N \times (N + 2) \times (N + 4) = 315 \Leftrightarrow (N^2 + 2N) \times (N + 4) = 315$

$\Leftrightarrow N^3 + 6N^2 + 8N = 315$

Les solutions pour X se restreignent franchement. Comme $7^3 = 343 > 315$; 7 est forcément trop grand. Le nombre impair et inférieur consécutif est 5 et il est bien solution de l'équation. Les nombres impairs sont en conséquence 5, 7 et 9…

Réponse : A

[124] Si le carré de départ a un périmètre égal à 400 m, alors son côté vaut 100 m. La surface du carré de départ est donc de 100 m x 100 m = 10 000 m². Il est donc possible d'inscrire 25 petits carrés dans le carré initial (car 10 000/400 = 25). Comme chaque petit carré a une surface égale à 400 m², leur côté est égal à

20 m (car $20^2 = 400$) et par conséquent, le périmètre de chaque petit carré est égal à 4 x 20 m, soit 80 m. Comme il a été possible de découper le grand carré en 25 petits carrés, la somme des périmètres des petits carrés est égale à 25 x 80 m, c'est-à-dire 2 000 m.

Réponse : C

[125] Si Amel n'a pas acheté de chaussures, c'est qu'elle n'a pas pu acheter des ballerines blanches. La réponse C peut potentiellement être vraie : les ballerines auraient pu être blanches, mais il n'y a pas d'informations supplémentaires. La réponse C n'est pourtant pas nécessairement vraie.

Réponse : C

[126] Soit P le prix de départ de la chemise. Ecrivons sous forme d'équation la hausse puis la baisse du prix :

$(1 - 30\ \%) \times (1 + 10\ \%) \times P = 30{,}8\ € \Leftrightarrow 0{,}7 \times 1{,}1 \times P = 30{,}8\ €$

$\Leftrightarrow P = 30{,}8 / (0{,}7 \times 1{,}1)\ € \Leftrightarrow P = 40\ €$

Réponse : A

[127] Cette question amène à résoudre un système à deux équations et deux inconnues. Dans un premier temps, il faut bien mettre en équation les deux hypothèses données puis résoudre le système. On appelle respectivement X et Y les packs de 6 et 12 briques. Léo a acheté 7 packs pour un total de 66 briques, c'est-à-dire :

$$\begin{cases} X + Y = 7 \\ 6X + 12Y = 66 \end{cases} \Leftrightarrow \begin{cases} X + Y = 7 \\ 6Y = 66 - 6 \times 7 \end{cases} \Leftrightarrow \begin{cases} X + Y = 7 \\ Y = 4 \end{cases}$$

En conclusion, 4 packs de 12 briques de lait ont été achetés.

Réponse : B

[128] Voici un exercice type de proportionnalité. On peut le résumer grâce à un tableau de proportionnalité :

Nombre de paquets de riz	12	7
Prix en €	21,6	X

Par un produit en croix, on trouve tout de suite le prix X pour 7 paquets de riz :

X = (7/12) x 21,6 € = **12,6 €**

Réponse : D

[129] Simplifiez-vous la vie en remplaçant les liens de parenté par la personne directement : le fils de mon frère est mon neveu, donc le grand-père du fils de l'homme que je regarde est mon neveu. Le fils de mon neveu est mon petit-neveu et le grand-père de mon petit-neveu est mon frère.

Réponse : B

[130] Adeline peut avoir 29 élèves différents dans son trinôme. Essayons de composer un trinôme dont Adeline fait partie. On choisit déjà un élève parmi les 29 élèves disponibles, ce qui fait 29 possibilités. Pour la troisième personne du trinôme, il ne reste que 28 élèves qui ne font pas partie déjà du trinôme, ce qui fait 28 choix possibles. Attention, on a compté par ce raisonnement le double des possibilités. Si par exemple Adeline choisit son ami Francis en premier choix, puis son amie Hélène en second choix, ce trinôme sera identique à celui où Adeline choisit d'abord son amie Hélène, puis son ami Francis. On a donc compté deux fois la même composition et il suffit désormais de diviser par 2 le nombre total de possibilités. Le nombre de trinômes est donc égal à :

$(28 \times 29)/2 = 406$

On a en fait choisi le nombre de couples (partie à deux éléments sans notion d'ordre) d'éléments d'un ensemble de 29 éléments distincts. On retombe sur la formule $[n \times (n - 1)]/2$.

Réponse : B

[131] Traduisons l'hypothèse sous forme numérique :

$X = 40\,\%Y \Leftrightarrow X = (2/5) \times Y \Leftrightarrow (5/2) \times X = Y \Leftrightarrow 5 \times 50\,\% \times X = Y$

$\Leftrightarrow 250\,\% \times X = Y$

Réponse : D

Astuce : jonglez entre pourcentage et fraction pour pouvoir calculer plus rapidement.

[132] Commençons par calculer la valeur d'un pied carré en mètre carré :

1 pied carré = 30 cm x 30 cm = 0,3 m x 0,3 m = 0,09 m^2

Divisons maintenant la superficie de l'appartement par un pied carré :

18 m^2/0,09 = 1 800/9 = 200 pieds carré

L'appartement mesure donc 200 pieds carré.

Réponse : C

[133] Comme dans tous les raisonnements de tirages de boules, pour trouver le nombre minimal de boules qu'il faut tirer, vous devez vous placer dans la situation où vous avez le moins de chance possible. Ici, au cours des 12 premiers tirages par exemple, vous ne tirez que des boules blanches. Lors des 5 tirages suivants, vous n'avez encore pas de chance en tirant les 5 boules rouges. Finalement, dans ce cas-là, vous avez tiré toutes les boules blanches et rouges au cours des 17 premiers tirages, ce qui vous fait 2 couleurs différentes de boules en tout. La 18e boule sera nécessairement noire, puisqu'il ne reste que cette couleur à tirer.

Réponse : C

[134] Il s'agit ici bien sûr d'un exercice de partage de travail. Pas besoin de se poser plus de question, il faut appliquer la formule de partage du travail :

$1/T_{Ensemble} = 1/T_{John} + 1/T_{Robert}$

Comme 20 mn = 1/3 h et 30 mn = 1/2 h,

$1/T_{Ensemble} = 1/(1/3) + 1/(1/2) \Leftrightarrow 1/T_{Ensemble} = 3 + 2 \Leftrightarrow T_{Ensemble} = 1/5$ h

Pour passer à la dernière équation, vous devez effectuer un produit en croix. Par conséquent, lorsque John et Robert travaillent ensemble, ils mettent 12 mn.

Réponse : B

[135] Pour simplifier la résolution, calculons d'abord le coût du voyage en avion, puis le coût du voyage en voiture. Charles parcourt X kilomètres en avion au prix de 3 € le kilomètre. L'avion coûte à Charles 3X €. Charles fait le reste du parcours en voiture, soit (Y - X) kilomètres à 2 €.

En tout, le voyage coûte à Charles 3X € + 2(Y - X) €, soit (2Y + X) €.

Réponse : D

[136] Calculons d'abord le nombre moyen de voitures produites par machine en 2009, puis le nombre moyen de voitures produites par machine en 2010, et comparons ensuite ces deux valeurs pour déterminer l'évolution :

$Production_{2009}$ = Nombre de voitures/Nombre de machines = 270/18 = 15

$Production_{2010}$ = Nombre de voitures/Nombre de machines = 252/21 = 12

Pour déterminer la valeur de la baisse de production moyenne par machine, formons le rapport des productions de 2010 et 2009 :

$Production_{2010}/Production_{2009}$ = 12/15 = 80 % = 1 - 20 %

Le nombre moyen de voitures produites par machine entre 2009 et 2010 a donc baissé de 20 %.

Réponse : D

Astuce : pour calculer l'augmentation ou la baisse d'une valeur entre la période t et la période t + 1, pensez à former le rapport $Valeur_{t+1}/Valeur_t$.

[137] Si seuls les non A sont C, alors les A ne sont pas des C. De plus, s'il existe des B qui sont des A, alors ces B qui sont des A ne sont pas des C, d'après la proposition précédente. En conséquence, il existe des B qui ne sont pas des C. La proposition « *tous les B sont C* » est fausse.

Réponse : A

[138] Il est demandé de calculer le temps de rattrapage du lévrier 1 sur le lévrier 2. La formule utilisée sera T = D/V.

La distance que doit rattraper le lévrier en retard est de 35 m. Il suffit donc de calculer la vitesse de rattrapage, puis de diviser la distance de retard par cette vitesse. Le lévrier en tête court à 36 km/h et le second lévrier court à 54 km/h. Par conséquent, la vitesse de rattrapage est de (54 - 36) km/h = 18 km/h.

Vous avez désormais à votre disposition la distance et la vitesse de rattrapage, il est donc possible d'appliquer la formule à condition d'avoir les mêmes unités pour la distance et la vitesse. Ce n'est pas le cas (m d'un côté et km de l'autre), il est alors nécessaire de convertir la vitesse en m/s. Pour passer des km/h aux m/s, on divise la vitesse par 3,6. Or 18/3,6 = 5. La vitesse de rattrapage est donc de 5 m/s. Cela signifie bien qu'à chaque seconde, l'écart entre les deux lévriers diminue de 5 mètres.

Schématisation :

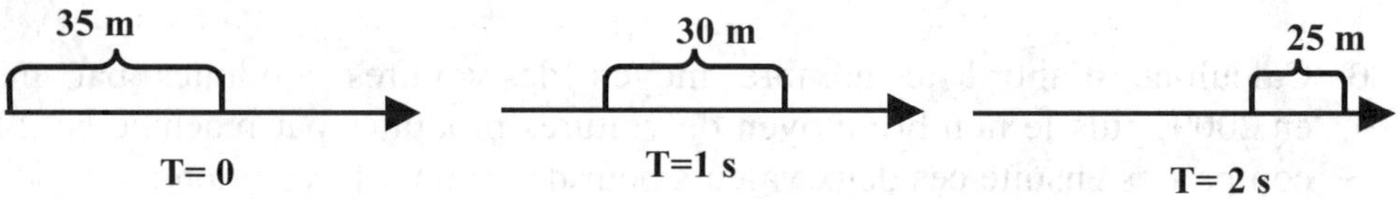

Après application numérique, on conclut que le temps de rattrapage est de 7 secondes.

Réponse : B

Rappel

Pour convertir des m/s en km/h, on multiplie les m/s par 3,6.

Pour convertir des km/h en m/s, on divise les km/h par 3,6.

[139] **Méthode 1 : Calcul de la contribution d'une place**

Calculons la somme d'argent gagnée par Tom chaque fois qu'il achète une place avec l'abonnement. Comme une place avec abonnement coûte 1,20 € au lieu de 1,80 €, Tom gagne 0,60 € par place achetée.

Pour rentabiliser son abonnement, l'économie de 0,60 € par place doit compenser les 30 € d'abonnement. En conséquence, l'abonnement est rentabilisé si Charles va 30/0,60 fois à la piscine, c'est-à-dire 50 fois.

Méthode 2 : Inégalités

Soit N le nombre de places de piscine achetées par Tom. Sans abonnement, N places coûtent 1,80N € à Tom, alors qu'avec abonnement, N places lui coûtent en fait (1,20N + 30) €. L'abonnement est plus rentable que la formule basique lorsque la condition suivante est respectée :

$1,20\,N + 30 \leq 1,80\,N \Leftrightarrow 30 \leq 0,60\,N \Leftrightarrow 30/0,60 \leq N \Leftrightarrow 50 \leq N$

L'abonnement est plus rentable lorsque Tom va plus de 50 fois à la piscine durant son abonnement.

Réponse : C

[140] Dans cet exercice, il est conseillé de raisonner par bornes maximales pour encadrer le plus précisément le résultat.

Sachant que nous cherchons les candidats passant entre autres les concours SESAME et ACCES, et qu'il y a 6 400 candidats pour ces concours, le nombre de candidats qui correspond à nos critères est nécessairement inférieur à 6 400 candidats.

Maintenant, les candidats que nous cherchons ne doivent pas passer le concours ESG : il y en a 5 940 dans ce cas (8 500 - 2 560 = 5 940). Comme 5 940 est inférieur à 6 400, il n'est pas nécessaire que vous teniez compte de la première condition sur les concours SESAME et ACCES.

Réponse : D

[141] Vous devez repérer sur le graphique le segment le plus long : c'est le segment qui débute à 8 h et qui se finit à 10 h 30. La plus longue durée de stationnement d'un avion a donc été de 2 h 30 (10 h 30 - 8 h = 2 h 30).

Réponse : A

[142] Pour trouver le nombre d'avions qui ont atterri entre 7 h 30 et 12 h 30, vous devez compter le nombre de points qui débutent un segment. En effet, chaque point qui débute un segment symbolise l'atterrissage d'un avion. Il y en a en tout 8.

Réponse : C

[143] Observez le quatrième point qui débute un segment : il désigne l'heure d'atterrissage du quatrième avion. Le quatrième avion a donc atterri à 8 h 30. Le segment qui commence à 8 h 30 se prolonge jusqu'à 10 h. Le quatrième avion a donc stationné pendant 1 h 30.
Réponse : C

[144] Pour chaque avion qui atterrit entre 8 h et 11 h, vous devez lire le nombre de passagers contenus dans l'avion. A 8 h, un avion de 600 passagers atterrit. A 8 h 30, un avion de 200 passagers atterrit. A 9 h, un avion de 300 passagers et un avion de 400 passagers atterrissent. A 9 h 30, un avion de 500 passagers atterrit. Enfin, à 11 h, deux avions ont atterri, le premier d'une contenance de 300 personnes et le second d'une contenance de 200 personnes. En tout, 2 500 personnes ont atterri entre 8 h et 11 h.
Réponse : A

[145] Pour trouver la contenance moyenne des avions ayant atterri au cours de la matinée, vous devez calculer le nombre de passagers ayant atterri au cours de la matinée et le diviser par le nombre d'avions ayant atterri. En tout, il y a eu 2 900 passagers au cours de la matinée. Sachant que 10 avions ont atterri au cours de la matinée, la contenance moyenne des avions est égale à 290 passagers par avion (2 900/10 = 290).
Réponse : D

CONCOURS BLANC NUMERO 3

CB 3

EPREUVE N°1 LOGIQUE

Cette première épreuve est composée de 100 questions.
De nombreux thèmes de la logique générale sont traités : **synonymie, antonymie, anagrammes, analogies, séries simples de chiffres, séries simples de lettres, séries d'intrus, séries de raisonnement, etc.**

Vous allez devoir faire preuve d'une concentration sans faille pour passer efficacement d'une logique à une autre. Votre endurance et votre combativité seront également mises à l'épreuve pour parvenir à répondre à une majorité de questions.
Cette première épreuve de logique vous permettra de vous entraîner efficacement aux concours suivants (liste non exhaustive) :

- SESAME : LOGIQUE 1
- ESG, EDC, EBS, TEAM… : TAGE 2 (EPREUVES DE LOGIQUE 3 ET 6)
- PASS : QCM DE LOGIQUE
- PRISM : EPREUVE DE LOGIQUE GENERALE
- ATOUT+3 : EPREUVE DE RAISONNEMENT LOGIQUE
- ECRISTART : EPREUVE DE LOGIQUE

CONSIGNES

Vous disposez de **50 minutes** pour répondre aux **100 questions** de cette première épreuve. Attention : l'usage de la calculatrice et de tout dictionnaire est strictement interdit.

1. Synonymes

Pour les questions numérotées de 1 à 10, vous devez trouver un synonyme du mot proposé, qui respecte les contraintes relatives au nombre de lettres du mot à trouver. Inscrivez la réponse à la place des tirets. Chaque tiret représente une et une seule lettre. Une seule réponse est possible. Nous rappelons enfin que deux mots sont synonymes s'ils ont le même sens.

[1] EXONERATION : D _ G _ _ V _ M _ _ _

[2] PANACEE : R _ M _ _ _

[3] REGULATEUR : M _ _ ER _ _ _ _ _

[4] ASSAINISSEMENT : P _ R _ _ _ _ _ _ _ _ _

[5] SUPERVISION : C _ _ _ R _ _ _

[6] CACOPHONIE : V _ _ _ _ _ _

[7] SYMBOLE : S _ _ _ _

[8] RATIO : R _ _ _ _ _ T

[9] AFFABULATION : A _ _ _ _ G _ _

[10] OSTRACISME : B _ _ _ I _ _ _ _ _ _ _

2. Series de chiffres

Pour les questions numérotées de 11 à 22, vous devez remplacer chaque point d'interrogation par un nombre. Chaque série suit une construction logique précise. Vous devez donc d'abord inférer la ou les règle(s) de progression de la série afin de trouver le ou les nombre(s) qui respectent la logique de la série. Il n'y a qu'une seule bonne réponse par point d'interrogation.

[11] 17 – 20 – 16 – 19 – 15 – 18 – ?

[12] 2 – 5 – 26 – 677 – ?

[13] 4 – 24 – 12 – 72 – 36 – ?

[14] 3 – 12 – 57 – 282 – ?

[15] 1 – 8 – 27 – 64 – ?

[16] 27 – 80 – 33 – 86 – 39 – 92 – ?

[17] 37636 – 2268 – 192 – 18 – ?

[18] 12 – 20 – 32 – 50 – ?

[19] 1 – 2 – 3 – 6 – 7 – 8 – 9 – 24 – 25 – 26 – 27 – ?

[20] 32 – 1312 – 11131112 – 31133112 – ?

[21] 7 – 35 – 105 – 525 – 1575 – ?

[22] 27 – 32 – 39 – 50 – 63 – ?

3. Tableaux

Pour les questions numérotées de 23 à 25, chaque tableau possède un sens de lecture. Les nombres inscrits à l'intérieur du tableau suivent une progression logique remarquable. Vous devez donc déterminer le sens de lecture du tableau ainsi que la construction logique de la série de nombres afin de remplacer le ou les point(s) d'interrogation par le ou les nombre(s) qui respecte(nt) la règle de progression. Il n'y a qu'une seule réponse possible par point d'interrogation.

[23]

3	5	7	11
2	29	?	13
1	23	19	17

[24]

12	9	6	3
24	21	?	15
36	33	30	27

[25]

64	8	4	2
16	2	2	4
36	3	3	?

4. Anagrammes

Pour les questions numérotées de 26 à 35, vous devez déterminer une anagramme du mot proposé respectant les contraintes relatives au nombre de lettres du mot à trouver. Nous rappelons qu'une anagramme est un mot obtenu par la permutation des lettres d'un autre mot. Pour certains mots, plusieurs réponses sont possibles.

[26] CADRAN : _ _ _ _ _ D

[27] DICTER : D _ _ _ _ _

[28] PRESEANCE : E _ P _ _ _ _ _ _

[29] IMPRESSION : P _ _ M _ _ _ _ _ _

[30] DANGER : G _ _ _ _ _

[31] LANGUE : L _ _ _ _ _

[32] DEHORS : H _ _ _ _ _

[33] BOIRE : _ _ _ _ _

[34] CORDE : _ _ _ _ _

[35] ENVIE : _ _ _ _ _

5. SERIES DE LETTRES

Pour les questions numérotées de 36 à 50, vous devez remplacer le point d'interrogation par une ou plusieurs lettres. Chaque série possède une construction logique propre. Vous devez donc inférer le lien logique de la série pour pouvoir déterminer l'unique réponse possible.

[36] D – I – N – S – ?

[37] D – V – T – Q – C – S – S – ?

[38] J – F – M – A – M – J – J – A – S – O – ?

[39] C – D – F – G – I – J – L – ?

[40] B – C – D – F – G – H – ?

[41] X – B – E – G – ?

[42] B – D – H – P – ?

[43] A – P – B – Q – C – R – ?

[44] S – M – H – J – M – ?

[45] A – D – I – P – ?

[46] CDI est à FEJ, ce que KJL est à ?

[47] WTO est à TRN, ce que LHF est à ?

[48] HEC est à EML, ce que OCB est à ?

[49] LOP est à NRR, ce que SAP est à ?

[50] AMF est à CKI, ce que KLM est à ?

6. Antonymes

Pour les questions numérotées de 51 à 60, vous devez trouver un antonyme du mot proposé, qui respecte les contraintes relatives au nombre de lettres du mot à trouver. Chaque tiret représente une seule lettre. Une seule réponse est possible. Nous rappelons que deux mots sont antonymes s'ils ont un sens contraire.

[51] HERMAPHRODITE : _ _ _ X _ _

[52] MACRO : M _ _ _ _

[53] TERRE : _ _ _ L

[54] BEAUTE : _ A _ D _ _ _

[55] PROLETAIRE : _ _ _ RG _ _ _ _

[56] CULTIVATEUR : E _ _ V _ _ _

[57] CITADIN : _ _ _ P _ G _ _ _ D

[58] EMPIRISME : T _ _ _ _ _ _ _

[59] FORCE : F _ _ _ L _ _ _ _

[60] JEUNESSE : V _ _ _ L _ _ _ _ _

7. Series de raisonnement

Pour les questions numérotées de 61 à 75, vous devez remplacer le point d'interrogation par une ou plusieurs lettres, par un mot, ou encore par un ou plusieurs chiffres. Une seule réponse est possible.

[61] 1 (A) – 2 (D) – 3 (I) – 4 (P) – 5 (?)

[62] IEEIEIEIIE (3663633663366336366 3) – IEIIEEIEI (?)

[63] MASQUE (3) – TABLEAU (4) – TELEVISION (5) – LAMPE (?)

[64] TELECOMMANDE (7) – AVION (2) – ATMOSPHERE (6) – GIROUETTE (?)

[65] ŒUF (6) – EAU (6) – AVOIR (8) – LIVRE (?)

[66] VERRE (134) – ABEILLE (256) – AURORE (35) – ALCOOL (?)

[67] LIVRE (9) – COUSIN (4) – VASE (9) – LECTEUR (?)

[68] BOIRE (432) – FAUTEUIL (15253) – LAMPE (12) – TABLE (?)

[69] JOE (30) – PAUL (50) – FRED (33) – LOUIS (?)

[70] K (3) – V (2) – X (2) – W (?)

[71] MANGER (8) – ORDINATEUR (64) – PUIT (1) – PANTALON (?)

[72] PSSER – PRLLLGRMM – SLLGSM – FRCTNNM?T

[73] 1patient – 10ko – 2venir – ?re

[74] COUVERTURE (5) – RADIATEUR (5) – CHAISE (3) – EXECUTIF (?)

[75] LM (8) – VF (6) – EW (16) – AZ (?)

8. Series d'analogies

Dans les séries qui suivent, vous devez inférer le lien logique qui existe entre les mots du premier couple et appliquer alors le même lien logique entre les mots du second couple. L'ordre des mots dans les couples a son importance. Il n'y a qu'une seule réponse possible.

[76] Naissance est à Vieillesse, ce que Début est à :

(A) Arrêt
(B) Commencement
(C) Déclin
(D) Fin

[77] Radio : Ondes

(A) Cinéma : Lumière
(B) Vent : Chaleur
(C) Télévision : Spectateur
(D) Chanteur : Paroles

[78] Oiseau est à plumage, ce que Renard est à :

(A) Peau
(B) Poils
(C) Fourrure
(D) Squelette

[79] Or est à Mine, ce que Blé est à :

(A) Terrain
(B) Champ
(C) Exploitation
(D) Ferme

[80] Longueur est à Mètre, ce que Temps est à :

(A) Période
(B) Présent
(C) Seconde
(D) Jour

[81] Gramme est à Masse, ce que Mètre carré est à :

(A) Etendue
(B) Distance
(C) Longueur
(D) Surface

[82] Sommeil : Reposer

(A) Courant : Prise
(B) Soleil : Température
(C) Outil : Panne
(D) Eau : Désaltérer

[83] Etat-Gendarme est à Sécurité, ce que Etat-Providence est à :

(A) Solidarité
(B) Redistribution
(C) Fiscalité
(D) Risque

[84] Clergé séculier est à Prêtre, ce que Clergé régulier est à :

(A) Diacre
(B) Evêque
(C) Moine
(D) Aumônier

[85] Goethe est à Faust, ce que Shakespeare est à :

(A) Siegfried
(B) Don Quichotte
(C) Hamlet
(D) Scapin

[86] Quotidien est à Jour, ce que Bimensuel est à :

(A) Mois
(B) Deux mois
(C) Deux semaines
(D) Semestre

[87] Terrain est à Fertile, ce que Femme est à :

(A) Agréable
(B) Fécond
(C) Enceinte
(D) Infanticide

[88] Queue : Personne en attente

(A) Commode : Meubles
(B) Etages : Escaliers
(C) Chaîne : Montagnes
(D) Billet : Pièces de monnaie

9. SOULIGNEZ L'INTRUS

Pour les questions numérotées de 89 à 100, chaque question vous présente une série de quatre mots. Parmi ces quatre mots, trois d'entre eux appartiennent à la même famille et sont donc régis par un ou plusieurs liens logiques. **Ces liens portent sur la définition et la signification des mots, et non sur leur forme** (on entend par « forme », le nombre de lettres qu'il y a par exemple dans un mot ou encore la présence d'une voyelle en fin de mot).

Vous devez donc inférer les relations d'appartenance entre ces trois mots et exclure alors le quatrième mot qui est l'intrus et qui n'entretient pas de liens avec les autres mots de la série.

[89] Narquois – Ironique – Authentique – Sarcastique

[90] Dilettante – Affairé – Fainéant – Flâneur

[91] Dandy – Esthète – Elégant – Aguichant

[92] Controverse – Polémique – Concession – Querelle

[93] Créationnisme – Evolutionnisme – Darwin – Sélection

[94] Sorcier – Alchimiste – Enchanteur – Mage

[95] Catholique – Orthodoxe – Musulman – Protestant

[96] Fable – Parabole – Récit – Apologie

[97] Postier – Pompier – Pharmacien – Policier

[98] Expert – Amateur – Spécialiste – Savant

[99] RTL – NDLR – SMIC – PV

[100] Futur – Imparfait – Subjonctif – Présent

CB 3

EPREUVE N°2
CALCUL, MATHEMATIQUES & RAISONNEMENT LOGIQUE

Cette seconde épreuve est composée de **45 questions à choix multiples (QCM) numérotées de 101 à 145.**

De nombreux thèmes sont traités dans cette épreuve : **calcul mental, arithmétique, moyennes, pourcentages, équations, règles de trois, conversions, dénombrement et combinatoire simple, proportionnalité, géométrie, raisonnement logique et argumentation, optimisation, algèbre, suites numériques, calculs de sommes, etc.**

Cette seconde épreuve vous permettra de vous entraîner efficacement aux concours suivants (liste non exhaustive) :

- SESAME : LOGIQUE 2
- ACCES : QUESTIONS DE RAISONNEMENT LOGIQUE
- ESG, EDC, EBS, TEAM… : TAGE 2 (EPREUVES DE CALCUL 2 ET 5)
- PASS : QCM D'ANALYSE QUANTITATIVE
- PRISM : EPREUVE DE MATHEMATIQUES

CONSIGNES

Vous disposez de **60 minutes** pour répondre aux **45 questions** de cette seconde épreuve. Pour chacune de ces questions, **une seule réponse est possible.**

Attention : l'usage de la calculatrice est strictement interdit.

[101] Un agriculteur cultive deux parcelles de blé. La première parcelle a une surface de 170 ha et la seconde mesure 1,2 km². Quelle surface, exprimée en m², l'agriculteur doit-il cultiver ?

(A) 1 370 000 m² (C) 1 620 000 m²
(B) 1 450 000 m² (D) 1 845 000 m²

[102] On considère une suite arithmétique (U_n) de raison r.
Si $U_{50} = 406$ et $U_{100} = 806$, quelle est la valeur du premier terme U_0 ?

(A) 6 (C) 14
(B) 12 (D) 18

[103] Juliette a à sa disposition deux bouteilles de 1 L de volume. Elle remplit la première avec de l'huile, puis en verse la moitié par terre et le quart dans la seconde bouteille qu'elle complète avec de l'eau. Après avoir secoué, elle verse la moitié de ce mélange dans la première bouteille, qu'elle complète également avec de l'eau. Quel est le pourcentage final d'huile dans la première bouteille ?

(A) 22,5 % (C) 37,5 %
(B) 27,5 % (D) 42,5 %

[104] Une somme de 9 000 € est placée sur un livret de caisse d'épargne durant 7 mois au taux annuel de 3 %. Quel est le montant des intérêts à la fin du placement ?

(A) 151,5 € (C) 157,5 €
(B) 154 € (D) 159 €

[105] Sur un produit de 3 000 €, un vendeur accorde un rabais de 5 %, puis une remise de 10 %. A quel prix va-t-on pouvoir acheter ce produit ?

(A) 2 150 € (C) 2 450 €
(B) 2 335 € (D) 2 565 €

[106] La moyenne de la longueur de trois segments est égale à 12 cm. Parmi ces trois segments, on en retire un qui mesure 14 cm. Quelle est désormais la moyenne des deux autres segments ?

(A) 11 cm (C) 13 cm
(B) 12 cm (D) 14 cm

[107] « Tous les chefs-d'œuvre sont produits par des génies. Il existe des chefs-d'œuvre produits par de simples artistes. » Quel type d'implication, fausse logiquement, est utilisée dans le propos ci-dessus ?

(A) A est à B ce que B n'est pas à A.
(B) A implique B, B implique non A.
(C) A implique B implique non C.
(D) A implique B, et A implique non B.

[108] Dans une entreprise, les employés sont soit en contrat à durée indéterminée (CDI), soit en contrat à durée déterminé (CDD). 60 % des employés sont des CDI, 5 % des CDD sont des cadres et 15 % des CDI sont des cadres. L'entreprise compte en tout 22 cadres. Quel est le nombre d'employés en contrat à durée indéterminée qui ne sont pas cadres ?

(A) 96 (C) 100
(B) 98 (D) 102

[109] Une urne contient 10 boules rouges et 10 boules noires. On effectue 5 tirages sans remise. Combien y a-t-il de tirages distincts au total ?

(A) 16 (C) 32
(B) 24 (D) 120

[110] Pour soigner sa grippe, Albert a pris trois aspirines de 500 mg par jour pendant trois jours et deux comprimés d'anti-inflammatoires de 60 mg par jour pendant 5 jours. Quelle masse totale de médicaments Albert a-t-il prise pour soigner sa grippe ?

(A) 1,05 dg (C) 15,5 g
(B) 10 050 mg (D) 100,55 cg

[111] Alfred, Béatrice, Carole, David et Etienne ont participé à une course à pied. David et Etienne ne sont arrivés ni en premier, ni en dernier. Carole a été moins rapide que Béatrice et David, mais plus rapide qu'Etienne. Quel est l'ordre de la course du premier au dernier ?

(A) Béatrice, David, Carole, Etienne, Alfred.
(B) David, Béatrice, Carole, Etienne, Alfred.
(C) Béatrice, David, Carole, Alfred, Etienne.
(D) David, Béatrice, Carole, Etienne, Alfred.

[112] « 17,25 € au lieu de 23 € le kilogramme » : quel est le pourcentage de remise ?

(A) 20 %
(C) 24 %
(B) 22 %
(D) 25 %

[113] Deux sommes sont placées pendant 2 ans, la première à intérêts simples au taux de 8 % et la seconde à intérêts composés au taux de 10 %. Lors de la première année, les intérêts du placement à 8 % valent 200 € et sont supérieurs de 80 € à ceux du second placement. Quelle est la différence d'argent capitalisé entre les deux placements au bout de 2 ans ?

(A) 1 448 €
(C) 1 624 €
(B) 1 554 €
(D) 1 712 €

[114] Fred est en train de préparer les concours d'écoles de commerce post-bac en lisant un chapitre de la *Bible des tests de logique et de mathématiques.* Il a additionné les numéros de toutes les pages du chapitre et il a obtenu 78. Combien de pages ce chapitre comporte-t-il ?

(A) 10
(C) 13
(B) 12
(D) 14

[115] Quel mot faut-il mettre à la place du point d'interrogation pour que l'énoncé ci-dessous en italiques soit conforme à son contenu ?

Cette phrase contient ? fois plus de mots que la phrase suivante : « Le chat joue dans la cuisine. »

(A) 2
(C) 4
(B) 3
(D) 5

[116] Le taux de réussite à l'examen du permis de conduire est de 35 % en Ile-de-France, alors qu'il est de 45 % dans le reste de la France. Sachant que la France compte 65 millions d'habitants dont 10 millions en Ile-de-France, quel est le taux de réussite national à l'examen du permis de conduire ?

(A) 42 %
(C) 45 %
(B) 43,5 %
(D) 46,5 %

[117] Quelle est le taux de croissance moyen en France en 2009 et 2010, sachant qu'il a été consécutivement de 1 % en 2009, puis de 4 % en 2010 ?

(A) 1,8 % (C) 2,5 %
(B) 2 % (D) 3 %

[118] Paul vient d'obtenir une augmentation de 12 %. Son nouveau salaire est égal à 2 016 €. Quel est le montant de son salaire avant augmentation ?

(A) 1 780 € (C) 1 800 €
(B) 1 790 € (D) 1 810 €

[119] Une classe de 10 élèves est constituée de menteurs, qui mentent tout le temps, et d'élèves qui disent toujours la vérité. On les aligne dans une queue. Le premier élève de la queue affirme que tous les élèves derrière lui sont des menteurs. Tous les autres élèves affirment que la personne devant eux ment. Combien y a-t-il de menteurs dans cette classe ?

(A) 0 (C) 5
(B) 1 (D) 10

[120] Charlotte part en voiture d'Angers à 14 h en direction de Bruxelles et roule à la vitesse de 120 km/h. Une heure et demie auparavant, Hélène était partie d'Angers en bus pour aller aussi à Bruxelles. Sachant que le bus d'Hélène roule à 80 km/h, à combien de kilomètres d'Angers Charlotte va-t-elle rattraper Hélène ?

(A) 280 km (C) 340 km
(B) 310 km (D) 360 km

[121] Avant une élection majeure, un institut de sondage interroge 100 personnes sur leur intention définitive de vote. L'institut estime que 52 % des citoyens voteront pour le candidat Aurlom avec une marge d'erreur maximale de plus ou moins 5 %. Quel peut être le pourcentage maximal en faveur du candidat Aurlom à l'issue de l'élection ?

(A) 54,6 % (C) 57 %
(B) 55,4 % (D) 58,2 %

[122] Lancé dans la nuit du 30 septembre au 1er octobre 1957 à 00 h 00, le premier satellite *Spoutnik* bipait toutes les deux heures pour confirmer son bon fonctionnement. Quel est le nombre de bips émis par *Spoutnik* au cours de l'année 1957 ?

(A) 1 104
(B) 1 232
(C) 1 311
(D) 1 423

[123] Michael a deux frères et deux enfants. Justine est plus grande que sa grand-mère Simone, mais plus petite que son oncle David. Benjamin est, lui, le plus intelligent de la famille, juste devant son oncle Joseph. Dommage que Joseph n'ait pas eu d'enfants, c'est pour cela qu'il s'occupe si bien d'Aurélie et Justine, les enfants de son frère Michael. Parmi les conclusions suivantes, laquelle n'est pas juste ?

(A) David est le fils de Simone.
(B) Simone est la grand-mère de Joseph.
(C) Joseph est l'oncle d'Aurélie.
(D) Aurélie et Justine sont sœurs.

[124] Il y a 5 ans, Tarik avait l'âge qu'Alfred aura dans 5 ans. Aujourd'hui, le carré de la somme des âges de Tarik et d'Alfred est égal à 324. Quel âge a Tarik ?

(A) 13
(B) 14
(C) 15
(D) 16

[125] On considère un triangle ABC. L'angle A vaut deux fois l'angle B et la somme des mesures des angles A et C est égale à 140°. Que vaut A ?

(A) 65°
(B) 70°
(C) 80°
(D) 85°

[126] On considère deux cercles de centre O, représentés sur la figure ci-dessous. Quel est le rapport de l'aire du petit disque sur celui du grand disque ?

(A) 2π
(B) 0,5
(C) 0,25
(D) 4π

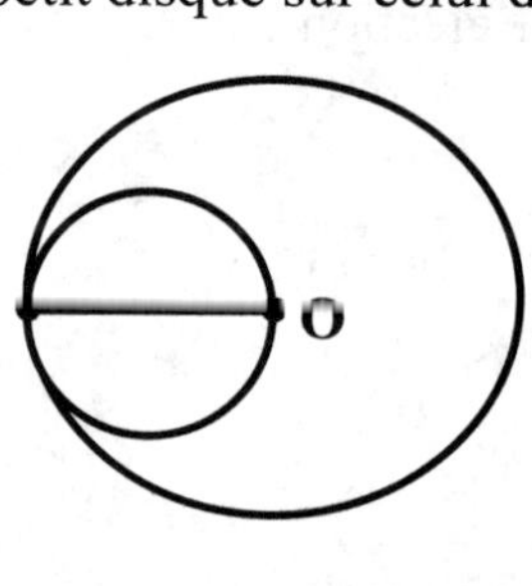

[127] Je vous montre une photo et vous me demandez : « Qui est-ce ? » Je vous réponds : « Le frère de l'homme que je regarde est l'oncle de mon frère. » Qui apparaît sur le portrait ?

(A) Moi-même.
(B) Mon frère.
(C) Mon père.
(D) Mon grand-père.

[128] Soient X, Y et Z trois entiers consécutifs dont le produit est égal à 990. Quelle est la valeur de la somme de ces entiers ?

(A) 28
(B) 30
(C) 32
(D) 34

[129] Pour 3 paquets de chips achetés, le supermarché offre un quatrième paquet gratuit. Si un paquet de chips coûte 0,80 € et que Pierre a acheté des chips pour un montant de 14,4 €, avec combien de paquets de chips Pierre repart-il ?

(A) 14
(B) 18
(C) 22
(D) 24

[130] Selon le Fonds monétaire international, chacun des 300 millions d'Américains devrait dépenser 32 000 $ pour rembourser la dette des Etats-Unis. Après de dures négociations internationales, le gouvernement chinois a accepté d'abaisser la dette des Etats-Unis de 600 milliards de dollars. Suite à cet accord, quelle somme chaque Américain devrait-il dépenser pour rembourser la dette américaine ?

(A) 28 500 $
(B) 29 500 $
(C) 30 000 $
(D) 31 000 $

[131] Six amis décident de se mettre à table autour d'une table hexagonale. Joe n'est pas le voisin d'Anne et a pour voisin de droite Albert. Louis se place en face d'Anne. Hélène a William à sa droite. Parmi les propositions suivantes, laquelle est fausse ?

(A) Louis est assis à gauche de William.
(B) William est assis en face d'Albert.
(C) Hélène est assise en face de Joe.
(D) Albert est assis à gauche d'Anne.

[132] Dans un jeu, on compte jusqu'à 100 en mettant une pièce dans une urne à chaque fois que l'on compte un multiple de 4 ou un nombre qui se termine par un 4. Combien y a-t-il de pièces dans l'urne à la fin du jeu ?

(A) 30 (B) 32 (C) 34 (D) 36

[133] Quelle est la valeur de la somme des nombres allant de 18 à 40, les nombres 18 et 40 compris ?

(A) 651
(B) 656
(C) 667
(D) 684

[134] Un véhicule A quitte la ville X en direction de la ville Y à 16 h à une vitesse constante de 50 km/h. A 16 h 30, le véhicule B quitte la ville Y en direction de la ville X à 40 km/h. Les deux véhicules se croisent à 17 h 30. Quelle est la distance de séparation des deux villes ?

(A) 95 km
(B) 105 km
(C) 120 km
(D) 135 km

[135] Si le 1er janvier 2011 est un samedi, quel jour sera le 1er mars 2012, sachant que 2012 est une année bissextile ?

(A) Dimanche.
(B) Mardi.
(C) Mercredi.
(D) Vendredi.

[136] Dans le parking d'un supermarché, il y a 150 voitures, dont 80 % de marque française. Dans le parking du stade, il y a 250 voitures, dont 96 % de marque française. Quel est le pourcentage de voitures françaises garées sur les 2 parkings ?

(A) 84 %
(B) 87 %
(C) 90 %
(D) 94 %

[137] Le championnat de France de rugby débute par une première phase pendant laquelle les 14 équipes du championnat s'affrontent toutes deux fois dans la saison, puis s'achève par une seconde phase à élimination directe qui commence aux huitièmes de finale pour aller jusqu'en finale. Combien de matchs un champion de France a-t-il joués dans la saison ?

(A) 29
(B) 30
(C) 31
(D) 32

[138] Une bombe explosera dans 2 heures 52 minutes et 13 secondes. Le compte à rebours est indiqué sur un compteur qui affiche des secondes. Que peut-on lire sur le compteur ?

(A) 10 121 s
(B) 10 333 s
(C) 10 842 s
(D) 10 972 s

[139] On interroge deux individus X et Y qui soit mentent toujours, soit disent toujours la vérité. X affirme qu'au moins l'un des deux dit la vérité. Quelle conclusion peut-on tirer ?

(A) X dit la vérité et Y ment.
(B) Y dit la vérité et X ment.
(C) Aucun ne dit la vérité.
(D) Aucun ne ment.

[140] François doit aller faire le plein de sa voiture qui a un réservoir de 60 L. Le prix du litre d'essence baissera de 8 % demain. Le prix actuel est de 1,4 € le litre. Quelle sera la facture d'essence de François s'il attend demain pour faire le plein ?

(A) 76,86 €
(B) 77,28 €
(C) 78,54 €
(D) 78,92 €

INTERPRETATION DE GRAPHIQUES ET DE TABLEAUX : ENONCE

Les habitudes de consommation diffèrent selon les pays. Le graphique suivant décrit les différences d'habitudes de consommation d'un panier d'articles en Allemagne, et les habitudes de consommation de ce même panier en Pologne, pour les années 2000 et 2010. Pour chaque article du panier, la moyenne de consommation par foyer a été calculée en Allemagne et en Pologne : la déviation positive (en pourcentage) de cette moyenne est décrite dans le graphique. La moyenne de consommation d'un produit étant calculée uniquement à partir de la consommation en Allemagne et en Pologne, toute déviation positive dans un pays entraîne une déviation négative identique dans l'autre. L'écart de consommation est la différence (en valeur absolue) entre la déviation dans un pays et la déviation dans l'autre.

Par exemple, pour l'année 2000, la consommation moyenne de bière par foyer en Allemagne a été de 15 % supérieure à la moyenne dans les deux pays mis ensemble, et la consommation de bière par foyer en Pologne a été de 15 % inférieure à la moyenne dans les deux autres pays mis ensemble. Par conséquent, l'écart de consommation entre l'Allemagne et la Pologne a été de 30 % pour la bière.

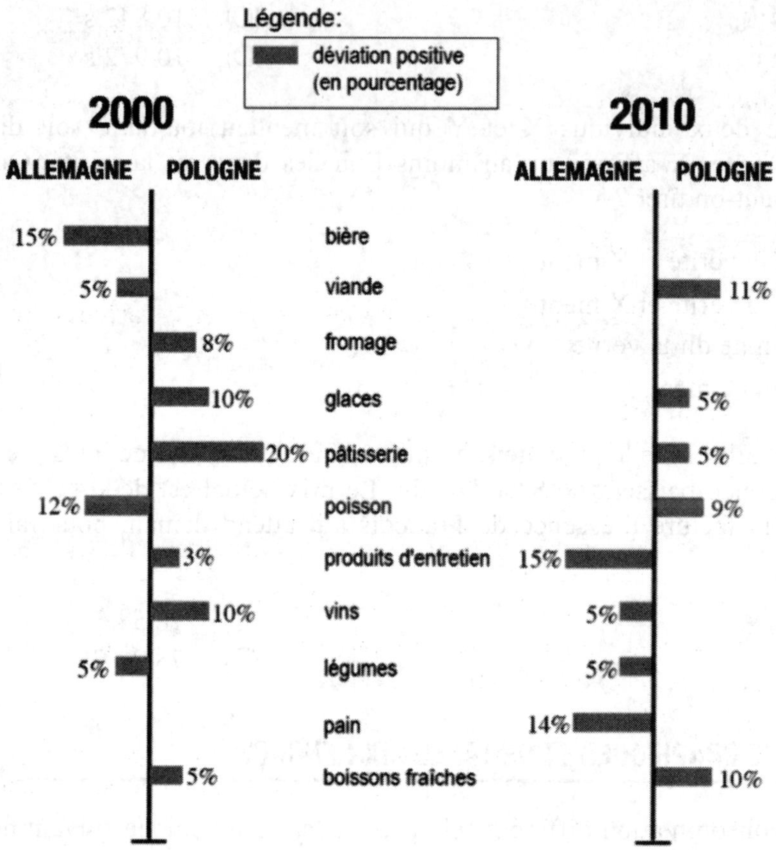

QUESTIONS

[141] Pour combien d'articles de consommation l'écart de consommation a changé entre 2000 et 2010 ?

(A) 11
(B) 10
(C) 9
(D) 8

[142] Pour quel article l'écart de consommation a-t-il doublé de l'année 2000 à l'année 2010 ?

(A) Pâtisserie
(B) Poisson
(C) Vins
(D) Boissons fraîches

[143] Pour quel article l'écart de consommation a-t-il le plus augmenté de l'année 2000 à l'année 2010 ?

(A) Pâtisserie
(B) Produits d'entretien
(C) Bière
(D) Pain

[144] D'après le graphique, laquelle des propositions suivantes est nécessairement fausse ?

(A) La consommation de bière en Allemagne en 2010 n'a pas été supérieure à la consommation de bière en Allemagne en 2000.
(B) Entre les années 2000 et 2010, il y a eu un changement dans la consommation de légumes pour les deux pays.
(C) En 2000 et en 2010, la consommation moyenne de pâtisseries par famille en Pologne n'a pas été supérieure à celle de l'Allemagne.
(D) En 2010, la consommation de boissons fraîches en Allemagne n'a pas été supérieure à celle de 2000.

[145] Si la moyenne de consommation de poisson à été de 230 kg par foyer en Pologne et en Allemagne en 2010, quelle a été la consommation de poisson par foyer en Allemagne en 2010 ?

(A) 242 kg
(B) 244,6 kg
(C) 248 kg
(D) 250,7 kg

CONCOURS BLANC NUMERO 3 : GRILLE DES REPONSES JUSTES

LOGIQUE						CALCUL			
1	DEGREVEMENT	35	VEINE	69	55	101	A	133	C
2	REMEDE	36	X	70	4	102	A	134	B
3	MODERATEUR	37	Q	71	27	103	C	135	D
4	PURIFICATION	38	N	72	N	104	C	136	C
5	CONTROLE	39	M	73	8	105	D	137	B
6	VACARME	40	J	74	4	106	A	138	B
7	SIGNE	41	H	75	9	107	D	139	A
8	RAPPORT	42	F	76	C	108	D	140	B
9	APOLOGUE	43	D	77	A	109	C	141	B
10	BANNISSEMENT	44	A	78	C	110	A	142	D
11	14	45	Y	79	B	111	A	143	D
12	458330	46	NKM	80	C	112	D	144	C
13	216	47	IFE	81	D	113	A	145	D
14	1407	48	LHK	82	D	114	B		
15	125	49	UDR	83	B	115	A		
16	45	50	MJP	84	C	116	B		
17	8	51	ASEXUE	85	C	117	C		
18	77	52	MICRO	86	C	118	C		
19	78	53	CIEL	87	B	119	C		
20	1322232112	54	LAIDEUR	88	C	120	D		
21	7875	55	BOURGEOIS	89	AUTHENTIQUE	121	A		
22	80	56	ELEVEUR	90	AFFAIRE	122	A		
23	31	57	CAMPAGNARD	91	AGUICHANT	123	B		
24	18	58	THEORIE	92	CONCESSION	124	B		
25	4	59	FAIBLESSE	93	CREATIONNISME	125	C		
26	CANARD	60	VIEILLESSE	94	ALCHIMISTE	126	C		
27	DIRECT	61	Y	95	MUSULMAN	127	C		
28	ESPERANCE	62	363366363	96	RECIT	128	B		
29	PERMISSION	63	2	97	PHARMACIEN	129	D		
30	GRANDE	64	4	98	AMATEUR	130	C		
31	LAGUNE	65	7	99	SMIC	131	A		
32	HORDES	66	236	100	SUBJONCTIF	132	A		
33	OBEIR	67	12						
34	DECOR	68	12						

CORRIGES DU CONCOURS BLANC NUMERO 3

3

[1] Une *exonération* est une dispense. Le terme d'exonération est très souvent utilisé dans le domaine fiscal. Dans ce cas, on parle également de *dégrèvement,* qui correspond à une remise totale.
Réponse : DEGREVEMENT

[2] La *panacée* est un *remède* universel, censé posséder la propriété de guérir à lui seul toutes les maladies.
Réponse : REMEDE

[3] Le *régulateur* assure la régulation, c'est-à-dire qu'il rend normal et régulier le fonctionnement de quelque chose. En un mot, il modère.
Réponse : MODERATEUR

[4] Assainir, c'est rendre plus sain. C'est donc aussi épurer.
Réponse : PURIFICATION

[5] La *supervision* d'un phénomène est le *contrôle* général du bon déroulement du phénomène.
Réponse : CONTROLE

[6] La *cacophonie* est un mélange de bruits, de sons discordants, qui produisent un effet désagréable à l'oreille. C'est donc un véritable *vacarme* !
Réponse : VACARME

[7] Un *symbole* est un *signe* emblématique de reconnaissance.
Réponse : SIGNE

[8] Un *ratio* est un *rapport* significatif entre deux données chiffrées caractéristiques.
Réponse : RAPPORT

[9] Une *affabulation* est une morale tirée d'une fable.
Réponse : APOLOGUE

[10] Dans la cité antique d'Athènes, l'*ostracisme* était le *bannissement* d'un citoyen.
Réponse : BANNISSEMENT

[11] Dans cette série, on ajoute 3 une fois sur deux et l'on retire 4 l'autre fois. C'est donc une progression alternée de type +3/-4.
Par exemple, 17 + 3 = 20 ; 20 - 4 = 16, 16 + 3 = 19, 19 - 4 = 15, etc.
Réponse : 14

[12] Ici, vous devez vous rendre compte que vous êtes presque sur une progression de type « mise au carré ». Chaque terme est donné par le précédent, mis au carré auquel on a ajouté 1. Par exemple, $2^2 + 1 = 5$; $5^2 + 1 = 26$; $26^2 + 1 = 677$. Finalement, vous avez $677^2 + 1 = 458330$.
Réponse : 458330

[13] Dans cette série, vous multipliez par 6 une fois sur deux, puis vous divisez par 2 l'autre fois. Ainsi, 4 x 6 = 24 ; 24/2 = 12 ; 12 x 6 = 72 ; 72/2 = 36. Finalement 36 x 6 = 216.
Réponse : 216

[14] C'est une suite arithmético-géométrique avec comme raisons x5 et -3. Par exemple, 3 x 5 - 3 = 15 - 3 = 12. Ainsi, 282 x 5 - 3 = 1407.
Réponse : 1407

[15] Voici simplement la suite des cubes. Vous devez compléter avec le cube de 5.
Réponse : 125

[16] Vous ajoutez 53 à chaque fois, mais comme dans une progression de type horloge, vous ôtez les centaines en revenant à 0 lorsque vous arrivez à 100. Ainsi, 27 + 53 = 80 ; 80 + 53 = 133, soit 33.
33 + 53 = 86 ; 86 + 53 = 139 ; 39 + 53 = 92. Enfin 92 + 53 = 145.
Réponse : 45

[17] Dans cette série, le produit des chiffres de chaque nombre donne le nombre suivant : 3 x 7 x 6 x 3 x 6 = 2268 ; 2 x 2 x 6 x 8 = 192 ; 1 x 9 x 2 = 18 ; 1 x 8 = 8.
Réponse : 8

[18] C'est une suite arithmético-géométrique de raisons x1,5 et +2. D'où, 12 x 1,5 + 2 = 18 + 2 = 20 ; 20 x 1,5 + 2 = 30 + 2 = 32, etc. Vous obtenez la réponse en effectuant 50 x 1,5 + 2 = 75 + 2 = 77.
Réponse : 77

[19] Cette série est construite d'une manière un peu surprenante : on a trois nombres consécutifs, puis le quatrième nombre est la somme des trois nombres précédents. Puis on a encore trois nombres consécutifs en comptant celui qui était la somme des trois premiers, et on somme à nouveau pour obtenir le suivant. La série se termine par trois nombres consécutifs : 25, 26 et 27. On les somme pour obtenir 78.
Réponse : 78

[20] Ce type de suites a été inventé par Albert Einstein. Il faut lire chaque chiffre au sein de chaque nombre à voix haute pour comprendre la suite : vous devez lire 32 comme « 3 puis 2 » et l'interpréter par « il y a un 3 et un 2 », ce qui se transforme en chiffres par « 1312 ». Pour 1312, il y a « un 1, un 3, un 1 et un 2 », c'est-à-dire « 11131112 ». Pour 11131112, il y a « trois 1, un 3, trois 1, un 2 », ce qui donne « 31133112 ». Enfin pour 31133112, il y a « un 3, deux 2, deux 3, deux 1 et un 2 », ce qui s'écrit « 1322232112 ».
Pas mal, non ?
Réponse : 1322232112

[21] Dans cette série, on alterne ici deux critères de progression géométrique : x5 et x3. Par exemple, 7 x 5 = 35 ; 35 x 3 = 105 ; 105 x 5 = 525 ; 525 x 3 = 1575. Ainsi, 1575 x 5 = 7875.
Réponse : 7875

[22] On ajoute ici à chaque nouveau terme la suite des nombres premiers : +5/+7/+11/+13/+17. Ainsi 63 + 17 = 80.
Réponse : 80

[23] *Sens de la série :* c'est une série en colimaçon. Elle commence au coin en bas à droite.
Critère : 1, 2, 3, 5, 7, 11… c'est la suite des nombres premiers. En conséquence, le nombre premier succédant à 29 est 31.
Réponse : 31

[24] *Sens de la série :* le sens de la série est horizontal. Elle part en haut à droite. Attention, lorsque vous changez de ligne, vous ne revenez pas à droite, mais vous repartez de l'endroit où vous vous êtes arrêtés.
Critère : c'est la suite des multiple de 3 : 3, 6, 9, 12, 15… La réponse attendue est 18.
Réponse : 18

[25] *Sens de la série :* remarquez ici que chaque ligne est indépendante.
Critère : le nombre à gauche de chaque ligne est le résultat du produit des trois autres chiffres de la ligne. Par exemple, 64 = 8 x 4 x 2, ou 16 = 2 x 2 x 4. En conséquence, comme 36 = 3 x 3 x 4.
Réponse : 4

[26] **CANARD**
[27] **DIRECT**
[28] **ESPERANCE**
[29] **PERMISSION**
[30] **GRANDE**
[31] **LAGUNE**
[32] **HORDES**
[33] **OBEIR**
[34] **DECOR**
[35] **VEINE**

[36] Les rangs des lettres de cette série suivent une progression arithmétique de raison 5. Observez la suite des rangs : 4 – 9 – 14 – 19 – 24. Le X a pour rang 24.
Réponse : X

[37] Aucune progression mathématique ne marche ici. Vous devez vous référer au sens des lettres. Voilà en fait un critère fondé sur des initiales : chaque lettre représente l'initiale d'un mot. La série est ici Dix, Vingt, Trente, Quarante, Cinquante, etc. La bonne réponse est donc Q pour Quatre-vingt.
Réponse : Q

[38] Cette suite est celle des initiales des mois de l'année : Janvier, Février, Mars, Avril, Mai… Par conséquent, après le O d'Octobre, il y a le N de Novembre.
Réponse : N

[39] Cette série suit un critère alterné de type +1/+2. En conséquence, le M doit venir directement après le L.
Réponse : M

[40] Commencez par remarquer qu'il n'y a aucune voyelle dans cette série. Cette série est en fait la suite des consonnes de l'alphabet. Après le H, vous sautez la voyelle I pour avoir le J.
Réponse : J

[41] Il s'agit ici d'une série à progression arithmétique croissante qui diminue de type +4/+3/+2/+1. L'écart entre les lettres diminue donc.
Réponse : H

[42] Les rangs des lettres de la série suivent une progression géométrique de raison 2. Vous multipliez donc chaque rang par 2 pour obtenir le rang suivant : le rang de B est 2, et 2 x 2 = 4, ce qui correspond au rang de D, etc.
Réponse : F

[43] Vous mélangez deux suites dans cette série : A – B – C et P – Q – R, etc. La lettre qui doit suivre est donc D.
Réponse : D

[44] Voici une progression de type « initiales » qui donne la suite des unités de temps : Seconde, Minute, Heure, Jour, Mois et Année. Vous devez donc trouver A pour Année.
Réponse : A

[45] Inscrivez les rangs des lettres : 1 – 4 – 9 – 16. Le rang des lettres correspond donc à la suite des carrés. Le carré qui suit est donc 25.
Réponse : Y

[46] Progression de type +3/+1/+1.
Réponse : NKM

[47] Progression de type -3/-2/-1.
Réponse : IFE

[48] Progression de type -3/+5/+9.
Réponse : LHK

[49] Progression de type +2/+3/+2.
Réponse : UDR

[50] Progression de type +2/-2/+3.
Réponse : MJP

[51] Un *hermaphrodite* est un individu à qui l'on attribue les deux sexes. Il s'oppose à l'*asexué* qui comme le souligne le préfixe « a- » privatif « n'a pas de sexe ».
Réponse : ASEXUE

[52] Le préfixe *« macro- »* souligne le caractère grand, général et immense d'une chose. Il s'oppose au préfixe *« micro- »* qui au contraire souligne le caractère petit et minuscule (par exemple macroéconomie et microéconomie).
Réponse : MICRO

[53] On oppose traditionnellement le *ciel* à la *terre.*
Réponse : CIEL

[54] Le contraire de la *beauté* est la *laideur.*
Réponse : LAIDEUR

[55] Le *prolétaire* appartient à la couche la plus pauvre de la société, c'est-à-dire à celle qui ne possède rien en propriété. Dans la dialectique marxiste, il s'oppose au *bourgeois.*
Réponse : BOURGEOIS

[56] Le nomade s'oppose au sédentaire. Les *cultivateurs* sont des agriculteurs et restent au même endroit, tandis que les *éleveurs* sont nomades car ils accompagnent leurs bêtes.
Réponse : ELEVEUR

[57] Le *citadin* habite à la ville et le *campagnard* habite à la campagne.
Réponse : CAMPAGNARD

[58] L'*empirisme* est la méthode qui ne s'appuie que sur l'expérience concrète. Au contraire, la *théorie* s'appuie sur des constructions abstraites.
Réponse : THEORIE

[59] *Force* est l'antonyme de *faiblesse.*
Réponse : FAIBLESSE

[60] La *jeunesse* est l'opposé de la *vieillesse.*
Réponse : VIEILLESSE

[61] Le carré du chiffre entre parenthèses correspond au rang de la lettre qui précède la parenthèse. Le carré de 5 est égal à 25 et le rang de Y est égal à 25.
Réponse : Y

[62] Il s'agit ici de tester votre rigueur : le I correspond à 3 et le E correspond à 6. Prenez votre temps pour écrire la réponse.
Réponse : 363366363

[63] Le chiffre entre parenthèses est égal au nombre de voyelles de chaque mot : MASQUE est composé de 3 voyelles, TABLEAU se compose de 4 voyelles, TELEVISION est composé de 6 voyelles et enfin LAMPE est un mot de 2 voyelles.
Réponse : 2

[64] Le chiffre entre parenthèses est égal au nombre de consonnes de chaque mot : TELECOMMANDE est composé de 7 consonnes, AVION se compose de 2 consonnes, ATMOSPHERE se compose de 6 consonnes et enfin GIROUETTE est un mot de 4 consonnes.
Réponse : 4

[65] Le nombre entre parenthèses correspond à la somme des positions des voyelles dans le mot précédant les parenthèses. Pour ŒUF, O + E + U = 1 + 2 + 3 = 6 ; pour EAU, 1 + 2 + 3 = 6 ; pour AVOIR, A + O + I = 1 + 3 + 4 = 8 et pour LIVRE, I + E = 2 + 5 = 7.
Réponse : 7

[66] Les chiffres entre parenthèses correspondent aux positions des consonnes dans chaque mot : les consonnes de VERRE se situent en positions 1, 3 et 4. Les consonnes d'ABEILLE se situent en positions 2, 5 et 6, etc. Enfin les consonnes du mot ALCOOL se situent aux positions 2, 3 et 6.
Réponse : 236

[67] Le nombre entre parenthèses correspond à la somme de barres dans le mot. Il y en a 12 dans le mot LECTEUR.
Réponse : 12

[68] Les chiffres entre parenthèses indiquent le numéro des voyelles : A est la première voyelle, E est la deuxième voyelle, I est la troisième voyelle, O est la quatrième voyelle, U est la cinquième voyelle et Y est la sixième voyelle. Dans BOIRE par exemple, les voyelles sont le O, le I et le E, c'est-à-dire les voyelles 4, 3 et 2.
Réponse : 12

[69] La somme des rangs des lettres est égale au nombre entre parenthèses : J + O + E = 10 + 15 + 5 = 30 ; P + A + U + L = 16 + 1 + 21 + 12 = 50 ; F + R + E + D = 6 + 18 + 5 + 4 = 33. En conséquence, L + O + U + I + S = 12 + 15 + 9 + 19 = 55.
Réponse : 55

[70] Le chiffre entre parenthèses correspond au nombre de barres de la lettre : 3 barres pour K, 2 barres pour V, 2 barres pour X et 4 barres pour W.
Réponse : 4

[71] Lorsque vous comptez le nombre de syllabes de chaque mot, vous vous apercevez que le nombre de syllabes élevé au cube est égal au nombre entre parenthèses. Comme PANTALON possède 3 syllabes, il fallait associer le nombre 27.
Réponse : 27

[72] L'idée est ici d'écrire des mots en retirant seulement les voyelles :
PSSER = PASSER
PRLLLGRMM = PARALLELOGRAMME
SLLGSM = SYLLOGISME
FRCTNNM?T = FRACTIONNEMENT
Réponse : N

[73] Voilà un raisonnement qui s'appuie sur la phonétique moderne. Vous reconnaissez les mots suivants : impatient, dico (dictionnaire), devenir et huître.
Réponse : 8

[74] Le nombre entre parenthèses correspond au nombre de voyelles. Il y a 4 voyelles dans EXECUTIF.
Réponse : 4

[75] Le chiffre entre parenthèses est égal au produit du nombre de barres des deux lettres : L x M = 2 x 4 = 8, V x F = 2 x 3 = 6, … et finalement, A x Z = 3 x 3 = 9.
Réponse : 9

[76] La naissance est le début de la vie et la vieillesse est la période où la vie décline pour arriver à la mort. Si vous respectez l'analogie, vous devez choisir comme terme général *déclin,* qui traduit cette période de baisse jusqu'au point final.
Réponse : C

[77] La radio fonctionne grâce aux ondes radios. Le lien est donc de type cause-effet. Seul le cinéma et la lumière respectent cette relation logique cause-effet : le cinéma n'est qu'une projection de lumière.
Réponse : A

[78] Le plumage est la couche extérieure générale qui recouvre un oiseau. Attention, l'analogie utilise le terme global de *plumage* et non de plumes. Vous devez conserver cette nuance dans la réponse. Certes, le renard est couvert de poils, mais l'ensemble des poils forme une fourrure.
Réponse : C

[79] Lien : lieu géographique exact où l'on exploite la ressource. Si l'on parle de mine d'or, on parle également de champ de blé. La ferme et l'exploitation ne sont pas exactement le lieu géographique d'exploitation de la ressource : elles comprennent d'autres éléments comme des maisons, des lieux de transformation de la matière, etc.
Réponse : B

[80] La longueur a pour unité légale de mesure le mètre dans le système international des normes (normes dites ISO). Pour mesurer le temps, l'unité légale est la seconde.
Réponse : C

[81] On mesure la masse grâce au gramme. Le mètre carré mesure une surface.
Réponse : D

[82] Respectez bien la structure qui vous est proposée au départ : ici, on vous donne un nom et un verbe. Le sommeil permet de se reposer. L'eau permet de se désaltérer, mais l'outil ne permet pas la panne, etc.
Réponse : D

[83] Analysez bien l'analogie : le second mot doit être la fonction principale du premier. Si le rôle premier de l'Etat-Gendarme est d'assurer la sécurité des citoyens, le rôle premier de l'Etat-Providence est d'assurer une meilleure redistribution des richesses.
Réponse : B

[84] Vous devez raisonner sur la fonction du clergé séculier et du clergé régulier. Le clergé séculier est le clergé qui vit dans « le siècle » au milieu des fidèles, et qui regroupe les prêtres, les diacres, les évêques et les aumôniers. Le clergé séculier s'oppose au clergé régulier, celui qui « suit la règle » et regroupe les moines.
Réponse : C

[85] La grande œuvre de l'écrivain Goethe est *Faust.* Ainsi, vous devez associer à chaque auteur son plus illustre personnage. Don Quichotte est le héros de Cervantès. Scapin est un héros de Molière et Siegfried est le personnage principal de la *Tétralogie* de Wagner. Hamlet est bien le héros le plus connu inventé par Shakespeare.
Réponse : C

[86] Vous devez associer dans cette analogie une durée à un adjectif. Si ce qui est quotidien dure un jour, ce qui est bimensuel dure deux semaines. Pour vous en souvenir, dites-vous que ce qui est bimensuel apparaît deux fois dans le mois.
Réponse : C

[87] La fertilité d'un terrain est la capacité d'un terrain à produire une récolte agricole. Parmi les réponses proposées, agréable et infanticide sont hors contexte (l'infanticide est le fait de tuer son enfant). Vous devez choisir le terme de *fécond* pour respecter l'exemple donné, puisque rien n'indique que le terrain est en train de produire une récolte.
Réponse : B

[88] L'analogie doit porter ici sur la composition : une queue est composée de personnes qui attendent. Une chaîne de montagnes est composée de montagnes.
Réponse : C

[89] Si vous hésitez pour le sens et la définition des mots qui vous sont proposés, ayez le reflexe de faire « parler » ces mots en les utilisant dans des groupes de mots dans lesquels vous pouvez cerner plus facilement le sens : un sourire narquois, un ton sarcastique sont des locutions qui doivent vous mettre sur la

bonne voie : ils ont pour sens « ironique, moqueur, railleur » ou encore « malicieux ». Ils s'opposent alors à *authentique* qui est l'intrus.
Réponse : AUTHENTIQUE

[90] Ici, le point commun de cette série doit être l'absence de sérieux, exprimée par le côté dilettante, fainéant ou flâneur. Ces trois adjectifs s'opposent par le sens à *affairé* qui est synonyme de très occupé. *Affairé* est donc l'intrus.
Réponse : AFFAIRE

[91] Vous connaissez sans doute le style dandy. Mais que signifie vraiment être dandy ? Le dandy est un jeune homme de la haute société, très raffiné, anticonformiste et qui a un sens très développé de la mode et de l'esthétisme. Le terme d'*esthète,* comme vous l'avez sans doute déjà remarqué, est de la même famille que le mot *esthétisme* : c'est la personne qui professe le culte du beau. Elégant possède une connotation commune à l'esthète et au dandy, ce qui n'est pas le cas d'aguichant. En conclusion, *aguichant* est l'intrus de la série.
Réponse : AGUICHANT

[92] Le registre de la série est ici la dispute. Si la querelle, la controverse et la polémique illustrent parfaitement la notion de dispute, c'est tout le contraire pour le mot *concession,* qui concède un argument pour éviter l'affrontement. La *concession* est donc l'intrus.
Réponse : CONCESSION

[93] La théorie de l'évolution, appelée aussi évolutionnisme, a été développée par Darwin et se fonde sur la sélection naturelle. Elle s'oppose au créationnisme. L'intrus est donc le *créationnisme*.
Réponse : CREATIONNISME

[94] La propriété partagée par les mots de la série est la magie. Le sorcier, l'enchanteur et le mage tirent leur pouvoir de la magie. L'alchimiste est l'ancêtre du chimiste et fonde son savoir sur l'expérience et la science. L'*alchimiste* est dont l'intrus de la série.
Réponse : ALCHIMISTE

[95] Le caractère commun des termes de la série est le fait d'être chrétien. Le catholique, l'orthodoxe et le protestant sont des chrétiens contrairement au musulman. Par conséquent, l'intrus est le *musulman*.
Réponse : MUSULMAN

[96] Quel est le lien entre les fables de La Fontaine, la parabole de l'enfant prodigue dans l'évangile de saint Luc, ou une apologie : il y a une morale à la fin de l'histoire. Cela n'est pas forcément le cas dans un simple récit. Le *récit* est donc l'intrus de la série

Réponse : RÉCIT

[97] Le lien logique de la série réside dans le fonctionnariat. Le postier, le pompier et le policier sont des fonctionnaires, contrairement au *pharmacien* qui n'est pas employé par l'Etat.

Réponse : PHARMACIEN

[98] Le lien logique de la série est ici la connaissance approfondie d'un sujet. Le spécialiste, l'expert ou le savant ont cette connaissance précise, technique et approfondie. L'*amateur* survole seulement le sujet.

Réponse : AMATEUR

[99] RTL, NDLR et PV sont des sigles. *SMIC* est un acronyme.

Réponse : SMIC

[100] Le *subjonctif* est un mode. Tous les autres sont des temps.

Réponse : SUBJONCTIF

[101] Pour calculer la surface finale à cultiver en m², convertissez les surfaces des deux parcelles en m², puis additionnez les surfaces entre elles :

$1{,}2\ km^2 = 1\ 200\ 000\ m^2$; $170\ ha = 170 \times 10\ 000\ m^2 = 170\ 000\ m^2$

L'agriculteur doit cultiver finalement $1\ 370\ 000\ m^2$.

Réponse : A

[102] Faites parler les informations que l'on vous fournit. Vous pouvez calculer le terme U_0 à l'aide des deux termes que l'on vous donne en les exprimant grâce à la définition d'une suite arithmétique :

$U_{50}=U_0+50xr$	$406=U_0+50r$	$U_{100}=U_0+100r$	$400=50r$
$406=U_0+50r$	$406=U_0+50r$	$806=U_0+100xr$	$8=r$

Par conséquent, $U_0 = 6$.

Réponse : A

[103] Après le premier mélange, il y a dans la deuxième bouteille 25 cL d'huile et 75 cL d'eau. Dans le second mélange, elle verse la moitié du premier mélange. Le volume d'huile versé est égal à 12,5 cL et le volume d'eau versé est égal à 37,5 cL. Dans la première bouteille, il y a donc l'huile de départ et l'huile versée, ce qui correspond à un volume d'huile égal à (25 + 12,5) cL, soit 37,5 cL.
Réponse : C

[104] Cet exercice teste votre aptitude à calculer des intérêts lorsque le nombre de périodes de capitalisation n'est pas un entier. Nous vous rappelons que dans un tel cas, les intérêts sont proportionnels au temps de placement.

La période de capitalisation est d'un an, soit 12 mois. La somme de 9 000 € a été placée pendant 7 mois à 3 %. Les intérêts correspondent aux sept douzièmes des intérêts perçus sur un an :
I = 9 000 € x (7/12) x 3 % = 9 000 € x (7/(3 x 4)) x (3/100) = 157,5 €
Réponse : C

[105] Traduisez les baisses consécutives :
Baisse de 5 % ⇔ (1 - 5 %) x 3 000 € = 3 000 € - 150 € = 2 850 €
Baisse de 20 % ⇔ (1 - 10 %) x 2 850 € = 2 850 € - 10 % x 2 850 €
= 2 850 € - 285 € = 2 565 €
Réponse : D

[106] Cette application consiste à calculer une sous-moyenne de termes. C'est un grand classique.
Calculons la somme des longueurs des deux segments restants :
Somme des 3 segments = Moyenne x Nombres de segments
= 3 x 12 cm = 36 cm
La somme des longueurs des deux segments restants est égale à 36 cm - 14 cm, soit 22 cm. La moyenne est donc finalement égale à :
(Somme segments restants)/2 = 22/2 = 11 cm
Réponse : A

[107] Commencez par appeler par A et B respectivement les chefs-d'œuvre et les génies. La réponse A n'est pas une implication logique, mais une analogie. Vous devez donc éliminez la réponse A. La réponse B n'est pas juste à cause de

la seconde implication qui inverse la place de A et de B. Le bon modèle de raisonnement est en fait : A implique B, A implique non B.
Réponse : D

[108] Résumons la situation par un tableau :

	CDD	**CDI**	
Cadre	5 %	15 %	22
Non cadre			
	40 %	60 %	

On peut trouver facilement le pourcentage de CDD, qui est égal à 40 % (100 % - 60 %). Le nombre de cadres dans l'entreprise est donc égal en pourcentage à 5 % x 40 % + 15 % x 60 % = 2 % + 9 % = 11 %. En conséquence, les 22 cadres correspondant à 11 %, il y a en tout 200 employés dans l'entreprise. Sachant que les CDI non cadres représentent 60 % x (100 % - 15 %) des employés, c'est-à-dire 51 % des employés, ils sont alors au nombre de 102.
Réponse : D

[109] Dans la 5-liste finale, on peut avoir 5 boules noires ou 5 boules rouges ou un mélange des deux couleurs. Il n'est pas possible d'épuiser les boules rouges ou les boules noires, puisqu'il y a 5 tirages et 10 boules de chaque sorte. On a donc deux possibilités de boules par emplacement (une boule noire ou une boule rouge). En tout, on a donc 2^5 possibilités, c'est-à-dire 32 tirages distincts.
Réponse : C

[110] Calculez dans un premier temps le nombre de médicaments pris par Antoine. Il prend 3 x 3 aspirines et 2 x 5 anti-inflammatoires, c'est-à-dire 9 aspirines et 10 anti-inflammatoires. La masse de médicaments avalés par Antoine pour se soigner est donc égale à 9 x 500 mg + 10 x 60 mg = 10 500 mg. Après conversion, Antoine a avalé 1,05 dg de médicaments.
Réponse : A

[111] Raisonnez ici en utilisant des inégalités :

Carole a été plus rapide qu'Etienne, mais moins rapide que David et Béatrice. Par conséquent :
B > C > E et D > C

Etienne ne peut pas être le dernier, et Béatrice, David et Carole sont arrivés avant Etienne, en conséquence Alfred est le dernier. Si David avait été plus rapide que Béatrice, alors il aurait été le premier de la course, ce qui est en contradiction avec les hypothèses. Béatrice a donc été plus rapide que David. L'ordre de la course en partant du premier est :

Béatrice > David > Carole > Etienne > Alfred

Réponse : A

Astuce : lorsque l'on vous demande de classer des éléments entre eux, pensez à utiliser les inéquations.

[112] Calculons la quantité en moins : 23 € - 17,25 € = 5,75 €
Le pourcentage de remise est donc égal à 5,75/23 = 5,75/(4 x 5,75) = 1/4 = 25 %.
Réponse : D

[113] Calculons la somme déposée initialement sur le compte rémunéré à 8 % :
C_0 x 8 % = Intérêts ⇔ 200 €/8 % = 2 500 €

Lors de la première année, les intérêts du placement à 8 % étant supérieurs de 80 € à ceux du placement à 10 %, les intérêts du placement à 10 % s'élèvent à 120 €. On trouve alors facilement la somme de départ placée à 10 % :

C_0 x 10 % = Intérêts ⇔ 120 €/10 % = 1 200 €

La deuxième année, le placement à intérêts simples au taux de 8 % rapporte les mêmes intérêts. La somme d'argent finale placée à 8 % vaut donc 2 500 € + 200 € + 200 € = 2 900 €. Toutefois, le placement à intérêts composés capitalise les intérêts de la période précédente. La deuxième année les intérêts s'élèvent à 10 % de 1 320 €, c'est-à-dire 132 €. La somme d'argent finale présente sur le compte à 10 % vaut 1 452 €.

La différence entre les deux placements au bout de deux années est de (2 900 € - 1 452 €), soit 1 448 €.
Réponse : A

[114] La pagination est en fait une suite arithmétique de raison 1 (1 de plus à chaque nouvelle page). En conséquence, il est possible de trouver le nombre de pages du chapitre à l'aide de la formule de la somme des entiers consécutifs :

[(N + 1) x N]/2 = 78 ⇔ (N + 1) x N = 156 ⇔ N = 12

Réponse : B

[115] Dans cette proposition, il y a en tout dans la première partie de la phrase *(cette phrase contient ? fois plus de mots que la phrase suivante)* 12 mots en comptant bien sûr le point d'interrogation comme un mot, et la partie de la phrase entre guillemets contient 6 mots. En conclusion, il y a donc deux fois plus de mots.

Réponse : A

[116] Par définition de la moyenne pondérée :

M = (35 % x 10 + 45 % x 55)/65 = (3,5 + 24,75)/65 = 43,5 %

Réponse : B

[117] Par définition, la moyenne géométrique des taux de croissance de 2009 et 2010 est égale au taux de croissance moyen en 2009 et 2010. Si l'on norme le PIB à 100 unités au début de l'année 2009, alors il atteint le niveau 101 à la fin de l'année 2009, et 1,04 x 101 = 105,04 à la fin de l'année 2010.

Maintenant, testez les réponses et commencez par 2 % pour éviter les calculs trop compliqués. Avec 2 % de moyenne par an, le niveau du PIB au bout de deux ans atteint 104,04. Un taux de croissance moyen de 2 % est donc trop faible. Lorsque vous testez la réponse D, vous vous rendez compte qu'un taux de 3 % est trop élevé. Le taux moyen se situe donc nécessairement entre 2 % et 3 %.

Réponse : C

[118] Il s'agit ici d'un cas très classique de calcul d'une quantité d'origine. Soit S, le salaire de Paul avant l'augmentation :

P + 12 %P = 2 016 € ⇔ 1,12 x P = 2 016 €

⇔ P = 2 016 €/1,12 = 201 600 €/112 = 1 800 €

Réponse : C

[119] Une question bien plus difficile que les raisonnements classiques, car vous devez tester plusieurs hypothèses. Ici, commencez par raisonner sur l'affirmation du premier élève de la queue.

Supposons que le premier élève ne soit pas un menteur. Il affirme que tous les élèves derrière lui sont des menteurs. Cela signifie que le troisième élève de la file est un menteur et que le contraire de son affirmation est la vérité. Il affirme que le deuxième élève ment, or comme il ment, cela signifie que le deuxième élève dit la vérité, ce qui est en contradiction avec notre hypothèse sur le premier élève. Comme le raisonnement est juste, vous pouvez conclure que le premier élève ne dit pas la vérité, c'est-à-dire qu'il ment.

Le premier élève étant un menteur, la vérité réside alors dans le contraire de son affirmation, à savoir « il y a au moins un élève qui dit la vérité » qui est le contraire de « tous les élèves sont des menteurs ». Vous choisissez alors au hasard cet élève dans la file, et comme il dit la vérité, cela signifie que son affirmation est vraie, c'est-à-dire que la personne devant lui est un menteur. Vous pouvez vous apercevoir finalement qu'il y a dans la file un menteur sur deux, lorsque vous remontez les affirmations des élèves.

Réponse : C

[120] Il s'agit ici d'un cas très classique de rattrapage. Commençons par calculer la distance d'avance qu'Hélène a sur Charlotte. Hélène est partie 1 h 30 mn avant Charlotte et roule à la vitesse de 80 km/h. Hélène a par conséquent déjà parcouru 120 km au moment où Charlotte prend sa voiture (car D = V x T = 80 km/h x 1,5 h = 120 km).

Maintenant, calculons la vitesse de rattrapage de Charlotte sur Hélène : Charlotte roule 40 km/h plus vite que Hélène (120 - 80 = 40). Cela signifie qu'en une heure, Charlotte va rattraper Hélène de 40 km. Comme Hélène possède 120 km d'avance, il faudra 3 heures à Charlotte pour rattraper Hélène (120/40 = 3).

En 3 heures, Charlotte a parcouru la distance de 360 km (D = 120 km/h x 3 h = 360 km). En conclusion, Charlotte va rattraper Hélène à 360 km d'Angers.

Réponse : D

[121] Il est clair qu'ici la marge d'erreur concerne les 52 % de votes en faveur d'AURLOM. Il faut alors calculer tout simplement un pourcentage d'augmentation de 5 %. 10 % de 52 % est égal à 5,2 %, donc 5 % de 52 % est égal à 5,2 %/2, soit 2,6 %.

Par conséquent, le pourcentage maximum du candidat d'Aurlom sera 54,6 %.

Réponse : A

[122] Il faut ici compter le nombre d'heures entre le 1er octobre 1957 et le 31 décembre 1957, avant de diviser par 2 le résultat, puisque que *Spoutnik* bipe toutes les 2 heures. Comptons le nombre de jours entre le 1er janvier 1957 et le

30 juin 1958 : 31 jours en octobre, 30 en novembre et 31 en décembre ; soit un total de 31 + 30 + 31 = 92 jours.

Il y a 24 x 92 = 2 208 heures entre le 1er octobre et le 31 décembre. En conséquence, *Spoutnik* a alors bipé 2 208/2 fois, soit 1 104 fois.

Réponse : A

[123] Faites attention aux générations, il y a en trois ici. Identifiez bien la génération de chaque personne puis complétez l'arbre.

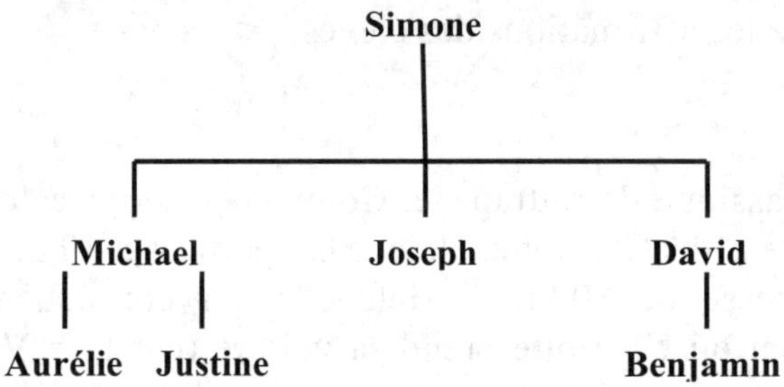

Réponse : B

[124] Il s'agit ici de résoudre un système de deux équations à deux inconnues. Appelons T et A les âges respectifs de Tarik et d'Alfred.

« Il y a 5 ans, Tarik avait l'âge qu'Alfred aura dans 5 ans » $\Leftrightarrow$ T - 5 = A + 5

« Le carré de la somme des âges de Tarik et d'Alfred est égal à 324 » $\Leftrightarrow$ $(T + A)^2 = 324$. Par conséquent, on a : T - 5 = A + 5 et $(T + A)^2 = 324$

Soit T - A = 10 et T + A = 18 soit encore T = 14 et A = 4.

Réponse : B

[125] Apprenez par cœur vos carrés !

La somme des mesures des angles d'un triangle quelconque vaut par définition 180°. L'énoncé fournit deux relations supplémentaires entre les mesures des angles. Résumons les trois informations sous forme d'un système de trois équations à trois inconnues, puis résolvons :

$$\begin{cases} A + B + C = 180° \\ A = 2B \\ A + C = 140° \end{cases} \quad \text{soit} \quad \begin{cases} B + 140° = 180° \Leftrightarrow B = 40° \\ A = 2B \Leftrightarrow A = 2 \times 40° = 80° \end{cases}$$

Par conséquent, A = 80°.

Réponse : C

[126] **Méthode 1**

La seule information fournie par le dessin concerne le rapport des rayons des deux cercles. Le diamètre du petit cercle est égal au rayon du grand cercle. Si r est le rayon du petit cercle, alors son aire vaut πr^2. Comme le rayon du grand cercle est égal à $2r$, l'aire du grand disque vaut : $\pi(2r)^2 = 4\pi r^2$

Le rapport des deux aires est donc 1/4, soit 0,25.

Méthode 2

Lorsque l'on multiplie par 2 les proportions, alors les surfaces sont multipliées par 4. En conséquence, la surface du grand disque est quatre fois plus grande que celle du petit disque.

Réponse : C

[127] La technique consiste ici à remplacer les descriptions compliquées par des noms plus simples, en commençant par ce qu'il y a de plus « à l'intérieur » de la description. Ici, l'oncle de mon frère est également mon oncle. Je regarde donc le portrait « du frère de mon oncle ». Le frère de mon oncle est mon père.

Réponse : C

[128] Il est très éclairant de remarquer que le cube de 10 est égal à 1 000, soit 10 x 10 x 10 = 1 000, pour fixer un ordre de grandeur des nombres entiers recherchés. L'un des nombres X, Y ou Z est forcément égal à 10, sinon le produit des trois nombres serait trop éloigné de 990.

On remarque que 9 x 10 x 11 = 9 x 110 = 990. Par conséquent la somme de X, Y et Z vaut 30.

Réponse : B

[129] Calculons d'abord le nombre de paquets de chips véritablement payés par Pierre, puis rajoutons le nombre de paquets gratuits. Si Pierre a dépensé 14,4 €, alors il a payé véritablement 18 paquets (14,4/0,8 = 18).

Avec les 18 paquets, vous pouvez former 6 lots de 3 paquets (3 x 6 = 18), ce qui fait 6 paquets gratuits (un paquet gratuit par lot). En tout, Pierre repart du supermarché avec 24 paquets.

Réponse : D

[130] Il s'agit d'ici d'un problème classique de moyenne arithmétique dans lequel la somme des termes a été abaissée. Calculons la dette américaine avant la remise de dette chinoise à l'aide du corollaire de la moyenne arithmétique (Somme des termes = Moyenne x Nombre de termes) :

$\text{Dette}_{\text{américaine}} = \text{Dette}_{\text{par Américain}} \times \text{Nombre}_{\text{Américains}} = 32\,000\ \$ \times 300 \times 10^6$
$= 9{,}6 \times 10^{12}$

600 milliards de dollars ont été enlevés à la dette américaine, donc après négociations, la dette américaine est de :

$9{,}6 \times 10^{12}\ \$ - 600 \times 10^9\ \$ = 9{,}6 \times 10^{12}\ \$ - 0{,}6 \times 10^{12}\ \$ = 9 \times 10^{12}\ \$.$

En conséquence, la dette américaine après négociations s'élève à 9 000 milliards de dollars, soit 9 « trilliards » de dollars.

En recalculant la dette par américain, on obtient :

$\text{Dette}_{\text{par Américain}} = \text{Dette}_{\text{américaine}}/\text{Nombre}_{\text{Américains}} = (9 \times 10^{12})/(300 \times 10^6)$
$= 30\,000\ \$$

Réponse : C

[131] Voici un archiclassique. Apprenez cette question quasiment par cœur, car la table hexagonale est un incontournable. Commencez toujours par placer les personnes situées l'une en face de l'autre. Cela permet de fixer plus facilement le plan de table :

- Louis et Anne sont en face.
- Joe n'est pas voisin d'Anne, il se trouve donc à gauche ou à droite de Louis.
- Joe a Albert comme voisin de droite, donc Louis est à gauche de Joe.
- Vous finissez par placer Hélène à droite d'Anne et William à gauche de Louis.

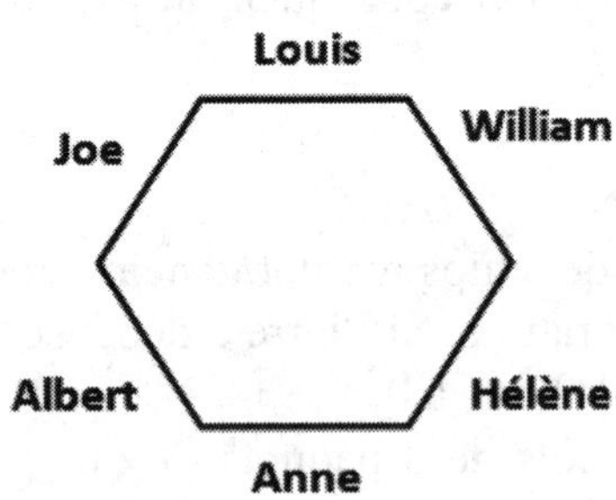

Réponse : A

[132] Trouvons d'abord les multiples de 4. Il vous suffit d'effectuer la division euclidienne de 100 par 4 (100 = 4 x 25). Il y a 25 multiples de 4 parmi les 100 premiers nombres entiers naturels. Les nombres qui se terminent par 4 sont : 4, 14, 24, 34… 94 : il y en a donc 10 en tout. Attention à ne pas compter

plusieurs fois les nombres qui sont à la fois multiple de 4 et qui se finissent aussi par un 4, c'est-à-dire les nombres 4, 24, 44, 64.
En conclusion, il y a 25 multiples de 4 et 5 nombres supplémentaires qui se finissent par un 4, soit en tout 30 nombres.
Réponse : A

[133] Cette question approfondit le problème de calcul de la somme des premiers entiers naturels (1 + 2 + … + n = (n x (n + 1))/2). Commençons par faire une remarque sur la somme que l'on nous demande de déterminer :
18 + 19 + … + 40 = (1 + 2 + … + 40) - (1 + 2 + … + 16 + 17)
Calculons donc la somme de 1 à 40, puis celle de 1 à 17, et faisons la soustraction de la seconde somme à la première pour obtenir la somme recherchée :
1 + 2 + … + 40 = (40 x 41)/2 = 20 x 41 = 820
1 + 2 + … + 16 + 17 = (17 x 18)/2 = 9 x 17 = 153
En conséquence, 18 + 19 + … + 40 = 820 - 136 = 667
Réponse : C

[134] Ce problème est une situation classique de croisement de véhicules. L'équation fondamentale dans un problème de croisement est :
$D_{\text{Séparation}} = D_A + D_B$

Calculons les distances effectuées par les deux véhicules :
Le véhicule A roule pendant 1 h 30 à la vitesse de 50 km/h, il parcourt donc 1,5 x 50 = 75 km.
Le véhicule B roule pendant 1 h à la vitesse de 40 km/h, il parcourt donc 40 km.
Après avoir sommé les distances parcourues par les deux véhicules, on établit que les villes sont distantes de 105 km.
Réponse : B

[135] Entre le 1er janvier 2011 et le 1er mars 2012 il y a 426 jours (365 jours en 2011, 31 jours en janvier 2012, 29 jours en février 2012 et 1 jour en mars 2012). En faisant la division euclidienne de 426 par 7, entre le 1er janvier 2011 et le 1er mars 2012, il y a 60 semaines et 6 jours. En conclusion, le 1er mars est un vendredi.
Réponse : D

[136] Vous devez reconnaître immédiatement ici un problème de moyenne pondérée. Les termes de la moyenne sont les pourcentages de voitures françaises sur chaque parking et les poids des termes sont les nombres de voitures garées sur chaque parking.

Calculons la moyenne pondérée :

(150 x 80 % + 250 x 96 %)/(150 + 250) = (120 + 240)/400 = 360/400

= 9/10 = 90 %

Par conséquent 90 % des voitures sont françaises.

Réponse : C

Astuce : comment calculer rapidement 96 % de 250 ? Vous savez que 1 % de 250 vaut 2,5, d'où 4 % x 250 = 10.

[137] Le champion de France a joué tous les matchs de la première et de la seconde phase. Lors de la première phase, l'équipe a joué deux fois contre toutes les autres équipes : soit deux fois 13 matchs car il y a 13 autres équipes, donc 26 matchs dans la première phase. Durant la seconde phase, l'équipe a joué en huitième de finale, en quart de finale, en demi-finale et en finale, soit 4 matchs. En tout, l'équipe a joué 30 matchs.

Réponse : B

[138] Il suffit ici de convertir simplement 2 h 52 mn et 13 s en secondes. Vous savez du fait d'un cours parfaitement appris qu'1 h comporte 3 600 s. En 2 h, il y a donc 7 200 s. Calculons le nombre de secondes dans 52 mn :

52 mn = 50 mn + 2 mn = 50 x 60 s + 120 s = 3 000 s + 120 s = 3 120 s

Le compteur indique donc 7 200 s + 3 120 s + 13 s, soit 10 333 s.

Réponse : B

[139] Pour résoudre les histoires de menteurs, la technique consiste à tester les hypothèses en supposant que les hypothèses proposées sont vraies, et à voir si ces suppositions mènent à une contradiction. Considérons alors X comme un menteur. X affirme : « X ment ou Y ment ». Si X ment, alors la vérité est la négation de son affirmation, c'est-à-dire « X dit la vérité et Y dit la vérité ». On en déduit que si X ment, alors X dit la vérité. Cette contradiction signifie que l'hypothèse de départ est fausse. On en déduit que X dit nécessairement la vérité, et donc comme son affirmation « au moins l'un des deux ment » est vraie, on peut conclure que seul Y ment.

Réponse : A

[140] Ce problème est un calcul classique de baisse de pourcentages et ne doit pas poser vraiment de problème. Si François fait le plein d'essence aujourd'hui, alors il va payer 60 L à 1,4 € le litre, c'est-à-dire 84 €. S'il attend demain, il ne payera plus que 92 % de 84 €.Calculons cette baisse :
92 % x 84 € = (100 % - 10 % + 2 %) x 84€ = 84 € - 8,4€ + 2 x 0,84 = 77,28€
Réponse : B

[141] Que l'écart de consommation soit en faveur de l'Allemagne ou de la Pologne, cela n'a aucune importance, puisqu'il est donné en valeur absolue. Vous devez seulement repérer les produits pour lesquels il y a une déviation identique : il n'y a que les légumes. Comme il y a en tout 11 produits, l'écart de consommation est différent pour 10 produits.
Réponse : B

[142] Concentrez-vous sur les quatre propositions fournies. Il n'y a que les boissons fraîches pour lesquelles l'écart de consommation a doublé passant de 10 % à 20 % (le double de la déviation).
Réponse : D

[143] Calculez par la différence des écarts entre 2010 et 2000 pour obtenir l'évolution : (écart en 2010 - écart en 2000)

Le tableau ci-dessous résume la situation :

Produit	**Ecart en 2000**	**Ecart en 2010**	**Evolution**
Bière	30 %	0 %	-30 %
Viande	10 %	22 %	12 %
Fromage	16 %	0 %	-16 %
Glaces	20 %	10 %	-10 %
Pâtisserie	40 %	10 %	-30 %
Poisson	24 %	18 %	-6 %
Produits d'entretien	6 %	30 %	24 %
Vins	20 %	10 %	-10 %
Légumes	10 %	10 %	0 %
Pain	0 %	28 %	28 %
Boisson fraîches	10 %	20 %	10 %

Réponse : D

[144] Les réponses A, B et D ne dressent aucune comparaison entre la Pologne et l'Allemagne. L'information donnée par la réponse C est en contradiction avec le graphique, car la déviation de pâtisserie est favorable à la Pologne aussi bien en 2000 qu'en 2010.
Réponse : C

[145] En 2010, la déviation pour les poissons étant positive pour la Pologne et égale à 9 %, la consommation allemande est égale à :
(1 + 9 %) x 230 kg = (100 % + 10 % - 1 %) x 230 kg = 230 kg + 23 kg - 2,3 kg = 250,7 kg
Réponse : D

CONCOURS BLANC NUMERO 4

CB 4

EPREUVE N°1 LOGIQUE

Cette première épreuve est composée de 100 questions.
De nombreux thèmes de la logique générale sont traités : **synonymie, antonymie, anagrammes, analogies, séries simples de chiffres, séries simples de lettres, séries d'intrus, séries de raisonnement etc.**

Vous allez devoir faire preuve d'une concentration sans faille pour passer efficacement d'une logique à une autre. Votre endurance et votre combativité seront également mises à l'épreuve pour parvenir à répondre à une majorité de questions.
Cette première épreuvc de logique vous permettra de vous entraîner efficacement aux concours suivants (liste non exhaustive) :

- SESAME : LOGIQUE 1
- ESG, EDC, EBS, TEAM… : TAGE 2 (EPREUVES DE LOGIQUE 3 ET 6)
- PASS : QCM DE LOGIQUE
- PRISM : EPREUVE DE LOGIQUE GENERALE
- ATOUT+3 : EPREUVE DE RAISONNEMENT LOGIQUE
- ECRISTART : EPREUVE DE LOGIQUE

CONSIGNES

Vous disposez de **50 minutes** pour répondre aux **100 questions** de cette première épreuve. Attention : l'usage de la calculatrice et de tout dictionnaire est strictement interdit.

1. Synonymes

Pour les questions numérotées de 1 à 10, vous devez trouver un synonyme du mot proposé, qui respecte les contraintes relatives au nombre de lettres du mot à trouver. Inscrivez la réponse à la place des tirets. Chaque tiret représente une et une seule lettre. Une seule réponse est possible. Nous rappelons enfin que deux mots sont synonymes s'ils ont le même sens.

[1] ALLEGORIE : P _ _ S _ _ _ _ F _ C _ _ _ _ N

[2] ANALOGIE : R _ _ _ _ _ B _ _ _ _ _

[3] AMENE : _ G _ _ _ BL _

[4] GRATIFICATION : _ E _ UN _ _ _ _ _ _ _ _

[5] PHILOLOGIE : L _ _ _ _ _ S _ _ _ E

[6] PRECIOSITE : M _ N _ _ _ IS _ _

[7] SUFFRAGE : A _ P _ _ B _ T _ _ _

[8] BAROQUE : _ X _ R _ VA _ _ N _

[9] AUTARCIE : I _ _ _ _ M _ _ _

[10] DEPRESSION : D _ C _ _ _ SS _ _ _ _

2. Series de chiffres

Pour les questions numérotées de 11 à 22, vous devez remplacer chaque point d'interrogation par un nombre. Chaque série suit une construction logique précise. Vous devez donc d'abord inférer la ou les règle(s) de progression de la série afin de trouver le ou les nombre(s) qui respectent la logique de la série. Il n'y a qu'une seule bonne réponse par point d'interrogation.

[11] 4 – 12 – 44 – 172 – ?

[12] 96 – 123 – 91- 118 – 86 – 113 – ?

[13] 15 – 32 – 62 – 126 – 250 – 502 – ?

[14] 22 – 44 – 6 – 28 – 50 – 12 – ?

[15] 6 – 36 – 7 – 49 – 8 – ?

[16] 12 – 23 – 34 – 45 – ?

[17] 4879 – 7524 – 10169 – 12814 – ?

[18] 0 – 4 – 16 – 36 – ?

[19] 1 – 9 – 25 – 49 – ?

[20] 0 – 8 – 64 – 216 – ?

[21] 1 – 27 – 125 – 343 – ?

[22] 1 – 2 – 4 – 8 – 16 – 32 – 64 – ?

3. Tableaux

Pour les questions numérotées de 23 à 25, chaque tableau possède un sens de lecture. Les nombres inscrits à l'intérieur du tableau suivent une progression logique remarquable. Vous devez donc déterminer le sens de lecture du tableau ainsi que la construction logique de la série de nombres afin de remplacer le ou les point(s) d'interrogation par le ou les nombre(s) qui respecte(nt) la règle de progression. Il n'y a qu'une seule réponse possible par point d'interrogation.

[23]

4	8	3	15
8	3	15	26
3	15	26	?

[24]

12	18	22	24
6	10	16	?
2	4	8	14

[25]

6	5	4	3
7	0	1	2
?	9	10	11

4. Anagrammes

Pour les questions numérotées de 26 à 35, vous devez déterminer une anagramme du mot proposé respectant les contraintes relatives au nombre de lettres du mot à trouver. Nous rappelons qu'une anagramme est un mot obtenu par la permutation des lettres d'un autre mot. Pour certains mots, plusieurs réponses sont possibles.

[26] PORT : _ _ _ _

[27] AMER : _ _ _ _

[28] BUTE : _ _ _ _

[29] EGARD : _ _ _ _ _

[30] CHOSE : _ _ _ _ _

[31] ARRET : _ _ _ _ _

[32] CERTAIN : C _ _ _ _ _ _

[33] CHARME : M _ _ _ _ _

[34] ALTITUDE : L _ _ _ T _ _ _

[35] ATMOSPHERE : M _ _ _ P _ _ _ _ _

5. SERIES DE LETTRES

Pour les questions numérotées de 36 à 50, vous devez remplacer le point d'interrogation par une ou plusieurs lettres. Chaque série possède une construction logique propre. Vous devez donc inférer le lien logique de la série pour pouvoir déterminer l'unique réponse possible.

[36] C – E – H – J – M – O – R – ?

[37] F – G – I – L – ?

[38] V – Y – B – E – H – ?

[39] B – C – E – H – M – ?

[40] Z – Y – V – U – R – Q – ?

[41] U – D – T – Q – C – S – ?

[42] G – L – P – S – U – ?

[43] A – E – F – H – I – ?

[44] B – D – H – N – ?

[45] F – H – K – L – M – N – T – ?

[46] KOP est à LQS, ce que ABC est à ?

[47] QGH est à PEE, ce que LCR est à ?

[48] YRT est à BQX, ce que FSI est à ?

[49] JLK est à GNJ, ce que PCF est à ?

[50] SDB est à VCC, ce que XFG est à ?

6. ANTONYMES

Pour les questions numérotées de 51 à 60, vous devez trouver un antonyme du mot proposé, qui respecte les contraintes relatives au nombre de lettres du mot à trouver. Chaque tiret représente une seule lettre. Une seule réponse est possible. Nous rappelons que deux mots sont antonymes s'ils ont un sens contraire.

[51] ESCARMOUCHE : G _ _ _ _ L _ _

[52] GLACIAL : _ _ _ _ _ _ T

[53] OUVERT : _ _ _ _ _

[54] MAGNIFIQUE : E _ F _ _ Y _ _ _ _

[55] NOBLE : R _ _ _ R _ _ R

[56] SEPTENTRIONAL : _ _ _ _ D _ _ _ _ L

[57] POMPIER : _ Y _ _ _ _ _ E

[58] POLICIER : _ O _ _ _ R

[59] STOIQUE : D _ U _ _ _ _ _

[60] ACQUIS : _ N _ E

7. SERIES DE RAISONNEMENT

Pour les questions numérotées de 61 à 75, vous devez remplacer le point d'interrogation par une ou plusieurs lettres, par un mot, ou encore par un ou plusieurs chiffres. Une seule réponse est possible.

[61] IVOIRE (2) – SIMPLIFIER (3) – SOIF (1) – MAINTENIR (?)

[62] CLAVIER (3) – TOMATE (20) – ZEBRE (26) – ARBRE (?)

[63] GOUTTE (33) – DEPISTAGE (45) – EAU (30) – FENETRE (?)

[64] COSMOLOGIQUE (6) – HOPITAL (4) – CARNET (4) – DETECTEUR (?)

[65] CRIME (47289) – MERCI (?)

[66] EPONGE (2) – MEUBLE (2) – BOIRE (1) – PREMIER (?)

[67] GENERIQUE (1357) – COUSIN (146) – VAGUE (?)

[68] POUVOIR (2356) – STYLO (35) – POIGNET (?)

[69] DIAGNOSTIQUE (4) – DISPUTE (3) – SALADE (3) – LAMPADAIRE (?)

[70] AE (12) – VN (6) – MW (16) – IK (?)

[71] AG – KC – IR – NR?

[72] FEUILLE (4) – STYLO (2) – CLEF (1) – DECODEUR (?)

[73] CLEF (21) – PORTE (54) – SAC (22) – CADRE (?)

[74] 8 (H) – 11 (O) –16 (S) – 20 (?)

[75] CD = L – BK = V – HC = X – AB = ?

8. Series d'analogies

Dans les séries qui suivent, vous devez inférer le lien logique qui existe entre les mots du premier couple et appliquer alors le même lien logique entre les mots du second couple. L'ordre des mots dans les couples a son importance. Il n'y a qu'une seule réponse possible.

[76] Ouvrier est à Productif, ce que Investissement est à :

(A) Stable
(B) Cher
(C) Risqué
(D) Rentable

[77] Par l'intermédiaire de : Moyen

(A) En raison de : Cause
(B) Aussitôt : Délai
(C) Pourquoi : Réponse
(D) En quel endroit : Où

[78] Université est à Etudiants, ce que Piscine est à :

(A) Visiteurs
(B) Nageurs
(C) Clients
(D) Sauveteurs

[79] Tortue est à Carapace, ce que Homme est à :

(A) Cheveux
(B) Vêtements
(C) Peau
(D) Squelette

[80] Polymorphe est à Plusieurs, ce que Anthropomorphe est à :

(A) Anxieux
(B) Mouvement
(C) Antérieur
(D) Homme

[81] Parricide est à Père, ce que Régicide est à :

(A) Royaume
(B) Despote
(C) Roi
(D) Régisseur

[82] Couard : Audacieux

(A) Jouisseur : Plaisir
(B) Curieux : Intérêt
(C) Sot : Bêtise
(D) Impartial : Parti pris

[83] Thèse est à Synthèse, ce que Plaisir est à :

(A) Bonheur
(B) Paradis
(C) Utopie
(D) Malheur

[84] Clair est à Obscur, ce que Translucide est à :

(A) Transparent
(B) Opaque
(C) Foncé
(D) Sombre

[85] Peureux est à Courageux, ce que Ancien est à :

(A) Agé
(B) Moderne
(C) Nouveau
(D) Récent

[86] Feu est à Dioxygène, ce Combustion est à :

(A) Comburant
(B) Allumage
(C) Combustible
(D) Brûlot

[87] Voiture est à Essence, ce que Haut-fourneau est à :

(A) Acier
(B) Bois
(C) Charbon
(D) Diesel

[88] Improviser : Présence d'esprit

(A) Enerver : Colère
(B) Persévérer : Ténacité
(C) Etre hautain : Modestie
(D) Ordonner : Obéissance

9. Soulignez l'intrus

Pour les questions numérotées de 89 à 100, chaque question vous présente une série de quatre mots. Parmi ces quatre mots, trois d'entre eux appartiennent à la même famille et sont donc régis par un ou plusieurs liens logiques. **Ces liens portent sur la définition et la signification des mots, et non sur leur forme** (on entend par « forme », le nombre de lettres qu'il y a par exemple dans un mot ou encore la présence d'une voyelle en fin de mot).

Vous devez donc inférer les relations d'appartenance entre ces trois mots et exclure alors le quatrième mot qui est l'intrus et qui n'entretient pas de liens avec les autres mots de la série.

[89] Roipe – Arifse – Banena – Matote

[90] Périodique – Spectacle – Gazette – Revue

[91] Médine – Jérusalem –Bénarès – La Mecque

[92] Chicago – Miami – Philadelphie – New York

[93] Procrastiner – Flâner – Traîner – Musarder

[94] Chaise – Fauteuil – Escabeau – Trépied

[95] Témoin – Laboratoire – Blouse – Dépression

[96] Addition – Réactif – Catalyseur – Produit

[97] Piste – Tarmac – Auditeur – Aiguilleur

[98] Oxymore – Métaphore – Polyptote – Télophase

[99] Médecin – Pompier – Bachelier – Garagiste

[100] Bicyclette – Biodégradable – Bicéphale – Bimensuel

CB 4

EPREUVE N°2
CALCUL, MATHEMATIQUES & RAISONNEMENT LOGIQUE

Cette seconde épreuve est composée de **45 questions à choix multiples (QCM) numérotées de 101 à 145.**

De nombreux thèmes sont traités dans cette épreuve : **calcul mental, arithmétique, moyennes, pourcentages, équations, règles de trois, conversions, dénombrement et combinatoire simple, proportionnalité, géométrie, raisonnement logique et argumentation, optimisation, algèbre, suites numériques, calculs de sommes, etc.**

Cette seconde épreuve vous permettra de vous entraîner efficacement aux concours suivants (liste non exhaustive) :

- SESAME : LOGIQUE 2
- ACCES : QUESTIONS DE RAISONNEMENT LOGIQUE
- ESG, EDC, EBS, TEAM... : TAGE 2 (EPREUVES DE CALCUL 2 ET 5)
- PASS : QCM D'ANALYSE QUANTITATIVE
- PRISM : EPREUVE DE MATHEMATIQUES

CONSIGNES

Vous disposez de **60 minutes** pour répondre aux **45 questions** de cette seconde épreuve. Pour chacune de ces questions, **une seule réponse est possible.**
Attention : l'usage de la calculatrice est strictement interdit.

[101] Théodore, Ursula, Valentine, William et Xia participent à un concours de fléchettes. William a été meilleur qu'Ursula, mais moins bon que Valentine. Si Xia regrette d'avoir été battue par sa grande rivale Ursula, Théodore est enchanté d'avoir battu sa sœur Valentine. Quel est le classement final du concours, allant du meilleur au moins bon ?

(A) Théodore, Valentine, William, Ursula, Xia.
(B) Ursula, Théodore, Xia, Valentine, William.
(C) Théodore, Xia, Ursula, William, Valentine.
(D) Xia, Ursula, Théodore, Valentine, William.

[102] Combien de carrés de 20 cm² peut-on inscrire dans un carré d'un mètre carré d'aire ?

(A) 450
(B) 480
(C) 500
(D) 520

[103] Quelle est la valeur exacte de $1+\frac{1}{2}+\frac{1}{2^2}+\frac{1}{2^3}+...+\frac{1}{2^8}+\frac{1}{2^9}$?

(A) 256/128
(B) 442/256
(C) 511/256
(D) 645/256

[104] A quel taux annuel faut-il placer un capital de 20 000 € pendant 2 ans à intérêts simples pour qu'il rapporte 3 000 € ?

(A) 6,5 %
(B) 7 %
(C) 7,5 %
(D) 8 %

[105] On considère la proposition logique suivante : (A ou non B) $\Longrightarrow$ (C et non D). Parmi les propositions suivantes, laquelle est la contraposée de cette proposition ?

(A) non (A et non B) $\Longrightarrow$ non (C ou D)
(B) (non C ou D) $\Longrightarrow$ (non A et B)
(C) (non C ou non D) $\Longrightarrow$ (A et non B)
(D) non (C ou D) $\Longrightarrow$ (non A ou non B)

[106] Quel prix allez-vous payer si vous achetez une robe affichée à 120 € avec une réduction de 8 % ?

(A) 108,8 € (C) 110,8 €
(B) 110,4 € (D) 111,2 €

[107] Les élèves d'une classe de CP se partagent 102 stylos. Le nombre de stylos possédés en moyenne par enfant est égal à trois. Quel est le nombre d'élèves dans cette classe ?

(A) 28 (C) 34
(B) 32 (D) 36

[108] On souhaite constituer un nombre à 4 chiffres distincts à partir des chiffres allant de 1 à 7. Combien de nombres distincts peut-on constituer ?

(A) 840 (C) 850
(B) 845 (D) 855

[109] La somme d'argent composée de la fortune d'Alfred moins celle de Bernard est supérieure à la somme d'argent composée de la fortune de Carole moins celle de David. Si Bernard est plus riche que David, alors que peut-on en conclure ?

(A) Alfred est plus riche que David.
(B) Bernard est moins riche que Carole.
(C) Carole est moins riche qu'Alfred.
(D) David est plus riche qu'Alfred.

[110] Monsieur Roger dispose aujourd'hui de 44 000 € qu'il désire partager entre ses deux enfants Jean et Jacques, âgés respectivement de 16 et 17 ans. Les deux parts sont placées à intérêts composés au taux annuel de 20 %. Quelle est la différence entre la part de Jacques et celle de Jean, sachant que monsieur Roger souhaite que chacun de ses enfants reçoive la même somme d'argent à l'âge de 18 ans ?

(A) 2 800 € (C) 3 600 €
(B) 3 200 € (D) 4 000 €

[111] La rentrée scolaire de Manon aura lieu précisément dans 2 semaines, 3 jours, 5 heures et 12 minutes. Combien d'heures de vacances reste-t-il à Manon ?

(A) 398 h
(B) 407 h
(C) 413 h
(D) 421 h

[112] On considère une suite arithmétique dont les 12e et 14e termes sont respectivement égaux à 134 et 182. Quelle est la valeur du 13e terme ?

(A) 136
(B) 143
(C) 151
(D) 158

[113] Kevin, Laurent, Joe, Martin et Francis habitent chacun à un étage différent d'un immeuble de 5 étages. Joe habite au troisième étage, au-dessus de Martin. Francis n'habite ni au premier étage, ni au dernier étage. Laurent habite en dessous de Joe, et aussi trois étages en dessous de Kevin. Qui habite au quatrième étage ?

(A) Francis.
(B) Martin.
(C) Kevin.
(D) Laurent.

[114] Que vaut la hauteur d'un triangle équilatéral de 4 cm de côté ?

(A) 2 cm
(B) $\sqrt{2}$ cm
(C) $\sqrt{3}$ cm
(D) $2\sqrt{3}$ cm

[115] La moyenne de classe obtenue à un devoir est égale à 11. Les 15 filles de la classe ont obtenu en moyenne 12, alors que les garçons ont eu en moyenne 8. Combien y a-t-il de garçons dans la classe ?

(A) 5
(B) 6
(C) 7
(D) 8

[116] Combien peut-il y avoir au plus de numéros de téléphone en France avec un système de numérotation à 10 chiffres, sachant que le premier numéro est nécessairement un zéro ?

(A) 1 000 000
(B) 10 000 000
(C) 100 000 000
(D) 1 000 000 000

[117] On compte dans un magasin de chaussures 330 paires de chaussures noires, 124 paires de chaussures blanches et 92 paires de chaussures bleues. On tire au hasard des chaussures. Combien de paires de chaussures doit-on tirer au minimum pour être sûr d'avoir deux paires de chaussures de couleurs différentes ?

(A) 118
(B) 124
(C) 125
(D) 331

[118] Quel est le carré de la somme des chiffres de la somme des nombres de 1 à 14 ?

(A) 21
(B) 28
(C) 36
(D) 43

[119] Anaïs et Bernard disposent à eux deux d'une somme d'argent supérieure à celle dont disposent à eux deux Charline et Dorian. Si Charline dispose d'une somme d'argent supérieure à celle dont dispose Bernard, alors que peut-on en conclure ?

(A) Anaïs est plus riche que Dorian.
(B) Charline est plus riche qu'Anaïs.
(C) Benoît est plus riche que Dorian.
(D) Dorian est plus riche que Charline.

[120] Ma facture de téléphone est passée de 96 € à 126 €. Quel a été le pourcentage d'augmentation ?

(A) 28,5 %
(B) 31,25 %
(C) 33 %
(D) 34,5 %

[121] Catherine a deux enfants, Jean et Luc, qui lui mentent régulièrement. Jean ment le lundi, le mardi et le mercredi, mais dit la vérité les autres jours de la semaine. Luc ment le jeudi, le vendredi et le samedi, mais dit la vérité les autres jours de la semaine. Un jour, leur mère Catherine les interroge : Jean dit : « Demain, je mentirai. » Luc répond : « Demain, je mentirai aussi. » Quel jour sommes-nous ?

(A) Mardi.
(B) Mercredi.
(C) Jeudi.
(D) Dimanche.

[122] Si 30 % du volume de la bouteille A correspond à 80 % du volume de la bouteille B, que vaut alors le volume de la bouteille B en fonction du volume de la bouteille A ?

(A) 25 %
(B) 32,5 %
(C) 37,5 %
(D) 45 %

[123] On équipe le plafond d'une usine rectangulaire de 12 m sur 18 m de plaques carrées d'insonorisation d'un mètre de côté. Si chaque plaque pèse 250 g, quel est le poids total du dispositif d'insonorisation ?

(A) 36 kg
(B) 54 kg
(C) 121 kg
(D) 216 kg

[124] Combien de quadrilatères peut-on former à l'aide de 8 points placés dans un plan ?

(A) 16
(B) 32
(C) 64
(D) 70

[125] Si le 19 mai 2011 est un jeudi, quel jour le 22 février 2012 sera-t-il ?

(A) Mardi.
(B) Mercredi.
(C) Jeudi.
(D) Vendredi.

[126] L'escalator d'une gare permet de transporter des passagers normalement en 40 s à la vitesse de 2 m/s. Un usager emprunte l'escalator, mais à la moitié du parcours, l'escalator tombe en panne. Le passager met 15 s pour parcourir la fin de l'escalator. Quelle est la vitesse de marche de l'usager ?

(A) 2,25 m/s
(B) 2,50 m/s
(C) 2,66 m/s
(D) 3 m/s

[127] Que vaut la somme des longueurs des arêtes d'un cube de 343 cm^3 ?

(A) 62 cm
(B) 68 cm
(C) 76 cm
(D) 84 cm

[128] Que vaut la moyenne des 100 premiers entiers naturels ?

(A) 49
(B) 49,5
(C) 50
(D) 50,5

[129] « Les chiens sont gentils, mais certains d'entre eux ne sont pas toujours gentils. » Quel type d'argumentation, fausse logiquement, est utilisé dans le propos ci-dessus ?

(A) C est à G, ce que G est à non C
(B) A $\Longrightarrow$ G $\Longrightarrow$ non G
(C) A appartient à B, certains éléments de A n'appartiennent pas à B
(D) A $\Longrightarrow$ B, A $\Longrightarrow$ non B

[130] Pierre a acheté des soldats de plomb. Il remarque que s'il avait eu cinq fois plus d'argent, il aurait pu acheter 12 soldats supplémentaires. Combien de soldats Pierre a-t-il achetés ?

(A) 2
(B) 3
(C) 4
(D) 5

[131] 40 % des gens ne répondent pas au téléphone lorsqu'ils ne connaissent pas le numéro qui les appelle. Parmi ces gens, 30 % ne le font pas car ils ont peur qu'on leur annonce une mauvaise nouvelle et 40 % ne le font pas parce qu'ils sont timides. Quel est le pourcentage des personnes qui ne répondent pas au téléphone pour une autre raison que la peur d'une mauvaise nouvelle ou la timidité ?

(A) 14 %
(B) 12 %
(C) 10 %
(D) 8 %

[132] Si Pierre consacre 1 h 36 mn par jour à préparer un concours pendant toute une semaine, combien d'heures aura-t-il travaillé ?

(A) 9,8 h
(B) 10,6 h
(C) 11,2 h
(D) 11,8 h

[133] On interroge deux individus X et Y qui soit mentent toujours, soit disent toujours la vérité. X affirme qu'aucun d'entre eux ne dit la vérité. Quelle conclusion peut-on tirer ?

(A) X dit la vérité et Y ment.
(B) Y dit la vérité et X ment.
(C) Aucun ne dit la vérité.
(D) On ne peut pas savoir.

[134] Paul a un digicode à l'entrée de son immeuble : il doit composer un code de 4 chiffres suivi d'une lettre parmi le A, le B, le C ou le D. Combien de combinaison de codes différents est-il possible de composer ?

(A) 18 000 (C) 32 000
(B) 26 500 (D) 40 000

[135] On considère un pavé de 4 cm de largeur, 3 cm de hauteur et 6 cm de longueur. Que vaut la somme des aires de ses faces ?

(A) 96 cm² (C) 108 cm²
(B) 102 cm² (D) 112 cm²

[136] Isabelle décide de ficher son cours d'économie. Elle a prévu de le faire en 4 h. Emilie, qui est deux fois plus rapide, décide finalement de l'aider. En combien de temps le cours d'économie sera-t-il finalement fiché ?

(A) 1 h 20 mn (C) 1 h 44 mn
(B) 1 h 36 mn (D) 2 h 10 mn

[137] C'est la dernière fois que Michel part en vacances en Bretagne ! Depuis le début du séjour, il y a eu 7 demi-journées de pluie. Mais, quand il a plu le matin, il a fait au moins beau l'après-midi, et il a quand même eu 5 matinées et 6 après-midi sans pluie. Combien y a-t-il de journées complètes sans pluie ?

(A) 0 (C) 2
(B) 1 (D) 3

[138] Deux trains empruntent le même parcours mais dans un sens opposé. Ils se croisent pendant 5,4 s. Le premier train va à la vitesse de 320 km/h et le second train va à la vitesse de 220 km/h. Quelle est la longueur cumulée des deux trains ?

(A) 760 m (C) 840 m
(B) 810 m (D) 870 m

[139] Une équipe de 4 ouvriers peut assembler 2 400 pièces au cours d'une matinée de 4 heures. Mercredi matin dernier, l'un des ouvriers de l'équipe a été en retard de 2 heures. Quelle a été la production de l'équipe ce mercredi matin ?

(A) 1 900 pièces (C) 2 100 pièces
(B) 2 000 pièces (D) 2 200 pièces

[140] Le 5 août de l'an 2010 tombe un jeudi. C'est dix jours avant la Sainte-Marie, grande fête des chrétiens qui célèbrent la sainteté de la mère du Christ. Quelques mois auparavant, les chrétiens ont fêté la Résurrection, la plus grande fête sans doute pour tout croyant, même si dans la société c'est surtout Noël que l'on célèbre. C'est là où l'on peut se rendre compte à quel point les significations religieuses peuvent être socialement réorientées et réappropriées. Si l'on fête Pâques en 2011 le 25 avril, quel jour aura lieu la fête du Travail, le 1er mai ?

(A) Lundi
(B) Mercredi
(C) Samedi
(D) Dimanche

INTERPRETATION DE GRAPHIQUES ET DE TABLEAUX : ENONCE

Un cavalier possède deux chevaux de même âge, le premier de couleur blanche et le second de couleur rayée (que l'on appellera Blanc et Rayé). Les performances des deux chevaux ont été mesurées chaque année pour une épreuve de saut d'obstacles à l'occasion des huit premiers anniversaires des deux chevaux. La couleur de la colonne indique lequel des deux chevaux a obtenu le score le plus élevé. (La couleur blanche indique donc que Blanc a obtenu un score plus élevé que Rayé et une couleur rayée indique que Rayé a obtenu un score plus élevé que Blanc.)
La hauteur de la colonne indique l'écart entre les scores des deux chevaux (en valeur absolue). Par exemple, le score obtenu par Rayé lors de l'épreuve à l'âge d'un an était supérieur de 9 points au score obtenu par Blanc au même âge.

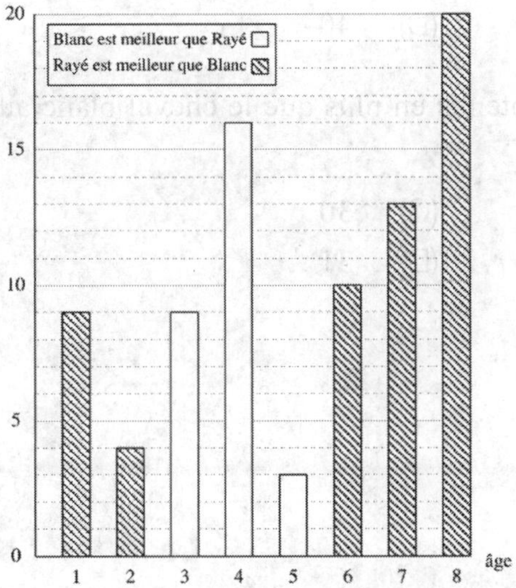

QUESTIONS

[141] On sait qu'à l'âge de 3 ans, le cheval rayé a obtenu comme score 15. Quel est le rapport entre le score du cheval rayé et le score du cheval blanc au cours de cette année ?

(A) 13/5
(B) 8/5
(C) 5/3
(D) Il est impossible de savoir.

[142] Lors de la troisième épreuve, le cheval blanc a obtenu un score 4 fois plus élevé que celui du cheval rayé. Quel était le score du cheval blanc à cet âge ?

(A) 6
(B) 8
(C) 9
(D) 12

[143] Quel est l'écart moyen des scores (en valeur absolue) entre les deux chevaux au cours des 5 dernières années ?

(A) 6
(B) 7
(C) 8
(D) 9

[144] Si l'on sait que pendant toutes les années, le score le moins élevé des deux chevaux se situe entre 5 et 20, quel peut être le score maximal obtenu par le cheval blanc au cours des trois dernières années ?

(A) 20
(B) 36
(C) 39
(D) 40

[145] Combien de points le cheval rayé a-t-il obtenus en plus que le cheval blanc au cours des 8 dernières années ?

(A) 28
(B) 29
(C) 30
(D) 31

CONCOURS BLANC NUMERO 4 : GRILLE DES REPONSES JUSTES									
			LOGIQUE					CALCUL	
1	PERSONNIFICATION	35	METAPHORES	69	4	101	A	133	B
2	RESSEMBLANCE	36	T	70	3	102	C	134	D
3	AGREABLE	37	P	71	V	103	C	135	C
4	REMUNERATION	38	K	72	4	104	C	136	A
5	LINGUISTIQUE	39	U	73	25	105	B	137	C
6	MANIERISME	40	N	74	V	106	B	138	B
7	APPROBATION	41	S	75	B	107	C	139	C
8	EXTRAVAGANT	42	V	76	D	108	A	140	D
9	ISOLEMENT	43	K	77	A	109	C	141	B
10	DECROISSANCE	44	V	78	B	110	D	142	C
11	684	45	V	79	C	111	C	143	C
12	81	46	BDF	80	D	112	D	144	D
13	1002	47	KAO	81	C	113	A	145	A
14	34	48	IRM	82	D	114	D		
15	64	49	MEE	83	A	115	A		
16	56	50	AEH	84	B	116	C		
17	15459	51	GUERILLA	85	B	117	D		
18	64	52	BRULANT	86	A	118	C		
19	81	53	FERME	87	C	119	A		
20	512	54	EFFROYABLE	88	B	120	B		
21	729	55	ROTURIER	89	MATOTE	121	B		
22	128	56	MERIDIONAL	90	SPECTACLE	122	C		
23	44	57	PYROMANE	91	BENARES	123	B		
24	20	58	VOLEUR	92	CHICAGO	124	D		
25	8	59	DOUILLET	93	PROCRASTINER	125	B		
26	TROP	60	INNE	94	TREPIED	126	C		
27	ARME	61	2	95	DEPRESSION	127	D		
28	TUBE	62	1	96	ADDITION	128	D		
29	GARDE	63	34	97	AUDITEUR	129	C		
30	ECHOS	64	5	98	TELOPHASE	130	B		
31	RATER	65	89742	99	BACHELIER	131	B		
32	CRAINTE	66	2	100	BIODEGRADABLE	132	C		
33	MARCHE	67	13						
34	LATITUDE	68	2367						

CORRIGES DU CONCOURS BLANC NUMERO 4 4

[1] L'*allégorie* est un mode d'expression qui consiste à représenter une idée abstraite ou une notion morale par une forme personnifiée ou une image dont les éléments correspondent aux traits de l'idée représentée.
Réponse : PERSONNIFICATION

[2] Une *analogie* est un rapport de *ressemblance* et d'identité entre des réalités différentes.
Réponse : RESSEMBLANCE

[3] L'adjectif *amène* est dérivé du substantif aménité. Les aménités sont les qualités de ce qui est *agréable*. On parle par exemple des aménités du territoire français dans la mondialisation pour souligner les caractéristiques qui font que la vie en France est agréable.
Réponse : AGREABLE

[4] Une *gratification* est une somme d'argent donnée à quelqu'un, spontanément ou en vertu d'un usage, en plus de ce qui lui est dû. Un stagiaire reçoit par exemple une gratification.
Réponse : REMUNERATION

[5] La *philologie* est l'étude scientifique d'une langue, en comparaison des langues d'une même famille.
Réponse : LINGUISTIQUE

[6] La comédie de Molière *Les Précieuses ridicules* se moque ouvertement de la préciosité. La *préciosité* est la délicatesse à l'extrême des mœurs et un raffinement excessif dans le langage.
Réponse : MANIERISME

[7] Etre élu au *suffrage* universel revient à avoir l'*approbation* générale.
Réponse : APPROBATION

[8] Le terme de *baroque* est au départ emprunté au lexique de la joaillerie. L'adjectif est utilisé pour décrire les perles de forme irrégulière et de rondeur imparfaite. Généralement, une idée baroque est bizarre, inattendue, contradictoire, choquante et parfois ridicule.
Réponse : EXTRAVAGANT

[9] Dans le domaine politico-économique, un Etat est en *autarcie* lorsqu'il est autonome, autosuffisant, et qu'il n'effectue aucun échange avec l'extérieur. L'Etat est donc totalement isolé.
Réponse : ISOLEMENT

[10] La *dépression* n'a pas qu'un sens psychologique. Le sens premier est géologique : une dépression est un affaissement, un creux ou un fossé. Ici, vous deviez y voir le sens économique : la dépression est une période de récession économique (exemple : la Grande Dépression de la fin du XIXe siècle).
Réponse : DECROISSANCE

[11] Cette série suit une progression arithmético-géométrique de raisons x4 et -4. Ainsi, 4 x 4 - 4 = 12 ; 4 x 12 - 4 = 44 ; 4 x 44 - 4 = 172. Ainsi, 4 x 172 - 4 = 684.
Réponse : 684

[12] Ici, deux suites arithmétiques de raison -5 sont combinées : la première commence à 96 et la seconde commence à 123.
Réponse : 81

[13] Les deux premiers termes sont donnés et chaque terme suivant est la somme du double du 1er terme, ajouté du 2^{d} terme : 62 = 2 x 15 + 32 ; 126 = 2 x 32 + 62 ; 250 = 2 x 62 + 126 ; 250 = 2 x 62 + 126. Ainsi, 2 x 250 + 502 = 1002.
Réponse : 1002

[14] Voici une série de type « horloge ». Ici on revient à 0 à partir de 60 sur le modèle des heures et des minutes. Pour passer d'un terme à un autre, on ajoute 22 (minutes). En conséquence 22 + 12 = 34.
Réponse : 34

[15] C'est la suite des nombres avec leurs carrés : 6 et son carré 36 ; 7 et son carré 49 ; 8 et son carré 64.
Réponse : 64

[16] Considérez tous les chiffres de la série sans tenir compte des séparations entre les termes : 12233445. Le nombre suivant doit alors avoir un 5 et un 6.
Réponse : 56

[17] La série suit une progression arithmétique de raison 2645.
Réponse : 15459

[18] Remarquez que tous les nombres sont des carrés. C'est en fait la suite des carrés des nombres pairs. Le nombre pair qui suit est 8, dont le carré est 64.
Réponse : 64

[19] Remarquez que tous les nombres sont des carrés parfaits. C'est en fait la suite des carrés des nombres impairs. Le nombre impair qui suit est 9, dont le carré est 81.
Réponse : 81

[20] Remarquez que tous les nombres sont des cubes. C'est en fait la suite des cubes des nombres pairs. Le nombre pair qui suit est 8, dont le cube est 512.
Réponse : 512

[21] Remarquez que tous les nombres sont des cubes. C'est en fait la suite des cubes des nombres impairs. Le nombre impair qui suit est 9, dont le cube est 729.
Réponse : 729

[22] La série suit une progression géométrique de raison 2.
Réponse : 128

[23] Observez la structure particulière de la série. Toute une diagonale contient des 8, une autre des 3, une autre des 15 et une autre des 26. Remarquez également que sur la première ligne, 4 + 8 + 3 = 15 et sur la deuxième ligne 8 + 3 + 15 = 26. La somme des trois nombres de gauche est égale au nombre dans la colonne de droite et il y a un mouvement à chaque nouvelle ligne vers la gauche.
Réponse : 44

[24] *Sens de la série :* le sens de la série suit les diagonales. Elle part du coin en bas à gauche en remontant du bas vers le haut.
Critère : La série est une suite arithmétique de raison 2. Par conséquent, entre 18 et 22, la bonne réponse est 20.
Réponse : 20

[25] *Sens de la série :* la série est en colimaçon et part du 0 au centre.
Critère : c'est tout simplement la suite des nombres : 1, 2, 3, 4, 5, etc.
Réponse : 8

[26] **TROP**
[27] **ARME**
[28] **TUBE**
[29] **GARDE**
[30] **ECHOS**
[31] **RATER**
[32] **CRAINTE**
[33] **MARCHE**
[34] **LATITUDE**
[35] **METAPHORES**

[36] Cette série suit un critère alterné de type +2/+3. En conséquence, le T doit venir directement après le S.
Réponse : T

[37] La série suit une progression arithmétique croissante de type +1/+2/+3/+4.
Réponse : P

[38] Il s'agit d'un saut de 2 lettres entre chaque lettre : **V** *wx* **Y** *za* **B** *cd* **E** *fg* **H** *ij* **K.**
Réponse : K

[39] Le rang de chaque lettre est égal à la somme des rangs des 2 lettres précédentes. Il fallait trouver la lettre U dont le rang est égal à 21 (8 pour H et 13 pour M).
Réponse : U

[40] La série suit une progression alternée de type -1/-3. Vous retirez d'abord 1 lettre à Z, puis 3 lettres à Y, ensuite 1 lettre à V puis 3 lettres à Q, etc.
Réponse : N

[41] Cette série est la suite des initiales des nombres : Un, Deux, Trois, Quatre, Cinq, Six.
Réponse : S

[42] Il s'agit d'une progression de type +5/+4/+3/+2/+1.
Réponse : V

[43] La série ne suit apparemment aucune progression arithmétique ou alternée logique. Vous pouvez cependant remarquer que les lettres ont toutes une propriété en commun : les barres. Cette série est la suite des lettres à barres dans l'ordre alphabétique.
Réponse : K

[44] Il s'agit ici d'une progression croissante de type : +2/+4/+6/+8.
Réponse : V

[45] Remarquez déjà qu'il n'y a que des consonnes. Ensuite, certaines consonnes sont sautées : le B, le C, le D, le G, etc. Vous pouvez aussi voir que les consonnes sautées ont toutes des formes arrondies et ne sont pas des lettres à « barres ». Cette série est la suite des consonnes comportant uniquement des barres.
Réponse : V

[46] Progression de type +1/+2/+3.
Réponse : BDF

[47] Progression de type -1/-2/-3.
Réponse : KAO

[48] Progression de type +3/-1/+4.
Réponse : IRM

[49] Progression de type -3/+2/-1.
Réponse : MEE

[50] Progression de type +3/-1/+1.
Réponse : AEH

[51] Dans le domaine militaire, une *escarmouche* est un combat localisé de courte durée. La *guérilla* est un combat permanent et omniprésent.
Réponse : GUERILLA

[52] Un antonyme de *glacial* est *brûlant.*
Réponse : BRULANT

[53] Une porte est soit *ouverte,* soit *fermée.*
Réponse : FERME

[54] L'antonyme recherché de *magnifique* était *effroyable.*
Réponse : EFFROYABLE

[55] La classe des *roturiers* regroupe par définition tous les non-*nobles.*
Réponse : ROTURIER

[56] L'adjectif *septentrional* désigne ce qui est propre au nord. L'adjectif antonyme est *méridional*, qui désigne ce qui est propre au Midi, c'est-à-dire au sud.
Réponse : MERIDIONAL

[57] Que fait un *pompier* ? Sa mission première est avant tout d'éteindre les feux. Le *pyromane* au contraire a comme lubie d'allumer des feux et de tout enflammer.
Réponse : PYROMANE

[58] Le *policier* doit arrêter les *voleurs.*
Réponse : VOLEUR

[59] L'adjectif *stoïque* vient des philosophes grecs stoïciens. Ils étaient connus pour leur fermeté et leur constance face au malheur et à la douleur. Ils n'éprouvaient quasiment aucune douleur, ce qui est tout le contraire des personnes douillettes.
Réponse : DOUILLET

[60] Dans le domaine de la génétique, on oppose traditionnellement les caractères *innés* à la naissance et les caractères *acquis* au cours de l'existence.
Réponse : INNE

[61] Le chiffre entre parenthèses correspond au nombre de I dans chaque mot : 2 I dans IVOIRE, 3 I sans SIMPLIFIER, 1 I dans SOIF et 2 I dans MAINTENIR.
Réponse : 2

[62] Le chiffre entre parenthèses correspond au rang de la première lettre du mot. C = 3, T = 20, Z = 26, A = 1.
Réponse : 1

[63] Le premier chiffre entre parenthèses correspond au nombre de voyelles et le second chiffre entre parenthèses correspond au nombre de consonnes. Le mot FENETRE est composé de 3 voyelles et de 4 consonnes.
Réponse : 34

[64] Le chiffre entre parenthèses correspond au nombre de consonnes du mot précédant les parenthèses : 6 pour COSMOLOGIQUE, 4 pour HOPITAL, 4 pour CARNET et 5 pour DETECTEUR.
Réponse : 5

[65] Il s'agit ici d'un codage qui fait correspondre aux lettres du mot CRIME un chiffre : 4 = C, 7 = R, 2 = I, etc.
Réponse : 89742

[66] Le chiffre correspond au nombre de E dans chaque mot : 2 E pour EPONGE, 2 E pour MEUBLE, 1 E pour BOIRE et 2 E pour PREMIER.
Réponse : 2

[67] Les chiffres entre parenthèses indiquent les positions des consonnes dans le mot. Pour GENERIQUE, les consonnes se situent en positions 1, 3, 5 et 7. Pour VAGUE, les consonnes se situent en positions 1 et 3.
Réponse : 13

[68] Les chiffres entre parenthèses indiquent les positions des voyelles dans le mot : les voyelles de POUVOIR sont situées en positions 2, 3, 5 et 6. Les voyelles de POIGNET sont situées en positions 2, 3, 6 et 7.
Réponse : 2367

[69] Le chiffre entre parenthèses est égal au nombre de syllabes de chaque mot.
Réponse : 4

[70] Le nombre entre parenthèses correspond au produit du nombre de barres des 2 lettres. AE ⇔ 3 x 4 = 12, VN ⇔ 2 x 3 = 6, MW ⇔ 4 x 4 = 16 et IK ⇔ 1 x 3 = 3.
Réponse : 3

[71] Cette série est phonétique : vous devez lire les lettres pour entendre les mots : KC = cassé, AG = âgé, IR = hier et NRV = énervé.
Réponse : V

[72] Le chiffre entre parenthèses indique le nombre de voyelles dans chaque mot.
Réponse : 4

[73] Le nombre entre parenthèses est égal à la somme des rangs des consonnes. Les consonnes de CADRE sont C, D et R et la somme de leurs rangs est égale à $3 + 4 + 18 = 25$.
Réponse : 25

[74] La lettre entre parenthèses correspond à l'initiale du chiffre écrit en lettres : **H**uit, **O**nze, **S**eize et **V**ingt.
Réponse : V

[75] Le rang de la troisième lettre est égal au produit des rangs des deux lettres précédentes. Par exemple, CD = 3 x 4 = 12 = L, BK = 2 x 11 = 22 = V, etc. D'où AB = 2 x 1 = B.
Réponse : B

[76] La productivité d'un ouvrier est l'efficacité et l'intensité de la production d'un ouvrier. L'adjectif qui traduit le mieux l'idée d'intensité de la production d'un investissement est *rentable*.
Réponse : D

[77] *Par l'intermédiaire de* est une locution qui indique le moyen. *Aussitôt* n'indique pas le délai mais le moment, *pourquoi* n'indique pas la réponse mais la raison et *en quel endroit* n'indique pas le *où* mais le lieu. Toutefois, *en raison de* indique bien la cause.
Réponse : A

[78] Lien : les étudiants vont à l'université. De plus, l'université a pour fonction de recevoir les étudiants. La fonction d'une piscine est de recevoir les nageurs qui fréquentent la piscine. Les termes de *visiteurs* et de *clients* sont trop généraux pour qualifier les usagers d'une piscine.
Réponse : B

[79] La fonction de la carapace est bien définie pour la tortue : elle doit l'entourer et la protéger des agressions extérieures en tout genre. Notez bien que la carapace est une partie à part entière du corps de la tortue et n'est en aucun cas un élément extérieur. Vous devez par conséquent sélectionner la partie du corps humain qui permet à l'homme de protéger son organisme. La *peau* correspond à cette définition.
Réponse : C

[80] Etymologiquement, *polymorphe* signifie « qui a plusieurs formes », tandis qu'*anthropomorphe* a pour signification « qui a une forme humaine ». Par exemple, vous pouvez entendre parler de dieux grecs anthropomorphes. Vous retrouvez le préfixe *anthro-* dans des termes comme *anthropologie.*
Réponse : D

[81] Le *parricide* est l'assassinat du père, le *régicide* est l'assassinat du *rex,* c'est-à-dire du roi en latin. Ne tombez pas dans le piège du régisseur qui semble proche au niveau de l'écriture.
Réponse : C

[82] *Couard* et *audace* sont deux termes antonymes. *Impartial* et *parti pris* répondent parfaitement à ce lien.
Réponse : D

[83] Thèse, antithèse, synthèse… Vos professeurs de français ou de philosophie ont dû probablement vous traumatiser avec ces termes tout au long du lycée. Qu'est-ce que, précisément, la synthèse par rapport à la thèse ? La synthèse est l'opération consistant à rassembler les connaissances sur un sujet et à donner une idée d'ensemble sur ce sujet, qui en est la conséquence nécessaire. La vie peut être faite d'une multitude de plaisirs. La synthèse du plaisir est l'idée générale qui en découle. Vous éliminez rapidement *malheur* qui a un sens opposé et *utopie* qui a une connotation trop sociale et politique. La continuité de l'idée de plaisir doit aussi être une idée. Vous éliminez alors *paradis,* et vous conservez *bonheur* qui semble plutôt juste pour une synthèse de plaisir.
Réponse : A

[84] *Clair* est l'antonyme de *obscur.* L'antonyme de *translucide* est *opaque.*
Réponse : B

[85] *Peureux* et *courageux* sont clairement des antonymes. A vous de trouver donc l'antonyme d'*ancien.* Pour cela, concentrez-vous sur la définition d'*ancien* : *ancien* signifie-t-il « vieux, âgé » ou plutôt « obsolète » ? La définition exacte de *vieux* est « ce qui n'est plus de son temps », c'est-à-dire « obsolète ». L'antonyme d'*ancien* est *moderne.* Pour vous en convaincre, souvenez-vous de la querelle des Anciens et des Modernes que vous avez probablement vue en cours de français : les auteurs modernes étaient ceux qui écrivaient avec leur temps, tandis que les auteurs anciens écrivaient selon les préceptes passés.
Réponse : B

[86] Dans cette analogie, le dioxygène est le comburant, c'est-à-dire le composé qui permet de rendre le feu possible. Le feu est alors la combustion. En conséquence, vous devez choisir le terme de *comburant.*
Réponse : A

[87] Lien : pour faire fonctionner une voiture, vous mettez de l'essence à l'intérieur, tandis que pour faire fonctionner un haut-fourneau, vous devez y mettre du charbon. Le haut-fourneau sert à produire de l'acier en élevant le fer à très haute température. Pour atteindre ces hautes températures, il est nécessaire d'utiliser un combustible hautement calorifique : le bois et le diesel ne sont alors pas du tout adaptés.
Réponse : C

[88] La présence d'esprit permet d'improviser. Le lien cause-effet se retrouve uniquement avec le couple « Persévérer : Ténacité ».
Réponse : B

[89] Les mots proposés n'ont aucune signification à première vue : ce sont en fait des anagrammes de fruits pour *poire, fraise* et *banane.* L'intrus est donc *matote,* anagramme de *tomate,* qui est un légume.
Réponse : MATOTE

[90] L'ensemble commun est la presse écrite. Un périodique, une gazette ou une revue sont des journaux ou des magazines. L'intrus est donc *spectacle*.
Réponse : SPECTACLE

[91] Médine, Jérusalem et La Mecque sont trois grandes villes saintes de l'Islam. *Bénarès*, le berceau de l'Hindouisme, est l'intrus.
Réponse : BENARES

[92] Toutes les villes sont situées aux Etats-Unis. Plus précisément, Miami, Philadelphie et New York se trouvent sur la côte est bordant l'océan Atlantique. Chicago se trouve dans la région des Grands Lacs. Par conséquent, *Chicago* est l'intrus.
Réponse : CHICAGO

[93] *Flâner, traîner* et *musarder* sont synonymes : ces verbes insistent sur l'intention de prendre son temps et de ne pas se presser pour faire quelque chose. *Procrastiner* a un sens bien plus fort : la procrastination est la tendance perpétuelle à remettre une décision ou l'exécution d'une tâche au lendemain. L'intrus est donc *procrastiner*.
Réponse : PROCRASTINER

[94] Le lien logique est le nombre de pieds. Une chaise, un fauteuil et un escabeau ont quatre pieds. En revanche, un *trépied* a trois pieds.
Réponse : TREPIED

[95] L'expérimentation est le dénominateur commun de la série. Le laboratoire et la blouse mettent sur la voie de l'expérience scientifique. Le témoin possède un rôle essentiel dans une expérience, il permet de contrôler les résultats de l'expérience (pensez à la présence du témoin en TP de chimie !). L'intrus est donc *dépression.*
Réponse : DEPRESSION

[96] Le champ lexical de cette série est celui de la réaction chimique. Le produit et l'addition semblent aller de pair. Pourtant, s'il est évident que le réactif et le catalyseur sont du vocabulaire propre à la réaction chimique, le produit est le nom donné à la matière qui résulte d'une réaction chimique. L'intrus est par conséquent *addition*.
Réponse : ADDITION

[97] Le vocabulaire utilisé dans cette série est propre à celui de l'aéroport. La piste d'envol est aussi appelée le tarmac, et l'aiguilleur du ciel donne l'autorisation aux avions de circuler dans l'espace aérien. L'auditeur n'a aucun rapport avec le milieu aéroportuaire. L'intrus est donc *auditeur*.
Réponse : AUDITEUR

[98] L'ensemble qui détermine l'appartenance à la série est ici celui des figures de style : l'oxymore, la métaphore et la polyptote sont des figures de style. La télophase est l'une des phases de la mitose, le processus de division cellulaire, et par conséquent elle n'a rien à voir avec les figures de style. L'intrus est *télophase*.
Réponse : TELOPHASE

[99] *Bachelier* est le seul terme qui ne désigne pas une profession.
Réponse : BACHELIER

[100] *Biodégradable* est le seul mot dans lequel le préfixe *bi-* ne désigne pas « deux ».
Réponse : BIODEGRADABLE

[101] Lorsque vous devez classer des éléments les uns par rapport aux autres, utilisez absolument les inégalités ! Vous savez alors que :
Valentine > William > Ursula
Ursula > Xia
Théodore > Valentine
En conclusion, le classement final est Théodore > Valentine > William > Ursula > Xia.
Réponse : A

[102] Attention, vous devez avoir des unités identiques (ou homogènes) :
1 m² = 10 000 cm²
Nombre carrés inscrits = Surface grand carré/Surface petit carré = 10 000/20 = 500.
Il est possible d'inscrire 500 petits carrés dans le grand carré.
Réponse : C

[103] Les termes fournis proviennent d'une suite géométrique de raison 1/2. Plus exactement, $U_n = (1/2)^n$. Vous pouvez donc calculer les 10 premiers termes de cette suite géométrique par la formule suivante :

$$1+\frac{1}{2}+\frac{1}{2^2}+\frac{1}{2^3}+...+\frac{1}{2^8}+\frac{1}{2^9} \Leftrightarrow \frac{1-\frac{1}{2^9}}{1-\frac{1}{2}}=\frac{1-\frac{1}{2^9}}{\frac{1}{2}}=2-\frac{1}{2^8}=2-\frac{1}{256}=\frac{511}{256}$$

Réponse : C

[104] Si le capital doit rapporter 3 000 € en 2 ans, les intérêts annuels sont égaux à 1 500 €. Le taux d'intérêt est défini par le rapport des intérêts annuels sur le capital initial :
$Intérêts_{Annuels}/Capital_{Initial}$ = 1 500 €/20 000 € = 7,5 %
Réponse : C

[105] Rappelons la définition de la contraposée : (A ⟹ B) ⟺ (non B ⟹ non A). Par conséquent, « non (C et non D) » équivaut à « non C ou D », et « non (A ou non B) » équivaut à « non A et B ». La contraposée de la proposition est donc : (non C ou D) ⟹ (non A et B)
Réponse : B

[106] Il s'agit ici de calculer une baisse :
$Prix_{Final}$ = (1 - 8 %) x 120 € = 92 % x 120 € = 110,4 €
Pour calculer rapidement 92 % de 120 €, vous pouvez aussi décomposer 92 % :
92 % x 120 € = 100 % x 120 € - 10 % x 120 € + 2 x 1 % x 120 € = 120 €-12 € + 2 x 1,2 € = 110,4 €
Réponse : B

[107] Servez-vous tout simplement du corollaire de la moyenne arithmétique :
Nombre de termes = Somme des termes / Moyenne = 102/3 = 34
Il y a par conséquent 34 élèves dans cette classe.
Réponse : C

[108] Pour composer un nombre à 4 chiffres distincts à partir des chiffres allant de 1 à 7, il suffit d'effectuer un arrangement de 4 éléments issus d'un ensemble à 7 éléments. Par conséquent, on peut composer 7 x 6 x 5 x 4 nombres, ou encore 840 nombres.
Vous pouviez également raisonner de cette manière :
- On choisit le premier chiffre parmi les 7 chiffres disponibles.
- On choisit le deuxième chiffre parmi les 6 chiffres disponibles.
- On choisit le troisième chiffre parmi les 5 chiffres disponibles.
- On choisit le quatrième chiffre parmi les 4 chiffres disponibles.

Réponse : A

[109] Pensez à voir les inéquations que l'on vous donne, en appelant A, B, C et D les sommes d'argent possédées respectivement par Alfred, Bernard, Carole et David :

A - B > C - D et B > D

Et par conséquent en sommant les inéquations entre elles :

A - B + B > C - D + D, et après simplification A > C

Alfred est donc plus riche que Carole.

Réponse : C

[110] Appelons X la part de Jean et Y la part de Jacques. A leur majorité, Jean et Jacques vont respectivement percevoir une somme identique selon le souhait de M. Roger. Comme Jean a 16 ans, sa part va être capitalisée pendant deux ans. En revanche, la part de Jacques ne sera capitalisée que pendant un an, car il a déjà 17 ans. S'ils perçoivent la même somme à leurs 18 ans, alors :

$(1 + 20\ \%)^2 \times X = (1 + 20\ \%) \times Y \Leftrightarrow Y = (1 + 20\ \%) \times X$

Les deux parts sont issues du partage des 44 000 € :

$X + Y = 44\ 000\ € \Leftrightarrow X + (1 + 20\ \%) \times X = 44\ 000\ € \Leftrightarrow X = (44\ 000/2{,}2)$

$\Leftrightarrow X = 20\ 000\ €$

Jean reçoit donc 20 000 €, tandis que Jaques reçoit 24 000 €.

Réponse : D

[111] Pour calculer le nombre d'heures de vacances qu'il reste à Manon, vous devez compter le nombre d'heures qu'il y a en une semaine, puis en un jour, etc.

2 semaines = 14 j = 24 x 14 h = 336 h ; 3 j = 3 x 24 h = 72 h ; 12 mn = 0,2 h

En tout il reste à Manon : (336 + 72 + 5 + 0,2) h = 413,2 h

Réponse : C

[112] Par définition, un terme d'une suite arithmétique est la moyenne arithmétique du terme qui précède et du terme qui suit. En conséquence, $U_{13} = (134 + 182)/2 = 316/2 = 158$.

Réponse : D

[113] Raisonnez à l'aide d'un tableau :

Martin	Laurent	Joe	Francis	Kevin
1	2	3	4	5

Réponse : A

[114] Dans cet exercice, une connaissance précise des propriétés d'un triangle équilatéral est nécessaire. Vous devez vous rappeler que la hauteur d'un triangle équilatéral coupe sa base en son milieu :

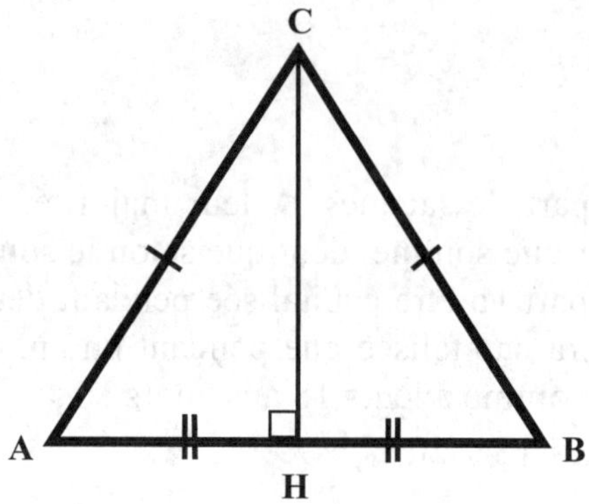

Dans un triangle équilatéral, il est donc possible de calculer plus facilement la hauteur AH grâce au théorème de Pythagore appliqué au triangle AHC :

$AC^2 = AH^2 + HC^2 \Leftrightarrow HC^2 = AC^2 - AH^2 \Leftrightarrow HC^2 = 4^2 - 2^2 \Leftrightarrow HC^2 = 12$

$\Leftrightarrow HC = 2\sqrt{3}$

Réponse : D

[115] **Méthode des barycentres**

Raisonnons sur le modèle des barycentres. Pour compenser les mauvais résultats des garçons, les filles doivent « donner » un point aux garçons pour atteindre la moyenne de la classe 11. Cette baisse d'un point de la moyenne des filles correspond à une hausse de 3 points de la moyenne des garçons. Concrètement, si trois filles donnent un point à un garçon, les notes des filles descendront à 11 et la note du garçon montera à 11. Par conséquent, il y a trois fois plus de filles que de garçons. Comme il y a 15 filles dans la classe, il y a 5 garçons dans la classe.

Méthode de calcul de la moyenne pondérée

Il est possible d'interpréter la moyenne générale comme une moyenne pondérée, avec la moyenne des filles et la moyenne des garçons comme termes, et le nombre de filles et de garçons comme poids respectifs. En notant G et F le nombre respectifs de garçons et de filles :

$(8G + 12F)/(G + F) = 11 \Leftrightarrow 8G + 12 \times 15 = 11 \times (G + 15) \Leftrightarrow 15 = 3G \Leftrightarrow G = 5$

Dans les deux cas, il y a bien 5 garçons dans la classe.

Réponse : A

[116] Il s'agit ici de construire une liste de 9 éléments (on ne compte pas le premier chiffre, car tout numéro de téléphone doit nécessairement commencer par zéro) à éléments compris dans {0 ; 1 ; 2 ; 3 ; 4 ; 5 ; 6 ; 7 ; 8 ; 9}. Pour chaque numéro, il y a donc 10 possibilités. En conclusion, il y a 10^9 possibilités de numéros, ce qui est égal à un milliard de numéros.
Réponse : C

[117] Pour tirer deux paires de chaussures de couleurs différentes, le nombre de tirages est égal au cardinal de l'ensemble de chaussures comportant le plus de paires, auquel on ajoute 1. L'ensemble de chaussures ayant le plus grand cardinal est l'ensemble des paires noires. Donc si je tire 331 paires, je suis sûr d'avoir deux paires de chaussures de couleurs différentes, même dans un cas de malchance complète.
Réponse : D

[118] Ici, commencez par la somme des nombres de 1 à 14, en appliquant la formule de cours suivante :
$(14 \times (14 + 1))/2 = (14 \times 15)/2 = 7 \times 15 = 105$
La somme des chiffres de 105 est 6, et par conséquent son carré est égal à 36.
Réponse : C

[119] Interprétez sous forme d'inéquations, avec A, B, C et D les sommes d'argent possédées respectivement par Anaïs, Benoît, Charline et Dorian. Alors, $A + B > C + D$ et $C > B$. Et par conséquent, en sommant les inéquations entre elles : $A + B + C > B + C + D$, puis en simplifiant $A > D$.
Anaïs est donc plus riche que Dorian.
Réponse : A

[120] Appliquons la formule de pourcentage d'augmentation fournie dans le cours :
Pourcentage d'augmentation = (126 - 96)/96 = 30/96 = 31,25 %
Remarquez qu'il s'agit bien ici d'un pourcentage d'augmentation, car la valeur finale de la facture est supérieure à la valeur initiale.
Réponse : B

[121] Testez les jours, ici, le mardi, Jean ment et Luc dit la vérité. Luc affirme qu'il mentira demain, c'est-à-dire le mercredi, ce qui n'est pas le cas puisqu'il dit la vérité le mercredi. Testons le mercredi : Jean ment et affirme qu'il mentira demain jeudi. Comme il ment, la vérité est le contraire de son affirmation. Luc

dit la vérité le mercredi et affirme qu'il ment le jeudi, ce qui est vrai. Le mercredi valide alors toutes les conditions et c'est alors la bonne réponse.
Réponse : B

[122] Ici, traduisez sous forme d'équation :
30 % x A = 80 % x B ⇔ (3/10) x A = (4/5) x B ⇔ (5/4) x (3/10) x A = B
⇔ (3/8) x A = B
Par conséquent, B = 37,5 % x A.
Réponse : C

[123] La surface du plafond est égale à 12 m x 18 m, soit 216 m^2. Pour couvrir le plafond à l'aide de plaques d'une surface de 1 m^2, il en faut 216. Comme elles pèsent chacune 250 g, soit un quart de kg, le poids total du dispositif est égal à 216/4, c'est-à-dire 54 kg.
Réponse : B

[124] Lorsque vous souhaitez construire un quadrilatère, vous devez choisir 4 points pour former les 4 sommets. L'intuition de cette application consiste à savoir choisir 4 points parmi 8, ce qui est une combinaison. En conséquence, il y a 8!/(4! x 4!) = 70 possibilités.
Réponse : D

[125] Le nombre de jours entre le 19 mai 2011 et le 22 février 2012 est égal à 279 (12 jours en mai, 30 jours en juin, 31 jours en juillet, 31 jours en août, 30 jours en septembre, 31 jours en octobre, 30 jours en novembre, 31 jours en décembre, 31 jours en janvier et 22 jours en février). Au cours de ces 279 jours, 39 semaines et 6 jours se sont écoulés (vous effectuez la division euclidienne de 279 par 7 pour trouver le nombre de semaines). Le jour situé 39 semaines après le jeudi 19 mai est encore un jeudi, et le jour situé 6 jours plus tard est alors un mercredi.
Réponse : B

[126] **Méthode 1 :** appelons D la distance de l'escalator. Si l'escalator met 20 s à 2 m/s pour parcourir la moitié de la distance, alors D/2 = V x T = 20 s x 2 m/s = 40 m.
Si l'usager met 15 s pour parcourir la moitié du trajet, c'est-à-dire 40 m, alors il va à la vitesse de 2,66 m/s (V = D/T = 40/15 = 2,66 m/s).

Méthode 2 : l'usager met 5 s de moins (20 s - 15 s = 5 s) que l'escalator, soit 1/3 de temps de moins (5/15 = 1/3). Comme il met un tiers de temps de moins que l'escalator, cela signifie que la vitesse de l'usager est un tiers plus rapide. Sa vitesse vaut donc 2,66 m/s (2 + (1/3) x 2 = 2,66).
Réponse : C

Astuce : lorsque vous êtes confrontés à un problème VDT, il est souvent utile de faire le rapport des distances, des temps ou des vitesses des deux acteurs et de se servir du rapport établi pour trouver l'inconnue.

[127] Le cube a un volume de 343 cm³. Si on appelle *c* la longueur de l'arête, alors par définition du volume d'un cube :
$V = c^3 \Leftrightarrow 343 = c^3 \Leftrightarrow 7 = c$
Sachant que dans un cube il y a 12 arêtes, la somme des longueurs d'un cube est égale à : 7 x 12 = 84 cm
Réponse : D

Astuce : apprenez par cœur vos cubes de 1 à 10 pour les reconnaître instantanément dans les exercices.

[128] Comme dans tout calcul de moyenne arithmétique, il faut déterminer la somme des termes avant de diviser par le nombre de termes. La somme des 100 premiers entiers naturels est fournie par la formule de cours suivante :
S = 1 + 2 + 3 + 4 + … + 98 + 99 + 100 = (100 x (100 + 1))/2 = (100 x 101)/2
Après avoir divisé la somme par le nombre de termes (égal à 100), on obtient comme moyenne 50,5.
Réponse : D

Rappel : la somme des *n* premiers entiers naturels (1 + 2 + 3 + … + *n*) est égale à **[*n* x (*n* + 1)]/2.**

[129] Si *chien* est représenté par A et *gentil* est représenté par B, alors A appartient à B et certains éléments de A n'appartiennent pas à B.
Réponse : C

[130] Appelons N le nombre de soldats de plomb que Pierre peut acheter avec la somme d'argent qu'il possède. Avec quatre fois plus d'argent, Pierre aurait pu acheter 12 soldats supplémentaires. Cela signifie qu'avec cinq sommes

d'argent, Pierre aurait pu acheter N + 12 soldats de plomb ; ou bien encore que les quatre sommes d'argent supplémentaires correspondent à 12 soldats, soit encore qu'une somme d'argent supplémentaire permet d'acheter 3 soldats en plus. **Par conséquent, avec la somme d'argent de départ, Pierre a pu acheter trois soldats de plomb.**

Voici une représentation de la situation :

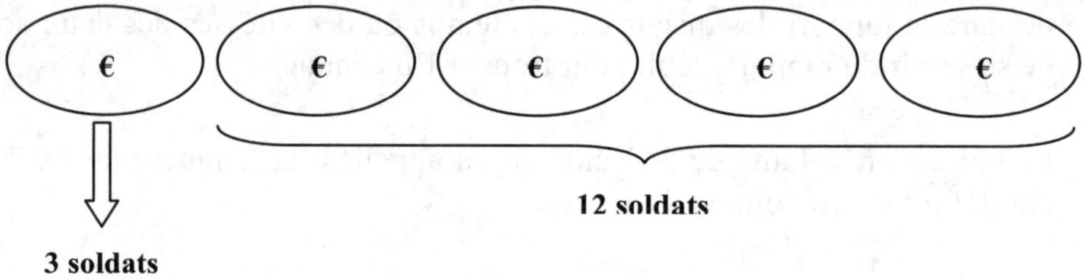

Réponse : B

[131] Considérons seulement les gens qui ne répondent pas au téléphone dans un premier temps.

Parmi les gens qui ne répondent pas au téléphone, si 30 % ne le font pas par peur d'une mauvaise nouvelle et 40 % ne le font pas parce qu'ils sont timides, ceux qui ne décrochent pas le téléphone pour une autre raison représentent 30 % du total de ceux qui ne répondent pas (100 % - 30 % - 40 % = 30 %).

Que représentent ces 30 % par rapport à l'ensemble de la population ? Ils représentent 30 % des 40 %, c'est-à-dire 30 % x 40 % = 12 %.

Réponse : B

Astuce : pour calculer rapidement des pourcentages de pourcentages, utilisez les fractions qui sont souvent plus maniables. Voici quelques exemples :

30 % x 40 % = (3/10) x (4/10) = 12/100 = 12 %

60 % x 80 % = (6/10) x (8/10) = 48/100 = 48 %

15 % x 20 % = (1,5/10) x (2/10) = 3/100 = 3 %

[132] Il s'agit ici de multiplier le temps de travail quotidien par le nombre de jours :

7 x 1 h 36 = 7 h + 7 x 36 mn = 7 h 252 = 7 h (4 x 60 + 12) mn = 11 h 12 = 11,2 h

Réponse : C

Astuce : pour multiplier un temps en heures, minutes et secondes, on multiplie les secondes, les minutes et les heures indépendamment, puis on convertit les secondes en minutes puis les minutes en heures que l'on somme au reste des heures.

[133] Vous devez tester la véracité du propos de X. Si X dit la vérité, alors il affirme qu'aucun d'entre eux ne dit la vérité, ce qui est en contradiction avec la supposition. Supposons désormais que X ment, alors la vérité est le contraire de son propos, c'est-à-dire « au moins l'un des deux dit la vérité ». Comme ici l'on suppose que X ment, il n'y a que Y qui dit la vérité.
Réponse : B

[134] Pour le premier chiffre, il est possible de choisir entre le 0 et le 9, ce qui fait 10 solutions possibles. Pour le deuxième chiffre, il y a encore 10 solutions possibles, de même pour le troisième et le quatrième chiffre. On complète les quatre chiffres avec une lettre parmi 4 choix possibles.

En résumé, il y a :

- 10 choix pour le premier chiffre
- 10 choix pour le deuxième chiffre
- 10 choix pour le troisième chiffre
- 10 choix pour le quatrième chiffre
- 4 choix pour la lettre

En tout il y a 10 x 10 x 10 x 10 x 4, soit 40 000 solutions.
Réponse : D

[135] Parmi les 6 faces d'un pavé, les faces opposées sont identiques. Il faut donc calculer l'aire de 3 faces différentes, puis multiplier leur somme par deux :
Aire 1 = longueur x largeur = 6 x 3 = 18 cm^2
Aire 2 = longueur x hauteur = 6 x 4 = 24 cm^2
Aire 3 = largeur x hauteur = 4 x 3 = 12 cm^2

La somme des aires des faces du pavé est égale à :
2 x (18 cm^2 + 24 cm^2 + 12 cm^2), soit 108 cm^2.
Réponse : C

[136] Dans un partage du travail, on applique méthodiquement la formule :
$1/T_{Ensemble} = 1/T_{Emilie} + 1/T_{Isabelle}$

Comme Emilie est deux fois plus rapide qu'Isabelle, $T_{Isabelle} = 2 \times T_{Emilie} = 4$ h.
$1/T_{Ensemble} = (1/2) + (1/4)$
Par un produit en croix, on obtient $T_{Ensemble} = 4/3 = 1$ h 20.
Réponse : A

[137] Commençons déjà par déterminer le nombre de jours de vacances : il y a eu 7 demi-journées de pluie et 11 demi-journées sans pluie (5 + 6), ce qui fait un total de 18 demi-journées, donc 9 jours de vacances. Il y a eu 5 matinées ensoleillées, et donc 4 pluvieuses. Mais les après-midi correspondant à ces matinées « humides », étaient forcément ensoleillées puisque quand il pleuvait le matin, il faisait beau l'après-midi… Les 7 - 4 = 3 demi-journées de pluie restantes sont à placer forcément des après-midis de jours où il a fait soleil le matin. Il y a eu donc 2 jours complets sans pluie.
Réponse : C

[138] Lorsque les trains se croisent, la vitesse d'un train par rapport à l'autre train correspond à la somme des vitesses des trains. Si le train A va à 320 km/h et le train B à 220 km/h, alors lors de leur croisement, cela revient au même de dire que le train A roule à (320 + 220) km/h = 540 km/h et que le train B est fixe. Calculer la longueur cumulée des deux trains revient à calculer la distance parcourue par un train à la vitesse de 540 km/h pendant 5,4 s.
Avant de calculer la distance, il faut convertir la vitesse en m/s, afin d'assurer l'homogénéité des unités :
540 km/h = 540/3,6 m/s = 150 m/s
$D = V \times T = 150 \times 5{,}4 = 810$ m
Réponse : B

[139] Si 4 ouvriers produisent 2 400 pièces en une matinée, alors un ouvrier produit 600 pièces (2 400/4 = 600) en une matinée. Une matinée durant 4 heures, en 2 heures un ouvrier produit 300 pièces.
Ce mercredi matin, la production a été de 2 100 pièces (2 400-300 = 2 100).
Réponse : C

[140] La bonne réponse est la D. On vise ici à vous distraire du sens principal en dissertant inutilement, mais il suffit de repérer que le 5 août 2010 est un jeudi et de se demander quel jour tombe le 1er mai 2011. Il reste 26 jours en août et ensuite il y a 8 mois entiers soit 26 + 30 + 31 + 30 + 31 + 31 + 28 + 31 + 30 = 268 jours. On divise par 7 et le reste est de 3 jours : jeudi + 3 jours = dimanche.
Réponse : D

[141] La troisième colonne représente l'écart des scores entre les deux chevaux la troisième année. Comme elle est de couleur blanche, cela signifie que le cheval blanc a été le plus performant et qu'il a obtenu un score supérieur au cheval rayé de 9 points. Comme le cheval rayé a obtenu le score de 15, cela signifie que le cheval blanc a obtenu le score de 24. Le rapport des deux scores est donc égal à 24/15, c'est-à-dire 8/5 après simplification.
Réponse : B

[142] Vous pouvez lire sur le graphique que le cheval blanc a obtenu un score 16 points supérieur à celui du cheval rayé. Appelons S_B, le score du cheval blanc :
$S_B = 4 \times (S_B - 9) \Leftrightarrow 3S_B = 36 \Leftrightarrow S_B = 12$
Réponse : C

[143] L'écart moyen se calcule à partir de la valeur des écarts de chaque année que vous pouvez lire sur le graphique :
$(9 + 4 + 9 + 16 + 3 + 10 + 13)/8 = 64/8 = 8$
Réponse : C

[144] Si vous souhaitez calculer le score maximal que peut obtenir un cheval sur les 5 dernières années, vous devez prendre le score le plus haut pour le cheval le moins bon (20 ici) et lui ajouter l'écart le plus grand (20 pour la huitième année). En conclusion, le score maximal peut valoir 40.
Réponse : D

[145] Pour trouver le l'écart total de points entre le cheval rayé et le cheval blanc, vous devez soustraire à la somme des écarts en faveur du cheval rayé la somme des écarts en faveur du cheval blanc. Vous lisez bien sûr tous les écarts sur le graphique :
$(9 + 4 + 10 + 13 + 20) - (9 + 16 + 3) = 28$
Réponse : A

CONCOURS BLANC NUMERO 5

CB 5

EPREUVE N°1
LOGIQUE

Cette première épreuve est composée de 100 questions.
De nombreux thèmes de la logique générale sont traités : **synonymie, antonymie, anagrammes, analogies, séries simples de chiffres, séries simples de lettres, séries d'intrus, séries de raisonnement etc.**

Vous allez devoir faire preuve d'une concentration sans faille pour passer efficacement d'une logique à une autre. Votre endurance et votre combativité seront également mises à l'épreuve pour parvenir à répondre à une majorité de questions.
Cette première épreuve de logique vous permettra de vous entraîner efficacement aux concours suivants (liste non exhaustive) :

- SESAME : LOGIQUE 1
- ESG, EDC, EBS, TEAM… : TAGE 2 (EPREUVES DE LOGIQUE 3 ET 6)
- PASS : QCM DE LOGIQUE
- PRISM : EPREUVE DE LOGIQUE GENERALE
- ATOUT+3 : EPREUVE DE RAISONNEMENT LOGIQUE
- ECRISTART : EPREUVE DE LOGIQUE

CONSIGNES

Vous disposez de **50 minutes** pour répondre aux **100 questions** de cette première épreuve. Attention : l'usage de la calculatrice et de tout dictionnaire est strictement interdit.

1. Synonymes

Pour les questions numérotées de 1 à 10, vous devez trouver un synonyme du mot proposé, qui respecte les contraintes relatives au nombre de lettres du mot à trouver. Inscrivez la réponse à la place des tirets. Chaque tiret représente une et une seule lettre. Une seule réponse est possible. Nous rappelons enfin que deux mots sont synonymes s'ils ont le même sens.

[1]	TANGIBLE :	R _ _ _
[2]	DUBITATIF :	_ _ CR _ D _ _ _
[3]	SUPPUTER :	C _ M _ _ _ R
[4]	CONCORDANCE :	A _ _ _ R _
[5]	HETEROGENEITE :	D _ F _ _ _ _ _ C _
[6]	ECLECTIQUE :	V _ _ _ _
[7]	COHESION :	L _ _ I _ _ _
[8]	DISPARITE :	D _ _ S _ _ BL _ _ _ _
[9]	CINGLANT :	_ L _ S _ _ _ T
[10]	PARTISAN :	D _ F _ _ _ _ _ _

2. Series de chiffres

Pour les questions numérotées de 11 à 22, vous devez remplacer chaque point d'interrogation par un nombre. Chaque série suit une construction logique précise. Vous devez donc d'abord inférer la ou les règle(s) de progression de la série afin de trouver le ou les nombre(s) qui respectent la logique de la série. Il n'y a qu'une seule bonne réponse par point d'interrogation.

[11] 1 – 7 – 19 – 37 – 61 – ?

[12] 1 – 1 – 2 – 2 – 4 – 2 – 4 – 2 – ?

[13] 2 – 6 – 12 – 20 – 30 – 42 – ?

[14] 12 – 24 – 20 – 40 – 36 – ? – ?

[15] 1 – 3 – 5 – 7 – 11 – 13 – 17 – ?

[16] 6 – 17 – 50 – 149 – ?

[17] 1 – 3 – 15 – 105 – 945 – ?

[18] 42 – 84 – 252 – 1008 – 5040 – ?

[19] 3 – 5 – 8 – 12 – 17 – ?

[20] 736 – 751 – 776 – 811 – 856 – ?

[21] 37 – 185 – 740 – 6660 – ?

[22] 2 – 4 – 6 – 10 – 14 – 22 – 26 – ?

3. Tableaux

Pour les questions numérotées de 23 à 25, chaque tableau possède un sens de lecture. Les nombres inscrits à l'intérieur du tableau suivent une progression logique remarquable. Vous devez donc déterminer le sens de lecture du tableau ainsi que la construction logique de la série de nombres afin de remplacer le ou les point(s) d'interrogation par le ou les nombre(s) qui respecte(nt) la règle de progression. Il n'y a qu'une seule réponse possible par point d'interrogation.

[23]

14	15	17	20
24	29	?	42
50	59	69	80

[24]

31	29	19	11
23	?	7	3
13	5	2	1

[25]

81	100	225	324
64	121	?	289
49	144	169	256

4. Anagrammes

Pour les questions numérotées de 26 à 35, vous devez déterminer une anagramme du mot proposé respectant les contraintes relatives au nombre de lettres du mot à trouver. Nous rappelons qu'une anagramme est un mot obtenu par la permutation des lettres d'un autre mot. Pour certains mots, plusieurs réponses sont possibles.

[26] FOIN : _ _ _ _

[27] LIER : _ _ _ _

[28] BRUIT : _ _ _ _ _

[29] ORGUE : _ _ _ _ _

[30] AIMER : _ _ _ _ _

[31] ECLATS : L _ _ _ _ _

[32] GROUPIE : P _ _ _ _ _ E

[33] COURSE : S _ _ _ _ _

[34] ENCLOS : L _ _ _ _ _

[35] MISERE : R _ _ _ _ _

5. Series de lettres

Pour les questions numérotées de 36 à 50, vous devez remplacer le point d'interrogation par une ou plusieurs lettres. Chaque série possède une construction logique propre. Vous devez donc inférer le lien logique de la série pour pouvoir déterminer l'unique réponse possible.

[36] F – K – O – R – T – ?

[37] G – I – H – J – I – K– J – L – ?

[38] F – G – I – L – P – ?

[39] Z – M – N – G – H – D – ?

[40] G – J – M – P – S – ?

[41] C – F – I – L – O – ?

[42] Z – A – Y – B – X – C – ?

[43] H – I – L – P – T – W – ?

[44] L – O – P – S – T – W – ?

[45] A – B – D – E – J – K – ?

[46] LMH est à IPE, ce que FFF est à ?

[47] DTG est à BZJ, ce que UEI est à ?

[48] XYZ est à TZV, ce que QAL est à ?

[49] LPR est à ORP, ce que CNF est à ?

[50] HOS est à LOQ, ce que OCP est à ?

6. Antonymes

Pour les questions numérotées de 51 à 60, vous devez trouver un antonyme du mot proposé, qui respecte les contraintes relatives au nombre de lettres du mot à trouver. Chaque tiret représente une seule lettre. Une seule réponse est possible. Nous rappelons que deux mots sont antonymes s'ils ont un sens contraire.

[51] SCEPTICISME : _ _ G _ _ _ _ _ M _

[52] DEMOCRATIE : D _ _ P _ _ _ _ M _

[53] MACHIVELISME : H _ _ N _ _ _ T _

[54] ALLIE : _ N _ _ _ _

[55] TEMERAIRE : C _ _ C _ _ _ P _ C _

[56] IMPETUOSITE : N _ _ C _ _ _ _ _ C _

[57] JUVENILE : S _ _ _ _ E

[58] IMPERMEABLE : _ _ R _ _ X

[59] GOGUENARD : S _ _ _ _ _ X

[60] SOYEUX : R _ _ H _

7. Series de raisonnement

Pour les questions numérotées de 61 à 75, vous devez remplacer le point d'interrogation par une ou plusieurs lettres, par un mot, ou encore par un ou plusieurs chiffres. Une seule réponse est possible.

[61] 451 (QCCU) – 236 (DCTS) – 147 (CQS) – 99 (?)

[62] MISERE (578313) – REMISE (?)

[63] XI (O) – VII (S) – VIII (8) – IV (?)

[64] ABRACADABRA (5) – APPAUVRIR (2) – ALARMANT (3) – ATTAQUE (?)

[65] VENGEANCE (22/5) – ASCENSEUR (1/18) – CROISSANT (?/ ?)

[66] CENTRE (1345) – GALERIE (135) – EVENTAIL (?)

[67] SANG (19) – CHEVELURE (3) – TYRAN (20) – MATELAS (?)

[68] BAIGNOIRE (5) – CIGARETTE (4) – COUVERTURE (5) – INDICATEUR (?)

[69] MONSIEUR (2567) – ORDINATEUR (14689) – FRANC (?)

[70] ENTREPOT (53) – VERROUILLER (65) – LIT (21) – ALLUMETTE (?)

[71] K (121) – O (225) – T (400) – U (?)

[72] 1PATIENT – 6NEMA – 2VANT – ?PAIR

[73] E (20) – T (40) – Z (78) – F (?)

[74] LV (4) – XXII (6) – XXXL (8) – MLX (?)

[75] 3 – 5 – 4 – 6 – 3 – ?

8. Series d'analogies

Dans les séries qui suivent, vous devez inférer le lien logique qui existe entre les mots du premier couple et appliquer alors le même lien logique entre les mots du second couple. L'ordre des mots dans les couples a son importance. Il n'y a qu'une seule réponse possible.

[76] Induction est à Déduction, ce que Empirisme est à :

(A) Axiome
(B) Pratique
(C) Expérience
(D) Théorie

[77] Agir à dessein : par accident

(A) Désirer : de toute son âme
(B) Attendre : avec patience
(C) Etre minutieux : au jugé
(D) Espérer : avec fièvre

[78] Syndicat est à Travailleur, ce que Parti est à :

(A) Electeur
(B) Politique
(C) Député
(D) Rassemblement

[79] Poubelle est à Ordure, ce que Ecole est à :

(A) Académie
(B) Notes
(C) Elève
(D) Education

[80] Corps est à Organe, ce que Atome est à :

(A) Matière
(B) Proton
(C) Elément
(D) Molécule

[81] Périphérique est à Agglomération, ce que Rocade est à :

(A) Mégalopole
(B) Ville
(C) Métropole
(D) Province

[82] Mesurable : Mesurer

(A) Nécessaire : Renoncer
(B) Bas : Surélever
(C) Actif : Agir
(D) Concret : Toucher

[83] Conversion est à Religion, ce que Métamorphose est à :

(A) Changement
(B) Forme
(C) Perturbation
(D) Etat

[84] Carotte est à Potager, ce que Café est à :

(A) Champ
(B) Exploitation
(C) Plantation
(D) Cultivateur

[85] Clef est à Serrure, ce que Boucle est à :

(A) Oreille
(B) Ceinture
(C) Cadenas
(D) Fermeture

[86] Métier est à Tissu, ce que Grue est à :

(A) Oiseau
(B) Construction
(C) Bâtiment
(D) Béton

[87] Si Mathilde habite à Moscou, Pierre habite à Paris et Benoît à Budapest, alors Laurent habite à :

(A) Varsovie
(B) Los Angeles
(C) Copenhague
(D) Stockholm

[88] Moustiquaire : A été piqué

(A) Marche : A grimpé
(B) Balustrade : Est tombé
(C) Poignée : Est entré
(D) Volet : A rabattu

9. Soulignez l'intrus

Pour les questions numérotées de 89 à 100, chaque question vous présente une série de quatre mots. Parmi ces quatre mots, trois d'entre eux appartiennent à la même famille et sont donc régis par un ou plusieurs liens logiques. **Ces liens portent sur la définition et la signification des mots, et non sur leur forme** (on entend par « forme », le nombre de lettres qu'il y a par exemple dans un mot ou encore la présence d'une voyelle en fin de mot).

Vous devez donc inférer les relations d'appartenance entre ces trois mots et exclure alors le quatrième mot qui est l'intrus et qui n'entretient pas de liens avec les autres mots de la série.

[89] Soleil – Lampadaire – Halogène – Ampoule

[90] Législatif – Sécuritaire – Judiciaire – Exécutif

[91] Chien – Chat – Dauphin – Oiseau

[92] Rayon – Boule – Aire – Disque

[93] Refrain – Hémistiche – Tercet – Sonnet

[94] Cafard – Mélancolie – Spleen – Alacrité

[95] UMP – CGT – MEDEF – FO

[96] Ulysse – Socrate – Platon – Aristote

[97] Dividende – Intérêts – Quotient – Diviseur

[98] Cathédrale – Temple – Basilique – Chapelle

[99] Pouviez – Ferai – Finissait – Téléphonaient

[100] ORTF – ADSL – IBM – WIFI

CB 5

EPREUVE N°2
CALCUL, MATHEMATIQUES & RAISONNEMENT LOGIQUE

Cette seconde épreuve est composée de **45 questions à choix multiples (QCM) numérotées de 101 à 145.**

De nombreux thèmes sont traités dans cette épreuve : **calcul mental, arithmétique, moyennes, pourcentages, équations, règles de trois, conversions, dénombrement et combinatoire simple, proportionnalité, géométrie, raisonnement logique et argumentation, optimisation, algèbre, suites numériques, calculs de sommes, etc.**

Cette seconde épreuve vous permettra de vous entraîner efficacement aux concours suivants (liste non exhaustive) :

- SESAME : LOGIQUE 2
- ACCES : QUESTIONS DE RAISONNEMENT LOGIQUE
- ESG, EDC, EBS, TEAM… : TAGE 2 (EPREUVES DE CALCUL 2 ET 5)
- PASS : QCM D'ANALYSE QUANTITATIVE
- PRISM : EPREUVE DE MATHEMATIQUES

CONSIGNES

Vous disposez de **60 minutes** pour répondre aux **45 questions** de cette seconde épreuve. Pour chacune de ces questions, **une seule réponse est possible.**

Attention : l'usage de la calculatrice est strictement interdit.

[101] On considère une classe de 6 élèves qui peuvent soit tout le temps dire la vérité, soit tout le temps mentir. Trois élèves s'approchent et affirment : « Il y a exactement trois menteurs dans cette classe. » Deux autres élèves s'approchent et affirment à leur tour : « Il y a exactement deux menteurs dans cette classe. » Enfin, le dernier élève s'approche et affirme : « Il n'y a qu'un unique menteur dans cette classe. » Combien y-a-t-il de menteurs dans cette classe ?

(A) 0
(B) 1
(C) 3
(D) 5

[102] Jérôme prépare une vinaigrette composée d'huile et de vinaigre. Il mélange dans un bol 4 cL de vinaigre et 125 mL d'huile. Quel est le volume de la vinaigrette exprimé en dm^3 ?

(A) 1,129
(B) 0,145
(C) 0,165
(D) 1,194

[103] Un étudiant loue une chambre le temps de sa scolarité en école de commerce, c'est-à-dire 5 ans. On lui propose de payer un loyer de 200 € le premier mois, avec une augmentation de 2 € par mois jusqu'à la fin du bail. Quelle somme d'argent cet étudiant va-t-il dépenser pour se loger durant sa scolarité ?

(A) 14 670 €
(B) 14 860 €
(C) 15 120 €
(D) 15 540 €

[104] Christine est une cliente de la banque Le Crédit SoNP et décide de placer 2 300 € sur un compte rémunéré à 3 % par an, dont les intérêts ne sont pas capitalisés. Au bout de 3 ans, dans un contexte de crise, la banque est obligée de baisser son taux d'intérêts annuel, le passant de 3 % à 2,5 %. Déçue, Christine décide de retirer son capital de la banque seulement un an plus tard. Quel est le montant récupéré alors par Christine ?

(A) 2 564,50 €
(B) 2 584,50 €
(C) 2 612,50 €
(D) 2 672,50 €

[105] Au cours des universités d'été du parti UMPS, 100 hommes politiques se réunissent. Chaque homme politique est soit un honnête homme, soit un sacré magouilleur. Si parmi eux, il y a au moins un homme honnête et que, si l'on en prend deux au hasard, il y en a toujours un des deux qui est honnête, combien y a-t-il de magouilleurs lors de ces universités d'été ?

(A) 0 (B) 1 (C) 3 (D) 6

[106] On effectue deux remises sur un produit : une première remise de 10 % et une seconde de 20 %. Quel est le pourcentage total de la remise ?

(A) 34 %
(B) 32 %
(C) 30 %
(D) 28 %

[107] On calcule la moyenne de plusieurs nombres. Cette moyenne vaut 17. Lorsque l'on ajoute le nombre 14, la moyenne vaut alors 16,25. Avec combien de nombres avait-on calculé la moyenne de départ ?

(A) 3
(B) 4
(C) 5
(D) 6

[108] Chaque 1er juillet, le gouvernement décide de revaloriser le Smic. Le Smic horaire brut s'élevait à 8,80 € au 30 juin 2009. Au 1er juillet 2010, après la revalorisation, il est passé à 9,24 €. Quel est le pourcentage d'augmentation du Smic horaire brut ?

(A) 2,5 %
(B) 4 %
(C) 5 %
(D) 8,5 %

[109] Au cours d'une soirée, trois amis se rencontrent : un pompier, un policier et un médecin dont les noms sont dans le désordre Jacques, Nabil et Pedro. Le policier est le plus jeune des trois et il est n'a ni frère ni sœur. Nabil est plus âgé que le pompier et il est marié à la sœur de Jacques. Les noms respectifs du pompier, du policier et du médecin sont :

(A) Nabil, Jacques, Pedro.
(B) Jacques, Pedro, Nabil.
(C) Pedro, Jacques, Nabil.
(D) Pedro, Nabil, Jacques.

[110] Jimmy fait le bilan de son compte rémunéré à taux fixe. Il a remarqué que les intérêts de l'année 2009 lui ont rapporté 100 €, tandis que ceux de 2010 lui ont rapporté 110 €. Quelle somme d'argent possède Jimmy en 2010 ?

(A) 1 200 €
(B) 1 210 €
(C) 1 230 €
(D) 1 290 €

[111] Josselin se lève le matin à 6 h 53 et se couche le soir à 23 h 45. Pendant combien de temps Josselin a-t-il été éveillé au cours de la journée ?

(A) 16 h 52 mn
(B) 16 h 58 mn
(C) 17 h 12 mn
(D) 17 h 18 mn

[112] Thibault va à l'école en vélo, en pédalant à la vitesse de 12 km/h. Au bout de 30 min, il s'aperçoit qu'il va être en retard et accélère alors de 4 km/h pendant 4 km. Quelle est la vitesse moyenne de Thibault sur le parcours ?

(A) 12,66 km/h
(B) 13 km/h
(C) 13,33 km/h
(D) 13,50 km/h

[113] Quelle est la surface totale d'un cylindre de rayon r et de hauteur égale à 2 fois son diamètre ?

(A) $10 \text{ pi} \times r^2$
(B) $8 \text{ pi} \times r^2$
(C) $6 \text{ pi} \times r^2$
(D) $7 \text{ pi} \times r^2$

[114] Dans une section de terminale scientifique, il y a 3 garçons pour 2 filles. Combien y a-t-il de filles dans une classe de terminale scientifique de 25 élèves ?

(A) 10
(B) 11
(C) 12
(D) 13

[115] « Il y a tous les jours du soleil à Marseille, mais aujourd'hui il pleut. » Quel type d'argumentation, fausse logiquement, est utilisé dans le propos ci-dessus ?

(A) $A \Rightarrow B, A \Rightarrow C$
(B) $A \Rightarrow B, A \Rightarrow$ non C
(C) A est à B, ce que A est à C
(D) $A \Rightarrow B, A \Rightarrow$ non C

[116] Lors d'une régate, le bateau *Aurlom* navigue à la vitesse de 8 nœuds par heure. Si 1 nœud correspond à 1 852 mètres, quelle est la distance parcourue en kilomètres par le bateau en 1 h 30 min au kilomètre près ?

(A) 20
(B) 21
(C) 22
(D) 23

[117] Le 1er janvier 2009, le mode d'immatriculation des voitures a été modifié. Désormais, le numéro d'immatriculation est composé de 5 lettres à la suite, puis de 2 chiffres pour former le numéro du département. Combien de nouvelles plaques d'immatriculation l'administration peut-elle mettre en circulation ?

(A) 100×26^5
(B) 52 000 000

(C) 2×5^{26} (D) 2×26^{25}

[118] La moyenne des nombres A + 6 et B + 4 est égale à 17. Que vaut la moyenne de A et B ?

(A) 11
(B) 12
(C) 13
(D) 14

[119] Fabrice ment le lundi, le mercredi et le jeudi, et dit la vérité les autres jours de la semaine. Il affirme à un ami :

(1) Hier j'ai menti.
(2) Je dirai la vérité 2 jours après demain.

Quel jour sommes-nous ?

(A) Lundi
(B) Mercredi
(C) Vendredi
(D) Dimanche

[120] Si 3 guichetiers peuvent servir 72 clients en 2 heures, combien de clients peuvent être servis en 3 heures par 8 guichetiers ?

(A) 168
(B) 180
(C) 216
(D) 288

[121] François va chez son médecin et il paye 23 € pour une consultation. 60 % de la consultation est remboursée par la Sécurité sociale. Sur le montant restant à la charge de François après remboursement de la Sécurité sociale, sa mutuelle lui rembourse 80 %. Quel montant François a-t-il finalement payé ?

(A) 2,46 €
(B) 2,13 €
(C) 1,92 €
(D) 1,84 €

[122] On augmente la longueur d'un rectangle de 20 % et on diminue sa largeur de 20 %. L'aire du nouveau rectangle a :

(A) augmenté de 4 %.
(B) diminué de 4 %.
(C) augmenté de 2 %.
(D) diminué de 2 %.

[123] Gaspard a 7 frères et sœurs : Louis, Paul, Amélie, Géraldine, Claude, Noémie et Cyril. Que vaut le produit du nombre de ses frères par le nombre de ses sœurs ?

(A) 12 (B) 13

(C) 16 (D) On ne peut pas savoir.

[124] Quelle aire représente la partie du carré grisée, sachant que l'aire du carré est égale à 64 cm² ?

(A) $56 + 2\pi$
(B) $48\pi^2$
(C) $16 - 4\pi$
(D) $64 - 12\pi$

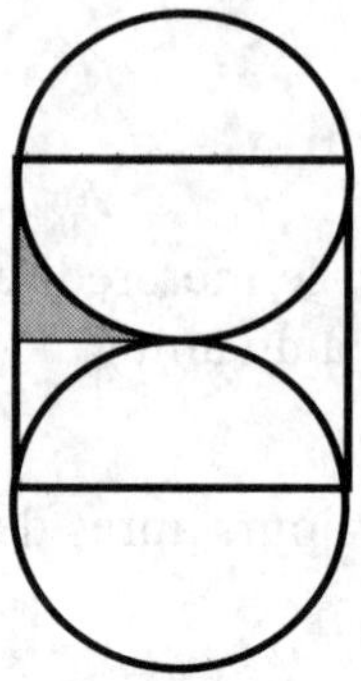

[125] Le montant d'une facture toutes taxes comprises est de 1 035 €. Les deux tiers de la facture sont facturés à un taux de TVA de 20 % et le reste à un taux de 5 %. Sachant que la TVA est la seule taxe, quel est le montant de la TVA ?

(A) 128,20 €
(B) 135,45 €
(C) 143,62 €
(D) 151,12 €

[126] Une somme d'argent est placée à taux variable. Lors de la première année, le taux d'intérêts du placement est égal à 5 % Lors de la seconde année, le taux d'intérêts du placement est égal à 4 %. La valeur du placement au bout de 2 ans est égale à 8 736 €. Quel est le montant placé au départ ?

(A) 7 880 €
(B) 8 000 €
(C) 8 060 €
(D) 8 140 €

[127] Quelle est, en centimètres carrés, l'aire totale des surfaces d'une pyramide régulière dont le côté mesure 4 cm ?

(A) $4\sqrt{3}$ cm²
(B) $6\sqrt{3}$ cm²
(C) $8\sqrt{3}$ cm²
(D) $16\sqrt{3}$ cm²

[128] Mathilde choisit un chiffre compris entre 1 et 8 dans sa tête et le fait deviner à Pierre. Mathilde ne répondra aux questions de Pierre que par oui ou par non. Quel est le nombre minimal de questions que doit poser Pierre pour être sûr de deviner le bon nombre ?

(A) 1
(B) 3
(C) 7
(D) 8

[129] La rémunération d'un salarié est composée d'un salaire fixe de 1 350 € et d'un salaire variable qui dépend du niveau de ventes : il perçoit 3 % du montant des ventes. Sachant qu'au mois de juillet, les ventes se sont élevées à 35 000 €, quel pourcentage le salaire variable représente-t-il par rapport au salaire total du mois de juillet ?

(A) 41 %
(B) 42,5 %
(C) 43,75 %
(D) 45,25 %

[130] Dans une manufacture d'épingles, un contremaître contrôle les défauts de la production. Sur 400 épingles, 60 ont un défaut au niveau de la tête et 140 ont un défaut au niveau de l'aiguille. Quel est le nombre d'épingles au minimum qui présentent un défaut sur la tête mais pas sur l'aiguille ?

(A) 0
(B) 20
(C) 40
(D) 60

[131] Le degré d'alcool du whisky est égal à 40 % et celui de la bière à 6,4 %. Quel volume de bière possède une quantité d'alcool équivalente à celle présente dans un verre de 4 cL de whisky ?

(A) 14 cL
(B) 18 cL
(C) 22 cL
(D) 25 cL

[132] Un collectionneur achète un véhicule le 10 février. Le véhicule coûtait 17 000 € au 1er février. Cependant son prix a augmenté le 2 février de 5 %. Finalement le vendeur consent au collectionneur une remise de 4 %. Quel montant le collectionneur va-t-il payer le véhicule ?

(A) 16 830 €
(B) 16 910 €
(C) 19 984 €
(D) 17 136 €

[133] Je n'ai pas remarqué que tu n'écris jamais sans crayon, autrement dit :

(A) Je n'ai pas remarqué que parfois tu n'écris pas avec un crayon.
(B) J'ai remarqué que tu n'écris pas toujours avec un crayon.
(C) Je n'ai pas remarqué que tu n'écris pas toujours avec un crayon.
(D) J'ai remarqué que tu écris toujours avec un crayon.

[134] Robert a acheté une moto neuve 9 000 €. Les modèles perdent 30 % de leur valeur la première année, puis 10 % par an. Robert vend sa moto au bout de trois ans. Quel montant Robert peut-il espérer revendre sa moto ?

(A) 5 103 €
(B) 5 385 €
(C) 5 517 €
(D) 5 886 €

[135] Tous les dimanches, la piscine municipale est pleine à craquer et accueille 120 personnes. Le bassin est un pavé droit rempli d'eau, dont la longueur, la largeur et la hauteur sont respectivement égales à 25 m, 1 200 cm et 30 dm. Quel est le nombre de m^3 d'eau disponibles par nageur ?

(A) 7,5 m^3
(B) 9 m^3
(C) 10,5 m^3
(D) 12 m^3

[136] Lundi matin à 8 h 30, Grégory règle sa montre. Il sait qu'elle retarde de 3 secondes par heure par rapport à l'heure de l'horloge universelle. Quelle sera l'heure réelle le vendredi soir, lorsque Grégory pourra lire 20 h à sa montre ?

(A) 20 h 03 mn 45 s
(B) 20 h 04 mn 21 s
(C) 20 h 05 mn 22 s
(D) 20 h 06 mn 24 s

[137] Dans la colocation où vivent Fréderic, Ali et Jean-Michel, une règle de priorité a été instaurée pour déterminer l'ordre de passage pour la douche. Selon cette règle, Fréderic passe avant Ali, et Frédéric n'est pas prioritaire sur Jean-Michel. Quel est l'ordre de passage du premier au dernier établi par cette règle ?

(A) Fréderic, Ali, Jean-Michel.
(B) Ali, Jean-Michel, Fréderic.
(C) Frédéric, Jean-Michel, Ali.
(D) Jean-Michel, Frédéric, Ali.

[138] Dans un restaurent, un chef propose un menu avec 3 choix d'entrées, 3 choix de plats et 4 choix de desserts. Si Alain va midi et soir dans ce restaurant, au bout de combien de jours choisira-t-il un menu qu'il a déjà mangé ?

(A) 11
(B) 16
(C) 17
(D) 18

[139] Dans une école, le proviseur réalise un sondage auprès de 100 élèves. A la question « Aimez-vous les mathématiques ? », 50 élèves répondent positivement. A la question « Aimez-vous le français ? », 45 répondent positivement. Enfin à la question « Aimez-vous le français et les mathématiques ? », 25 répondent positivement. Combien d'enfants aiment au moins l'une des deux matières ?

(A) 70
(B) 75
(C) 95
(D) 120

[140] Quelle est la longueur du côté du carré grisé, sachant que l'aire du grand carré est égale à 16 cm² ?

(A) $2\sqrt{2}$ cm
(B) $4\sqrt{2}$ cm
(C) 4 cm
(D) 8 cm

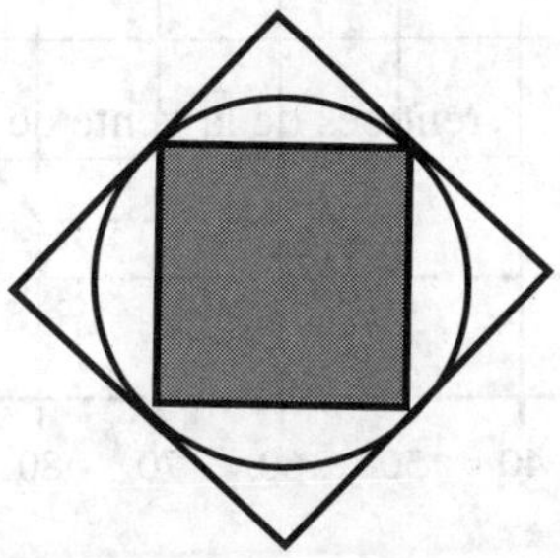

INTERPRETATION DE GRAPHIQUES ET DE TABLEAUX : ENONCE

Ce graphique décrit la recette et les frais d'un fast-food en fonction du taux de fréquentation de l'établissement (en pourcentage). Le bénéfice est déterminé par le total de la recette après déduction des frais. Le graphique décrit également les rentrées de la vente de boissons uniquement en fonction du taux de fréquentation du fast-food.
Par exemple, lorsque le taux de fréquentation du fast-food est de 30 %, la recette monte à 600 €, les frais montent 800 € et par conséquent le bénéfice est de -200 €. A ce taux de fréquentation, les rentrées de vente de boissons se montent à 200 €.

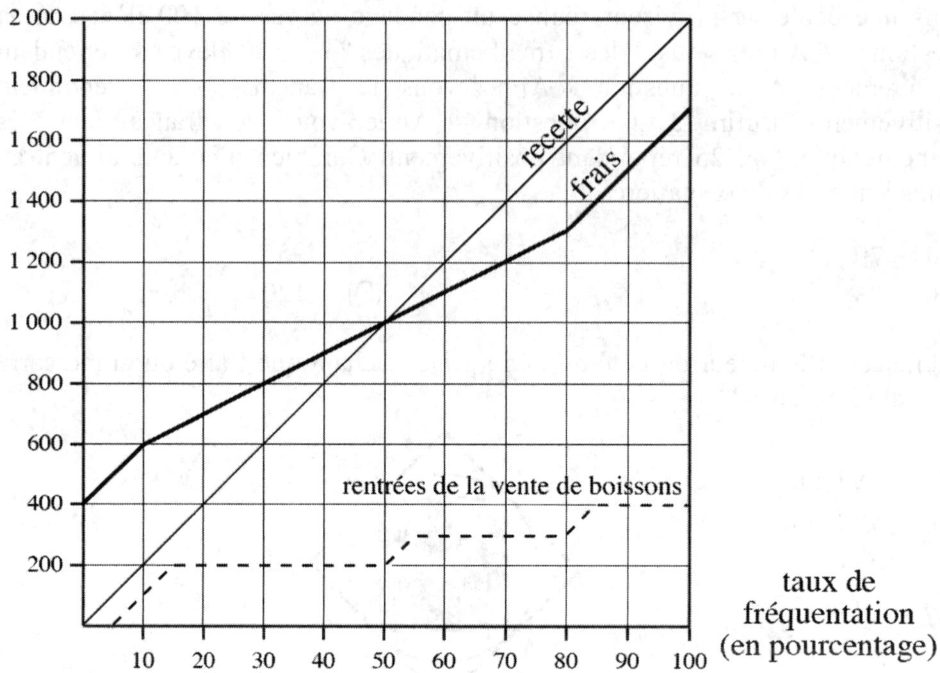

QUESTIONS

[141] Quel est l'intervalle précis du taux de fréquentation dans lequel le bénéfice du fast-food est négatif ?

(A) 0 % ; 30 %
(B) 0 % ; 40 %
(C) 0 % ; 50 %
(D) 0 % ; 60 %

[142] A quel taux de fréquentation les rentrées de la vente de boissons sont-elles 5 fois moins élevées que le bénéfice du fast-food ?

(A) 70 %
(B) 80 %
(C) 90 %
(D) 100 %

[143] A quel taux de fréquentation les rentrées de la vente de boissons forment-elles le pourcentage le plus élevé de la recette ?

(A) 10 %
(B) 50 %
(C) 80 %
(D) 85 %

[144] Le gérant du fast-food compte 12 clients dans le fast-food et remarque que la recette est égale à 700 €. Combien de clients le fast-food peut-il accueillir au maximum ?

(A) 55
(B) 60
(C) 65
(D) 70

[145] Le gérant du fast-food a remarqué que la recette a augmenté de 300 € par rapport à la semaine précédente. A quelle augmentation du taux de fréquentation du fast-food la hausse de la recette correspond-elle ?

(A) 10 %
(B) 15 %
(C) 20 %
(D) 25 %

CONCOURS BLANC NUMERO 5 : GRILLE DES REPONSES JUSTES

LOGIQUE						CALCUL			
1	REEL	35	REMISE	69	34	101	C	133	D
2	INCREDULE	36	U	70	54	102	C	134	A
3	COMPTER	37	K	71	441	103	D	135	A
4	ACCORD	38	U	72	1	104	A	136	C
5	DIFFERENCE	39	E	73	18	105	B	137	D
6	VARIE	40	V	74	8	106	D	138	D
7	LIAISON	41	R	75	5	107	A	139	A
8	DISSEMBLANCE	42	W	76	D	108	C	140	A
9	BLESSANT	43	X	77	C	109	B	141	B
10	DEFENSEUR	44	X	78	A	110	B	142	D
11	91	45	V	79	C	111	A	143	D
12	4	46	CIC	80	B	112	C	144	B
13	56	47	SKL	81	B	113	A	145	B
14	72 / 68	48	MBH	82	C	114	A		
15	19	49	FPD	83	B	115	A		
16	446	50	SCN	84	C	116	C		
17	10395	51	DOGMATISME	85	B	117	A		
18	30240	52	DESPOTISME	86	C	118	B		
19	23	53	HONNETETE	87	B	119	A		
20	911	54	ENNEMI	88	B	120	D		
21	13320	55	CIRCONSPECT	89	SOLEIL	121	D		
22	34	56	NONCHALANCE	90	SECURITAIRE	122	B		
23	35	57	SENILE	91	OISEAU	123	D		
24	17	58	POREUX	92	AIRE	124	C		
25	186	59	SERIEUX	93	REFRAIN	125	B		
26	INFO	60	RECHE	94	ALACRITE	126	B		
27	LIRE	61	QVDN	95	UMP	127	D		
28	TRIBU	62	135783	96	ULYSSE	128	B		
29	ROUGE	63	Q	97	INTERETS	129	C		
30	MAIRE	64	2	98	TEMPLE	130	A		
31	LACETS	65	3/20	99	FERAI	131	D		
32	PIROGUE	66	2458	100	WIFI	132	D		
33	SOURCE	67	13						
34	LECONS	68	5						

CORRIGES DU CONCOURS BLANC NUMERO 5

5

[1] On parle parfois de réalité tangible. Une chose est *tangible* si elle est perceptible au toucher, ou, autrement dit, si elle est *réelle.*
Réponse : REEL

[2] Etre *dubitatif* de quelque chose, c'est douter de cette chose. Dans ce cas, vous n'y croyez pas nécessairement. Vous êtes donc *incrédule.*
Réponse : INCREDULE

[3] *Supputer* quelque chose, c'est l'évaluer indirectement par un calcul.
Réponse : COMPTER

[4] La *concordance* est l'action de concorder, de mettre en *accord* plusieurs personnes.
Réponse : ACCORD

[5] En cours de physique et de chimie, vous avez probablement entendu les termes « homogène » et « hétérogène » plus d'une fois. Une chose est *hétérogène* si elle est composée d'éléments de nature différente.
Réponse : DIFFERENCE

[6] Avoir des goûts *éclectiques,* c'est avoir des gouts *variés.*
Réponse : VARIE

[7] Il y a *cohésion* d'un ensemble si, et seulement si, il y a *liaison* entre les éléments de cet ensemble.
Réponse : LIAISON

[8] Il y a *disparité* lorsqu'il y a absence d'égalité et disproportion. Dans un tel cas, il y a *dissemblance.*
Réponse : DISSEMBLANCE

[9] Une critique *cinglante* est une critique *blessante.*
Réponse : BLESSANT

[10] On est *partisan* de quelque chose seulement si l'on est *défenseur* de cette chose.
Réponse : DEFENSEUR

[11] Cette série est celle des écarts entre les termes de la suite des cubes : 0, 1, 8, 27, 64, 125, etc. Entre 125 et 216, l'écart est égal à 91.
Réponse : 91

[12] Voici la suite des écarts entre les nombres premiers : 1, 2, 3, 5, 7, 11, 13, 17, 19, etc. Les écarts sont donc égaux à 1, 1, 2, 2, 4, 2, 4, 2, etc. L'écart entre 19 et 23 est égal à 4.
Réponse : 4

[13] Les termes de la série suivent cette logique : (1 x 2), (2 x 3), (3 x 4), (4 x 5), etc. Par conséquent, 7 x 8 = 56.
Réponse : 56

[14] Dans cette série, vous devez multiplier par 2, puis la fois suivante retirer 4, et ainsi de suite : 12 x 2 = 24 ; 24 - 4 = 20 ; 20 x 2 = 40, etc. Par conséquent 36 x 2 = 72 et 72 - 4 = 68.
Réponse : 72 et **68**

[15] Voici la suite des nombres premiers impairs. Le nombre premier impair qui suit est 19.
Réponse : 19

[16] Il s'agit d'une suite arithmético-géométrique de raisons x3 et -1. Ainsi 6 x 3 - 1 = 17 ; 17 x 3 - 1 = 50 ; 50 x 3 - 1 = 149. En conséquence 149 x 3 - 1 = 446.
Réponse : 446

[17] On multiplie ici les termes par x3, puis x5, puis x7, puis x9, etc.
Réponse : 10395

[18] On multiplie ici les termes par x2, puis x3, puis x4, puis x5 : en conséquence, 42 x 2 = 84 ; 84 x 3 = 252 ; 252 x 4 = 1008 ; 1008 x 5 = 5040 ; et finalement 5040 x 6 = 30240.
Réponse : 30240

[19] C'est une série avec comme structure +2/+3/+4/+5. Il faut alors ajouter 6 à 17 pour obtenir 23.
Réponse : 23

[20] Voici une série avec une addition croissante de type +15/+25/+35/+45. Il faut alors ajouter 55 à 856.
Réponse : 911

[21] Structure de type multiplication x5/ x4/ x3/ x2.
Réponse : 13320

[22] Voici la suite des nombres premiers que l'on a multipliés par 2. Le nombre premier qui suit 13 est 17.
Réponse : 34

[23] *Sens de la série :* sens horizontal allant de gauche à droite commençant sur la ligne du haut.
Critère : progression arithmétique croissante du type +1/+2/+3/+4.
Réponse : 35

[24] *Sens de la série :* le sens de la série suit les diagonales. Il commence au coin en bas à gauche vers le coin en haut à droite.
Critère : c'est la suite des nombres premiers. La réponse est donc 17.
Réponse : 17

[25] *Sens de la série :* le sens de la série est vertical et commence du bas pour aller vers le haut et de gauche à droite.
Critère : c'est une suite de carrés ! 49 est le carré de 7, 64 est le carré de 8, 81 est le carré de 9, etc. On attend plus que le carré de 14 qui est égal à 186.
Réponse : 186

[26] **INFO**
[27] **LIRE**
[28] **TRIBU**
[29] **ROUGE**
[30] **MAIRE**
[31] **LACETS**
[32] **PIROGUE**
[33] **SOURCE**
[34] **LECONS**
[35] **REMISE**

[36] La série respecte la structure suivante : +5/+4/+3/+2/+1.
Réponse : U

[37] La série alterne deux critères : +2/-1/+2/-1/+2/-1.
Réponse : K

[38] Voilà un critère très classique de progression qui croît en respectant la structure +1/+2/+3/+4/+5.
Réponse : U

[39] Observez les rangs attentivement : 26 – 13 – 14 – 7 – 8 – 4 : vous alternez la division par 2 et l'ajout de 1. Il faut donc ajouter 1 pour obtenir 5 finalement. La lettre dont le rang est 5 est E.
Réponse : E

[40] Les écarts entre les lettres sont les suivants : +3/+3/+3. Vous ajoutez donc trois lettres à S.
Réponse : V

[41] Série classique avec une progression arithmétique de type +3.
Réponse : R

[42] Enchevêtrement de deux suites : Z – Y – X et A – B – C. Il faut dont continuer la première suite.
Réponse : W

[43] Ecrivez les écarts entre les lettres pour vous rendre compte de la structure de la série : +1/+2/+3/+2 : il y a une montée des écarts puis une baisse. Vous devez donc finir par un écart +1 à partir du W.
Réponse : X

[44] Observez une alternance des critères +3 et +1.
Réponse : X

[45] Deux critères sont alternés l'un après l'autre : +1 et x2.
Réponse : V

[46] Progression de type -3/+3/-3.
Réponse : CIC

[47] Progression de type -2/+6/+3.
Réponse : SKL

[48] Progression de type -4/+1/-4.
Réponse : MBH

[49] Progression de type +3/+2/-2.
Réponse : FPD

[50] Progression de type +4/+0/-2.
Réponse : SCN

[51] Parmi les grands courants philosophiques, le *scepticisme* tient une place particulière. Descartes et Montaigne en sont les plus grands représentants français. Fondé sur le doute méthodique et systématique, et sur la suspension de jugement en l'absence de preuves, il s'oppose catégoriquement au *dogmatisme* qui érige littéralement des dogmes, d'après des arguments d'autorité.
Réponse : DOGMATISME

[52] La *démocratie* est le pouvoir du peuple, c'est-à-dire le pouvoir de tous les hommes. A l'opposé, la forme de gouvernement dans laquelle un seul homme détient le pouvoir absolu est le *despotisme.*
Réponse : DESPOTISME

[53] Le *machiavélisme* est au départ le système politique développé par Nicolas Machiavel dans ses écrits. Il repose sur la ruse et la perfidie, et s'oppose à l'*honnêteté.*
Réponse : HONNETETE

[54] Dans une guerre, nos *alliés* s'opposent à nos *ennemis.*
Réponse : ENNEMI

[55] Etre *circonspect,* c'est faire preuve de prudence et agir seulement après réflexion. Le *téméraire* prend, lui, des risques inconsidérés et irréfléchis.
Réponse : CIRCONSPECT

[56] Si vous êtes *impétueux,* alors vous faites preuve de force, de violence et vous êtes un élément déchaîné. Au contraire, la personne *nonchalante* fait preuve d'un manque de fermeté, de volonté, de rigueur et d'entrain dans sa conduite.
Réponse : NONCHALANCE

[57] On oppose traditionnellement les juniors aux seniors, c'est-à-dire les personnes *juvéniles* aux personnes *séniles.*
Réponse : SENILE

[58] Une chose est *imperméable* si elle ne laisse pas passer l'eau à travers. C'est le contraire de *poreux,* qui laisse au contraire pénétrer les choses.
Réponse : POREUX

[59] Une personne *goguenarde* est railleuse et moqueuse. Elle est dans la dérision et son discours est clairement en décalage. Elle est tout sauf *sérieuse.*
Réponse : SERIEUX

[60] L'adjectif *soyeux* désigne la matière qui est en soie ou qui contient de la soie. Il est synonyme de douceur et de surface lisse. L'adjectif *rêche* est l'antonyme de soyeux : la matière rêche est rude au toucher, elle apparaît râpeuse et rugueuse.
Réponse : RECHE

[61] Les lettres entre parenthèses correspondent à l'écriture en lettres des chiffres : 451 correspond à **Q**uatre **C**ent **C**inquante et **U**n, 236 correspond à **D**eux **C**ent **T**rente-**S**ix. 99 correspond à **Q**uatre-**V**ingt **D**ix-**N**euf.
Réponse : QVDN

[62] Le codage associe les lettres aux chiffres suivants : M = 5, I = 7, S = 8, E = 3 et R = 1. Vous pouvez alors coder le mot REMISE.
Réponse : 135783

[63] Vous devez interpréter les chiffres romains : onze, sept, huit et quatre. Les lettres entre parenthèses correspondent à la première lettre de chaque chiffre romain.
Réponse : Q

[64] Le chiffre correspond au nombre de A dans chaque mot : 5 dans ABRACADABRA, 2 dans APPAUVRIR, 3 dans ALARMANT et 2 dans ATTAQUE.
Réponse : 2

[65] Le premier nombre correspond au rang de la première lettre du mot. Le second nombre correspond au rang de la dernière lettre du mot. Le rang de S est égal à 19 et le rang de U est égal à 21.
Réponse : 3/20

[66] Les chiffres entre parenthèses indiquent les positions des consonnes dans le mot. Pour CENTRE, les consonnes se situent en positions 1, 3, 4 et 5. Pour EVENTAIL, les consonnes se situent en positions 2, 4, 5 et 8.
Réponse : 2458

[67] Le chiffre entre parenthèses correspond au rang de la première lettre de chaque mot : S = 19, C = 3, T = 20 et M = 13.
Réponse : 13

[68] Le chiffre entre parenthèses correspond au nombre de voyelles du mot précédant les parenthèses : 5 pour BAIGNOIRE, 4 pour CIGARETTE, 5 pour COUVERTURE et 5 pour INDICATEUR.
Réponse : 5

[69] Les chiffres entre parenthèses indiquent les positions des voyelles dans le mot : les voyelles de MONSIEUR sont situées en positions 2, 5, 6 et 7. Les voyelles de FRANC sont situées en positions 3 et 4.
Réponse : 34

[70] Le premier chiffre entre parenthèses correspond au nombre de consonnes et le second chiffre entre parenthèses correspond au nombre de voyelles. Le mot ALLUMETTE est composé de 5 consonnes et de 4 voyelles.
Réponse : 54

[71] N'hésitez pas à écrire le rang des lettres ici : K = 11 = 11^2 = 121, O = 15 = 15^2 = 225, T = 20 = 20^2 = 400. Le nombre correspond en fait au rang de la lettre élevé au carré.
Réponse : 441

[72] Le chiffre en début de chaque mot correspond au son de la première syllabe de chaque mot : **im**patient, **ci**néma, **de**vant et donc **im**pair.
Réponse : 1

[73] Le nombre entre parenthèses correspond au produit du nombre de barres et du rang de la lettre. Par exemple, le rang de E est égal à 5 et E possède 4 barres, d'où 4 x 5 = 20. Le rang de F est égal à 6 et F a 3 barres, d'où 3 x 6 = 18.
Réponse : 18

[74] Vous pouvez avoir le réflexe de voir des chiffres romains. Malheureusement, ce n'est pas le cas ici, mais gardez cette habitude car c'est un excellent réflexe. Ici, le nombre est égal à la somme du nombre de barres des lettres. Par conséquent, MLX = 4 + 2 + 2 = 8.
Réponse : 8

[75] Nous finissons par une série de raisonnement plutôt difficile. Félicitations à ceux qui ont trouvé la réponse. L'idée est d'écrire en lettres les chiffres. Pour 3 (trois), il y a 5 lettres, donc le chiffre 5 suit. Pour 5 (cinq), il y a 4 lettres, donc le chiffre 4 suit. Pour 4 (quatre), il y a 6 lettres, donc le chiffre 6 suit. Pour 6 (six) il y a 3 lettres. On revient finalement à 3 (trois) qui précède alors 5.
Réponse : 5

[76] Commençons cette série d'analogies par le thème de la logique. L'induction, c'est le raisonnement qui consiste à partir de cas particuliers pour trouver une règle générale : c'est le passage du cas particulier, au cas général. La déduction est l'opération contraire, on déduit un cas particulier du cas général. L'empirisme est la méthode scientifique qui part des expériences, c'est-à-dire des cas particuliers, l'empirisme est donc une méthode fondée sur l'induction. La théorie est la méthode fondée sur la déduction, car on part de la théorie pour aller vers les cas pratiques.
Réponse : D

[77] *Agir à dessein* et *par accident* ont deux significations opposées. « Etre minutieux : au jugé » est le seul autre couple qui propose une opposition de sens.
Réponse : C

[78] Le syndicat est l'association qui rassemble les travailleurs. Vous devez donc trouver le type de personnes qui se rassemblent dans un parti (politique sous-entendu). Vous éliminez tout de suite *politique* et *rassemblement* qui sont deux termes qui ne désignent pas des personnes physiques. Vous éliminez également *députés,* car un parti politique rassemble bien plus que les députés. Le terme d'*électeurs* est donc le plus approprié.
Réponse : A

[79] Lien : on place les ordures dans une poubelle. L'école est le lieu de rassemblement des élèves.
Réponse : C

[80] Lien : un organe est une partie du corps. Parmi les propositions, seul le proton est un sous-élément de l'atome.
Réponse : B

[81] Le périphérique (ou plus exactement le boulevard périphérique) est une route qui fait le tour d'une grande ville. La rocade est le terme qui désigne généralement une route qui longe la périphérie d'une ville de taille moyenne. *Province* ne désigne pas une ville, et *mégalopole* et *mégapole* sont des entités urbaines de très grande taille. Seul le terme *ville* est donc approprié.
Réponse : B

[82] Le premier couple est bien sûr composé du verbe et de son adjectif.
Réponse : C

[83] La conversion est le changement de religion. La métamorphose est le changement d'aspect physique, ou encore de forme.
Réponse : B

[84] Lien : on cultive des carottes dans un potager. Le café est une culture exotique et il est cultivé traditionnellement dans une plantation.
Réponse : C

[85] La clef permet de fermer une serrure. La boucle permet de fermer une ceinture.
Réponse : B

[86] Le métier (à tisser) est la machine qui permet de produire du tissu. Que permet alors de produire une grue ? Elle permet évidement de construire un bâtiment.
Réponse : C

[87] Pour trouver l'analogie, isolez les relations entre les mots principaux : Mathilde – Moscou ; Pierre – Paris ; Benoit – Budapest. Vous remarquez que les premières lettres du prénom et de la ville sont à chaque fois identiques. En conséquence, Laurent habite à Los Angeles.
Réponse : B

[88] La moustiquaire empêche d'être piqué, tout comme la balustrade empêche de tomber.
Réponse : B

[89] Quelle est la propriété commune ou la différence entre le soleil, un lampadaire, un halogène et une ampoule ? Le soleil produit une lumière naturelle, tandis que les autres éléments sont des sources de lumière artificielle. Le *soleil* est par conséquent l'intrus.
Réponse : SOLEIL

[90] Ici, tous les termes de la série doivent être des pouvoirs politiques classiques. On parle traditionnellement de pouvoir législatif (il vote les lois), de pouvoir exécutif (il met en place les lois et gouverne le pays) et de pouvoir judiciaire (il applique la justice). L'intrus est par conséquent *sécuritaire.*
Réponse : SECURITAIRE

[91] Les animaux de la série doivent être des mammifères. Le chien, le chat et le dauphin sont des mammifères. L'*oiseau* n'est pas un mammifère.
Réponse : OISEAU

[92] L'élément logique est le cercle. Le rayon est la distance qui forme le cercle, le disque est la surface du cercle et la boule est le volume du cercle. Seule l'aire n'a pas de lien direct avec le cercle. En conséquence, *l'aire* est l'intrus.
Réponse : AIRE

[93] L'hémistiche, le tercet et le sonnet font partie du champ lexical de la poésie. Le refrain est un terme chansonnier qui n'est pas lié à la poésie. Le *refrain* est donc l'intrus.
Réponse : REFRAIN

[94] Avoir le cafard, c'est se sentir mélancolique. Le spleen exprime de même ce sentiment d'ennui et de dépression. Ces termes s'opposent à l'alacrité, qui définit un état de vigueur et de vitalité. L'intrus de cette série est donc l'*alacrité*.
Réponse : ALACRITE

[95] Le lien logique est le syndicalisme. FO et la CGT sont des syndicats de salariés, tandis que le MEDEF est le syndicat des entrepreneurs français. L'*UMP* n'est qu'un parti politique.
Réponse : UMP

[96] L'ensemble commun est la philosophie grecque. Socrate, Platon et Aristote sont des philosophes grecs, tandis qu'*Ulysse* est seulement l'un des personnages de la mythologie grecque.
Réponse : ULYSSE

[97] Cette série vous tend un beau piège : le lien logique n'est pas la finance malgré les termes de *dividende* et *intérêts.* Tous les mots désignent des éléments de la « division » : le quotient, le diviseur et le dividende. Par conséquent, l'intrus est *intérêts*.
Réponse : INTERETS

[98] Les quatre noms désignent des lieux de prière. Plus précisément, la cathédrale, la basilique et la chapelle sont des lieux de prière catholiques, tandis que le temple est un lieu de prière protestant. En conclusion, le *temple* est l'intrus.
Réponse : TEMPLE

[99] *Ferai* est le seul verbe qui n'est pas conjugué à l'imparfait.
Réponse : FERAI

[100] *WIFI* est le seul acronyme.
Réponse : WIFI

[101] Vous voilà face à un raisonnement plus compliqué. On s'embrouille rapidement avec ces histoires de menteurs ! Dans un tel cas, le plus facile pour vous en sortir est de tester les réponses.

Supposons dans un premier temps qu'il n'y a aucun menteur dans la classe, alors tous les élèves disent la vérité et dans ce cas, certains d'entre eux affirment qu'il y a exactement trois menteurs, et d'autres qu'il y a exactement deux menteurs, et encore d'autres qu'il y a exactement un menteur. Les trois groupes disent la vérité mais se contredisent. En conséquence, les six élèves ne peuvent pas dire la vérité. Le résultat est le même s'il y a un unique menteur : les cinq élèves qui disent la vérité se contrediront forcément. Supposons qu'il y ait exactement 5 menteurs : il y a alors un élève qui dit la vérité. Il peut affirmer trois nombres exacts de menteurs différents : 1 menteur, 2 menteurs ou 3 menteurs, mais jamais 5 menteurs, ce que l'on a supposé. Il y a une contradiction et par conséquent, la réponse D est impossible.

Réponse : C

[102] Pour additionner des volumes, les unités doivent être homogènes :
4 cL = 0,04 L et 125 mL = 12,5 cL = 0,125 L.
La vinaigrette a donc pour volume 0,165 L (0,04 L + 0,125 L), soit 0,165 dm^3.

Réponse : C

[103] Le loyer suit une progression arithmétique de 2 € par mois.
Dans 5 ans, il y a 60 mois (5 x 12 = 60). L'étudiant paiera donc son dernier loyer (200 + 59 x 2) €, soit 318 €. La somme dépensée pour se loger est égale à la somme des loyers, c'est-à-dire :
(200 + 318)/2 x 60 = 15 540 €

Réponse : D

[104] Le placement est à intérêts simples et par conséquent, lors des trois premières années, les intérêts annuels sont stables et valent 3 % x 2 300 € = 69 €. La quatrième année, la rémunération du compte a baissé et les intérêts ne valent plus que 2,5 % x 2 300 = 57,5 €.
En quatre années, les intérêts s'élèvent à (69 + 69 + 69 + 57,5) € = 264,5 €. Le capital final touché par Christine vaut donc 2 300 € + 264,5 € = 2 564,5 €.

Réponse : A

[105] Vous devez considérer la situation la plus extrême ici, celle où vous avez le moins de chance. L'énoncé vous dit clairement qu'il y a au moins un magouilleur et que si l'on choisit deux hommes politiques au hasard, il y a au moins un homme honnête. Supposez alors qu'il y a exactement deux magouilleurs parmi les 100 hommes politiques. Si vous n'avez vraiment pas de chance, il est possible de choisir au hasard ces deux hommes politiques magouilleurs. Dans ce cas, la condition n'est plus respectée : la conclusion est qu'il y a nécessairement strictement moins de deux magouilleurs parmi les

deux hommes politiques. Comme il y a au moins un magouilleur, on conclut qu'il y en a exactement un.

Réponse : B

[106] Utilisons la formule du cours suivante :
(1 - 10 %) x (1 - 20 %) x P = (9/10) x (8/10) x P = 72/100 x P = 72 % x P

Réponse : D

[107] Soit n le nombre de termes de la première moyenne. L'énoncé fournit deux moyennes :

Somme des n termes/n = 17 ⇔ Somme des n termes = 17n

(Somme des n termes + 14)/(n + 1) = 16,25

⇔ Sommes des n termes = (n + 1) x 16,25 - 14

En remarquant que le membre de gauche de chaque équation est identique, vous obtenez :

17n = 16,25n + 16,25 - 14 ⇔ 0,75n = 2,25 ⇔ n = 3

La première moyenne a donc été calculée à partir de trois valeurs.

Réponse : A

[108] Pourcentage de hausse = (9,24 € - 8,80 €)/8,80 € = 0,44/8,80 = 5 %

Réponse : C

[109] Si Nabil est plus âgé que le pompier, alors il ne peut pas être le pompier, et il n'est pas le plus jeune. Or le policier est le plus jeune. Donc Nabil n'est pas non plus le policier. Nabil est alors le médecin. Si Jacques a une sœur, alors il ne peut pas être non plus le policier, car le policier n'a ni frère ni sœur. Jacques est alors le pompier, et Pedro est donc le policier.

Réponse : B

[110] Le taux d'intérêts du placement peut être exprimé par le taux de croissance des intérêts :

Taux d'intérêts = Taux de croissance des intérêts = (110 - 100)/100 = 10 %

Si le placement de Jimmy a rapporté 10 % en 2009, soit 100 €, alors son capital initial s'élevait à 1 000 €. Les intérêts de l'année 2010 sont calculés en prenant en compte les intérêts capitalisés en 2009. Les intérêts perçus en 2010 valent alors 10 % de 1 100 €, soit 110 €. Finalement, si l'on ajoute la somme de 210 € d'intérêts cumulés, le capital final de Jimmy est de 1 210 €.

Réponse : B

[111] Il suffit de faire la soustraction de 23 h 45 mn et 6 h 53 mn. Une bonne astuce : lorsque vous effectuez la soustraction de deux durées, pensez à soustraire d'abord les minutes, puis les heures.

23 h 45 mn - 6 h 53 mn = 22 h 105 mn - 6 h 53 mn = 16 h 52 mn

Réponse : A

[112] Vous devez tout de suite reconnaître dans cet exercice un cas d'accélération de vitesse. Le calcul de la vitesse moyenne se fait à l'aide d'une moyenne harmonique. Sur le premier tronçon, Thibault pédale à 12 km/h pendant 30 minutes, ce qui correspond après calcul à 6 km. Sur le second tronçon, Thibault pédale à 16 km/h pendant 4 km. La vitesse moyenne est donc égale à : (6 + 4)/[(6/12) + (4/16)] = 10/(0,5 + 0,25) = 13,33 km/h.

Réponse : C

[113] Il s'agit ici de calculer la surface totale d'un cylindre. Pour cela, il faut calculer la surface de ses deux faces de base et la surface de sa face latérale.

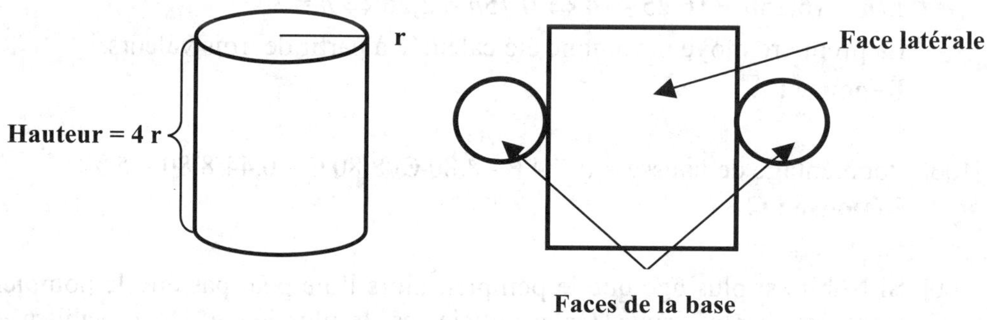

$\text{Surface}_{\text{Latérale}} = \text{hauteur} \times \text{périmètre}_{\text{Base}} = 2 \times 2r \times 2\pi \times r = 8\pi r^2$

$\text{Surface}_{\text{Base}} = \pi r^2$

$\text{Surface}_{\text{Totale}} = \text{Surface}_{\text{Latérale}} + 2 \times \text{Surface}_{\text{Base}} = 8\pi r^2 + 2\pi r^2 = 10\pi r^2$

Réponse : A

[114] Pour déterminer le nombre de filles dans la classe, calculons d'abord la proportion de filles dans la classe. S'il y a 3 garçons pour 2 filles, alors il y a 2 filles pour 5 élèves (2 filles + 3 garçons) dans la classe. En d'autres termes 40 % des élèves sont des filles.

Par conséquent : nombre de filles = 40 % x 25 = 10

Réponse : A

[115] Observez bien les réponses proposées et identifiez ce que peuvent être les A, B et C. A signifie *Marseille,* B signifie *Soleil* et C signifie *Pluie*. « Il y a tous les jours du soleil à Marseille » se traduit logiquement par A $\Longrightarrow$ B. Vous éliminez la réponse C. Maintenant, la seconde partie de la phrase, « mais il pleut aujourd'hui » se traduit alors logiquement par A $\Longrightarrow$ C.
Réponse : A

[116] En 1 h 30, le bateau parcourt 12 nœuds à la vitesse de 8 nœuds par heure (D = V x T = 8 x 1,5 = 12). Convertissons maintenant les nœuds en kilomètres :
12 x 1 852 m = 22 224 m = 22,224 km
Réponse : C

Astuce : il n'est pas nécessaire de mener le calcul complètement sachant que l'on demande une réponse au kilomètre près.

[117] Pour former l'immatriculation d'une nouvelle plaque, on choisit la première lettre (26 possibilités), puis la deuxième lettre (26 possibilités), puis la troisième lettre (26 possibilités), puis la quatrième lettre (26 possibilités), et enfin la cinquième lettre (26 possibilités). Au choix des lettres, on ajoute le choix des deux chiffres (100 possibilités).
En conclusion, il y a 100×26^5 plaques d'immatriculation possibles.
Réponse : A

[118] Interprétez la moyenne donnée en appliquant la définition :
Moyenne = Somme des termes/Nombre de termes
$[(A + 6) + (B + 4)]/2 = 17 \Leftrightarrow A + B + 10 = 34 \Leftrightarrow (A + B)/2 = 12$
Réponse : B

[119] Pour tous les exercices de menteurs, vous devez vous mettre en situation, en testant les hypothèses et en vous plaçant les jours donnés. Par exemple, le lundi, Fabrice ment, la vérité est donc le contraire de ce qu'affirme Fabrice. Puisqu'il ment, et que le dimanche il dit la vérité, l'assertion « hier j'ai menti » est juste. De même, l'assertion « je dirai la vérité deux jours après demain » ne pose pas de souci puisque le jeudi il ment.
Réponse : A

[120] Si trois guichetiers servent 72 clients en 2 heures, alors trois guichetiers servent 36 clients en 1 heure. Un guichetier sert donc 36 clients en 3 heures. 8 guichetiers vont donc servir 288 clients en 3 heures (8 x 36).
Réponse : D

[121] La Sécurité sociale paye 60 % de 23 €, tandis que la mutuelle paye 80 % du reste, c'est-à-dire 80 % de 40 % (100 % - 60 % = 40 %), soit 32 %. En conséquence, François se fait rembourser en tout 92 % de sa consultation. Il ne reste plus qu'à payer 8 % de la consultation :
8 % x 23 € = 8 x 1 % x 23 € = 8 x 0,23 € = 1,84 €
Réponse : D

[122] L'aire initiale du rectangle est égale au produit de sa longueur par sa largeur ($L \times l$). Exprimons l'augmentation de la longueur et la diminution de sa largeur en fonction de ce produit :
$(1 + 20\ \%)L \times (1 - 20\ \%)l = 1{,}2\ L \times 0{,}8\ l = 1{,}2 \times 0{,}8 \times L \times l = 0{,}96\ L \times l$
En conclusion, l'aire a diminué de 4 %.
Réponse : B

[123] Quel est le sexe de Claude ? Est-ce un garçon ou une fille ? Nous sommes incapables de déterminer le sexe de Claude, et *a fortiori* le nombre de frères et sœurs de Gaspard.
Réponse : D

Astuce : attention aux prénoms épicènes comme Claude, Camille, Dominique ou Maxime.

[124] L'aire du carré est égale à 64 cm², par conséquent, le côté est égal à 8 cm (8 x 8 = 64). Le diamètre du cercle a la même longueur que le côté du carré, donc son rayon est égal à 4 cm. La surface du disque est donc égale à 16. Deux demi-disques sont inscrits dans le carré et ils correspondent à la surface d'un disque complet. Par conséquent, l'aire grisée est égale à un quart de l'aire du carré moins l'aire du disque, soit un quart de 64 - 16π, c'est-à-dire 16 - 4π.
Réponse : C

[125] Différenciez les deux taux de TVA : calculez d'abord la TVA provenant du taux à 20 %, puis celle du taux à 5 %.

TVA à 20 %

Les deux tiers de la facture correspondent au montant de (1 035 x 2)/3, soit 690 €, et sont soumis à un taux de TVA de 20 % :

(1 + 20 %) x Prix HT = 690 € ⇔ Prix HT = 690 €/1,2 ⇔ Prix HT = 595 €

Par conséquent, la TVA à 20 % correspond à un montant de 20 % x 595 €, soit 119 €.

TVA à 5 %

Le taux de TVA à 5 % s'applique au tiers des 1 035 €, soit 345 € :

(1 + 5 %) x Prix HT = 345 € ⇔ Prix HT= 345 €/1,05 ⇔ Prix HT = 329 €

Par conséquent, la TVA à 5 % correspond à une somme de 16,45 €.

En conclusion, le montant de TVA s'élève à 135,45 €.

Réponse : B

[126] Attention, contrairement aux apparences, cette question n'est pas un problème habituel de mathématiques financières. Ici, le taux d'intérêts n'est pas fixe au fil des années. Il s'agit en fait d'un problème de pourcentages successifs. Appelons C_0, C_1 et C_2 respectivement les trois valeurs du capital. On sait que C_2 = 8 736 €. Par conséquent :

(1 + 4 %) C_1 = 8 736 € ⇔ C_1 = 8 736 €/1,04 ⇔ C_1= 8 400 €

(1 + 5 %) C_0 = 8 400 € ⇔ C_0 = 8 400 €/1,05 ⇔ C_0 = 8 000 €

Réponse : B

[127] Rappelez-vous qu'une pyramide dite « régulière » est composée de quatre triangles équilatéraux. Rappelons que l'on peut calculer la surface d'un triangle équilatéral à partir de la formule (base x hauteur)/2, en utilisant le théorème de Pythagore pour calculer la hauteur (qui coupe la base en son milieu).

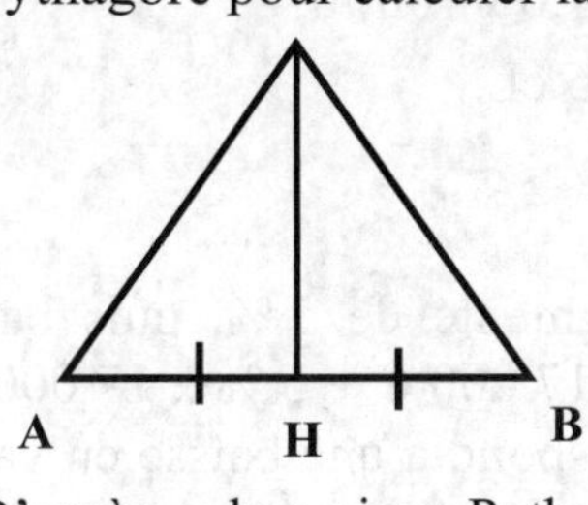

D'après ce bon vieux Pythagore : $4^2 = \text{hauteur}^2 + 2^2 \Leftrightarrow \text{hauteur} = \sqrt{(4^2 - 2^2)} = 2\sqrt{3}$.

Par conséquent, la surface d'une face est égale à $4\sqrt{3}$ cm². L'aire totale est donc $16\sqrt{3}$ cm².

Réponse : D

[128] Voici un exercice classique de *dichotomie*. La dichotomie consiste à séparer en deux à chaque fois le nombre de solutions. La première question de Mathilde doit être : « Le chiffre est-il strictement supérieur à 4 ? » Si Pierre répond oui, alors la deuxième question de Mathilde sera : « Le chiffre est-il strictement supérieur à 6 ? », sinon la question sera : « Le chiffre est-il strictement supérieur à 2 », etc. En l'espace de trois questions, Mathilde peut être sûre de trouver la bonne réponse.

Réponse : B

[129] Calculons le salaire du mois de juillet. Le salaire fixe est égal à 1 350 € et le salaire variable est égal à 3 % de 35 000 €, soit 1 050 €. Le salaire du mois de juillet est donc égal à 2 400 €. La part du salaire variable représente donc 1 050 €/2 400 €, soit 43,75 %.

Réponse : C

[130] Cette question est beaucoup plus simple qu'elle n'y paraît. Il est possible que l'ensemble des épingles présentant un défaut au niveau de la tête soit inclus dans l'ensemble des épingles présentant un défaut à l'aiguille. En d'autres termes, les 60 aiguilles avec un défaut à la tête peuvent présenter un défaut à l'aiguille. Par conséquent, le nombre minimal d'épingles présentant un défaut sur la tête mais pas sur l'aiguille est égal à 0, compte tenu des informations disponibles.

Réponse : A

[131] Le volume d'alcool dans le verre de whisky est égal à 40 % de 4 cL, soit 1,6 cL. Le volume d'alcool présent dans une bière correspond à 6,4 % du volume total. Par conséquent, si l'on appelle V le volume de bière recherché, alors :

$6{,}4\ \% \times V = 1{,}6\ \text{cL} \Leftrightarrow V = 1{,}6/(6{,}4\ \%) \Leftrightarrow V = (1{,}6 \times 100)/6{,}4$

Le volume de bière équivalent est donc égal à 25 cL.

Réponse : D

[132] Le collectionneur va payer le prix initial augmenté de 5 %, puis baissé de 4,75 %. Le prix après augmentation est égal à 17 000 € + 5 % x 17 000 €, soit 17 850 €. La baisse de 4,75 % sur ce prix correspond à une baisse en valeur de 4,75 % x 17 850 €, soit 714 €. Le montant payé par le collectionneur est par conséquent égal à 17 136 € (17 850 € - 714 €).

Réponse : D

[133] Vous devez appliquer la règle suivante : la négation d'une négation correspond à une affirmation. Isolez la première et la seconde partie de la phrase pour les traiter indépendamment. La bonne réponse est en fait : « J'ai remarqué que tu écris toujours avec un crayon. »
Réponse : D

[134] Attention à ne pas tomber dans le piège qui consiste à sommer les pourcentages de dépréciation (30 % + 10 % + 10 %) et à trouver comme réponse 50 % de 9 000 € !

Il s'agit ici d'appliquer des pourcentages successifs, ou plus exactement 3 baisses successives. Comme vous connaissez parfaitement votre cours, vous savez pertinemment que les 3 baisses se traduisent par la relation suivante :
Valeur finale = (1 - 30 %) x (1 - 10 %) x (1 - 10 %) x 9 000 € = 70 % x 90 % x 90 % x 9 000 €
Or, 70 % x 90 % x 90 % x 9 000 € = (7/10) x (9/10) x (9/10) x 9 000 €
= 567 x 9 €
Après 3 années, la voiture a une valeur résiduelle de 5 103 €.
Réponse : A

[135] Vous devez d'abord calculer le volume d'eau contenu dans la piscine, puis le diviser par le nombre de nageurs.
Volume eau = hauteur x longueur x largeur = 3 m x 12 m x 25 m = 900 m^3
Par conséquent, le nombre de litres par nageur est égal à 900 m^3/120 = 7,5 m^3.
Réponse : A

[136] Du lundi matin à 8 h 30 au vendredi soir, quatre jours complets (mardi, mercredi, jeudi, vendredi) et 11,5 h (20 h - 8 h 30) se sont écoulés. Cette durée représente en termes d'heures, 4 x 24 h + 11,5 h = 107,5 h. Par conséquent, le retard s'élève à 3 s x 107,5, soit 322 s, ou encore 5 mn 22 s.
Réponse : C

[137] Pour être le plus efficace possible, écrivez les ordres de priorité :
F > A
F < JM
L'ordre de passage du premier au dernier est donc Jean-Michel, Frédéric et Ali.
Réponse : D

[138] Résumons la situation : Alain a 3 choix possibles d'entrées. Pour chaque entrée, il a 3 choix de plats possibles, soit 3 x 3 combinaisons possibles entrée/plat. Maintenant, pour chaque combinaison entrée/plat, il a 4 choix possibles de dessert, soit 3 x 3 x 4 choix de menus entrée/plat/dessert. En tout, Alain peut composer 36 menus différents. Il mangera un menu qu'il a déjà mangé au bout de 18 jours puisqu'il déjeune et dîne dans ce restaurant.
Réponse : D

[139] Nous vous incitons fortement à schématiser la situation :

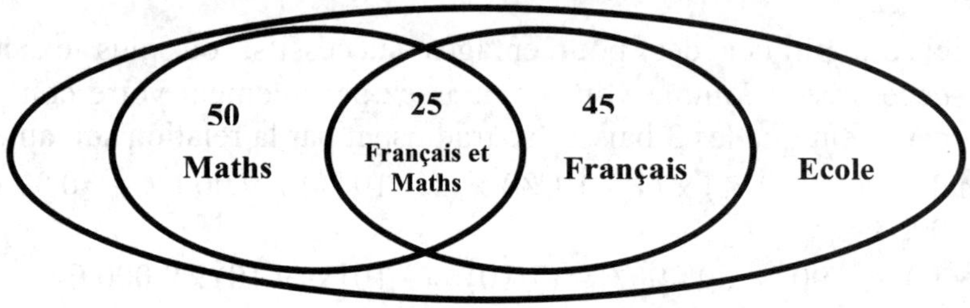

Le piège ici consiste à compter deux fois les personnes qui aiment à la fois les maths et le français : il faut retirer les 25 enfants qui aiment les deux matières. Le nombre d'enfants qui aiment au moins les deux matières est égal à :

50 + 45 - 25, soit 70 personnes.

Réponse : A

Astuce : lorsque l'on vous demande d'exprimer le cardinal de l'union de deux ensembles A et B, appliquez la formule :

$\text{Card}(A \cup B) = \text{Card}(A) + \text{Card}(B) - \text{Card}(A \cap B)$

[140] On remarque que la diagonale du carré grisé est égale au côté du grand carré. Le grand carré a une surface de 16 cm², soit un côté de 4 cm. La diagonale d'un carré de côté c est par définition égale à $\sqrt{2} \times c$.

La longueur du côté c est solution de l'équation suivante :

$\sqrt{2} \times c = 4$ cm $\Leftrightarrow c = 4$ cm$/\sqrt{2} = (4 \times \sqrt{2}$ cm$)/(\sqrt{2} \times \sqrt{2})$.

En conclusion, la longueur du côté est donc égale à $2\sqrt{2}$ cm.

Réponse : A

Rappel : la diagonale d'un carré de côté a est égale à $a\sqrt{2}$, la « grande » diagonale d'un cube de côté a est égale à $a\sqrt{3}$. On trouve ces résultats à l'aide du théorème de Pythagore :

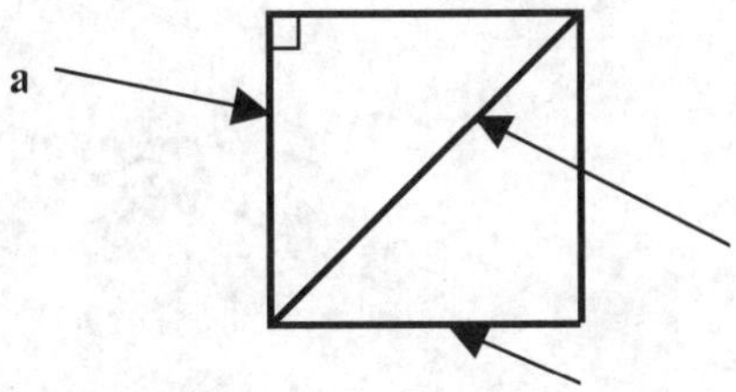

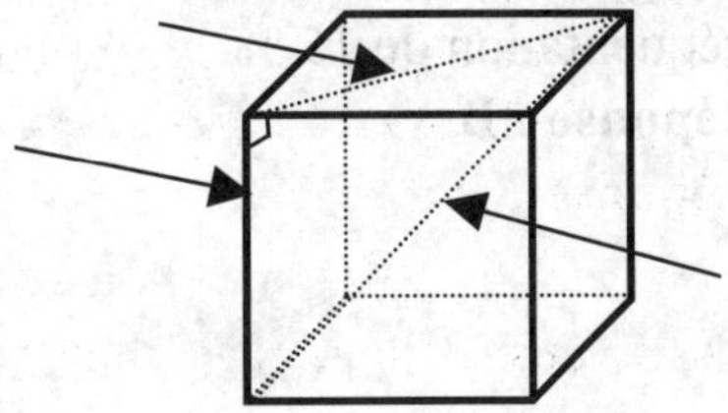

[141] Le bénéfice du fast-food est négatif lorsque la courbe de la recette est en dessous de celle des frais. Le point de croisement étant situé à 50 %, l'intervalle est [0 ; 50 %].
Réponse : B

[142] Pour que les rentrées de boissons soient 5 fois moins élevées que la recette, il faut que la courbe de la recette soit 5 fois plus haute que celle des rentrées de boissons. C'est le cas à 100 % du taux de fréquentation du fast-food, lorsque la rentrée de boissons est de 400 € et le bénéfice de 2 000 €.
Réponse : D

[143] Testez les réponses ici, en formant à chaque fois le rapport (vente de boissons/recette) :

	10 %	**50 %**	**80 %**	**85 %**
Vente de boissons	100	200	300	400
Recette	600	1 000	1 600	1 700
Vente de boissons/Recette	0,166	0,2	0,1875	0,23

Réponse : D

[144] Si la recette est égale à 700 €, alors vous pouvez lire sur le graphique que le taux de fréquentation est égal à 20 %, et 20 % de la capacité disponible correspond à 12 personnes. En conséquence, la capacité maximale du fast-food est de 60 personnes après avoir effectué un produit en croix.
Réponse : B

[145] D'après la pente de la courbe de la recette, vous pouvez déduire que 10 % d'augmentation du taux de fréquentation correspond à une augmentation de 200 € du bénéfice. Par un produit en croix, vous déduisez que 300 € d'augmentation du bénéfice correspond à une augmentation du taux de fréquentation de 15 %.

Réponse : B

CONCOURS BLANC NUMERO 6

CB 6

EPREUVE N°1
LOGIQUE

Cette première épreuve est composée de 100 questions.
De nombreux thèmes de la logique générale sont traités : **synonymie, antonymie, anagrammes, analogies, séries simples de chiffres, séries simples de lettres, séries d'intrus, séries de raisonnement etc.**

Vous allez devoir faire preuve d'une concentration sans faille pour passer efficacement d'une logique à une autre. Votre endurance et votre combativité seront également mises à l'épreuve pour parvenir à répondre à une majorité de questions.
Cette première épreuve de logique vous permettra de vous entraîner efficacement aux concours suivants (liste non exhaustive) :

- SESAME : LOGIQUE 1
- ESG, EDC, EBS, TEAM… : TAGE 2 (EPREUVES DE LOGIQUE 3 ET 6)
- PASS : QCM DE LOGIQUE
- PRISM : EPREUVE DE LOGIQUE GENERALE
- ATOUT+3 : EPREUVE DE RAISONNEMENT LOGIQUE
- ECRISTART : EPREUVE DE LOGIQUE

Consignes

Vous disposez de **50 minutes** pour répondre aux **100 questions** de cette première épreuve. Attention : l'usage de la calculatrice et de tout dictionnaire est strictement interdit.

1. Synonymes

Pour les questions numérotées de 1 à 10, vous devez trouver un synonyme du mot proposé, qui respecte les contraintes relatives au nombre de lettres du mot à trouver. Inscrivez la réponse à la place des tirets. Chaque tiret représente une et une seule lettre. Une seule réponse est possible. Nous rappelons enfin que deux mots sont synonymes s'ils ont le même sens.

[1] INGERENCE : I _ _ _ _ V _ _ T _ _ N

[2] RACISTE : X _ _ _ _ H _ _ _

[3] EDUCATION : I _ _ T _ _ _ T _ _ N

[4] DIVULGATION : C _ LP _ _ T _ G _

[5] LOGISTIQUE : A _ _ R _ V _ S _ ON _ _ M _ _ _

[6] INHUMATION : E _ T _ _ _ _ M _ _ T

[7] CHALOUPE : B _ T _ _ _

[8] MORATOIRE : S _ SP _ _ S _ _ N

[9] LOUANGE : _ L _ G _

[10] OSTRACISME : _ X _ _ _ S _ _ _

2. Series de chiffres

Pour les questions numérotées de 11 à 22, vous devez remplacer chaque point d'interrogation par un nombre. Chaque série suit une construction logique précise. Vous devez donc d'abord inférer la ou les règle(s) de progression de la série afin de trouver le ou les nombre(s) qui respectent la logique de la série. Il n'y a qu'une seule bonne réponse par point d'interrogation.

[11] 41 – 82 – 123 – 164 – 205 – ?

[12] 123 – 456 – 789 – 101112 – 131415 – ?

[13] 100000000 – 10000000 – 10000 – ?

[14] 7 – 2 – 9 – 4 – 11 – 6 – ?

[15] 16 – 45 – 132 – 393 – ?

[16] 12 – 34 – 100 – 298 – ?

[17] 2 – 5 – 26 – 677 – ?

[18] 15 – 210 – 315 – 420 – ?

[19] 4871 – 4882 – 4894 – 4907 – ?

[20] 6478 – 6469 – 6461 – 6454 – ?

[21] 98 – 76 – 54 – 32 – ?

[22] 2 – 12 – 30 – 56 – ?

3. TABLEAUX

Pour les questions numérotées de 23 à 25, chaque tableau possède un sens de lecture. Les nombres inscrits à l'intérieur du tableau suivent une progression logique remarquable. Vous devez donc déterminer le sens de lecture du tableau ainsi que la construction logique de la série de nombres afin de remplacer le ou les point(s) d'interrogation par le ou les nombre(s) qui respecte(nt) la règle de progression. Il n'y a qu'une seule réponse possible par point d'interrogation.

[23]

12	9	11	8
10	?	12	10
13	11	14	7

[24]

4	5	10	25
7	14	?	49
19	40	59	70

[25]

9	5	3	2
129	65	33	17
?	?	513	257

4. ANAGRAMMES

Pour les questions numérotées de 26 à 35, vous devez déterminer une anagramme du mot proposé respectant les contraintes relatives au nombre de lettres du mot à trouver. Nous rappelons qu'une anagramme est un mot obtenu par la permutation des lettres d'un autre mot. Pour certains mots, plusieurs réponses sont possibles.

[26] PEUR : _ _ _ _

[27] CRUEL : _ _ _ _ _

[28] AUBE : _ _ _ _

[29] POTS : _ _ _ _

[30] GAVER : _ _ _ _ _

[31] TENOR : _ _ _ _ _

[32] AGENTS : E _ _ _ _ _

[33] POINTS : P _ _ _ _ _

[34] CONSERVATION : C _ _ _ _ _ _ _ _ _ _ _

[35] BROCANTES : C _ _ T _ _ _ S

5. Series de lettres

Pour les questions numérotées de 36 à 50, vous devez remplacer le point d'interrogation par une ou plusieurs lettres. Chaque série possède une construction logique propre. Vous devez donc inférer le lien logique de la série pour pouvoir déterminer l'unique réponse possible.

[36] K – L – N – Q – U – ?

[37] L – J – I – G – F – D – ?

[38] A – E – J – N – S – ?

[39] Y – P – I – D – ?

[40] D – G – K – N – R – ?

[41] B – F – D – H – F – J – H – ?

[42] D – E – H – I – L – M – ?

[43] A – B – C – E – G – K – M – ?

[44] FT – HS – AZ – B ?

[45] CD – HJ – RU – T ?

[46] DTY est à EUW, ce que BOP est à ?

[47] HCR est à DEL, ce que ATT est à ?

[48] STI est à VVG, ce que PAM est à ?

[49] SUV est à UQP, ce que EFG est à ?

[50] EMC est à BQX, ce que GHI est à ?

6. ANTONYMES

Pour les questions numérotées de 51 à 60, vous devez trouver un antonyme du mot proposé, qui respecte les contraintes relatives au nombre de lettres du mot à trouver. Chaque tiret représente une seule lettre. Une seule réponse est possible. Nous rappelons que deux mots sont antonymes s'ils ont un sens contraire.

[51] REGRESSION : _ R _ G _ _ _ _ _ _ _

[52] OISIF : _ R _ V _ _ _ _ _ _ R

[53] CHAOS : _ _ D _ _

[54] FRENETIQUE : F _ _ G _ _ _ _ Q _ _

[55] OPTIMISME : _ _ S _ _ _ _ S _ _

[56] ACCOUPLER : _ _ P _ R _ _

[57] LAUDATIF : _ _ P _ _ C _ _ _ _ F

[58] IMMUABLE : M _ D _ _ _ _ B _ _

[59] CONDESCENDANT : H _ _ B _ _

[60] CONCENTRER : D _ _ P _ _ _ _ R

7. SERIES DE RAISONNEMENT

Pour les questions numérotées de 61 à 75, vous devez remplacer le point d'interrogation par une ou plusieurs lettres, par un mot, ou encore par un ou plusieurs chiffres. Une seule réponse est possible.

[61] PROPHETE (368) – BOUTEILLE (23569) – PRESSION (?)

[62] 4I6E2R3O5T1D (DROITE) – 1G5H4C6E3U2A (?)

[63] VENTILATEUR (5) – REFRIGERATEUR (6) – AFFABULATEUR (?)

[64] PRECHER (12457) – SENAT (135) – OFFRIR (?)

[65] IMPRESSION (4312966495) – PERMISSION (?)

[66] OCTOBRE (2) – FORME (1) – OPPROBRE (2) – TORERO (?)

[67] FAIT (1) – APHRODISIAQUE (5) – LAMPE (2) – ENTRECOTE (?)

[68] COUSIN (3) – TIROIR (20) – VETERAN (22) – ESCALIER (?)

[69] ETAT (22) – NATIONALITE (56) – MOUSTIQUE (45) – FEUTRE (?)

[70] LAMPE (5/12) – TOUCHER (18/20) – ENCYCLOPEDIE (5/5) – CEINTURON (?/ ?)

[71] BOB (0) – FRANCOIS (13) – CHARLOTTE (2) – LAURENT (?)

[72] 58 (CH) – 22 (VD) – 31 (TU) – 17 (?)

[73] T/E = D – N/B = G – R/F = ?

[74] HEURE (1) – MINUTE (60) – SECONDE (?)

[75] 2CV – R19 – DS – 4?

8. Series d'analogies

Dans les séries qui suivent, vous devez inférer le lien logique qui existe entre les mots du premier couple et appliquer alors le même lien logique entre les mots du second couple. L'ordre des mots dans les couples a son importance. Il n'y a qu'une seule réponse possible.

[76] Vis est à Tournevis, ce que Clou est à :

(A) Perceuse
(B) Mur
(C) Marteau
(D) Massue

[77] Preuve : Démontrer

(A) Mystère : Elucider
(B) Publicité : Acheter
(C) Excuses : Pardonner
(D) Exemple : Illustrer

[78] Trou est à Creuser, ce que Cheveux est à :

(A) Brosser
(B) Ebouriffer
(C) Mouiller
(D) Coiffure

[79] Analphabète est à Lecture, ce que Pauvre est à :

(A) Valeur
(B) Maison
(C) Abondance
(D) Richesse

[80] Rue est à Avenue, ce que Immeuble est à :

(A) Maison
(B) Building
(C) Habitation
(D) Studio

[81] Lampe est à Lumière, ce que Radiateur est à :

(A) Froid
(B) Température
(C) Chaleur
(D) Commodité

[82] Entrer par effraction : Voleur

(A) Se vêtir : Habillé
(B) Se soumettre : Esclave
(C) Etre malade : Souffrant
(D) Prendre des risques : dangereux

[83] Guerre est à Paix, ce que Consensus est à :

(A) Convergence
(B) Erreur
(C) Accord
(D) Divergence

[84] Obéir est à Ordre, ce que Manger est à :

(A) Faim
(B) Nourriture
(C) Alimentation
(D) Rassasier

[85] Peinture est à Pinceau, ce que Sculpture est à :

(A) Instrument
(B) Ciseaux
(C) Marteau
(D) Tisonnier

[86] Nord est à Sud, ce que Haut est à :

(A) Altitude
(B) Sol
(C) Bas
(D) Petit

[87] Si Pierre va à Madrid, Nicolas à Phoenix et Louis à Melun, Alexandre va à :

(A) Vladivostok
(B) Marseille
(C) Rouen
(D) Lyon

[88] Sécheresse : Inondation

(A) Eloquence : Bégayement
(B) Classification : Tri
(C) Demande : Exigence
(D) Avoir : Posséder

9. Soulignez l'intrus

Pour les questions numérotées de 89 à 100, chaque question vous présente une série de quatre mots. Parmi ces quatre mots, trois d'entre eux appartiennent à la même famille et sont donc régis par un ou plusieurs liens logiques. **Ces liens portent sur la définition et la signification des mots, et non sur leur forme** (on entend par « forme », le nombre de lettres qu'il y a par exemple dans un mot ou encore la présence d'une voyelle en fin de mot).

Vous devez donc inférer les relations d'appartenance entre ces trois mots et exclure alors le quatrième mot qui est l'intrus et qui n'entretient pas de liens avec les autres mots de la série.

[89] Assemblée – Parlement – Chambre – Cour

[90] Affluent – Fleuve – Rivière – Ruisseau

[91] Florin – Couronne – Roi – Dollar

[92] Policier – Caporal – Soldat – Gendarme

[93] Carte – Boussole – Astrolabe – Briquet

[94] Magnanime – Rancunier – Généreux – Clément

[95] Ordonnance – Décret – Prescription – Lois

[96] Gabelle – Dîme – Banalité – Condiment

[97] Décliné – Périclité – Prorogé – Achevé

[98] Paradis – Utopie – Purgatoire – Enfer

[99] Lisieux – Chartres – Lourdes – Caen

[100] Fréquemment – Souvent – Chronique – Régulièrement

CB 6

EPREUVE N°2
CALCUL, MATHEMATIQUES & RAISONNEMENT LOGIQUE

Cette seconde épreuve est composée de **45 questions à choix multiples (QCM) numérotées de 101 à 145.**

De nombreux thèmes sont traités dans cette épreuve : **calcul mental, arithmétique, moyennes, pourcentages, équations, règles de trois, conversions, dénombrement et combinatoire simple, proportionnalité, géométrie, raisonnement logique et argumentation, optimisation, algèbre, suites numériques, calculs de sommes, etc.**

Cette seconde épreuve vous permettra de vous entraîner efficacement aux concours suivants (liste non exhaustive) :

- SESAME : LOGIQUE 2
- ACCES : QUESTIONS DE RAISONNEMENT LOGIQUE
- ESG, EDC, EBS, TEAM… : TAGE 2 (EPREUVES DE CALCUL 2 ET 5)
- PASS : QCM D'ANALYSE QUANTITATIVE
- PRISM : EPREUVE DE MATHEMATIQUES

CONSIGNES

Vous disposez de **60 minutes** pour répondre aux **45 questions** de cette seconde épreuve. Pour chacune de ces questions, **une seule réponse est possible.**

Attention : l'usage de la calculatrice est strictement interdit.

[101] On considère le quadrillage ci-dessous. On souhaite aller du point A au point B en suivant les traits du quadrillage. Combien de chemins existe-t-il pour aller du point A au point B, sachant que l'on peut se déplacer uniquement vers le haut ou sur la droite ?

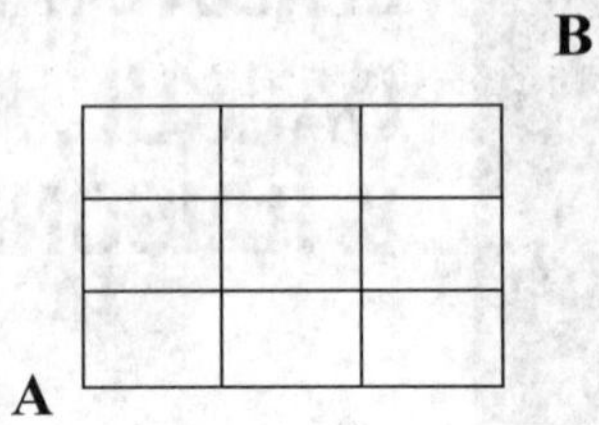

(A) 14 (C) 18

(B) 16 (D) 20

[102] Si 1 / 3*x* % = 4 / 8 %, alors que vaut *x* ?

(A) 48 % (C) 66 %

(B) 55 % (D) 80 %

[103] Si (p - 4)/(r - 2) = p + 3, alors que vaut le produit p x r ?

(A) 3p - 3r + 2 (C) 2p + 2r + 2

(B) p + r - 4 (D) 3r - 3p - 2

[104] On considère deux propositions :

(1) Tous les riches partent en vacances.

(2) Les gens qui partent en vacances sont heureux.

Laquelle des phrases suivantes découle nécessairement de l'association des deux propositions ?

(A) Tous les gens heureux sont riches.

(B) Les gens qui ne sont pas heureux ne sont pas riches.

(C) Il n'y a pas de gens qui partent en vacances qui ne sont pas riches.

(D) Tous les gens heureux partent en vacances.

[105] Vous pouvez acheter la Bible des tests chez Gérardvieux à 20 € en couverture reliée ou à 10 € en couverture souple. Si vous commandez le livre sur Internet, vous avez une réduction de 30 % moyennant 1 € de frais de transport. Combien de moins l'édition souple commandée sur Internet coûtera-t-elle par rapport à l'édition reliée achetée chez Gérardvieux ?

(A) 4 €
(B) 7 €
(C) 9 €
(D) 12 €

[106] Que vaut $426^2 - 425^2$?

(A) 1
(B) 426
(C) 851
(D) 1 324

[107] Pour faire des étoffes de tissu, il faut x mètres d'un tissu de 75 cm de large. Combien de mètres faudrait-il s'il faisait 50 cm de large ?

(A) 75x/50 m
(B) 50x/75 m
(C) 75/50x m
(D) 50 x 75x m

[108] Gaspard, Xavier, Martin et Thomas se sont donné rendez-vous à une soirée. Chacun est arrivé à la soirée alors que sa montre indiquait 20 h. On sait que les montres de deux des quatre amis retardent et que les montres des deux autres avancent. Si la montre de Martin retarde, il n'est pas possible :

(A) que Gaspard soit arrivé avant Martin et Thomas.
(B) que Martin soit arrivé avant Xavier et Thomas.
(C) que Martin soit arrivé avant Gaspard.
(D) que Martin soit arrivé avant Xavier.

[109] Dans une urne, vous avez à disposition 3 boules rouges, 5 boules noires et 6 boules blanches. Quelle est la probabilité d'obtenir une boule noire en tirant au hasard dans l'urne ?

(A) 5/9
(B) 5/14
(C) 9/14
(D) 1/3

[110] Il y a des chats qui ne sont pas sauvages. Tous les chats sont des félins. Que peut-on en conclure ?

(A) Tous les félins sont sauvages.
(B) Il y a des félins qui ne sont pas sauvages.
(C) Tous les chats ne sont pas des félins.
(D) Les félins qui ne sont pas sauvages sont des chats.

[111] Guillaume met 1 h 42 par jour pour aller au travail et en revenir. Sachant qu'il travaille 5 jours par semaine, combien de temps Guillaume passe-t-il par dans les transports par semaine pour aller et revenir du travail ?

(A) 7 h 50
(B) 8 h 15
(C) 8 h 30
(D) 8 h 45

[112] La première année de fonctionnement d'une entreprise, la production a été de 5 000 unités. Sachant que la production augmente de 500 unités par an, quel pourcentage la 9e année de production représente-t-elle sur l'ensemble de la production des neuf années ?

(A) 12,8 %
(B) 14,3 %
(C) 14,9 %
(D) 15,7 %

[113] En France, le chômage a augmenté de 8 % en janvier 2009, puis a baissé de 2 % en février 2009, et a finalement augmenté de 10 % en mars 2009. Quelle est l'évolution, en pourcentage, du chômage au cours du 1er trimestre 2009 ?

(A) 12,5 %
(B) 13,5 %
(C) 14,5 %
(D) 15,5 %

[114] Pierre a trois collègues : Armand, Benoît et Claude. Il est ami avec au moins l'un des trois. S'il est l'ami de Claude, alors il est l'ami de Benoît. S'il n'est pas l'ami d'Armand, alors il n'est pas l'ami de Benoît. Enfin, il est ami soit avec Armand et Claude à la fois, soit avec aucun des deux. De qui est-il l'ami ?

(A) Armand et Claude.
(B) Claude et Benoît.
(C) Benoît et Claude.
(D) Armand, Benoît et Claude.

[115] La valeur d'une machine se déprécie de 15 % par an. Quelle est la raison de la suite géométrique donnant la valeur résiduelle de la machine ?

(A) 0,65
(B) 0,85
(C) 1,15
(D) 1,35

[116] Jean place 740 € au taux annuel de 10 % pendant huit ans. Que valent les intérêts perçus par Jean au cours de ces huit années ?

(A) 684 €
(B) 636 €
(C) 618 €
(D) 592 €

[117] Responsable d'un accident de voiture, un conducteur voit le prix de son assurance passer malheureusement de 450 € à 465,75 €. Quel pourcentage d'augmentation (malus) a-t-il subi ?

(A) 3,5 %
(B) 4,2 %
(C) 4,6 %
(D) 5 %

[118] Bien que François prépare les concours d'écoles de commerce post-bac depuis 1 mois, il ne connaît pas encore parfaitement son cours et n'arrive pas à avoir la moyenne en logique. Parmi les propositions suivantes, laquelle est-elle nécessairement sous-entendue ?

(A) Au bout d'un mois de préparation, les candidats connaissent leur cours et obtiennent la moyenne.
(B) François va probablement avoir une bonne note en langue.
(C) François a pris du retard par rapport aux autres candidats.
(D) Habituellement, les candidats ayant préparé les concours pendant un mois connaissent leur cours et obtiennent la moyenne.

[119] Jérôme souhaite faire des courses : il doit aller chez le boulanger, chez le boucher, chez le pâtissier et chez le charcutier. Il doit également passer à son agence bancaire, avant d'aller autre part. Combien d'itinéraires Jérôme peut-il emprunter ?

(A) 12
(B) 18
(C) 24
(D) 36

[120] La moyenne arithmétique de trois nombres A, B et C vaut B + C. Que vaut A en fonction de B et C ?

(A) 2 (B + C)
(B) B + C
(C) 2 C - B
(D) 2 B + C

[121] Dans une école de commerce, 40 % des étudiants sont des garçons et 40 % des filles habitent sur le campus. Quel est le pourcentage de filles qui n'habitent pas sur le campus, par rapport à l'ensemble des étudiants de l'école de commerce ?

(A) 18 %
(B) 24 %
(C) 28 %
(D) 32 %

[122] On considère la proposition logique suivante : non (A ou B) $\Longrightarrow$ (non C ou non D). Parmi les propositions suivantes, laquelle est la contraposée de cette proposition ?

(A) (A ou B) $\Longrightarrow$ (C et D)
(B) non (C et D) $\Longrightarrow$ (non A et non B)
(C) (non C et non D) $\Longrightarrow$ (non A ou non B)
(D) (C et D) $\Longrightarrow$ (A ou B)

[123] Pour rentrer dans son immeuble, Charles doit taper un code composé de 4 chiffres. Il se souvient qu'il y a au moins le chiffre 2 et le chiffre 3 dans le code. Combien de codes Charles peut-il composer ?

(A) 600
(B) 972
(C) 1 200
(D) 2 000

[124] La somme de quatre nombres entiers consécutifs ne peut pas être égale à :

(A) 22
(B) 202
(C) 222
(D) 220

[125] Une compagnie aérienne dessert 15 villes. Toutes les villes sont reliées une à une entre elles. Combien de lignes aériennes existe-t-il ?

(A) 225
(B) 144
(C) 105
(D) 210

[126] On a aligné trois boîtes de trois couleurs différentes : une bleue, une jaune et une verte. Elles contiennent chacune une boule de couleur différente : une noire, une blanche et une rouge. La boule blanche est située à droite de la boîte jaune. La boîte verte contient la boule rouge et la boule rouge se trouve à droite de la boule blanche. Où se situe la boule blanche ?

(A) Dans la boîte bleue.
(B) Dans la boîte verte.
(C) Dans la boîte jaune.
(D) On ne peut pas savoir.

[127] Un prix a augmenté de 20 %. Quel devrait être le pourcentage de baisse, pour retrouver le prix de départ ?

(A) 13,33 %
(B) 16,66 %
(C) 18 %
(D) 20 %

[128] Le 1er janvier 2011, la TVA est passée de 20 % à 22,5 %. Sachant que le prix d'une robe était affiché à 96 € en magasin le 31 décembre 2010, quel est désormais le prix d'une robe à partir du 1er janvier 2011 ?

(A) 96,40 €
(B) 98 €
(C) 98,40 €
(D) 102,20 €

[129] Les droites (DE) et (BC) sont parallèles. Les angles GDH et FED mesurent respectivement 30° et 100°. Quelle est la mesure de l'angle BAC ?

(A) 55°
(B) 60°
(C) 65°
(D) 70°

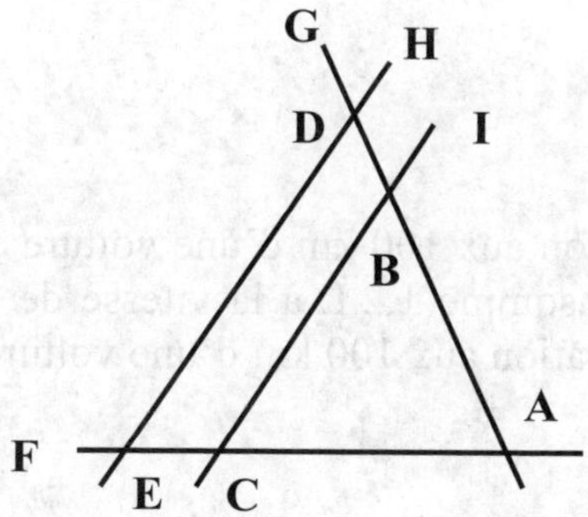

[130] Lors d'un jeu télévisé, un candidat peut choisir une boîte parmi deux. Elles contiennent soit un chèque de 100 000 €, soit un Kleenex. Les deux boîtes peuvent également contenir chacune un chèque de 100 000 €, ou chacune un Kleenex. Sur le couvercle de chaque boîte est inscrit un indice. Le candidat sait que soit les deux indices disent tous les deux la vérité, soit ils mentent tous les deux. L'indice 1 indique : « Il y a un Kleenex dans cette boîte et 100 000 € dans l'autre », tandis que l'indice 2 indique « Il y a un chèque dans l'autre boîte ». Que contiennent les boîtes 1 et 2 dans cet ordre respectif ?

(A) Deux chèques de 100 000 €.
(B) Deux Kleenex.
(C) Un Kleenex et un chèque de 100 000 €.
(D) Un chèque de 100 000 € et un Kleenex.

[131] Lors d'une étude auprès de 150 jeunes, 50 déclarent qu'ils consomment régulièrement de l'alcool, 80 déclarent qu'ils sont fumeurs et 35 affirment qu'ils sont à la fois fumeurs et qu'ils boivent de l'alcool. Combien de personnes ne sont pas fumeurs et ne consomment pas régulièrement de l'alcool ?

(A) 40
(B) 55
(C) 85
(D) 95

[132] Une entreprise lance un nouveau produit dont le nom sera un acronyme composé de trois lettres avec comme deuxième lettre l'unique voyelle de l'acronyme. Combien de choix s'offrent à l'entreprise pour le nom du nouveau produit ?

(A) 2 400
(B) 8 000
(C) 12 000
(D) 17 576

[133] La consommation aux 100 km d'une voiture est proportionnelle à sa vitesse. Si une voiture consomme 1,2 L à la vitesse de 50 km/h pour faire 20 km, quelle est la consommation aux 100 km d'une voiture qui roule à 125 km/h ?

(A) 14 L
(B) 15 L
(C) 16 L
(D) 17 L

[134] On compte dans un tiroir 6 chaussettes bleues, 4 chaussettes vertes et 8 chaussettes blanches. Combien de chaussettes doit-on tirer au minimum pour être sûr d'avoir une paire de chaussettes de même couleur ?

(A) 2 (C) 8
(B) 4 (D) 10

[135] David a le choix d'acheter des tickets de métro à l'unité au prix de 1,50 €, ou d'acheter un pass mensuel au prix de 54 €. David prend le métro du lundi au vendredi pour aller au travail et en revenir, et six fois le week-end. Quel sera le pourcentage d'économie que fera David en achetant un pass mensuel ?

(A) 40,25 % (C) 43,75 %
(B) 42,5 % (D) 44,5 %

[136] Au cours de l'été 2009, la TVA dans la restauration est passée de 20 % à 5 %. Si une entrecôte était facturée 18 € en juin, quel montant le consommateur va-t-il économiser en achetant une entrecôte en septembre ?

(A) 2,40 € (C) 2,25 €
(B) 2,63 € (D) 2,84 €

[137] Dans la ville d'Amiens, il y a trois centres d'appel pour les urgences hospitalières. Sachant qu'en 10 minutes, 6 personnes ont contacté les urgences hospitalières, quel est le nombre de répartitions des 6 personnes vers les centres d'appel ?

(A) 18 (C) 324
(B) 216 (D) 729

[138] Lors d'un débat houleux sur le hard-rock, William affirme : « Toutes les personnes aux cheveux longs aiment le hard-rock ! » John rétorque : « Mais non. Laurent a les cheveux longs mais il aime le hip-hop. » Sur laquelle des hypothèses suivantes John a-t-il pu s'appuyer pour contredire William ?

(A) Personne n'aime à la fois le hard-rock et le hip-hop.
(B) Les personnes qui aiment le hip-hop n'ont pas toutes les cheveux longs.
(C) Seules les personnes qui aiment le hard-rock ont les cheveux longs.
(D) Les personnes qui n'aiment pas le hip-hop aiment le hard-rock.

[139] Une boisson anisée contient 40 % d'alcool. Afin d'obtenir, à partir de 4 cL de cette boisson, un mélange ne contenant que 10 % d'alcool, quelle quantité d'eau doit-on ajouter ?

(A) 14,2 cL
(B) 14,7 cL
(C) 15,1 cL
(D) 15,4 cL

[140] Chez un grossiste, les produits A, B et C sont affichés aux prix respectifs de 12 €, 16 € et 20 €. Le grossiste décide d'accorder à monsieur Duvivier une remise de 10 % sur le produit A, 20 % sur le produit B et 5 % sur le produit C. Monsieur Duvivier a acheté 3 produits A, 2 produits B et 1 produit C. Quel est le rabais en pourcentage accordé à monsieur Duvivier par le grossiste ?

(A) 8 %
(B) 12,5 %
(C) 14 %
(D) 15,5 %

INTERPRETATION DE GRAPHIQUES ET DE TABLEAUX : ENONCE

Le tableau ci-dessous recense les données concernant les grèves de salariés dans 4 secteurs d'activité (secteur A, secteur B, secteur C et secteur D) au cours des années 2005-2010. On a enregistré pour chaque secteur et par année le nombre de grèves, le nombre total de salariés ayant participé à ces grèves (si un salarié a participé à deux grèves, il a été compté deux fois), ainsi que le nombre total de jours de travail perdus pour l'économie à cause de ces grèves. Un salarié interrompt son travail pendant toute la durée de la grève (une grève est comptée en jours entiers).

Par exemple, dans le secteur A, on a enregistré en 2005 une seule grève, à laquelle ont participé 35 salariés, et il y a eu 70 jours de travail perdus. On peut en déduire que la grève a duré 2 jours (on dira précisément : 2 « jours de grève »).

Secteur / Année	**2005**	**2006**	**2007**	**2008**	**2009**	**2010**
SECTEUR A						
– nombre de grèves	1	1	0	1	1	4
– nombre de salariés	52	100	0	97	42	40
– nombre de jours de travail	156	200	0	194	42	116
SECTEUR B						
– nombre de grèves	4	5	3	2	0	0
– nombre de salariés	10	45	50	30	0	0
– nombre de jours de travail	40	-	150	30	0	0

SECTEUR C – nombre de grèves – nombre de salariés – nombre de jours de travail	0 0 0	1 35 70	1 192 192	2 66 165	2 100 200	2 57 107
SECTEUR D – nombre de grèves – nombre de salariés – nombre de jours de travail	3 30 –	2 100 200	7 84 168	2 42 –	3 12 –	1 17 68

QUESTIONS

[141] En quelle année, parmi celles où il a eu une seule grève dans le secteur A, le nombre de jours qu'a duré la grève a été le plus élevé ?

(A) 2005 (C) 2007
(B) 2006 (D) 2008

[142] Dans quel secteur le nombre total de grèves dans les années 2005-2010 a été le plus élevé ?

(A) Secteur A. (C) Secteur C.
(B) Secteur B. (D) Secteur D.

[143] En 2006, quel secteur a subi la plus grande perte en nombre total de jours de travail ?

(A) Secteur A. (C) Secteur C.
(B) Secteur B. (D) Secteur D.

[144] Dans quel secteur le nombre total de salariés en grève dans les années 2005-2010 a été le moins élevé ?

(A) Secteur A. (C) Secteur C.
(B) Secteur B. (D) Secteur D.

[145] Combien de jours de travail ont été perdus pour le secteur C entre 2005 et 2010 ?

(A) 693 (C) 718
(B) 702 (D) 734

CONCOURS BLANC NUMERO 6 : GRILLE DES REPONSES JUSTES

LOGIQUE						CALCUL			
1	INTERVENTION	35	CONTREBAS	69	33	101	D	133	B
2	XENOPHOBE	36	Z	70	14/3	102	C	134	B
3	INSTRUCTION	37	C	71	8	103	A	135	C
4	COLPORTAGE	38	W	72	DS	104	B	136	C
5	APPROVISIONNEMENT	39	A	73	C	105	D	137	D
6	ENTERREMENT	40	U	74	3600	106	C	138	A
7	BATEAU	41	L	75	L	107	A	139	D
8	SUSPENSION	42	P	76	C	108	B	140	B
9	ELOGE	43	Q	77	D	109	B	141	A
10	EXCLUSION	44	Y	78	A	110	B	142	D
11	246	45	X	79	D	111	C	143	B
12	161718	46	CPN	80	B	112	B	144	C
13	100	47	WVP	81	C	113	C	145	D
14	1	48	SCK	82	B	114	D		
15	1176	49	GBA	83	D	115	B		
16	892	50	DDD	84	B	116	D		
17	458330	51	PROGRESSION	85	B	117	A		
18	525	52	TRAVAILLEUR	86	C	118	D		
19	4921	53	ORDRE	87	B	119	C		
20	6448	54	FLEGMATIQUE	88	A	120	A		
21	10	55	PESSIMISTE	89	COUR	121	B		
22	90	56	SEPARER	90	FLEUVE	122	D		
23	15	57	DEPRECIATIF	91	ROI	123	C		
24	32	58	MODIFIABLE	92	POLICE	124	D		
25	1025	59	HUMBLE	93	BRIQUET	125	D		
26	PURE	60	DISPERSER	94	RANCUNIER	126	A		
27	RECUL	61	367	95	PRESCRIPTION	127	B		
28	BEAU	62	GAUCHE	96	CONDIMENT	128	B		
29	STOP	63	6	97	PROROGE	129	D		
30	GRAVE	64	2346	98	UTOPIE	130	D		
31	TRONE	65	1923466495	99	CAEN	131	A		
32	ETANGS	66	2	100	CHRONIQUE	132	A		
33	POTINS	67	3						
34	CONVERSATION	68	5						

CORRIGES DU CONCOURS BLANC NUMERO 6

6

[1] Dans le domaine des relations internationales et de la géopolitique, vous pouvez souvent entendre parler d'*ingérence* d'un pays dans un autre pays : l'ingérence est l'action de s'immiscer dans l'activité et les affaires d'autrui. C'est une sorte d'*intervention.*
Réponse : INTERVENTION

[2] Le *raciste* est souvent *xénophobe,* c'est-à-dire, étymologiquement, qu'il a peur de l'étranger.
Réponse : XENOPHOBE

[3] Pendant très longtemps, le ministère de l'*Education* nationale s'appelait en fait le ministère de l'*Instruction* publique.
Réponse : INSTRUCTION

[4] *Divulguer* une information, c'est s'assurer de sa bonne transmission. C'est aussi la *colporter.*
Réponse : COLPORTAGE

[5] La *logistique* trouve ses prémisses dans le domaine militaire : c'est l'organisation théorique de la disposition, du transport et du ravitaillement des troupes. Aujourd'hui, dans de très nombreuses entreprises, vous pouvez trouver une fonction logistique : elle assure le bon *approvisionnement* en matières premières.
Réponse : APPROVISIONNEMENT

[6] *Inhumer* un corps consiste à porter en terre le corps d'un mort avec les cérémonies d'usage, autrement dit l'*enterrer.*
Réponse : ENTERREMENT

[7] Une *chaloupe* est une embarcation utilisée dans les ports et les rades. C'est, de manière plus générale, un *bateau.*
Réponse : BATEAU

[8] Si vous lisez la presse économique régulièrement, vous devez connaître la signification de *moratoire.* C'est un acte qui accorde un délai. On parle souvent de moratoire sur les dettes.
Réponse : SUSPENSION

[9] On loue souvent une divinité : on proclame en fait sa gloire. *Louer* quelqu'un, c'est faire son *éloge.*
Réponse : ELOGE

[10] Dans la cité antique d'Athènes, l'*ostracisme* était le bannissement d'un citoyen de la cité. Bannir, c'est également *exclure.*
Réponse : EXCLUSION

[11] Dans cette série, il faut séparer le dernier chiffre du reste du nombre. Vous devez effectivement multiplier le dernier chiffre par 4 pour former la première partie du nombre. Le dernier chiffre de chaque nombre augmente de 1 à chaque fois.
Réponse : 246

[12] La série est visuelle : dans chaque nombre, il y a en fait une suite de trois nombres. 1, 2 et 3 dans 123 ; 4, 5 et 6 dans 456, etc. Après le 13, le 14 et le 15, il faut le 16, le 17 et le 18.
Réponse : 161718

[13] Dans cette série, on divise à chaque fois le terme précédent par 100.
Réponse : 100

[14] La série est de type « horloge » avec une addition de 7 à chaque nouveau terme : 7 + 7 = 14 = 12 + 2, etc.
Réponse : 1

[15] Critère d'une suite arithmético-géométrique de raisons x3 et -3 : 16 x 3 - 3 = 45 ; 45 x 3 - 3 = 132 ; 132 x 3 - 3 = 393. Enfin 393 x 3 - 3 = 1176.
Réponse : 1176

[16] Voici les termes d'une suite arithmético-géométrique de raisons x3 et -2 : 12 x 3 - 2 = 34 ; 34 x 3 - 2 = 100 ; 100 x 3 - 2 = 298. Finalement, 298 x 3 - 2 = 892.
Réponse : 892

[17] Chaque nouveau terme est mis au carré, avant de lui ajouter 1 : $2^2 + 1 = 5$; $5^2 + 1 = 26$; $26^2 + 1 = 677$; $677^2 + 1 = 458330$.
Réponse : 458330

[18] Dans cette série, le critère est de séparation : on multiple le premier chiffre par 5 pour former la fin du nombre. Par exemple, pour 15, 1 x 5 = 5 ; pour 210, 2 x 5 = 10 ; pour 315, 3 x 5 = 15, etc.
Réponse : 525

[19] Critère d'une série à progression arithmétique croissante : +11/+12/+13/+14. Ainsi, 4871 + 11 = 4882 ; 4882 + 12 = 4894 ; 4894 + 13 = 4907 ; finalement 4907 + 14 = 4921.
Réponse : 4921

[20] Critère de progression arithmétique décroissante : -9, -8, -7, -6, etc. Ainsi, 6478 - 9 = 6469 ; 6469 - 8 = 6461 ; 6454 - 6 = 6448.
Réponse : 6448

[21] C'est une série visuelle. Observez bien la suite des chiffres sans tenir compte de l'appartenance aux nombres : 9 – 8 – 7 – 6 – 5 – 4 – 3 – 2 – 1 – 0.
Réponse : 10

[22] Chaque terme de la série suit la progression suivante : 1 x 2 pour le premier terme, 3 x 4 pour le deuxième terme, 5 x 6 pour le troisième terme et 7 x 8 pour le quatrième terme. Le cinquième terme est donc égal à 9 x 10.
Réponse : 90

[23] *Sens de la série :* c'est une série en colimaçon qui commence dans le coin en bas à droite.
Critère : c'est une combinaison de deux séries arithmétiques, la première ajoute 3 tandis que la seconde retire 2. Ainsi la série donne 7, 10, 8, 11, 9, 12, 10, 13, 11, 14, 12, 15. La bonne réponse est donc 15.
Réponse : 15

[24] *Sens de la série :* la série suit un sens diagonal et va de haut en bas en commençant dans le coin en haut à gauche.
Critère : la série suite une progression croissante de type +1/+2/+3/+4/+5/+6. La réponse est donc 32.
Réponse : 32

[25] *Sens de la série :* le sens est plutôt simple à voir ici, il est horizontal et commence à droite sur la première ligne.
Critère : c'est une progression arithmético-géométrique. On multiplie par 2 le nombre précédant puis on lui ôte 1. Par exemple, 3 = 2 x 2 - 1 ; 5 = 2 x 3 - 1, etc. En conclusion, 1025 = 2 x 513 - 1 et 2049 = 2 x 1025 - 1.
Réponse : 1025

[26] **PURE**
[27] **RECUL**
[28] **BEAU**
[29] **STOP**
[30] **GRAVE**
[31] **TRONE**
[32] **ETANGS**
[33] **POTINS**
[34] **CONVERSATION**
[35] **CONTREBAS**

[36] Progression de type +1/+2/+3/+4/+5.
Réponse : Z

[37] Progression alternée de type -2/-1.
Réponse : C

[38] Progression alternée de type +4/+5.
Réponse : W

[39] Suite décroissante des carrés parfaits : 25 – 16 – 9 – 4 – 1.
Réponse : A

[40] Vous alternez la progression +3 et la progression +4.
Réponse : U

[41] Voici une série avec deux critères qui alternent : +4/-2. En conséquence, pour passer de B à F, on ajoute 4 rangs, pour passer de F à D, on retire 2 rangs, et pour passer de D à H, on ajoute 4 rangs.
Réponse : L

[42] Alternance de type +1/+3.
Réponse : P

[43] Les rangs suivent la suite des nombres premiers. Le nombre premier qui doit suivre est 17, ce qui correspond au rang de Q.
Réponse : Q

[44] Quel est le point commun de F et de T ? F est la 6e lettre de l'alphabet, et T est la 6e lettre de l'alphabet en partant de la fin. Cette série donne donc les lettres avec les rangs identiques, la première avec l'ordre normal, la seconde avec un ordre inversé.
Réponse : Y

[45] Ecart croissant entre les lettres.
Réponse : X

[46] Progression de type +1/+1/-2.
Réponse : CPN

[47] Progression de type -4/+2/-4.
Réponse : WVP

[48] Progression de type +3/+2/-2.
Réponse : SCK

[49] Progression de type +2/-4/-6.
Réponse : GBA

[50] Progression de type -3/-4/-5.
Réponse : DDD

[51] Le contraire de la *régression* et la *progression.*
Réponse : PROGRESSION

[52] L'*oisiveté* est le caractère d'une personne fainéante, qui est inactive et paresseuse. Cela s'oppose au caractère studieux et *travailleur.*
Réponse : TRAVAILLEUR

[53] Le *chaos* est un état initial dans lequel rien n'est formé, où il n'y a aucune structure et où le désordre est total.
Réponse : ORDRE

[54] La *frénésie* est un degré d'exaltation extrême atteint par un sentiment ou une passion. La frénésie s'oppose au *flegme* qui est le caractère calme et imperturbable d'une personne.
Réponse : FLEGMATIQUE

[55] L'*optimisme* est bien sûr le contraire du *pessimisme.*
Réponse : PESSIMISTE

[56] L'*accouplement* de deux choses est avant tout le fait de rassembler ces deux choses. Cela s'oppose à la *séparation.*
Réponse : SEPARER

[57] *Laudatif* est l'adjectif issu du nom louange. Il signifie donc porter la gloire ou faire l'éloge de quelque chose, en opposition totale avec l'action de *déprécier.*
Réponse : DEPRECIATIF

[58] Le caractère *immuable* d'une chose est l'intangibilité de cette chose, c'est-à-dire sa constance. Ce qui est immuable ne change pas et ne s'altère pas. Ce n'est donc pas modifiable.
Réponse : MODIFIABLE

[59] Une personne condescendante marque la distance sociale à l'égard d'une personne considérée comme inférieure. Il y a une notion de mépris, et la *condescendance* s'oppose à l'*humilité* ou encore la modestie.
Réponse : HUMBLE

[60] La *concentration* s'oppose à la *dispersion.*
Réponse : DISPERSER

[61] Les chiffres entre parenthèses indiquent la position des voyelles dans le mot qui précède la parenthèse : dans le mot PROPHETE, les voyelles se situent en positions 3, 6 et 8. Dans le mot PRESSION, les voyelles se trouvent en positions 3, 6 et 7.
Réponse : 367

[62] Il s'agit ici d'un codage : les chiffres indiquent la position finale des lettres qui suivent immédiatement. En conséquent, le G doit être en position 1, le A doit être en position 2, le U doit être en position 3, etc.
Réponse : GAUCHE

[63] Le chiffre entre parenthèses correspond au nombre de voyelles présentes dans chaque mot précédant les parenthèses : 5 pour VENTILATEUR, 6 pour REFRIGERATEUR, 5 pour ENTREPRENEUR et 6 pour AFFABULATEUR.
Réponse : 6

[64] Les chiffres entre parenthèses indiquent les positions des consonnes dans le mot. Pour PRECHER, les consonnes se situent en positions 1, 2, 4, 5 et 7. Pour ARMOIRE, les consonnes se situent en positions 2, 3, 4 et 6.
Réponse : 2346

[65] Il s'agit ici d'un codage qui associe à chaque lettre du mot IMPRESSION un chiffre : I = 4, M = 3, P = 1, R = 2, etc.
Réponse : 1923466495

[66] Le chiffre correspond au nombre de O dans chaque mot : 2 dans OCTOBRE, 1 dans FORME, 2 pour OPPROBRE et 2 pour TORERO.
Réponse : 2

[67] Le chiffre entre parenthèses correspond au nombre de syllabes des mots. FAIT possède 1 syllabe, APHRODISIAQUE possède 5 syllabes, LAMPE possède 2 syllabes et ENTRECOTE possède 3 syllabes.
Réponse : 3

[68] Le premier chiffre entre parenthèses correspond au rang de la première lettre de chaque mot. C = 3, T = 20, V = 22 et E = 5.
Réponse : 5

[69] Le premier chiffre entre parenthèses correspond au nombre de consonnes et le second chiffre entre parenthèses correspond au nombre de voyelles. Le mot FEUTRE est composé de 3 consonnes et de 3 voyelles.
Réponse : 33

[70] Le premier chiffre correspond au rang de la dernière lettre du mot. Le second chiffre correspond au rang de la première lettre du mot. Le rang de C est égal à 3 et le rang de N est égal à 14.
Réponse : 14/3

[71] Observez ici la différence des rangs entre les lettres finales et initiales : pour BOB, B - B = 0 ; pour FRANCOIS, S - F = 13 ; pour CHARLOTTE, E - C = 2. En conclusion, pour LAURENT, T - L = 8.
Réponse : 8

[72] Les lettres sont les initiales des nombres écrit en lettres : 58 = **C**inquante-**H**uit ; 22 = **V**ingt-**D**eux, etc.
Réponse : DS

[73] Le signe « / » doit vous mettre sur la voie de la division : le rang de la première lettre divisé par le rang de la deuxième lettre est égal au rang de la troisième lettre.
Réponse : C

[74] Le sens des mots est primordial ici : 1 heure = 60 minutes = 3 600 secondes.
Réponse : 3600

[75] Voilà pour finir une série assez étonnante. Chaque terme de la série est un modèle de voiture. Il fallait trouver à la fin une Renault 4L.
Réponse : L

[76] Lien : le tournevis est l'outil associé à la vis. On plante un clou avec un marteau.
Réponse : C

[77] La preuve permet de démontrer. L'exemple permet d'illustrer.
Réponse : D

[78] Lien : on associe le verbe au nom correspondant. On creuse un trou. On brosse des cheveux. On ébouriffe rarement des cheveux volontairement.
Réponse : A

[79] L'analphabète est la personne qui ne sait pas lire : il lui manque donc la lecture. Le pauvre manque avant tout de richesse. La richesse s'oppose clairement à la pauvreté.
Réponse : D

[80] Lien : l'avenue est une grande rue. L'habitation désigne une fonction plus qu'un bâtiment. La maison ne transcrit pas la notion de grandeur supplémentaire. Le building est un immense immeuble, en référence aux gratte-ciel américains.
Réponse : B

[81] La lampe produit de la lumière. Vous devez alors trouver la fonction du radiateur. Le radiateur produit de la chaleur.
Réponse : C

[82] Observez la nature des mots du couple de référence : un verbe est associé à un nom. Cette structure est respectée que par le couple « Se soumettre : Esclave ».
Réponse : B

[83] Guerre et paix sont clairement des antonymes. Il y a consensus lorsqu'il y a un accord entre plusieurs personnes. Lorsqu'il n'y a pas accord, il y a alors divergence.
Réponse : D

[84] Lien : on obéit à des ordres. Vous devez donc associer le verbe au nom que l'on utilise communément. *Faim* et *rassasier* sont clairement inadaptés.
Réponse : B

[85] Le pinceau est l'instrument principal utilisé dans la peinture. Dans le domaine de la sculpture, on utilise principalement des ciseaux à sculpture.
Réponse : B

[86] Le nord est la direction opposée au sud. En conséquence, le haut est la direction opposée au bas.
Réponse : C

[87] Dans cette série de trois analogies, les prénoms et les villes ont à chaque fois le même nombre de lettres : 6 lettres pour Pierre et Madrid, 7 lettres pour Nicolas et Phoenix, 5 lettres pour Louis et Melun. En conclusion, Alexandre va à Marseille.
Réponse : B

[88] La sécheresse est une absence d'eau. L'inondation est une surabondance d'eau. Les deux termes sont donc des antonymes. « Eloquence : Bégaiement » est le seul autre couple d'antonymes.
Réponse : A

[89] La série se réfère au pouvoir législatif. L'assemblée, le parlement ou la chambre (par exemple la Chambre des communes au Royaume-Uni ou la Chambre des représentants aux Etats-Unis) sont les lieux de rassemblement du pouvoir législatif. En conséquence, le mot *cour* est l'intrus.
Réponse : COUR

[90] Le fleuve est le seul cours d'eau qui se jette dans la mer. Tous les autres types de cours d'eau se jettent dans un autre cours d'eau plus grand. L'intrus est donc le *fleuve*.
Réponse : FLEUVE

[91] Tous les termes de la série doivent être des monnaies ou des devises. Seul le roi n'est pas une monnaie ou une devise (florin hongrois, couronne suédoise…). Le *roi* est donc l'intrus.
Réponse : ROI

[92] Tous les termes de la série désignent des militaires, sauf *police.*
Réponse : POLICE

[93] L'ensemble définissant la série est celui des instruments d'orientation. La carte, la boussole et l'astrolabe sont des instruments utilisés pour se repérer dans l'espace. Le *briquet* n'a pas cette caractéristique.
Réponse : BRIQUET

[94] Les termes de la série doivent se rapporter à la notion de grandeur d'âme. La personne magnanime a une force qui lui permet d'être bonne, de pardonner, tout comme la personne généreuse. L'adjectif *clément* va dans le même sens.

Seul l'adjectif *rancunier,* dans le sens de « petit et mesquin », s'oppose à la notion de grandeur d'âme. *Rancunier* est donc l'intrus.
Réponse : RANCUNIER

[95] Au premier coup d'œil, vous pouvez hésiter entre deux thèmes : le thème médical avec l'ordonnance et la prescription, et le champ lexical juridique avec la loi et le décret. Vous devez trancher en faveur du thème juridique puisque l'ordonnance est également un texte de lois. Dans ce cas, la *prescription* est l'intrus.
Réponse : PRESCRIPTION

[96] L'ensemble commun est l'impôt féodal. La gabelle était un impôt sur le sel. La dîme était prélevée par le clergé et représentait le dixième de la récolte. La banalité était un impôt prélevé par les nobles pour le financement des infrastructures. L'intrus est donc *condiment.*
Réponse : CONDIMENT

[97] Le lien de la série est la fin. *Décliner,* c'est « décroître pour disparaître » ; *péricliter* est synonyme ; *achever* met un terme au phénomène. *Proroger* signifie « renvoyer à plus tard » et n'a pas du tout le même sens. Vous deviez donc choisir *prorogé* comme intrus.
Réponse : PROROGE

[98] La série présente différents mondes après la mort. Comme l'a si bien décrit Dante dans la *Divine Comédie,* il est possible d'aller, pour les chrétiens, après la mort, soit au Paradis, soit en Enfer, ou encore d'aller au purgatoire temporairement pour purger ses fautes. L'*utopie* est le seul lieu qui ne fait pas partie de ce triptyque, c'est donc l'intrus.
Réponse : UTOPIE

[99] *Caen* est la seule ville qui n'est pas un pèlerinage chrétien.
Réponse : CAEN

[100] *Chronique* est le seul terme qui n'est pas un adverbe.
Réponse : CHRONIQUE

[101] Ce problème dit « des chemins » est très classique. Souvenez-vous-en ! Pour allez du point A au point B, il faut faire en tout trois mouvements vers la droite et trois mouvements vers le haut, puisqu'il est impossible d'aller à gauche ou

vers le bas. Les chemins possibles peuvent être les suivants, en appelant H la direction « haut » et D la direction « droite » : (D ; D ; D ; H ; H ; H) ou (D ; H ; D ; D ; H ; H) ou encore (H ; D ; H ; D ; D ; H). Pour trouver un chemin qui va du point A au point B, il vous suffit de choisir les places des 3 H parmi les 6 mouvements, ou des 3 B parmi les 6 mouvements, ce qui revient au même. En conséquence, le nombre de chemins allant de A à B est égal à la combinaison « 3 parmi 6 », ce qui est égal à 20.

Réponse : D

[102] Dans cette question, pensez à utiliser le produit en croix !

$(1/3x\ \%) = (4/8\ \%) \Leftrightarrow 3\ \%x = 2\ \% \Leftrightarrow x = 2\ \%/3\ \% = 66{,}66\ \%$

Réponse : C

[103] Transformez l'équation suivante :

$(p - 4)/(r - 2) = p + 3 \Leftrightarrow p - 4 = (p + 3) \times (r - 2) \Leftrightarrow p \times r = 3p - 3r + 2$

Réponse : A

[104] En termes logiques, si vous notez R pour « riche », V pour « vacances », et H pour « heureux », alors d'après les propositions, $R \Rightarrow V$ et $V \Rightarrow H$, et par principe de transitivité, $R \Rightarrow H$. La contraposée de cette proposition est « non H $\Rightarrow$ non R ». Ainsi, les gens qui ne sont pas heureux ne sont pas riches.

Réponse : B

[105] L'édition souple de la Bible commandée sur Internet coûte (100 % - 30 %) x 10 € + 1 €, soit 8 €. L'économie réalisée par rapport à l'édition reliée achetée en magasin est donc égale à 12 € (20 € - 8 €).

Réponse : D

[106] Malheur à ceux d'entre vous qui calculent 426^2 et 425^2 ! Ne perdez pas de temps et pensez à l'identité remarquable $a^2 - b^2 = (a + b) \times (a - b)$. D'où :

$426^2 - 425^2 = (426 - 425) \times (426 + 425) = 426 + 425 = 851$

Astuce : les identités remarquables permettent souvent de calculer des produits bien plus rapidement à l'aide de carrés :

$(a + b)^2 = a^2 + b^2 + 2ab$ $(a - b)^2 = a^2 + b^2 - 2ab$ $a^2 - b^2 = (a + b) \times (a - b)$

Par exemple, $32 \times 28 = (30 + 2) \times (30 - 2) = 30^2 - 2^2 = 900 - 4 = 896$.

Réponse : C

[107] Par définition, la surface d'une étoffe est égale à $75x$. Appelons L la longueur de l'étoffe pour compenser le passage d'une largeur de 75 cm à 50 cm.

$75x = 50\ L \Leftrightarrow L = 75x/50$

Réponse : A

[108] Sur les quatre amis, deux montres retardent et deux montres avancent. La montre de Martin retarde, il arrivera donc nécessairement dans les deux derniers. Martin ne peut donc pas arriver avant deux personnes, par exemple Xavier et Thomas.

Réponse : B

[109] Vous disposez de 14 boules dans l'urne. La probabilité d'obtenir une boule noire est donnée par la formule :

(Nombre de cas favorables)/(Nombre total de cas)

Vous pouvez tirer 14 boules au total, mais seulement 5 boules sont noires. En conséquence, la probabilité d'obtenir une boule noire est égale à 5/14.

Réponse : B

[110] Voici une question classique sur le modèle des syllogismes : identifiez la majeure *(tous les chats sont des félins)*, la mineure *(il y a des chats qui ne sont pas sauvages)* et la conclusion *(il y a des félins qui ne sont pas sauvages)*. En effet, considérons les chats qui ne sont pas sauvages. Ces chats sont également des félins. En conséquence, certains félins ne sont pas sauvages.

Réponse : B

[111] Pour trouver le temps que passe Guillaume dans les transports au cours d'une semaine, multipliez le temps de transport quotidien par 5.

Multipliez d'abord les minutes : 5 x 42 mn = 210 mn = 180 mn + 30 mn = 3 h 30 mn

Multipliez ensuite les heures : 5 x 1 h = 5 h.

Enfin, sommez ! Guillaume passe 8 h 30 mn par semaine dans les transports.

Réponse : C

[112] La production suit une progression arithmétique. La 9e année, la production est de 9 000 pièces par an (5 000 + 8 x 500). La production des 9 années est égale à : (5 000 + 9 000)/2 x 9 = 63 000.

La 9e année représente donc 9 000/63 000, soit 14,3 %.

Réponse : B

[113] Pour faciliter la réflexion, nous vous conseillons de fixer la valeur du chômage à 100 (valeur qui est complètement arbitraire) au début de l'année 2009.

Hausse de 8 % $\Leftrightarrow$ (1 + 8 %) x 100 = 108

Baisse de 2 % $\Leftrightarrow$ (1 - 2 %) x 108 = 108 - 2 x 1,8 = 104,4

Hausse de 10 % $\Leftrightarrow$ (1 + 10 %) x 104,4 = 104,4 + 10,44 = 114,84

En conclusion, au cours du 1er trimestre de l'année 2009, le chômage est passé de 100 à 114,84, ce qui représente une augmentation de 14,5 %.

Réponse : C

[114] Transcrivons toutes les hypothèses sous forme de propositions logiques :

(1) Il est ami avec au moins l'un des trois : A ou B ou C (A signifie par exemple qu'il est ami avec Armand).

(2) S'il est l'ami de Claude alors il est l'ami de Benoît : C $\Longrightarrow$ B.

(3) S'il n'est pas l'ami d'Armand, alors il n'est pas l'ami de Benoît : non A $\Longrightarrow$ non B, ou vous pouvez vous servir de la contraposée B $\Longrightarrow$ A.

(4) Il est ami soit avec Armand et Claude à la fois soit avec aucun des deux : (A ou C), ou (non A et non C).

La proposition (1) vous indique que Pierre est l'ami au moins de l'un des trois. Vous devez alors tester les trois amis et observer les conséquences.

Supposons que Pierre soit ami avec Armand, alors d'après (3), il est ami avec Claude, et d'après (2), il est ami avec Benoît.

Supposons que Pierre soit l'ami de Benoît, alors d'après (2), il est l'ami d'Armand, et d'après (3), il est l'ami de Claude.

Supposons que Pierre soit l'ami de Claude, alors d'après (3), il est l'ami d'Armand et d'après (2), il est l'ami de Benoît.

En conséquence, Pierre est l'ami d'Armand, de Benoît et de Claude.

Réponse : D

[115] Si une machine perd 15 % de sa valeur chaque année, alors cela signifie que chaque année la valeur est multipliée par (100 % - 15 %) = 85 % = 0,85. La raison géométrique de la suite est donc égale à 0,85.

Réponse : B

[116] Lors d'un placement à intérêts simples, les intérêts sont constants chaque année. Les intérêts annuels s'élèvent à 10 % de 740 €, soit 74 €. Au bout de 8 ans, les intérêts cumulés atteignent donc 8 x 74 € = 592 €.

Réponse : D

[117] Le pourcentage de variation est donné par la quantité supplémentaire divisée par la quantité de départ, c'est-à-dire (465,75 - 450)/450, soit 3,5 %.
Réponse : A

[118] La réponse attendue est ici la D. La réponse A entraîne une implication qui est contredite par l'exemple de François. La réponse B est hors sujet, tandis que la réponse C n'est pas sous-entendue, mais semble plutôt être une conclusion.
Réponse : D

[119] Jérôme commence forcément son itinéraire par l'agence bancaire : cette obligation ne fournit aucune autre possibilité de commencement. Par la suite, pour trouver le nombre d'itinéraires possibles, il faut et il suffit de réaliser une permutation des 4 destinations possibles. Il y a donc 4! itinéraires possibles, c'est-à-dire 4 x 3 x 2 x 1.
En conclusion, il y a 24 itinéraires possibles.
Réponse : C

[120] Ici, les lettres se comportent exactement comme des nombres. Appliquez le corollaire de la moyenne arithmétique :
Somme des termes = Nombre de termes x Moyenne
$A + B + C = 3 \times (B + C) \Leftrightarrow A = 3 \times (B + C) - (B + C) \Leftrightarrow A = 2(B + C)$
Réponse : A

[121] On note N, le nombre d'étudiants dans cette école de commerce. Il y a 60 % de filles dans cette école, puisque 40 % des étudiants sont des garçons. Parmi les filles, seulement 40 % habitent sur le campus. En conséquence, le pourcentage de filles qui habitent sur le campus est égal à 40 % des filles, soit 40 % de 60 % des étudiants de l'école, ou plus exactement 24 %.
Réponse : B

[122] Rappelons la définition de la contraposée : $(A \Rightarrow B) \Leftrightarrow (\text{non } B \Rightarrow \text{non } A)$. Par conséquent, « non (non C ou non D) » équivaut à « C et D », et « non (non (A ou B)) » équivaut à « A ou B ». La contraposée de la proposition est donc :
$(C \text{ et } D) \Rightarrow (A \text{ ou } B)$
Réponse : D

[123] Charles sait qu'il y a au moins un 2 et un 3 dans le code. Essayons de placer ce « 2 » et ce « 3 » dans le code. On choisit la place du « 2 » : il y a

4 emplacements possibles. On place ensuite le « 3 », il ne reste plus que 3 emplacements possibles. Pour choisir les deux derniers chiffres, il y a 10 possibilités (0 ; 1 ; 2 ; 3 ; 4 ; 5 ; 6 ; 7 ; 8 ; 9) pour le premier chiffre, et 10 pour le suivant.
En tout, il y a 4 x 3 x 10 x 10 solutions, c'est-à-dire 1 200 codes possibles.
Réponse : C

[124] Soit S la somme de quatre entiers consécutifs et x le plus petit d'entre eux.

$S = x + (x + 1) + (x + 2) + (x + 3) = 4x + 6$, soit $S - 6 = 4x$
Cela se traduit par le fait que S - 6 doit obligatoirement être divisible par 4. On peut également remarquer que si S - 6 est divisible par 4, c'est forcément que S - 2 est divisible par 4.
Ainsi, en retranchant 2 à toutes les solutions on obtient :

Réponse	S - 2	Deux derniers chiffres
(A)	2000	00
(B)	20	20
(C)	200	00
(D)	218	20

La seule solution qui ne soit pas divisible par 4 est la E. Ainsi, 220 - 6 n'est pas divisible par 4 et vous ne pouvez pas avoir $220 - 6 = 4x$, c'est-à-dire qu'il est impossible de trouver x tel que $220 = 4x + 6$.
Réponse : D

[125] Une ligne est la connexion entre deux points. Pour former une ligne aérienne, il faut donc prendre un couple de destinations et les relier.
En tout, il y a (14 x 15)/2 lignes aériennes possibles, ce qui fait après simplification 105 lignes.
Réponse : D

[126] L'idée principale est de placer la boîte ou la boule sur laquelle vous avez le plus d'informations. Ici, remarquez que vous pouvez encadrer la boule blanche par deux objets : la boîte jaune à droite (ce qui signifie que la boule blanche n'est pas située dans la boîte jaune), et la boule rouge à sa droite qui se situe dans la boîte verte. En conséquence, la boule blanche se trouve nécessairement dans la boîte bleue. L'alignement est le suivant :

Boîte jaune	Boîte bleue	Boîte verte
Boule noire	**Boule blanche**	**Boule rouge**

Réponse : A

[127] Soient P et P', respectivement le prix de départ et le prix après augmentation. L'augmentation de 20 % se traduit par :

(1 + 20 %) x P = P' ⇔ 6P/5 = P' ⇔ P = 5P'/6 ⇔ P = 5P' x 16,33 %

⇔ P = 83,33 % P'

En conclusion, le pourcentage de baisse pour annuler une augmentation de 20 % est égal à 16,66 %.

Réponse : B

[128] Il s'agit ici de calculer une quantité initiale. Soit P le prix de la robe hors taxe. Le 31 décembre, le prix avec TVA est de 96 €. Par conséquent :

P + 20 % P = 96 € ⇔ 120 % P = 96 € ⇔ P = 96 €/1,2 = 960/12 ⇔ P = 80 €

Le prix HT de la robe est donc égal à 80 €. Maintenant, il suffit d'ajouter la TVA au taux de 22,5 % :

P + 22,5 % P = 80 € + 22,5 % x 80 € = 98 €

Réponse : B

Astuce : pour calculer rapidement 22,5 % de 80 €, décomposez 22,5 % de cette manière :

22,5 % x 80 = 20 % x 80 + 2 % x 80 + 0,5 % x 80 = 16 + 1,60 + 0,40 = 18 €

[129] Cet exercice fait appel à des connaissances géométriques sur les angles opposés et sur les angles alternes-internes. Les droites (ED) et (BC) sont parallèles, par conséquent les angles GDH et DBI sont alternes-internes et donc égaux. L'angle DBI est égal à l'angle ABC car ils sont opposés par le sommet, et donc égal à 30°. L'angle DEF est égal à l'angle BCE (car ils sont correspondants) et vaut donc 100°. Par conséquent comme les angles BCE et BCA sont supplémentaires (c'est-à-dire leur somme est égale à 180°), l'angle BCA est égal à 80°. Comme la somme des angles du triangle ABC est égale 180°, on conclut que l'angle BAC est égal à 70° (180° - 80° - 30° = 70°).

Réponse : D

[130] Supposons que les deux indices soient vrais : l'indice 1 affirme qu'il y a un Kleenex dans la boîte 1, tandis que l'indice 2 affirme qu'il y a un chèque dans la boîte 1. Comme il y a une contradiction, les deux indices ne sont pas vrais

mais faux. On conclut rapidement qu'il y a un chèque dans la boîte 1 et un Kleenex dans la boîte 2.

Réponse : D

[131] Ici nous cherchons les personnes qui ne sont pas fumeuses et qui ne consomment pas régulièrement de l'alcool. Les personnes qui fument ou qui consomment de l'alcool sont en fait 110 (50 + 95 - 35 = 110). Comme il y a en tout 150 personnes interrogées dans l'enquête, les personnes qui ne fument pas et qui ne consomment pas d'alcool sont au nombre de 40.

Réponse : A

[132] Rappelons pour commencer, que l'alphabet est composé de 26 lettres dont 6 voyelles (A ; E ; I ; O ; U ; Y). Par conséquent, pour la première lettre, il y a 20 consonnes possibles. Ensuite, pour la deuxième lettre, il y a 6 voyelles possibles. Enfin, pour la dernière lettre, il y a 20 consones possibles.

En conclusion, il y a 20 x 6 x 20 acronymes, soit 2 400 acronymes.

Réponse : A

[133] Dans cette question, analysez bien chacun des paramètres : la distance parcourue (20 km ou 100 km), la vitesse (50 km/h ou 125 km/h) et la consommation (1,2 L ou C). Nous vous prions de modifier un seul paramètre à la fois. Vous cherchez la consommation pour 100 km à la vitesse de 125 km/h, en connaissant 1,2 L pour 20 km à la vitesse de 50 km/h.

1,2 L ⇔ 20 km ⇔ 50 km/h

5 x 1,2 L ⇔ 5 x 20 km ⇔ 50 km/h

5 x 2,5 x 1,2 ⇔ 5 x 20 km ⇔ 2,5 x 50 km/h

15 L ⇔ 100 km ⇔125 km/h

En conclusion, pour faire 100 km à 125 km/h, il faut 15 L. **Réponse : B**

[134] Voici un classique des classiques. Le nombre minimal de tirages pour obtenir deux chaussettes de même couleur est égal au nombre de couleurs différentes plus un. Expliquons concrètement : vous devez vous placer dans le cas où vous avez le moins de chance. Au premier tirage vous tirez par exemple une chaussette bleue, puis au deuxième tirage une chaussette verte, ensuite une chaussette blanche. Au bout de trois tirages, vous avez épuisé toutes les couleurs. Au quatrième tirage, vous allez nécessairement tirer une chaussette d'une couleur que vous avez déjà choisie et alors former une paire.

Réponse : B

[135] David utilise 16 fois le métro par semaine (2 x 5 + 6 = 16). Par conséquent, au cours du mois, il va utiliser 64 fois le métro, utilisation qui lui revient à 96 € (64 € x 1,5) avec des tickets normaux. Le pass mensuel permet à David d'économiser 42 € (96 € - 54 €).

Le pourcentage d'économie est égal à :
42/96 = (2 x 3 x 7)/(2 x 3 x 16) = 7 x 1/16 = 7 x 6,25 % = 43,75 %
Réponse : C

[136] Référez-vous dans ce problème au cas du calcul d'une quantité d'origine. Calculons le prix de départ de l'entrecôte, c'est-à-dire le prix hors taxe. En juin, le prix de l'entrecôte est égal à 17 €, comprenant la TVA à 20 %. D'où :
120 % x Prix HT = 18 € ⇔ Prix HT = 18 €/1,2 ⇔ Prix HT = 15 €

Maintenant, rajoutons la TVA de 5 % au prix HT pour obtenir le prix que paiera le client en septembre après la réduction de la TVA :
(1 + 5 %) x 15 € = 15 € + 0,75 € = 15,75 €
Réponse : C

[137] Raisonnons sur chaque personne. On peut associer à la première personne le centre 1, le centre 2 ou le centre 3, ce qui fait 3 choix. Pour la deuxième personne, il y a également 3 choix. Il y a également 3 choix pour toutes les autres personnes. En tout, il y a 3^6 possibilités, soit 729 possibilités.
Réponse : D

[138] Vous devez démontrer logiquement qu'il existe des personnes aux cheveux longs qui n'aiment pas le hard-rock. Pour cela, un contre-exemple vous suffit. Montrons que Laurent n'aime pas le hard-rock. Si Laurent aime le hip-hop, d'après la proposition suivante : « personne n'aime à la fois le hard-rock et le hip-hop », vous pouvez démontrer que Laurent n'aime pas le hard-rock.
Réponse : A

[139] Nous souhaitons obtenir une boisson contenant 10 % d'alcool, c'est-à-dire une boisson avec 90 % d'eau. Trouvons le volume d'alcool contenu dans les 4 cL de boisson anisée, et ajoutons 9 volumes équivalents d'eau. Dans les 4 cL de boisson, il y a 40 % d'alcool, soit 1,6 cL. Neuf volumes d'eau équivalents ont un volume de 15,4 cL.
Il faut finalement ajouter 15,4 cL d'eau pour obtenir le mélange souhaité.
Réponse : D

[140] Calculons d'abord le prix qu'aurait dû payer monsieur Duvivier sans aucune des 3 réductions. Il aurait dû acheter 3 produits A, 2 produits B et 1 produit C ; par conséquent, il aurait dû payer (3 x 12 + 2 x 16 + 20) €, c'est-à-dire 88 €.
Calculons la réduction en montant dont il a bénéficié :
3 x 10 % x 12 + 2 x 20 % x 16 + 5 % x 20 = 3,6 + 6,4 + 1 = 11
La réduction est donc égale à 11 € sur 88 €, soit 11/88, ou encore 12,5 %.
Réponse : B

[141] Si l'on considère les années au cours desquelles il n'y a eu qu'une unique grève, vous pouvez obtenir la durée de la grève en divisant le nombre de jours de travail par le nombre de grévistes. En conséquence, la grève a duré 3 ans en 2005, 2 ans en 2006, 2 ans en 2008 et 1 an en 2009.
Réponse : A

[142] Pour chaque secteur, vous devez additionner le nombre de grèves annuelles :
- Secteur A = 1 + 1 + 0 + 1 + 1 + 4 = 8
- Secteur B = 4 + 3 + 3 + 2 + 0 + 0 = 12
- Secteur C = 0 + 1 + 1 + 2 + 2 + 2 = 8
- Secteur D = 3 + 2 + 7 + 2 + 3 + 1 = 18

Réponse : D

[143] Vous considérez dans cette question uniquement l'année 2006 et vous comparez le nombre de jours de travail de chaque secteur : il vous manque l'information pour le secteur B. Toutefois, vous pouvez retrouver le nombre de jours de travail en multipliant le nombre de grèves par le nombre de salariés. Il y eut donc 5 x 45 = 225 jours de travail perdus pour le secteur B.
Réponse : B

[144] Vous sommez le nombre de salariés en grève de chaque année :
- Secteur A : 52 + 100 + 0 + 97 + 42 + 40 = 331
- Secteur B : 10 + 45 + 50 + 30 = 135
- Secteur C : 35 + 192 + 165 + 200 + 107 = 699
- Secteur D : 0 + 35 + 192 + 66 + 100 + 57 = 450

Réponse : C

[145] Vous devez sommer le nombre de jours de travail entre 2005 et 2010 :
0 + 70 + 192 + 165 + 200 + 107 = 734
Réponse : D

CONCOURS BLANC NUMERO 7

CB 7

EPREUVE N°1
LOGIQUE

Cette première épreuve est composée de 100 questions.

De nombreux thèmes de la logique générale sont traités : **synonymie, antonymie, anagrammes, analogies, séries simples de chiffres, séries simples de lettres, séries d'intrus, séries de raisonnement etc.**

Vous allez devoir faire preuve d'une concentration sans faille pour passer efficacement d'une logique à une autre. Votre endurance et votre combativité seront également mises à l'épreuve pour parvenir à répondre à une majorité de questions.

Cette première épreuve de logique vous permettra de vous entraîner efficacement aux concours suivants (liste non exhaustive) :

- SESAME : LOGIQUE 1
- ESG, EDC, EBS, TEAM… : TAGE 2 (EPREUVES DE LOGIQUE 3 ET 6)
- PASS : QCM DE LOGIQUE
- PRISM : EPREUVE DE LOGIQUE GENERALE
- ATOUT+3 : EPREUVE DE RAISONNEMENT LOGIQUE
- ECRISTART : EPREUVE DE LOGIQUE

CONSIGNES

Vous disposez de **50 minutes** pour répondre aux **100 questions** de cette première épreuve. Attention : l'usage de la calculatrice et de tout dictionnaire est strictement interdit.

1. Synonymes

Pour les questions numérotées de 1 à 10, vous devez trouver un synonyme du mot proposé, qui respecte les contraintes relatives au nombre de lettres du mot à trouver. Inscrivez la réponse à la place des tirets. Chaque tiret représente une et une seule lettre. Une seule réponse est possible. Nous rappelons enfin que deux mots sont synonymes s'ils ont le même sens.

[1] CRITIQUE : R _ P _ _ _ _ _

[2] AGREGATION : _ SS _ _ B _ _ _ _

[3] PREMISSE : C _ M _ _ _ _ _ _ _ _ T

[4] AXIOME : P _ _ _ C _ _ _

[5] SYLLOGISME : R _ _ S _ _ _ _ _ _ _ T

[6] ZELE : _ RD _ _ R

[7] MYTHOMANIE : F _ B _ _ _ T _ _ _

[8] UBIQUITE : O _ N _ _ RE _ _ _ CE

[9] OMNISCIENT : E _ _ Y _ L _ P _ _ _ _ _ _

[10] PATRIOTIQUE : N _ _ _ _ N _ L _ _ T _

2. Series de chiffres

Pour les questions numérotées de 11 à 22, vous devez remplacer chaque point d'interrogation par un nombre. Chaque série suit une construction logique précise. Vous devez donc d'abord inférer la ou les règle(s) de progression de la série afin de trouver le ou les nombre(s) qui respectent la logique de la série. Il n'y a qu'une seule bonne réponse par point d'interrogation.

[11] 0 – 4 – 18 – 48 – 100 – ?

[12] 22 – 112 – 562 – 2812 – ?

[13] 2400000000 – 240000000 – 1200000 – 4000 – ?

[14] 111 – 242 – 393 – 4164 – ?

[15] 4 – 6 – 9 – 14 – 21 – 32 – ?

[16] 18 – 54 – 162 – 486 – ?

[17] 1346 – 1563 – 1780 – 1997 – ?

[18] 17 – 24 – 31 – 38 – ?

[19] 21 – 17 – 34 – 30 – 60 – 56 – ?

[20] 12 – 21 – 23 – 32 – ? – ?

[21] 2 – 8 – 18 – 32 – 50 – ?

[22] 852 – 426 – 424 – 212 – 210 – ?

3. Tableaux

Pour les questions numérotées de 23 à 25, chaque tableau possède un sens de lecture. Les nombres inscrits à l'intérieur du tableau suivent une progression logique remarquable. Vous devez donc déterminer le sens de lecture du tableau ainsi que la construction logique de la série de nombres afin de remplacer le ou les point(s) d'interrogation par le ou les nombre(s) qui respecte(nt) la règle de progression. Il n'y a qu'une seule réponse possible par point d'interrogation.

[23]

17	18	16	20
15	22	14	24
13	26	?	?

[24]

10	1	4	1
7	?	7	4
4	1	10	7

[25]

8	10	15	24
6	12	12	21
?	14	?	18

4. Anagrammes

Pour les questions numérotées de 26 à 35, vous devez déterminer une anagramme du mot proposé respectant les contraintes relatives au nombre de lettres du mot à trouver. Nous rappelons qu'une anagramme est un mot obtenu par la permutation des lettres d'un autre mot. Pour certains mots, plusieurs réponses sont possibles.

[26] JUSTE : _ _ _ _ _

[27] PAUVRE : V _ _ _ _ _

[28] QUATRE : T _ _ _ _ _

[29] RETARD : T _ _ _ _ _

[30] SEIGLE : E _ _ _ _ _

[31] PATELIN : P _ _ _ _ _ _

[32] ORANGE : O _ _ _ _ _

[33] PROSPERITE : _ R _ P _ _ _ _ _

[34] IDOLES : S _ _ _ _ _

[35] TITRE : T _ _ _ _ _

5. SERIES DE LETTRES

Pour les questions numérotées de 36 à 50, vous devez remplacer le point d'interrogation par une ou plusieurs lettres. Chaque série possède une construction logique propre. Vous devez donc inférer le lien logique de la série pour pouvoir déterminer l'unique réponse possible.

[36] B – E – G – J – L – ?

[37] A – C – G – O – ?

[38] L – Q – U – X – Z – ?

[39] Z – C – F – I – ?

[40] BCF – EEY – CHX – AL?

[41] JJ – EO – AS – C?

[42] DF – FI – HL – J?

[43] C – E – H – J – M – ?

[44] J – L – O – S – ?

[45] DC – IG – SP – NJ – U?

[46] GHU est à KJS, ce que FMP est à ?

[47] DFG est à GEE, ce que BRI est à ?

[48] QMP est à OON, ce que TOC est à ?

[49] DTY est à AVX, ce que PAF est à ?

[50] ACL est à FHQ, ce que OUF est à ?

6. Antonymes

Pour les questions numérotées de 51 à 60, vous devez trouver un antonyme du mot proposé, qui respecte les contraintes relatives au nombre de lettres du mot à trouver. Chaque tiret représente une seule lettre. Une seule réponse est possible. Nous rappelons que deux mots sont antonymes s'ils ont un sens contraire.

[51] MATERIALISME : S _ _ R _ _ U _ _ _ SM _

[52] RARETE : A _ _ _ _ D _ _ C _

[53] DISCRETION : _ XU _ _ _ _ N _ _

[54] CAPITALISME : _ _ M _ _ _ _ _ _ _

[55] PROTECTION : _ X _ _ _ M _ _ _ _ I _ _

[56] RALENTIR : A _ _ _ _ _ _ _ _

[57] DILAPIDER : _ P _ _ G _ _ _

[58] DETTE : C _ _ _ _ T

[59] HIERARCHIE : _ N _ _ C _ _ _

[60] INDIENS : _ _ W _ _ _ _

7. Series de raisonnement

Pour les questions numérotées de 61 à 75, vous devez remplacer le point d'interrogation par une ou plusieurs lettres, par un mot, ou encore par un ou plusieurs chiffres. Une seule réponse est possible.

[61] CERTAIN (5831497) – CRAINTE (?)

[62] 4R5R2U1G3E6E (GUERRE) – 3I4X2A1P (?)

[63] PUBLICITE (13468) – LIGUE (13) – COMPETITION (?)

[64] AFFAIBLIR (2) – TATOUAGE (2) – ARKANSAS (3) – PARAPLUIE (?)

[65] GENOCIDE (4) – VERITE (3) – MACHIAVELIQUE (5) – DESPOTIQUE (?)

[66] 45 (T) – 23 (F) – 72 (N) – 64 (?)

[67] ENFANT (5/20) – MEURTRE (13/5) – ASPECT (1/20) – COMMUNICATION (?/ ?)

[68] GENOCIDE (4) – VERITE (3) – MACHIAVELIQUE (6) – TELEVISION (?)

[69] XVI (5) – VIII (5) – XXXI (7) – II (?)

[70] CREATION (94376128) – REACTION (?)

[71] ELEMENTAIRE (13511) – EFFERVESCENT (14710) – ECORCHE (17) – ERREUR (?)

[72] PIPE (14) – PASSEPORT (21) – PHOTO (30) – ECRAN (?)

[73] XII (D) – V (C) – IX (N) – XX (?)

[74] 1 (U) – 11 (O) – 111 (C) – 1111 (?)

[75] CHAT (31) – ENFANT (42) – MAISON (33) – ALBUM (?)

8. SERIES D'ANALOGIES

Dans les séries qui suivent, vous devez inférer le lien logique qui existe entre les mots du premier couple et appliquer alors le même lien logique entre les mots du second couple. L'ordre des mots dans les couples a son importance. Il n'y a qu'une seule réponse possible.

[76] Chien est à Berger, ce que Cheval est à :

(A) Etalon
(B) Dressage
(C) Course
(D) Equitation

[77] Savon : Microbe

(A) Lumière : Volet
(B) Fenêtre : Pièce
(C) Vent : Parapluie
(D) Stylo : Plume

[78] Tigre est à Bengale, ce que Lapin est à :

(A) Blanc
(B) Sauvage
(C) Garenne
(D) Rongeur

[79] Chat est à Noir, ce que Vendredi est à :

(A) Semaine
(B) Cinq
(C) Jour
(D) Treize

[80] Bourse est à Krach, ce que Economie est à :

(A) Décroissance
(B) Chômage
(C) Récession
(D) Crise

[81] Vitesse est à frein, ce que Température est à :

(A) Thermomètre
(B) Aspirine
(C) Maladie
(D) Bactérie

[82] Mécanique : Force

(A) Mathématiques : Nombre
(B) Biologie : Arbre
(C) Phylogénie : ADN
(D) Gérontologie : Enfant

[83] Hypothèse est à Loi, ce que Rumeur est à :

(A) Conversation
(B) Fait
(C) Pratique
(D) Histoire

[84] Chaud est à Bouillant, ce que Froid est à :

(A) Frais
(B) Glacial
(C) Frisquet
(D) Gelé

[85] Les lettres suivantes permettent de composer le nom et le prénom d'un personnage célèbre : C – U – M – A – R – R – I – I – E – E

(A) Physicien
(B) Médecin
(C) Musicien
(D) Ecrivain

[86] Est (D) – Nord (H) – Sud (B) – Ouest (?) :

(A) C
(B) G
(C) T
(D) V

[87] Si Edouard achète des dattes, Gérard des fraises et Daniel des clémentines, alors qu'achète Noémie ?

(A) Des melons
(B) Des abricots
(C) Des pommes
(D) Des oranges

[88] Avion : Zinc

(A) Train : Chemin de fer
(B) Automobile : Bagnole
(C) Bateau : Voile
(D) Moto : Scooter

9. Soulignez l'intrus

Pour les questions numérotées de 89 à 100, chaque question vous présente une série de quatre mots. Parmi ces quatre mots, trois d'entre eux appartiennent à la même famille et sont donc régis par un ou plusieurs liens logiques. **Ces liens portent sur la définition et la signification des mots, et non sur leur forme** (on entend par « forme », le nombre de lettres qu'il y a par exemple dans un mot ou encore la présence d'une voyelle en fin de mot).

Vous devez donc inférer les relations d'appartenance entre ces trois mots et exclure alors le quatrième mot qui est l'intrus et qui n'entretient pas de liens avec les autres mots de la série.

[89] Fusible – Interrupteur – Fil – Disjoncteur

[90] Sunnite – Shintoïste – Druze – Chiite

[91] Forteresse – Sémaphore – Citadelle – Krak

[92] Test – Devoir – Interrogation – Questionnement

[93] Deuxième – Dernier – Ultime – Second

[94] Mémoire – Thèse – Traité – Souvenir

[95] Einstein – Pasteur – Newton – Galilée

[96] Aiguille – Pic – Sommet – Vallée

[97] Vapeur – Glace – Eau – Liquide

[98] Armée – Impôt – Monnaie – Emploi

[99] Camille – Dominique – Maxime – Marc

[100] Tentacule – Pensée – Abysse – Passager

CB 7

EPREUVE N°2
CALCUL, MATHEMATIQUES & RAISONNEMENT LOGIQUE

Cette seconde épreuve est composée de **45 questions à choix multiples (QCM) numérotées de 101 à 145.**

De nombreux thèmes sont traités dans cette épreuve : **calcul mental, arithmétique, moyennes, pourcentages, équations, règles de trois, conversions, dénombrement et combinatoire simple, proportionnalité, géométrie, raisonnement logique et argumentation, optimisation, algèbre, suites numériques, calculs de sommes, etc.**

Cette seconde épreuve vous permettra de vous entraîner efficacement aux concours suivants (liste non exhaustive) :

- SESAME : LOGIQUE 2
- ACCES : QUESTIONS DE RAISONNEMENT LOGIQUE
- ESG, EDC, EBS, TEAM… : TAGE 2 (EPREUVES DE CALCUL 2 ET 5)
- PASS : QCM D'ANALYSE QUANTITATIVE
- PRISM : EPREUVE DE MATHEMATIQUES

CONSIGNES

Vous disposez de **60 minutes** pour répondre aux **45 questions** de cette seconde épreuve. Pour chacune de ces questions, **une seule réponse est possible.**

Attention : l'usage de la calculatrice est strictement interdit.

[101] D'après Montesquieu, si le régime politique d'un pays est une république, alors le pays est gouverné par le peuple. Parmi les assertions suivantes, laquelle a la même signification que la proposition de Montesquieu ?

(A) Il ne peut y avoir de gouvernent par le peuple que dans les républiques.
(B) Dans toutes les républiques, le gouvernement se fait par le peuple.
(C) Tous les gouvernements par le peuple se trouvent dans les républiques.
(D) Aucun gouvernement par le peuple n'existe en dehors des républiques.

[102] L'usine Toyota à Valenciennes produit en moyenne une voiture toutes les 3 minutes. Quelle sera la production de voitures au cours d'une journée de 16 heures ?

(A) 296
(B) 320
(C) 324
(D) 342

[103] Un article est vendu au prix de 576 € toutes taxes comprises, avec un taux de taxes à 20 %. Quel est le montant des taxes ?

(A) 480 €
(B) 496 €
(C) 512 €
(D) 524 €

[104] Au cours d'un mois comportant 5 mardis, 3 mardis tombent sur des jours pairs. Quel jour de la semaine le 20 du mois sera-t-il ?

(A) Lundi.
(B) Mercredi.
(C) Jeudi.
(D) Samedi.

[105] Alexandre envisage de faire un tour du monde. Son circuit consiste à visiter les cinq continents. Combien existe-t-il de circuits différents ?

(A) 48
(B) 96
(C) 120
(D) 184

[106] Jean a ouvert un compte rémunéré en 2008. En 2009, les intérêts lui avaient rapporté 120 €, alors qu'en 2010, ils lui ont rapporté 150 €. Quel est le taux d'intérêts annuel fixe ?

(A) 16 %
(B) 18 %
(C) 22 %
(D) 25 %

[107] Lequel de ces nombres est le plus grand ?

(A) $3^3 + 3^3$
(B) $(3 + 3)^3$
(C) $3^3 \times 3^3$
(D) $(3^3)^3$

[108] Un accident de la route a malheureusement eu lieu au cours de la soirée. L'agent Smith est chargé de l'enquête. Quatre défaillances ont pu causer l'accident : les freins, les pneus, la route et la vitesse. L'enquête de l'agent Smith mène aux conclusions suivantes :

- Si la route est une cause de l'accident, alors il y a nécessairement deux autres défaillances.
- Si la vitesse a causé l'accident, alors il y a aussi exactement une autre cause.
- Les pneus n'ont rien à voir dans l'accident.

Quelles sont les causes de l'accident ?

(A) Les freins et les pneus.
(B) La route et les pneus.
(C) La route, la vitesse et les freins.
(D) La vitesse et les freins.

[109] Une boutique de chaussures vend une paire à 130 €. Après réduction, la paire est finalement vendue à 104 €. Quel est le pourcentage de réduction accordée ?

(A) 17 %
(B) 18 %
(C) 19 %
(D) 20 %

[110] Combien de nombres à trois chiffres distincts, inférieurs à 500, peut-on former à l'aide des chiffres 2, 3, 5, 7 et 8 ?

(A) 6
(B) 12
(C) 18
(D) 24

[111] Quelle est la valeur de X, sachant que les trois nombres 25, X et 16 sont trois termes consécutifs d'une suite géométrique ?

(A) 0,6
(B) 0,7
(C) 0,8
(D) 0,9

[112] On considère les deux propositions suivantes :

(1) Les députés européens sont nécessairement assidus aux sessions parlementaires.
(2) Les députés français ne sont pas assidus aux sessions parlementaires.

Lequel des énoncés suivants est nécessairement vrai d'après les deux propositions suivantes ?

(A) La proposition (2) découle de la proposition (1).
(B) Aucune des propositions ne découle l'une de l'autre ni ne la contredit.
(C) La proposition (1) découle nécessairement de la proposition (2).
(D) Les deux propositions découlent nécessairement l'une de l'autre.

[113] Luc a placé 1 000 € à intérêts composés pendant 3 ans à 10 % par an. Quelle est la somme d'argent à disposition de Luc au bout de 3 ans ?

(A) 1 110
(B) 1 200
(C) 1 331
(D) 1 450

[114] Dans une entreprise, trois ouvriers produisent des pièces. L'ouvrier A met 10 minutes par pièce, l'ouvrier B met 15 minutes par pièce et l'apprenti C met 20 minutes. Quel est le temps de production moyen d'une pièce dans cette entreprise ?

(A) 13,85 minutes par pièce.
(B) 14,35 minutes par pièce.
(C) 15 minutes par pièce.
(D) 15,5 minutes par pièce.

[115] Combien y a-t-il de nombres palindromes entre 1 000 et 10 000 ?

(A) 90
(B) 96
(C) 104
(D) 120

[116] Quand Louis met son écharpe, il met ses gants. Lorsqu'il enlève son bonnet, il met son manteau. Quand il porte son bonnet ou ses gants, il met ses lunettes. Quand il enlève son manteau, il met son bonnet. Louis n'a pas mis ses lunettes. Quelles sont les affaires que Louis porte aujourd'hui ?

(A) Le manteau.
(B) Le bonnet et l'écharpe.
(C) Les gants et le bonnet.
(D) L'écharpe et le manteau.

[117] Denis a installé 32 panneaux solaires qui recouvrent la totalité de sa toiture. La toiture est formée de 4 pentes identiques. Un panneau solaire est un rectangle de 50 cm sur 120 cm. Quelle est la surface d'une pente de la toiture ?

(A) 4,8 m^2
(B) 5,4 m^2
(C) 6,2 m^2
(D) 6,8 m^2

[118] On considère une table formée d'une partie rectangulaire de 2 m de long et de deux demi-cercles situés aux extrémités de la table, de 50 cm de rayon. Quelle doit être la surface approchée d'une nappe, si l'on souhaite faire dépasser les bords de 20 cm de chaque côté ?

(A) $2,4 + \pi$
(B) $6 + 2\pi$
(C) $4 + \pi^2$
(D) $12 - \pi$

[119] Séverin a un bateau à moteur qui consomme 8 L d'essence à l'heure. Le réservoir du bateau a la forme d'un pavé droit de 120 cm de long, 40 cm de large et 20 cm de hauteur. Quel pourcentage du réservoir le bateau a-t-il consommé si Séverin a navigué pendant 1 heure 30 ?

(A) 8 %
(B) 12,5 %
(C) 16 %
(D) 18,5 %

[120] Un alpiniste souhaite atteindre le sommet d'une montagne pour en redescendre en parapente. La descente en parapente est immédiate. Pour arriver au sommet, il doit passer par trois refuges et le temps d'escalade entre deux points est d'une journée. En plus de son parapente duquel il ne se sépare jamais, il peut emporter seulement deux jours de nourriture. Combien de jours faudra-t-il à cet alpiniste pour arriver au sommet ?

(A) 3
(B) 4
(C) 5
(D) 6

[121] Le fleuve chinois Yangzi Jiang, appelé aussi Fleuve jaune, a un débit de 30 000 m^3/s. Le barrage des Trois-Gorges situé sur ce fleuve a un réservoir de 1,62 km^3. En combien de minutes le réservoir du barrage des Trois-Gorges a été rempli par le fleuve Yangzi ?

(A) 420 minutes
(B) 640 minutes
(C) 900 minutes
(D) 960 minutes

[122] Lorsqu'on lâche une balle de basket au sol, elle rebondit de la moitié de la hauteur dont elle est lâchée. Si Mickael J. lâche la balle à une hauteur de 1,60 m, quel est le nombre de rebonds qu'il faudra attendre pour que la hauteur maximale atteigne 5 cm ?

(A) 3 (C) 5
(B) 4 (D) 6

[123] Si la distance Accra-Lagos est égale à 850 km, quelle est la distance en cm entre ces deux villes sur une carte à l'échelle 1/2 000 000 ?

(A) 2,25 cm (C) 8,5 cm
(B) 4,25 cm (D) 16,5 cm

[124] Je vous montre une photo et vous me demandez : « Qui est-ce ? » Je vous réponds : « Le fils du frère de l'homme que je regarde est le père de mon frère. » Qui apparaît sur le portrait ?

(A) Mon frère. (C) Mon cousin.
(B) Mon oncle. (D) Mon grand-père.

[125] Que vaut $2^8/6^4$?

(A) 8/27 (C) 8/81
(B) 16/27 (D) 16/81

[126] Si l'on augmente le côté d'un cube de 20 %, quel sera le pourcentage d'augmentation du volume de ce cube ?

(A) 60,2 % (C) 68,4 %
(B) 64,6 % (D) 72,8 %

[127] Berthe, Jeanne et Alphonse partent ensemble en vacances. Ils décident de partager équitablement les dépenses. Berthe a déjà payé 20 €, Jeanne a payé 35 €. A la fin des vacances, ils décident d'aller ensemble au restaurant. L'addition du restaurent s'élève à 80 €. Quelle somme d'argent Jeanne doit-elle payer au restaurent pour solder les comptes des vacances équitablement ?

(A) 10 € (C) 22 €
(B) 15 € (D) 25 €

[128] Au lycée Coluche, les élèves sont répartis en deux classes : les membres de la classe A mentent toujours, et ceux de la classe B parfois mentent et parfois disent la vérité. Un professeur a rencontré un élève sans savoir de quelle classe précisément et l'a entendu dire une phrase. Cette phrase a pu être :

(A) « Je n'ai jamais prononcé ne fût-ce qu'une seule phrase véridique. »
(B) « Celui qui prétend que je mens est toujours un menteur. »
(C) « Je dis parfois la vérité. »
(D) « Je ne mens jamais. »

[129] Combien y a-t-il de chemins allant de A à B sans passer 2 fois par le même point ?

(A) 5
(B) 6
(C) 7
(D) 8

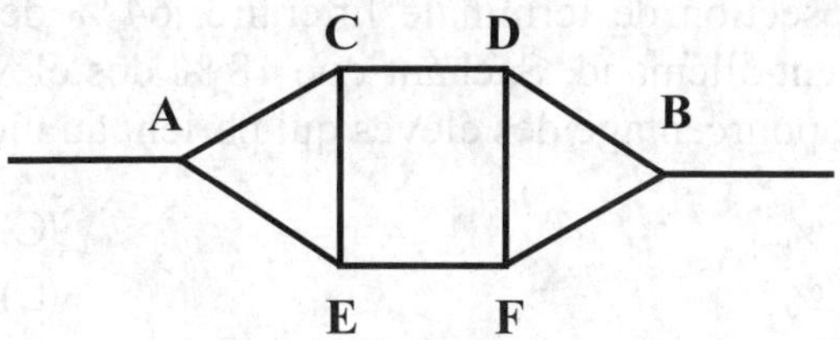

[130] ABC est un triangle rectangle. Son plus petit côté est égal à 1 et les longueurs de ses côtés sont trois termes consécutifs d'une suite arithmétique. Quelle est la raison de cette suite ?

(A) 0,1 (B) 1/3 (C) 0,4 (D) 2/3

[131] Adrien place 200 € sur un compte rémunéré à 10 % par an pour ses 18 ans. A 20 ans, il décide de retirer l'argent placé avec des intérêts composés. Quelle somme d'argent Adrien a-t-il alors à sa disposition pour ses 20 ans ?

(A) 238 € (C) 242 €
(B) 240 € (D) 244 €

[132] Cyril, Olivier et Félix sont trois frères d'âges différents. Chaque fois que l'on interroge l'un d'entre eux, ils prononcent soit leur propre nom, soit le nom d'un frère plus âgé. On interroge les trois et on obtient deux fois le nom Cyril parmi les trois réponses. Quelle conclusion n'est pas possible ?

(A) Félix est le frère du milieu.
(B) Olivier est le frère aîné.
(C) Cyril est le frère le plus jeune.
(D) Olivier est le frère du milieu.

[133] Quelle est la somme des aires grisées du carré de côté 1 ?

(A) 0,65625
(B) 0,7525
(C) 0,875
(D) 0,925

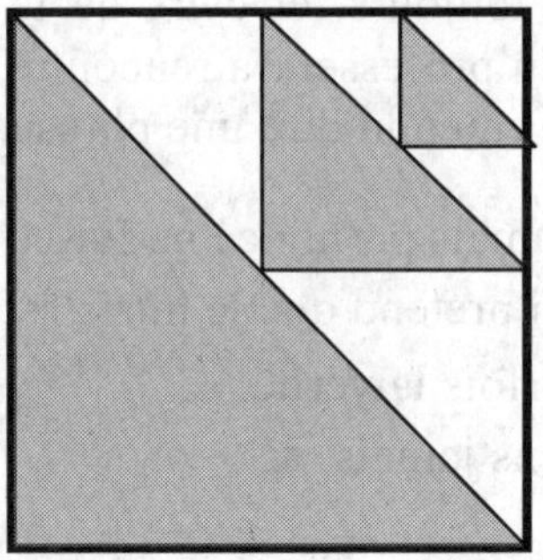

[134] Dans une section de terminale littéraire, 64 % des élèves parlent espagnol et 35 % parlent allemand. Sachant que 18 % des élèves parlent les deux langues, quel est le pourcentage des élèves qui parlent au moins une des deux langues ?

(A) 72 %
(B) 81 %
(C) 82 %
(D) 99 %

[135] L'Etat chinois décide d'acheter un bon du Trésor américain qui vaut 100 €. En échange de ce bond, l'Etat chinois reçoit 2,30 dollars par an. L'Etat chinois décide de vendre ce bon du Trésor au bout de 11 ans. Quelle somme d'argent l'Etat chinois récupère-t-il alors ?

(A) 121,60 €
(B) 123,30 €
(C) 124,70 €
(D) 125,30 €

[136] Quatre enfants (Pierre, Paul, Jacques et Robert) portant quatre tee-shirts de couleurs différentes – noir, bleu, jaune et rouge (pas nécessairement dans cet ordre) – sont assis en cercle, chacun d'eux se tenant par les mains. On dispose des données suivantes :

(1) Pierre a à sa droite Paul.
(2) Jacques a à sa droite le tee-shirt noir et à sa gauche Paul.
(3) Pierre ne porte pas le tee-shirt bleu et Paul a à sa droite le tee-shirt rouge.

Parmi les propositions suivantes, laquelle est juste ?

(A) Le tee-shirt jaune se trouve à la droite de Paul.
(B) Le tee-shirt rouge se trouve à la gauche de Paul.
(C) Pierre porte le tee-shirt jaune.
(D) Le tee-shirt bleu se trouve à gauche de Robert.

[137] Combien existe-t-il de suites de 5 nombres strictement croissants compris entre 1 et 8 ?

(A) 52
(B) 54
(C) 56
(D) 58

[138] En 2008, un château du Haut-Médoc produisait 40 000 bouteilles qu'il vendait à 22,50 € pièce. Le millésime 2009 s'est révélé excellent, et le château a décidé de réduire sa production de 8 % afin de produire un vin de meilleure qualité qui pourra être vendu 20 % plus cher que l'année précédente. Le chiffre d'affaire de 2009 par rapport à l'année 2008 a… :

(A) baissé de 2 %.
(B) baissé de 4 %.
(C) augmenté de 2 %.
(D) augmenté de 10 %.

[139] Après avoir eu son baccalauréat, Hamed décide de ranger ses cahiers par matière sur une unique étagère. Hamed possède en tout 4 cahiers de maths, 3 cahiers d'économie et 2 cahiers de français. De combien de façons peut-il ranger ses cahiers par matière ?

(A) 1 436
(B) 1 728
(C) 2 354
(D) 4 894

[140] Aurélien, Béatrice, Cédric et Daniel décident de comparer les sommes d'argent dont ils disposent chacun pour déterminer qui va payer la tournée de ce soir. Cédric et Daniel n'ont pas ensemble plus d'argent qu'Aurélien, et Béatrice et Cédric ont ensemble plus d'argent qu'Aurélien et Daniel. Que peut-on en conclure ?

(A) Daniel n'a pas moins d'argent qu'Aurélien.
(B) Béatrice est deux fois plus riche que Daniel.
(C) Daniel est trois fois moins riche qu'Aurélien.
(D) Cédric est moins riche que Béatrice.

INTERPRETATION DE GRAPHIQUES ET DE TABLEAUX : ENONCE

Un vigneron produit du vin à partir de quatre terrains (A, B, C et D). La production de chaque terrain est liée à l'ensoleillement et à l'eau : plus il y a de l'eau et du soleil, plus la production du terrain est haute. Il existe trois degrés de d'ensoleillement et d'eau : le degré faible (1), le degré moyen (2), le degré élevé (3).

Les tableaux que voici représentent la récolte de chaque terrain, en tonnes par hectare, pour les différents degrés d'approvisionnement en soleil et en eau :

Terrain A			
Soleil \ Eau	1	2	3
1	1	2	2
2	2	3	4
3	2	4	4

Terrain B			
Soleil \ Eau	1	2	3
1	2	2	4
2	3	3	5
3	4	6	5

Terrain C			
Soleil \ Eau	1	2	3
1	1	3	3
2	3	4	4
3	2	5	6

Terrain D			
Soleil \ Eau	1	2	3
1	4	5	6
2	3	4	6
3	5	6	7

QUESTIONS

[141] Le vigneron a remarqué que si le soleil et l'eau augmentent chacun d'un degré sur chacun des quatre terrains, alors la récolte de l'un des terrains ne subit aucun changement. De quel terrain s'agit-il ?

(A) A (C) C
(B) B (D) D

[142] Dans quel terrain l'écart entre la récolte maximale et minimale est-il le plus grand, quand le degré de soleil est égal à celui en eau ?

(A) A (C) C
(B) B (D) D

[143] Le vigneron décide de modifier l'ensoleillement des terrains pendant deux saisons. L'approvisionnement en eau était pendant la première saison de degré 1 et l'ensoleillement de degré 3. Pour la seconde saison, le vigneron a conservé le degré d'approvisionnement en eau de la première saison, toutefois l'ensoleillement a baissé d'un degré. Dans quel terrain l'écart des récoltes entre la première et la seconde saison a-t-il été le plus grand ?

(A) A (C) C
(B) B (D) D

[144] L'approvisionnement en eau et l'ensoleillement est de degré 1 dans chaque terrain. Le vigneron a suffisamment d'argent pour financer dans un terrain une augmentation de deux degrés en tout, que ce soit pour l'eau ou pour l'ensoleillement. Dans quel terrain investira-t-il pour que sa récolte augmente le plus ?

(A) A
(B) B
(C) C
(D) D

[145] Pour pouvoir préparer la commercialisation de son vin, le vigneron souhaite connaître l'écart possible entre la récole maximale et la récole minimale des quatre terrains. Quel est cet écart ?

(A) 12
(B) 13
(C) 14
(D) 15

CONCOURS BLANC NUMERO 7 : GRILLE DES REPONSES JUSTES

LOGIQUE						CALCUL			
1	REPROCHE	35	TRISTE	69	2	101	B	133	A
2	ASSEMBLAGE	36	O	70	43796128	102	B	134	B
3	COMMENCEMENT	37	F	71	14	103	A	135	D
4	PRINCIPE	38	A	72	6	104	D	136	C
5	RAISONNEMENT	39	L	73	V	105	C	137	C
6	ARDEUR	40	L	74	M	106	D	138	D
7	FABULATION	41	Q	75	32	107	D	139	B
8	OMNIPRESENCE	42	O	76	C	108	D	140	B
9	ENCYCLOPEDIQUE	43	O	77	A	109	D	141	D
10	NATIONALISTE	44	X	78	C	110	D	142	C
11	180	45	P	79	D	111	D	143	D
12	14062	46	JON	80	D	112	B	144	D
13	10	47	EQG	81	B	113	C	145	C
14	5255	48	RQA	82	A	114	A		
15	45	49	MCE	83	B	115	A		
16	1458	50	TZK	84	B	116	A		
17	2214	51	SPIRITUALISME	85	A	117	A		
18	45	52	ABONDANCE	86	B	118	A		
19	112	53	EXUBERANCE	87	A	119	B		
20	34	54	COMMUNISME	88	B	120	B		
21	72	55	EXTERMINATION	89	FIL	121	C		
22	105	56	ACCELERER	90	SHINTOISME	122	C		
23	12 / 28	57	EPARGNER	91	SEMAPHORE	123	B		
24	10	58	CREDIT	92	QUESTIONNEMENT	124	C		
25	4 / 9	59	ANARCHIE	93	DEUXIEME	125	D		
26	SUJET	60	COWBOYS	94	SOUVENIR	126	D		
27	VAPEUR	61	5349718	95	PASTEUR	127	A		
28	TRAQUE	62	PAIX	96	VALLEE	128	D		
29	TARDER	63	1346811	97	LIQUIDE	129	D		
30	EGLISE	64	2	98	EMPLOI	130	B		
31	PLAINTE	65	4	99	MARC	131	C		
32	ORGANE	66	X	100	PENSEE	132	C		
33	PROPRIETES	67	3/14						
34	SOLIDE	68	5						

CORRIGES DU CONCOURS BLANC NUMERO 7

7

[1] Nous commençons par un synonyme assez évident : *critiquer* quelqu'un, c'est lui reprocher quelque chose. Vous cherchez alors le nom qui correspond au verbe « reprocher » : le *reproche.*
Réponse : REPROCHE

[2] *Agrégation* vient du verbe *agréger* qui signifie « rassembler des éléments distincts en un tout compact ». Il fallait donc trouver le substantif *assemblage.*
Réponse : ASSEMBLAGE

[3] Les *prémisses* sont le point de départ, l'origine ou encore la condition première d'un phénomène.
Réponse : COMMENCEMENT

[4] En logique, un *axiome* est une proposition qui a trois propriétés : il doit être évident, il est universel et il est non démontrable. Un axiome est donc un *principe* fondateur.
Réponse : PRINCIPE

[5] Un *syllogisme* est un *raisonnement* déductif. Rappelez-vous, Socrate est un homme…
Réponse : RAISONNEMENT

[6] On parle souvent de *zèle* pour la religion. Le zèle est le dévouement, la dévotion ou encore la ferveur, mis au service d'une cause. En un mot, c'est l'*ardeur.*
Réponse : ARDEUR

[7] Un mythomane se caractérise par sa tendance à raconter des choses fausses. L'affabulateur est un synonyme très proche du mythomane.
Réponse : FABULATION

[8] On parle la plupart du temps d'*ubiquité* en théologie : c'est la faculté divine d'être présent partout et en même temps. L'*omniprésence,* sans être un concept aussi fort, est un synonyme d'ubiquité.
Réponse : OMNIPRESENCE

[9] Souvenez-vous de votre bac de français et des cours sur la narration. Le narrateur *omniscient* savait tout ! Il connaissait tout comme une encyclopédie.
Réponse : ENCYCLOPEDIQUE

[10] Comment définir la politique extérieure des Etats-Unis ? Une politique *nationaliste* ou une politique *patriotique* ? Vous voyez bien que le patriotisme et le nationalisme sont parfois très proches.
Réponse : NATIONALISTE

[11] Voici la suite des écarts entre les carrés et les cubes : $1^3 - 1^2 = 0$; $2^3 - 2^2 = 4$; $3^3 - 3^2 = 18$; $4^3 - 4^2 = 48$; $5^3 - 5^2 = 100$; $6^3 - 6^2 = 180$.
Réponse : 180

[12] Critère arithmético-géométrique de raisons x5 et +2 : $22 \times 5 + 2 = 112$; $112 \times 5 + 2 = 562$; $562 \times 5 + 2 = 2812$ et $2812 \times 5 + 2 = 14062$.
Réponse : 14062

[13] Dans cette série, on divise d'abord par 100, puis par 200, ensuite par 300 et enfin par 400.
Réponse : 10

[14] Remarquez la progression simple des chiffres aux extrémités de chaque terme de la série : 1, 2, 3, 4, etc. Le chiffre au milieu de chaque terme est égal au produit des chiffres aux extrémités. En conséquence : $5 \times 5 = 25$.
Réponse : 5255

[15] C'est une série à progression arithmétique de type +2/+3/+5/+7/+11. En fait, vous ajoutez la suite des nombres premiers. Le nombre qui suit 32 est donc 45 (vous ajoutez 13).
Réponse : 45

[16] C'est une série à progression géométrique de premier terme 18 et de raison 3.
Réponse : 1458

[17] Série à progression arithmétique de raison +217 et de premier terme 1346.
Réponse : 2214

[18] Série à progression arithmétique +7.
Réponse : 45

[19] Vous devez retirer 4 au premier terme. Puis vous multipliez par 2 le deuxième terme. Vous retirez encore 4 au terme suivant. Ensuite, vous multipliez à nouveau par 2, et ainsi de suite.
Réponse : 112

[20] Vous devez considérer les nombres deux par deux : 12 avec 21, 23 avec 32 et 34 avec 43. Il y a une symétrie à chaque fois entre les deux nombres.
Réponse : 34

[21] Cette série est la suite des carrés que l'on a multipliés par deux. Le carré de 6 est égal à 36 et le double est égal à 72.
Réponse : 72

[22] Modèle de deux critères alternés : /2, -2, /2, -2, /2, -2, etc.
Réponse : 105

[23] *Sens de la série :* le sens est horizontal et va de gauche à droite.
Critère : c'est une combinaison de deux suites arithmétiques de raisons 1 et -2, la première décroissante et la seconde décroissante : 17 – 16 – 15 – 14…, et 18 – 20 – 22 – 24 – 26.
Réponse : 12 et **28**

[24] *Sens de la série :* la série est en colimaçon et commence en haut à droite avec le 1.
Critère : c'est une série de type « horloge », c'est-à-dire après 12 (minuit ou midi) on revient à 1. Vous devez respecter le cycle de 12 heures. On ajoute 3 à chaque nouveau nombre. La série est donc égale à : 1, 4, 7, 10, 1 (13 en fait), 4, 7, 10. La bonne réponse est donc 10.
Réponse : 10

[25] *Sens de la série :* il y a deux points de départ pour deux séries. Les deux points de départ sont les points d'interrogation et les séries ont un sens vertical et vont du bas vers le haut.

Critère : combinaison de deux séries arithmétiques, la première de raison 2, la seconde de raison 3. Les deux réponses sont donc respectivement 4 et 9.
Réponse : 4 et **9**

[26]	**SUJET**	[31]	**PLAINTE**
[27]	**VAPEUR**	[32]	**ORGANE**
[28]	**TRAQUE**	[33]	**PROPRIETES**
[29]	**TARDER**	[34]	**SOLIDE**
[30]	**EGLISE**	[35]	**TRISTE**

[36] Inscrivez les rangs des lettres et observez l'alternance des progressions arithmétiques de type +3/+2.
Réponse : O

[37] Voilà une suite arithmético-géométrique de type x2, +1. Elle est assez rare pour la remarquer dans les séries simples de lettres.
Réponse : F

[38] Observez la progression arithmétique qui décroît : +5/+4/+3/+2.
Réponse : A

[39] Série à progression arithmétique +3.
Réponse : L

[40] Voilà une série un peu différente car on vous propose des groupes de lettres. Pas de problème, adaptez-vous ! Ici, c'est un critère de séparation car le produit des rangs des deux premières lettres est égal au rang de la troisième lettre.
Réponse : L

[41] La somme des rangs des deux lettres est toujours égale à 20 (J + J = 10 + 10 = 20 ; E + O = 5 + 15 = 20, etc.).
Réponse : Q

[42] Remarquez la succession INTRA croissante entre les deux lettres, +2 entre le D et le F, +3 entre le F et le I, etc.
Réponse : O

[43] Critère de progression alternée de type +2/+3.
Réponse : O

[44] Progression de type +1/+2/+3/+4.
Réponse : X

[45] Observez l'écart croissant entre les lettres : aucune lettre entre D et C, 1 lettre entre I et G, 2 lettres entre S et P, etc. Il faut donc un écart de 4 lettres avec U.
Réponse : P

[46] Progression de type +4/+2/-2.
Réponse : JON

[47] Progression de type +3/-1/-2.
Réponse : EQG

[48] Progression de type -2/+2/-2.
Réponse : RQA

[49] Progression de type -3/+2/-1.
Réponse : MCE

[50] Progression de type +5/+5/+5.
Réponse : TZK

[51] Le matérialisme est la doctrine philosophique qui rejette l'existence du spirituel.
Réponse : SPIRITUALISME

[52] Ce qui n'est pas rare est abondant.
Réponse : ABONDANCE

[53] Si une personne se révèle discrète et passe inaperçue, alors elle est tout sauf exubérante.
Réponse : EXUBERANCE

[54] Pensez à la dialectique séculaire marxiste. On oppose bien sûr le capitalisme au communisme.
Réponse : COMMUNISME

[55] Une espèce protégée est censée ne pas être exterminée.
Réponse : EXTERMINATION

[56] Le contraire de ralentir est évidement accélérer.
Réponse : ACCELERER

[57] Dilapider de l'argent, c'est tout dépenser très rapidement. Cela s'oppose à l'épargne.
Réponse : EPARGNER

[58] Lorsque vous devez de l'argent à la banque, vous avez une dette envers la banque. Lorsque c'est le contraire et que par exemple vous avez laissé de l'argent sur un compte bancaire, votre compte est crédité par la banque.
Réponse : CREDIT

[59] La hiérarchie s'oppose à l'anarchie, qui est l'absence d'ordre politique au sens large.
Réponse : ANARCHIE

[60] Nous finissons avec un antonyme imagé donc un peu inhabituel, mais plutôt simple. Dans les westerns, on oppose facilement dans la mémoire collective les cow-boys et les indiens.
Réponse : COWBOYS

[61] Veillez à reconnaître un codage : C = 5, E = 8, R = 3, T = 1, A = 4, etc. Vous avez désormais toutes les clés pour coder le mot CRAINTE.
Réponse : 5349718

[62] Il s'agit ici d'un codage : les chiffres indiquent la position finale des lettres qui suivent immédiatement les parenthèses. Par conséquent, le P doit être en position 1, le A doit être en position 2, le I doit être en position 3, etc.
Réponse : PAIX

[63] Les chiffres entre parenthèses indiquent les positions des consonnes dans le mot. Pour PUBLICITE, les consonnes se situent en positions 1, 3, 4, 6 et 8. Pour COMPETITION, les consonnes se situent en positions 1, 3, 4, 6, 8 et 11.
Réponse : 1346811

[64] Le chiffre correspond au nombre de A dans chaque mot : 2 dans AFFAIBLIR, 2 dans TATOUAGE, 3 pour ARKANSAS et 2 pour PARAPLUIE.
Réponse : 2

[65] Le chiffre entre parenthèses correspond au nombre de syllabes de chaque mot : 4 dans GENOCIDE, 3 dans VERITE, 5 dans MACHIAVELIQUE et 4 dans DESPOTIQUE.
Réponse : 4

[66] Le produit des chiffres est égal au rang de la lettre entre parenthèses : $4 \times 5 = 20$, ce qui correspond au rang de T ; $2 \times 3 = 6$, ce qui correspond au rang de F ; $6 \times 4 = 24$, ce qui correspond au rang de X.
Réponse : X

[67] Le premier nombre correspond au rang de la première lettre du mot. Le second nombre correspond au rang de la dernière lettre du mot. Par exemple, le rang de C est égal à 19 et le rang de N est égal à 21.
Réponse : 3/14

[68] Le chiffre entre parenthèses correspond au nombre de consonnes du mot précédant les parenthèses : 5 pour ACCROITRE, 3 pour FAUTEUIL, 6 pour MACHIAVELIQUE et 5 pour TELEVISION.
Réponse : 5

[69] Ne vous laissez pas influencer par les chiffres romains. Le chiffre entre parenthèses correspond au nombre de barres. Il y a 2 barres pour II.
Réponse : 2

[70] Vous devez coder le mot REACTION sur le modèle du mot CREATION : C = 9, R = 4, E = 3, A = 7, T = 6, etc.
Réponse : 43796128

[71] Remarquez qu'il y a beaucoup de E dans chaque mot. Leurs positions sont marquées par les chiffres qui suivent entre parenthèses.
Réponse : 14

[72] La somme des rangs des voyelles est égale au nombre entre parenthèses.
Réponse : 6

[73] Des V, des X, des I… Ne serait-ce pas des chiffres romains ? En effet, les lettres sont des chiffres romains et la lettre entre parenthèses désigne l'initiale du nombre écrit en chiffre romain.
Réponse : V

[74] La lettre est l'initiale du nombre écrit en lettres : **U**n – **O**nze – **C**ent **O**nze – **M**ille **C**ent **O**nze.
Réponse : M

[75] Le premier chiffre indique le nombre de consonnes dans le mot, tandis que le second chiffre indique le nombre de voyelles dans le mot.
Réponse : 32

[76] L'analogie donne la fonction de l'animal. Le chien de berger garde le troupeau. *Etalon, dressage* et *équitation* ne donnent pas une fonction particulière au cheval. En conséquence, seule la *course* précise la fonction du cheval.
Réponse : C

[77] Le savon permet de lutter contre les microbes. Parmi les couples proposés, seul le volet permet de lutter contre la lumière.
Réponse : A

[78] Le lien est ici la race de l'animal plus que l'origine géographique. Sur le modèle du tigre du Bengale, seul le lapin de Garenne est une race de lapin.
Réponse : C

[79] L'association du nom *chat* et de l'adjectif *noir* est synonyme de malheur pour les gens superstitieux. De la même manière, le Vendredi 13 peut être synonyme de malheur.
Réponse : D

[80] Le krach boursier est le retournement des tendances boursières, associé à une chute brutale des indices boursiers. Les termes de *récession* et de *décroissance* sont synonymes lorsque l'on parle de cycles économiques : les économistes définissent la récession économique comme la période à partir de laquelle deux trimestres de suite ont une croissance économique négative.
Réponse : D

[81] Lien : les freins permettent de diminuer la vitesse. Analogiquement, l'aspirine permet de faire baisser la température corporelle.
Réponse : B

[82] Le couple de départ associe une science à son objet : la mécanique est l'étude des interactions des forces. On retrouve ce lien uniquement entre les mathématiques et les nombres.
Réponse : A

[83] Lien : l'hypothèse devient une loi lorsqu'elle est vérifiée. Par conséquent, la rumeur devient un fait lorsqu'elle est vérifiée.
Réponse : B

[84] Vous observez que l'intensité de la chaleur est renforcée entre l'adjectif *chaud* et l'adjectif *bouillant*. Par conséquent, il est nécessaire de renforcer l'intensité pour la froideur : *frais* et *frisquet* ne renforcent pas l'intensité. *Gelé* ne donne pas une température mais un état physique. Il n'y a que *glacial* qui renforce l'intensité.
Réponse : B

[85] Vous devez retrouver Marie Curie, la célèbre physicienne qui a mené de nombreux travaux sur la radioactivité. Elle a reçu deux prix Nobel de physique en 1903 et 1911.
Réponse : A

[86] Représentez-vous les directions sur une carte : l'est est à « droite », le nord est en « haut », le sud est en « bas », d'où Est (D) – Nord (H) – Sud (B). En conclusion, l'ouest est à gauche.
Réponse : B

[87] Concentrez-vous sur les premières lettres de chaque mots : **E**douard – **D**attes ; **G**érard – **F**raise ; **D**aniel – **C**lémentine. Remarquez que les initiales sont à chaque fois des lettres consécutives dans le sens inverse. Noémie doit donc acheter des melons.
Réponse : A

[88] Le lien est un rapport de synonymie. Plus précisément, *zinc* est un synonyme argotique d'*avion.* L'automobile et la bagnole suivent parfaitement cette logique.
Réponse : B

[89] L'électricité est évidement le thème de la série. La caractéristique commune des éléments de cette série est de devoir interrompre le courant. C'est la fonction du fusible, de l'interrupteur et du disjoncteur. Au contraire, le *fil* est conducteur et permet le passage du courant.
Réponse : FIL

[90] Ici, les sunnites, les druzes et les chiites sont des branches religieuses de l'Islam. Le shintoïsme est une religion présente au Japon. En conclusion, l'intrus est le *shintoïsme*.
Réponse : SHINTOISME

[91] La forteresse et la citadelle sont des places fortes, tout comme le krak, qui était le nom donné aux forteresses des chevaliers croisés pendant les croisades. Le seul intrus possible est donc *sémaphore,* qui ne décrit pas une place forte. Attention, ne confondez pas le « krak » des chevaliers avec le « krach » boursier, qui sont des homophones.
Réponse : SEMAPHORE

[92] Tout se réfère dans cette série au contrôle scolaire. Lorsqu'un professeur veut tester vos connaissances, il peut vous donner un test, un devoir ou une interrogation. En revanche, il ne vous donnera jamais de *questionnement,* car le questionnement est une réflexion personnelle.
Réponse : QUESTIONNEMENT

[93] Dans cette série, chaque élément est le dernier d'une liste. Attention à la nuance entre *deuxième* et *second.* Le second est celui juste après le premier, mais personne ne lui succède ; quant au deuxième, il suit le deuxième mais il a des personnes derrière lui.
Réponse : DEUXIÈME

[94] L'ensemble décrit par cette série correspond à des écrits universitaires. La thèse, le traité, le mémoire sont des formes qui peuvent être prises pour les écrits des docteurs, des maîtres de conférences, etc. Même si le terme de *souvenir* semble être en adéquation avec le terme de *mémoire,* on parle ici <u>du</u> mémoire et non de <u>la</u> mémoire. L'intrus est donc *souvenir*.
Réponse : SOUVENIR

[95] Votre culture générale scientifique doit parler dans cette question. Einstein, Newton et Galilée étaient des physiciens, ce qui n'était pas le cas de Louis Pasteur, qui était biologiste. *Pasteur* est donc l'intrus de cette série de remarquables physiciens.
Réponse : PASTEUR

[96] Voici une série qui met à l'honneur le champ lexical de la montagne. L'aiguille n'est pas une aiguille de couture, mais un sommet montagneux très pointu. L'intrus est donc la *vallée,* qui ne traduit pas l'idée de relief montagneux dans cette série.
Réponse : VALLEE

[97] Cette série doit décrire les trois états de l'eau. Le terme de *liquide* est trop imprécis et général, et ne désigne pas nécessairement de l'eau. Par conséquent, l'intrus est *liquide*.
Réponse : LIQUIDE

[98] Tous les éléments de la série doivent être des fonctions régaliennes : mettre en place une armée, lever l'impôt et frapper monnaie. Voilà les principales fonctions régaliennes de l'Etat. Assurer l'*emploi* ne fait pas partie des fonctions régaliennes traditionnelles.
Réponse : EMPLOI

[99] Camille, Dominique et Maxime sont des prénoms à la fois masculins et féminins : ce sont des prénoms épicènes. *Marc* est un prénom strictement masculin.
Réponse : MARC

[100] Le critère de cette série d'intrus est de n'avoir que des noms masculins : on dit <u>un</u> tentacule et <u>un</u> abysse. Bien entendu, *passager* est masculin et *pensée* est féminin.
Réponse : PENSEE

[101] Procédez par élimination. Analysez bien le sens de l'implication de la proposition que l'on vous donne : la république implique un gouvernement par le peuple. Cela signifie que dans une république, le gouvernement vient nécessairement du peuple. Toutefois, il se peut qu'un autre type de régime possède un gouvernement par le peuple (la monarchie parlementaire par exemple). Les réponses A, C et D signifient que le gouvernement par le peuple entraîne nécessairement un régime politique de type république. Ces trois propositions ne sont pas prouvées par l'énoncé.

Réponse : B

[102] Dans une journée de 16 h, il y a 60 x 16 mn, soit 960 mn. Comme l'usine produit une voiture toutes les 3 mn, il suffit de diviser 960 par 3 pour obtenir le nombre de voitures qui sortent en 16 h de l'usine de Valenciennes :
960/3 = 320 voitures.

Réponse : B

[103] Soit P, le prix de l'article hors taxe. Le prix TTC correspond au prix hors taxe, augmenté de 20 %. Par conséquent :

$$(1 + 20\ \%) \times P = 576\ € \Leftrightarrow P = 576\ €/1{,}2 \Leftrightarrow 5\ 760\ €/12 \Leftrightarrow P = 480\ €$$

A ce moment précis, vous devez poser la division 5 760/12. C'est pourquoi entraînez-vous à diviser rapidement, en utilisant la bonne vieille méthode classique de division euclidienne :

5760	12
96	480
0	

Réponse : A

[104] Testez les possibilités de date pour le premier mardi du mois :

Si le 1er du mois est un mardi, alors le 8, le 15, le 23 et le 30 seront aussi des mardis. Cela ne correspond pas au cas demandé, puisque même s'il y a 5 mardis, il y a seulement 2 mardis pairs.

Si le 2e jour du mois est un mardi, alors le 9, le 16, le 23 et le 30 seront aussi des mardis. Cela correspond au cas demandé, puisqu'il y a 3 mardis pairs sur 5.
Si le 16 du mois tombe un mardi, alors le 20 sera un samedi

Réponse : D

[105] Pour trouver le nombre de circuits réalisables, il suffit de faire une permutation des 5 continents. Il y a alors 120 circuits réalisables (5!).
Vous pouviez également dire que pour la première destination, il y avait 5 continents possibles, puis plus que 4 continents possibles pour la deuxième destination, puis plus que 3 continents possibles pour la troisième destination, puis plus que 2 pour la quatrième destination, et enfin plus qu'un unique continent pour la cinquième destination.
Réponse : C

Rappel :

1! = 1	**4! = 24**	**7! = 5 040**
2! = 2	**5! = 120**	**8! = 40 320**
3! = 6	**6! = 720**	**9! = 362 880**

[106] En 2008, les intérêts s'élevaient à 120 € alors qu'ils étaient de 150 € en 2009. Les intérêts n'étant pas stables d'une année à l'autre, le placement est alors à intérêts composés. Le taux d'intérêt est en conséquence donné par le taux de croissance des intérêts (150 - 120)/120 = 30/120 = 0,25 = 25 %.
Réponse : D

[107] Pensez ici à éliminer rapidement les réponses fausses qui sont évidentes. La réponse A est nécessairement inférieure à la réponse C, car la multiplication donne un résultat plus « grand » que l'addition. De plus :
$(3 + 3)^3 = 6^3 = 216$; $3^3 \times 3^3 = 27 \times 27$; $(3^3)^3 = 27^3$
Vous n'avez absolument pas besoin de tout calculer : remarquez rapidement que la réponse D est plus grande que la réponse C.
Réponse : D

[108] Procédez ici méthodiquement en éliminant un à un les paramètres qui n'ont pas pu causer l'accident : les pneus n'ont rien à voir avec l'accident. Il reste donc trois causes possibles. Analysons chacune des causes : si la route est une cause de l'accident, alors il y a exactement trois causes, qui sont alors nécessairement la route, la vitesse et les freins. Dans ce cas, comme la vitesse est une cause, il y a alors normalement aussi exactement une autre cause. Cette dernière conséquence est en contradiction avec l'hypothèse que la route est une cause car comme montré, dans ce cas-là, il y a exactement trois causes. Par conséquent, la route ne peut pas être une cause et les deux causes sont la vitesse et les freins.
Réponse : D

[109] Pourcentage de baisse = (130 - 104)/130 = 26/130 = 20 %
Ici, la quantité de variation est égale dans un cas de pourcentage de baisse à la valeur initiale moins la valeur finale.
Réponse : D

[110] Le nombre formé doit être inférieur à 500, d'où le premier chiffre ne peut être que le 2 ou le 3. Ensuite, pour le deuxième chiffre, nous avons 4 solutions possibles (on retire le chiffre pris pour les centaines puisque les chiffres doivent être distincts). Enfin, pour le dernier chiffre, il ne reste plus que 3 possibilités. En résumé, il y a 2 x 4 x 3 nombres possibles, soit 24 nombres.
Réponse : D

[111] Posons tout simplement les deux équations, avec r la raison géométrique de la suite :
$X = 25 \times r$ et $16 = X \times r$, d'où $r \times r \times 25 = 16 \Leftrightarrow r^2 = 16/25 \Leftrightarrow r = 4/5 \Leftrightarrow r = 0{,}8$
Réponse : D

[112] Ici, les députés européens et les députés français ne sont pas nécessairement les mêmes. Aucune des propositions ne découle donc l'une de l'autre.
Réponse : B

[113] L'application de la formule des intérêts composés fournit directement la réponse :
$C_3 = (1 + r)^3 \times C_0 = C_2 = (1 + 10\ \%)^3 \times 1\ 000$ € $= 1{,}331 \times 1\ 000$ € $= 1\ 331$ €
Réponse : C

Astuce : pour calculer le carré et le cube de (1 + 10 %), soit 1,1, aidez-vous du carré et du cube de 11 qui valent respectivement 121 et 1 331.

[114] Attention, vous ne devez surtout pas utiliser une moyenne arithmétique ou pondérée ici. Vous cherchez le temps moyen de fabrication d'une pièce, qui est égal à la moyenne harmonique des temps de fabrication de chaque ouvrier. Concrètement, en 1 heure, les ouvriers A, B et C vont respectivement produire 6, 4 et 3 pièces, soit 13 pièces à eux trois. D'où le temps de production d'une pièce est égal à :
$(10 \times 6 + 15 \times 4 + 20 \times 3)/13 = 180/13 = 13{,}85$ mn par pièce.
Réponse : A

[115] Rappelons la définition d'un nombre palindrome pour commencer : un palindrome est un nombre qui reste le même qu'on le lise de gauche à droite ou de droite à gauche. Entre 1 000 et 10 000, les nombres ont tous 4 chiffres. Un nombre à quatre chiffres est palindrome si, et seulement si, le premier chiffre est égal au quatrième et si les deux chiffres du milieu sont égaux. Il y a donc 9 possibilités pour les chiffres extérieurs (de 1 à 9, puisqu'on ne peut pas prendre le 0) et 10 possibilités pour les chiffres intérieurs (de 0 à 9).
Il y a finalement 9×10 palindromes entre 1 000 et 10 000, soit 90.

Réponse : A

[116] Traduisez sous forme d'implication :
Echarpe $\Longrightarrow$ Gants

Non bonnet $\Longrightarrow$ Manteau

Bonnet ou gants $\Longrightarrow$ Lunettes

Non manteau $\Longrightarrow$ Bonnet

L'énoncé vous indique que vous devez faire l'hypothèse que Louis n'a pas mis de lunettes. D'après la troisième et la dernière hypothèse, en prenant les contraposées, vous obtenez :

Non lunettes $\Longrightarrow$ Non bonnet et non gants

Il ne met donc pas de bonnet et pas de gants. Comme il ne met pas de bonnet, il met sont manteau. Comme il ne met pas ses gants, il ne met pas son écharpe.

Réponse : A

[117] S'il y a en tout 32 panneaux solaires sur la toiture, il y en a 8 par pente. Un panneau solaire a une superficie de $0{,}5 \times 1{,}2 = 0{,}6$ m². Finalement, une pente de la toiture a une surface de $8 \times 0{,}6$ m², soit 4,8 m².

Réponse : A

[118] Calculons séparément l'aire de la nappe de la partie rectangulaire de la table et les aires des deux disques. Pour faire dépasser les bords de 20 cm de chaque côté, il suffit d'ajouter 40 cm à la largeur de la table pour la partie rectangulaire, et 20 cm au rayon du demi-cercle.
Aire partie rectangulaire $= 2 \times 1{,}2 = 2{,}4$ m²

Aire de la partie circulaire $= 2\pi \times 0{,}7^2 = 0{,}98\ \pi$

Par conséquent, l'aire de la nappe est égale à $2{,}4 + \pi$.

Réponse : A

[119] Pour calculer le pourcentage du réservoir consommé, vous devez calculer la capacité du réservoir, ainsi que la quantité d'essence consommée :
Volume du réservoir = 120 cm x 40 cm x 20 cm = 1,2 m x 0,4 m x 0,2 m = 0,096 m^3 = 96 L
Volume essence consommée = 1,5 x 8 L = 12 L
Pourcentage du réservoir consommé = 12/96 = 12,5 %
Réponse : B

[120] L'alpiniste ne peut escalader directement la montagne sans mourir de faim. Il est obligé de repasser plusieurs fois à la base pour stocker de la nourriture dans les refuges. Il part une première fois de la base, et au bout d'une journée, il se situe au premier refuge. Il y laisse une ration journalière puis redescend. Le jour suivant, il monte à nouveau au premier refuge ou il consomme une ration. En partant du premier refuge, il a à sa disposition deux rations (celle de la base et celle stockée dans le refuge), qui lui permettent de rejoindre le sommet. Il a donc mis un premier jour pour stocker une ration au premier refuge et trois jours pour faire la montée complète. En tout, il met quatre jours pour atteindre le sommet.
Réponse : B

[121] Convertissez dans un premier temps la capacité du réservoir en m^3 : 1,62 km^3 = 1620 000 000 m^3. En 1 minute, le débit du fleuve est égal à : 30 000 m^3 x 60 = 1 800 000 m^3. Par conséquent, le temps mis par le fleuve pour remplir le réservoir du fleuve est égal à : 1 620 000 000/1 800 000 = 900 mn.
Réponse : C

[122] La hauteur maximale atteinte après chaque rebond est divisée par deux. Après le premier rebond, la hauteur maximale est de 80 cm (160/2 = 80), puis après le deuxième rebond de 40 cm, puis de 20 cm, puis de 10 cm, et enfin de 5 cm. En conséquence, la hauteur maximale atteinte au cinquième rebond est égale à 5 cm.
Réponse : C

[123] A l'échelle 1/2 000 000, la distance réelle est divisée par 2 000 000 sur la carte. Donc, les 850 km sont représentés par :
850 km/2 000 000 = 8 500 000 cm/2 000 000 = 8,5 cm/2 = 4,25 cm.
Réponse : B

[124] Si vous remplacez petit à petit les relations familiales par des personnes concrètes, alors le problème devient beaucoup plus simple : le père de mon frère est aussi mon père. Je regarde donc le fils du frère de mon père, c'est-à-dire le fils de mon oncle, ou encore mon cousin.
Réponse : C

[125] Simplifiez ici le plus possible : $6^4 = (2 \times 3)^4 = 2^4 \times 3^4$.
Finalement, $2^8/6^4 = (2^4 \times 2^4)/(2^4 \times 3^4) = 16/81$.
Réponse : D

[126] Soit C, le côté du cube. Le volume du cube avant augmentation est égal à C^3.
L'augmentation de 20 % se traduit sur le volume par la variation suivante :
$[(1 + 20\ \%) \times C]^3 = 1{,}2^3 \times C^3 = 1{,}728 \times C^3$
Par conséquent, le pourcentage d'augmentation est égal à 72,8 %.
Réponse : D

Astuce : pour calculer le cube de 1,2, calculez le cube de 12 (si vous ne le connaissez pas par cœur), puis divisez ensuite le résultat par 1 000.

[127] Le problème est beaucoup plus simple qu'il n'en a l'air : la dépense globale des trois amis est égale à (20 + 35 + 80) € = 135 €, d'où la dépense équitable par personne est égale à 45 €. Comme Jeanne a déjà dépensé 35 € pour le groupe, elle ne doit payer plus que 10 €.
Réponse : A

[128] Si l'élève provient de la classe A et qu'il ment en permanence, alors l'affirmation « je ne mens jamais » a pour contraire, « je mens toujours ». Si l'élève de la classe A prononce cette phrase, alors il n'y a pas de contradiction.
Réponse : D

[129] Ici, nous vous conseillons de lister toutes les solutions possibles :
ACDB ; ACDFB ; ACEFB ; ACEFDB ; AEFB ; AEFDB ; AECDB ; AECDFB.
Finalement, il y a 8 chemins possibles partant de A et menant à B sans passer deux fois par le même point.
Réponse : D

Astuce : le dessin étant symétrique, commencez par compter le nombre de chemins passant au début par C, puis multipliez par deux pour obtenir le nombre final de chemins possibles. La symétrie du dessin implique également que la réponse doit être un nombre pair.

[130] Nous savons que les longueurs des côtés du triangle sont trois termes consécutifs d'une suite arithmétique. On note r la raison de cette suite arithmétique, alors les cotés du triangle ont respectivement pour longueur 1 ; $1 + r$ et $1 + 2r$.

Le triangle étant rectangle, d'après le théorème de Pythagore, le carré de la longueur de l'hypoténuse est égal à la somme des carrés des longueurs des deux autres côtés, c'est-à-dire :

$1^2 + (1 + r)^2 = (1 + 2r)^2 \Leftrightarrow 1 + 1 + 2r + r^2 = 1 + 4r + 4r^2 \Leftrightarrow 3r^2 + 2r - 1=0$

Vous remarquez que l'équation est du second degré, avec un discriminant égal à 16 ($2^2 - 4 \times 3 \times (-1)$). Par conséquent, les deux solutions de l'équation sont égales à -1 et 1/3. La raison étant positive, la réponse est nécessairement égale à 1/3.

Réponse : B

Astuce : lorsque vous êtes confrontés à une équation du second degré $ax^2 + bx + c = 0$, calculez le discriminant de l'équation ($b^2 - 4ac$). Si le discriminant est strictement positif, alors l'équation a deux solutions.

[131] Nous attirons votre attention sur le fait que les questions de placement financier et d'intérêts sont directement liées aux suites. Lorsque les intérêts sont composés, le revenu suit une progression géométrique de raison $q = 1 +$ taux d'intérêts.

Soit R_0, le revenu au début du placement de 200 €. A 20 ans, Adrien a laissé son argent placé deux ans. Par conséquent, $R_2 = R_0 \times (1 + 10\ \%)^2 = 200\ € \times 1{,}21 = 242\ €$.

Réponse : C

[132] Concentrez-vous ici sur la seule information que l'énoncé vous donne : Cyril est cité deux fois dans les réponses. Comme il est cité deux fois, Cyril ne peut pas être le frère le plus jeune. S'il avait été le plus jeune, alors il n'aurait pu y avoir qu'une seule fois la réponse Cyril, donnée par Cyril lui même, car les deux autres grands frères n'auraient pas pu le donner comme réponse.

Réponse : C

[133] Vous remarquez clairement que la longueur des côtés des triangles diminue de moitié à chaque fois (c'est une progression géométrique de raison 1/2. Les trois triangles rectangles ont respectivement pour surface 0,5 ; 0,125 et 0,03125, c'est-à-dire finalement en tout 0,65625.

Réponse : A

[134] Interprétez bien ce que vous demande cette question : la part « des élèves parlant au moins une des deux langues » correspond à l'union des élèves qui parlent espagnol et des élèves qui parlent allemand. Or :

$\text{Card}(\text{All} \cup \text{Esp}) = \text{Card}(\text{All}) + \text{Card}(\text{Esp}) - \text{Card}(\text{All} \cap \text{Esp})$

Par conséquent, pour 100 élèves, le nombre d'élèves qui parlent allemand et espagnol est égal à (64 + 35 - 18), soit 81 élèves. Donc si 81 élèves parlent les deux langues pour 100 élèves, 81 % des élèves parlent au moins une des deux langues.

Réponse : B

[135] La richesse de l'Etat suit une progression arithmétique de 2,3 (chaque année le bon rapporte 2,30 \$). Notons R_0 la richesse de l'Etat au moment où l'achat du bon a lieu. On a alors :

$R_{11} = R_0 + 11 \times 2{,}30 = 100 + 25{,}30 = 125{,}30$ \$

Réponse : D

[136] Aidez-vous d'un schéma :

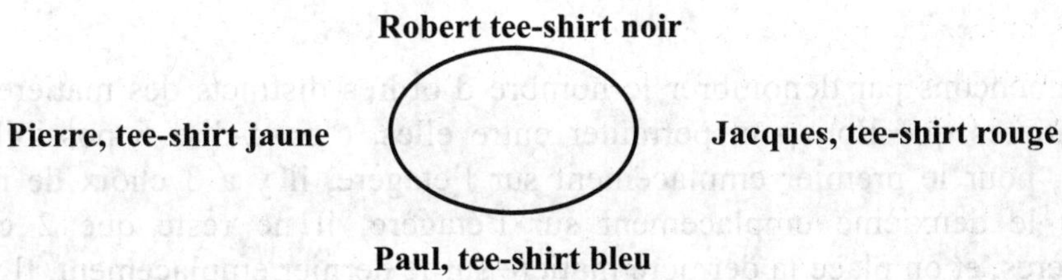

Réponse : C

[137] Cette question est assez déroutante à première vue. Lorsque vous commencez à compter les différentes listes, vous vous rendez rapidement compte que le nombre de listes de cinq nombres strictement croissants devient vite grand. Voici alors la démarche à suivre :

Veillez à bien voir que les nombres de la suite sont distincts entre eux, puisqu'ils sont strictement croissants. Pour composer une liste de 5 nombres strictement croissants compris entre 1 et 8, vous devez choisir ces 5 nombres parmi 8 ($\binom{8}{5}$ possibilités), puis les ordonner (1 possibilité d'ordre).

En conséquence, il y a en tout $\binom{8}{5}$ combinaisons possibles, c'est-à-dire 8!/(5! x 3!) = (6 x 7 x 8)/(2 x 3) = 56.

Réponse : C

[138] Pour calculer le pourcentage de variation, vous devez connaître le chiffre d'affaire du château en 2008 et celui en 2009 :

CA_{2008} = 40 000 x 22,50 € = 900 000 €

CA_{2009} = (1 - 8 %) x 40 000 x (1 + 20 %) x 22,50 = 0,92 x 40 000 x 1,2 x 22,50 € = 993 600 €

D'où :

% de hausse = quantité supplémentaire/quantité initiale = 993 600 €/900 000 € = 1,104

L'augmentation est donc égale à 10 %.

Réponse : D

[139] Pour dénombrer le nombre de façons de classer les cahiers par matière, il faut :

- Choisir l'ordre des matières ([maths, français, économie] ou [maths, économie, français], etc.).
- Choisir l'ordre des cahiers à l'intérieur de chaque matière.

Commençons par dénombrer le nombre d'ordres distincts des matières. Il y a 3 matières que l'on peut permuter entre elles, c'est-à-dire 6 possibilités. En effet, pour le premier emplacement sur l'étagère, il y a 3 choix de matières. Pour le deuxième emplacement sur l'étagère, il ne reste que 2 choix de matières, et on place la dernière matière sur le dernier emplacement. Il y a donc 1 x 2 x 3 façons, c'est-à-dire 6 façons.

Raisonnons désormais sur les rangements possibles des cahiers d'une même matière, en traitant les matières de manière indépendante. A l'intérieur de chaque matière, il faut effectuer une permutation des cahiers. Concrètement, pour le premier cahier de maths, il y a 4 emplacements possibles à l'intérieur de la section maths, puis plus que 3 emplacements pour le deuxième cahier, puis plus que 2 emplacements pour le suivant, et un unique emplacement pour le dernier. En résumé, pour les cahiers de maths, il y a 4 x 3 x 2 x 1 possibilités

(24 possibilités). Pour l'économie, il y a 3 x 2 x 1 possibilités (6 possibilités). Pour le français, il n'y a que 2 possibilités. En conséquence pour ranger les cahiers à l'intérieur de chaque matière, il y a 24 x 6 x 2 possibilités, c'est-à-dire 288 possibilités.

En conclusion, il y a 6 x 288 façons de placer les cahiers par matières, soit 1 728 possibilités.
Réponse : B

[140] Encore une histoire d'inégalités. Si chaque personne est représentée par son initiale, alors vous pouvez écrire les inégalités suivantes :
$A > C + D$
$B + C > A + D$
En sommant les deux inégalités, vous obtenez la relation suivante :
$A + B + C < C + D + A + D$, ce qui donne après simplification de part et d'autre de l'inégalité : $B > 2D$.
Réponse : B

[141] Au sein des quatre tableaux, vous devez repérer les cases avec des chiffres identiques (les cases situées en bas droite en particulier) : pour le terrain D, entre le degré 1 pour le soleil et 1 pour l'eau, et le degré 2 pour le soleil et 2 pour l'eau, il n'y a aucune différence.
Réponse : D

[142] Vous considérez seulement les cases situées sur la diagonale centrale puisque le degré de l'eau doit être égal au degré du soleil. L'écart entre la récolte maximale (case en bas à droite) et la récolte minimale (case en haut à gauche) est donc le plus grand pour le terrain C (6 - 1 = 5).
Réponse : C

[143] Vous devez comparer l'évolution des deux cases du bas de la première colonne. La perte la plus grande est pour le terrain D, qui perd deux unités.
Réponse : D

[144] Pour chaque terrain, vous pouvez investir vos 2 degrés de trois manières : 2 degrés d'eau ou 2 degrés de soleil ou 1 degré de soleil et 1 degré d'eau. Par conséquent, il faut choisir pour chaque terrain la meilleure option parmi ces trois options et comparer ainsi le meilleur investissement pour les quatre

terrains. Le vigneron a donc intérêt à investir dans le terrain D en finançant deux unités d'ensoleillement afin d'obtenir une production égale à 5.
Réponse : D

[145] La récolte maximale envisageable est égale à : 4 + 5 + 6 + 7 = 22. La récolte minimale envisageable est égale à : 1 + 2 + 1 + 4 = 8. Par conséquent, l'écart entre la récolte maximale et la récole minimale est égale à 14.
Réponse : C

CONCOURS BLANC NUMERO 8

CB 8 SERIES DOUBLES & SERIES GRAPHIQUES

1. SERIES DOUBLES (10 QUESTIONS A RESOUDRE EN 15 MINUTES)

Les séries doubles sont composées de deux séries : l'une est présentée verticalement, l'autre est présentée horizontalement. Il s'agit dans un premier temps d'inférer la règle logique qui rassemble les éléments de la première série, puis celle de la seconde série, et enfin, de déterminer parmi les cinq réponses proposées celle qui respecte à la fois la règle de la première série et la règle de la seconde série.

Exemple :

	42				(A) 70
226	?	55	64	127	(B) 28
	14				(C) 515
	35				(D) 82
	63				(E) 618

Explication : la série horizontale est constituée de nombres dont la somme des chiffres est égale à 10 et la série verticale est constituée de nombres multiples de 7. Seul le nombre 28 respecte les deux critères. La bonne réponse est la réponse B.

[1]

	PIJ				(A) QTJ
	LRS				(B) QNO
	ZVW				(C) OPQ
PAC	?	RIS	SEL	TIG	(D) ILO
	BTU				(E) XST

[2]

	33				(A)	119
85	?	170	34	102	(B)	13
	24				(C)	68
	15				(D)	51
	42				(E)	60

[3]

		PZO			(A)	USV
		KBJ			(B)	KNL
KUN	JTA	?	ORC	DQF	(C)	HSL
		YZX			(D)	JSI
		LIK			(E)	KIO

[4]

		876			(A)	990
		432			(B)	501
222	402	?	213	420	(C)	734
		765			(D)	321
		543			(E)	654

[5]

				STZ	(A)	ABC
				XYB	(B)	IOU
YML	HRQ	EIH	DUT	?	(C)	MNM
				TUC	(D)	VHG
				GHA	(E)	TLM

[6]

		693		
		217		
297	483	?	261	650
		108		
		940		

(A) 675
(B) 465
(C) 839
(D) 615
(E) 475

[7]

		88		
		286		
725	379	?	710	876
		22		
		803		

(A) 737
(B) 374
(C) 474
(D) 777
(E) 789

[8]

?	WZS	QWH	HVO	MXK
RZA				
ARE				
KBI				
JWU				

(A) OTA
(B) UZO
(C) WUA
(D) UJP
(E) OZE

[9]

	49			
	361			
	225			
189	?	36	729	63
	64			

(A) 90
(B) 100
(C) 27
(D) 121
(E) 144

[10]

				LTZ	(A)	NNC
				DPQ	(B)	DOU
JNB	NOK	LVC	PNM	?	(C)	CNM
				THP	(D)	NLP
				ADN	(E)	CLQ

2. Series graphiques (10 questions a resoudre en 10 minutes)

Les questions numérotées de 11 à 20 vous proposent une série de trois cadres dans lesquels sont placés des figures, des nombres, des lettres et des signes divers. Il s'agit alors d'inférer la règle qui permet de comprendre la succession logique des trois premiers cadres, afin de déterminer le contenu de la case contenant un point d'interrogation.

[11]

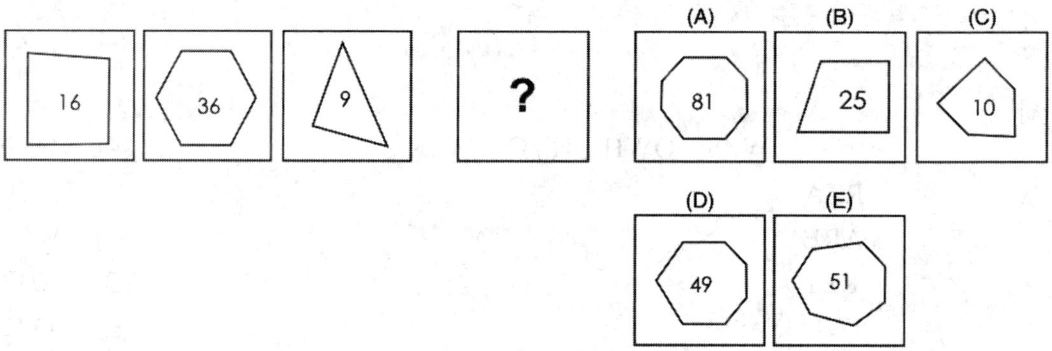

[12]

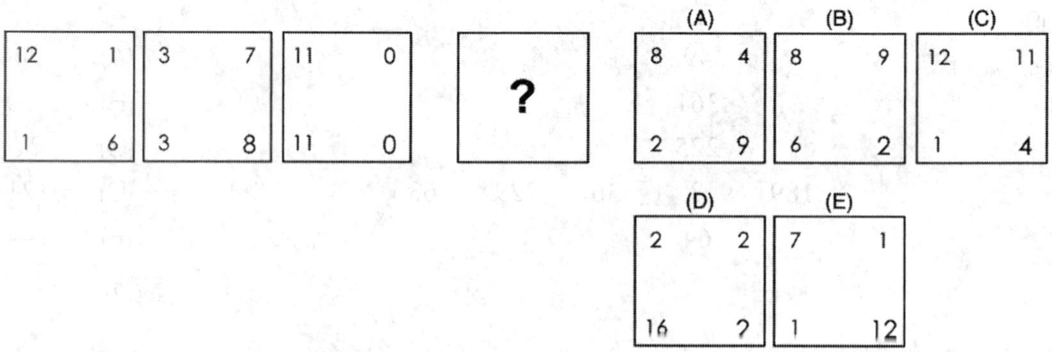

[13]

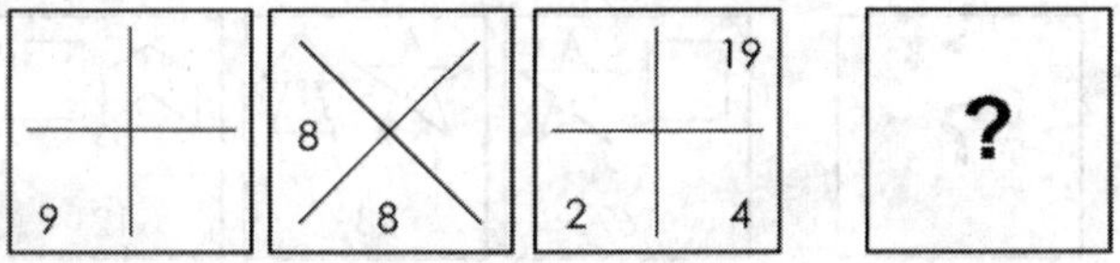
9
8
8
19
2
4
?

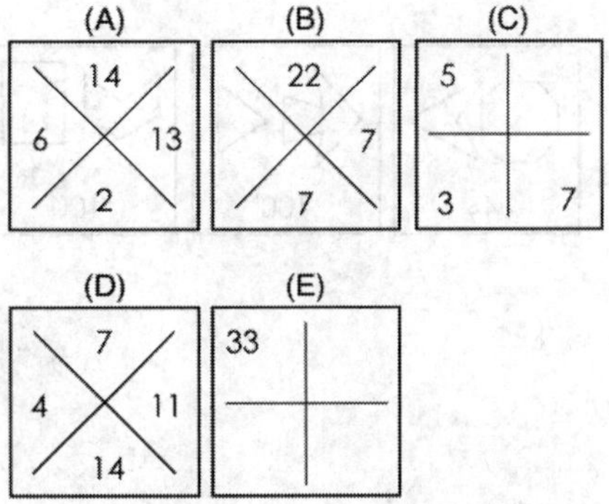
(A)
14
6
13
2
(B)
22
7
7
(C)
5
3
7
(D)
7
4
11
14
(E)
33

[14]

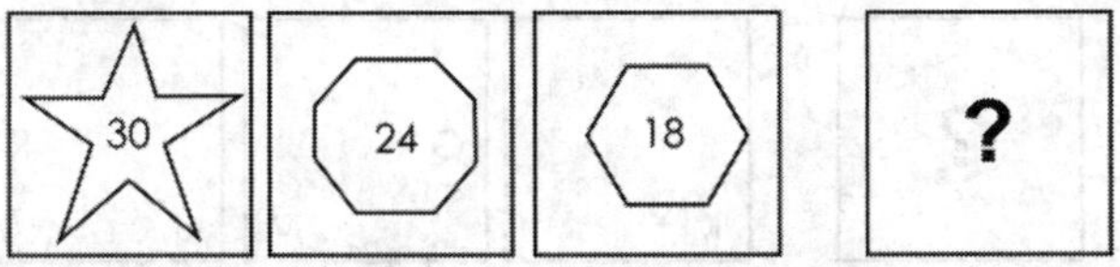
30
24
18
?

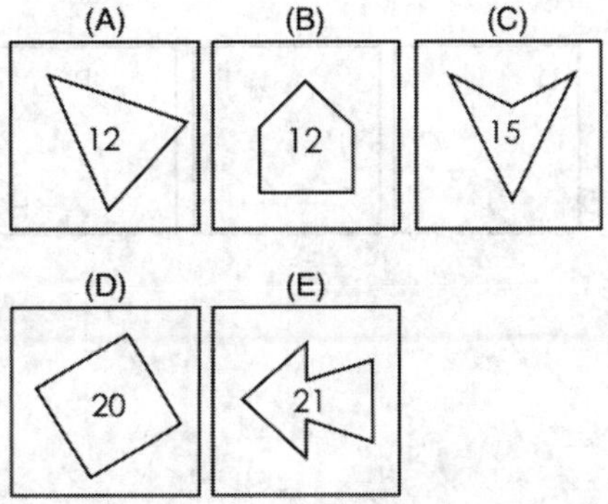
(A)
12
(B)
12
(C)
15
(D)
20
(E)
21

[15]

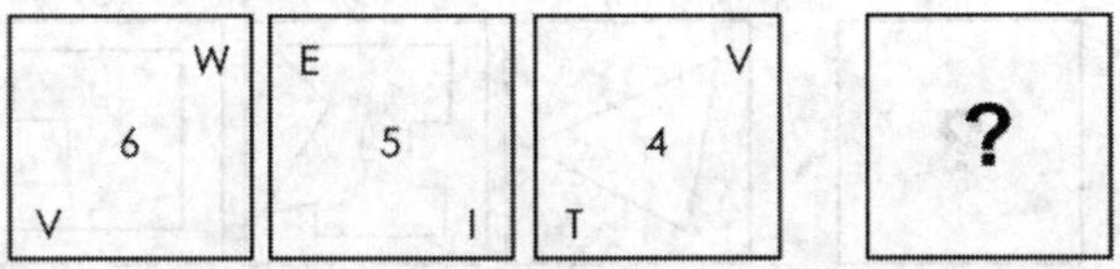
W
6
V
E
5
I
V
4
T
?

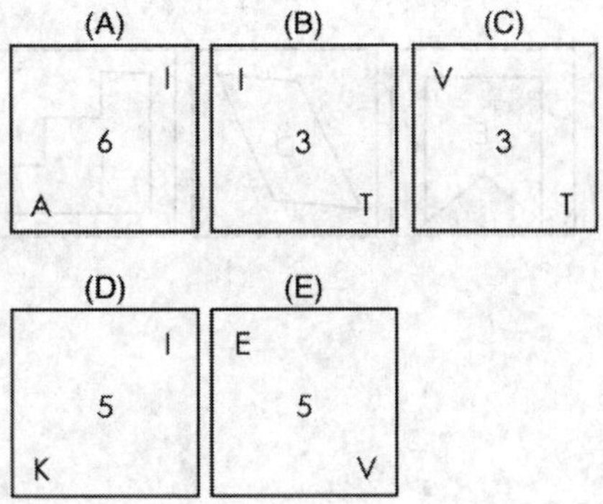
(A)
I
6
A
(B)
I
3
T
(C)
V
3
T
(D)
I
5
K
(E)
E
5
V

[16]

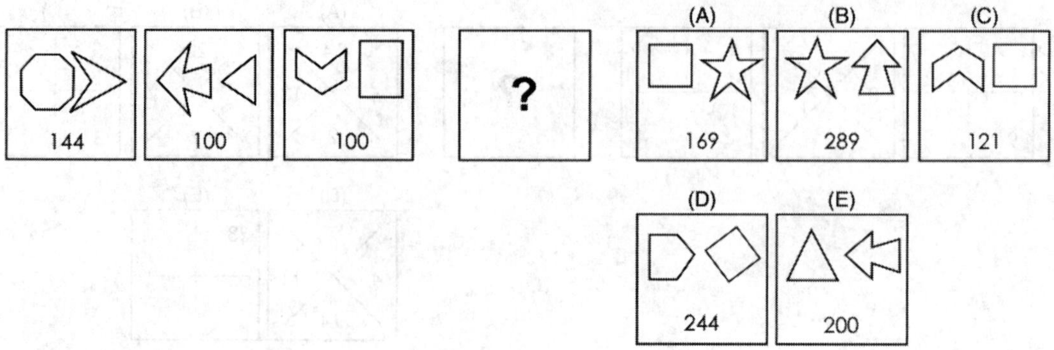
144
100
100
?
(A)
169
(B)
289
(C)
121
(D)
244
(E)
200

[17]

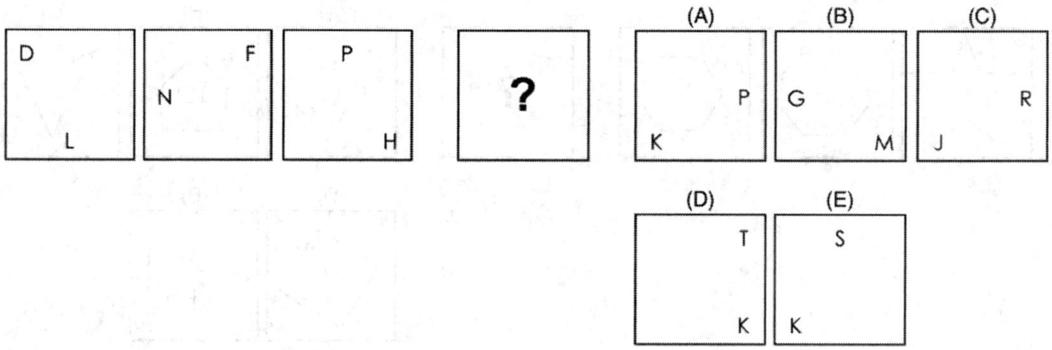
D L
F N
P H
?
(A) P K
(B) G M
(C) R J
(D) T K
(E) S K

[18]

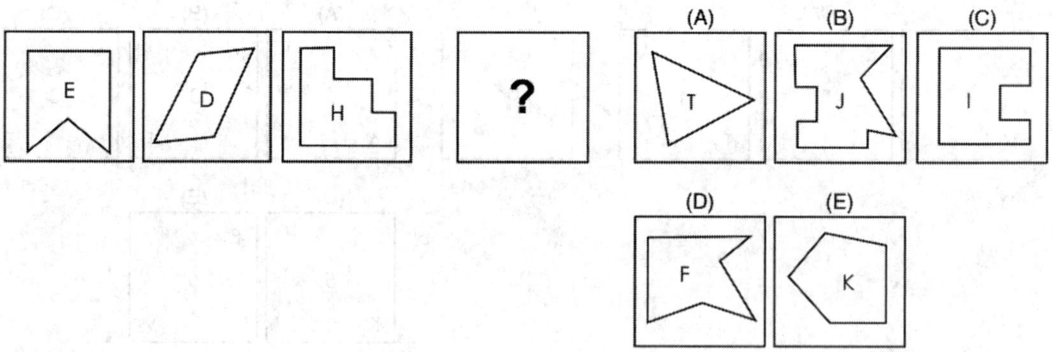
E
D
H
?
(A) T
(B) J
(C) I
(D) F
(E) K

[19]

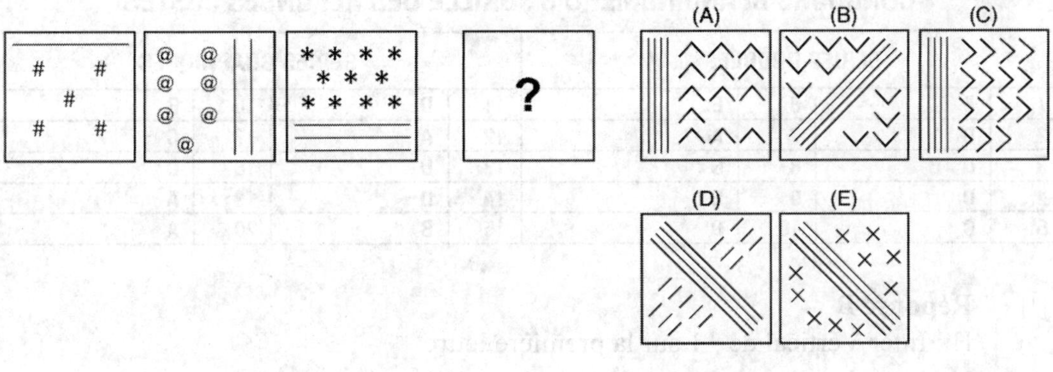

[20]

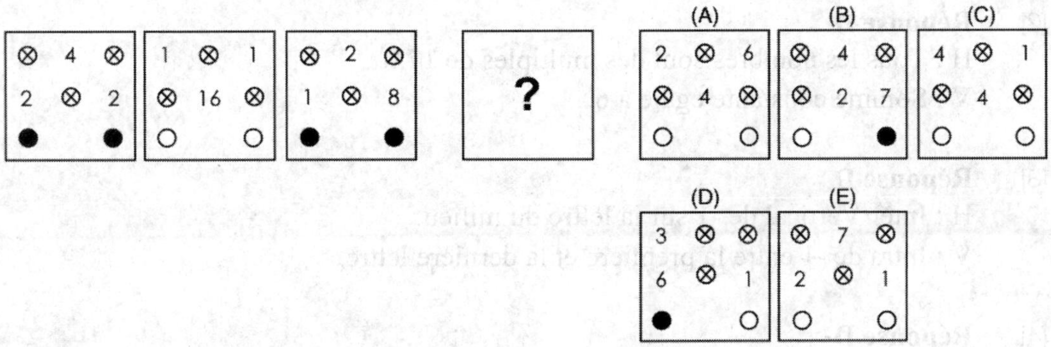

CONCOURS BLANC NUMERO 8 : GRILLE DES REPONSES JUSTES							
SERIES DOUBLES				SERIES GRAPHIQUES			
1	B	6	E	11	D	16	B
2	D	7	A	12	A	17	C
3	D	8	B	13	D	18	D
4	D	9	E	14	D	19	A
5	C	10	D	15	B	20	A

[1] **Réponse B**

H : Inter Vertical de +1 sur la première lettre.

V : Intra de +1 entre la deuxième et la troisième lettre.

[2] **Réponse D**

H : Tous les nombres sont des multiples de 17.

V : Somme constante égale à 6.

[3] **Réponse D**

H : Inter Vertical de -1 sur la lettre du milieu.

V : Intra de -1 entre la première et la dernière lettre.

[4] **Réponse D**

H : Somme constante égale à 6.

V : Intra de -1 entre le premier et le deuxième chiffre ainsi qu'entre le deuxième et le troisième.

[5] **Réponse C**

H : Intra de -1 entre la deuxième et la troisième lettre.

V : Intra de +1 entre la première et la deuxième lettre.

[6] **Réponse E**

H : Inter Vertical de -1 sur le chiffre du milieu.

V : Séparation somme constante égale à 9 par les côtés (la somme des deux chiffres situés aux extrémités est toujours égale à 9).

[7] **Réponse A**

H : Le 7 se déplace, passant du premier au deuxième chiffre, et ainsi de suite.

V : Tous les chiffres sont des multiples de 11.

[8] **Réponse B**
H : Inter Grande diagonale gauche de -2.
V : La troisième lettre est toujours une voyelle.

[9] **Réponse E**
H : Multiples de 9 (la somme des chiffes des nombres de la série est toujours égale à un multiple de 9).
V : Carrés.

[10] **Réponse D**
H : Inter Gauche-Droite de +1 (J, K, L, M, N).
V : Inter vertical de -4 portant sur la seconde lettre (T, P, L, H, D).

[11] **Réponse D**
Le nombre de côtés au carré doit donner le nombre inscrit au milieu de la figure :
$4^2 = 16$ $6^2 = 36$ $3^2 = 9$

[12] **Réponse A**
La somme totale des nombres présents dans la figure suit une progression arithmétique de 1 :
$12 + 1 + 1 + 6 = 20$
$3 + 7 + 3 + 8 = 21$
$11 + 11 = 22$
La somme de tous les chiffres présents dans la solution devra donc donner 23.

[13] **Réponse D**
Le mouvement de la croix vous indique qu'elle devra être penchée. De plus, il y a à chaque fois un nombre de plus, la solution devra donc en comporter 4. Enfin, la somme de ces nombres est égale à un carré :
$9 = 3^2$
$8 + 8 = 16 = 4^2$
$2 + 4 + 19 = 25 = 5^2$
Ainsi, la somme de tous les nombres présents dans la solution devra donner $6^2 = 36$.

[14] **Réponse E**

Vous remarquez que le nombre du milieu divisé par le nombre de côté donne toujours 3 : 30/10 = 24/8 = 18/6 = 3.

[15] **Réponse B**

Le mouvement des lettres vous indique qu'elles devront se trouver sur le coin supérieur gauche et le coin inférieur droit. De plus, la somme du nombre de barres des deux lettres présentes donne toujours le chiffre du milieu, qui suit lui-même une progression arithmétique de 1. Ainsi, la solution devra avoir un 3 au milieu avec deux lettres dont la somme du nombre de barres donne également 3.

[16] **Réponse B**

La somme du nombre de côtés des figures présentes élevée au carré donne toujours le nombre inscrit en bas :

$(8 + 4)^2 = 12^2 = 144$

$(7 + 3)^2 = 10^2 = 100$

$(6 + 4)^2 = 10^2 = 100$

[17] **Réponse C**

Il y a deux mouvements de lettres au sein de cette série : la suite L – N – P et la suite D – F – H. Il s'agit d'une progression arithmétique de 2 pour chacune des suites, les lettres suivantes seront donc respectivement R et J. En suivant les mouvements, vous trouvez qu'elles doivent être placées à droite et dans le coin inférieur gauche de la figure.

[18] **Réponse D**

Le nombre de côtés est égal à la valeur numérique de la lettre.

[19] **Réponse A**

Le mouvement des barres vous indique qu'elles seront verticales et sur la gauche de la figure. De plus, leur nombre suit une progression arithmétique de 1 : il y a d'abord une barre, puis deux, puis trois. Ainsi, la solution devra en comporter quatre. En ce qui concerne les sigles, leur nombre est un extrait du début de la suite des nombres premiers : 5, 7, 11. Le nombre suivant est 13, ce qui correspond donc au nombre de sigles que devra contenir la solution.

[20] **Réponse A**

Les deux disques du bas changent de couleur et devront par conséquent être blancs dans la solution. En ce qui concerne les disques avec une croix à l'intérieur, ils alternent de position, passant de haut en bas : la figure de la solution devra en comporter un en haut et deux en dessous. Enfin, le produit des chiffres reste constant égal à 16.

CONCOURS BLANC NUMERO 9

CB 9 SERIES DOUBLES & SERIES GRAPHIQUES

1. Series doubles (10 questions a resoudre en 15 minutes)

Les séries doubles sont composées de deux séries : l'une est présentée verticalement, l'autre est présentée horizontalement. Il s'agit dans un premier temps d'inférer la règle logique qui rassemble les éléments de la première série, puis celle de la seconde série, et enfin, de déterminer parmi les cinq réponses proposées celle qui respecte à la fois la règle de la première série et la règle de la seconde série.

Exemple :

	42				(A)	70
226	?	55	64	127	(B)	28
	14				(C)	515
	35				(D)	82
	63				(E)	618

Explication : la série horizontale est constituée de nombres dont la somme des chiffres est égale à 10 et la série verticale est constituée de nombres multiples de 7. Seul le nombre 28 respecte les deux critères. La bonne réponse est la réponse B.

[1]

		509			(A)	111
		784			(B)	287
		329			(C)	154
		452			(D)	209
227	345	?	636	918	(E)	763

[2]

	UJP			
	FRT			
	SXE			
TRQ	?	FDS	IGN	XVS
	QPK			

(A) XYP
(B) ZEQ
(C) USR
(D) LJP
(E) KMR

[3]

	314			
	505			
	729			
	257			
749	?	207	486	215

(A) 336
(B) 348
(C) 789
(D) 261
(E) 448

[4]

				QSP
SXT	RDT	UPQ	XCV	?
				LTK
				GVF
				TZS

(A) WYV
(B) ZEV
(C) ZSY
(D) IJH
(E) WMR

[5]

35				
203				
326				
56				
?	430	254	879	193

(A) 210
(B) 420
(C) 114
(D) 140
(E) 712

[6]

				POU
				XWS
				ZSQ
				KLO
AZR	SAI	ZSA	AQW	?

(A) MOM
(B) AMA
(C) BAA
(D) AUA
(E) BAM

[7]

			347	
			658	
			260	
			879	
495	910	366	?	178

(A) 261
(B) 524
(C) 686
(D) 877
(E) 782

[8]

		EUV		
		FMN		
XKB	PJB	?	SHU	DGP
		HRS		
		IDE		

(A) GUN
(B) GFG
(C) GIJ
(D) ILK
(E) CIK

[9]

621	540	439	349	?
				105
				63
				91
				35

(A) 217
(B) 840
(C) 714
(D) 246
(E) 816

[10]

		YBT		
		UZC		
BRU	CTX	?	EXD	FZG
		WER		
		ACX		

(A) GGE
(B) DUY
(C) DEV
(D) XPX
(E) DVW

2. Series graphiques (10 questions a resoudre en 10 minutes)

Les questions numérotées de 11 à 20 vous proposent une série de trois cadres dans lesquels sont placés des figures, des nombres, des lettres et des signes divers. Il s'agit alors d'inférer la règle qui permet de comprendre la succession logique des trois premiers cadres, afin de déterminer le contenu de la case contenant un point d'interrogation.

[11]

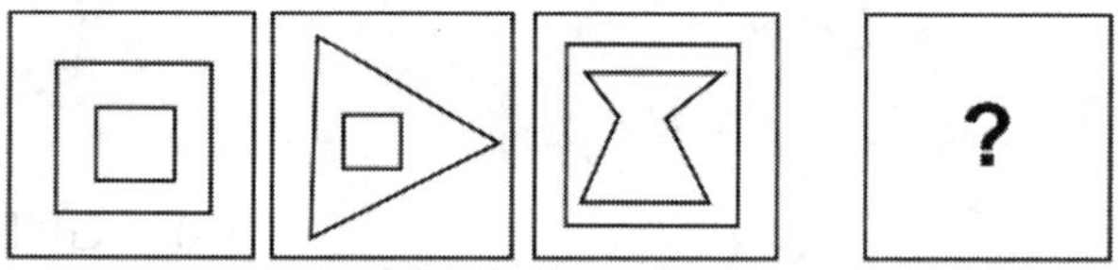

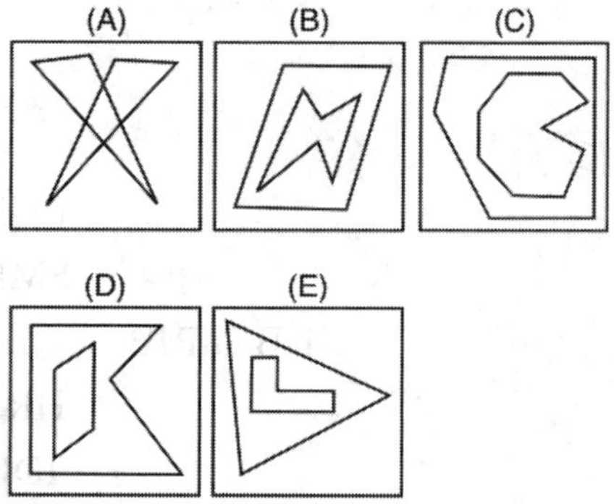

[12]

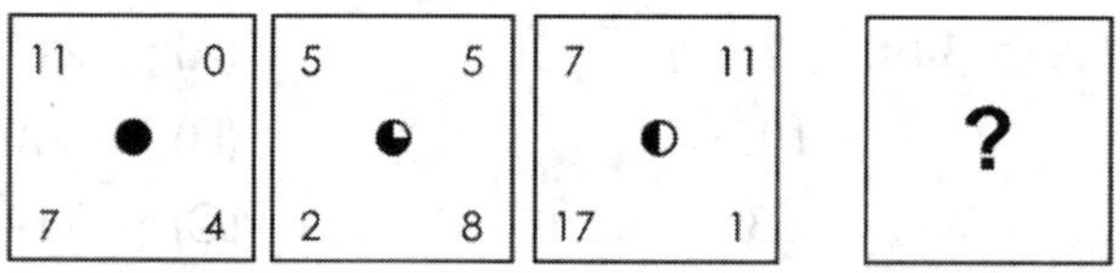

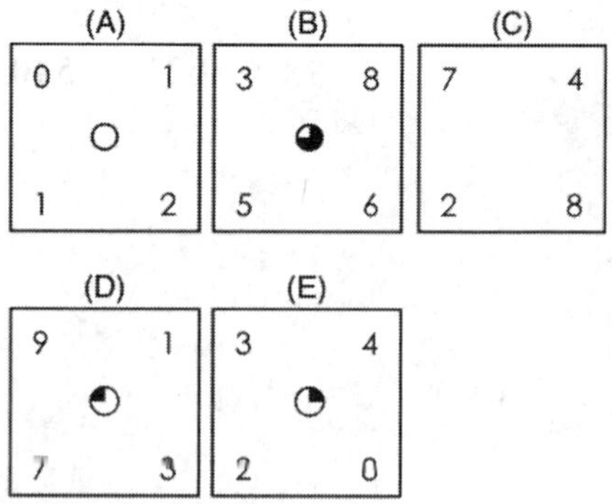

[13]

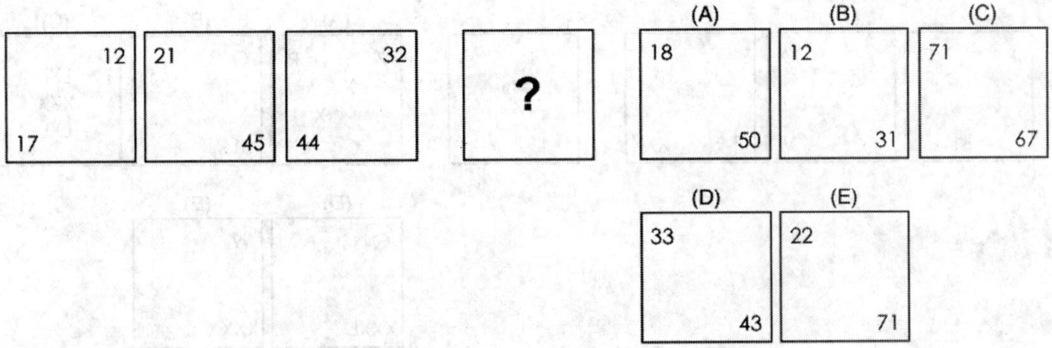
12
17
21
45
32
44
?
(A)
18
50
(B)
12
31
(C)
71
67
(D)
33
43
(E)
22
71

[14]

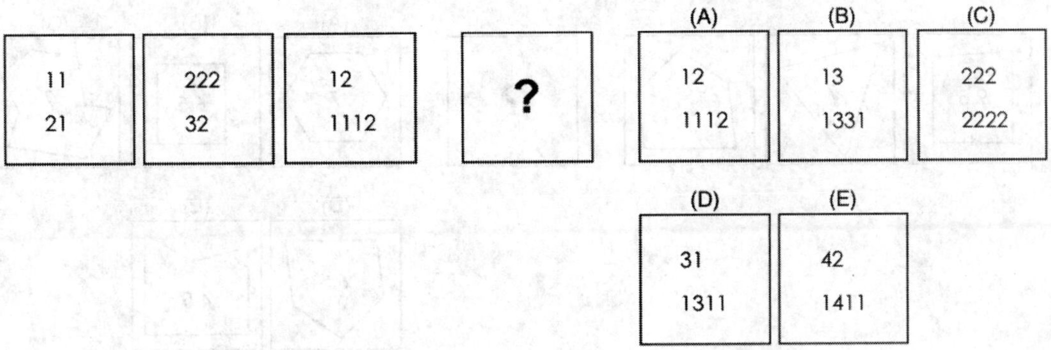
11
21
222
32
12
1112
?
(A)
12
1112
(B)
13
1331
(C)
222
2222
(D)
31
1311
(E)
42
1411

[15]

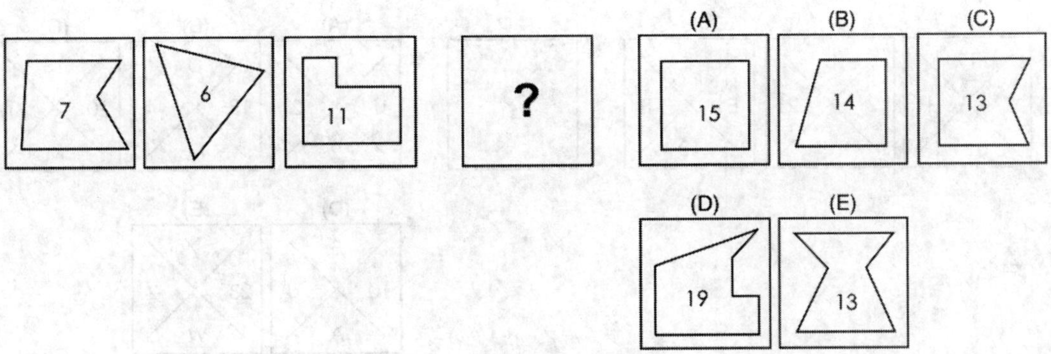
7
6
11
?
(A)
15
(B)
14
(C)
13
(D)
19
(E)
13

[16]

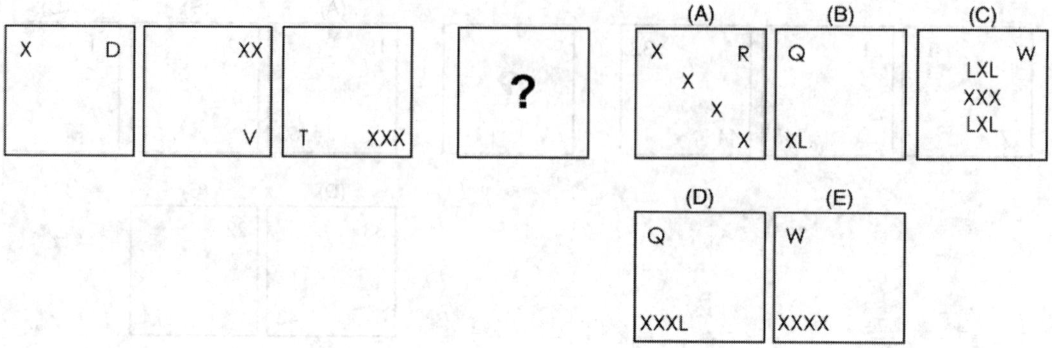
X D
XX
V
T XXX
?
(A)
X R
X
X
X
(B)
Q
XL
(C)
W
LXL
XXX
LXL
(D)
Q
XXXL
(E)
W
XXXX

[17]

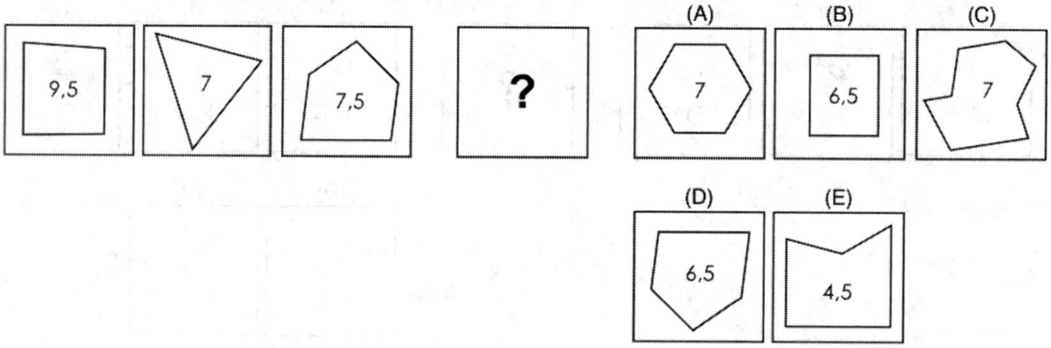
9,5
7
7,5
?
(A)
7
(B)
6,5
(C)
7
(D)
6,5
(E)
4,5

[18]

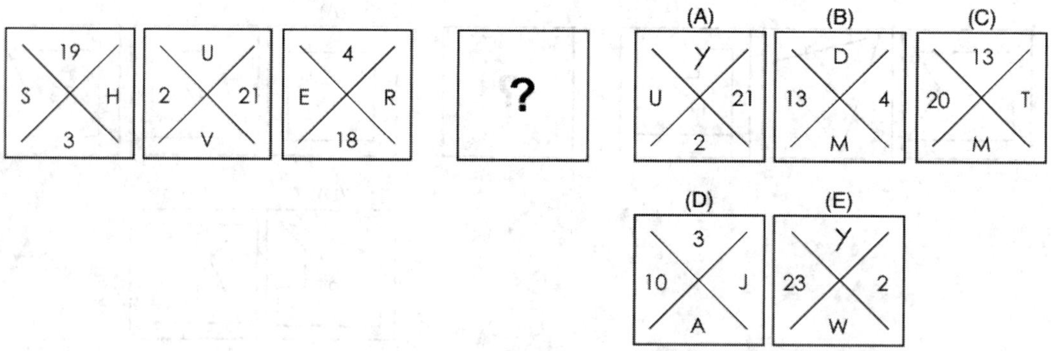
19
S H
3
U
2 21
V
4
E R
18
?
(A)
Y
U 21
2
(B)
D
13 4
M
(C)
13
20 T
M
(D)
3
10 J
A
(E)
Y
23 2
W

[19]

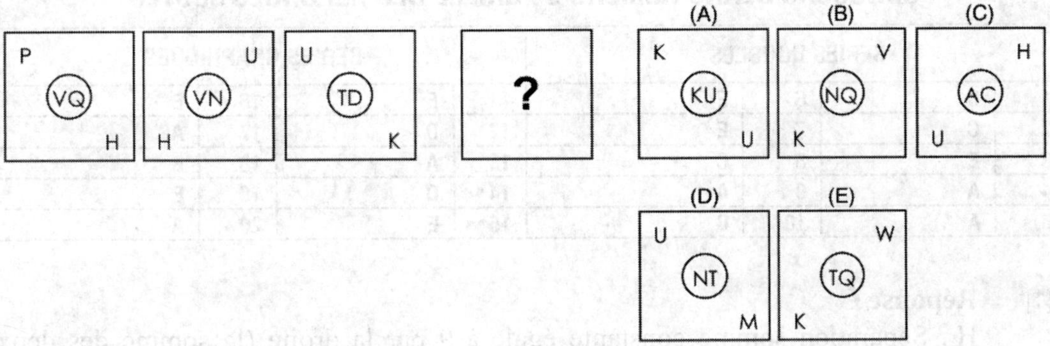
P
VQ
H
U
VN
H
U
TD
K
?
(A)
K
KU
U
(B)
V
NQ
K
(C)
H
AC
U
(D)
U
NT
M
(E)
W
TQ
K

[20]

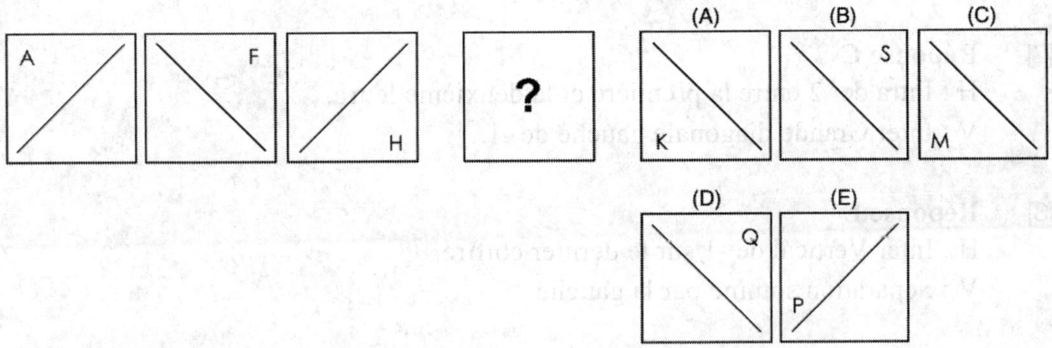
A
F
H
?
(A)
K
(B)
S
(C)
M
(D)
Q
(E)
P

CONCOURS BLANC NUMERO 9 : GRILLE DES REPONSES JUSTES							
SERIES DOUBLES				SERIES GRAPHIQUES			
1	C	6	E	11	E	16	E
2	C	7	E	12	D	17	A
3	E	8	C	13	A	18	E
4	A	9	A	14	D	19	E
5	A	10	C	15	E	20	A

[1] **Réponse C**

H : Séparation somme constante égale à 9 par la droite (la somme des deux chiffres de droite est toujours égale à 9).

V : Inter Grande diagonale gauche de -1.

[2] **Réponse C**

H : Intra de -2 entre la première et la deuxième lettre.

V : Inter Grande diagonale gauche de -1.

[3] **Réponse E**

H : Inter Vertical de -1 sur le dernier chiffre.

V : Séparation somme par la gauche.

[4] **Réponse A**

H : Inter Grande diagonale gauche de +1.

V : Intra de -1 entre la première et la dernière lettre.

[5] **Réponse A**

H : Inter Vertical de -2 sur le chiffre du milieu.

V : Tous les nombres sont des multiples de 7.

[6] **Réponse E**

H : Le A se déplace, passant du premier au deuxième chiffre, et ainsi de suite.

V : Inter Vertical de -2 sur la troisième lettre.

[7] **Réponse E**

H : Séparation somme constante égale à 9 par les côtés (la somme des deux chiffres situés aux extrémités est toujours égale à 9).

V : Inter Vertical de +1 sur le chiffre du milieu.

[8] **Réponse C**
H : Inter Vertical de -1 sur la lettre du milieu.
V : Succession INTRA portant sur les deux dernières lettres.

[9] **Réponse A**
H : Inter Vertical -1 portant sur le premier chiffre (6, 5, 4, 3, 2).
V : Multiples de 7.

[10] **Réponse C**
H : Inter droite gauche de +1.
V : Inter Vertical de +1 portant sur la première lettre.

[11] **Réponse E**
La différence entre le nombre de côtés de la petite figure et celui de la grande suit une progression arithmétique de 1 :
4 - 4 = 0 4 - 3 = 1 6 - 4 = 2
La différence entre ces deux nombres devra donc être de 3 pour la solution.

[12] **Réponse D**
Il vous suffit d'observer le mouvement du remplissage noir du petit disque au centre de la figure pour vous rendre compte que de plein, il passe à trois quarts plein, puis à moitié plein, pour terminer logiquement à un quart plein.

[13] **Réponse A**
La somme des chiffres de la figure suit une progression arithmétique de +1.

[14] **Réponse D**

[15] **Réponse E**
La différence entre le nombre du milieu et le nombre de côtés de la figure est un extrait du début de la suite des nombres premiers :
7 - 5 = 2 6 - 3 = 3 11 - 6 = 5
La différence entre ces deux nombres devra donc être de 7 pour la solution.

[16] **Réponse E**
Il vous suffit d'observer que les X réalisent une rotation de 90° tout en suivant une progression arithmétique de 1 : la solution devra donc comporter quatre X dans le coin inférieur gauche.

[17] **Réponse A**

[18] **Réponse E**

Vous remarquez dans un premier temps le mouvement des lettres et des chiffres, qui s'alternent autour de la croix : la solution devra donc comporter deux lettres en haut et en bas et deux nombres à droite et à gauche. De plus, lettres et nombres sont liés : un couple contient une lettre et sa valeur numérique, tandis que le second contient une lettre et son nombre de barres :

(S, 19) et (H, 3) (U, 21) et (V, 2) (R, 18) et (E, 4)

[19] **Réponse E**

Le mouvement des deux lettres autour du cercle vous indique qu'elles doivent se trouver dans le coin supérieur droit et dans le coin inférieur gauche. De plus, les lettres inscrites dans le cercle représentent les initiales de la somme des valeurs numériques des lettres apparaissant aux extrémités :

P = 16, H = 8 et 16 + 8 = 24 = Vingt-Quatre

U = 21, H = 8 et 21 + 8 = 29 = Vingt-Neuf

U = 21, K = 11 et 21 + 11 = Trente-Deux

[20] **Réponse A**

Le mouvement de la barre et de la lettre vous indique que la première sera inclinée vers la gauche avec, en dessous, la lettre en question. De plus, le nombre de barres de cette lettre doit rester constant égal à 3.

CONCOURS BLANC NUMERO 10

CB 10 SERIES DOUBLES & SERIES GRAPHIQUES

1. SERIES DOUBLES (10 QUESTIONS A RESOUDRE EN 15 MINUTES)

Les séries doubles sont composées de deux séries : l'une est présentée verticalement, l'autre est présentée horizontalement. Il s'agit dans un premier temps d'inférer la règle logique qui rassemble les éléments de la première série, puis celle de la seconde série, et enfin, de déterminer parmi les cinq réponses proposées celle qui respecte à la fois la règle de la première série et la règle de la seconde série.

Exemple :

	42				(A)	70
226	?	55	64	127	(B)	28
	14				(C)	515
	35				(D)	82
	63				(E)	618

Explication : la série horizontale est constituée de nombres dont la somme des chiffres est égale à 10 et la série verticale est constituée de nombres multiples de 7. Seul le nombre 28 respecte les deux critères. La bonne réponse est la réponse B.

[1]

127					(A)	454
345					(B)	213
936					(C)	926
209					(D)	618
?	412	13	515	824	(E)	721

[2]

AFR
SOE DWA QEC BVS ?
KOT
UWX
KUV

(A) SZD
(B) TDF
(C) TZA
(D) SAA
(E) HID

[3]

342
288
819
117
729 ? 125 27 343

(A) 216
(B) 8
(C) 459
(D) 512
(E) 707

[4]

YHZ
OXP
WSX
MVN
? WSQ ZRC WQZ SPL

(A) FTE
(B) JLK
(C) TFR
(D) LTM
(E) AFS

[5]

648
216
432
324
160 524 ? 968 443

(A) 756
(B) 493
(C) 217
(D) 608
(E) 540

[6]

FYQ
AZP
SZO
AVN
ASD ATX ? WVB SWA

(A) FUL
(B) JMM
(C) TUM
(D) LTA
(E) AFL

[7]

717
326
548
604
114 70 ? 138 193

(A) 315
(B) 270
(C) 344
(D) 236
(E) 407

[8]

MMK
JOM
ZSQ
OVT
CZX RAE ? RSI KTB

(A) FAG
(B) FDB
(C) GPD
(D) JAU
(E) GJH

[9]

961
277
176 550 ? 242 891
655
709

(A) 808
(B) 947
(C) 385
(D) 308
(E) 352

[10]

			KNR		(A)	HKP
LOR	CFK	ORU	?	GJO	(B)	ADG
			SHL		(C)	JMP
			DEH		(D)	IKR
			YBS		(E)	TWZ

2. Series graphiques (10 questions a resoudre en 10 minutes)

Les questions numérotées de 11 à 20 vous proposent une série de trois cadres dans lesquels sont placés des figures, des nombres, des lettres et des signes divers. Il s'agit alors d'inférer la règle qui permet de comprendre la succession logique des trois premiers cadres, afin de déterminer le contenu de la case contenant un point d'interrogation.

[11]

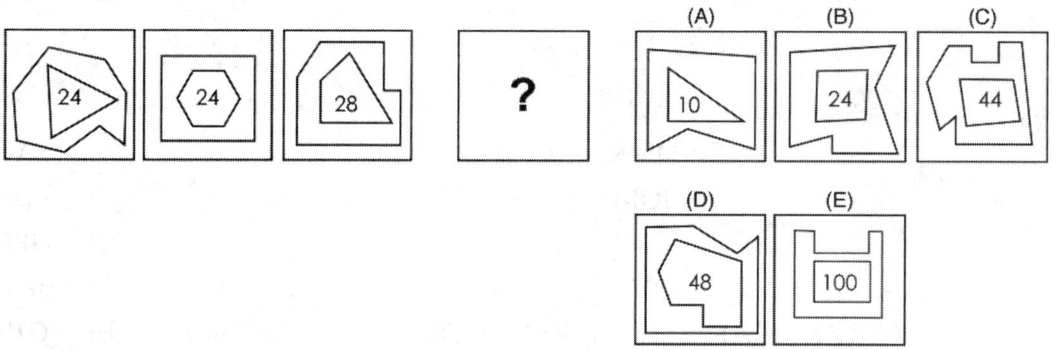

[12]

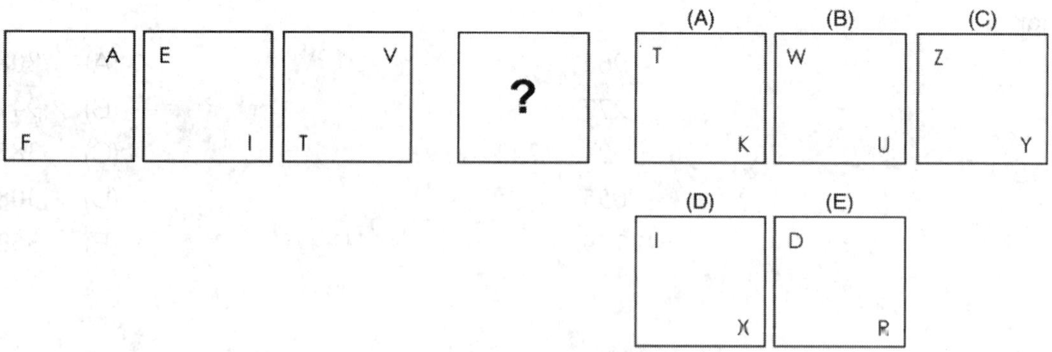

[13]

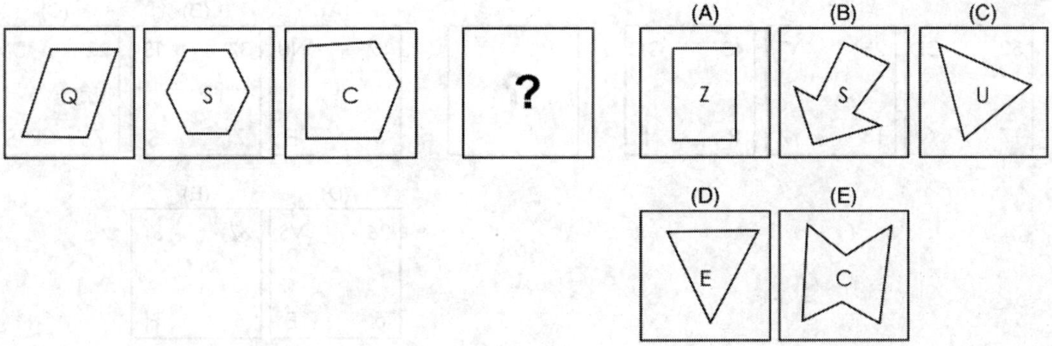
Q
S
C
?
(A) Z
(B) S
(C) U
(D) E
(E) C

[14]

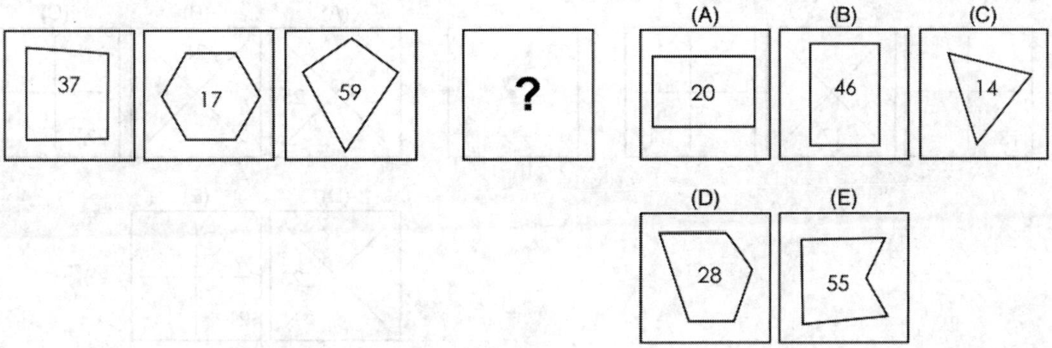
37
17
59
?
(A) 20
(B) 46
(C) 14
(D) 28
(E) 55

[15]

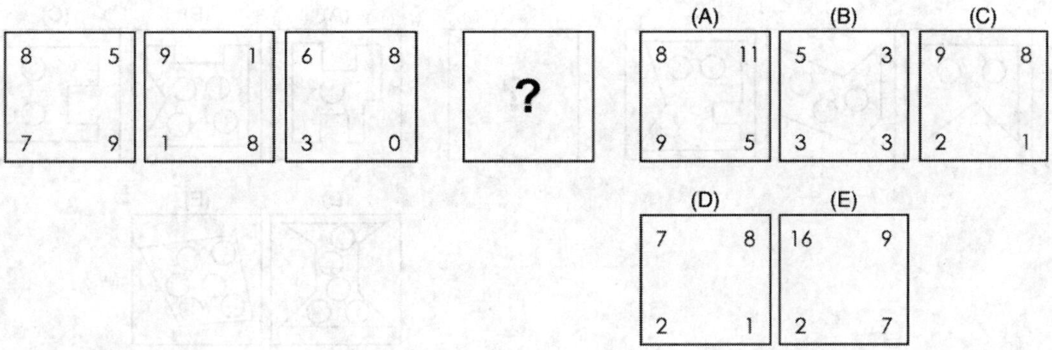
8 5 7 9
9 1 1 8
6 8 3 0
?
(A) 8 11 9 5
(B) 5 3 3 3
(C) 9 8 2 1
(D) 7 8 2 1
(E) 16 9 2 7

[16]

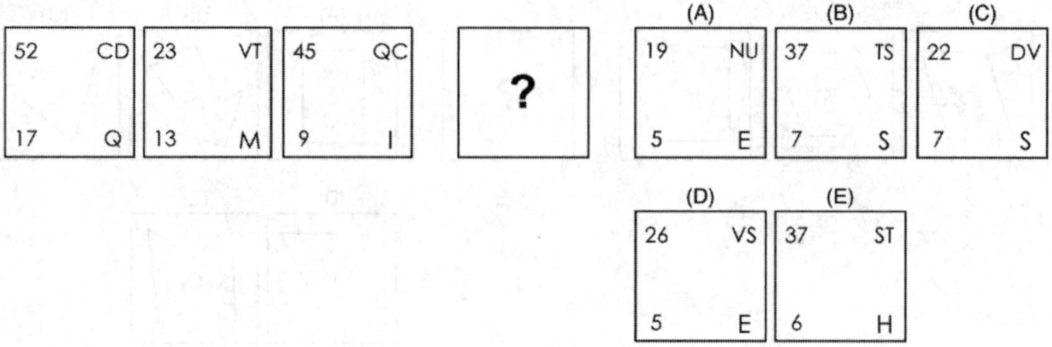
52
CD
17
Q
23
VT
13
M
45
QC
9
I
?
(A)
19
NU
5
E
(B)
37
TS
7
S
(C)
22
DV
7
S
(D)
26
VS
5
E
(E)
37
ST
6
H

[17]

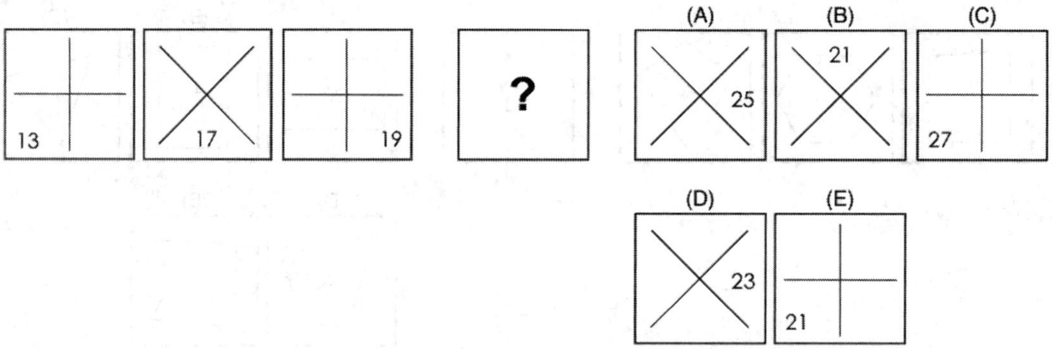
13
17
19
?
(A)
25
(B)
21
(C)
27
(D)
23
(E)
21

[18]

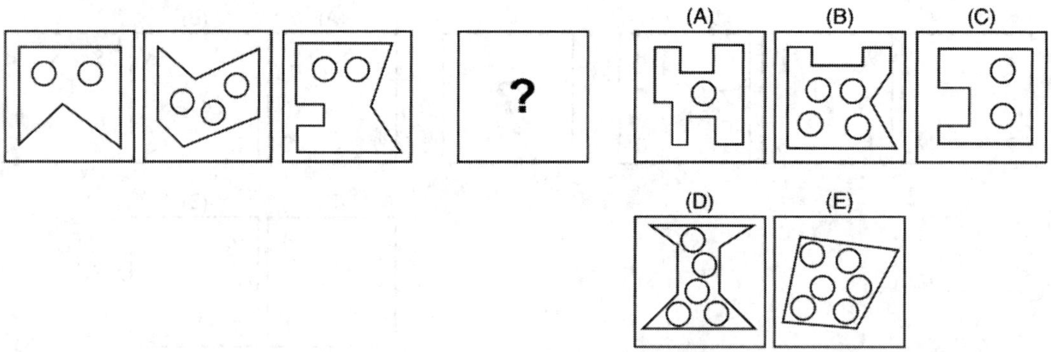
?
(A)
(B)
(C)
(D)
(E)

[19]

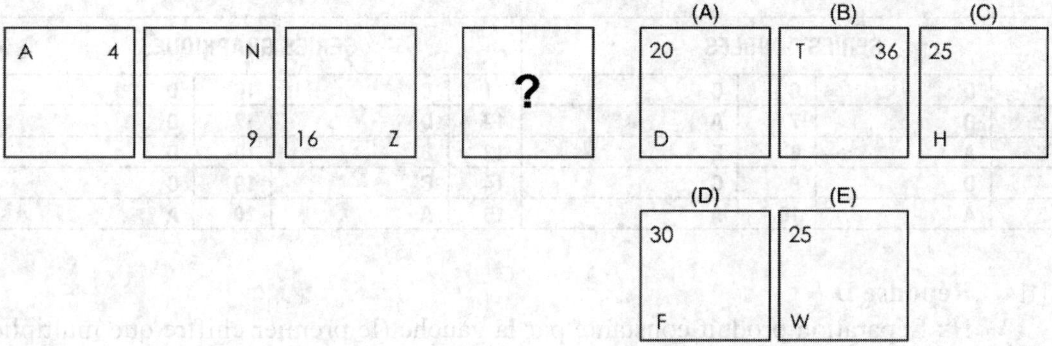
A 4
N
9
16 Z
?
(A)
20
D
(B)
T 36
(C)
25
H
(D)
30
F
(E)
25
W

[20]

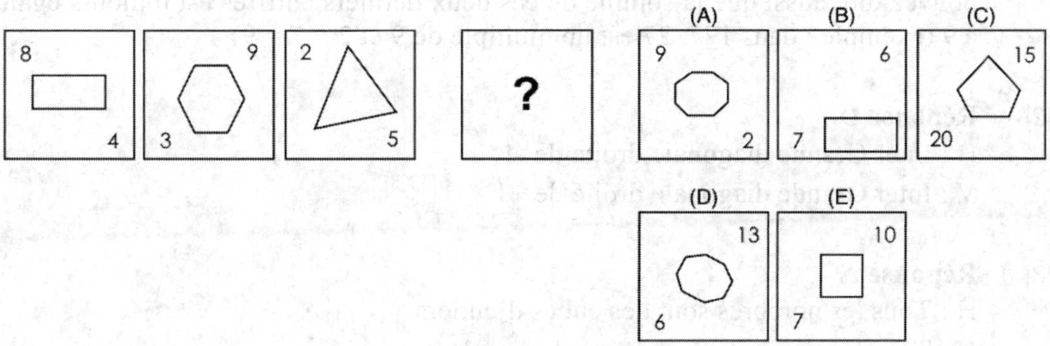
8
4
9
3
2
5
?
(A)
9
2
(B)
6
7
(C)
15
20
(D)
13
6
(E)
10
7

CONCOURS BLANC NUMERO 10 : GRILLE DES REPONSES JUSTES							
SERIES DOUBLES				SERIES GRAPHIQUES			
1	D	6	C	11	C	16	D
2	D	7	A	12	D	17	D
3	A	8	E	13	B	18	D
4	D	9	C	14	C	19	C
5	A	10	A	15	A	20	A

[1] **Réponse D**

H : Séparation produit constante par la gauche (le premier chiffre que multiplie trois donne le ou les chiffres suivants).

V : Les deux derniers chiffres forment un nombre qui est multiple de 9 – vous pouvez dire aussi que la somme de ces deux derniers chiffres est toujours égale à 9 (exemple : dans 1<u>27</u>, 27 est un multiple de 9 et 2 + 7 = 9).

[2] **Réponse D**

H : Inter Grande diagonale droite de -1.

V : Inter Grande diagonale droite de +1.

[3] **Réponse A**

H : Tous les nombres sont des cubes d'entiers.

V : Tous les nombres sont des multiples de 9.

[4] **Réponse D**

H : Inter Vertical de -1 sur la lettre du milieu.

V : Intra de +1 entre la première et la dernière lettre.

[5] **Réponse A**

H : Intra de -1 entre le premier et le dernier chiffre.

V : Séparation produit constante par la gauche (le premier chiffre que multiplie huit donne le ou les chiffres suivants).

[6] **Réponse C**

H : Inter de +1 sur la lettre du milieu.

V : Inter de -1 sur la troisième lettre.

[7] **Réponse A**

H : Les premiers chiffres de chaque nombre forment un nombre premier (exemple : 114 ⟹ 11 est un nombre premier).

V : Inter Grande diagonale gauche de -1 (717 – 326 – 548 – 604 – 315).

[8] **Réponse E**

H : Inter Grande diagonale gauche de +2.

V : Intra de -1 entre la deuxième et la troisième lettre.

[9] **Réponse C**

H : La somme des premiers et troisièmes chiffres est toujours égale au chiffre du milieu (*i.e.* au deuxième chiffre donc).

V : La somme des chiffres est toujours égale à 16.

[10] **Réponse A**

H : Intra de +3 entre la première et la deuxième lettre.

V : Inter vertical de -3 portant sur la seconde lettre.

[11] **Réponse C**

Le produit du nombre de côtés de la petite figure par celui de la grande figure donne le chiffre du milieu :

3 x 8 = 24   6 x 4 = 24   4 x 7 = 28

[12] **Réponse D**

La somme du nombre total de barres présentes sur les deux lettres suit une progression arithmétique de -1 :

3 + 3 = 6   4 + 1 = 5   2 + 2 = 4

La somme en question devra donc être de trois dans la solution.

[13] **Réponse B**

La lettre représente l'initiale du nombre de côtés : Quatre, Six, Cinq…

[14] **Réponse C**

La différence entre le chiffre des unités et celui des dizaines du nombre inscrit au milieu de la figure est égale au nombre de côtés de celle-ci :

37 ⟹ 7 - 3 = 4   17 ⟹ 7 - 1 = 6   59 ⟹ 9 - 5 = 4

[15] **Réponse A**

La somme entre les deux chiffres de gauche possède un écart de un avec la somme des deux nombres de droite :

8 + 7 = 15 et 5 + 9 = 14 6 + 3 = 9 et 8 + 0 = 8

9 + 1 = 10 et 1 + 8 = 9

[16] **Réponse D**

La valeur numérique de la lettre située dans le coin inférieur droit est égale au nombre situé dans le coin inférieur gauche. De plus, les deux lettres situées dans le coin supérieur droit représentent les initiales du nombre situé dans le coin supérieur gauche.

[17] **Réponse D**

Le mouvement de la croix vous indique qu'elle sera penchée. De plus, les nombres effectuent une rotation à 45° dans le sens inverse des aiguilles d'une montre et le nombre de la solution se situera donc à droite de la croix. Enfin, ces mêmes nombres forment un extrait du début de la suite des nombres premiers : 13, 17, 19. Le nombre inscrit dans la solution devra donc être 23.

[18] **Réponse D**

La somme entre le nombre de côtés de la figure et le nombre de cercles dessinés à l'intérieur suit une progression arithmétique de 2 :

5 + 2 = 7

6 + 3 = 9

9 + 2 = 11

Cette somme devra donc être de 13 pour la solution.

[19] **Réponse C**

Suite de carrés. De plus, les lettres sont composées exactement de trois barres.

[20] **Réponse A**

Le nombre de côtés de la figure est égal à la différence entre le plus grand et le plus petit des deux chiffres.

TABLE DES MATIERES

DEUXIEME PARTIE

CALCUL & MATHEMATIQUES

TROISIEME PARTIE

10 CONCOURS BLANCS INEDITS ACCOMPAGNES DE LEURS CORRIGES